디지털 대전환 시대의 규제와 법정책

이원우 편

弘文社

머 리 말

21세기 들어 디지털 기술이 혁명적으로 변화하면서 디지털화에 따른 사회전환은 모바일 혁명을 넘어 사이버공간과 현실공간을 촘촘하게 연결하고 온라인 · 오프라인에서 시장과 사회질서를 변화시키고 있다. 디지털기술은 기술을 넘어 사회의 구성기반이 되고 삶의 전제조건이 되기도 하며, 데이터와 네트워크를 결합하는 총체로서의 플랫폼은 기존 사회의 구성원리마저 변모시키고 있다. 이러한 가운데 디지털 데이터 활용 기술의 확대와 인터넷 검색엔진 및 온라인 플랫폼의 활용도 증대에 힘입은 인공지능기술의 도약은 다시 인공지능을 매개로 새로운 전환을 이끌고 있다.

디지털 기술이 주도하는 변화는 우리 삶에 새로운 도전이다. 이 책은 그 중에서도 디지털 기술의 영향을 받고 또 영향을 미치는, 국가, 시장, 사회의 변화상을 추적하고 이들 간의 관계를 매개하는 '규제'와 '규범'의 문제를 다루고 있다. 디지털 대전환이라는 변화 속에서 국가는 기술혁신을 통한 사회적 편익 창출을 진작하면서도 사회적 갈등을 조정해야 하는 복합적인 임무를 부여받고 있다. 이는 기존 국가의 규제 형태의 변화로 단순화할 수 없다. 이것은 무엇을 할 것인가, 하지 않을 것인가의 차원을 넘어, 무엇을 왜 어떻게 할 것인가에 대한 한 차원 높은 질문의 대답을 요구하고 있다.

가령 새롭게 등장한 생성형 인공지능으로 인한 새로운 위험을 예방할 제도를 설계하여야 하지만, 동시에 우리가 현재 상상할 수 있는 범위를 넘어서는 새로운 변화를 가져올 수 있는 기술혁신과 이를 통한 삶의 질 향상을 보장해야 할 과제도 안고 있기도 하다. 이것은 국가의 과제, 시장과 사회의 과제, 그리고 각 주체 간의 협력을 통해 달성해야 할 과제이기도 한바, 새로운 국가와 사회에 대한 청사진이 필요하다고 할 수 있다. 이 점에서 이른바 '디지털 권리장전'에 담긴 여러 가지 문제의식은 디지털 전환에서 국가의 역할과 국민의 권리, 그리고 이것으로 환원할 수 없는 정교한 사회적 거버넌스 구축 논의의 시작을 알리는 것이라고도 생각된다.

이 책은 이상의 문제의식을 담아 2023년 10월 19, 20일 양일 간 서울대학교 공익산업법센터 주최로 서울대학교 법학전문대학원에서 개최한 국제학술대회의 성과를 발전적으로 정리한 것이다. 첫날 국제학술대회에서는 국내외의 대표적 연구자들이 모여 '디지털 기술 발전에 따른 국가－시장의 관계 변화와 공법(公法)의 역할'을 주제로 함께 논의하였고, 이튿날에는 개별 경제활동 영역에서 디지털화에 따라 발생하는 새로운 규제 현안과 패러다임 전환 필요성에 대하여 논의하였다. 이러한 시도는 한편으로 디지털화에 따른 당면한 사회적 문제에 응답하기 위한 것이었기도 하지만, 다른 한편으로 학문적 차원에서 공법과 규제법에 대한 논의의 수준을 한 차원 더 응집하고자 하는 시도이기도 하였다. 편자는 2010년에 저서 『경제규제법론』(홍문사)을 통해 경제행정법과 경제규제법에서의 일반 법리적 성과를 정리하고 관련 분야에서의 논의를 한 차례 집약한 바 있는데, 본 연구서는 이를 디딤돌로 삼아 디지털화라는 새로운 도전과 개별 경제규제 영역에 특유한 규제의 과제들을 다룸으로써 문제의식을 심화, 확산시키는 데 의의를 두고자 하였다. 이는 장차 경제규제법 영역에서의 총론과 각론이 유기적으로 연결되어 논의되는 학문적 체계의 구축으로 나아가는 우리 모두의 여정이기도 할 것이다.

이를 위해 제1부에서 디지털 기술에 따른 국가－시장 관계의 변화와 공법의 역할에 대한 본 연구서의 문제상황과 주요쟁점을 제시하고(이원우), 이러한 변화를 국가행정의 관점(권헌영), 규제행정의 관점(김태호)에서 개관하였다. 프랑크푸르트대학교의 롤랑 브뢰멜 교수는 여기에 유럽의 최근 논의를 덧붙여 주었다.

제2부에서는 디지털 경제를 관통하는 핵심적 인프라를 구성하는 데이터(이성엽)와 개인정보(장수용)의 규제, 인공지능 규제의 토대가 되는 영향평가(권은정)에 관한 논의를 소개하는 한편, 이러한 기술을 집약한 가상세계로서 메타버스 규제의 의미를 미국 노스웨스턴대학교의 제임스 스페타 교수가 소개해 주었다.

제3부에서는 개별 경제규제영역에서 발생하는 규제의 현안과 쟁점을 분석하였다. 우선 디지털 경제규제의 핵심이라 할 ICT 또는 TMT 분야와 관련하여 통신법(이희정), 방송법(김태오), 전파법(송시강) 규제의 발전사와 전망을 담았다. 특히 인공지능과 디지털기술의 발전은 독자적으로 존재하던 개별 규제영역이라 할 금융규제, 운송규제, 게임산업규제, 식품규제 등의 영역에 대해서도 새로운 변화를 가져왔다는 점에서, AI관련 금융규제(윤혜선), 모빌리티규제(이윤정), 게임규제(김상태), 신식품규제(왕승혜)를 각각 다루었다. 우주산업에 대한 진흥과 규제의 쟁점(채성희)은 이 책의 미래적 전망에 대한 한 측면을 보여주는 것이다.

이 책의 모태가 된 2023년 국제학술대회의 구상에서부터 이 책의 기획 · 출간에 이르기까지 헌법재판연구원의 김태호 책임연구관과 한양대학교 윤혜선 교수의 적극적이고 창의적인 도움이 있었다. 특히 김태호 연구관은 이 책의 출간과정에서 강력한 추진력을 발휘하여 전반을 관장하면서 궂은일을 도맡아 주었다. 앞으로도 행정법과 규제법에 관한 연구 성과를 세계적 차원으로 함께 발전시키고 이어가 주기를 바라는 마음이다. 이 책을 낼 수 있도록 조언하고 옥고를 흔쾌히 보내준 여러 동학과 제자들에게도 특별한 감사의 말씀을 드리고 싶다. 우리들의 공동의 학문적 성과가 사회적으로 의미있는 결실을 일구어 나가기를 소망한다. 끝으로 경제성이 크지 않은 이 책의 출간을 승낙해 주신 홍문사 임권규 사장님과 가독성 있고 세련된 편집을 해주신 이경희 편집주간님께도 감사의 말씀을 전한다.

이 책이 오늘도 급격하게 변화하는 '인공지능 중심 디지털 시대'에 국가와 사회의 역할에 대해 고민하는 많은 이들에게 하나의 나침반이 되어주길 희망한다.

2025년 2월 관악산 기슭에서
필자를 대표하여
서울대학교 법학전문대학원 교수
이 원 우

차 례

01 디지털 대전환 시대의 규제와 법의 역할

[16] 우주법의 체계와 법적 쟁점-우주물체 발사, 등록 및 관리를 중심으로

[채성희]

01

디지털 대전환 시대의 규제와 법의 역할

1. 디지털 기술 발전에 따른 국가-시장 관계의 변화와 공법의 역할
2. 디지털 전환기 국가와 시장의 관계 변화와 규제법
3. 디지털 기술의 진화와 행정법의 역할: 디지털 행정법제를 중심으로
4. 디지털 전환에 따른 경제법의 변화 - 유럽의 관점

1.
디지털 기술 발전에 따른 국가-시장 관계의 변화와 공법의 역할

Ⅰ. 들어가는 말

Ⅱ. 디지털 기술의 발전에 따른 규제 패러다임의 변화

Ⅲ. 디지털 전환 시대에서 규제와 공법의 역할

Ⅳ. 규제패러다임의 문화적 요인: 규제관행, 행정문화, 국민의 법감정(국민정서)

Ⅴ. 맺음말

디지털 기술 발전에 따른 국가-시장 관계의 변화와 공법의 역할*

이 원 우**

Ⅰ. 들어가는 말

역사적으로 과학기술의 발전에 따른 혁신[1]은 사회, 산업, 경제 구조를 변화시키고 나아가 문화와 정치의 풍경을 바꾸어왔다. 오늘날 디지털 기술의 혁신은 이러한 변화의 범위와 속도 및 그 심도를 기하급수적으로 강화하고 있다. 전통적으로 법과 규제는 이러한 혁신과 변화에 대하여 제어장치로서 역할을 수행해 왔다. 그러나 법치주의와 민주주의가 안정되고, 이해관계의 복잡성이 구조화된 현대 사회에서 법과 규제는 더 이상 과학기술 발전에 대한 제어장치에 그치지 않고, 조종장치, 나아가 동력장치의 역할을 수행할 것이 요구되고 있다. 과학기술의 발전에 따른 혁신이 야기하는 새로운 시장 및 사회구조의 변화에 법과 규제가 적절히 대응하지 못하면 공동체의 발전을

* 이 글은 이원우, "디지털 기술 발전에 따른 국가-시장 관계의 변화와 공법의 역할", 『경제규제와 법』, 제16권 제2호(통권 제32호), 2023.11, 9－28면을 부분적으로 수정 · 가필한 것이다. 위 논문은 2023.10.19. 서울대학교 공익산업법센터가 「디지털 기술 발전에 따른 국가-시장 관계의 변화와 공법의 역할」이라는 주제로 개최한 국제학술대회에서 필자가 행한 기조발제를 토대로 작성한 것이다. 위 논문에서는 학술논문의 성격상 중복을 피하기 위해 설명을 생략하고 각주로 참조하도록 하였던 내용이 많았는데, 이 글에서는 독자들의 이해의 편의를 위해 그 중 일부를 필요한 최소한의 범위에서 다시 설명하였음을 밝힌다.

** 서울대학교 법학전문대학원 교수.

1 혁신의 의의에 대하여 Hoffmann－Riem, Innovation, Recht und öffentliche Kommunikation, in: Eifert/Hoffmann－Riem (Hg.), Innovation, Recht und öffentliche Kommunikation, Innovation und Recht IV, S. 9－13; Thomas Fetzer, "혁신과 규제: 동태적 시장에서 정태적인 법－예측불가능한 것에 대한 규제방식", 이원우 외, 『4차 산업혁명 시대의 기술혁신과 규제정책』, 2019, 42－44면 참조.

저지하는 우를 범할 수 있기 때문이다. 그렇다면 법과 규제로써 새로운 과학기술의 혁신을 저해하지 않으면서 동시에 이러한 과학기술의 혁신이 야기할 수 있는 위험을 적절히 통제할 수 있는 방법은 무엇인가? 오늘날 세계 각국에서는 이러한 문제의식에 입각해서 기술혁신의 효용을 향유하고 지속가능한 산업혁명을 추동하기 위한 규제 패러다임과 법적 · 제도적 방안을 모색하기 위한 논의가 활발하게 이루어지고 있으며, 이 과정에서 고안된 창의적이고 유연한 규제 수단들이 법제화되어 운용되고 있다.[2]

이하에서는 디지털 전환이라는 급격한 변화 속에서 한편으로 과학기술의 혁신[3]을 촉진하면서 다른 한편으로 새로이 제기되는 위험을 적절히 관리하기 위해 공법 내지 규제법이 어떠한 역할을 담당하여야 하는지 살펴보기로 한다.

---

2 서울대 공익산업법센터는 2006년 창립 기념 국제학술대회 이래 매년 국제학술대회를 통해 과학기술발전으로 인한 규제 이슈를 지속적으로 다루어 왔다. 지난 10년간만 살펴보더라도 2013년 "스마트 미디어 시대에 있어서 망중립성 및 인터넷 트래픽 관리의 쟁점과 발전방향", 2014년 "빅데이터 시대의 도래: 법적 쟁점과 제도적 과제", 2015년 "사물인터넷(IOT): 초연결 사회 구현을 향한 법제도적 과제", 2016년 "혁신과 규제: 과학기술의 혁신과 경제규제", 2017년 "제4차 산업혁명의 견인을 위한 규제 패러다임의 모색", 2018년 "데이터 주도 혁신에 대한 법의 대응과 진화", 2019년 "지능형 연결 시대: 인공지능 윤리규범의 현재와 법적 과제", 2020년 "알고리즘에 의한 의사결정에 대한 법제적 대응: Ready? Willing? Able?", 2021년 "디지털 경제의 조류와 온라인 플랫폼 규제의 항로 모색", 2022년 "디지털 전환 시대의 온라인 플랫폼 규제 최적화 방안 모색: 자율규제 사례를 중심으로", 2023년 "디지털 기술에 따른 국가-시장 관계 변화와 공법의 역할" 등 모두 과학기술의 혁신에 따른 최첨단의 법적 쟁점을 다루고 있다.

3 혁신의 의의에 대하여 Eifert, Martin/Hoffmann-Riem, Wolfgang, Innovation, Recht und öffentliche Kommunikation, in: Eifert/Hoffmann-Riem (Hg.), Innovation, Recht und öffentliche Kommunikation, Innovation und Recht IV, 2011, S. 9-13; Thomas Fetzer, "혁신과 규제: 동태적 시장에서 정태적인 법-예측불가능한 것에 대한 규제방식", 이원우 외, 『4차 산업혁명 시대의 기술혁신과 규제정책』, 2019, 42-44면 참조.

Ⅱ. 디지털 기술의 발전에 따른 규제 패러다임의 변화

1. 규제국가의 패러다임 4단계

규제 패러다임의 발전은 대체로 네 단계로 구분할 수 있다.[4] 전통적인 명령-통제방식의 규제가 시장실패를 교정하기 위한 목적으로 정당화(이른바 공익이론)되어 광범위하게 채택되던 **제1단계**와 70년대 이후 정부실패에 관한 연구성과를 근거로 시장의 역할이 확대 · 강화되고 규제완화가 적극적으로 이루어지던 **제2단계**를 거쳐, **제3단계**인 1990년대 중후반부터는 신자유주의 사조가 가지고 있는 '시장기능에 대한 과도한 신뢰'에 대한 문제점이 제기되었다. 이에 따라 규제정책은 "규제의 합리화" 내지 "좋은 규제"를 정책목표로 추구하게 되었다. 규제나 규제완화는 그 자체가 정당성을 가지는 것이 아니라 구체적인 상황과 정책목표에 따라 평가되고 선택가능한 정책대안으로 인식된 것이다.[5] 따라서 규제 일반에 대해 좋다거나 나쁘다고 일률적으로 평가할 수 없다. 분야별 영역별 관련 기본권(예컨대 표현의 자유, 정치적 자유, 경제적 자유, 사회적 기본권, 환경권 등)에 따라 규제정당화에 차이가 있게 되고, 또한 같은 규제목적을 위해서라도 어떠한 수단을 사용하느냐에 따라 규제에 대한 평가는 달라질 수 있다. 규제수단으로 명령-통제방식이나 경제적 유인체계에 의한 규제방식이 적절히 배합되어 사용되는 것은 물론이지만, 이 시기 규제수단의 특징은 공사영역간 동반자관계를 중시한다는 점이다. 그리하여 소통에 의한 규제(정보제공, 공표, 교육, 정보공개의무), 동의에 기초한 규제(자율규제, 규제된 자율규제, ADR) 등 새로운 방식에 대한 관심이 증대되고, 규제의 전과정에서 이러한 소통이 적절히 이루어지기 위한 절차가 중요한 의미를 가지게 된다. 따라서 규제의 당부는 단순히 일정 시점에서 특정 행위양

---

4 이에 대하여 상세한 내용은 이원우, "규제국가의 전개와 공법학의 과제－과학기술혁신에 따른 공법적 대응을 중심으로", 『경제규제와 법』, 제14권 제2호(통권 제28호), 2021.11, 15－19면 참조.

5 이러한 입장에서 규제개혁의 문제를 논한 글로는 이원우, "규제완화와 규제개혁", 『저스티스』, 제106호(2008.9), 355－389면 참조.

태만을 기준으로 판단해서는 안 되고, 규제의 전과정을 동태적으로 고려하여야 한다.

제1단계와 제2단계는 그 지향은 다르지만, 국가와 사회, 정부와 시장을 대립적으로 본다는 점에서 같다. 이에 반해 제3단계에서는 국가와 사회, 정부와 시장을 공동체이익을 위한 협력관계로 보고 이러한 의미에서 협치가 잘 이루어질 수 있는 새로운 가버넌스를 지향한다. 제3단계에서 국가의 역할은 그 전의 단계에서와는 달리 촉진자, 기획자, 조타수로 묘사된다. 이에 따라 국가의 규제수단도 명령지시에서 제어, 유도, 조정으로서의 성격을 가지게 된다.

규제 패러다임의 **제4단계**는 제1단계, 제2단계와 구분되는 제3단계의 특성을 유지하면서 2010년대 이른바 제4차 산업혁명 내지 디지털 전환이라 불리는, 과학기술의 급속한 혁신의 시대를 맞이하여 이전 시기와 질적으로 다른 규제개혁이 시도되는 시기이다. 디지털 전환 및 심화 시대의 디지털 기술혁신은 종래의 혁신과는 비교할 수 없이 빠른 속도로 이루어지고, 이러한 '파괴적 혁신'은 규제체계를 구성하는 여러 요소, 즉 규제의 목적, 원칙, 수단 등에서 이전의 규제체계와 다른 특징을 요구하는바, 이는 규제 패러다임의 변화를 요구한다. 특히 급속한 기술혁신과 규제체계의 갈등을 해소하여, 기술혁신으로 인한 새로운 위험을 적절히 규제하면서도, 동시에 규제가 기술혁신을 저해하지 않고 기술혁신을 유도 내지 촉진하는 규제시스템이 모색되는 시기이다.

이 시기는 세계화, 지식정보화, 과학기술의 급속한 발전, 권력의 분산, 정부와 시장 사이의 기능배분의 변화, 다원화, 변화속도의 가속화, 위기의 일상화 등의 특징을 띠고 있는데, 이들은 상호 밀접한 관련성을 가지고 있으며,[6] 이에 따라 뒤에서 살피는 바와 같이 규제정책의 방향으로 반응적 규제, 좋은 규제, 조응적 규제, 원칙기반규제, 리스크기반규제 등이 요청된다. 이러

6 이에 대하여는 이원우, "21세기 행정환경의 변화와 행정법학방법론의 과제", 『행정법연구』 제48호, 2017.2, 86-96면 참조.

한 제4단계 시기의 특징과 규제 패러다임에 대하여는 절을 바꾸어 살펴본다.

2. 디지털 전환 시대(규제 패러다임 제4단계)의 의의와 특징

(1) 디지털 전환, 심화의 개념

디지털 전환(digital transformation)이란 단순히 개별 요소를 디지털 코드로 바꾼다거나(digitation) 이렇게 디지털 코드로 변형된 요소들이 유기적으로 연결되어 프로세스의 변화를 일으키는 디지털화(digitalization)에 그치지 않고, 디지털 기술로 인해 사회, 경제, 조직, 문화, 관계 등 다양한 영역에서 총체적 변화가 일어나고 이를 통해 기존 서비스의 완전한 개편과 새로운 서비스의 창출로 이어지는 것을 말한다.[7] 디지털 심화(digital sophistication)란 디지털 전환이 고도화되어 디지털이 인간을 돕고, 보완하는 것을 넘어, 인간과 함께 공존하는 시대를 말한다.[8] 디지털 전환과 심화는 고도화의 차이로 개념적으로 구분할 수 있으나 이하에서는 특별히 양자를 구별할 필요가 있는 경우를 제외하고는 양자를 포함하여 디지털 전환이라는 용어를 사용할 것이다. 디지털 전환은 디지털 기술을 이용한 생산 · 소비 · 유통 양식의 전면적 변화가 경제 · 사회 전반에 파급되고 그 결과로 경제, 사회, 일하는 방식은 물론 일상적 삶에까지 변화를 야기하는 현상을 말한다.[9]

(2) 디지털 전환 시대의 특징

디지털 전환 시대는 디지털 기술의 혁신이 사회 전반에 강력한 영향을 미치는바, 글로벌 경쟁의 심화, 노동시장 및 작업방식의 변화, 초연결성, 초개인화, 데이터경제 활성화, 빅데이터분석의 심화, 인공지능 · 클라우드 컴퓨

---

7 이호영 외, 『2030 디지털 메가트렌드 미래전략』, 2021.12, 6－8면 참조.

8 예컨대 주행 보조 시스템을 활용하여 운전을 보조하던 데서 인간의 개입 없이 완전 자율주행이 이루어지는 상태, DB 검색, 화상회의 등 인간의 사무처리를 보조하는 데서 ChatGPT를 통해 보고서 등 문서 작성을 대신 해주는 상태를 말한다.

9 이호영 외, 『디지털 대전환 메가트렌드 연구 총괄보고서I』, 2021.12, 40－46면 참조.

팅 · 사물인터넷 · 가상현실(VR) · 증강현실(AR)의 확산, 사회적 네트워크와 디지털 커뮤니케이션의 영향력 강화 등 여러 가지 특징을 가지고 있다. 그러나 '규제정책 내지 공법의 역할'이라는 관점에서 그 전 단계 시기와 두드러진 차이를 보이는, '디지털 기술혁신에 기인한 특수성'에 초점을 둔다면, 다음에서 보는 바와 같은 네 가지가 디지털 전환 시기의 핵심적인 특징이라 할 수 있다.

첫째는 변화의 속도와 범위다. 정보통신기술, 빅데이터, 디지털화 등을 기초로 한 지능정보화사회에서 과학기술은 그동안 인류가 경험해 보지 못한 빠른 속도로 혁신을 이루어 내고 있으며, 법(규제)과 혁신의 갈등이 일상적 영역에 이르기까지 광범위한 영역에서 고조되고 있다. 변화의 속도 문제가 이 시기에 등장한 새로운 문제는 아니지만, 디지털 기술로 인한 혁신의 속도는 법률 및 규제 시스템의 적응능력을 훨씬 능가하기 때문이다.(극심한 '규제지체') 특히 기계학습에서 디지털 혁신의 속도는 최근 몇 년간 숨이 멎을 만큼 빨라졌다. AI의 발전은 상당한 사회적 이익을 가져올 것으로 예상되지만, 점점 더 강력한 알고리즘 기술이 개발되는 속도의 급격한 증대는 동시에 이러한 혁신의 잠재적인 피해('기술적 위험')에 대한 대중의 불안을 불러일으키고 있다.

둘째, 이와 같이 급격하고 광범위한 기술혁신으로 인해 불확실성이 증대된다. 기술혁신과 법제도의 갈등은 산업혁명기를 비롯해서 늘 존재했던 현상이다.[10] 새로운 기술이 등장하면 해당 기술이 기존 규제 감독의 범위에 속하는지 여부에 대해 상당한 불확실성이 종종 발생한다. 이러한 불확실성은 새로운 기술이 가져오는 편익과 리스크, 사회적 함의, 사회적 수용성과 용도 등이 알려지지 않았을수록 더욱 커지며, 특히 이에 대한 예측이 견해에 따라 매우 큰 편차를 보일수록 더욱 증폭된다. 이렇게 되면 규제기관, 기업가 및 투자자, 잠재적인 부작용을 두려워하는 일반 대중 및 시민 사회 등에게 심각

---

10 이에 대하여는 이원우, "혁신과 규제의 갈등관계에 관한 법적 분석", 이원우 외, 『4차 산업혁명 시대의 기술혁신과 규제정책』, 2019, 1-38면 참조.

한 문제를 야기한다. 여기서 이른바 '콜린그릿지의 딜레마'(Collingridge dilemma) 상황에 빠지게 된다.[11] 이에 따르면, 규제기관이 어떤 기술혁신에 대해 조기에 개입하기로 결정하면, 기술의 궤적, 사회적 채택, 영향, 위험 및 이점에 대한 불확실성이 높은 상황에서 규제를 하여야 하기 때문에, 조기 개입은 추후에 잘못되고 근거가 없는 것으로 판명될 수 있으며 역효과를 초래할 수 있다. 그러나 규제기관이 이러한 불확실성이 상당 정도 해소되기를 기다렸다가 사후에 개입하게 되면 이른바 잠금효과(lock-in effect)가 발생하고 이에 따라 효과적으로 규제할 수 있는 범위와 유연성이 줄어들 수 있다.

셋째, 공간개념의 변화다. 디지털 전환으로 디지털 공간이 양적 질적 모든 측면에서 확대되고, 개인이나 사회의 행위가 물리적 공간의 제약에서 벗어나 무한의 디지털 공간으로 확장된다. 이러한 공간 개념의 변화는 경쟁의 관념이나 시장지배력의 개념에 변화를 야기한다. 물리적 제약에서 벗어난 디지털 공간에서는 물리적 시장에서의 지배권과는 달리 지배력이 취약하다. 즉, 가상공간에서 초연결사회의 구성원은 동질적인, 경쟁가능한 기능을 언제나 제공할 수 있기 때문에, 특정 시기에 시장지배력을 보유한 것처럼 보이더라도 그 지배력이 공고할 수 없고 지배사업자에 대한 잠재적 경쟁자의 도전이 상존한다. 이른바 경합시장(contestable market)의 성격을 가진다는 것이다. 특히, 디지털 공간으로 시장이 확장되면 국내시장에서 지배력을 보유하는 사업자와 국내시장에서 상대적으로 낮은 점유율을 가지고 있지만 글로벌 시장에서는 지배력을 보유하고 있는 글로벌 사업자가 경쟁 관계에 있을 때, 국내 사업자가 시장지배력을 보유하고 있다고 보기 어렵다.

한편, 공간개념의 변화로 인해 물리적 공간에서 사회경제적 인프라의 개념도 변화되는데, 종래 물리적 네트워크가 기간망으로서 물리적 독점적 지위를 가지고 사회경제적 영향력을 행사하였다면, 디지털 전환시대에는 디지털 플랫폼이 이에 상응하는 기능을 수행한다는 점에서 디지털 플랫폼에 대하여 공익산업법적 규제가 확대 적용되어야 하는 것이 아닌가라는 문제가 제기되

11 David Collingridge, The Social Control of Technology, 1980.

고 있다. 이에 대하여는 뒤에 검토하기로 한다.

넷째, 글로벌화로 인한 주권국가 통제력의 한계가 노정되었다. 위에서 언급한 공간개념 확장의 결과 시장은 디지털 공간에서 세계화를 통해 개방되었고 경제 · 사회 · 문화적 경계가 사라졌지만, 세계적인 차원에서 시장을 규율할 수 있는 공권력, 민주적 정당성을 가진 정치권력, 거버넌스는 마련되어 있지 않은 상태이다. 시장의 세계화는 새로운 현상이 아니지만, 종래에는 주권국가 사이의 합의와 합의된 통제 메카니즘을 전제로 진행되었었다. 그러나 디지털 공간의 확장은 이런 제약을 훌쩍 넘거나 회피하여 개인의 일상 속으로 파고들게 되었고, 개인의 삶과 사회의 집단적 행위가 주권국가의 통제 없이 디지털 공간을 통해 이루어지게 되었다.

이에 따라 소속 국가별 서로 다른 규제체계에 있는 사업자 간 경쟁이 발생하게 된다. 국가별 상이한 규제체계로 인해 규제차별의 문제가 발생하게 된 것이다. 즉, 디지털 기술의 발전에 따라 디지털 공간으로 시장이 확장됨으로써 국내 기업과 글로벌 기업이 경쟁관계에 들어서게 되면, 경쟁사업자들에 대한 규제법 적용에 불균형이 생길 수 있다는 것이다. 만일 사업자 간 상이한 규제, 즉 규제차별로 인하여 경쟁조건에 차이가 발생하게 되면, 이러한 차별은 불공정한 경쟁조건을 형성하며, 이때 유리한 경쟁조건에 처하게 되는 자는 경제적 지대(rent)를 취득하게 된다.

경쟁사업자 간의 규제체계의 차이를 해소하기 위한 근본적인 방법은 디지털 질서를 균등화할 수 있는 국제사회의 협력적 거버넌스를 구축하는 것이고, 이를 위해 국제사회의 연대와 협력이 필요하다.[12] 이와 관련하여 뒤에서 보는 바와 같이 우리 정부는 최근 「디지털 공동번영사회의 가치와 원칙에 관한 헌장」(약칭 「디지털 권리장전」)을 발표하면서 협력적 거버넌스 구축을 위한 국제사회의 협력과 연대를 제안하였는데, 이는 시의적절한 것으로 보인다.

---

12 이러한 관점에서 규제주체의 탈국가화와 초국가기구의 필요성과 역할에 대하여는 이원우, “규제국가의 전개와 공법학의 과제”, 23-24면 참조.

그러나 글로벌 차원에서 단일한, 혹은 적어도 균등한 규범질서를 정립할 수 있는 국제적 거버넌스를 수립한다는 것은 가까운 미래에 달성되기 어려운 일이다. 그전까지는 이러한 규제차별의 문제를 극복 내지 완화할 수 있는 국내법적 조치를 강구할 필요가 있다. 즉, 본래 한 국가 내부에서 법제도적으로 기업 간 규제차별이 발생하게 되면 국가는 이러한 새로운 경쟁환경으로 인한 규제차별을 제거할 의무를 지게 되는데,[13] 이러한 국내적 차원의 접근을 응용할 수 있을 것이다. 국내시장에서 국내기업과 글로벌기업이 경쟁하는 상황에서 국내기업에게만 적용되는 규제로 인해 경쟁조건에 차별이 발생하는 경우가 종종 있다. 개별 규제가 가지고 있는 국내법상 규제목적의 특수성에 따라 개별적으로 판단하여야 하겠지만, 일반적 규제원칙상 경쟁사업자 간 규제형평성을 보호하고, 특히 산업정책적 측면을 고려할 때, 국가는 국내기업에 대한 규제완화를 통해 규제환경의 불균형을 해소하여야 할 것이다.

3. 디지털 전환 시대의 '좋은 규제'의 요소

위와 같이 변화된 환경 하에서 좋은 규제는 어떻게 설계되고 집행되어야 하는가? 디지털 전환 시대에 적합한 규제모델을 설계할 때 어떠한 점을 특별히 고려해야 할 것인가? 디지털 전환시대가 아니더라도 좋은 규제에 대하여 요구되는 일반적인 원리도 있을 것이고 디지털 전환과 심화라는 현대국가에 특수한 규제원리[14]도 있을 것이다. 이하에서는 디지털 전환이라는 시

---

13 이원우, "우리나라에서 방송통신융합에 따른 규제체계의 문제점과 개선방안", 이원우 편, 『방송통신법연구 IV－방송통신 융합환경에 따른 규제체계의 대응』, 경인문화사, 2008.10, 214－220면 참조.

14 예컨대 이원우, "규제개혁과 규제완화: 올바른 규제정책 실현을 위한 법정책의 모색", 『저스티스』 통권 제106호, 2008.9, 377－382면에서는 규제의 일반원칙(법치주의 원칙)으로서 예측가능성과 명확성의 원리(법적안정성 보장), 법률유보 원리(위임입법의 한계), 비례원칙(규제의 합리성 보장), 일관성과 통일성, 투명성, 자기책임성 등을 제시하고, 현대적 규제원리로서 정보전달 합리화의 원리(리스크 소통), 효율성 및 최적화 원리(비용편익분석), 규제개별화의 원리(맞춤형 규제), 전문성과 신뢰성의 원리, 소비자 보호 수준의 제고, 규제의 세계화 등을 들고 있다. 한편 제4차 산업혁명 시대에서 규제정책의 핵심문제는 기술혁신과 규제 사이의 갈등문제라고 보고, 이러한 갈등해소를 위한 법원칙으로서 비례원칙과 실질적 법치주의를 위

대적 특수성에 부합하는 규제 패러다임을 구성하는 데 특별히 요구되는 쟁점들을 살펴본다.

(1) 위험과 안전의 이진법 극복: 비례원칙

기술혁신이 가지고 올 미래의 편익과 잠재적 위험에 대한 불확실성이 위험과 안전의 문제를 위험/안전의 이진법으로 환원시키는 태도를 유발하기도 한다.[15] 과학기술규제에 관한 논의에서 이러한 이진법적 사고는 합리적 논리보다 진영논리와 같은 양상으로 전개되는 경우도 있다.

새로운 기술을 활용한 상품이나 서비스를 규제하는 1차적인 목적은 그로 인한 위험을 방지하여 안전을 보장하기 위한 것이다. 그런데 위험이 '0'일 것을 목표로 한다는 것은 현실적으로 불가능할 뿐 아니라, 극단적인 제로-리스크 기준은 종종 매우 불합리한 결과를 야기하게 된다.[16] 안전이 확보된다는 것은 얼마나 안전한가라는 정도의 문제이다. 따라서 어느 정도의 안전이 보장되어야 하는가, 다시 말해 어느 정도의 위험이 허용될 수 있는가라는 질문에 답하여야 하는 것이다. 여기서 전통적인 법원칙인 비례원칙에 따른 판단이 필요하게 된다. 이에 따르면, 새로운 기술을 허용함에 있어서는 건강, 환경 등 전통적인 안전과 위험 문제 외에도 기존 산업과 경쟁, 노동에 대한 영향 등 사회경제적 영향은 물론이고 윤리적, 사회적 리스크 등 여러 요소들이 고려되어야 할 것이다.[17] 특히 위험의 중대성과 발생가능성의 상호관계도 고려되어야 할 것이다.

한 형식성 극복 등을 제시하는 것으로서는 이원우, "혁신과 규제의 갈등관계에 관한 법적 분석", 17-26면 참조.

15 이에 대하여 상세한 설명은 이원우, 『경제규제법론』, 홍문사, 2010, 959~962면; 이원우, "혁신과 규제의 갈등관계에 관한 법적 분석", 이원우 외, 『4차 산업혁명 시대의 기술혁신과 규제정책』, 홍문사, 2019, 18-19면 참조,

16 이러한 관점에서 이른바 "제로-리스크"의 문제점과 그 해결방안에 관하여는 이원우, "식품안전규제법의 일반원리와 현행법제의 개선과제", 이원우 편, 『식품안전법연구I』, 2008, 35-39면(=이원우, 『경제규제법론』, 2010, 959-962면) 참조.

17 같은 견해로 Karinne Ludlow/Diana M. Bowman/Jake Gatof/Michael G. Bennett, "Regulating Emerging and Future Technologies in the Present", Nanoethics (2015) 9, pp. 151-163 참조.

또한 어떠한 새로운 기술이 새로운 위험을 수반한다고 할 때에도 예견되는 잠재적 위험에 대한 분석은 그 기술의 금지가 아니라 해당 위험을 회피하거나 최소화하기 위한 방안을 우선적으로 고려하여야 하며, 그러한 위험방지 및 최소화방안이 불가능하거나 부적절한 경우에 비로소 해당 기술의 금지가 고려되어야 한다. 일정한 조건 하에서라면 허용될 수 있는 행위를, 조건에 대한 고려 없이, 금지하는 것은 비례원칙에 부합하지 않는다.[18]

이런 관점에서 규제 일출제도[19]가 적극 활용될 필요가 있다. 즉, 잠재적 위험에 대한 정보가 불확실하다면 일단 허용하되 현실적인 위험이 발생할 경우 금지하는 규정을 두는 방식이다. 예컨대 「자율주행자동차 상용화 촉진 및 지원에 관한 법률」 제15조 제2호에 따르면 "자율주행자동차의 연구 또는 시범운행으로 인해 다른 사람에게 위해를 끼치거나 교통상의 위험을 발생시키는 경우"에 동법에 의해 부여된 특례규정을 배제하도록 규정하고 있는데, 이를 통해 불확실한 위험을 사후적으로 적절히 통제할 수 있게 된다.

(2) 유연한 규제(규제형평제도)

디지털 기술의 급격한 진보에 수반되는 미래에 대한 불확실성은 규제의 유연성을 강력히 요구한다. 규율내용을 사전에 구체적 확정적으로 규정하기 어렵기 때문에, 전통적인 규범에서 요구되는 구체성과 명확성원칙을 요구하면 현실과 동떨어진 규율을 하게 되고 이는 규범과 현실의 괴리를 야기하게 된다. 이러한 경우에 현행법령을 기계적으로 적용하는 것은 입법취지나 정의관념에 부합하지 않는다. 규범에서 사전에 예측하지 못한 사안에 대해 어떻게 법적 대응을 할 것인가?[20] 다시 말해 입법자가 입법 당시에 미처 예견하지 못했던 새로운 기술에 대해 어떻게 법적으로 대응할 것인가? 이러한 문제

---

18 이러한 부관의 요건은 행정기본법 제17조 제4항에서도 명시하고 있는 바이다.

19 일출규제의 개념에 대하여는 김태오, "제4차 산업혁명의 견인을 위한 규제 패러다임 모색", 이원우 외, 『4차 산업혁명 시대의 기술혁신과 규제정책』, 2019, 242-243면 참조.

20 이러한 문제의식에 관한 이론적인 논의에 대해서는 이원우, "규제형평제도의 구상-좋은 규제 시스템 구축을 위한 제언", 『행정법연구』 제27호, 2010.8, 1-47면 참조.

를 해결하기 위해서는 과학기술의 발전을 탄력적으로 수용할 수 있도록 법제도의 유연성, 개방성, 포괄성이 확보되어야 한다.

규제의 탄력적 운영을 가능하게 하는 가장 대표적인 수단이 규제형평제도이다. '규제형평제도'란 어떤 규제가 일반적으로는 문제가 없으나, 입법자가 예견하지 못한 특수한 사안에서 이 규제기준을 그대로 적용하는 것이 입법목적 및 형평의 원리에 비추어 현저히 불합리한 경우, 당해 사안에 한하여 예외적으로 그 규제기준의 적용을 배제하여 구체적 · 개별적 정당성을 확보하는 제도를 말한다. 여기서 형평 내지 형평성(equity, Billigkeit)이란 획일적이고 엄격한 법령의 집행으로 인하여 야기되는 불합리를 시정함으로써 달성되는 개별사안에 있어서의 정의(Einzelfallgerechtigkeit 또는 Gerechtigkeit im Einzelfall)를 의미한다.

법에 있어서 형식은 법적 안정성을 위한 핵심요소이다. "형식은 자의에 대한 적이요, 자유의 쌍둥이자매"라는 예링의 주장은 이러한 형식의 중요성을 설파한 것이다.[21] 이런 관점에서 법은 형식이며, 형식이 없는 법은 상상할 수 없다.[22] 그러나 현대 민주헌정국가에서 법치주의를 후기입헌주의시대의 법실증주의적 법치주의 개념으로 이해해서는 안 될 것이다. 법의 형식성은 권력의 자의와 남용을 통제하기 위해 요구되는 것인데, 권력에 대한 통제가 제도적으로 보장되고 있는 현대 민주적 법치국가에서는 정의를 핵심으로 하는 실질적 법치주의에 대한 요청이 더욱 강하다고 할 것이고, 이러한 관점에서 "형식은 자의의 적이 아니라 자유의 적"이라는 디 파비오의 주장에 더 큰 설득력이 있어 보인다.[23] 오늘날의 법치주의는 단순한 법률적합성을 넘어서는 것이다. 모든 미래가 규범 속에 미리 결정되어 있다는 의미의 과도한 규범주의와 법치주의가 동일시되어서는 안 될 것이다. 규범주의는 그것이 가

21 Rudolf v. Ihering, Geist des römischen Rechts auf den verschiedenen Stufen seiner Entwicklung, 4. Aufl., 1894, 2. Teil, 1. Abs., S. 471.

22 Rudolf v. Ihering, Geist des römischen Rechts auf den verschiedenen Stufen seiner Entwicklung, 4. Aufl., 1894, 2. Teil, 1. Abs., S. 473.

23 Di Fabio, Form und Freiheit, DNotZ 2006, 342, 344.

지는 균등화(평준화)효력(Nivellierungswirkung) 때문에 개별사안에서 정의를 담보할 수 없게 된다. 이러한 법의 일반성의 문제점을 무시하고 법규범으로 모든 사람에 대하여 모든 경우를 사전적으로 빈틈없이 규율하는 것은 불가능할 뿐 아니라 정의의 원칙에도 반할 것이다.[24]

인간의 존엄과 가치, 행복추구권, 그리고 평등은 추상적 인간이 아니라 구체적 개별적 인간 실존을 전제로 한 것이다. 이는 과거 형식적 법치주의에서 일률적 · 획일적 · 형식적으로 법률이 규율하면 되었던 것과는 달리 오늘날 실질적 법치주의에서는 구체적 개별적 상황에서의 정의가 실현될 수 있도록 법률이 제정되고 집행되어야 함을 의미한다. 규제형평제도는 이러한 실질적 법치주의 원칙을 구현하는 제도이다. 획일적 형식주의가 야기하는 부정의야말로 입법자의 의사에도 반하는 것이며, 실질적 법치주의의 실현을 저해할 수도 있다.

규제형평은 규제기관이 법령상 부여된 재량을 충분히 행사함으로써, 현행법령의 해석을 통해서도 상당 정도 구현할 수 있다. 그러나 우리나라의 현재의 행정문화에서 규제기관의 재량권행사는 권한의 남용을 야기할 것이라는 우려가 큰 것이 사실이다. 따라서 이러한 재량남용의 문제를 방지하면서도 법의 형식화를 방지하고 실질적 법치주의를 실현할 수 있는 탄력적 규제를 실현하기 위해서는 입법적 해결이 요청된다. 이러한 취지에서 제18대 국회에서 「행정규제의 피해구제 및 형평 보장을 위한 법률안」(2010. 11. 19.)이 제출되었으나 국회 회기만료로 자동 폐기되었다.[25] 제19대 국회에서는 그 내용을 대폭 축소하여 규제의 탄력적 적용, 규제의 차등적용이라는 형태로 일부 내용만이 반영되어 「행정규제기본법개정안」(2014.8.27.)으로 국회에 제출되었으나 역시 회기만료로 폐기되었다. 제20대 국회는 2018.4.17. 법률 제15609호로 행정규제기본법을 개정하였는데, 제8조의2에 "소상공인 등에 대

24 이러한 법의 일반성과 특수성의 긴장관계에 대해서는 이원우, "규제형평제도의 구상－좋은 규제 시스템 구축을 위한 제언", 『행정법연구』 제27호, 2010.8, 8－14면 참조.

25 이 법안의 입법취지와 주요 내용 및 법리적 쟁점에 대해서는 이원우, "규제형평제도의 구상－좋은 규제 시스템 구축을 위한 제언", 『행정법연구』 제27호, 2010.8, 1－47면 참조.

한 규제형평"이라는 제목 아래 규제형평제도의 취지를 극히 제한된 범위에서 극히 제한된 방식으로 도입하였다.[26]

한편 이른바 규제혁신4법[27]에서 도입하고 있는 '임시허가제도'와 '규제샌드박스제도(실증을 위한 규제특례)'도 비록 그 범위나 방식이 제한적이긴 하지만 위에서 설명한 규제형평제도의 이념이 입법화된 것이라 할 수 있다.[28] 그런데 이들 규제혁신 관련 제도는 4개의 부처를 중심으로 산업영역별로 분리되어 운영되고 있다. 그러나 혁신의 중심에는 융합이 자리잡고 있으며, 실제로 다양한 융합신산업의 경우 위의 규제혁신 관련 법률 중 어느 법률의 규율대상이 되어야 하는지 혼란이 있는 것도 사실이다. 특히 관계기관 간의 적극적인 협력과 조정이 필요하다는 점에서 이들을 종합적으로 추진하고 조정할 콘트롤타워가 필요하다. 또한 현재의 규제혁신 관련 법률 중 하나의 절차에 따라 규제특례가 인정되더라도 해당 산업의 주관부서인 이른바 소관부서에서 종래의 규제들을 근거로 저지하는 경우 규제혁신은 사실상 불가능하게 된다. 예컨대 ICT기술을 이용한 의료기기와 관련하여 정보통신융합법상 규제특례를 받더라도 결국 이를 주관하여 종국적으로 규율할 부서는 보건복지부인데, 보건복지부에서 기존의 의료기기법이나 의료법 등을 근거로 규제하려고 하면 규제특례제도가 실효성을 가지기 어려워 질 것이다. 따라서 이러한 문제를 종국적으로 해결하기 위해서는 특정 산업영역별로 분리하지 않고 산업 일반을 대상으로 하는 규제혁신에 관한 일반법의 제정을 통한 일반적 규제형평제도의 도입이 요청된다.

---

26 「행정규제기본법」 제8조의2(소상공인 등에 대한 규제 형평) ① 중앙행정기관의 장은 규제를 신설하거나 강화하려는 경우 「소상공인 보호 및 지원에 관한 법률」 제2조에 따른 소상공인 및 「중소기업기본법」 제2조 제2항에 따른 소기업에 대하여 해당 규제를 적용하는 것이 적절하지 아니하거나 과도한 부담을 줄 우려가 있다고 판단되면 규제의 전부 또는 일부의 적용을 면제하거나 일정기간 유예하는 등의 방안을 검토하여야 한다.

27 '규제혁신 4법'이란 「산업융합촉진법」, 「정보통신 진흥 및 융합 활성화 등에 관한 특별법」, 「규제자유특구 및 지역특화발전특구에 관한 규제특례법」, 「금융혁신지원특별법」 등 4개 법률을 말한다. 그밖에 규제혁신5법 및 규제혁신관련 최근의 입법에 대하여는 아래 IV. 1. '규제패러다임 전환을 위한 노력과 성과' 부분 설명을 참조할 것.

28 이들 규제혁신4법의 주요내용에 대해서는 이원우, "신융합산업 활성화를 위한 규제개혁입법의 현황과 과제", 『경제규제와법』 제12권 제2호(통권 제24호), 2019.11, 137-153면 참조.

(3) 위험기반규제(risk-based regulation)

규제는 위험의 정도에 따라 차별화되어야 한다. 위험이 중대하고 그 발생가능성이 높으면 강한 규제가 필요하지만, 위험이 경미하고 그 발생가능성이 낮으면 규제의 정도도 낮아져야 할 것이다.[29] 이는 비례원칙에 비추어도 규제체계의 설계에 있어서 당연히 요구되는 원칙이다. 이와 같이 위험의 종류와 중대성 및 그 발생가능성 등에 따라 규제수단과 그 강도를 차별화하는 규제방식을 위험기반규제(risk－based regulation)라 하며, 오늘날 규제개혁의 가장 핵심적인 수단으로 각광받고 있다.[30] 위험기반규제는 수반되는 위험에 비례하여 규제수단을 달리 취하기 때문에 위험상황에 따라 유연하게 규제체계가 대응할 수 있다. 이러한 위험기반규제라는 관점에서 개별 영역에서 현행 규제수단에 대한 재검토가 필요하다.[31]

위험의 중대성에 따른 규제 차별화의 대표적인 방식은 고위험 기술에 대해서는 사전규제, 저위험 기술에 대해서는 허용 후 사후규제, 중위험 기술에 대해서는 임시허가 또는 규제샌드박스를 통해 제한된 범위에서 잠정적 허용 후 규제체계를 마련하는 식으로 구분하는 것이다.

(4) 학습능력 있는 규제시스템

디지털 전환은 디지털 기술을 통해 세계화를 급진전시키고 있다. 세계화

---

29 이와 같이 위험상황의 유형에 따른 규제의 차별화에 대한 일반론으로는 이원우, “혁신과 규제: 상호 갈등관계의 법적 구조와 갈등해소를 위한 법리와 법적 수단”, 『경제규제와 법』 통권 제18호, 2016.11, 12－13면, 17－18면 참조.

30 이러한 규제방식에 대하여는 Julia Black/Robert Baldwin, Really Responsive Risk－Based Regulation, 32 Law & Policy 181 (2010); Julia Black/Robert Baldwin, When risk－based regulation aims low: Approaches and challenges, Regulation & Governance (2012) 6, pp. 2－22; Deven McGraw/Alice Leiter, Risk－Based Regulation of Clinical Health Data Analytics, 12 Colo. Tech. L.J. 427 (2014); Julia Black/Robert Baldwin, Driving Priorities in Risk－based Regulation: What's the Problem?, JOURNAL OF LAW AND SOCIETY V. 43, N. 4, DECEMBER 2016, pp. 565－595 등 참조.

31 위험기반의 규제체계의 관점에서 개인정보보호법상 규제수단에 대한 분석과 구체적인 개선방안을 검토한 것으로는 이원우, “지능정보사회에 대응한 개인정보보호법제 개선 방향”, 『현대행정법의 이해』, 고 류지태교수 10주기 추모논문집 간행위원회, 박영사, 2018, 256－259면 참조.

는 국가 간 경쟁관계를 조성한다. 국제사회 내 체제경쟁에서 우월한 지위를 차지하기 위해서는 이른바 학습능력이 있는 체제 내지 제도를 만들어 가는 것이 중요하며, 법, 특히 규제법은 이러한 경쟁력 있는 체제를 형성하는 제도적 틀로 기능한다.[32] 여기서 학습능력이란 지속적으로 스스로를 개선하고 최적화할 수 있는 능력을 말한다.[33]

법제도가 자기학습능력을 갖추기 위해서는 법제도 집행 과정에서 규제자와 피규제자가 지속적인 소통을 통해 규제의 기준을 구체화하거나 합리화하고 불필요한 규제를 제거해 나가야 한다. 규제의 설계와 집행은 규제자와 피규제자 사이의 소통의 과정이 되어야 한다. 따라서 디지털 기술이라는 과학기술의 혁신이 사회발전의 동력으로 작동하는 디지털 전환 시기에 신기술 관련 규제는 실험과 시행착오에 열려있는 구조를 갖추어야 한다.[34] 혁신은 자유와 창의에서 나오는 것이므로, 개인과 시장의 역할이 충분히 발휘될 수 있는 인프라를 형성하는 게 체체경쟁에서 관건이 된다. 이렇게 형성된 경쟁력 있는 법제도는 그 국가의 경제적 사회적 문화적 역량을 강화할 뿐 아니라 국제사회의 규범을 형성하는 데 주도적 역할을 담당할 수 있게 할 것이다.

Ⅲ. 디지털 전환 시대에서 규제와 공법의 역할

1. 기본방향

디지털 전환 시대는 디지털 기술이라는 과학기술의 혁신이 사회발전의 동력으로 작동하는 시기이다. 과학기술의 혁신을 촉진하면서 이에 수반되는

32 체제경쟁에서 자기학습능력이 있는 법제도의 중요성에 대하여는 이원우, “21세기 행정환경의 변화와 행정법학방법론의 과제”, 『행정법연구』 제48호, 2017.2, 87면; Won-Woo Lee, Privarisierung als Rechtsproblem, 1997, S. 8-9 참조.

33 이러한 조직의 학습능력에 대한 이론과 실증연구에 대한 고전적인 연구로는 Thomas A. Kochan/Michael Useem (ed.), Transforming Organisation, 1992, 3면 이하, 391면 이하 참조.

34 이원우/김태호, 『디지털 경제 전환에 대응하는 경제규제체계의 전환』, 2021, 28면.

위험을 적절히 규제하는 것이 규제정책의 과제라 할 것이다. 혁신은 자유와 창의에서 나오며, 개인과 시장의 역할이 중요하다. 정부는 시장의 창의와 자유를 보장하여 혁신을 촉진하고 공정성을 담보하는 역할을 수행하여야 한다. 따라서 법제도가 혁신과 창조를 위한 제도적 인프라로서 기능하도록 하는 데 국가의 임무가 집중되어야 한다.[35] 정부는 시장의 존립을 가능하게 하는 사회정책, 공정한 법제도 집행 등 시장이 제기능을 발휘할 수 있는 전제조건을 충족시키기 위한 제도적 기반을 마련하는 것[36] 외에는 경제관계에 개입하는 데 특별한 정당화사유를 제시할 수 있어야 한다.

2. 디지털 신질서 규범의 형성과 국가의 역할

디지털 전환이라는 근본적인 변혁기를 맞이하면서 디지털 기술이 인류에 가져올 편익과 진보에 대한 기대도 있지만, 예상하지 못한 위험을 야기할 가능성에 대한 우려도 적지 않은 것이 사실이다. 따라서 인류역사를 통해 확립된 기본적 인권과 민주주의, 법치주의 원칙 등 보편적 가치와 원칙이 침해되어서는 안 된다는 점을 확인할 필요가 있다. 이러한 역사적 유산 위에 디지털 전환이 인류의 보편적 가치를 증진시킬 수 있는 질서규범을 확립해 나가야 할 것이다.

우리 정부는 2023년 9월 25일 「디지털 공동번영사회의 가치와 원칙에 관한 헌장」, 일명 「디지털 권리장전」을 발표하였는데, 이는 앞으로 형성해 나갈 디지털 질서의 방향을 제시한 것으로 평가된다. 「디지털 권리장전」은 앞으로의 바람직한 미래상으로 '디지털 공동번영사회'를 제시하고, 이를 실현하기 위해 i) 디지털 환경에서의 자유와 권리 보장, ii) 디지털에 대한 공정

35 법의 기능변화와 제도적 인프라로서 기능에 대하여는 이원우, "21세기 행정환경의 변화와 행정법학방법론의 과제", 2017, 94-96면 참조.

36 이러한 국가의 임무를 사회적 시장경제라는 틀에서 설명한 글로는 이원우, "헌법상 경제질서와 공생발전을 위한 경제규제의 근거와 한계", 『행정법학』 제4호, 2013.3, 1-47, 특히 12-34면 참조.

한 접근과 기회의 균등, iii) 안전하고 신뢰할 수 있는 디지털 사회, iv) 자율과 창의 기반의 디지털 혁신의 촉진, v) 국제사회의 연대 등 5대 기본원칙을 채택하였다. 이러한 「디지털 권리장전」은 다음과 같은 점에서 새로운 디지털 질서 정립을 위한 의미 있는 출발점이다.

첫째, 미래상으로 제시된 '디지털 공동번영사회'는 디지털 혜택을 추구하면서 그 혜택은 모두가 정의롭고 공정하게 향유하는 사회를 의미한다. 승자독식의 특성을 갖는 디지털 기술을 다루면서 '공동번영'을 방향으로 제시한 것은 혁신을 통한 번영과 혜택의 공유라는 가치 사이의 균형을 이루고자 한 것이다.

둘째, 개인의 권리 보장과 안전을 중심으로 구성해 온 여타의 국제적인 디지털 헌장들과 달리 '디지털 혁신'도 동시에 중요한 원칙으로 강조하고 있다. 이러한 '혁신지향'은 디지털을 통해 성장을 거듭해 온 우리의 경험을 담아낸 것으로 이해할 수 있다. 특히 제23조에서는 "디지털 혁신의 촉진을 위해 민간의 자율을 존중하는 합리적인 규제체계가 형성되어야 하며, 기술 발전 속도, 산업 성숙도, 사회적 수용성 등을 고려하여 불합리한 규제는 개선되어야 한다."고 규제정책의 기본 원칙을 천명하고 있다.

셋째, 개인의 권리 보장만이 아니라 디지털 사회에서 요구되는 질서를 형성하는 사회적 원칙과 책임도 함께 규정하고 있다. 과거와는 달리 국가와 국민, 기업이 국제적 차원에서 영향력을 주고받는 상황에서, 개인의 권리 보장에 대한 국가의 약속만으로는 새로운 디지털 사회의 질서 규범을 담아낼 수 없다는 인식에 따른 것이다. 이러한 취지는 그 명칭에서도 나타나는데, 당초 시안에서 「디지털 권리장전」이라고 했던 것을 「디지털 공동번영사회의 가치와 원칙에 관한 헌장」으로 변경한 이유도 여기에 있다.

넷째, 인류 보편의 디지털 국제규범 확립을 위해 국제사회의 연대와 협력을 제안하고 있다.[37] 디지털 세계는 물리적 국경의 제한이 없고 주권국가

37 제28조(디지털 국제규범 등을 위한 협력) 국가는 국제사회와 협력하여 보편적인 디지털 국제규범의 형성과 집행, 디지털 위험에 대한 대응 등을 위한 글로벌 협력 거버넌스 구축을 위해

의 통제력이 미치지 못하는 경우가 많기 때문이다. 글로벌 차원의 디지털 규범 논의가 전개되고 있는 시점에서 우리가 지향하는 디지털 질서를 세계에 제시하고 글로벌 협력 거버넌스 구축을 제안한 것은 국제규범 형성에서 주도적 역할을 수행하려는 의지의 표명으로 읽힌다.

다섯째, 「디지털 권리장전」의 수립 과정에서 정부가 일방적으로 방향을 제시한 것이 아니라 각계각층의 다양한 의견을 들으며 우리 사회에 축적된 경험과 철학을 담아내었다는 점에서 그 의미가 크다. 분야별 디지털 석학 · 전문가들이 참여하는 '디지털 소사이어티'와 다양한 이해관계자가 함께 참여하는 '디지털 신질서 협의체'는 디지털 권리장전에 포함될 내용과 방향을 검토하는 데 주도적인 역할을 해왔으며, 관련 학회 공동연구, 현장간담회, 디지털공론장 개설 등을 통해 시민사회의 의견을 충실히 반영하였다.

「디지털 권리장전」이 제시한 새로운 디지털 질서를 실제로 구현하려면, 앞으로 디지털 심화시대에 맞는 분야별 규범을 체계적으로 만들어야 하는 과제가 남겨져 있으며, 여기서 공법학의 주도적 역할이 요구된다.

3. 디지털 전환 시대에서 국가의 역할과 공법적 규제의 쟁점

디지털 전환은 사회 전 분야에 걸쳐 총체적으로 진행되기 때문에 국가 및 공공부문이나 민간부문 모두를 변화시킨다. 다만 공공부문과 민간부문을 지배하는 기본 원리에는 근본적인 차이가 존재하며, 이에 따라 국가 내지 공법의 역할이 문제되는 계기나 측면이 상이하므로 민간부문에서 공법의 역할과 공공부문에서 공법의 역할은 따로 살펴볼 필요가 있다.

민간부문을 지배하는 기본원리는 '사적 자치'이다. 모든 규범적 관계는 기본적으로 사인간의 합의에 의해 결정되는 것이 원칙이다. 따라서 규범내용의 형성에서도 개인의 자유와 창의가 주도하며, 시장에서의 경쟁에 의해 자원이 배분되는데, 경쟁(가격과 시장기재를 통한 경쟁)은 차별화에 의해 이루어

노력하여야 한다.

진다. 즉 민간부문에서는 차별의 자유가 보장되어 있다. 차별행위의 적절성은 시장과 경쟁에 의해 통제된다.

이에 반하여 공공부문에서는 합법성의 원칙이 지배한다. 개인 사이의 합의가 아니라 기본권, 평등원칙, 민주적 통제 등 공법상 기본원칙과 법령에 의해 규율된다. 특히 공공부문에서 요구되는 민주적 통제와 법치주의 원칙은 이유제시, 의견청취, 정보공개와 투명성 등 절차법적 원리를 정당화 근거로 요구하며, 행위주체인 행정조직에 대하여 이른바 행정조직법정주의에 의한 통제도 요구된다.

아래에서는 이러한 민간부문과 공공부문의 기본원리의 차이를 고려할 때 디지털 기술의 발전으로 인해 새로이 제기되는 대표적인 법적 쟁점을 검토하기로 한다. 민간부문에서는 디지털 전환에 따라 디지털 플랫폼이 수행하게 된 역할을 고려할 때 종래 물리적 세계에서 공익산업에 해당하는 기능을 수행하는 것이 아닌지, 그렇다면 그에 상응하는 규제가 적용되어야 하는 것은 아닌지라는 규제이슈가 중요한 쟁점으로 논의되고 있다. 공공부문에서는 공적 의사결정 과정에 인공지능이 활용될 수 있는 범위와 한계에 대한 문제가 중요한 쟁점으로 떠오르고 있다.

(1) 디지털 플랫폼 규제

최근 디지털 플랫폼을 전통적인 공익산업에 비교하여 규제 필요성을 논하는 문헌이 나타나고 있다. 대표적으로 바이든 행정부에서 미국연방공정거래위원회(FTC) 위원장으로 임명된 Lina M. Kahn은 이런 관점에서 디지털 플랫폼 규제를 정당화하고 있다.[38] 이에 대하여 디지털 플랫폼은 공익산업의 성격을 가지지 못하고 있으므로 공익목적의 규제는 합리적 근거가 없다는 견해도 있다.[39] 이하에서는 공익산업으로 인정되기 위한 요건을 살펴보고 이

38 Lina A. Kahn, Note, Amazon's Antitrust Paradox, 126 Yale Law Journal 710 (2017), 797–800.

39 Christopher Yoo/Giovanna Massarotto, Are Digital Platforms Public Utilities?–Lessons from the Concept's Historical Foundations in U.S. Law, 『경제규제와 법』 제15권 제1호(통

에 근거하여 디지털 플랫폼을 공익산업의 관점에서 규제하려는 주장의 타당성을 검토한다.

공익산업(public utility)이란 전기, 가스, 물, 통신 등 국민의 기본적 생활수요를 충족시키기 위한 것으로서 공익적 성격이 강하고(공익관련성) 독점적인 사업으로서 진입규제, 공급강제, 가격규제, 차별금지 등의 강한 규제를 적용받는 사업을 말한다.

공익산업은 사업에 따라 그리고 국가의 역사적 발전 양상에 따라 다르지만, 대부분의 나라에서 대부분의 공익산업은 역사적으로 공공부문－주로 지방자치단체－에서 제공되었던 서비스이다. 그러나 오늘날 민간이 제공하는 서비스 가운데 경제사회적 생활의 진보에 필수적인 핵심기능을 수행하는 영역이 확대되고 있으며, 이로 인해 민간부분은 강력한 공적 요소를 지닌 역할을 수행하게 된다.[40] 따라서 오늘날 민간부문에서 제공하는 서비스도 그 성격에 따라 공익관련성을 강하게 가질 수 있다.

공익산업으로 분류되는 사업은 일반적으로 매우 강한 규제를 받게 되기 때문에, 어떤 요건을 갖출 때 공익산업의 성격을 가지게 되는지가 매우 중요하다. 어떤 사업이 공익산업에 해당하여 규제를 받는지에 대해서는 일반적으로 사업의 공익관련성과 독점성을 요건으로 보는데,[41] '공익적 성격'이라는 개념은 매우 모호하다.[42] 예컨대 쌀판매, 가축사육, 장례관련 사업 등도 모든 국민의 기본적 생활수요를 충족하기 위해 필수적이지만 공익산업으로 분류하여 규제하지는 않는다. 경제생활에 '필수적인' 재화 또는 서비스라고 이해한다면 철강, 자동차, 반도체산업 등 공익적 성격이 덜하다고 보기 어려운 분야가 다수 존재한다. 공익사업의 대상서비스는 필수적이고 광범위하게 사

권 제29호), 2022.5, 9－19면 참조.

40 H. Woolf, "Public Law－Private Law: Why the Devide?", Public Law 1986, 220－238 참조.

41 이에 대하여는 Christopher Yoo/Giovanna Massarotto, Are Digital Platforms Public Utilities?－Lessons from the Concept's Historical Foundations in U.S. Law, 『경제규제와 법』 제15권 제1호(통권 제29호), 10－16면 참조.

42 이에 대하여 상세한 설명은 Christopher Yoo/Giovanna Massarotto, Are Digital Platforms Public Utilities?－Lessons from the Concept's Historical Foundations in U.S. Law, 『경제규제와 법』 제15권 제1호(통권 제29호), 13－14면 참조.

용되며 다른 적절한 대체재가 존재하지 않는 성질을 가진다는 점을 추가할 수 있지만, 이 역시 공익산업규제의 대상이 되어 왔던 사업군과 다른 사업군을 명확하게 구별해 주기는 어렵다. 결국 공익관련성은 공익산업으로 성립하기 위한 필요적 요건일 수는 있지만 충분조건이 될 수는 없다. 제임스 본브라이트(James Bonbright)에 따르면, 공익사업규제를 정당화하기 위해서는 당해 '상품의 필요성'만으로는 안 되고 '규제의 필요성'이 존재하여야 한다.

규제의 필요성은 어떻게 인정될 수 있는가? 이 점에서 강력한 규제의 대상으로서 공익산업으로 인정되기 위한 핵심적인 요건은 독점성이다.

전통적 공익산업은 자연독점적 성격을 가진다. 자연독점의 의미는 다의적일 수 있지만, 규모가 증가할수록 단위비용이 감소하고 이에 따라 독점기업에 의할 때 효율적이고 저렴한 서비스 제공이 가능하게 된다. 특히 역사적으로 공익산업으로 분류되어 강한 규제대상이 된 사업들(전기, 가스, 물, 통신 등)은 모두 지역독점적 성격을 가진다. 생산설비와 이용자의 소재지 사이에 필연적으로 긴밀한 연관성을 가진다는 의미이다. 물론 생산시설은 국가 전체 또는 세계를 대상시장으로 할 수 있지만, 서비스의 분배시스템은 지역적으로 제한된 영역을 대상으로 할 수밖에 없다. 이 제한된 시장에서 복수의 사업자들이 경쟁하는 경우에는 설비의 중복 등으로 생산비용이 증대하게 될 것이다. 특히 고정비용이 크고 경쟁이 치열해질 경우, 가격을 가변비용까지 낮추게 되어 파괴적 경쟁이 일어날 수 있다. 이러한 독점성으로부터 공익산업에 대한 규제가 정당화되었으나 기술의 발전으로 이러한 전통적 공익산업 영역에서도 과거의 독점이론이 정당화되기 어렵다는 주장이 제기되기도 한다.

앞에서 설명한 바와 같이 디지털 전환 시대의 핵심적인 특징은 공간개념의 변화이고 이러한 공간 개념의 변화는 경쟁의 관념이나 시장지배력의 개념에 변화를 필연적으로 가져온다. 물리적 제약에서 벗어난 디지털 공간에서는 물리적 시장에서의 지배권과는 달리 언제나 잠재적 도전자의 경쟁에 노출되어 있고, 특히 디지털 공간에서는 글로벌 사업자와 경쟁관계에 있다는 점에서 전통적인 공익산업규제의 근거로 제시된 독점성을 인정하기는 어려울 것이다.[43] 더욱이 국내에서 지배적 영향력을 행사하는 디지털 플랫폼은 국내시장에서의 경쟁관계와 글로벌 사업자와의 경쟁관계를 동시에 가지고 있는 이중적 지위를 가지고 있다는 점에서 전통적인 개념의 시장지배력을 인정하기 어려울 것이다.

(2) 공공부문에서 인공지능의 활용문제

디지털 전환 시대의 기술적 특징으로 빅데이터, 인공지능, 사물인터넷, 클라우드 컴퓨팅, 블록체인, 네트워크 고도화, AR/VR 등이 거론된다. 이러한 기술적 특징들은 데이터 전환 시대에 민간사업, 정부, 의료, 교육 등 여러 분야에서 혁신과 발전을 이끌어내는 데 중추적 역할을 수행한다. 그 중에서 인공지능은 위에 열거된 여타의 기술들의 통합된 역량을 통해 구현되는 디지털 기술의 종합이며, 개인의 삶과 기업, 정부 등 모든 사회시스템 전반에 지대한 영향을 끼칠 수 있는 디지털 전환 시대의 게임체인저이기도 하다.

중국 인공지능 Ernie와 ChatGPT가 정치적으로 민감한 내용의 동일한 질문에 어떻게 답변하는지에 관한 최근 뉴욕타임즈 기사는,[44] 인공지능의 처리과정에 편견의 개입이 기술적으로 얼마든지 가능하다는 것을 여실히 보여주고 있다. 인공지능을 활용하여 공적 의사결정을 어디까지 할 수 있을지에 대한 근본적인 의문은 인공지능의 학습 및 결과산출 과정의 공정성 내지 객관성에 대한 신뢰문제에서 제기된다. 민간부문에서의 의사결정은 시장에 의해 평가되고 통제될 수 있지만, 아래에서 살피는 바와 같이 공공부문에서는 인공지능의 활용이 공법상 중요한 원리를 훼손할 우려가 존재한다. 따라서 공공부문에서 인공지능의 활용을 부인하기 위해서가 아니라 인공지능을 활용할 때 예견되는 문제를 명확하게 하여 이에 대한 대응책을 마련하기 위해

---

43 이와 유사한 관점에서 결론적으로 같은 견해를 제시하는 문헌으로는 Christopher Yoo/ Giovanna Massarotto, Are Digital Platforms Public Utilities?—Lessons from the Concept's Historical Foundations in U.S. Law, 『경제규제와 법』 제15권 제1호(통권 제29호), 17면 참조.

44 What Happens When You Ask a Chinese Chatbot About Tiwan?, NYT 2023.7.14.

그 문제점에 대한 면밀한 검토가 필요하다.

그밖에 인공지능은 여러 측면에서 어려운 윤리적 법적 문제를 제기하고 있지만, 공공부문에서의 인공지능 활용은 공공부문을 지배하는 공법원리에 비추어 특별한 문제를 추가적으로 제기하고 있다. 앞에서 언급한 바와 같이 민간부문에서와는 달리 공공부문에서는 합법성의 원칙이 지배하며, 평등원칙과 기본권보장과 같은 실체법원리는 물론 절차법적 원리가 준수되어야 하고 행정조직법정주의에 의한 조직법적 통제도 존재한다. 공공부문의 의사결정과 그에 기초한 공공서비스의 제공과정에 이러한 공법상의 기본원리가 준수되지 못할 가능성에 대한 우려가 제기되고 있다.

우선 실체법적 측면에서 인공지능에 의한 개인맞춤형 서비스 제공이 평등원칙에 반할 수 있다는 문제 제기가 가능하다. 예컨대 공공급부 제공의 구체적 내용을 개인별 맞춤형으로 개별적으로 상이한 급부가 제공된다면 그러한 급부제공의 차이가 평등원칙에 반하는 것은 아닌지 의문이 제기될 수 있다. 공공부문에 활용되는 인공지능의 알고리듬에 대해서는 투명성 요구가 강화될 수 있다.

특히 공공부문의 의사결정과정에는 행정절차법이 적용된다는 점이 민간부문과 크게 다른 점이다. 행정절차법상 행정처분을 하기 위해서는 사전통지, 이유제시, 의견청취 등의 절차를 거쳐야 하는데, 인공지능의 결정의 이유를 제시하기 어렵기 때문에 이유제시의무를 이행할 수 없다는 점이 특히 문제로 논의되고 있다.

행정조직법정주의는 행정의 전문성과 책임성을 보장하기 위해 행정권한의 배분을 명확하게 할 것을 요구한다. 그런데 플랫폼정부를 구축하여 복수부처의 업무가 하나의 인공지능을 통해 일원화되어 처리될 경우 국민의 입장에서 보면 하나의 결정에 실제로는 여러 행정청이 간여하게 되어, 책임소재가 불명확해질 수 있다. 기술적인 문제일 수 있지만, 행정소송의 피고를 행정청으로 규정하고 있는 우리나라의 경우 행정소송의 피고를 어떻게 특정할 것인지도 문제될 수 있다.[45]

한편 행정기본법 제20조는 자동적 처분이라는 제하에 "행정청은 법률로 정하는 바에 따라 완전히 자동화된 시스템(인공지능 기술을 적용한 시스템을 포함한다)으로 처분을 할 수 있다. 다만, 처분에 재량이 있는 경우는 그러하지 아니하다."고 하여 인공지능의 활용의 가능성을 규정하면서도 재량행위에 대해 일정한 한계를 설정하고 있다.[46] 이 규정의 취지를 고려할 때, 재량행위의 경우에는 인공지능에 전적으로 의존하여 결정을 내리는 것은 금지된다. 기속행위의 경우 법령의 해석상 오로지 유일한 적법한 처분만 가능하기 때문에 인공지능에 전적으로 의존하는 처분도 허용된다. 재량행위라도 완전히 자동화된 시스템이 아니라면 인공지능을 활용하여 일차적인 처분안을 마련하는 등의 조력을 얻는 것은 가능할 것이다.

Ⅳ. 규제패러다임의 문화적 요인: 규제관행, 행정문화, 국민의 법감정(국민정서)

1. 규제 패러다임 전환을 위한 노력과 성과

그동안 우리나라는 디지털 전환에 따른 규제패러다임의 변화에 부응하기 위해 많은 노력을 기울여 왔다. 디지털 전환 시대에 규제의 기본방향으로 유연하고 탄력적으로 운영가능한 규제(규제형평제도 도입, 민첩한 규제), 네가티브방식의 규제, 위험기반 규제, 자율규제[47]의 활성화 등이 제안되고 있으며, 이러한 기본방향에 대하여는 어느 정도 사회적 합의가 형성되어 있다고 말할 수도 있을 것이다.[48] 과학기술의 혁신을 촉진하기 위한 유연한 규제제

45 물론 이 문제는 행정소송법을 개정하여 피고를 국가 또는 지방자치단체로 변경하면 해결될 수 있을 것이다.

46 자동적 처분에 관한 행정기본법 제20조의 문제점에 대한 연구로는 유동훈, "재량 영역에서의 자동적 처분에 관한 연구-행정기본법 제20조 단서를 중심으로", 서울대학교 석사학위논문, 2023.2. 참조.

47 자율규제의 중요성에 대하여는 이원우, "21세기 행정환경의 변화와 행정법학방법론의 과제", 2017, 94면; 이원우, "규제국가의 전개와 공법학의 과제", 2021. 11, 24-25면 참조.

도를 만들고자 하는 이러한 노력은 실정법제도의 제정과 개정을 통해서도 수용되어 왔다.

우선, 2018년 행정규제의 일반법이라 할 수 있는 「행정규제기본법」 제8조의2(소상공인 등에 대한 규제 형평)를 신설하여 '규제형평제도'를 극히 제한적인 범위에서나마 도입하였다. 이에 따르면, "중앙행정기관의 장은 규제를 신설하거나 강화하려는 경우 「소상공인기본법」 제2조에 따른 소상공인 및 「중소기업기본법」 제2조제2항에 따른 소기업에 대하여 해당 규제를 적용하는 것이 적절하지 아니하거나 과도한 부담을 줄 우려가 있다고 판단되면 규제의 전부 또는 일부의 적용을 면제하거나 일정기간 유예하는 등의 방안을 검토하여야 한다."

또한 2019년에는 「행정규제기본법」 제5조의2를 신설하여 '우선허용 · 사후규제'라는 제하에 신기술의 발전을 고려한 규제원칙을 선언하였다. 이에 따르면, 신기술을 활용한 새로운 서비스 또는 제품과 관련된 규제를 법령등이나 조례 · 규칙에 규정할 때, 네거티브 규제(제1호), 포괄적 규제(제2호), 탄력적 규제(포괄적 규제, 제3호), 사후규제(제4호) 등 네 가지 규제방식을 우선적으로 고려하여야 한다.[49] 이들 네 가지 규제원칙은 규제혁신4법[50]에서 신속처리절차, 임시허가, 실증을 위한 규제특례 등을 통해 구현되고 있으며, 금융혁신법을 제외한 다른 법률에서는 이를 "우선허용 · 사후규제 원칙"이라는 제하의 일반원칙규정을 통해서도 재확인하고 있다.

---

48 예컨대 이원우, "규제국가의 전개와 공법학의 과제–과학기술혁신에 따른 공법적 대응을 중심으로", 『경제규제와 법』, 제14권 제2호(통권 제28호), 2021.11, 19–25면; 이원우/김태호, 『디지털 경제 전환에 대응하는 경제규제체계의 전환』, 2021, 30–43면; 양천수, "제4차 산업혁명과 규제형식의 진화", 『경제규제와 법』 제12권 제2호(통권 제24호), 2019.11, 154–172면, 특히 160–169면 참조.

49 이들 원칙의 의의와 이론적 근거에 대하여는 이원우, "규제형평제도의 구상–좋은 규제 시스템 구축을 위한 제언", 『행정법연구』 제27호, 2010.8, 1–47면; 이원우, "혁신과 규제: 상호 갈등관계의 법적 구조와 갈등해소를 위한 법리와 법적 수단", 『경제규제와 법』 제9권 제2호(통권 제18호), 2016.11, 7–29면, 이원우 외, 『4차 산업혁명 시대의 기술혁신과 규제정책』, 2019, 2–38면) 등 참조.

50 '규제혁신 4법'이란 「산업융합촉진법」, 「정보통신 진흥 및 융합 활성화 등에 관한 특별법」, 「규제자유특구 및 지역특화발전특구에 관한 규제특례법」, 「금융혁신지원특별법」 등 4개 법률을 말한다.

2018년에는 이른바 '규제혁신 5법'[51]이 개정되어 '규제프리존제도', '규제샌드박스 제도' 등을 도입하여 2019년부터 시행하고 있는데, 5년여가 지난 2024년 9월 8일 현재 총 1,311건(실증특례 1,134건, 임시허가 116건, 적극해석 61건)의 신청이 받아들여져서 적어도 양적으로 활발하게 활용되고 있다.[52] 이에 더하여 최근에는 「스마트도시 조성 및 산업진흥 등에 관한 법률」, 「자율주행자동차 상용화 촉진 및 지원에 관한 법률」, 「드론 활용의 촉진 및 기반조성에 관한 법률」 등 개별 법률에서 규제특례제도를 도입하여 그 적용영역이 점차 확산되고 있다.

이러한 노력에도 불구하고 이러한 원칙규정들이 선언적인 상태에 머무를 뿐, 구체적인 제도형성이나 집행에 실효적으로 적용되지 못하고 있는 것이 현실이다.[53] 이하에서는 이러한 문제상황과 그 원인을 사례를 통해 살펴보고, 디지털 전환 시대라는 현단계에서 올바른 규제 시스템 내지 규범체계를 확립하기 위해 요구되는 과제를 검토하기로 한다.

2. 위험, 리스크에 대한 규제관행, 행정문화, 국민의 법감정

(1) 문제제기

네가티브 규제와 포지티브 규제 중 어느 제도가 바람직한지는 일률적으로 말 할 수 없다. 개개 규제제도의 내용, 목적, 구체적 규제수단 등에 따라 판단할 일이다. 그러나 위에서 살펴본 바와 같이, 디지털 기술혁신이 지배하는 상황에 대처하고자 우리는 행정규제기본법을 개정하여 신기술 관련한 규

51 '규제혁신 5법'이란 '규제혁신 4법'에 「행정규제기본법」을 포함하여 지칭한 것이다.

52 https://www.sandbox.go.kr/sandbox.SandboxTaskSlPL.laf 대한민국 공식 전자정부 누리집 "규제샌드박스" (검색일시 2024.9.8. 17:07).

53 이러한 이른바 "한국형 규제 샌드박스"의 제도설계에서부터 콘트롤타워의 부재로 인한 문제점을 해결하기 위한 통합법의 제정을 비롯하여 여러 가지 문제점이 지적되고 있으나 여기서는 자세한 논의는 생략한다. 이에 대하여 상세한 논의는 이원우, "신융합산업 활성화를 위한 규제개혁입법의 현황과 과제", 『경제규제와법』 제12권 제2호(통권 제24호), 2019.11, 137-153면, 특히 147-149면; 박철우, "혁신촉진에 관한 규제법적 연구-규제샌드박스를 중심으로", 서울대학교 박사학위논문, 2022.8. 참조.

제에서 원칙허용 예외적 금지 원칙(네가티브 규제), 포괄적 규제 등을 도입하였고, 개별 규제개혁입법을 통해 규제샌드박스제도를 도입하여 유연하고 탄력적인 규제시스템을 입법적으로 채택하였다. 그럼에도 불구하고 여전히 우리나라의 규제 패러다임은 전반적으로 디지털 전환 시대에 부응한다고 보기 어렵다.

위험과 리스크에 대한 규제관행, 행정문화, 나아가 국민의 정서 속에는 네가티브 시스템에 대한 불신과 소극적 태도가 강하게 남아 있다. 규제기관 측의 행정문화 내지 규제관행은 자신의 규제권한에 대한 조직이기주의적 태도도 작용하고 있음을 부인하기 어렵다. 국민정서 속에 남아 있는 부정적 소극적 태도는 시장과 제도에 대한 불신에 기인하는 것인데, 이러한 불신이 신기술의 편익과 위험에 대한 주관적 평가에 영향을 미치는 경우가 발생하는 것으로 보여진다.

(2) 원격의료의 사례

원격의료(비대면 진료) 규제에 관한 최근의 사례는 이러한 현실을 잘 설명해준다.

디지털 기술의 발전에 따라 원격의료는 대부분의 선진국에서 허용되고 있고, 발전된 디지털 기술을 가지고 있는 우리나라의 경우 오래전부터 원격의료에 대한 요구가 제기되어 왔다.[54] 그러나 현행 의료법은 원격의료(비대면 진료)를 원칙적으로 금지하고 있으며,[55] 이에 따라 원격의료 관련 기술 개발, 의료기기 제조, 원격의료 서비스 제공 등 관련자들은 해외에서 사업을 하거나 해외 업체에 기술을 넘기는 예도 많이 발생하였다.

원격의료는 의료접근성 제고를 통한 국민 편익증진, 의료취약계층을 비

54 원격의료규제의 문제점과 해외사례 등에 대하여 상세한 내용은 이정은, "원격의료에 관한 공법적 연구", 서울대학교 법학박사학위논문, 2021.2 참조.

55 의료법 제33조에 따르면 의료인은 의료기관 내에서 의료업을 수행하여야 하며, 제34조에 따라 의료인 상호간에 의료지식과 기술을 지원하는 경우를 제외하고는 원격의료를 할 수 없도록 규정하고 있다.

롯해 누구에게나 시간적 공간적 제약 없는 의료기관 이용 보장(특히 만성질환자의 의료이용 확대), 상시 모니터링한 건강정보를 이용한 맞춤형 의료서비스 제공 등 많은 장점을 가지고 있다. 이에 대하여 반대론은 오진가능성, 해킹 등에 의한 처방전 변형위험, 개인정보 유출가능성, 임상적 안정성 유효성에 대한 검증 미흡, 의료기관 양극화 심화(대형 의료기관으로 집중) 등을 문제점으로 지적하고 있다.

비대면 진료의 위험성에 대한 우려 자체는 타당성이 있는 주장이지만, 과연 이러한 우려가 얼마나 현실적 위험에 근거하고 있는지 살펴볼 필요가 있다. 코로나19 대유행으로 인한 위기 '심각' 단계에서 감염병예방법 제49조의3 제1항에 근거하여 2023년 4월말까지 지난 약 3년여 동안 1,419만명을 대상으로 3,786만건의 비대면 진료가 시행되었다.[56] 그러나 해킹으로 인한 처방전 조작, 개인정보유출, 오진으로 인한 피해 등 반대론의 우려가 현실화되었다는 보고는 존재하지 않는다.

2023.5.31. 코로나19 위기 단계가 하향되면서 심각 단계에서만 허용되는 비대면 진료는 법적 근거를 상실하게 되었다. 지난 3년간의 경험을 토대로 원격의료를 합법화하려는 시도는 의약사단체의 강력한 저항에 부딪혀 실패하였고, 이에 정부는 2023년 6월부터 보건의료기본법 제44조에 따른 시범사업으로 전환하여 실시하되, 의료 취약 계층을 제외하고 재진일 경우에만 비대면 진료를 받을 수 있게 제한하였고 약 배달은 금지하였다. 시범사업 전환 후 환자의 비대면 진료 요청이 의료기관으로부터 거부 또는 취소된 비율이 시범사업 이전보다 5배가량 늘었고, 시범사업 후 이용 건수 절반으로 감소하였다고 보고되고 있다.

(3) 평 가

비대면 진료가 야기할 수 있는 잠재적 위험성에 대한 우려 자체를 근거가 없다고 할 수 없고, 예외적인 상황에서 실제로 그런 위험이 발생할 수도

---

56 보건복지부, 비대면진료 시범사업 대국민 안내자료, 2023.6, 1면.

있을 것이다. 그러나 원격진료를 금지할 정도로 위험하다고 할 수 있겠는가? 지난 3년간 1,500만명의 국민이 4,000만건의 비대면진료를 경험했고 염려하던 위험이 현실화되지도 않은 상태라면, 일단 원격진료 자체는 허용을 하고 혹시라도 위험이 발생할 경우 사후규제를 할 수 있는 방안을 모색하는 것이 국민의 의료편의성과 의료 질의 향상이라는 관점에서 타당한 접근방법일 것이다.

사실 기술혁신과 규제의 갈등관계는 경쟁자갈등형, 기본권충돌형, 가치갈등형 등 다양한 원인으로 분류할 수 있지만, 양적으로 대부분을 차지하는 것은 신기술을 활용한 신규진입자와 기존 사업자 사이의 영업권을 둘러싼 경쟁자갈등형이다.[57] 경쟁자갈등형의 이해충돌은 기본적으로 소비자 효용 극대화라는 관점에서 조정되어야 한다. 특히 기존 사업자는 신기술의 위험성을 과대평가하고 그 편익은 과소평가할 유인이 강하다는 점을 유의하여야 한다.

과학기술의 혁신으로 인한 규제 갈등의 역사를 살펴보면, 과학기술의 혁신은 상품과 서비스만이 아니라 산업구조 자체를 변혁하고, 이 과정을 통해 인류사회는 진보를 성취해 왔다.[58] 새로운 기술혁신에 수반된 위험을 면밀하게 분석하고 제어하여야 하지만, 그것이 혁신을 금지하기 위해서가 아니라 혁신을 수용하기 위한 노력이어야 할 것이다.

3. 소결: 행정문화, 규제관행, 국민정서 극복을 위한 제도 개선방향

위의 사례는 위험에 대한 평가가 합리적 근거에 터잡아 이루어지는 것만은 아니라는 점을 보여준다. 필자는 이 근저에 신기술의 도입으로 인한 위

---

57 이에 대하여 상세한 설명은 이원우, "혁신과 규제의 갈등관계에 관한 법적 분석", 이원우 외, 『4차 산업혁명 시대의 기술혁신과 규제정책』, 홍문사, 2019, 10-17면 참조, 이에 따르면 경쟁자갈등형은 다시 동일상품 경쟁형과 대체재 경쟁형으로 구분할 수 있다.

58 과학기술혁신과 규제가 충돌하였던 역사와 그 교훈에 대해서는 이원우, "혁신과 규제의 갈등관계에 관한 법적 분석", 이원우 외, 『4차 산업혁명 시대의 기술혁신과 규제정책』, 홍문사, 2019, 4-6면 참조,

험을 대하는 행정문화, 규제관행, 국민정서가 강하게 자리잡고 있다고 생각한다. 물론 이러한 주장은 아직 가설에 불과할 수 있다. 이에 대한 과학적이고 실증적인 연구가 뒷받침되어야 할 것이다. 이러한 문화적 현상의 근저에 있는 것은 불신이다. 우리 사회는 규제정책에 있어서 지대한 신뢰비용을 지불하고 있다. 이 불신에는 제도입안자들에 대한 피규제자 또는 규제수익자들의 불신과 피규제자에 대한 제도입안자들의 불신을 모두 포함한다. 불신을 해소하기 위한 최선의 방안은 소통이다. 그런데 개인적 차원의 주관적 심리적 불신이 아니라 사회적 집단적으로 구조화된 불신을 특정한 법제도의 개선만으로 즉시 시정할 수는 없다. 그러나 구조화된 불신은 구조적인 대응, 제도적 대응이 없이 해소될 수도 없을 것이다. 제도적으로 소통을 강화하는 방법은 정확하고 풍부한 자료제공, 투명성과 절차보장, 광범위한 이해관계자 참여 보장 등을 통해서 이루어질 수 있다.[59] 여기서 소통이란 기술혁신이 가져오는 편익과 잠재되어 있는 위험 사이의 긴장관계에서 적절한 균형을 찾는 것이며, 누가 어떤 절차를 거쳐 결정할 것인가라는 거버넌스의 문제이다.[60]

Ⅴ. 맺음말

인공지능을 필두로 한 디지털 기술의 진화가 앞으로 인류사회를 어떻게 변화시킬지 예견할 수는 없다. 어느 경우든 과학기술의 혁신은 법제도적 틀에 의해 영향을 받고 법제도의 변화를 야기하기도 한다. 과학기술의 혁신과

59 이것은 신기술에 직면한 사회에서 민주적 거버넌스 문제이며, 위험배분에 있어서 세대간, 계층간 배분적 정의와도 관련된 문제이다. 이러한 관점에서 새로운 기술에 대한 규제에서 리스크와 배분적 정의의 문제를 다루는 글로는 Maria Paola Ferretti, “Risk and Distributive Justice: The Case of Regulating New Technologies”, Sci Eng Ethics (2010) 16, pp. 501–515 참조.

60 이러한 거버넌스의 개선방향에 대하여는 다른 글에서 상세하게 다루었으므로 여기서는 생략한다. 이원우, “혁신과 규제의 갈등관계에 관한 법적 분석”, 이원우 외, 『4차 산업혁명 시대의 기술혁신과 규제정책』, 홍문사, 2019, 24–26면 참조,

그것이 가져오는 영향은-그것이 혜택이든 위험이든-언제나 한편으로는 과대평가되고 다른 한편으로는 과소평가되는 경향이 있다. 올바른 법제도는 과학기술의 혁신을 촉진하면서 위험을 적절하게 통제하여야 한다. 이러한 긴장관계의 균형추 역할을 하는 것은 과학기술과 법제도 모두의 근원인 인간의 이성이다. 글을 맺으며 두 가지 점을 언급하고자 한다.

첫째, 인간의 이성적 판단은 인간의 인식능력에 한계가 있다는 점을 인정하는 데서 출발하여야 한다. 우리는 미래를 모두 예측할 수 없다. 규범을 만들면서 미처 예측하지 못한 상황이 발생할 수밖에 없고, 과학기술의 발전은 이를 가장 극명하게 보여준다. 따라서 과학기술의 발전을 담아낼 수 있는 유연한 규범형식이 필요하다. 규제형평제도의 도입이 긴절한 이유다.

둘째, 개인과 사회의 의사결정이 합리적 이성에 지배되는 것은 아니다. 한국어 '理性'은 '성정을 다스림' 내지는 '정념의 통제'를 뜻한다. 이성이라는 단어 자체에 인간의 내면에는 이성이 아닌, 다스려지고 통제되어야 하는 성정이 있다는 의미를 담고 있다는 것이다. 우리의 행정문화, 규제관행, 국민정서라는 현상 속에서 이러한 성정은 없는지, 이것을 여하히 제어할 수 있을지에 대한 고민이 필요하다. 긴장관계의 균형추를 잃지 않으려면, 합리적 판단에 영향을 주는 성정-우리 사회의 구조화된 불신-을 다스리기 위한 부단한 노력이 있어야 할 것이다.

참고문헌

1. 국내문헌

- 김태오, "제4차 산업혁명의 견인을 위한 규제 패러다임 모색", 이원우 외, 『4차 산업혁명 시대의 기술혁신과 규제정책』, 2019.
- 박철우, "혁신촉진에 관한 규제법적 연구－규제샌드박스를 중심으로", 서울대학교 박사학위논문, 2022.8.
- 양천수, "제4차 산업혁명과 규제형식의 진화", 『경제규제와 법』 제12권 제2호(통권 제24호), 2019.11.
- 유동훈, "재량 영역에서의 자동적 처분에 관한 연구－행정기본법 제20조 단서를 중심으로", 서울대학교 석사학위논문, 2023.2.
- 이원우 외, 『4차 산업혁명 시대의 기술혁신과 규제정책』, 2019.
- 이원우, "21세기 행정환경의 변화와 행정법학방법론의 과제", 『행정법연구』 제48호, 2017.2.
- 이원우, "규제개혁과 규제완화: 올바른 규제정책 실현을 위한 법정책의 모색", 『저스티스』 통권 제106호, 2008.9.
- 이원우, "규제국가의 전개와 공법학의 과제－과학기술혁신에 따른 공법적 대응을 중심으로", 『경제규제와 법』, 제14권 제2호(통권 제28호), 2021.11.
- 이원우, "규제완화와 규제개혁", 「저스티스」 제106호, 2008.9.
- 이원우, "규제형평제도의 구상－좋은 규제 시스템 구축을 위한 제언", 『행정법연구』 제27호, 2010.8.
- 이원우, "식품안전규제법의 일반원리와 현행법제의 개선과제", 이원우 편, 『식품안전법연구I』, 2008.
- 이원우, "신융합산업 활성화를 위한 규제개혁입법의 현황과 과제", 『경제규제와법』 제12권 제2호(통권 제24호), 2019.11.
- 이원우, "우리나라에서 방송통신융합에 따른 규제체계의 문제점과 개선방안", 이원우 편, 『방송통신법연구 IV－방송통신 융합환경에 따른 규제체계의 대응』, 경인문화사, 2008.10.
- 이원우, "지능정보사회에 대응한 개인정보보호법제 개선 방향", 『현대행정법의 이

해』, 고 류지태교수 10주기 추모논문집 간행위원회, 박영사, 2018.
■ 이원우, “행정조직의 구성 및 운영절차에 관한 법원리”, 『경제규제와 법』 제2권 제2호, 2009.11.
■ 이원우, “헌법상 경제질서와 공생발전을 위한 경제규제의 근거와 한계”, 『행정법학』 제4호, 2013.3.
■ 이원우, “혁신과 규제: 상호 갈등관계의 법적 구조와 갈등해소를 위한 법리와 법적 수단”, 『경제규제와 법』 제9권 제2호(통권 제18호), 2016.11.
■ 이원우, “혁신과 규제의 갈등관계에 관한 법적 분석”, 이원우 외, 『4차 산업혁명 시대의 기술혁신과 규제정책』, 2019.
■ 이원우, 『경제규제법론』, 홍문사, 2010.
■ 이원우/김태호, 『디지털 경제 전환에 대응하는 경제규제체계의 전환』, 2021.
■ 이정은, “원격의료에 관한 공법적 연구”, 서울대학교 법학박사학위논문, 2021.2.
■ 이호영 외, 『2030 디지털 메가트렌드 미래전략』, 2021.12.
■ 이호영 외, 『디지털 대전환 메가트렌드 연구 총괄보고서I』, 2021.12.
■ Fetzer, Thomas, “혁신과 규제: 동태적 시장에서 정태적인 법－예측불가능한 것에 대한 규제방식”, 이원우 외, 『4차 산업혁명 시대의 기술혁신과 규제정책』, 2019.
■ Yoo, Christopher/Massarotto, Giovanna, Are Digital Platforms Public Utilities?－Lessons from the Concept's Historical Foundations in U.S. Law, 『경제규제와 법』 제15권 제1호(통권 제29호), 2022.5.

2. 외국문헌

■ Black, Julia/Baldwin, Robert, Driving Priorities in Risk－based Regulation: What's the Problem?, JOURNAL OF LAW AND SOCIETY V. 43, N. 4, DECEMBER 2016.
■ Black, Julia/Baldwin, Robert, Really Responsive Risk－Based Regulation, 32 Law & Policy 181 (2010).
■ Black, Julia/Baldwin, Robert, When risk－based regulation aims low: Approaches and challenges, Regulation & Governance (2012) 6.
■ Eifert, Martin/Hoffmann－Riem, Wolfgang, Innovation, Recht und öffentliche Kommunikation, in: Eifert/Hoffmann－Riem (Hg.), Innovation, Recht und öffentliche Kommunikation, Innovation und Recht IV, 2011.

■ Ferretti, Maria Paola, “Risk and Distributive Justice: The Case of Regulating New Technologies”, Sci Eng Ethics (2010) 16.
■ Kahn, Lina A., Note, Amazon's Antitrust Paradox, 126 Yale Law Journal 710 (2017).
■ Kochan, Thomas A./Useem, Michael (ed.), Transforming Organisation, 1992.
■ Ludlow, Karinne/Bowman, Diana M./Gatof, Jake/Bennett, Michael G., “Regulating Emerging and Future Technologies in the Present”, Nanoethics (2015) 9.
■ McGraw, Deven/Leiter, Alice, Risk-Based Regulation of Clinical Health Data Analytics, 12 Colo. Tech. L.J. 427 (2014).
■ Won-Woo Lee, Privarisierung als Rechtsproblem, Carl Heymanns Verlag, 1997
■ Woolf, H., “Public Law-Private Law: Why the Devide?”, Public Law 1986.

3. 자료

■ 보건복지부, 비대면진료 시범사업 대국민 안내자료, 2023.6.
■ What Happens When You Ask a Chinese Chatbot About Tiwan?, NYT 2023.7.14.

2. 디지털 전환기 국가와 시장의 관계 변화와 규제법

Ⅰ. 디지털 시대의 국가론과 공법학

Ⅱ. 디지털 경제에 대한 적극적 규율 시도

Ⅲ. 시장의 자율규제와 국가의 공동규제

Ⅳ. 글로벌 디지털 경제에서 '국민'

Ⅴ. 스마트한 규제를 통한 국가 기능 제고

디지털 전환기 국가와 시장의 관계 변화와 규제법*

김 태 호**

Ⅰ. 디지털 시대의 국가론과 공법학

1. 디지털 전환에서 디지털 심화로

디지털화(Digitalization)는 디지털 전환(Digital Transformation)을 넘어 디지털 심화(Digital Sophistication)로 나아가고 있다고 한다. 디지털 기술로 인해 사회, 경제 전반의 총체적 변화가 이루어지는 과정이 인공지능기술 등의 발달로 인해 날이 갈수록 고도화되어 가고 있는 것이다.

이러한 변화는 일상공간이 된 인터넷 공간의 위상과 우리의 생활양식 변화을 가속화시키고 있다. 의료 · 금융 · 행정서비스의 디지털화와 같은 생활양식의 변화는 메타버스로 대변되는 가상공간에서의 가능성으로 나아가고 있다. 디지털 기술을 활용한 생활양식의 융합 현상은 사물인터넷, 스마트시티의 예에서 보듯이 온라인 · 오프라인의 결합으로 연결되는데, 무엇보다 최근 생성형 AI · 초거대 AI와 같은 지능정보기술이 비약적으로 발전하여 범용기술화하고 있는 것이 큰 변화이다. 데이터를 수집 · 저장 · 분석 · 활용하는 기술이 비약적으로 발전하게 되면서 데이터 기술 · 디지털 기술에 우리의 경

---

* 이 글은 공익산업법센터 제22회 국제학술대회에서 발표하고 『경제규제와 법』 제16권 제2호("디지털 전환기 국가－시장 관계 변화와 규제법의 과제", 2023.11. 27－46면)에 게재한 원고를 이후의 법 개정과 연구상황을 반영하여 상당부분 수정 · 보완한 것이다.

** 헌법재판연구원 책임연구관.

제적 활동을 의존하게 하는 '디지털 경제'가 점점 더 전체 경제활동에서 핵심적인 위상을 갖게 되고 있다.

디지털 경제의 성장은 시장에서 새로운 '경제권력', '기술권력'을 등장시키고 있다. 디지털 경제의 성장은 국가와 사회의 역관계와 이해관계를 복잡한 방식으로 변화시키는 것이다. 이로부터 필연적으로 기존 규범질서의 결함이 드러나고 새로운 규범질서의 정립에 대한 수요가 증가하고 있다. 디지털 경제는 디지털 경제에 한정된 규제법제를 넘어 규제법 체계 전반에 변화를 요구하고 있다. 이에 우리는 디지털 경제가 초래한 새로운 질서 형성으로 인해 국가와 사회, 경제가 맞이한 변화의 실체를 먼저 짚고 넘어갈 필요가 있을 것이다.

2. 디지털 심화 시대 국가의 규제임무

디지털 기술 혁신의 속도가 급격하지만 기술 발전에 따른 혁신이 어떻게 전개될지, 또 어떤 위해의 발생 가능성이 있는지 불확실한 것이 사실이다. 이 때문에 디지털 경제 규제에 대해서는 국가, 사회, 경제의 협력이 모범답안처럼 제시된다. 기술발전과 이를 활용한 비즈니스 모델에 대한 정보와 판단, 혁신의 이니셔티브가 사적 영역에서 있고 국가가 기술발전의 전망에 대해 결정할 수 있을 만큼 충분한 정보를 갖고 있지 않으므로 이를 존중하되, 경제주체와 시민(소비자)와의 관계에 대한 조정 등 국가가 협력적 조정을 유지해야 한다는 것이다.

물론 정보의 편재성과 국가 기능의 한계에 대해 과장할 필요는 없다. 과학기술의 패러다임 전환기에 발생하는 불확실성은 기술 패러다임 전환의 시기마다 존재하였던 현상이고, 그러한 시기에 국가의 일정한 역할이 방기될 수는 없었다.[1] 디지털 전환 과정에서도 규제의 필요성이 있다면 적극적인 국

1 역사적 경험과 의미에 대해서는, 아세모글루/로빈슨, 장경덕 譯, 『좁은 회랑 – 국가, 사회 그리고 자유의 운명』, 2020; 아세모글루/존슨, 김승진 譯, 『권력과 진보 – 기술과 번영을 둘러싼

가규제가 필요한 경우도 여전히 있을 것이고, 명령-통제 방식의 규제가 여전히 공익 목적 실현에 실효성인 선택이 될 수 있는 경우도 있을 것이다. 문제는 국가의 후견주의(Paternalism)적 역할 자체가 아니라 후견적 역할이 필요한 지점과 그것을 수행하는 방식에 있다고 할 수 있다.[2]

이러한 맥락에서 과학기술의 발전에 따른 급격한 사회 변화를 조율하고 혁신의 과실과 사회적 리스크를 합리적으로 나누어 더 나은 사회로 나아갈 수 있도록 규제가 협력적 성격을 가질 필요가 있다고 이야기할 수는 있을 것이다. 국가와 사회가 협력하고 국가가 "촉진자, 기획자, 조타수"[3]의 역할을 하는 것은 디지털 기술혁신의 상황에서도 국가에게 동일하게 요구되는 기능이라고 할 수 있다.

3. 인터넷에서의 권력

인터넷에서의 사적주체 · 경제주체가 행하는 사회적 · 경제적 활동에 대해 국가와 사회가 개입하는 방식이 변화하면서 디지털 전환은 국가와 사회의 역관계와 이해관계를 복잡한 방식으로 변화시키고 있다. 디지털 활동이 이루어지는 주무대인 인터넷이라는 글로벌 공간은 더 이상 그 어떤 권력으로부터 자유로운 개인의 집합 공간이 아니다. 국가는 국가대로 지배가 미치는 인터넷 영역에서 권력적 개입을 원한다. 이른바 가짜뉴스에 대한 통제권한을 행사하여 의사소통의 구조에 영향을 미치고자 하는 것이 대표적인 예일 것이다.

그런데 인터넷 활동의 주요 길목을 차지하고 있는 이른바 빅테크

천년의 쟁투』, 2023을 참조.

2 국가의 후견주의 또한 직접적인 개입의 방식(Invasive Paternalism), 자유주의적인 유도의 방식(Liberal Paternalism)이 있을 수 있고, 조언 내지 교육적 방식(Educational Paternalism)을 취할 수도 있다. Krönke, Governmental Paternalism, 2018, 7면 이하 참조.

3 특히 이원우, "규제국가의 전개와 공법학의 과제-과학기술혁신에 따른 공법적 대응을 중심으로", 『경제규제와 법』 제14권 제2호, 2021.11. 16-17면; 이원우, "21세기 행정환경의 변화와 행정법학방법론의 과제", 『행정법연구』 제48호, 2017.2.를 참조.

(BigTech) 기업은 경제권력 · 기술권력으로서 사적 권력을 행사하는데, 이들의 권력행사는 일차적으로 경제적 이윤 창출을 최대화하는 목적을 달성하기 위한 것이지만, 빅테크의 막강한 영향력이 국가 · 사회에 전방위적인 영향을 미칠 수 있다는 점에서 민주주의 차원에서의 우려도 제기된다. 이는 특히 다수의 글로벌 빅테크 기업은 국가 단위를 넘는 활동을 하므로 일국 단위의 규제가 실효성을 확보할 수 있을 것인지, 국가 주권에 대한 부정적 영향에 대한 우려도 존재한다. 이 때문에 국가 단위에서는 선제적인 방식으로 인터넷 공간의 규제를 하려는 것으로도 보인다.

이러한 이유로 종래 인터넷 공간의 쌍방향성과 개방성, 공간적 무제약성에 따라 정보의 자유가 해방적 의미를 지닐 수 있었던 인터넷에서의 표현의 자유 보장 노력, '망 중립성'의 관철을 통한 비차별적 인터넷 이용의 보장 노력은 일정한 제약을 받지 않을 수 없게 되었다. 이제 (더 이상) 인터넷이라는 글로벌 공간은 그 어떤 권력으로부터 자유로운 개인의 집합 공간이 아니다. 인터넷에 대한 국가의 규율 시도도 그러하지만 인터넷의 주요 길목을 차지하는 거대 플랫폼 기업의 경제권력 · 기술권력 또한 인터넷의 규율 권력이다. 기술 발전을 주도하고 적용하는 사적권력이 제시하는 인터넷 이용 양식은 인터넷이라는 공간을 통해 개인의 자유를 확장시키지만, 다른 면에서 이는 '관리'되는 자유의 확장이며 그 '관리' 또는 '사적 통제'[4]의 지향점은 궁극적으로는 경제적 잉여가치의 창출에 있지만, 이는 정신활동을 포함한 개인의 생활 전반에 영향을 미친다.[5]

---

4 Shoshana Zuboff, The Age of Surveillance Capitalism: The Fight for a Human Future at the New Frontier of Power, 2019(김보영 譯, 『감시 자본주의 시대』, 문학사상사, 2021).

5 박승일, 『기계, 권력, 사회』, 2021는 푸코의 통치성 개념을 활용하여, 인터넷의 자유가 새로운 기술환경 속에서 개인을 포섭시켜 통치하는 '환경관리권력'과 개인의 정신작용까지도 유도하는 '정신관리권력'에 의해서 관리된다고 설명하고 있다. 이에 따르면 "물리적인 환경의 관리 프로세스가 촘촘해지고 배경화, 일상화, 자동화"되는 속에서 개인은 자유가 확장된다고 느끼지만 그에 대한 관리 또한 하나의 체계로서 이루어지고, 인터넷은 개인의 활동에 대한 생활 환경을 구성하고 정신에 영향을 미쳐 권력으로 작동하고 있다고 한다.

4. 살펴볼 내용

디지털 전환에 대한 규범질서의 정립 또한 경로의존성을 보이는 역사적 경험과 각 사회의 정치적 과정에 의해서 형성되는 것이므로 각국이 처한 상황에 차이가 있을 수 있다. 한국의 경우, 디지털 기술 발전의 속도가 빠르고 발전에 따른 세계적 규제 변화에 신속하게 반응하는 대단히 역동적인 사회라는 점, 자국 내에서의 주요한 플랫폼 사업자가 주요한 비즈니스 모델마다 존재[6]하는 소수의 국가에 속한다는 점, 전통적으로 국가 주도의 경제성장과 규제기관의 적극적 개입이 있었기 때문에 경제적 주체의 자율규제 형성 경험이 상대적으로 취약하다는 점 등이 디지털 경제에 대한 규제방식의 선택에서 환경적 특징 또는 조건으로 작용할 수 있다.

특히 디지털 경제는 글로벌화로 인해 개별 국가의 특수성과 그에 따른 국가권력의 규제권한이 일정한 한계에 부딪히는 영역이라는 점도 주목해야 할 것이다. 디지털 경제를 글로벌 시장의 맥락에서 인식한다면 국가가 구성원을 시민 또는 소비자로서 보호해야 하는 기능을 어떻게 담보할 수 있을 것인가는 쉬운 문제가 아니다.

이하에서는 이러한 글로벌 디지털 경제의 특징과 한국적 상황의 특수성을 감안하면서 국가와 시장에서의 다양한 이해관계와 갈등, 이를 조율하는 국가의 규제 권한 행사의 가능성과 한계를 규제법의 기능 관점에서 살펴보는 것을 검토의 주안점으로 삼기로 한다. 이에 디지털 경제에 대해 한국이 일국 단위의 규제 체계를 갖추려 한 적극적 규율 시도의 현황을 살펴보고(Ⅱ.), 디지털 경제규제에서 국가와 기업이 협력적 차원에서 규제 거버넌스를 형성해 가는 자율규제 · 공동규제의 모델 등 협력적 규제의 가능성을 검토한 다음(Ⅲ.), 국가 단위를 넘어서 글로벌 인터넷 경제에서 한 국가가 행사할 수 있는 규제 주권의 의미와 한계, 국가를 통한 '국민'의 '디지털 권리' 보장의

6 네이버, 카카오, 라인, 쿠팡, 배달의 민족, 당근마켓, 토스(네카라쿠배당토) 등의 인터넷기업이 대표적이다.

의미에 대해 살펴보고자 한다(Ⅳ.).[7]

Ⅱ. 디지털 경제에 대한 적극적 규율 시도

1. 개 관

디지털 경제에 대해 규율을 하고자 하여 실제 입법이 이루어진 사례들은 대체로 진흥적 성격이 강하다. 디지털 경제에 대한 대강의 규율과 그 진흥·육성을 위한 형태의 입법으로서 「지능정보화 기본법」, 「데이터 산업진흥 및 이용촉진에 관한 기본법」, 「클라우드컴퓨팅 발전 및 이용자 보호에 관한 법률」 등이 대표적이다. 최근에는 「인공지능 발전과 신뢰 기반 조성 등에 관한 기본법」(인공지능기본법)이 제정(2025.1.21. 제정, 2026.1.22. 시행 예정)되어 인공지능의 '안전성과 신뢰성을 제고'(제3조 제1항)하기 위한 규제적 규율과 국가경쟁력 확보를 위한 진흥 장치를 모두 담고 있다.

다만, 온라인 플랫폼이나 인공지능 기술 등을 타겟팅하여 적극적인 규제법적·경쟁법적 규율을 시도한 경우에는 오랜 입법화 시도가 있었으나 입법화에 이르지 못하였다. 부분적으로 디지털 경제의 근간법이라 할 「전기통신사업법」, 「정보통신망 이용촉진 및 정보보호 등에 관한 법률(정보통신망법)」, 「개인정보보호법」 등 기존의 주요 법률 개정을 통해 규제 노력이 일부 반영되기는 하였고, 규제수단으로서 이른바 '규제샌드박스'제도는 다수의 법률에서 널리 활용되어 왔다. 어쨌거나 법률 개정을 통해 대형 디지털 경제 기업에 대한 부분적인 규제 강화가 이루어져 왔지만, 사회적으로는 대체로 디지

---

7 인터넷'혁명', 4차산업'혁명'이 물경 '혁명'이라면 혁명이 가져오는 '파괴적 혁신'의 측면뿐만 아니라 차제에 국가권력과 경제권력, 사회권력의 관계 변화 측면, 즉 사회적 가치와 이익의 근본적 재편성에 대해서도 공법적 논의가 수반되어야 할 것이다. 이 글이 이를 다룰 여유와 능력은 없지만, 근미래에 일자리 대체 로봇에 대한 세금 부과나 독점이익 등에 대한 횡재세 부과 등 재정법, 사회보장법적 접근이 디지털 전환과 국가의 기능 차원에서 심도깊게 논의될 필요가 있다는 점만 언급해 두기로 한다.

털 경제에 대한 규제입법보다는 자율규제 모델을 우선시하려는 경향을 발견할 수 있다.

그럼에도 실제 규제집행에 있어서는 방송통신위원회, 공정거래위원회, 개인정보보호위원회는 기존 법제 하의 규제 제도를 적극적으로 이용하여 규제를 집행하고 있는 현상 또한 발견되어 왔다. 방송통신위원회, 개인정보보호위원회, 공정거래위원회는 금지행위 규제 권한 및 과징금 부과 제재 권한을 활용하는 경향도 보인다. 이하 이러한 경향의 구체적인 내용을 소개하고 그 의미를 좀 더 자세히 살펴보기로 한다.

2. 디지털 경제에 대한 규제입법 시도

(1) 전기통신사업법을 통한 '부가통신사업자' 규제 확대

「전기통신사업법」상 '전기통신사업'은 "전화 · 인터넷접속 등과 같이 음성 · 데이터 · 영상 등을 송 · 수신하게 하는" 기간통신역무 사업과 '그 밖의 부가통신역무 사업'으로 나뉘며, 인터넷 접속 및 관리, 부가통신 응용 및 중개, 컨텐츠 제공 및 포털서비스 등의 사업자는 모두 '부가통신역무'에 관한 사업자로 분류되는바, 온라인 플랫폼서비스 사업자는 「전기통신사업법」에서 부가통신사업자에 해당한다. 이에 온라인 플랫폼서비스의 증가에 따라 「전기통신사업법」 내에서 부가통신사업자에 대한 의무 부과의 목록(제22조 이하)을 늘리는 형태가 채택되었다. 다만 주요 플랫폼사업자를 '부가'사업자의 형태로 규율하는 것은 다소 기형적이라는 지적을 피하기 어렵기 때문에 온라인 플랫폼서비스 사업자를 독자적으로 타겟팅하는 규율체계의 필요성에 대한 지속적인 요청을 낳고 있기도 하다.

1) 부가통신사업자의 서비스 안정성 확보 의무

부가통신사업자는 2020.6.9. 법 개정으로 '서비스 안정성 확보 의무 대상 사업자'로서 안정성 확보 의무를 지게 되었다. 이에 따르면 이용자 수, 트래픽 양이 대통령령으로 정하는 기준에 해당하는 부가통신사업자는 서비스 안정 수단의 확보, 이용자 요구 사항 처리 등의 필요한 조치를 취해야 한다(제22조의7). 과학기술정보통신부장관은 전기통신서비스 전송 속도 저하 등 서비스 장애가 발생하면 필요한 조치를 이행하였는지에 관한 자료를 제출하도록 요청할 수 있으며, 조치 의무를 위반하면 시정명령을 내릴 수 있다(제92조 제1항). 여기서 필요한 조치는 '자신의 권한과 책임 범위 내에서' 수행할 수 있는 것을 가리키는데(시행령 제30조의8 제2항), 지정된 부가통신사업자는 트래픽 집중을 막기 위한 서버 다중화, 안정적 전기통신서비스 제공을 할 수 있는 가이드 마련, 이용자 요구 사항처리의 의무를 지게 된다.

이 규정은 트랙픽 부담을 주는 서비스로서 망 사용에 부담을 주는 사업형태를 규율하려는 취지에서 이른바 '넷플릭스법'[8]이라고 불리는 개정을 반영한 것이었는데, 이후 이른바 카카오톡 메신저 서비스의 중단 사태에 따른 서비스 안정성 강화 요구를 추가적으로 반영한 것이다. 2022.10.15. 발생한 데이터센터 화재로 카카오톡 메신저 서비스가 중단된 후 카카오의 메신저서비스, 포털서비스, 지도 · 운동 · 금융서비스가 장시간 작동하지 않는 문제가 발생한 바가 있는데 이에 따라 기본적인 생활과 관련한 서비스의 안정화 요구가 표면화되었던 것이다. 이 사태는 시장지배적 지위를 갖는 온라인 플랫폼이 우리 일상에 얼마나 큰 영향력을 갖는지를 체감하게 하였던바, 시장지배적 지위를 갖는 온라인 플랫폼 사업자에게 일정한 공적 의무를 부담시키는 사회적 요구가 더 커지게 되었다.

이 사태는 다른 한편으로 유사한 서비스를 제공하는 다른 경쟁 플랫폼으로의 이동은 두드러지지 않았기 때문에(고착 효과) 데이터 안전 관리에 대한 서비스 열위가 시장에서의 선택에 큰 영향을 미치지 못함도 드러났다. 또

8 한편, 넷플릭스 등 해외의 콘텐츠제공사업자를 대상으로 하지만 구분해 봐야 할 법률안으로 망 이용료 계약에 대한 의무화 규정을 도입하려는 입법안도 있었다. '망이용대가 공정계약 의무화법'으로 불리는 전기통신사업법 개정안은 일정규모 이상 부가통신사업자에 대해 망 이용대가 계약 체결을 강제하려는 시도였다. 이러한 논의는 넷플릭스와 SK브로드밴드와의 분쟁에서의 쟁점에 대한 연장선상에 있는 것이다. 서울지법 2021.6.25. 선고 2020가합533643 채무부존재확인 판결 참조.

이용자 피해구제를 포함한 서비스 이용약관을 마련할 만한 자율규제가 작동하기 어려운 구조라는 점, 사실상 사후적 피해전보 등의 가능성을 기대하기 어렵다는 점도 드러나게 되었다.

한편, 재난대응의 관점에서 「방송통신발전 기본법」은 종래 '주요방송통신사업자'에 한해 방송통신재난에 대한 재난관리기본계획을 수립하도록 하던 것을 확대하였다. 주요방송통신사업자의 범위에 일정 규모 이상의 부가통신사업자와 집적정보통신시설 사업자를 추가하고, 서버, 저장장치, 네트워크, 전력공급장치 등의 분산 및 다중화 등 물리적 · 기술적 보호조치 등이 방송통신재난관리기본계획에 담기도록 법 개정을 하였다(제35조 제1항 제4호 · 제5호 등 참조).

이처럼 온라인 플랫폼 서비스 사업자가 서비스의 안정성을 확보하도록 하는 경제적 동인이 시장에서 작동하지 않을 때 서비스의 안정성은 직접적인 의무부과라는 규제를 통해서만 보장될 수 있고 법적 규제를 통해서 강제해야 하는 성격의 것일까. 우리가 사적 영역에서 제공하는 메일서비스, 메신저 서비스, 포털 서비스, 클라우드 서비스, 금융서비스 등을 사회생활의 필수적 기반으로 얼마나 의지하고 있는가를 생각해 본다면 해당 시장에서 독과점적 지위를 누리는 사업자가 해당 서비스를 제공하는 것은 필수적 사회 인프라를 제공하는 일이라고 해도 무리는 아닐 것이다. 이러한 서비스에는 사회적 활동에 대한 정치 · 사회적 영향력이 큰 서비스가 포함되어 있기 때문에 기본권 질서 형성에 대한 사려깊은 고려도 필요할 것이다. 이에 필수설비 서비스와 같이 특수한 영향력을 갖고 시장지배적 지위를 누리는 서비스에 한정할 경우에는 온라인 플랫폼 서비스가 생존배려적 성격을 갖는다고 인정할 수 있고, 해당 영역에 대한 제반 공 · 사익에 대한 충분한 형량을 거쳐 정치 · 사회적 영향력에 대한 규율을 할 필요가 있다. 오늘날 주요 온라인 플랫폼은 이미 "본인확인, 재난대응, 주조자 역할, 징세협조, 공용제한"과 같은 공무수탁사인적 기능을 수행하고 있는 것이 사실이지만[9] 이러한 사안은 공

9 박상철, 앞의 글, 398-399면.

사협력의 형태로 이해되어야 하지 그것이 강제적 의미를 가져서는 안 될 것이다. 국가기간산업의 민영화 형태와 달리 온라인 플랫폼사업자가 시장에서 중요한 지위를 갖게 되기까지 국가로부터의 일정한 지원을 받은 것은 아니라는 점에서도 사적 서비스 주체에게 생존배려 서비스에 대한 보장책임을 부여하려면 그 정당화근거가 좀 더 명확히 제시되어야 할 것이다.[10]

2) 부가통신사업자에 대한 기술적·관리적 조치 및 유통방지조치 의무 부과

「전기통신사업법」은 '특수한 유형의 부가통신역무'(제2조 제14호)를 별도로 분류하면서, 사람들 간에 컴퓨터를 이용하여 저작물 등을 전송하도록 하는 것을 주된 목적으로 하는 온라인서비스제공자(웹하드사업자)의 경우에는 불법정보의 유통 방지를 위한 기술적 · 관리적 조치를 하고 기록을 보관할 것을 의무화하였다(제22조의3). 이 조항은 불법음란정보의 유통을 방지하기 위해 웹하드사업자에게 다른 부가통신사업자보다 중한 의무를 부과한 것이다.[11]

또 「성폭력범죄의 처벌 등에 관한 특례법」 제14조에 따른 촬영물 등이 유통되는 사정을 신고, 삭제요청 등을 통하여 명백히 인식하면 부가통신사업자에게 조치의무를 부과하던 「전기통신사업법」 조항을 개정하여 일정한 규모 이상의 부가통신사업자와 특수유형 부가통신사업자에게는 사전에 삭제 · 접속차단 등 유통을 방지하는 조치의무와 기술적 · 관리적 조치 의무를 부과하고(제22조의5), 미이행시 매출액의 100분의 3 이하에 해당하는 과징금을 부과할 수 있도록 하는 조항도 추가하였다(제22조의6). 이른바 'N번방 방지법'으로 불리는 이 규정에 대해서는 불법정보를 규율할 당위적 필요성이 있음은 인정되고 있지만 이른바 정보매개서비스 제공자(intermediary)에 해당하는 온라인 사업자에게 과도한 법적인 부담을 지우는 것이라는 비판도 있었

10 同旨, 계인국, "디지털 플랫폼 서비스 규제의 공법적 모델", 『고려법학』 제104호, 2022, 61, 66면 참조.

11 이러한 취급이 차별적 규제라는 취지에서 사업자는 위헌을 주장하는 헌법소원을 제기한 바 있으나, 헌법재판소는 이를 받아들이지 않았다. 헌재 2018.6.28. 선고 2015헌마545 결정

다.[12] 앞서 본 바와 같이 사적 경제주체에게 공무수탁사인적 지위를 부여하여 공적임무를 분담하도록 할 필요성이 있더라도 이를 의무의 형태로 부과하는 것은 기본권 침해 여부에 대한 판단이 요구된다. 정보매개서비스 사업자 등에 대한 규율의 경우에는 해당 서비스의 정보와 관련한 개인의 기본권 보장 또한 고려되어야 한다. 사업자에게 통신데이터 등에 대한 보관 및 저장 의무를 부과하는 경우 통신데이터와 관련된 개인의 기본권 침해의 문제 또한 그 타당성 여부가 충실히 고려되어야 한다.[13]

3) 해외 부가통신사업자의 국내대리인 지정 의무[14]

한편, 글로벌 온라인 서비스의 이용에 대한 규제의 문제로서 글로벌 사업자의 국내대리인 지정 제도 도입도 의미있는 규율이다. 동 제도는 이용자에 대한 보호의 측면과 규제 집행의 실효성을 담보하기 위한 측면을 모두 갖고 있다. 당초 「정보통신망법」은 일정한 규모 이상의 해외 정보통신서비스 제공자로 하여금 국내대리인을 지정하도록 하였는데(제32조의5, 2018.9.18.), 이후 「개인정보보호법」 제31조의2, 「전기통신사업법」 제22조의8, 「인공지능 기본법」 제36조도 같은 취지의 국내대리인 조항을 정하게 되었다. 특히 「정보통신망법」과 「개인정보보호법」의 국내 대리인 지정사업자는 각각 33개와 34개(대부분 중첩된다)이고, 「전기통신사업법」의 국내대리인 사업자는 Meta와 Google 두 개의 사업자이다.[15] 「전기통신사업법」은 국내대리인이 이용자 보

12 이러한 취지의 헌법소원이 헌법재판소에 현재 계속중이다(2021헌마290 사건 등). 헌법소원심판청구서는 https://www.opennet.or.kr/19463을 참조.

13 우리의 경우 통신정보, 위치정보에 대한 자료확인 요청 제도의 위헌성 여부로 문제되는데, 독일 연방헌법재판소와 유럽연합재판소에서는 통신데이터 저장의무의 위헌 여부 형태로 기본권 침해 여부가 문제되었다. 독일과 유럽연합재판소는 위험의 유발에 책임이 없는 모든 사람의 통신데이터를 장래에 대비하여 예비적으로 저장하도록 의무화하는 것은 헌법에 반한다고 보았다. BVerfGE 125, 260; EuGH, NVwZ 2017, 1025. 참조.

14 망라적인 분석으로, 김윤정, 『국내대리인 지정제도 개선방안 연구』, 한국법제연구원, 2023을 참조.

15 2022.6.10. 국내에 직접 설립한 국내 법인이나 국내 사업 운영 등에 지배적 영향력을 행사하는 국내 법인이 있다면 이 법인을 국내대리인으로 지정하도록 하였다. 이에 구글은 국내 대리인을 트랜스코스모스코리아에서 구글코리아로 변경하였고, 메타는 메타커뮤니케이션에이전트 유한회사를 설립해 국내대리인으로 지정하였다. 넷플릭스의 경우에는 한국지사인 '넷플릭스서비시스코리아'를 부가통신사업자로 하여 국내 영업소로 두고 있다는 이유로 국내대리

호 업무와 자료제출의무를 지게 하고, 「개인정보보호법」은 국내대리인이 개인정보 보호책임자의 업무를 담당하고 개인정보 유출 등의 통지 · 신고, 서류 제출의무 등을 지게 하고 있다.

4) 앱 마켓 사업자의 인앱결제 의무화에 대한 금지행위 규제[16]

「전기통신사업법」은 부가통신사업 중 모바일콘텐츠 등을 등록 · 판매하고 이용자가 모바일콘텐츠 등을 구매할 수 있도록 거래를 중개하는 사업을 하는 자를 '앱 마켓 사업자'로 정의하고(제2조 제13호), 규제당국은 모바일콘텐츠 사업자의 보호를 위해 필요한 경우 앱 마켓 운영에 관한 실태조사를 실시할 수 있도록 하는 규정 등을 두는 한편(제22조의9), 모바일 콘텐츠 등의 거래를 중개하는 공간으로서의 '앱 마켓'에서 거래를 중개할 때 "자기의 거래상의 지위를 부당하게 이용하여 모바일콘텐츠 등 제공사업자에게 특정한 결제방식을 강제하는 행위"(제50조 제1항 9호), "모바일콘텐츠 등의 심사를 부당하게 지연하는 행위"(제10호), "앱 마켓에서 모바일콘텐츠 등을 부당하게 삭제하는 행위"를 하지 못하도록 규정하였다.

이러한 규정을 두게 된 것은 이른바 인앱 결제 강제, 즉 소비자가 앱 마켓(애플의 앱스토어, 구글의 구글 플레이)에서 다운로드 받은 앱(App)을 사용하는 과정에서 해당 앱에서 제공하는 디지털콘텐츠를 구매('인앱 구매')할 때 결제시스템과 결제도구(결제수단)를 앱 마켓사업자가 제공하는 앱에서 제공하는 것을 이용 강제하지 못하도록 할 필요가 있었기 때문인데, 통상 시장지배적 지위를 갖는 앱 마켓 사업자가 인앱 결제 강제를 통해 인앱 구매시 30%에 달하는 고율의 수수료를 부과해 왔기 때문이다.

이처럼 인앱 결제 강제 제한의 취지가 시장의 유효경쟁 활성화를 통해 수수료를 시장경쟁에 따라 낮추는 데 있는 것이었으나 입법은 "특정 결제방식 강제에 대한 사후적 행태규제(금지행위)"를 두는 규제 형태를 택함으로써

인을 별도로 두고 있지 않다.

16 자세한 내용은 이승민, "인앱 결제 강제 방지를 위한 개정 전기통신사업법의 배경, 의의, 한계 및 대응방안 – 앱 마켓에 대한 시장분석을 바탕으로 –", 『행정법연구』 제67호, 2022.3. 참조.

시장지배적 사업자인 구글과 애플은 인앱 내 제3자 결제 방식을 도입하는 방식을 통해 실질적인 규제우회(외부 규제수단을 사용할 수 있더라도 해당 앱 마켓 이용에 대한 수수료의 수준은 달라지지 않게 되는 것)를 선택할 수 있게 되었다. 이 때문에 앱 마켓 자체의 경쟁을 활성화하는 조치로서의 기능이 부족했다는 지적도 있었으나,[17] 규제 도입 이후 수수료에서 일정한 조정이 이루어지기도 하였다. 그럼에도 불구하고 해당 규법의 입법화는 글로벌한 차원에서 논의되기 시작하였는데 빅테크의 인앱결제에 관한 부당한 관행은 유럽연합이 「디지털시장법」을 적용하고, 미국에서 반독점법 위반이 인정되면서 글로벌한 차원에서 규제를 받게 되었다.

(2) 새로운 '경제권력'으로서 온라인 플랫폼의 규제 입법화 시도

공정거래위원회와 방송통신위원회는 온라인 플랫폼의 규제입법화 시도 초기 각각 온라인 플랫폼을 규제하기 위한 두 개의 입법안을 각각 주도적으로 제안한 바 있는데, 온라인 플랫폼 사업자와 이를 이용하는 영업적 이용자(P2P) 사이의 거래질서를 규율하는 '온라인 플랫폼 중개거래의 공정화에 관한 법률안'과 사업자와 영업적 이용자(P2P)는 물론 최종소비자를 보호하고자 하는 '온라인 플랫폼 이용자보호에 관한 법률안'이 그것이었다.[18] 이들 법안은, 온라인 플랫폼 시장에서의 경쟁 보장과 영업적 이용자 보호, 소비자 보호의 취지를 담고 있었다.

'온라인 플랫폼 중개거래의 공정화에 관한 법률'안(의안번호: 2107622)은 공정거래위원회가, '온라인 플랫폼 이용자 보호에 관한 법률'안(의안번호: 2106369)은 방송통신위원회가 주도적으로 제한한 법률안들이다. 전자의 경우 온라인 플랫폼을 통한 중개거래에서 불공정거래행위가 발생하지 않도록 계약서 교부의무, 계약 해지 사전 통지, 불공정거래행위 금지, 보복조치 금지 등에 대해 규율하는 반면, 후자의 경우 대규모 온라인플랫폼 서비스를 규제

17 이승민, 위의 글, 199면.

18 자세한 경과는, 이승민, "한국에서 온라인 플랫폼 규제의 현황과 쟁점", 『경제규제와 법』 제15권 제1호, 2022.5. 101면 이하를 참조.

함으로써 공정경쟁 환경을 조성하고 이용자 권익을 보호하기 위한 금지행위를 규율하는 데 중점을 두고 있었다.

이들 입법안은 유럽연합의 「디지털시장법」(Digital Markets Regulation Act, DMA)과 「디지털서비스법」(Digital Servies Act, DSA)이 채택한 규제의 영향력 하에 있는 법률안들이다. 「디지털시장법」은 시장에서 이른바 문지기(Gate Keeper)로 불리는 '핵심 플랫폼 서비스'(core platform services, CPS) 사업자가 시장에서 불공정행위를 하지 못하도록 규제하는 내용으로서 핵심플랫폼서비스에는 온라인매개, 검색엔진, 소셜네트워킹, 비디오공유플랫폼, 번호독립적 개인 간 통신, 운영체제, 클라우드 및 이상 서비스 제공자에 의한 광고서비스를 포함하고, 일정 규모 이상의 거대 플랫폼 보유기업을 수범자로 한다.[19] 한편 「디지털서비스법」은 디지털 이용자와 콘텐츠를 연결하는 중개 플랫폼 사업자들의 투명성과 책임성을 강화하는 법이다. 이 법의 다양한 규제를 받는 온라인 플랫폼에는 온라인 중개 서비스 제공자, 호스팅 서비스 제공자, 온라인 플랫폼 제공자가 망라적으로 포함되는데, 특히 온라인 사업자의 규모와 위상에 따라 각기 다른 수준의 의무를 부여하고 있다. 특히 초대형 온라인 플랫폼(very large online platforms, VLOPs)과 초대형 온라인 검색엔진(very large online search engines, VLOSEs)은 플랫폼 사업자의 자율규제를 위한 기준 마련, 이용자 불편사항 처리 방안, 서비스 노출 기준 공개, 이용자정보 등에 대한 접근 권한 명확화, 맞춤형 광고로부터의 이용자 보호 등을 주요 규제내용으로 삼는다.[20]

유럽연합의 「디지털시장법」과 「디지털서비스법」의 제정 · 시행에도 불구하고, 한국의 경우 온라인 플랫폼에 대한 유사한 규제의 도입에 대한 회의

19 ① 역내시장에 중대한 영향력을 가지고, ② 사업자들이 최종 이용자에게 접근하게 하는 중요한 관문을 통제하며, ③ 시장에서 확고하고 지속적으로 그러한 지위가 유지되는 (또는 유지될 것으로 예상되는) 사업자를 가리킨다. 유럽연합은 2023.9. 구글 모회사 알파벳과 애플, 페이스북 운영사 메타, 아마존, 그리고 틱톡 운영사 바이트댄스와 마이크로소프트(MS) 6개 기업을 지정하였다.

20 현재 아마존 스토어, 애플 앱스토어, 페이스북, 구글 플레이, 인스타그램, 링크드인, 스냅챗, 틱톡, X(구 트위터), 유튜브, 잘란도(독일 패션플랫폼) 등 17개 업체와 빙과 구글이 각각 VLOPs과 VLOSEs에 지정되어 있다.

론이 여전히 적지 않다. 기존의 경쟁법 집행을 통해 규제목적을 충분히 달성할 수 있고, 플랫폼 사업자 내부에서 적극적인 자율규제의 노력이 있음에도 법집행을 관철하게 되면 지배적 플랫폼 사업자 중 국내 플랫폼 사업자만이 사실상 규제집행을 관철하는 결과를 낳게 될 것이라는 비판이 그것이다. 이에 대해서는 적극적 규제입법이 자율규제가 갖고 있는 한계를 보충하는 형식으로 제정될 수 있고, 온라인 플랫폼의 특수성을 반영하여 명확한 규제기준을 제시할 수 있다면, 중소기업 및 소상공인, 소비자에 대한 충실한 보호를 도모할 수 있다는 반론도 가능할 것이다.

(3) 새로운 '기술권력'으로서 인공지능기술에 대한 규제[21]

종래 인공지능(AI)과 관련한기본법이라 할 「지능정보화 기본법」은 '지능정보화서비스'를 규율하는데 그 구체적인 초점은 지능정보기술의 고도화 및 서비스의 이용촉진, 기반 조성에 있다. 규제적 효과를 낳는 규율이라면 지능정보보호서비스의 안정성을 확보하기 위하여 안전성 보호조치의 내용과 방법에 대해 고시할 수 있도록 하고(제60조), 지능정보서비스가 프라이버시 및 개인 정보를 침해하지 않도록 해당 기술과 서비스를 설계해야 하고, 인간의 존엄과 가치를 보장하는 시책, 이용자의 권익을 보호하는 시책을 마련해야 한다는 책무 규정을 두고 있다(제61조 · 제63조). 다만, 이러한 규율은 규율체

21 인공지능 및 알고리즘 규제에 대한 다양하고 풍성한 논의가 개진되어 왔으며, 「인공지능기본법」 제정 이후에는 실정법제에 대한 본격적인 해석론이 전개될 것으로 예상된다. 기존의 논의로는, 권은정, "자동적 처분에 대한 통제 수단으로서의 알고리즘 영향평가", 『국가법연구』 제19권 제2호, 2023.5.; 김광수, "인공지능 규제의 법체계", 『토지공법연구』 제93호, 2021.2.; 김법연, "인공지능 통제수단으로서 주요국 규제 입법의 동향과 시사점", 『유럽헌법연구』 제42호, 2023.8.; 김윤명, "알고리즘 권력화와 규제 거버넌스", 『인권과 정의』 515호, 2023.8.; 문의빈, "알고리즘 기반 추천과 플랫폼의 기본권 제한에 관한 비교법적 연구", 『헌법학연구』 제29권 제2호, 2023.6.; 윤혜선, "인공지능의 사회적 수용성과 법제도의 기능적 관계에 관한 소고", 『경제규제와 법』 제14권 제1호, 2021.5.; 이민영, "딥페이크와 여론형성-알고리즘의 권력화와 탈진실의 규제담론", 『미국헌법연구』 제31권 제1호, 2020.4.; 이성엽, "생성형 인공지능(AI) 규제원칙에 관한 연구", 『고려법학』 제110호, 2023.9.; 이희옥, "인공지능 의사결정에서의 이익조정과 이원적 규제모델에 관한 연구", 『행정법연구』 63호, 2020.11. 등을 참조. 최근의 AI 규제에 관한 단행본 연구로는, 김광수, 『인공지능법 입문』, 2023; 이성엽 외, 『생성형 AI와 법』, 2024; 최경진 외, 『인공지능법』, 2024 등이 있다.

계의 대강을 정한 입법으로서 지능정보사회 윤리는 직접적인 규제를 두기보다 윤리준칙을 통해 규율하도록 하고 있다(제62조).

그런데 최근 AI, 특히 생성형 AI 기술이 급격히 발전하면서 이에 대한 규제 대응 또한 입법화된 형태로 이루어지기 시작하였다. 대표적인 법제가 인공지능이 초래하는 리스크의 관리체계를 통해 인공지능을 체계적으로 규제하고자 한 유럽연합의 '인공지능법(EU AI Act)'[22]이다. 이 법은 규제체계를 인공지능이 초래할 위험수준에 따라 인간의사 결정의 왜곡을 유도하는 AI와 같은 금지되는 AI 시스템, 생체인식 AI와 같은 고위험 AI 시스템, 합성 콘텐츠를 생성하는 AI와 같은 제한적 위험의 AI 시스템, 저위험 AI 시스템으로 구분한다. 그리고 그에 따라 고위험 위험 AI 시스템에 대해서는 데이터 관리 의무, 인증 의무, 투명성 의무를 부여하고, 제한적 위험 AI 시스템의 경우에도 사용자가 AI와의 상호작용을 인식할 수 있게 고지하도록 하는 등의 투명성 의무를 부여하고 있다. EU 인공지능법은 범용 AI 모델을 별도로 규율하면서, 법용 AI가 시스템적 위험을 갖고 있으면 추가적인 규제가 가능하도록 하였다.

이러한 EU 인공지능법안을 참고하여 우리나라에서도 다양한 입법안이 제기[23]되었고, 인공지능 위험에 대한 규제와 거버넌스 및 시장 육성을 추구하는 「인공지능기본법」을 제정하기에 이르렀다.[24] 동법상 규제의 핵심에는

22 Regulation (EU) 2024/1689 of the European Parliament and of the Council of 13 June 2024 laying down harmonised rules on artificial intelligence and amending Regulations (EC) No 300/2008, (EU) No 167/2013, (EU) No 168/2013, (EU) 2018/858, (EU) 2018/1139 and (EU) 2019/2144 and Directives 2014/90/EU, (EU) 2016/797 and (EU) 2020/1828 (Artificial Intelligence Act).

23 강한 형태의 규제입법안으로 '알고리즘 및 인공지능에 관한 법률안'(의안번호: 13509)은 알고리즘과 인공지능에 대한 구체적인 규율을 시도하기도 하였다. 이 법안에서는 '알고리즘'을 "문제를 해결하기 위한 일련의 순서적인 계산 또는 풀이절차 · 방법을 구현하는 방법"으로 정의하고, '인공지능' 또한 "학습, 지각, 판단, 자연언어의 이해 등 인간이 가진 지적 능력을 전자적 방법으로 구현하기 위한 것"으로 정의한 다음, '고위험인공지능'을 별도의 개념으로 분류하여 고위험인공지능을 이용하는 이용자의 권리 보장(제19조), 생명 · 신체의 안전을 저해하는 알고리즘 및 인공지능에 대한 규제(제22조)를 두고 있다. 개인정보보호와 관련하여 인공지능 알고리즘으로 인해 개인정보가 유출된 경우에는 알고리즘을 제출하도록 하는 형태의 규제입법안(의안번호: 2120130)도 제출된 바 있다.

24 기존의 연성법으로는 과학기술정보통신부의 '인공지능(AI) 윤리기준'(2020.12), 방송통신위원

'고위험'이 아닌 '고영향' 여부에 따라 규제체계를 갖추겠다는 것이므로, 2026년 시행 전 제정될 예정인 하위법령의 내용에 따라 고위험 규제와 비교할 때 그 규제의 수준이 강한 형태가 될 수도 있고 약한 형태로 이루어질 수도 있다. '고영향 인공지능'은 "사람의 생명, 신체의 안전 및 기본권에 중대한 영향을 미치거나 위험을 초래할 우려가 있는 인공지능시스템"으로서 법 제2조 제4호 각목에 열거된 영역의 인공지능을 가리키는 것으로 정의되어 있고, 이에 대해서는 고영향 인공지능에 대한 확인(제33조), 이용자보호 등의 수립(제34조), 고영향 인공지능 제품 · 서비스에 대한 기본권 영향평가(제35조) 등의 규제가 시행령에 따라 부과되게 된다. 어쨌든 고영향 인공지능의 정의는 명확성의 원칙에 부합하지 않는 면이 있고 사실상 고위험 인공지능과 동일한 것으로 볼 여지도 있어 명확한 방향 설정 후 법률 개정을 통해 그 내용을 좀 더 명확히 할 필요도 있겠다.

인공지능에 대한 본격적 규율에 대해서는, 국가인공지능위원회(제7조), 인공지능안전연구소(제12조), 한국인공지능진흥협회(제26조)의 설치와 같은 거버넌스 구축과 진흥은 다른 축이다. 이러한 진흥의 요소들에 주목하여 도입된 규제를 필요최소한의 범위에서 한정하여야 인공지능산업의 국가경쟁력을 강화한다는 입법목적에 부합할 수 있다는 요청이 산업계를 중심으로 제기된다. 그럼에도 반대로 기본법 상의 규율로는 인공지능이 초래하는 리스크에 대해 충분히 규율할 수 없다는 비판도 있다. 법 제정 이전 국가인권위원회는 인공지능 개발 · 활용 과정에서 발생할 수 있는 인권침해, 차별 등의 문제를 예방 및 규제하기 위한 규정이 미흡하다는 의견을 다음과 같이 제시한 바 있는데,[25] 적어도 제정된 법률이 적극적으로 반영한 것으로는 보이지 않는다.

회의 '인공지능 기반 미디어 추천 서비스 이용자 보호 기본원칙'(2021.6), 개인정보보호위원회의 '인공지능(AI) 개인정보보호 자율점검표(개발자 · 운영자용) 가이드라인 및 개발안내서'(2022.2.) 등이 있다.

25 국가인권위원회 결정, '인공지능산업 육성 및 신뢰 기반 조성 등에 관한 법률안'에 대한 의견표명, 2023.7.13.

① “인공지능, 특히 학습기반 인공지능(머신러닝)은 이용자가 제공한 정보뿐만 아니라 온라인상에서 수집한 방대한 양의 정보를 기반으로 서비스를 제공하여 정보수집 과정에서 이용자와 정보주체의 권리를 침해할 소지”가 있으므로, 이용자와 정보주체의 권리 및 권리 침해시의 구제절차를 명확히 규정할 필요가 있다.

② 고위험 영역에 이르지 않더라도 리스크 관리에 관한 규율은 “국민의 인권과 안전에 미치는 영향, 위험성 등을 고려하여 적정한 등급으로 구분하고, 각 등급에 맞게 규제 수준을 달리”할 필요가 있다.

③ 고위험 영역 인공지능에 대해서도 규율범위가 좁고, 인공지능 사업자 등이 고위험 영역 인공지능을 개발·활용할 경우에 대한 실효적인 규제수단을 둘 필요가 있는바, 고위험 영역 인공지능 알고리즘의 투명성, 설명가능성, 인권침해·차별 예방조치 여부 등을 규제할 규정을 두어야 한다.

④ 산업의 경제성·효율성만 따져서 인공지능 기술을 개발·활용할 경우, 사전·사후 평가 없이 개발·활용된 인공지능 기술이 오히려 국제 기준에 못 미쳐 신뢰를 확보할 수 없게 될 수 있으므로, 우선허용·사후규제 원칙을 적용하여서는 안 된다.

3. 규제기관의 집행 및 제재 조치의 예

국내의 규제기관(방송통신위원회, 공정거래위원회, 개인정보보호위원회)이 디지털화에서의 규제집행에서 소극적이라고 하기는 어렵다. 이는 경제적 자유의 확대로 국가통제권이 약화되는 속에 국가의 규제기능이 활성화되는 것이 국가의 기능 보전이라는 차원에서 부정적으로 볼 일은 아니지만, 규제가 증거에 기반한 합리성을 확보하지 못한다면 보여주기식, 또는 기관 권한을 과시하는 식에 머물러 실질적인 규제집행이 되지 못하거나 과잉규제, 규제불균형 등의 규제실패를 양산할 우려가 있음에도 유의할 필요가 있을 것이다.

(1) 방송통신위원회의 인앱결제에 대한 시정조치 및 과징금 부과 시도

방송통신위원회는 2023.10.6. 인앱결제 강제 등 부당행위에 대한 사실조사 결과 구글과 애플에 최대 680억 원의 과징금을 부과하는 내용의 시정 조치안을 통보하였고, 사업자 의견 청취와 방송통신위원회 심의 · 의결을 거쳐 시정명령과 과징금 부과 방안을 확정할 계획이라고 한 바 있다.[26]

이는 앞서 언급한 인앱결제에 대한 개정입법을 집행한 조치라고 할 수 있는데, 방송통신위원회는 앱 마켓 사업자인 구글과 애플이 거래상 우월적 지위를 남용해 "특정 결제 방식을 강제한 행위, 앱 개발사들의 앱 심사를 부당하게 지연한 행위"가 있어 개정된 「전기통신사업법」의 금지행위 위반에 해당한다고 본 것이다. 그러나 2024.12.까지도 사실조사 절차가 종결되지 않아 실질적인 규제집행이 이루어지지 못한 상태이다.

(2) 개인정보보호위원회의 행태정보 수집 · 이용에 대한 과징금 부과 사례

개인정보보호위원회는 개인정보보호위원회의 구글 · 메타(옛 페이스북)가 이용자 동의 없이 다른 인터넷 홈페이지나 애플리케이션에서 검색이나 구매를 한 이력 같은 행태정보를 수집해 맞춤형 광고에 활용한 것이 개인정보보호법 위반에 해당한다고 보아 과징금을 부과하였다.[27] 개인정보보호위원회는 구글과 메타가 웹 사이트 및 앱 사업자에게 개인정보수집용 코드와 플러그인을 제공하는 대가로 이용자의 검색 · 구매 내역 등 행태정보를 받아 맞춤형 광고를 한 것이 '눈속임 설계'(다크패턴)에 따른 것이라고 판단하였는데, 이에 대해 구글 · 메타는 행태정보의 수집 주체가 웹 사이트 및 모바일 앱 사업자이므로 동의 절차의 이행 주체가 해당 사업자라고 이의를 제기하였다.[28]

---

26 방송통신위원회 2023.10.6. 보도자료 참조.

27 개인정보보호위원회, 2022.9.14. 개인정보보호 법규 위반행위에 대한 시정조치에 관한 건 (2022-014-104호: 구글, 시정명령 및 과징금 약 692억 원, 2022-014-105호: 메타, 시정명령 및 과징금 약 308억 원).

28 서울행정법원은 개인정보보호위원회의 시정명령 등 처분이 적법하다고 판단하였다. 서울행정

우리의 경우 맞춤형 광고(표적 광고)에 대해 명문의 규율이 아직 없음에도 개인정보보호위원회가 '맞춤형 광고 개인정보 보호 가이드라인'을 추진하면서 그 취지에 부합하는 적극적인 규제조치를 집행한 것으로 볼 수 있는데,[29] 유럽연합의 「디지털서비스법」은 온라인플랫폼의 광고 행위와 관련하여 온라인 플랫폼 광고 정보에 대한 투명성 확보 의무(제24조), 온라인 추천시스템(recommender systems)의 투명성 의무(제24a조)를 부여하고 미성년자에 대한 프로파일링 타켓 광고를 금지하는 등의 규정을 두고 있다.

(3) 공정거래위원회의 글로벌 사업자 및 플랫폼 사업자에 대한 적극적 규제 사례

온라인 플랫폼에 대한 전문규제기관과 경쟁규제기관이 중첩적으로 규제를 집행하려는 경향 속에서 공정거래위원회는 디지털 경제 영역에서의 글로벌 사업자 및 플랫폼 사업자를 공정거래 영역에서 적극적으로 규제해 왔다.

구글의 경우 안드로이드를 변형한 운영체제(OS) 탑재 기기를 기기제조사가 생산하지 못하게 한 행위가 시장지배적 지위남용(시지남용) 및 불공정거래행위에 해당한다고 보아 과징금을 부과한 사례(2021.9.)[30], 구글이 국내 경쟁 앱 마켓인 원스토어에 게임사들의 입점을 제한한 행위에 대해 시지남용을 인정하여 과징금을 부과한 사례(2023.4.) 등이 있으며, 국내 사업자에 대해서는 네이버쇼핑이 검색알고리즘을 조정하여 자사서비스를 우대한 것에 대해 시지남용을 적용한 사건(2021.9.),[31] 카카오모빌리티가 가맹택시와 경쟁

법원 2025.1.23. 선고 2023구합55191, 2023구합54259 판결.

29 과징금 부과 이전에도 타사 행태정보 제공을 거부하면 페이스북 및 인스타그램 서비스에 가입해 이용할 수 없도록 한 개인정보보호법 위반행위에 대해서는 시정명령 및 과태료 부과 처분이 있었으며, 그 이후 행태정보에 대한 적극적인 규제의 의사가 있었던 것으로 보인다. 관련 온라인 맞춤형 광고 가이드라인(안)에 대한 비판으로는, 이진규, "온라인 맞춤형 광고 가이드라인(안)의 검토 및 정책제안", 『KISO저널』 제52호, 2023.9. 참조.

30 공정거래위원회의 조치가 적법하다고 한 서울고법 2024.1.24. 선고 22누32995 판결 참조.

31 본 사건은 네이버가 자사 쇼핑몰 플랫폼서비스인 '스마트스토어'를 지원하기 위해 자사 비교쇼핑서비스인 '네이버쇼핑'의 상품 검색결과 노출순위 결정 알고리즘을 스마트스토어 입점업체에게 유리하고 경쟁 오픈마켓 입점업체에 불리한 방향으로 조정하였다고 보아 제재를 가한 사건이다. 이 사건에 대해서는 시정조치와 과징금 부과의 적법성을 인정한 서울고법 2022.

사 택시 간의 호출을 차별적으로 적용한 데 대해 시지남용행위를 인정하여 과징금을 부과한 사건(2024.12.) 등이 대표적이다.

Ⅲ. 시장의 자율규제와 국가의 공동규제[32]

1. 디지털 경제규제의 일반 모델로서 자율규제?

(1) 디지털 경제 규제의 연성법적 규제 경향

디지털 경제에 대한 여러 규제입법이 추진되었으나 실제 규제입법이 이루어진 예가 많지 않은 것은 디지털 경제의 전개가 불확실하고 국가별 규제로 초래되는 경제적 영향이 글로벌 경제 하에서 간단하지 않은 문제를 안고 있기 때문이라 할 수 있다. 물론 각 규제당국은 한국적 규제관행 또는 규제문화의 연장선상에서 디지털 경제 하 국가의 역할을 유지하려는 태도를 보이고 있으나, 이는 당분간 가이드라인과 같은 연성법적 규율에 의존하는 경향을 보일 것으로 생각된다. 이러한 가이드라인에 의한 규제는 그것이 실제에서 권력적 행정지도와 같은 방식으로 운영되는 법치국가적 문제점도 발생할 수 있으나, 예상되는 공익적 문제에 대해 정보제공적 방식으로 탄력적인 대비를 할 수 있게 한다는 점에서 의미가 있다. 특히 가이드라인을 명확화해 가는 과정에서는 디지털 전환의 역동성과 불확실성, 민간 혁신의 잠재성 보장 필요성, 국가 단위 규제의 어려움[33]을 감안하여 사업자가 적극적으로 지침 형성에 참여할 수 있는 여지가 확보될 수 있다. 그리고 이러한 규범 형성 과정에 대한 참여를 통해 사업자 스스로 추가적 과잉 규제의 가능성을 차단할 수 있는 자율적 규율을 마련할 동기가 부여될 수 있다.[34]

12.14. 선고 2021누36129 판결이 있다.

32 이하의 논의와 그에 관한 행정법이론적 프레임에 대해서는, 김태호, "행정법에서 자율규제론의 자리매김", 『행정법연구』 제71호, 2023.8.을 참조.

33 가령 이민창, "규제개혁, 왜 자율규제인가?" 『행정포커스』 161호, 2023, 1－2, 6면 이하.

(2) 국가와 시장 간 협력 형태로서의 공동규제 필요성

기술혁신에 따라 새로운 기술과 비즈니스 모델이 급격한 속도로 발전하는 영역에서는 추가적인 혁신의 가능성과 리스크(위해) 발생 가능성을 규제당국이 적절히 저울질하여 적정한 수준의 규제결정을 내리기 어렵다. 이는 규제조치 또는 규제지체가 과잉규제 또는 과소규제의 결과로 귀결되기 쉽다. 이에 규제의 원칙에 대한 대강을 원칙 중심으로 제시하고 그 구체적인 적용은 기술발전과 비즈니스 모델의 전개에 대한 경제주체의 판단을 존중하는 방식의 규율도 제안된다. 이 점에서 디지털 경제는 특히 자율규제가 필요한 측면이 강하다. 이 영역은 규제가 필요한지 불확실성이 큰 영역에 해당하고, 민간 주도의 자율적 기술 발전과 혁신 가능성이 존중될 필요가 있으며, 규제 입안자가 규제 대상에 대한 정보 비대칭성이 매우 커서 적절한 규제를 하기 어려울 뿐만 아니라, 표현의 자유 보장과 같이 자율성 보장 자체가 요구되는 영역이기 때문이다.[35]

그러나 디지털 경제규제에 대해 자율규제를 적용함에 있어서 규제목적에 대한 판단과 결과를 완전히 사적주체에게 일임한다는 의미는 아니다. 정확히는 순수한 의미의 자율규제라기보다 규제적 자율규제 또는 공동 규제의 모델이 필요한 경우가 더 일반적일 수 있다. 디지털 경제, 디지털 기술 전환과 같이 새로운 실험과 융합이 활발한 영역의 경우 정보를 축적해 가면서 규제 필요성에 대한 판단을 우선 자율규제를 통해 형성해 나가되,[36] 이를 국가적 개입의 전단계, 또는 공동규제로 나아가는 과정으로서 이해하여, 유동적인 상황에 대응할 수 있는 조직체계와 절차를 통해 탄력적 대응의 가능성을 확보하고자 하는 것이다. 이러한 전략은 사적 자율규제와 정부규제의 장점을 살리기 위해 각각의 기능을 조직과 절차 형성을 통해 협력적 거버넌스가 구

---

34 자율규제론에 한정하여 플랫폼 규제에서의 제도화에 관한 주요 공법적 논의로 『경제규제와 법』 제15권 제2호에 게재된 특집 논문을 참조.

35 선지원, “규제 방법의 진화로서 자율규제의 실질화를 위한 연구”, 『행정법연구』 제64호, 2021, 110–112면을 참조.

36 이원우, 앞의 글, 2021, 24면; 선지원, 위의 글, 111면 참조.

축될 수 있도록 설계하려 한다. 이를 통해 국가의 부담을 경감하고, 탄력적이고 유연한 규제대응을 통한 혁신의 잠재력을 확보하며, 문제해결능력을 가진 사적 부분이 직접적인 문제해결에 영향을 미칠 수 있도록 함으로써 문제해결능력과 민간의 수용도를 제고할 수 있게 된다.[37] 실제 전세계적으로 데이터 프라이버시, 도메인명 거버넌스, 콘텐츠 심의, 인터넷 보안, 망 중립성, SNS 개인정보 보호 등의 영역은 국가와 시장의 협업을 통한 공동규제가 일반적인 규제의 형태로 이해되고 있다.[38]

2. 디지털 경제에서 규제된 자율규제 모델의 사례와 성공의 조건

(1) 자율규제기구를 통한 자율규제 활동

결국 디지털 경제 규제는 국가와 산업이 협력적인 방식으로 규제를 형성해 나갈 수 있는 모델을 만드는 것이 중요하고 규제법적 장치는 그 틀을 제시하는 데 좀 더 많은 관심을 기울일 필요가 있다. 이와 관련하여 현실에서 성공적인 모델로 제시되는 사례는 업계가 주도가 되어 설치한 자율규제기구(KISO－한국인터넷자율정책기구, GSOK－한국게임정책자율기구, KOLSA－한국온라인쇼핑협회)를 통한 자율규제 모델이 제시된다.[39] 이때 자율규제기구는 스스로 규범을 제정하는 기능(규약제정기능)은 물론 제정한 규약을 준수하도록 구성원을 모니터링하고 위반시 자체 제재하는 기능(규약집행기능)을 수행하기도 한다. 이러한 제재 기능은 자율규제기구가 이미 존재하는 공적 규제를 집행하는 성격의 것일 수도 있고, 사실상의 집행력을 가지는 경우 자율적으로 형성한 규약을 내부적인 제재를 통해 집행하기도 한다.

---

37 Eifert, Regulierungsstrategien, in: Hoffmann－Riem/Schmidt－Aßmann/Voßkuhle (Hrsg.), Grundlagen des Verwaltungs－rechts, 2013, Bd. I, §19. Rn. 59; 규제적 자율규제 또는 공동규제 모델의 의의에 대해서는 김태호, “앞의 글”을 참조.

38 Marsden, Platform Law in Europe－Combatting Digital Hamrs Through Co－Regulation, 『경제규제와 법』 제15권 제1호, 2022.5. 179면 참조.

39 그밖에 정부주도형 자율규제기구(개인정보 자율규제단체, 금융투자협회), 정부업무 위임형 기구(게임물 자체등급분류)도 있다.

사적 주체가 수행하는 자율규제의 경우 사적 주체는 사익 추구의 주체이기도 하다는 점에서 자율규제를 통한 공적 활동이 사실상 자신 또는 업계의 이익에 부합하지 않고서는 자발적이고 적극적인 자율규제를 기대하기 어렵다. 자율규제기구를 두는 집단적 자율규제의 경우에도 자율규제기구와 구성원과의 거리가 충분히 확보되지 못한다면 담합적 결정은 물론 집단 내 소수에 대한 차별적 결정을 초래할 우려가 있고, 주요 구성원이 자율규제를 자신의 이해관계를 강화하는 수단으로 삼아 경우에 따라서는 신규 사업자의 시장 진입을 봉쇄하거나 곤란하게 하는 수단으로 활용될 여지도 있다.[40] 따라서 이처럼 자율규제는 활성화되더라도 공익 추구의 목적 관점에서는 왜곡의 소지가 상존하고, 무엇보다 자율규제의 전통이 없는 상황에서 충분한 유인 또는 실효성 확보 매커니즘 없이 자율규제의 문화를 정착시키기가 쉽지 않다. 그럼에도 불구하고 자율규제는 여전히 디지털 경제규제에서 최선의 선택일까? 이에 대해서는 인터넷 자율규제의 성공 모델로 불리는 한국인터넷자율정책기구(KISO)의 경험을 살펴보기로 하자.[41]

(2) 한국인터넷자율정책기구(KISO)의 경험

2008년 포털정책협의회의 활동을 전신으로 하는 KISO(Korea Internet Self-governance Organization)는 국내 대표적 16개 인터넷 사업자가 회원사로 가입해 있는 자율규제기구이다. 포털정책협의회는 정부규제가 강화되려는 분위기 속에서 유해 게시물에 대한 자체적인 자율규제를 실시하고, 자율규제가 어려운 사안에 대해서는 방송통신심의위원회와 '공동심의'를 KISO의 설립을 통해 추진하게 된다.[42]

KISO는 자율규제의 주체로서 사업자가 최고 의사결정기구인 이사회를

40 Baldwin/Cave/Lodge, Understanding Regulation, 2012, 137면.

41 이에 대해서는, 이승선, "한국형 자율규제기구로서 KISO의 특성과 함의,『KISO저널』 49호, 2022.12.; 이승선, "한국인터넷자율정책기구(KISO)의 성과와 한계", 2023 한국공법학자대회 자료집, 2023.9. 참조.

42 이승선, 위의 글, 2022, 82면.

구성하되, 실질적인 의사결정을 하는 심의위원회는 외부전문가들로 구성하여 독립성과 객관성을 확보하고, 기구의 재원을 스스로 해결할 수 있도록 하였다. 이에 KISO는 한국인터넷기업협회와의 관계에 있어서도 독립성을 확보하고자 했다.[43]

KISO의 대표적인 자율규제 활동은 「정보통신망법」에 따라 사생활침해 또는 명예훼손 등 권리침해정보에 대해서는 피해자의 요청에 따라 정보통신서비스 제공자가 임시조치 및 삭제조치를 취하는 것(제44조의2, 제44조의3)에 대한 것이다. KISO는 정보통신서비스 제공자가 블라인드 등 임시조치를 취하는 기간 동안 '게시자 이의신청권'을 제공하되, KISO 회원사가 문제된 경우에 임시조치 기간 내에 게시자가 이의신청하지 않으면 임시조치 기간 이후에 게시물을 '삭제'하고, 임시조치 기간 내 이의신청이 있으면 '임시조치 만료 후 복원'하도록 (법에 없는) 자율규약을 정책결정으로 도입한 것이다.[44] 또한 정책규정을 마련하여 명예훼손성 게시물에 대한 임시조치의 판단기준을 제시하여 회원사가 요청하는 경우 자율적 임시조치에 대한 심의를 진행하기도 한다. '혐오나 차별표현'을 직접 규제하려는 입법적 시도에 대해서는 혐오표현에 대한 '혐오표현 자율정책 가이드라인'을 두어 이를 개선하려 하기도 하였다. 스스로 '혐오표현 심의위원회'를 설립하고 '혐오표현에 대한 자율규제 가이드라인'을 제정한 것이다(2023.4.).[45] 그 밖에 최근에는 '인공지능 챗봇 윤리 가이드라인'을 마련하여 챗봇 개발자 · 운영자 · 이용자가 지켜야 할 원칙과 준수사항을 정하기도 하였다(2023.8.).

(3) 성공의 조건에 대한 평가

디지털 경제에 대한 규제에서 국가와 사업자 간 협력을 전제로 한 자율

---

43 자세히는 이승선, 앞의 글, 2023, 245면.

44 KISO 정책위원회의 정책결정 제2호, 2009.6.29. 이희정, "온라인 플랫폼 자율규제에 관한 시론–맥락적 접근을 중심으로", 『경제규제와 법』 제15권 제2호, 202.11. 34면; 이승선, 앞의 글, 2023, 239면, 249면 이하 참조.

45 이승선, 앞의 글, 2023, 254면.

규제가 선호된다고 할 때 그 형태는 다음과 같은 점을 충분히 고려할 필요가 있을 것으로 생각된다.

1) 유인 및 인센티브의 문제

불법 표현물에 대한 규제의 책임을 서비스사업자에게 부과할 경우 사업자는 책임을 피하기 위해 표현의 자유를 제한하는 방향의 결정을 할 유인이 크기 때문에 이를 자율규제를 통해 적절히 제어한 KISO의 자율규제는 의미가 있다. 이는 자율규제가 정부규제와 비교하여 적시에 적정한 판단을 내릴 수 있음을 보여주는 좋은 예라 하겠다.

다만, 이러한 자율규제의 사례들이 성공한 근본 원인을 좀 더 살피면, 이 영역에서 규제의 공익적 최적점을 찾는 노력이 자율규제기구 및 그 회원사업자의 사익과 충돌관계에 있지 않기 때문이라는 점도 알 수 있다. 특히 사회적 규제를 자율적으로 적용하는 경우에는 그것이 자율규제 주체의 평판에 관한 이익과 관련해서도 긍정적인 효과를 가져올 수 있다는 것이 주효했으리라고 생각된다.

규제의 유형을 경제적 규제와 사회적 규제로 분류하면서 경제적 규제는 완화하고 사회적 규제는 유지되도록 노력해야 하는 것으로 인식하는 경우가 많지만(「행정규제기본법」 제5조의 경우에도 규제의 원칙으로 국민의 생명 · 인권 · 보건 및 환경 등의 보호와 식품 · 의약품의 안전을 위한 규제는 실효성이 확보되어야 한다고 규정하고 있다), 경제적 규제와 사회적 규제는 복합적으로 함께 작용하는 경우가 많다. "이윤의 크기를 확대하는 과정에서 사회적 규제가 필요한 영역에서 피해가 발생"[46]하는 전형적인 경우에 그 충돌은 불가피하다.

반면, 기업의 경제적 이익보호와 사회적 이익보호가 공동의 이익을 가리키는 경우에는 자율규제의 성공가능성이 커진다. 흥미로운 사례로서 이른바 '온라인소비자리뷰'에 대한 자율규제 시도가 있다.[47] 온라인소비자리뷰는 소

46 최승필, "기술발전에 따른 규제방식 전환과 그 법적 쟁점", 『공법학연구』 제24권 제2호, 2023.5. 222면.

47 황용석 · 윤혜선, "온라인소비자리뷰의 국내외 정책 동향과 자율규제 방안 모색", 정보통신정

비자가 제품 또는 서비스를 이용하고 그에 대한 평가를 온라인플랫폼 등에 게재한 것을 가리키는데, 이 리뷰는 소비자가 표현의 자유를 행사한 것이기도 하면서 동시에 다양한 이해관계가 개입되어 조작의 우려 또는 평판의 타격 우려가 있는 상업적 정보 제공행위이기도 하다. 그래서 '온라인소비자리뷰'는 마케팅의 도구로서 「전자상거래 등에서의 소비자보호에 관한 법률」 등의 적용을 받게 될 수 있고, 경우에 따라 리뷰행위가 「정보통신망법」이 규제하는 권리침해 정보의 유통에 해당할 수도 있다. 그런데 이에 대한 온라인플랫폼의 자율적 대응은 적극적이다. 온라인 배달 플랫폼의 경우 리뷰에 대한 '임시조치'를 운영하면서 (이른바 별점테러 등에 대해) 블라인드 조치를 적극적으로 적용하기도 하고, 그리고 일부 플랫폼 사업자는 자신의 플랫폼에서 이루어지는 온라인소비자리뷰에 대해 이용자와 이용사업자의 권리를 조화시킬 수 있도록 적극적인 자율규제 원칙을 정립하려고 노력하기도 한다.48 이것은 그와 같은 자율적 노력의 주요한 이유가 정확하고 내실 있는 '온라인리뷰'의 존재를 통해 해당 온라인 플랫폼의 경제적 가치가 상승할 수 있기 때문이다.

이처럼 성공적인 자율규제는 자율규제의 유인이 명확한 경우에 가능하다. 따라서 사회적 평판 등의 유도를 통해 어떻게 자율규제의 유인을 유도하고 형성할 것인가가 중요하고, 사회 · 경제적 이익에 관한 규제의 복합성을 다양한 방식으로 조율할 필요가 있다는 점에 주목할 필요가 있다. 그리고 이는 다른 의미에서 경제적 규제의 경우 자율규제주체는 어떤 경우 자신의 경제적 이해관계를 후퇴시켜가면서 충실한 자율규제의 노력을 하는 데 근본적인 한계가 있다는 의미이기도 하다. 이 점에서 경제적 자율규제의 경우 경제적 유인 내지 인센티브의 조건이 명확하지 않다면 직접규제를 선택하는 것이 규제의 실효성을 담보하는 방법이 될 수 있다.

책학회 세미나 발표자료, 2023.9.8. 참조.

48 황용석 · 윤혜선, 위의 자료는 배달의 민족 등 주요 기업의 자율규제로서 온라인소비자리뷰 운영정책 형성을 소개하고 있다.

2) 실효성 확보 수단의 담보와 문제점

이상 살핀 바와 같이 자율규제의 실효성을 확보하기 위해서는 인센티브를 적극 활용하는 방식도 있고, 제재의 가능성 또는 더 강력한 정부규제의 가능성을 유보하는 방식도 상정할 수 있다.

자율규제기구가 실효성을 확보하는 방법은 가장 흔히 일정한 의무부담을 경감해 주는 조항을 두는 것이다. 「개인정보보호법」상의 자율규제를 보면, 개인정보보호위원회가 국민생활과 밀접한 온라인플랫폼 7대 업종을 우선적으로 선정하고 각 분야별로 규약 마련을 유도한 바 있다. 이러한 규약은 실제 법령상의 개인정보보호 수준을 상회하는 개인정보보호를 자율적으로 유도할 수 있다는 점에서 높이 평가되기도 하였다. 「개인정보보호법」은 개인정보 보호를 위해 위원회가 인정하는 인증을 받은 경우 과징금을 최대 50%까지 감경받을 수 있도록 인센티드를 마련하고 있고, 이러한 제재의 경감 제도는 대표적인 실효성 확보의 수단으로 제시된다.

다른 한편으로 유·무형의 불이익 가능성을 예상할 수 있는 경우에도 자율규제의 실효성은 담보될 수 있다. 다만, 이는 법치국가적 관점에서 문제의 소지가 다분하다. 실효성 확보의 방식이 이른바 '권력적' 행정지도와 유사한 모습을 띄기 때문이다. 특히 이러한 문제는 글로벌한 디지털 경제에서 국가 영역 내의 자국 기업에 역차별의 우려를 강화시켜 줄 수 있다. 비공식적인 행정작용에 의한 규제 도는 직접규제 이상으로 외국 기업에 비해 국내 기업에 차별적일 수 있다.

Ⅳ. 글로벌 디지털 경제에서 '국가주권'과 '국민'

1. 글로벌 디지털 경제에서 일국 경제규제의 의의와 국가주권

공동체의 공익을 보장하여야 하는 규제임무와 권한, 강제력 행사는 개별 국가별 주권 하에 있는 반면, 인터넷의 개방성을 속성 삼아 전개되는 디지털 경제의 활동은 국경을 넘어 전개된다는 사실을 바라보는 시선은 양가적이다. 글로벌한 디지털 경제는 국내 디지털 플랫폼에게 하나의 기회로 인식될 수도 있지만 국내 경제에서의 경쟁 심화, 더 나아가 규제집행에서 역차별이 발생할 우려가 크다. 국내에서 인터넷에 대한 규제가 강화되면 국가 단위에서 규제목적을 달성할 수는 있겠지만, 개인으로서는 이른바 '사이버 망명'이라는 선택지를 생각하게 될 수 있다. 제한적 인터넷게시판 본인확인제가 시행되었을 때 헌법재판소는 해당 제도의 위헌 판단에서 "국내 인터넷 이용자들의 해외 사이트로의 도피, 국내 사업자와 해외 사업자 사이의 차별 내지 자의적 법집행의 시비로 인한 집행 곤란의 문제를 발생"[49]시키는 점이 위헌의 논거로 제시된 바도 있다. 개인정보보호 규율을 비롯한 국내의 엄격한 규제에 대해 국내 기업이 규제 집행의 불균형으로 인한 차별을 받는다는 앞서의 지적도 같은 취지이다.[50] 그리고 이는 결과적으로 국내 사업자와 해외 사업자에 대해 공히 규제완화를 해결책으로 제시한다.

좀 더 적극적으로는 이른바 '정보주권' 및 '데이터 주권'의 주장에 터잡아 이루어지는 규제 등의 경우 '국가주권'의 보장 및 '자국 산업 보호'를 위해 실질적으로는 해외 사업자를 배제하는 규제적 효과를 낳기도 한다. '보안'과 관련하여 공공기관에서 해외 클라우드서비스 이용을 제한하거나 공공기관의 정보 처리 서버를 국내에 두도록 의무화하는 규제는 사실상 국내사업자만으로 해당 서비스 공급을 제한한다. 공공기관의 경우에는 국내 클라우드 사업자의 서비스를 이용하고 있는데 이는 보안인증 규제 운영의 결과이다. 다만, 이러한 국내의 고유한 보안인증 제도는 국내 클라우드 사업자가 해외로 시장을 넓히기 어렵게 하는 주요 원인이 되기도 한다. 정보 처리 서버를 국내에 두도록 하는 규제 또한 원격 관리가 가능한 이상 서버의 물리적 위치는

---

49 헌재 2012.8.23. 선고 2010헌마47등 결정.

50 이인호 · 김서안, "개인정보 관련 국내기업의 역차별 상황에 관한 규제 분석과 개선방안에 관한 연구", 『한국전자거래학회지』 제25권 제4호, 2020.4.

의미가 없다는 비판도 가능하다.[51]

어쨌든 해외 주요 사업자에 대한 규제와 집행을 위해 국내법에는 국내대리인 지정 제도를 두고 있다.[52] 규제기관의 입장에서 국내대리인과 같은 규제집행의 대상이 국내에 있는 경우 규제의 집행이 용이하기 때문이다. 무엇보다 이용자 또는 소비자인 국민의 입장에서 서비스와 관련하여 국내에 사업자가 있을 때 민원 제기 및 권리 구제가 용이하고, 규제기관에 대한 민주적 통제의 가능성도 확보된다. 현재의 세계질서 속에서 국가의 역할은 일국 체제 하에서의 그것과 같은 기능을 유지할 수는 없겠지만, 구성원들의 참여에 기한 설득과 합의를 전제한 권력의 행사를 정당화하고 통제할 수 있는 국민의 주권은 국민국가 단위로 행사되지 않을 수 없다.[53]

한편, 최근 기술패권과 관련하여 AI 기술의 강력한 파급효과를 우려한 소버린 AI(Sovereign AI)에 대한 논의 또한 같은 맥락에 있다. AI 기술을 제공하는 클라우드 서비스와 같은 인프라 측면, 자국 언어와 데이터를 포함한 거대언어모델(LLM) AI 모델과 이를 가능하게 하는 AI 반도체 공급 등 AI 기술서비스 공급 측면에 있어 타국에 종속되지 않고 국가 또는 자국 기업이 독자적인 AI서비스를 제공할 수 있어야 '국가주권'의 온전한 행사가 가능하다는 논의가 그것이다. AI 기술이 사회적으로 광범위하게 사용되면서 사회적 인프라가 되어 국방 · 안보 · 사회기반 서비스 제공의 안정적 확보에 영향을 미칠 수 있고, AI서비스가 제공하는 내용이 사회 · 문화 형성에 큰 영향을 미칠 수 있는 것이 사실이라 할 때, 소버린 AI를 위한 생태계 형성과 관련한 규제체계 정비는 AI 규제법에서도 고려되어야 할 사항임이 분명하다.

---

51 이에 대해서는 박상철, "정보 주권과 정보의 위치", 서울대 법과경제연구센터, 『데이터 이코노미』, 2017 참조.

52 박상철, 위의 글, 203면.

53 주권의 의미에 대해, 조소영, "정보화 시대에 있어서의 주권의 의미와 내용", 『언론과 법』 제13권 제2호, 2014 참조.

2. 디지털 심화 시대 국민의 디지털 권리 보장

디지털 심화 시대에서도 국가와 국민의 관계에서 우선되어야 할 것은 기본권의 충실한 보장일 것이다. 이는 국가가 디지털 심화 시대에 디지털 기술이나 데이터를 이용하여 국민을 더 교묘하고 은밀한 방식으로 감시하지 못하도록 하는 문제일 수도 있지만, 거대 온라인 플랫폼 등에 의한 사적 경제권력이 국민의 기본권을 침해하지 못하도록 하거나 디지털 소외나 디지털 격차가 발생하지 않도록 국가가 국민의 기본권을 보호하고 충족시켜야 하는 문제일 수도 있다. 그리고 이러한 디지털 시대의 권리는 기본권적 차원도 있지만 많은 경우 법령을 통해 기본권의 내용을 구체화하는 형태로 확보될 수 있다.

이러한 디지털 시대의 권리의 목록에 대해 정부는 법적 규범력이 없는 형태의 선언이나마 그 분명한 방향성을 제시한 바 있다. '디지털공동번영사회의 가치와 원칙에 관한 헌장'(약칭하여 '디지털 권리장전')이 그것이다.[54]

> 디지털 자유와 권리의 보장 내용으로, 안정적인 네트워크 환경을 보장받고 디지털 서비스에 차별 없이 접근하여 이용할 수 있는 권리(제6조), 디지털 환경에서 표현의 자유를 누릴 권리(제7조), 디지털 기술로 인해 차별을 받지 않고 다양성을 존중받을 권리(제8조), 디지털 개인정보에 대해 접근 · 통제를 할 권리(제9조), 디지털 생활양식을 강요받지 않고 대체수단을 요구할 수 있는 권리(제10조), 디지털 시대의 노동환경에서 근로 · 휴식할 권리(제11조)를 열거하고 있다.
>
> 그리고 좀 더 나아가 디지털 권리장전은, 디지털 사회를 규율하는 제도적 장치로서 정보와 기술의 독과점, 알고리즘의 불공정성 문제를 해소하여 공정한 경쟁 환경을 조성할 필요성(제12조), 디지털 자산을 보호하고 그 거래를 위한 정당한 계약이 이루어지도록 보장할 필요성(제13조), 디지털 격차를 해소하도록 디지털 리터러시에 대한 교육 기회를 제공할 필요성(제14조), 공공 데이터를 비롯한 데이터 접근과 이용의 기회를 보장할 필요성(제15조), 디지털 심화에 따른 경제적 · 사회적 불평등 완화를 비롯한 사회 안전망을 강화할 필요성(제16조)을 천명하고, 디지털 기술을 윤리적으로 개발될 수 있도록 하고(제17조), 디

54 과학기술정보통신부, 『디지털 권리장전』, 2023.9.25.

지털로 인한 위험의 예방 · 관리, 위험에 관한 정보의 공개(제18조), 디지털 감시, 위치추적 등을 비롯해 디지털 기술에 의해 불법적인 식별과 추적으로부터의 보호가 필요하며(제19조), 허위조작 및 불법 · 유해정보가 유통되지 않도록 디지털 범죄에 대한 실효적 조치의 확보되어서(제20조), 특히 아동 · 청소년이 디지털 공간에서 안전하고 자유롭게 활동할 수 있어야 한다(제21조)고 선언하였다.

규제와 관련하여서 디지털 권리장전은 자율과 창의가 기반을 이루는 디지털 혁신을 위해 불합리한 규제를 개선하고, 디지털 혁신을 지원하도록 해야(제22조~25조) 한다고 하고, 국제적 협력의 관점에서 인류 후생을 증진하도록 지속가능한 디지털 사회를 위해 애써야 한다고 하기도 한다(제26~28조).

이상의 내용은 우선 헌법상 기본권에서 보장되고 있는 바가 디지털 환경에서 적용되는 국면에서 설명되는 것으로서 이미 기본권으로서의 위상을 차지하는 것(가령 디지털 '표현의 자유'나 '평등권')이 있다. 이러한 권리는 디지털 영역의 국면에서 조금 더 특별한 국면을 맞이하게 될 수 있는데 이것이 기존의 기본권이 보호하는 보호영역의 범위 내에서 설명할 수 있는 것인지, 별도의 기본권으로서 독자적인 영역을 확보해야 할 것인지는 향후 이론과 판례를 통한 구체적인 형성이 필요하다. 대표적으로 헌법상 기본권인 '개인정보자기결정권'의 내용으로서 디지털에서의 '잊힐 권리'나 '일반적 인격권'으로부터 인터넷에서 '정보기술체계의 신뢰성과 무결성 보장에 관한 기본권'을 인정할 것인가에 대한 국내외 논의가 그것이다.[55]

디지털 권리장전에서 주목해 봐야 할 것은 디지털 경제 하에서 이루어지는 국가활동과 경제활동에서 자유의 조건을 보장하는 내용들이다.[56] 사적 영역에서 디지털 서비스가 고도화되면서 소외되는 국민들에게 디지털 생활의 조건을 권리의무의 형식으로 법률에서 구체화하여야 할 과제가 있다. 이는 국가의 기본권에 대한 '보호의무'를 이행하고 '충족'하도록 하는 조치의 형태로 나타나는 것이기도 하고, 기본권의 구체적 내용을 '형성'하는 형태로

55 개요에 대해서는, 김태호, 디지털 전환의 기본권적 문제상황과 대응체계, 2024.3. 64면 이하 참조. 체계적 접근에 대해서는, Peuker, Verfassungswandel durch Digitalisierung, Tübingen 2020 참조.

56 김태호, 위의 보고서, 21－36면 참조.

이루어지는 것도 있을 것이다. 사적 권력에 의해 이루어지는 기본권 침해 가능성에 적극적 방지장치를 취하도록 하는 것(사적 감시의 차단, 연결되지 않을 권리의 보장 등), 디지털 생활에서 디지털 대체수단을 요구할 수 있도록 하는 것(아날로그 접근권 등), 디지털 생활의 포용성을 보장하기 위해서 디지털 격차를 제공하도록 하는 것이 전자의 예라면, 데이터에 관한 권리나 이른바 디지털 유산에 관한 권리와 같이 '재산권' 등의 기본권적 내용을 법률로 형성하는 것이 후자의 과제가 될 것이다.

Ⅴ. 스마트한 디지털 경제규제를 통한 국가 기능 제고

이상의 논의를 정리하면, 경제영역에서의 자유의 확대, 글로벌화에 따른 국가통제권의 약화와 민간부문의 주도권 확대, 디지털화가 초래할 사회적 위험에 대한 불확실성을 생각할 때 국가가 적극적인 규제를 주도하기보다는 자율규제 또는 공동규제를 통해 협력적 규제 모델을 발전시키는 것이 디지털 전환에 따른 국가와시장의 관계 변화에 부합하는 인식이라고 할 수 있을 것이다. 그러나 다른 한편으로 이러한 인식이 국가 기능의 후퇴를 의미하는 것은 아니고, 그 목적과 방식에 대한 변화를 요구하는 것으로 이해하는 것이 더 정확할 것이다. 따라서 국가는 디지털 전환 과정에서 국민의 권리를 보호하고 충족하는 기반과 조건을 형성하는 것과 동시에 보다 스마트한 규제의 방식을 발전시켜 나가는 것이 필요하다.

구체적으로 국가는 특히 규제의 방식에 있어서, 협력적인 규제를 확보할 수 있는 절차를 만들고, 이를 조율할 수 있는 탄력적 규율을 정비하며, 구체적인 결정의 합리성을 높일 수 있는 규제의 논거를 정교화함으로써 더 스마트한 규제 체계를 갖춰야 한다.57

이를테면 디지털 경제규제에서 규제기관에게 부여된 광범위한 재량을

57 同旨, 이희정 외, "규제의 공법적 이론 연구", 한국법제연구원 연구보고서, 2023.10.

적절히 발휘할 수 있는 시스템(의사결정구조와 협력적 거버넌스의 절차)를 정비하고, 일방적인 제재 조치를 취하기보다는 사전에 규제조치의 이행을 위해 특히 영세사업자(중소기업, 스타트업)에게 충분한 정보를 제공하며 그에 필요한 수단을 지원한다거나, 규제의 추이를 보면서 규제 목적 달성에 필요한 최적의 선택을 해 나갈 수 있도록 피규제자와 시민사회와의 소통 절차를 마련하고, 전통적 사업자와 신기술 사업가 간의 긴장관계와 갈등을 조정하는 구조를 제공하면서 규제 조치 이행에 대해 지원과 미이행시 제재를 적절히 조합하는 제재 모델을 만드는 것이 예가 될 수 있을 것이다. 이러한 접근은 오늘날 이른바 원칙중심의 규제, 탄력적 규제, 증거 기반 규제, 응답적 규제와 같은 과정에 초점을 둔 규제이론이 규제품질을 높이기 위해 지향하는 공통의 방향이기도 하다.58

물론 이러한 제도화의 과정에서 민주주의 및 법치국가적 요청에 대해서는 지속적인 주의가 필요하다. 첫째, 규제 행사 방식에서 있어 연성화가 은폐된 권력 행사와 책임 회피의 수단이 되어서는 안 된다. 규제산업과 같이 국가의 이니셔티브가 여전히 강력한 규제영역의 경우 행정지도 형태의 규제방식, 가이드라인에 의한 연성법적 규제는 오히려 강력한 형태의 규제로 작용할 수 있으므로, 국가 권력의 남용을 견제할 필요가 있다.

둘째, 원칙 중심 규제와 같이 탄력적인 규제 방식을 취할 경우 규제 합리성을 높일 수 있고 규제 회피의 시도를 통제할 가능성을 열어줄 수 있다. 그러나 추상적 원칙을 통해 규제를 집행할 경우 발생할 수 있는 법치국가적 명확성의 후퇴는 투명성과 절차적 정당성을 통해 보완되어야 한다. 필요하다면 재판청구권의 보장 외에 적절한 재판외 분쟁해결절차를 함께 마련할 필요가 있겠다.

셋째, 규제 방식의 변화가 갖는 민주주의적 의미를 고양할 필요가 있다. 규제 절차에 대한 시민 참가는 공화주의적 의사형성절차를 형성하는 데 있어서도 중요한 의미를 가진다. 보다 근본적으로 디지털 경제 시대에 AI 기술

58 각 이론의 추이에 대해서는 이희정 외, 위의 연구보고서 참조.

을 어떻게 활용할 것인지, 내가 가진 개인정보를 어느 범위에서 활용하도록 할 것인지의 문제가 규제를 통해 해소할 수 있는지 문제인지, 아니면 이는 공동체 내의 숙고된 민주적 의사결정과정을 통해 합의를 수렴해 나가야 할 문제인지 생각해 볼 필요도 있을 것이다.

이상의 일별을 통해 한국에서 디지털 시대의 기술 발전에 국가와 시장의 관계 변화가 법제도에 어떻게 반영되어 왔는지, 그리고 그러한 변화가 공익적 차원에서 어떻게 평가될 수 있을 것인지에 대해 국가규제와 자율규제, 글로벌 시대 일국규제의 의미를 중심으로 살펴보았다. 여기서 디지털 전환의 논의는 민주적 헌정질서의 확장, 파괴적 기술발전에 따른 사회적 위험의 조율, 글로벌화에 따른 국가공동체의 역할 재설정이라는 공법학이 마주한 핵심적 도전과 모두 연결되어 있음 또한 확인할 수 있었을 것이다. 글로벌한 세계경제에서 국가권력과 경제권력의 긴장 관계 속에서 공익과 사익의 조화점을 찾는 디지털 전환 시대의 규제법에 대해 공동의 모색이 계속되기를 희망한다.

참고문헌

1. 국내문헌

- 과학기술정보통신부, 『디지털 권리장전』, 과학기술정보통신부 홈페이지(2023.9. 25. 발표).
- 계인국, "디지털 플랫폼 서비스 규제의 공법적 모델－생존배려로서 디지털 플랫폼의 이해", 『고려법학』 제104호, 2022.7.
- 김광수, 『인공지능법 입문』 제2판, 내를건너서숲으로, 2023.
- 권은정, "자동적 처분에 대한 통제수단으로서의 알고리즘 영향평가", 『국가법연구』 제19권 제2호, 2023.5.
- 김민호 외, "지능정보사회의 규범설정 기본원칙에 대한 고찰", 『성균관법학』 제28권 제3호, 2016.
- 김법연, "인공지능 통제수단으로서 주요국 규제 입법의 동향과 시사점", 『유럽헌법연구』 제42호, 2023.8.
- 김윤명, "알고리즘 권력화와 규제 거버넌스, 『인권과 정의』 515호, 2023.8.
- 김윤정, 『국내대리인 지정제도 개선방안 연구』, 한국법제연구원 2023.
- 김종호, "데이터 주권과 데이터 보호에 관한 새로운 접근－미국과 유럽에서의 논의를 중심으로", 『법이론실무연구』 제11권 제1호, 2023.2.
- 김태오, "온라인 플랫폼에 대한 경쟁규제와 전문규제", 인하대학교 『법학연구』 제25집 제1호, 2022.3.
- 김태호, "행정법에서 자율규제론의 자리매김", 『행정법연구』 제71호, 2023.8.
- 김태호, 『디지털 전환의 기본권적 문제상황과 대응체계』, 헌법재판연구원 비교헌법연구 2023－B－4, 2024.3.
- 문의빈, "알고리즘 기반 추천과 플랫폼의 기본권 제한에 관한 비교법적 연구", 『헌법학연구』 제29권 제2호, 2023.6.
- 박상철, "플랫폼법", 『저스티스』 제188호, 2022.2.
- 박승일, 『기계, 권력, 사회－인터넷은 어떻게 권력이 되었나』, 사월의 책, 2021.
- 서울대 법과경제연구센터, 『데이터 이코노미』, 한스미디어, 2017.
- 선지원, "규제 방법의 진화로서 자율규제의 실질화를 위한 연구", 『행정법연구』 제

64호, 2021.3.

- _____, “자율규제의 유형별 사례와 플랫폼 자율규제를 위한 시사점”, 『경제규제와 법』 제15권 제2호, 2022.11.
- 윤혜선, “인공지능의 사회적 수용성과 법제도의 기능적 관계에 관한 소고”, 『경제규제와 법』 제14권 제1호, 2021.5.
- 아세모글루/로빈슨, 장경덕 譯, 『좁은 회랑－국가, 사회 그리고 자유의 운명』, 시공사, 2020.
- 아세모글루/존슨, 김승진 譯, 『권력과 진보－기술과 번영을 둘러싼 천년의 쟁투』, 생각의 힘, 2023.
- 이광석, “한국판 플랫폼 기술사회의 형성과 질곡”, 『경제와사회』 제139호, 2023.9.
- 이민영, “딥페이크와 여론형성－알고리즘의 권력화와 탈진실의 규제담론”, 『미국헌법연구』 제31권 제1호, 2020.4.
- 이민창, “규제개혁, 왜 자율규제인가?”, 『행정포커스』 제161호, 2023. 1－2.
- 이성엽, “생성형 인공지능(AI) 규제원칙에 관한 연구”, 『고려법학』 제110호, 2023.9.
- 이승민, “인앱 결제 강제 방지를 위한 개정 전기통신사업법의 배경, 의의, 한계 및 대응방안－앱 마켓에 대한 시장분석을 바탕으로－”, 『행정법연구』 제67호, 2022.3.
- _____, “한국에서 온라인 플랫폼 규제의 현황과 쟁점”, 『경제규제와 법』 제15권 제1호, 2022.
- 이승선, “한국형 자율규제기구로서 KISO의 특성과 함의”, 『KISO저널』 제49호, 2022.12.
- _____, “한국인터넷자율정책기구(KISO)의 성과와 한계”, 2023 한국공법학자대회 자료집, 2023.
- 이원우, 『경제규제법론』, 홍문사, 2010.
- _____ 외, 『4차 산업혁명 시대의 기술혁신과 규제정책』, 홍문사, 2019.
- _____, “21세기 행정환경의 변화와 행정법학방법론의 과제”, 『행정법연구』 제49호, 2017.2.
- _____, “규제국가의 전개와 공법학의 과제－과학기술혁신에 따른 공법적 대응을 중심으로－”, 『경제규제와 법』 제14권 제2호, 2021.11.
- 이원우 · 김태오, “경제행정법”, 김철용 편, 『특별행정법』, 박영사, 2022.
- 이원우 · 김태호, 『디지털경제 전환에 대응하는 경제규제체계의 전환』, 방송통신정

책연구 연구보고서 21-17-15, 2021.

- 이인호 · 김서안, “개인정보 관련 국내기업의 역차별 상황에 관한 규제 분석과 개선방안에 관한 연구”, 『한국전자거래학회지』 제25권 제4호, 2020.
- 이진규, “온라인 맞춤형 광고 가이드라인(안)의 검토 및 정책제안”, 『KISO 저널』 제52호, 2023.9.
- 이희옥, “인공지능 의사결정에서의 이익조정과 이원적 규제모델에 관한 연구”, 『행정법연구』 제63호, 2020.11.
- 이희정, “인터넷상 부가서비스 규제에 대한 일고”, 『경제규제와 법』 제8권 제1호, 2015.5.
- ______, “온라인 플랫폼 자율규제에 관한 시론-맥락적 접근을 중심으로-”, 『경제규제와 법』 제15권 제2호, 2022.11.
- 이희정 외, 『규제의 공법적 이론 연구』, 한국법제연구원 연구보고서, 2023.10.
- 조소영, “정보화 시대에 있어서의 주권의 의미와 내용”, 『언론과 법』 제13권 제2호, 2014.
- 주보프, 쇼샤나, 김보영 譯, 『감시 자본주의 시대-권력의 새로운 개척지에서 벌어지는 인류의 미래를 위한 투쟁』, 문학사상사, 2021.
- 최승필, “기술발전에 따른 규제방식 전환과 그 법적 쟁점”, 『공법학연구』 제24권 제2호, 2023.5.
- 황용석 · 윤혜선, “온라인소비자리뷰의 국내외 정책 동향과 자율규제 방안 모색”, 정보통신정책학회 세미나 발표자료, 2023.9.8.
- Broemel, Roland, Regulation of Digital Platforms in the EU and Germany, 『경제규제와 법』 제15권 제1호, 2022.5.
- Gawer, Annabelle, Can Self-Regulation Save Digital Platforms? 서울대 공익산업법센터(CeLPU) 제21회 국제학술대회 자료집, 2022.
- Marsden, Chris, Platform Law in Europe - Combatting Digital Hamrs Through Co-Regulation, 『경제규제와 법』 제15권 제1호, 2022.5.
- Tatsumi, Tomohiko, Platform Business Regulation in Japan - from the Perspective of Administrative Law, 『경제규제와 법』 제15권 제1호, 2022.5.
- Trute, Hans-Heinrich, Regulating Algorithmic Decision Systems, 『경제규제와 법』 제14권 제1호, 2021.5.

2. 외국문헌

- Baldwin/Cave/Lodge, Understandung Regulation, Oxford 2012.
- Eifert, Regulierungsstrategien, in: Hoffmann-Riem/Schmidt-aßmann/Voßkuhle (Hrsg.), Grundlage des Verwaltungsrechts, 2013, Bd. I.
- Hoffmann-Riem, Wolfgang, Selbstregelung, Selbstregulierung und regulierte Selbstregulierung im digitalen Kontext, in: Fehling/Schliesky(Hrsg.), Neue Macht-und Verantwortungsstrukturen in der digitalen Welt, Baden-Baden 2016.
- Krönke, Christoph, Governmental Paternalism, Baden-Baden 2018.
- Peuker, Enrico, Verfassungswandel durch Digitalisierung, Tübingen 2020.
- Spindler/Seidel, Die Regulierung von Online-Plattformen, NJW 2022, S. 2734.

3.
디지털 기술의 진화와 행정법의 역할: 디지털 행정법제를 중심으로

디지털 기술의 진화와 행정법의 역할: 디지털 행정법제를 중심으로*

권 헌 영**

Ⅰ. 서 론

전 세계가 디지털 전환 경쟁에 사활을 걸고 있다. 인공지능으로 대표되는 디지털 신기술이 가져올 미래 세계에서 선도국의 지위를 확보하기 위한 경쟁이기도 하고 산업화 시대의 패권을 디지털 시대에서도 유지하고자 하는 몸부림이기도 하다. 바야흐로 디지털 기술과 국가전략의 커플링이 시대적 키워드가 되었다. 짙어지는 자국이기주의의 경향 아래 데이터와 인공지능 기술 영역에서는 현지화(localization) 규제 등 보호주의가 고개를 들고 있다.[1] 국가안보와 정부혁신, 산업혁신 모두를 염두에 둔 전략이다.[2] 데이터가 핵심 자원으로 부상하면서 초국적 기업은 아예 글로벌 플랫폼으로 자리했다. 과거 산업 시대의 초국적 기업들이 인프라 개발의 관점에서 제3세계를 압박했다면[3] 디지털 시대의 초국적 기업들은 방대한 데이터를 이용해 전 세계를 압박

---

* 이 글은 2024.8. 하얼빈에서 개최된 동아시아행정법학회에서 한국 측 발제자인 필자가 "디지털기술의 진화와 행정법의 역할－법제 정책의 성과와 전망"을 주제로 발제한 원고이다.

** 고려대학교 교수, 정보보호대학원 원장.

1 2022년 OECD의 조사에 따르면 2021년 기준 데이터 현지 저장 및 처리를 명시적으로 요구하는 조치가 39개국 92건으로 이 중 절반 이상이 법제화되었다. Javier López González, Francesca Casalini, and Juan Porras, "A Preliminary Mapping of Data Localisation Measures", OECD Trade Policy Paper No. 262, 2022, p. 8.

2 유준구, "국제안보 차원의 데이터 주권 논의의 이중성과 시사점", 『국가전략』 제27권 제2호, 세종연구소, 2021, 118－119면.

3 Shah M. Tarzi, "Third World Governments and Multinational Corporations: Dynamics of Host's Bargaining Power", *International Relations* 10(3), 1991, p. 237.

하고 있다.[4] 주권국가 입장에서는 중대한 위기가 아닐 수 없다. 디지털 기술은 경제나 일자리 문제뿐만 아니라 기후변화나 환경 위기와 같은 인류 공통의 문제와도 직결된다. 일례로 인공지능 기술은 모델 훈련 과정에서 방대한 에너지를 소비하며 환경문제에 직접적인 영향을 미치는 것으로 밝혀진 바 있다.[5] 2010년대 초반부터 생겨난 IT 공급망에 대한 우려는 이제 실제로 특정 기업이나 국가를 배제하는 외교통상 정책으로 발전했다.[6] 이러한 변화는 정부와 기업, 시민을 가리지 않고 실재하는 사이버보안 위협과 지정학적 위기로 확산하는 국제사이버안보 논의 지형에 기반한다.

대한민국(이하 "한국"이라 한다)은 격랑의 시대를 겪고 급격히 성장한 나라다. 과거 조선의 봉건적 지배 질서부터 오늘날 자유민주주의 질서에 이르기까지 길지 않은 과정 동안 극히 이질적인 규범들이 형성되었다. 특히 건국 이후 압축적으로 변화한 질서는 지금까지도 혼재하고 있다. 전후 나라의 기반을 다시 세우는 과정에서 권위주의 정권이 자리했고 국가 주도적 성장이 이루어졌다. 이러한 발전국가 모델은 1997년 경제위기를 기점으로 신자유주의적 모델로 전환되었으나 서구의 그것과는 다르게 발전국가의 관성이 강하게 작용했다.[7] 특히 일부 대기업을 중심으로 산업 발전을 추구해왔던 경향은 신자유주의 질서를 수용하는 과정에서도 실질적으로 유지되었다. 그 결과 시장의 자율성보다는 일정 수준 국가가 개입해 시장질서와 기능을 유지하는 규제국가의 형태가 이어졌다는 평가를 받는다.[8] 오늘날까지도 한국의 행정

---

4 Shaleen Khanal, Hongzhou Zhang and Araz Taeihagh, "Why and how is the power of Big Tech increasing in the policy process? The case of generative AI", *Policy and Society* 43(1), 2024, pp. 12–13.

5 Amy Luers et al. "Will AI accelerate or delay the race to net–zero emissions?", *Nature* 628, 2024, pp. 718–720.

6 Scott J. Shackelford and Amanda N. Craig, "Beyond the New Digital Divide: Analyzing the Evolving Role of National Governments in Internet Governance and Enhancing Cybersecurity", *Stanford Journal of International Law* 50(1), 2014, p. 174.

7 윤상우, "글로벌 금융위기 이후 한국 발전모델의 지속과 변화", 『아시아리뷰』 제12권 제2호, 서울대학교 아시아연구소, 2022, 7–8면.

8 송원섭, "한국경제의 신자유주의화 경로 연구: 한국 발전국가의 변형과정을 중심으로", 『제도와 경제』 제14권 제3호, 한국제도경제학회, 2020, 110–111면.

문화나 규제 관행, 그리고 국민의 법감정 사이에는 좁혀지지 않는 간극이 존재한다. 소통에 기반한 숙의가 충분히 이루어지지 못한 탓일까. 사회적이고 집단적으로 구조화된 불신이 이 문제의 본질이라는 지적[9]은 한국의 역사적 특징을 정확히 반영하고 있다고 생각한다.

이런 한국 역사의 한 획을 긋는 핵심 변화로 정보화를 꼽지 않을 수 없다. 한국은 정부 주도의 성장 아래 통신 가입가구와 5대 국가전산망의 국가적 확산을 이루었다. 이 시기에 주민등록, 부동산, 자동차 등 핵심 데이터베이스가 구축되었다. 시민들이 세운 문민정부는 "산업화는 늦었지만 정보화는 앞서가자"는 시대정신으로 정보통신부를 신설하고 「정보화촉진기본법」을 제정하며 초고속정보통신망사업에 착수했다. 국가적 정보화를 확대하는 데 집중했던 법제정책은 인터넷이 보편화되는 2000년대부터 수평적으로 확산하는 모습을 보인다. 국민주권을 강화하고 행정 개혁을 추진하는 흐름과 함께 2001년부터 전자정부 사업이 대통령 의제로 올라섰고 세계 최초의 「전자정부법」[10]이 제정됐다. 디지털서명, 개인정보보호, 사이버명예훼손, 해킹 등 사이버범죄 등 사이버법률이 규제법규로 속속 제정되었다. 2010년을 전후로 빅데이터와 클라우드컴퓨팅, 사물인터넷 기술이 확산되었다. 매체의 한계를 넘어서 데이터를 다룰 수 있게 된 것이다. 법제 정책에서는 기술의 고도화와 더불어 행정, 교육, 금융, 정보통신 등 개별 행정 분야에서 본격적으로 데이터와 디지털 기술을 직접 규율하는 모습이 나타났다. 지난 10년 동안 데이터의 원활한 유통 및 활용 기반을 만들기 위해 「공공데이터의 제공 및 이용 활성화에 관한 법률」, 「데이터기반행정 활성화에 관한 법률」, 「데이터 산업진흥 및 이용촉진에 관한 기본법」을 제정하는가 하면 데이터를 적절히 보호하기 위하여 「개인정보보호법」의 체계를 바꾸고 집행기구를 정비하였다. 이제는 인공지능의 윤리적 문제나 규율 방안, 플랫폼사업자의 규제를 위한 노력,

9 이원우, "디지털 기술 발전에 따른 국가-시장 관계의 변화와 공법의 역할", 『경제규제와 법』 제16권 제2호, 서울대학교 공익산업법센터, 2023, 23면.

10 동 법률의 공식 명칭은 「전자정부 구현을 위한 행정업무 등의 전자화 촉진에 관한 법률」이다. 2007년 1월 「전자정부법」으로 제명을 변경하였다.

사이버안보 강화를 위한 입법 논의 등을 목전에 두고 있다. 한편, 2022년 출범한 윤석열 정부는 '디지털플랫폼정부'라는 완전히 새로운 도전을 비전으로 삼고 있다. 새로운 디지털 시대에 걸맞은 정부 모델을 염두에 두고 기존의 정부와 시장, 정부 기능별 역할, 기술과 제도 등 경계에 얽매여 있는 낡은 제도를 혁파하여 인공지능과 데이터, 클라우드 등에 기반한 첨단행정을 적기에 과감하게 구현하자는 것이 골자다.

디지털 미래의 초입에 서서 각국의 정부는 새로운 역할을 고민하지 않으면 뒤처질 운명에 처해있다. 우리나라 또한 작금의 위기를 극복하기 위한 국가적 비전으로서 디지털플랫폼정부를 내걸었다. 이에 본 연구는 한국의 근대화 및 정보화 과정에서 법의 역할을 특히, 법제정책적 관점에서 통시적으로 분석함으로써 디지털 전환 시대의 행정법제가 마주한 도전과제를 식별하고자 하였다. 이어서 이 문제를 해소하기 위한 국가적 비전으로서 디지털플랫폼정부의 의의를 명확히 하고 이를 구현하기 위한 법제도적 과제를 제안하였다.

Ⅱ. 한국의 근대화와 정보화

1. 전파와 통신을 규율하는 근대법규의 발전

디지털 기술 발전의 근간에는 과거부터 이어져 온 통신 기술의 발전과 이를 우리 사회에 도입하고 지탱하기 위한 법제의 역할이 자리하고 있다. 한국 근대 통신의 역사는 1885년 6월 체결한 「조청전선조약」에 따라 인천에서 시작해 한성, 청나라로 연결되는 서로전선을 가설하고 그해 9월 한성정보총국을 설치한 것을 시초로 본다. 이후 무선 통신은 일본 체신성 소속의 해안국을 매개로 하여 선박국에 발착하는 일 및 기타 외국과의 무선전보를 대한제국 내의 각 전신국소에서 처음으로 사용하면서 시작되었다. 이후 일본제국

주의 시절 군사 목적 등으로 무선시설이 확충됨에 따라 1915년 조선총독부가 「무선전신법」을 제정하면서 정부가 통신 및 전파를 엄격하게 통제하는 형태의 근대 통신법이 마련되었다.

한국 정부수립 후 국회는 1948년 7월 17일 법률 제1호로서 「정부조직법」을 공포하고 이 법에 따라 우편, 전신, 전화 등의 사무를 담당하는 체신부를 설치하였다. 당시 체신부는 ① 통신의 자주권 확립 ② 국내 통신사업의 정비 · 확충 ③ 통신에 관한 기계 · 기구공업의 시급한 창설과 기술원의 양성 · 연마 등의 3대 기본방침과 전신전화사업에 있어서의 당면정책으로서 ① 해외 통신망의 완비와 주파수의 획득 ② 전신전화용 물자의 수입계획과 필요물자의 국내 생산 도모 ③ 전신전화 연구기관의 설치 ④ 전파국의 설치와 전기통신의 일원화 등의 내용을 발표하면서 한국 통신 정책의 본격적인 시작을 알렸다.[11]

이와 함께 기존의 「무선전신법」을 대체하고 통신법제를 새롭게 정비하고자 관련 법의 초안을 마련해 왔으나 4.19 혁명 및 5.16 군사정변 등 사회적 혼란에 의하여 법제화가 지연되어 오다가 1961년 12월 30일 건국 최초로 명실공히 우리나라 독자적인 전파 및 통신 규제 법령인 「전파관리법」과 「전기통신법」이 제정 공포되었다. 전기통신기술의 양대 축인 무선통신과 유선통신이 근대법의 체계적 관리대상, 즉 규제영역이 된 것이다.

(1) 근대 전파법의 발전과 역할

한국 최초의 전파관리에 관한 독립 법령인 「전파관리법」은 전파의 효율적인 이용 및 관리에 관한 사항을 정해 전파 이용과 전파에 관한 기술 개발을 촉진함으로써 전파 관련 분야의 진흥과 공공복리의 증진에 이바지함을 목적으로 만들어졌다. 이후 과학기술의 발달, 경제 사회의 발전, 국제조약의 개정 등에 따라 7차례에 걸쳐 법률이 개정되었고 대표적으로 1982년 12월

11 중앙전파관리소, "체신부 발족", https://www.crms.go.kr/lay1/S1T418C421/contents.do (접속일: 2024.06.25.)

31일 개정을 통해 우주개발을 위한 전파자원과 위성궤도에 관한 정책수립과 통신 · 방송위성의 계획 및 기술기준의 제정 등에 관한 사항이 추가된 바 있다. 1991년 12월에는 한정된 전파자원을 효율적으로 활용하기 위하여 각종 전파 이용제도를 개선하여 전파 이용에 관한 국민의 편익을 증진하고, 무선국의 개설 허가를 받은 자로부터 전파사용료를 징수하여 부족한 전파관리경비에 충당하는 한편, 전파에 관한 각종 기술을 개발하여 전파의 이용을 촉진하는 등의 내용으로 「전파관리법」을 「전파법」으로 변경하여 전문 개정하였다.[12] 이후 2000년 1월 급변하는 전파환경과 변화하는 세계적 추세에 능동적으로 대응하고 전파자원의 효율적 이용을 도모하기 위하여 전부개정이 이루어졌다. 전파의 관리적 차원에서 벗어나 전파자원의 확보 · 배분 · 이용 및 진흥 중심으로 전파법의 체계를 전면 정비함으로써 종래 규제 위주의 전파법 규정의 틀을 바꾼 것이다.[13] 이 당시의 법개정은 전파 등 무선통신기술의 발전을 반영하는 과정이자 미국을 비롯한 전파기술 규제 선진국의 사례와 국제표준 등 국제기술규범을 국내법적으로 수용했다는 점에서 중요한 의의를 갖는다.

(2) 근대 통신법의 발전과 역할

1961년 제정된 「전기통신법」은 공중전기통신 및 사설유선전기통신의 관리, 운영, 설치와 이용에 관하여 필요한 사항을 정하여 전기통신사업의 건전한 발전을 도모하고 그 이용의 공평과 역무의 적정 및 합리화를 기함으로써 공공의 복지를 증진하는 것을 목적으로 하였다. 일제시대의 「무선전신법」이 당시의 사회적, 안보적 요구에 부응하기 위한 법적 틀을 확립하는 것을 목표로 하였다면 「전기통신법」은 통신의 관리와 운영에 더해 공정한 서비스의 제공을 규정하면서 통신사업의 발전과 공공복지 증진을 목표로 하였다는 측면에서 의미가 있다. 그러나 「전기통신법」 역시 통신사업에 있어서 실질

12 장호익, "전파법 해설", 『법제』 9월호, 2000, 79면.
13 양정원, 석경휴, 신현식, "전파법 개정에 따른 기술·사회적 중요성", 『한국전자통신학회 논문지』 제14권 제4호, 한국전자통신학회, 2019, 630면.

적으로 정부의 독점적 지위를 부여하고 있다는 점에서는 일제시대의 법제와 크게 다르지 않았다.

정부의 독점체계는 1980년대에 접어들면서 변화한다. 1960년대 후반 8만 8,935명에 불과했던 전화가입자 수는 1981년 326만 3,000명으로 급증하였으나 당시 50만이 넘는 적체 건수와 저품질의 통신서비스, 낙후 지역의 극심한 전화 설비 부족, 그리고 새로운 통신수요로서 데이터 통신서비스에 대한 수요 증가 등의 상황은 정부로 하여금 정책적 전환을 모색하도록 만들었다.[14] 이에 따라 1981년 체신부 내에 통신정책국을 신설하여 통신산업의 정책과 규제기능을 담당하게 하고 「한국전기통신공사법」을 제정하여 한국전기통신공사에게 통신사업을 맡기면서 공중전기통신 사업의 경영 효율성을 높이고 분리 및 전문화 정책의 법적 토대를 마련하였다. 이러한 분리 전문화 정책은 곧이어 컴퓨터와 통신의 결합에 따른 새로운 정보통신 서비스 출현에 대비하기 위해 서비스별 새로운 담당 회사를 기존 통신사업자로부터 분리하거나 새로이 만드는 형태로 발전하는 계기가 되었다.[15] 특히 이를 뒷받침하기 위해 1983년 「전기통신법」을 「전기통신기본법」과 「공중전기통신사업법」[16]으로 분리하고 한국전기통신공사 이외에도 통신사업을 할 수 있게 하면서 민간의 자본 유입과 함께 민영화 작업이 이어졌다.

1990년대에 접어들면서 관련 법령의 개정을 통해 통신 시장의 전면 경쟁으로의 전환에 대비한 실험적 정책이 시행되었다. 1990년대 후반 국제금융위기(국제통화기금-IMF-구제금융사태)를 경험하면서 통신사업 진입제한의 자유화와 규제 완화, 통신사업 구조조정 등을 통해 통신 시장의 경쟁 시대가 열린 것이다. 특히, 1997년에는 더욱 광범위한 경제 개혁과 효율성 제고의 일환으로 정부의 공기업 민영화 정책에 따라 한국전기통신공사를 상법상의 주식회사로 전환하고 기존의 「한국전기통신공사법」을 폐지하였다. 한

---

14 황철증, 『한국의 통신법과 정책의 이해』, 교보문고, 1999, 53면.

15 위의 책, 54면.

16 1991년 전부개정을 통해 법률의 제명을 「전기통신사업법」으로 변경하였다.

편 WTO 협상 결과를 반영하여 「전기통신기본법」과 「전기통신사업법」을 개정하여 개방적이고 경쟁적인 통신 시장 조성을 통한 산업 활성화를 추진하였다.

이 시기 한국 통신법의 변화는 신자유주의의 국제적 물결이 반영되면서 민영화와 경쟁체제 도입이라는 특성과 더불어 통신정책과 통신사업의 구분을 통해 정부와 민간의 역할이 구분되는 획기적 정책 전환을 보여준다. 이때 모델이 된 나라는 주로 미국이 되었지만 한국적 정부 중심의 정책 리더십은 유지되어 독특한 한국형 모델이 형성된 시기이기도 하다.

2. 정보기술과 법의 역할

근대의 통신 정책과 통신법제의 발전이 한국의 디지털 기술 혁신 및 발전의 기초가 되었다면 한국의 전산화와 정보화를 직접적으로 견인한 것은 정부의 국가정보화 사업과 이를 지탱하는 정보화 촉진 법제였다. 일반적 정보기술규제법제 관점과 달리 한국의 정보기술관리 법제는 정보기술을 전략적으로 도입하고 업무효율화와 혁신의 도구로 활용하였다는 점이다. 특히 정부부문에서 정보기술을 적극 활용하는 개념을 정보화라는 법적 용어로 정의하면서 혁신의 기반으로 삼았다는 특징이 있다. 이런 변화는 미국이 1980년대 이후 추진한 행정혁신과 궤를 같이한다. 미국도 정보기술관리개혁법(ITMRA), 문서감축법(Paperwork Reduction Act), 전자정부법(EGA) 등 다양한 정보기술 도입의무 행정법제를 기반으로 이런 정책을 추진하였다.

한국의 정보화는 1975년 1월 박정희 대통령의 행정전산화 지시에서 출발한다. 당시 총무처가 주관하여 행정전산화 추진을 위한 준비작업에 들어갔고 1978년 제1차 행정전산화기본계획이 수립되었다.[17] 1982년까지 추진된 제1차 행정전산화 사업에서는 부처별로 단위 업무를 개발하는 것에 집중하

17 국가기록원, "행정전산화", https://www.archives.go.kr/next/newsearch/listSubjectDescription.do?id=001951&sitePage= (접속일: 2024.06.25.)

였고 기존의 종이문서 중심 수작업을 전산화하려는 노력이 추진되었다. 이어 1983년부터 시작된 제2차 행정전산화사업은 정부 차원의 정보화에 있어 전환의 계기를 마련하였다. 즉, 이전의 전산화 작업은 목표설정의 대상 범위가 행정시스템에 국한되어 왔으나 이때부터 대상 범위가 민간으로 확대되었으며 정부 차원에서 정보화가 정책의 대상으로 부각되기 시작했다.[18]

그러나 정보화 사회의 기반 조성을 위해서는 단순한 행정사무의 전산화 차원에서 나아가 이를 국가적 차원으로 통합하여 능률적이고 효과적으로 추진할 필요성이 대두되었다. 이에 따라 네트워크 기반의 행정업무 전산화를 위한 국가기간전산망사업이 추진되었다. 1986년 12월 「전산망보급확장과 이용촉진에 관한 법률」의 제정으로 대통령 소속 전산망조정위원회를 두고 범국가적 정보화 기반 형성을 위한 법적 토대가 마련되었다. 이를 바탕으로 정부는 행정정보를 전산화하고 모든 행정기관을 온라인으로 연결하는 행정정보화사업의 초석을 다졌다. 이러한 노력의 결과 주민등록정보, 부동산정보, 자동차 정보 등 국민 생활과 밀접한 행정정보의 데이터베이스화가 이루어졌다. 그뿐만 아니라 「주민등록법」, 「부동산등기법」, 「자동차관리법」 등 해당 정보들을 관할하는 개별적인 법률에서 해당 정보들의 전자화를 규정하고 체계화해 나갔다.[19]

1987년부터 1991년까지 5년간에 걸친 제1차 국가기간전산망사업은 행정, 금융, 교육 · 연구, 국방, 공안전산망 등 5개 분야별 전산망기본계획과 주전산기 개발 및 보급, 표준화 추진, 감리제도 발전, 정보보호 및 안전대책 수립 등 8개 분야의 지원계획으로 구현되었다. 1992년부터 1996년까지 추진된 제2차 국가기간전산망사업은 선진국 수준의 정보사회를 실현하는 것을 목표로 국민편의를 중심으로 하는 능률적인 행정체제로의 전환과 분야별 전산망의 연계를 추진하였다. 이러한 국가기간전산망 구축계획을 통하여 정보화의 필수 인프라인 데이터통신망 구축이 이루어졌고 정보화의 급속한 진전에 따

18 정충식, 『전자정부론 제4판』, 서울경제경영, 2015, 56면.
19 행정안전부, 『전자정부 50년』, 2017, 56면.

라 급증하는 네트워크 수요에 대응하기 위한 다양한 노력이 추진됐다. 특히 1993년 미국의 국가정보기반(National Information Infrastructure, NII) 정책의 영향을 받아 한국 정부는 1994년 초고속정보통신망사업계획을 수립하였고 그 추진 주체인 체신부를 1994년 12월 정보통신부로 개편하였다. 이어서 1995년 「정보화촉진기본법」 제정과 함께 정보화촉진기본계획을 수립해 정부 내 분산되어 있던 정보화 관련 기능을 통합 조정함으로써 국가 전체 차원에서 효율적이고 일관성 있게 정보화 사업을 추진할 수 있는 기틀을 마련했다.[20]

특히 「정보화촉진기본법」 제정은 중요한 의의를 갖는다. 정보통신정책에 관한 법적 기반을 마련하고 추진체계를 정비하였으며 정보화 추진을 위한 안정적 재원확보 방안을 마련했기 때문이다.[21] 이 법에 의해 설치된 정보화촉진기금은 정보화 사업을 추진하는 동력이 되었으며 차후 전자정부 사업의 촉진에도 기여하는 등 한국이 ICT 강국으로 거듭날 수 있는 기반을 마련하였다.

무엇보다 「정보화촉진기본법」 제정 이전에도 「전산망법」[22]을 주축으로 「무역자동화법」이나 「소프트웨어산업육성법」과 같은 다양한 분야별 정보화법이 존재했지만 관련 내용이 대개 정부 주도의 정보산업을 유지하고 국내산업을 보호하는 데 주안점을 두고 특정 분야나 부처 중심으로 운영되었다는 한계를 갖는다. 이와 달리 「정보화촉진기본법」은 국가 전체의 정보화를 촉진하기 위해 부처 간 협력 및 조정과 더불어 규제 완화와 민간 주도의 자율 경쟁을 유도하고[23] 기술적, 사회적 여건 변화에 효과적으로 대응하는 것을 주요 골자로 했다는 점이 특징이라고 볼 수 있다.[24]

---

20 송희준, 조택, “한국의 전자정부－성과와 과제－”, 『정보화정책』 제14권 제4호, 2007, 30－31면.
21 행정안전부, 『전자정부 50년』, 2017, 111면.
22 「전산망법」은 전산망 보급확장사업이 「정보화촉진기본법」에 의한 정보화사업으로 전환되어 추진되고, 개인정보의 보호에 관한 제도가 신설됨에 따라 1999년 법률의 명칭을 「정보통신망이용촉진등에관한법률」로 변경하였다.
23 국정신문, “[정보화 촉진 기본법] 국내 정보사업 경쟁체제 구축”, 1995.07.10. 기사.
24 이철수 외, “[포럼]정보화촉진기본법 제정의 의의 및 문제점”, 『국가기간전산망저널』 제2권 제1호, 1995, 11－22면.

이는 앞서 살펴본 1990년대 후반 통신 법제의 변화에서도 공통적으로 확인되는 흐름이다. 기술 및 시대적, 사회적 환경변화에 따라 자연스럽게 정보통신기술 및 관련 서비스에 대한 수요가 증가했다. 이에 따라 법제 정책도 정보통신산업의 활성화와 발전을 위해 정부 주도 방식에서 벗어나 민간의 역할을 지원하는 방향으로 변화하였고 그 덕에 정보통신기술 혁신과 산업 성장이라는 국가적 목표를 구현할 수 있었다. 「정보화촉진기본법」은 이후 환경변화를 반영하며 2009년 「국가정보화기본법」, 2020년 「지능정보화기본법」으로 변화한다.

정보기술이 정보화 관련 법제를 중심으로 발전하는 동안 통신법은 사회의 디지털기반을 다지는 정책의 근간으로 역할을 하게 되었다. 이는 정보화 관련 법제가 개별 행정법의 분야에서 정보기술활용 촉진과 그로 인한 부작용에 대응하는 형태로 분화 및 진화하였기 때문이다. 행정에서는 전자정부법을 비롯한 공공데이터, 데이터기반행정 등으로, 에너지에서는 스마트그리드를 규율하는 지능형전력망법, 국방분야에서는 국방정보화법, 정보보호분야에서는 정보보호법 등으로 개별 진화하는 방식으로 전개되어 나아갔다.

3. 전자정부와 법의 역할

한국 정보화의 또 다른 특징은 행정전산화의 흐름에 이어 국가정보화와 별개로 전자정부 정책이 강력하게 추진되었다는 점이다. 초기 전자정부 사업은 정보화촉진기본계획에 포함되면서 정보화 사업과 연계되어 추진되었다. 작지만 효율적인 전자정부를 구현하겠다는 근본 취지는 동일했으나 그 위상은 적었다. 기본적인 목표 또한 정보통신기술을 정부 업무에 구현하는 데 있었다. 이런 배경 때문에 행정조직 · 업무 · 시스템을 정보기술로 혁신하고 행정능률을 최고로 향상시키는 것이 초기 전자정부의 가장 중요한 가치 중 하나였다.[25]

25 이윤식, “국가경쟁력 강화를 위한 전자정부의 추진방향”, 『한국행정학회 동계학술대회 발표논

그러나 전자정부는 단순히 정부 내부의 효과성 증대라는 외형적 목표를 넘어 정부에 대한 시민의 알권리를 실현하고 행정에의 직접 참여를 활성화하는 의미의 거버넌스와 연계된 개념으로 변화되었다.[26] 자연스럽게 민주주의의 고도화라는 헌법적 목표까지도 추구하는 정부 개혁으로 그 지향점이 점차 확대되었다. 김대중 대통령의 주도 아래 2001년부터 전자정부 사업은 대통령 의제로 자리했다. 같은 해 한국은 세계 최초로「전자정부법」을 제정하였다.[27] 이를 통해 국가정보화에서 전자정부가 분화 및 전문화되어 독립적으로 추진되기 시작했다.[28] 이어서 노무현 대통령 또한 '세계 최고 수준의 열린 전자정부'를 비전으로 전자정부 31대 핵심과제를 수립하며 적극적인 정책을 펼쳤다. 정부통합전산센터를 구축해 국가정보자원 관리의 기반을 마련했다. 범정부 차원의 수직적 · 수평적 연계와 통합 작업도 진행됐다. 대통령비서실(e지원시스템)부터 국무조정실(국정관리시스템), 각 행정 부처(온나라시스템), 시 · 도 자치단체가 수직적으로 연계 · 통합됐다. 전 중앙 부처와 43개 공공기관 간의 행정정보를 공유하는 등 수평적으로 정보를 연계 · 통합했다. 행정 개혁뿐만 아니라 이용자 측면을 고려한 다양한 서비스 기반도 마련되었다. 온라인 국민참여 포털과 온라인 행정정보 공개 단일창구가 구축되어 시민참여의 환경이 체계적으로 구축되었다.[29] 이처럼 세계 수준의 전자정부를 구축한 한국의 성과는 국민주권주의를 지향하는 민주주의 헌법원리와 맞닿아 있다.

문집』, 한국행정학회, 1998, 16면.

26 서민석 외, "전자정부 수준과 온라인 주민참여에 대한 연구", 『한국행정학회 학술대회 발표논문집』, 한국행정학회, 2009, 145-165면.

27 당시 제정된 법률의 명칭은「전자정부 구현을 위한 행정업무 등의 전자화 촉진에 관한 법률」이었다.

28 송희준, "정보화정책의 역사적 성찰과 향후 과제", 『한국지역정보화학회지』 제11권 제1호, 한국지역정보화학회, 2008, 6면.

29 한주희, 주창범, "한국 전자정부의 발전과 시민참여", 『한국거버넌스학회보』 제22권 제2호, 한국거버넌스학회, 2015, 251면.

4. 단계별 정보통신법제 발전의 시사점

「전파법」과 「통신법」은 통신기반인 네트워크 규제법제로서 이동통신과 인터넷 접속을 위한 네트워크 구축의 기반을 마련하는 제1세대 발전을 이끌었고 정보기술규율을 맡은 정보화 촉진 법령은 인터넷 서비스를 핵심으로 하는 제2세대 발전을 이끌었다.[30] 초기 전파 및 통신 규제와 정보화 사업을 추진하는 과정에서는 정부를 중심으로 한 추진력과 집중 투자 및 관리를 통해 안정적인 인프라를 구축할 수 있었다. 이러한 기반이 있었기에 이후의 정보통신 발전 또한 안정적으로 추진할 수 있었다. 법제적 관점에서도 세계화 및 자유시장경제의 흐름에 발맞춰 통신서비스시장을 개방하고 정보화 시대에 불필요한 규제를 정비하면서 민간 중심의 혁신과 사회적 요구를 뒷받침하는 방향으로 변화가 이루어졌다. 안정적인 전산화 및 통신 기반 위에서 정보화의 성과가 이어졌다. 「정보화촉진기본법」은 국가 차원의 정보화 추진을 위해 역량을 결집하고 자원을 재분배하는 기능을 수행했다.

이렇게 추진된 정보화와 별개로 신자유주의의 물결 및 민주화의 발전 흐름 아래 작고 효율적인 정부를 향한 전자정부 정책이 추진되었다. 「전자정부법」은 그 정책적, 기술적 기반을 마련하는 데 중대한 역할을 하였다. 무엇보다 전자정부는 행정부 개혁과 직접 맞닿아 있다는 점에서 부실한 행정계획, 행정조직의 몸집 불리기, 부처 간 갈등과 이기주의, 예산과 집행의 도덕적 해이, 중복되고 충돌하는 각종 행정작용, 입법 만능주의와 같은 전시행정을 끊임없이 경계해야 하는 과제를 안고 있었다.[31] 정책 및 사업 계획수립과 집행에 대한 더욱 엄격한 기록과 평가가 요구되었다. 「전자정부법」으로 대별되는 디지털기술과 행정법의 영역은 여전히 비판과 도전과제를 안고 있다. 그 첫째 문제는 행정을 규율하는 다양한 절차행정법과의 조화 문제이다. 초기 「전자정부법」은 디지털기술의 도입을 촉진하기 위하여 전자

30 송시강, “디지털 기술의 발전과 전파법의 구조 변동”, 『경제규제와 법』 제17권 제1호, 2024. 155면.

31 김재광, “전자정부의 행정법적 과제”, 『공법연구』 제35집 제1호, 한국공법학회, 2006, 179면.

문서, 전자관인, 시스템사업관리 등의 새로운 규정들을 도입하고 행정상 의사표시와 디지털 행정처분의 법적 효과를 규율하는 등의 노력을 기울였고 상당 부분 효과도 얻었다. 그러나 전자행정이 보편화되는 시점이 되자 「행정절차법」, 「민원사무법」, 「정보공개법」, 「행정규제기본법」, 「행정기본법」 등 이른바 행정과정을 관리하는 절차행정법과 역할 관계가 모호해지고 실질적 법적 효력 문제에 있어서는 오히려 부수적 법령으로 전락하는 결과가 얻어지기까지 했다. 이 문제는 개별 행정 분야에 적용되는 실체행정법과의 관계에서도 드러난다. 통신, 에너지, 정보보호, 국방, 의료, 교육, 복지 등 다양한 행정법 분야에서 개별 정보시스템을 직접 규율하면서 「전자정부법」과의 역할 경쟁이 나타나고 이를 조율하는 정부의 컨트롤타워 기능은 점점 더 어려움을 겪고 있다.

이런 도전들을 잘 극복하고 있는 사례로 미국의 정부조직법이 연구되고 있는데 바로 대통령실의 관리예산처(Office of Management and Budget, OMB) 기능에 대한 참조이다. 미국의 경우 입법적으로 대통령실에 부통령과 내각 통할 기능이 강력하게 부과되어 있지만 한국의 경우에는 국무총리라는 헌법적 기관이 대통령을 도와 내각을 통할하는 구조로 되어 있어 효율적 컨트롤타워 기능을 대통령실과 분담하고 있다. 더 나아가 각 부 장관이 참모기능을 수행하도록 하고 있는 형태[32]도 비판의 대상이 되고 있다. 이제는 정보기술의 운용과 혁신을 더욱 밀접하게 하고 법적 효력도 더 분명하게 관리하기 위하여 조직법적 변화를 시도하고 기술 분야와 행정 고유업무 분야의 이원화도 최소화하는 등 디지털 대전환 시대에 부합하는 법제로 거듭나야 할 때다.

32 예를 들어 정부조직과 전자정부 등 정부정보기술관리는 행정안전부장관이, 예산관리는 기획재정부장관이 따로 맡고 있는 등의 경우.

Ⅲ. 디지털 전환기 한국 행정법제의 진화

1. 디지털 전환과 법제 정책의 관계

(1) 디지털 전환의 개념과 행정환경의 급변

디지털 전환이란 디지털 기술을 중심으로 사회와 산업 전반에서 파괴적 혁신이 일어나는 과정을 말한다.[33] 기술적으로는 2009년 이후 스마트폰의 대중화를 통한 개개인에 관한 정보의 폭증, 사물까지 연결하면서 넓어진 디지털의 영역, 그리고 이렇게 수집된 방대한 데이터를 저장하고 처리할 수 있게 된 현상이 핵심이다. 데이터를 직접 처리할 수 있게 되자 통신이나 정보시스템 같은 하드웨어 중심의 매체 경계가 무너지기 시작했다. 데이터를 처리하는 주체도 인간이 아닌 인공지능으로 바뀌고 있다. 분야 경계를 넘어 실시간으로 수집되는 데이터를 인공지능이 분석하는 전혀 새로운 세상을 우리는 마주하고 있다.

이와 같은 변화는 행정에 중대한 과제로 다가왔다. 분절적으로 관리하던 모든 자원을 데이터를 중심으로 유연하게 연동할 수 있어야 하기 때문이다. 혁신이 벌어지는 첨단에서는 다양한 문제의 현상을 정부가 혼자 해결하기 어려워졌다. 디지털 기술의 적용은 특정 분야에 그치는 현상이 아니기 때문에 여러 분야의 생태계를 이해해야 했고 우월한 민간의 혁신 문화나 기술적 전문성, 효율성 등을 수용할 수 있어야 했다. 행정 고유의 영역과 정부라는 관념 자체도 민간의 영역과 혼융되는 현상이 짙어지고 글로벌 규제 지형 변화에 따른 상호 영향력도 커지고 있다. 이런 관점에서 행정기관은 전통적 계층제를 넘어서 네트워크 관점에서 수평적 협력체계를 수용해야 하는 과제를 마주하고 있다.[34] 다른 행정기관이나 민간의 전문가들과 협력하고 민간의 우

---

33 Gregory Vial, “Understanding digital transformation: A review and a research agenda”, *The Journal of Strategic Information Systems* 28(2), 2019, p. 122.

34 선정원, “성장발전하는 경제사회에서 행정조직법”, 『행정법연구』 제47호, 행정법이론실무학회, 2016, 157－158면.

수한 인력과 자원을 활용하는 방법을 고민해야 하는 것이다. 실제 정책과 사업 과정에서 협력이 이루어질 수 있도록 요건과 절차를 규율하는 구체적인 법제가 요구된다.

민간과 함께 공공의 문제를 해결해야 하는 상황이 되면서 행정 현장에서는 행정의 주체와 객체라는 전통적 이해를 벗어나 관계를 새로이 정립하고 이에 맞는 절차를 수립할 필요성이 생겼다. 관계적으로는 민간의 행정참여를 넘어서 민관협력이 요구되는 시대가 도래했다.[35] 이런 관계에 대한 인식 아래 절차적으로도 중요한 정보를 모두 공유하고 이해관계자의 논의를 통해 최선의 결정을 내릴 수 있어야 했다.[36] 절차에 참여하는 문제 또한 공권력을 행사하는 형태가 아니라 주체적인 참여를 이끌어 공적 가치를 극대화하는 형태로 풀어가야 하는 것이 시대의 변화에 부합하게 되었다.[37] 실제로 오늘날 민간의 자원을 활용하는 과정에서는 공적 주체와 사인 간의 계약이나 자율규제 등의 행정작용이 요구되고 있다. 한국은 2020년 「클라우드컴퓨팅법 시행령」을 개정해 디지털서비스 특화 전문계약제도를 마련했다. 이를 통해 보편적인 공공 조달체계에 얽매이지 않고 수요기관에서 유연하게 수의계약을 체결할 수 있도록 했다. 고권적 규제 방식에서 탈피해 상호 동등한 입장에서 계약을 통해 합의된 구속력을 발생시키려는 변화다. 일방적 행정에서 대화형 행정으로의 변화라고도 할 수 있겠다.[38] 규제 유형의 관점에서 자율규제 패러다임도 강화되고 있다. 자율규제는 자체적으로 형성된 조직이 그 구성원의 행위를 자율적으로 규제하는 것을 말한다.[39] 현장에서 이러

---

35 박균성, "행정법 환경의 변화에 따른 행정법이론의 발전과제", 『행정법학』 제10호, 한국행정법학회, 2016, 18면.

36 우미형, "조종의 주체로서의 행정에 관한 연구", 『행정법연구』 제47호, 행정법이론실무학회, 2016, 104－105면.

37 서원우, "행정시스템의 변화와 21세기 행정법학의 과제", 『행정법연구』 제7호, 행정법이론실무학회, 2001, 10면.

38 성봉근, "공공부문 클라우드 규제 현황과 개선과제", 『토지공법연구』 제96집, 한국토지공법학회, 2021, 231면.

39 최성락, 이혜영, 서재호. "한국 자율규제의 특성에 관한 연구: 자율규제 유형화를 중심으로." 『한국공공관리학보』 제21권 4호, 한국공공관리학회, 2007, 73－96면,

한 자율규제는 종종 기업이나 산업조직이 그들의 활동을 규율하는 정부의 법규나 지침을 대신하거나 보완하기 위하여 취하는 규제로 이해되기도 한다.40 그러나 자율규제도 규제라는 점에서 근본적으로 공공성을 지향해야 함은 물론이다.41 자율규제는 규제의 주체가 전환되는 것이지 행정적 의미의 규제와 내용적으로 대립하는 것은 아니기 때문이다.

역동적인 글로벌 규제 환경의 변화에도 민첩하게 대응할 수 있어야 한다. 디지털 법제는 외국의 영향과 동떨어진 것이 없다. 과거 「정보화촉진기본법」은 미국 클린턴 행정부의 국가정보기반(National Information Infrastructure)의 영향을 받았다. 전자정부의 구현을 전후로 미국 행정법의 영향이 커진 점도 부정할 수 없다.42 오늘에 이르러서는 EU의 GDPR(General Data Protection Regulation)이 사실상 세계 정보보호 규제를 이끌고 있다. 나아가 EU가 세계 최초로 인공지능법(AI Act)을 제정하자 한국에서는 동 법에 따른 4단계 위험기반 차등 규제 방식을 도입하려는 논의에 착수했다. 플랫폼사업자 규제와 관련해서도 EU의 디지털시장법(Digital Market Act) 및 디지털서비스법(Digital Services Act) 등과 발맞춰 초대형 플랫폼 기업 규제를 위한 입법 시도들이 이어지고 있다.43 사이버범죄 문제에 공동대응하기 위한 유럽평의회의 사이버범죄방지협약 가입도 추진 중이다. 협약에 가입하게 되면 참여국 간 디지털 증거 보전 명령을 요청할 수 있게 된다. 각종 사이버보안 규제는 수출하는 디지털 기기 인증과도 직결된다. 국경 구분없는 데이터 규제나 클라우드 보안 인증 규제도 마찬가지다. 특히 디지털 기기나 서비스 보안 문제는 사이버안보 이슈와 밀접하게 닿아있다. 상호 인증제도를 수용하고 디지털 기술의 집약체인 첨단무기를 거래하는 등의 문제들은 다른 국가 법질서의 실체법적

40 김세준, “전자상거래법 규제개선으로서의 자율규제”, 『재산법연구』 제39권 2호, 한국재산법학회, 2022, 63면.

41 이승민, “온라인 플랫폼과 자율규제 논의의 기초”, 『경제규제와 법』 제15권 2호, 서울대학교 공익산업법센터, 2022, 47면.

42 김유환, “미국행정법과 한국행정법의 발전”, 『행정법학』 제17호, 한국행정법학회, 2019, 16면.

43 장혜련, “주요국의 온라인 플랫폼 규제 동향–최근 해외 입법 추진현황을 중심으로”, 『법학논총』 제46권 제1호, 단국대학교 법학연구소, 2022, 67면.

규율에 대한 최소한의 믿음을 조건으로 한다.[44] 이러한 점에서 글로벌 규제와의 조화를 이루지 못하면 디지털 전환의 흐름에서 뒤처지는 것은 자연스러운 수순이다.

한편, 디지털 전환의 역기능에 대응하면서도 신기술을 신속히 수용하려면 전통적인 규제방식에서 벗어날 필요가 있다. 불확실성이 커지는 상황에서 공공부문의 의사결정자들은 당면한 사실적 문제들에 집중하는 경향을 보인다.[45] 결국 행정은 잠재적 리스크를 줄이기 위해 신중한 접근을 택하기 마련이나 그 정도나 기준을 설정하는 일은 어려운 숙제일 수밖에 없다.[46] 먼저 과학적 검증과 숙의의 절차를 법에 내재화하는 접근이 필요하다. 합리적 판단의 증거를 충분히 얻을 때까지 상황을 관리할 수 있는 과도기 절차를 규정하는 것이다.[47] 이런 관점에서 예외적 승인의 성격을 갖는 규제샌드박스와 같은 정책들이 불확실성에 대처하기 위한 한 방법으로 제시되기도 한다. 이미 한국은 2019년 「정보통신진흥 및 융합 활성화 등에 관한 특별법」과 더불어 「행정규제기본법」 등을 통해 규제샌드박스 제도[48]를 시행 중이다.

변화가 요구되는 지점들을 종합적으로 살펴보면 우선 정부의 역할에 대한 근본적인 고민이 필요한 상황이다. 오늘날의 디지털정부는 정부혁신 전략의 한 부분으로서 디지털 기술을 활용해 공공가치를 창출하는 것으로 정의된다. 그 역할의 주체나 수단은 민관의 구분을 두지 않는다. 정부와 공공기관뿐만 아니라 데이터를 생산하고 데이터와 서비스 등에 접근하며 정부와

44 김중권, "행정의 국제화에 따른 범국가적 행정작용－범국가적 행정행위에 관한 유럽법적 논의를 바탕으로－", 『법조』 제66권 제2호, 법조협회, 2017, 208면.
45 Adam I. Muchmore, "Uncertainty, Complexity, and Regulatory Design", *Houston Law Review* 53(5), 2016, pp. 1329－1330.
46 김태오, "기술발전과 규율공백, 그리고 행정법의 대응에 대한 시론적 고찰", 『행정법연구』 제38호, 행정법이론실무학회, 2014, 93면.
47 이희정, "커뮤니케이션 기술의 발전과 디지털 플랫폼 규제", 『행정법연구』 제49호, 행정법이론실무학회, 2017, 55면.
48 규제존재 여부를 신속히 확인하여 관련 규제 또는 회신이 없는 경우 시장출시를 허용하는 신속확인제도, 규제가 있는 경우 법령을 검토해 우선 출시 후 규정을 개정하는 임시허가제도, 법령에 따라 금지된 경우라도 시험이나 검증을 통해 안전성을 확인하는 실증특례제도로 구분된다.

상호작용하는 기업, 시민단체 및 개인으로 구성된 디지털 생태계에 의존하는 특성이 기존 전자정부와는 다른 속성이라고 할 수 있다.[49] 이런 관점에서 디지털정부는 고정된 개념이 아니라 진화하는 기술의 속성을 반영하는 하나의 관리체계 및 거버넌스의 관념에 가깝다고 이해되기도 하는 것이다.[50] 결과적으로 법제 정책의 관점에서는 자연스럽게 공공과 민간, 국가 간의 경계를 넘나드는 관념과 절차들이 요구되고 있다. 기존의 법제 정책이 정보기술 인프라를 확장하고 촉진하는 역할을 해왔다면 이제는 사회 운용의 근본이 변화하는 모습을 반영할 수 있어야 한다. 디지털 혁신은 방대한 이해관계자를 포괄하고 각각의 관계 또한 상충되기 때문에 정치적, 사회적 비용이 커지는 특징을 보인다.[51] 특정 부처나 정부 혼자, 나아가 한 국가 단위에서 해결할 수 없는 문제들이 확장되고 있다. 민관협력과 글로벌 협력은 이제 필수다. 이런 관점에서 혁신의 결정적 요소는 기술적 역량의 향상은 당연한 것이고 오히려 인식과 문화, 나아가 일하는 방식을 바꾸고 갈등을 해결할 수 있는 능력이라고 할 수 있다. 이런 부분에서는 공과 사를 구분하던 행정법의 연구 영역도 새로이 바라봐야 하는 지점이 생기게 된다.

(2) 디지털 전환과 법제정책적 대응

범국가 차원의 디지털 전환을 추진하기 위해 세계 각국은 전략과 법제를 정비하고 있다. 영국은 2022년 6월 '2025년까지의 디지털 및 데이터 전환을 위한 전략(Transforming for a digital future: 2022 to 2025 roadmap for digital and data)'을 수립하고[52] 2023년 11월에는 '2022–2025 정부 디지털 및 데이

49 OECD, "Recommendation of the Council on Digital Government Strategies", OECD/LEGAL/0406, 2014, p. 6.

50 J. Ramon Gil–Garcia, Sharon S. Dawes and Theresa A. Pardo, "Digital government and public management research: finding the crossroads", *Public Management Review* 20(5), 2018, pp. 633–634.

51 황종성, "한국의 정보화 정책구조와 발전방향", 『정보통신정책연구』 제10권 제2호, 정보통신정책학회, 2003, 115면.

52 U.K. Central Digital & Data Office, "Transforming for a digital future: 2022 to 2025 roadmap for digital and data", 2022.06. https://www.gov.uk/government/publications/road

터 로드맵(Transforming for a digital future: government's 2022 to 25 roadmap for digital and data)'을 공개하였다.[53] 호주도 2023년 12월 데이터 및 디지털 정부 전략(Data and Digital Government Strategy)을 발표하였다.[54] 네덜란드 정부는 2023년 7월부터 디지털정부법(Digital Government Act)을 시행 중[55]이다.

한국은 2020년 그간 정보화 법제 정책의 방향을 잡아왔던 「국가정보화 기본법」을 「지능정보화기본법」으로 전부개정하였다. '정보화'에서 '지능정보화'로 국가적 목표를 수정하고 지능정보기술이 갖고 있는 특성을 곳곳에 반영하였다. 인공지능이나 IoT, 클라우드컴퓨팅 등의 개념을 포함해 지능정보기술을 법률 용어로 정의하였다. 현재까지 기술에 대한 법제도의 역할은 물적 · 인적 투자를 통해 기술을 부양함으로써 산업진흥과 연계시키는 것과 기술이 야기할 수 있는 폐해를 예측하여 이를 예방하고 부작용이 확산되지 않도록 규제를 만드는 일이었다. 그러나 지능정보사회를 대비하는 법률은 궁극적으로 인간 존엄을 바탕으로 기술의 사회 윤리적 가치가 조화를 이루고 지능정보기술이 사회발전의 원동력이 되어 사회 전(全) 분야의 가치를 창출하고 발전을 이끌 수 있도록 설계될 필요가 있다.[56] 또한 기술이 보조적 수단을 하던 역할에서 벗어나 인간의 역량을 대체하고 점차 인간에 미치는 영향이 확대되는 상황에서 기술의 위험과 부정적 영향을 진단하고 탄력적으로 대응할 수 있는 체계가 요구된다. 이러한 요구를 반영하기 위해 「지능정보화 기본법」은 지능정보기술 및 서비스에 대한 사생활 보호 설계의 요구, 국가에

---

map-for-digital-and-data-2022-to-2025

53 U.K. Central Digital & Data Office, "Transforming for a digital future: government's 2022 to 25 roadmap for digital and data", 2023, https://www.gov.uk/government/publications/roadmap-for-digital-and-data-2022-to-2025/transforming-for-a-digital-future-2022-to-2025-roadmap-for-digital-and-data

54 Australian Government, "Data and Digital Government Strategy", 2023, https://www.dataanddigital.gov.au/sites/default/files/2023-12/Data%20and%20Digital%20Government%20Strategy%20v1.0.pdf

55 Netherlands Digitale Overheid, "Wet digitale overheid op 1 juli van kracht", 2023.07.30. https://www.digitaleoverheid.nl/nieuws/wet-digitale-overheid-op-1-juli-2023-van-kracht/

56 김민호, 이규정, 김현경, "지능정보사회의 규범설정 및 기본원칙에 대한 고찰", 『성균관법학』 제28권 제3호, 성균관대학교 법학연구원, 2016, 292-293면.

의한 지능정보사회 윤리 확립과 시책 마련 등 새로운 기술의 위험성을 통제하기 위한 수단들을 포함시켰다. 또한 지능정보서비스의 활용과 확산이 사회 · 경제 · 문화 및 국민의 일상생활에 미치는 영향을 조사 · 평가하여 결과에 따라 필요한 조치를 실시할 수 있도록 함으로써 빠른 변화에 국가가 탄력적으로 대응할 수 있도록 하였다.

사회의 다양한 분야 법제에서도 디지털 전환을 추진하기 위한 변화가 일어났다. 디지털 산업 자체를 키우기 위한 대표적인 법률로 「정보통신산업 진흥법」이 있다. 이 법은 2009년 제정된 것으로 정보통신산업 발전의 기반을 조성하기 위하여 정부로 하여금 산업진흥계획을 수립하도록 하고 기술개발 및 사업화 지원, 표준화 촉진, 국제협력, 전문기관 설치 등을 통해 산업이 안정화될 수 있는 기반 환경을 조성하도록 명시하고 있다. 한편 디지털 기술 개별 분야의 성장을 지원하기 위한 법률들도 속속 제정되었다. 「국가초고성능컴퓨터 활용 및 육성에 관한 법률(2011)」, 「정보보호산업의 진흥에 관한 법률(2015)」, 「클라우드 컴퓨팅 발전 및 이용자 보호에 관한 법률(2015)」, 「삼차원프린팅산업 진흥법(2016)」, 「소프트웨어진흥법(2020)」[57], 「가상융합산업 진흥법(2024)」 등의 법률들이 경쟁적으로 도입됐다. 다른 분류로서 산업, 교육 등 개별 분야의 디지털 전환을 위한 노력이 이루어지고 있다. 일례로 「산업 디지털 전환 촉진법」은 '산업 활동 과정에서 생성되는 데이터'의 활용 등 산업 분야의 디지털 전환을 위하여 필요한 사항을 규정하고 있으며, 「디지털 기반의 원격교육 활성화 기본법」은 교육 분야에서 디지털 교육을 실시하기 위한 기반을 조성하는 목적의 규정들을 두고 있다.

개인정보보호나 사이버보안 법제도 디지털 전환 흐름과 조화를 이루는 모습으로 발전하고 있다. 정보보호법제의 영역에서는 정보주체의 권리 침해

57 다만 이 법은 1988년 「소프트웨어개발촉진법」으로 출발하여, 2000년 「소프트웨어산업 진흥법」, 2020년 「소프트웨어진흥법」으로 2번의 전부개정을 통해 현재에 이른 것이다. 초기의 법률은 소프트웨어의 개발을 촉진하기 위한 사항만을 간단히 담고 있으나 현재는 품질인증, 기술자 경력 확인, 초 · 중등 교육 진흥, 소프트웨어 계약에 관한 사항 등에 관한 규정까지 포괄적으로 다루고 있다.

를 최소화하는 것도 중요하지만 디지털 기술과 산업 발전을 저해하지 않기 위해 개인정보를 안전하게 활용할 수 있는 체계가 요구되었다. 이와 같은 관점은 EU가 GDPR을 제정하면서 빠르게 확산됐다. 이에 2020년 개정을 통해 「개인정보보호법」을 비롯해 일명 '데이터 3법'으로 불리던 관련 정보보호법제를 개편하였다. 이를 통해 여러 법률을 통해 산발적으로 보호하고 있던 개인정보보호 체계를 정비해 개인정보보호위원회를 전담 중앙행정기관으로 격상하고 권한을 강화했다. 전송요구권이나 처리정지요구권 등을 규정해 정보주체의 권리를 강화하면서도 안전하게 개인정보를 활용하기 위한 조치들이 도입됐다. 과학적 연구나 통계작성 등의 목적으로 개인정보를 가명처리하여 활용할 수 있도록 한 것이다. 개인정보를 제외한 온라인상에서의 정보를 보호하는 법체계는 「정보통신망 이용촉진 및 정보보호에 관한 법률(이하 '정보통신망법')」과 「정보통신기반보호법(이하 '기반보호법')」을 기본으로 한다. 「정보통신망법」은 앞서 소개한 「전산망법」을 전신으로 하는 법률이다. 전산망의 보급과 촉진 역할을 하던 「전산망법」은 정보통신 인프라가 어느 정도 구축된 이후에는 그 위에서 벌어지는 문제들에 대응하는 것에 초점을 두기 시작했다. 이에 따라 현재의 「정보통신망법」으로 탈바꿈한 것이다. 동 법은 정보통신망의 안전성 확보, 정보통신서비스 이용자 보호에 관한 사항들을 규정하고 있다. 구체적으로 정보통신망과 시스템의 침해행위를 금지하고 정보통신서비스제공자에게 정보를 보호하기 위해 안전 조치들을 취하도록 의무화하고 있다. 이런 체계도 기술환경 변화와 함께 진화했다. IoT 보안 문제가 증가하자 2020년에는 정보통신망 연결기기 보호 규정을 추가하였다. 공급망 보안 위협이 증가하고 백도어 자체를 규율할 필요성이 강조되자 2024년에는 정보통신망 침해행위에 백도어 설치, 전달, 유포 행위를 금지하는 규정을 두었다. 디지털 전환과 함께 사이버보안의 문제는 국가안보 위협으로도 직결되고 있다. 한국은 2003년 1.25 인터넷대란을 겪은 이후 2005년 「국가사이버안전관리규정」을 두고 국가 차원의 사이버안전을 관리하고 있었다. 그러나 사이버안보 위협 지형이 변화함에 따라 관계기관의 확대된 역할이 요구되기 시작했고 공공과 민간의 경계 구분없는 협력과 정보공유 필요성도 증가했다. 이를 위해 2021년 「국가정보원법」을 개정해 사이버안보 업무를 수행하도록 하고 「사이버안보 업무규정」을 통해 직무수행에 필요한 사항들을 규정하였다. 그러나 여전히 한국의 사이버안보 컨트롤타워와 관련 거버넌스 등이 법률에 근거하지 못하고 각종 사이버위협에 대해서도 선제적인 조치를 취하지 않으면 실질적인 보호가 어려워짐에 따라 사이버안보에 관한 기본법 내지는 통합법 마련의 필요성이 지속적으로 제기되고 있다.[58] 종합적이고 장기적인 대응을 위해 한국은 2019년 최초로 국가사이버안보전략을 마련해 국가 차원의 방향성을 수립해오고 있으며[59] 주요 국가와의 사이버안보 국제협력[60] 등을 통해 사이버안보 역량을 강화해가고 있다.

2. 디지털 전환핵심기술과 법제 정책

(1) 인공지능

최근 화두는 단연 인공지능 기술이다. 한국은 2019년 인공지능 기술과 산업 육성을 위한 전략을 발표하면서 역량 확보를 위해 노력하고 있다.[61] 특히 생성형 인공지능의 등장으로 향후 발전에 대한 기대도 커지고 있다.[62] 이

58 김도승, "국가 사이버 안보의 법적 과제", 『미국헌법연구』 제28권 제2호, 미국헌법학회, 2017.; 황성기, "사이버 안보 관련 법제의 문제점과 개선방향", 『경제규제와 법』 제12권 제1호, 서울대학교 공익산업법센터, 2019.; 이성엽, "국가 사이버안보 법제와 거버넌스의 바람직한 정립 방향:, 『행정법연구』 제67호, 행정법이론실무학회, 2022. 등

59 2019년 사이버안보 정책 최상위 지침서인 '국가사이버안보전략'을 마련하였고, 2024년 2월 이를 개정한 국가사이버안보전략이 발간되었다. ① 공세적 사이버 방어 활동 강화, ② 글로벌 공조체계 구축, ③ 국가 핵심 인프라 사이버 복원력 강화, ④ 신기술 경쟁 우위 확보, ⑤ 업무 수행 기반 강화 등을 주요 전략과제로 제시하고 있다(대한민국 대통령실, "국가사이버안보 전략", 2024.2.).

60 2023년 4월 '한미 전략적 사이버안보 협력 프레임워크' 체결, 2023년 10월 한미일 3국 고위급 사이버 협의체 신설 합의, 2023년 11월 영국과 '한 · 영 전략적 사이버 파트너십' 체결 등을 통해 국제협력 기반을 마련하고 있다.

61 관계부처 합동, "인공지능 국가전략", 2019.

62 스탠포드 HAI(Human-Centered Artificial Intelligence) 센터가 발간한 'AI Index Report'에 따르면 2023년 AI에 대한 민간 투자는 전체적으로 감소하였으나 생성형 AI에 대한 투자는 급증하여 2022년 대비 10배, 2019년 대비 약 30배 가까이 증가한 252억 달러에 달한다고 한다

와 함께 인공지능 기술의 영향에 관한 논의도 발전하고 있다. 그간 논의는 발생할 수 있는 위험을 고민하고 이를 대비하기 위한 관점에서 이루어졌지만 생성형 인공지능 기술의 등장 이후에는 ChatGPT와 같은 서비스를 통해 실제 발생한 일부 문제들을 중심으로 논의가 급격히 진전되고 있다. 한국의 경우 2018년 전후로는 인공지능 기술의 불확정성 등으로 인해 경성 규제보다는 연성 규범의 형태로 정부가 기준을 제시하고 민간 시장에서 자율적으로 규범 체계를 형성하는 형태로 접근하였다. 그러나 최근에는 유럽연합의 영향을 받아 인공지능 위험 통제를 위한 입법적 시도가 이루어지고 있다. 유럽연합과 유사하게 인공지능으로 인한 위험을 등급화하고 고위험에 대한 적극적 통제를 도입하는 방식이다. 국회에 관련 법안이 발의된 상황이지만 접근방법에 관한 논의는 조심스럽다. 핵심 전략기술로서 기술 발전을 저해하지 않으면서도 위험을 관리할 수 있는 방식을 택해야 하기 때문이다. 이 외에도 현재 분야별 법령이 개별적으로 인공지능 기술 관련 문제에 관한 사항을 규율하고 있다. 「지능형 로봇 개발 및 보급 촉진법」과 더불어 농업용 지능형 로봇의 연구개발 및 보급 촉진에 관한 사항을 규율하고 있는 「농업기계화 촉진법」, 실외이동로봇 운용자의 의무에 관한 사항을 두고 있는 「도로교통법」이 대표적이다.

(2) 데이터

디지털 기술의 융합은 데이터 생성을 촉진했다.[63] 데이터의 활용을 통해 가치 창출과 공공서비스의 효율성이 증대될 수 있다는 관점에서 공공부문이 가지고 있는 데이터에 대한 관심이 높아졌다. 특히 이미 공공부문에서 양질의 데이터를 다량으로 축적하고 있었기 때문에 이를 민간에 제공하고 공유함으로써 새로운 가치를 창출할 수 있었다. 세계적으로 데이터를 개방하거나 공유하는 오픈데이터 내지는 공공데이터 정책이 흐름이 확산되었다. 한국도

(Stanford HAI, "Artificial Intelligence Index Report 2024", 2024, p. 244).

63 Gregory Vial, "Understanding digital transformation: A review and a research agenda", *The Journal of Strategic Information Systems* 28(2), 2019, p. 124.

2013년 「공공데이터의 제공 및 이용 활성화에 관한 법률(이하 '공공데이터법')」을 제정해 사용 가치가 높은 데이터를 원활하게 유통하고 활용할 수 있는 법적 기반을 마련했다. 이 법은 중앙정부와 지방자치단체, 공공의 영역에 속하는 기관들이 보유 · 관리하는 공공데이터를 개방하도록 의무화하였다. 또한 기관 스스로 공공데이터를 제공하지 않을 경우를 대비하여 행정안전부장관으로 하여금 등록 요청을 하도록 하거나 분쟁조정기구를 통해 제3자의 조정(調停)을 거쳐 최대한 공공데이터를 제공받을 수 있도록 했다. 한편 공공데이터는 당초 재사용 또는 민간에 공개하거나 공유하는 것을 전제로 생산 · 보유 · 관리되지 않았기 때문에 활용이 용이한 형태로 축적되어있지 못했다. 이에 법률은 품질관리와 표준화를 통해 활용 가능성을 최대화하도록 규정하고 있으며 최근의 정책은 데이터 품질관리 및 평가 등 수요자 중심으로 더 많은 양질의 공공데이터를 제공하고 활용할 수 있도록 진화하고 있다.[64]

민간뿐만 아니라 정부도 데이터를 잘 쓸 수 있어야 했다. 그간 직관과 경험으로 수립, 집행해왔던 정책은 한계를 드러냈다. 투명해지기 어려웠고 정책의 실패도 예측하기 어려웠다. 관료주의의 틀은 더욱 견고해질 수밖에 없었다. 이런 문제를 혁파하고 정책의 수립 및 의사결정에 데이터를 활용함으로써 객관적이고 과학적으로 수행하는 행정이 요구되었다. 게다가 정부가 데이터와 인공지능 기술로 무장한 민간서비스업체들과의 경쟁에서 도태되지 않아야 한다는 문제도 있었다.[65] 이런 요구는 비단 한국만의 문제는 아니었다. 세계 각국에서 증거기반정책, 혹은 과학행정 등으로 개념화되기 시작했다.[66] 한국은 2020년 「데이터기반행정 활성화에 관한 법률(이하 '데이터기반행

---

64 공공데이터포털 웹페이지, "공공데이터 품질관리", https://www.data.go.kr/ugs/selectPublicDataQlityView.do, (접속일: 2024.6.15.); 행정안전부 보도자료, "'공공데이터 품질인증' 신규 도입으로 고품질 공공데이터 제공한다", 2023.8.16.자 보도.

65 권헌영, "데이터기반행정법과 데이터정책의 과제", KISO Journal Vol. 40, 한국인터넷자율정책기구, 2020, 23면.

66 영국은 정책의사결정에 데이터를 활용하기 위하여 2013년부터 보건 · 복지, 교육, 범죄 등 7개의 주요 정책분야 데이터 센터인 WWC(What Works Centre)를 설립 · 운영하고 있으며 (U.K. Cabinet Office, "The What Works Network Five Years On", 2018.; 미국은 2016년 정부 사업 및 정책 관련 의사결정에 활용되는 증거를 개선하고자 증거기반정책결정위원회법

정법')」을 제정했다. 이 법은 공공기관이 기관별로 보유하고 있는 데이터를 공동으로 활용하도록 하는 데 중점을 두고 있다. 기관 간 칸막이를 해소하고 다양한 데이터를 공유함으로써 과학행정의 기반을 조성하기 위함이다. 공공기관이 보유하고 있는 데이터는 '데이터통합관리 플랫폼'에 각 기관이 등록하도록 하고 이를 공동활용할 수 있도록 했다. 등록되지 않은 데이터가 문제였다. 이를 위해 수요기관이 데이터 보유 기관에게 제공을 요청할 수 있도록 권한을 부여했다. 원활한 공유를 위한 표준화 규정도 두었다.

데이터의 활용이 확산되기 위해서는 자유로운 거래와 유통의 보장이 필수적이다. 따라서 데이터 산업 발전을 위해 거래와 유통 기반을 마련하는 데 목적을 두고 2021년 「데이터 산업진흥 및 이용촉진에 관한 기본법」이 제정되었다. 동 법은 데이터 거래 당사자를 보호하기 위한 표준계약서를 마련하고 데이터 자산의 보호를 위하여 데이터의 무단 취득 · 사용 등을 제한하고 있다. 데이터 소유권에 대한 법적 논의가 정리되지 못한 상태에서 데이터 산업을 활성화하기 위해 당장 권리를 부여하기보다는 특정 침해행위를 규제하는 형태로 일단의 보호체계를 구축한 것이다.[67] 한편 데이터 거래의 분쟁을 조정하는 분쟁조정기구를 설치하고 데이터 활용을 촉진하기 위하여 가치평가 제도, 품질관리, 기술개발 지원, 표준화 추진, 전문기관 운영 등의 규정도 두었다.

데이터 제공, 개방, 산업에 관한 대표 법률 외에도 「관세법」에 따른 관세

(Evidence-Based Policymaking Commission Act of 2016)을 마련하고 이 법에 기반하여 설립된 증거기반정책수립위원회를 통해 데이터 관련 정책연구, 증거 구축에 활용할 수 있는 방안을 마련하거나 증거 구축을 정책사업 설계와 연결할 수 있는 방안을 제시하는 등의 업무를 수행하도록 한 바 있다. 2018년에는 증거기반정책수립기초법(Foundations for Evidencd-Based Policymaking Act of 2018)을 제정해 데이터를 중심으로 하는 증거기반정책을 추진 중이다. 일본도 적극적 데이터 활용을 위해 '관민데이터활용추진기본법(官民データ活用推進基本法)'을 제정하고, 이 법을 근거로 '세계 최첨단 IT 국가 창조 선언 · 관민 데이터 활용 추진 기본 계획(世界最先端IT国家創造宣言 · 官民データ活用推進基本計画)'을 수립, 관민 데이터 활용을 통해 증거기반 정책을 추진하도록 하였고, 2021년 '포괄적 데이터전략(包括的データ戦略)'을 통해 데이터 관점의 업무 정리계획을 마련하기도 하였다.

67 김상중, "데이터 경제를 위한 데이터소유권의 문제-데이터산업법 제정 등에 의한 잠정적 정리와 데이터의 민사법적 보호를 중심으로-", 『저스티스』 통권 제194-2호, 한국법학원, 2023, 73-74면.

무역데이터, 「국가통합교통체계효율화법」에 따른 교통빅데이터플랫폼, 「대중교통의 육성 및 이용촉진에 관한 법률」에 따른 교통카드데이터 처리, 「디지털 기반의 원격교육 활성화 기본법」에 따른 원격교육 데이터의 처리, 「사회보장기본법」에 따른 사회보장 행정데이터, 「산업 디지털 전환 촉진법」에 따른 산업데이터 처리 및 생태계 조성 등 개별 분야의 행정법이 개별 행정 목적에 맞는 데이터 처리 관련 규정들을 두고 있다.

(3) 클라우드컴퓨팅

2015년 제정된 「클라우드컴퓨팅 발전 및 이용자 보호에 관한 법률(이하 '클라우드컴퓨팅법')」은 클라우드컴퓨팅 산업 기반을 조성하고 관련 서비스의 이용 촉진 및 이용 과정에서의 신뢰성 향상과 이용자 보호에 관한 사항을 규정하고 있다. 특히 공공부문의 클라우드 전환 사업을 대대적으로 추진하면서 2023년 행정안전부와 디지털플랫폼정부위원회는 '공공부문 정보자원 클라우드 전환계획'을 발표했다. 이를 통해 한국은 클라우드 이용 비중을 지속 확대하여 2026년부터는 신규 시스템의 70% 이상이 클라우드 네이티브가 되도록 목표를 수립했다. 2021년 6월에는 「전자정부법」도 개정되었다. 일부개정을 통해 지능형 전자정부서비스를 제공할 수 있는 근거, 국가기준데이터를 지정하고 관리할 수 있는 근거, 클라우드 컴퓨팅서비스를 이용할 수 있는 근거가 마련되었다. 이런 변화를 통해 행정기관 및 공공기관이 민간 클라우드 서비스를 이용할 수 있도록 하면서 2023년 4월 「행정기관 및 공공기관의 클라우드컴퓨팅서비스 이용 기준 및 안전성 확보 등에 관한 고시」를 통해 민간 클라우드 서비스 우선 도입 검토를 의무화하였다.

(4) 차세대통신(5G, 6G)

5G를 넘어서 6G까지 바라보는 다음 세대 통신정책은 일반 이용자의 영상 시청을 넘어서 로봇과 드론, 자율주행차 등 만물이 통신하는 미래를 준비하기 위함이다. 2020년 개정된 「지능정보화기본법」은 초연결지능정보통신기

반 구축에 관한 기본 틀을 마련했다. 이어서 과기정통부는 2020년 '미래 이동통신 R&D 추진전략'을 수립해 6G 기술 경쟁력 확보를 위한 연구개발 및 시범서비스 추진, 표준화 등의 사업을 추진 중이다. 2022년 출범한 윤석열 정부는 세계 최고의 네트워크 구축 및 디지털 혁신 가속화를 국정과제로 선정하고 농어촌 지역까지 5G 전국망 완성, 특화망 전국확산 등 차별화된 5G 망 구축과 융합서비스 확산, 6G 및 위성통신 등 차세대 기술 혁신과 기업육성, 인력양성 등 산업 기반 강화 등의 세부 과제를 공개했다. 이에 따라 2024년 정부는 농어촌 5G 공동이용 형태로 5G 이동통신의 전국망 구축을 완료한 상태다.[68]

3. 디지털 전환시대 행정법의 진화

(1) 절차행정법과 실체행정법의 변용

절차법은 구속력 있는 행정작용에 이르기까지 거쳐야 하는 사전 절차를 규율한다. 그간 발전해 온 대부분의 법들이 그런 역할을 수행했다. 따라서 행정의 디지털화는 행정작용의 관점에서는 절차를 디지털화하는 것이 핵심이었다.[69] 예를 들어 조직 차원에서는 의사결정 과정을 시스템에 구현할 수 있어야 했고 이를 위해 전자적 업무수행이나 전자문서의 송수신 절차, 결재 등의 절차도 고려하여 전자문서에도 효력을 부여하는 규정 등이 「전자정부법」에 자리하고 있다. 모두 행정절차를 디지털로 구현하는 과정을 다루는 규정들이다. 국민의 권리관계에 영향을 미치는 실질 규정은 개별법에서 규율하고 있었다. 말하자면 개별 도메인별 행정법으로서 실체행정법이 권리와 의무의 본질을 다뤘다면 디지털 전환 과정에서 이를 통합하는 절차행정법이 역할을 해 온 것이다. 물론 도메인별 구분에서도 개별적 과정을 다루는 규정들

68 박미영, "과기정통부, 농어촌 5G 이동통신 공동 이용 상용화 완료", 보안뉴스 2024.04.19. https://m.boannews.com/html/detail.html?tab_type=1&idx=128998

69 김중권, "디지털화에 대한 독일 행정절차법의 대응과 그 시사점", 『공법연구』 제52집 제1호, 한국공법학회, 2023, 341면.

이 있으므로 반드시 법률 단위로 구분되는 것은 아니다.

그러나 최근의 디지털 전환 현상과 행정환경을 보면 이러한 관계에도 변화가 포착된다. 그간 「전자정부법」이 전자적 행정에 관한 절차들을 규율해왔지만 오늘날에 이르러서는 개별 분야의 법률이 디지털 전환 현상을 수용하면서 개정되는 모습을 보이고 있다. 일례로 「민원처리법」은 무인민원발급창구를 통한 민원문서 발급이나 전자증명서 발급에 관한 규정들을 두고 있다. 「행정기본법」도 제20조를 통해 자동적 처분에 관한 사항을 규율하고 있다. 데이터 중심의 절차행정법이라 할 수 있는 「공공데이터법」, 「데이터기반행정법」 등이 제정되자 디지털기술에 있어서도 「전자정부법」의 자리는 정보자원관리 영역으로 줄어드는 결과가 초래되었다. 이런 변화는 기존 디지털 분야의 특별법과 개별 분야의 디지털 전환 관련 규정 간의 긴장 관계로도 표현되며 자연스럽게 행정조직 간의 이해관계 문제로 이어진다. 보편적인 디지털 전환 정책을 담당하고 있는 과학기술정보통신부와 개별 분야의 디지털 전환, 예를 들어 「산업디지털 전환법」의 소관 부처인 산업통상자원부, 「자율주행자동차법」의 소관 부처인 국토교통부, 2024년 1월 제정된 「디지털의료제품법」의 소관 부처인 식품의약품안전처 등의 경쟁 관계가 형성되는 것이다. 독일에서도 전문법에서의 부분적 디지털화가 디지털 전환을 이끄는 전자정부법과 중복되거나 모순되는 점들이 지적되는 등 유사한 문제가 발생하고 있다.70

이와 같은 디지털 행정법제의 문제는 초기 모든 개별 분야의 법률에서 디지털 특성을 반영해 개정하는 일이 어렵고 일단 전담 부처를 중심으로 디지털 전환에 관한 절차를 규율하는 특별법 형태의 입법을 거쳐 여러 분야의 디지털 전환을 끌어오는 절차적 변화를 도모할 수밖에 없다는 현실이 반영된 것이라고 볼 수 있다. 이런 흐름은 디지털 전환에 관한 세계적 경쟁이 벌어지는 시대적 변화, 미국 중심의 글로벌 디지털 산업 구조와 시장 중심의 효율적 규제 지향, 경쟁 관계로서 유럽연합의 디지털 싱글마켓(digital single

70 김중권, 위의 논문, 343면.

market) 전략 등이 종합적으로 얽혀 형성된 것으로 생각된다. 특히 초국가적 성격을 갖는 유럽연합법의 영향으로 유럽 국가 내에서 절차적 가치가 커지고 있다는 점[71]도 같은 맥락이라고 할 것이다.

(2) 디지털 행정법의 혁신

시대 변화를 살펴보면 절차행정법은 개별 분야의 법률로 확산하는 모습을 보였다. 이에 따라 기존 디지털 전환을 촉진하기 위한 절차를 일괄 규율하는 법률과의 체계정합 문제가 발생하였고 이는 조직법적 문제로도 이어지는 양상이 나타나고 있다. 혼재하는 법체계를 정비하고 개별 분야의 역량을 강화하면서 범국가적 차원의 전략적 디지털 전환이 이루어지도록 조직체계도 정비할 필요가 있다. 한편 내용적으로는 절차적 혁신의 양상이 실질 권리관계에도 영향을 미치는 변화들이 생겨났다. 일례로 신속한 기술을 수용하기 위해 기술의 효과를 실증하면서도 잠정적인 효과를 부여하는 규제 샌드박스는 최종적으로 법령의 정비까지 이어지도록 하면서 그 실질적인 결과에 대한 평가는 별개로 하더라도[72] 행정현장의 절차 혁신이 입법적 개선으로 연결되는 체계를 만들었다. 또한 민간의 참여를 넘어서 민관이 협력하는 절차들이 속속들이 형성되고 있다. 공공 클라우드 전환 관점에서도 한국은 일반조달 절차가 아닌 디지털서비스 전문계약이라는 형태로 별개의 절차를 채택했다. 나아가 거브테크(GovTech)와 같은 관념들은 행정에 민간의 혁신 기술을 적용하는 사례들을 형성하며 민관협력을 행정에 내재화하는 정책으로 이해할 수 있다. 유연한 모습들도 진화의 특징이다. 행정지도 등 비공식 행정

71 정남철, "행정절차법과 행정기본법의 관계 재정립", 『행정법학』 제23호, 한국행정법학회, 2022, 79면.

72 임시허가나 규제 특례 규정들은 후속하는 지원이나 진흥정책의 뒷받침없이는 임시방편에 그칠 우려가 있으므로 실질적으로 법령을 정비하는 결과가 이어져야 한다는 의견이 있다. 황창근, "ICT 특별법의 제정 의의와 발전 과제", 『토지공법연구』 제64집, 한국토지공법학회, 2014, 483면; 또한 임시허가와 실증특례를 별도로 운영하는 문제를 지적하고 하나의 규제샌드박스 제도로서 범정부 차원의 단일 창구를 두고 실행 및 후속 조치는 소관 부처가 대응하는 형태를 제안하는 연구도 있다. 이해원, 김도승, "ICT 분야 규제 샌드박스 제도의 현상과 진단", 『동아법학』 제95호, 동아대학교 법학연구소, 2022, 212－215면.

작용이 만연하던 현상들은 디지털 전환 시대에 들어서면서 가이드라인이나 지침 등 일반적이고 추상적인 형식과 효과를 갖는 소위 연성규범으로 나타나고 있기 때문이다.[73] 완전히 자동화된 시스템으로 처분을 할 수 있도록 규정한 「행정기본법」의 변화도 주목할 만하다.

절차법은 필연적으로 실질적 권리를 생성하거나 약화할 수 있는 도구가 된다. 반대로 실체법 또한 그러한 절차 규정을 전제로 권리와 의무에 관한 내용을 구현하게 된다는 점에서 실효성을 갖게 되므로 두 개념은 본질적으로 상호의존적일 수밖에 없다.[74] 디지털 환경에 적응하기 위한 절차를 별도로 규율하고 실질 관계는 개별 분야의 법률이 규정하는 형태로는 앞으로의 변화를 수용할 수 없다. 이제는 개별 실체법의 영역에서 디지털 변화를 수용해낼 수 있어야 한다. 기술적 변화와 일원화함으로써 이른바 디지털 네이티브(digital native)한 법규범이 요구되는 것이다. 실제 디지털 혁신의 현장에서도 보편적인 원칙이 적용되기보다는 개별 분야의 속성에 맞는 디지털화가 이루어지는 것이 중요하다. 그렇다면 현상의 변화가 도그마틱의 변화를 주도하는 흐름이 강화되는 모습도 있다고 생각된다. 이를 더 거슬러 올라가면 디지털 시대 행정법학의 내용은 다양한 특별행정법 분야로부터 채워질 필요도 있는 것이다. 한국의 행정법학은 귀납적 접근방식에 의해 재구축되어야 한다는 의견[75]도 이와 같은 주장의 연장선에 있다고 하겠다.

---

73 배상준, "Otto Mayer와 신사조행정법학자들의 대화—"행정법의 기초(Grundlagen des Verwaltungsrechts)" 제3판(3. Aufl. 2022)의 논의를 중심으로—", 『저스티스』 통권 제199호, 한국법학원, 2023, 168면.

74 Thomas O. Main, "The Procedural Foundation of Substantive Law", *Washington University Law Review* 87(4), 2010, pp. 838–841.

75 홍준형, "한국행정법학의 반성", 『법과사회』 제56호, 법과사회이론학회, 2017, 207면.

Ⅳ. 디지털플랫폼정부와 법제도적 기반

1. 디지털플랫폼정부의 의의

윤석열 정부는 '디지털플랫폼정부'라는 새로운 미래상을 그리고 있다. '디지털플랫폼정부'는 "모든 데이터가 연결되는 '디지털 플랫폼' 위에서 국민, 기업, 정부가 함께 사회문제를 해결하고, 새로운 가치를 창출하는 정부"를 의미한다.[76] 정부 내부의 시스템과 데이터 연결을 통해 경계없는 정부를 구축하고 정부 서비스를 국민이 사용하는 민간 플랫폼을 통해 제공하는 등 새로운 시도들이 이루어지고 있다. 또한 민간협력을 통해 정부의 데이터와 서비스를 개방하고 민간은 이를 결합 · 활용하여 다양한 혁신적 서비스를 창출하는 것을 목표로 한다.[77] 다양한 참여자들의 연결과 상호작용이 가능한 '디지털플랫폼정부'를 통해 정부, 기업, 국민 등 모든 이해관계자가 서로 연계, 협력하여 시너지를 내고, 인공지능, 클라우드 등 최첨단 기술을 기반으로 공공과 민간의 데이터를 연결하여 새로운 가치를 창출하고자 하는 것이다.

한국은 지난 50년간 행정업무의 전산화, 전자적 정부서비스의 제공 등 정부혁신을 위해 각고의 노력을 기울여 왔다. '행정전산화', '전자정부', '정부 3.0', '디지털 정부' 등의 관념을 통해 발전하고 진화해 온 결과 전자정부와 디지털정부, 공공데이터 개방, 데이터기반행정 등의 분야에서 한국은 국제적으로도 상당히 높은 평가를 받고 있다.[78] 이러한 도전의 성과는 단순히 정부

---

76 한국지능정보사회진흥원, "디지털 플랫폼 정부의 개념과 특징", 『IT & Future Strategy』 제7호, 2022, 4-8면.

77 디지털플랫폼정부위원회, 『세상을 바꾸는 디지털플랫폼정부』, 2023, 17면 및 21면.

78 한국은 OECD의 국제 디지털 정부 평가에서 2023년 종합 1위의 평가를 받았다(OECD, "2023 OECD Digital Government Index", 2024, p. 13.). 동일한 평가에서 한국 정부는 꾸준히 우수한 평가를 받고 있는데, 2019년, 2022년에도 1위를 차지한 바 있다. 공공데이터와 관련하여서도 'OECD 공공데이터 개방지수 평가(Open-Useful-Reusable; OURdata Index))'에서 2019년 1위, 2023년에도 1위를 차지하였다(OECD, "2023 OECD OURdata Index: Open, Useful and Re-usable data Index", 2023, p. 12.). 이외에도 UN에서 평가하는 전자정부 발전지수(EGID: E-Government Development Index) 순위에서 2010년부터 7회 연속 3위 이내의 순위를 기록하고 있다.

업무와 공공서비스를 혁신하는 것에서 나아가 국가 전반의 디지털 산업과 경제 발전으로도 이어볼 수 있다. 전자정부는 고도화된 IT를 기반으로 달성하는 것이지만 국가가 적극적으로 전자정부를 구현하는 과정에서 국가 전반의 IT 환경을 고도화하는 선순환 구조를 이루게 되기 때문이다. 나아가 정부서비스의 혁신 과정에서 민간의 기술을 적극적으로 도입하고 민간과 협력함으로써 관련 분야의 기술 발전도 도모할 수 있었다. 정부의 정보에 대한 접근성을 강화하여 투명성을 제고하고 적극적 참여를 유도하여 신뢰성을 높인다는 효과 또한 간과할 수 없다.79

'디지털플랫폼정부'도 인공지능, 클라우드 등 새로운 디지털 기술을 적극적으로 수용 · 활용함으로써 정부 내부뿐만 아니라 민간 영역에까지 기술의 긍정적 효용을 전파하는 것을 목표로 한다. 사회 전반이 디지털 기반으로 근본적인 변화를 이루어내는 디지털 대전환을 비전으로 삼고 다양한 이해관계자가 참여하여 서로 원하는 가치를 공유할 수 있는 환경을 마련하는 플랫폼 전략을 동원하여 국민이 직접 참여하고 실감할 수 있는 정부혁신을 이루는 것이다. 단순한 정부혁신 시도를 넘어서 그 자체로서 국가의 전략산업인 셈이다.

2. 주요 정책과 법제도적 과제

디지털플랫폼정부위원회는 2023년 '디지털플랫폼정부 실현계획'을 통해 비전과 전략, 추진과제를 수립하였다. 민원사무 및 전자고지 의무화, 각종 증명자료의 전자적 형태 제출 등 아날로그 방식의 기존 업무를 파급효과가 큰 업무부터 디지털 기반으로 재설계한다. 인공지능이 학습할 수 있도록 데이터

---

79 전자정부는 정부의 투명성이라는 매개요인을 통해 간접적으로 정부에 애한 신뢰에 긍정적인 영향을 미친다고 한다(OECD, "Trust in Government: Ethics Measures in OECD Countries", Paris: Organization for Economic Co-operation and Development, 2000.; 명승환, "전자정부 연구에서 결정론적 사고의 한계와 극복방안: 행정의 투명성을 중심으로", 『정보화정책』 제13권 제1호, 한국정보화진흥원, 2006, 100-115면.).

를 생성, 관리하고 자동화 행정 기술을 적극 도입한다. 예외 사항을 제외하고는 정부기관의 모든 데이터를 공유, 개방하도록 관계 법령을 제개정한다. 클라우드 기반의 통합플랫폼을 구축해 공공과 민간의 데이터를 연계하고 자유롭게 활용할 수 있는 여건을 조성한다. 그 밖에 거브테크 기업 성장 지원이나 민간 서비스 우선 활용 등 민관협력 활성화, 마이데이터와 사이버보안 등 신뢰 및 안전 강화 등을 위한 과제들이 발표됐다.

그러나 디지털 전환 과정에 적응하려면 전략적 대응과 함께 구조적 변화를 구현해야 한다.[80] 결국 혁신 과제들을 실질적으로 추진하기 위해서는 디지털플랫폼정부의 가치를 상시 구현할 수 있는 권한과 조직이 필수적이다. 이에 따라 디지털플랫폼정부 특별법을 제정하고 디지털플랫폼정부위원회를 혁신 전담 부처로 만드는 등의 노력이 요구되는 상황이다.[81] 실제로 한국이 오늘날 마주하고 있는 가장 큰 문제는 혁신을 가능하게 하는 국가 차원의 혁신 전담조직이 부재하다는 점이다. 관련하여 혁신정책의 집행과 감독 기능을 대통령실이 수행하고 있는 미국의 사례를 살펴볼 수 있다. 미국 대통령실의 관리예산처(OMB)는 예산, 입법, 관리, 규제를 검토하는 권한을 통해 정부정책의 효과에 중요한 영향력을 미치고 있다. 행정부의 예산을 편성하고 예산 집행을 관리, 감독하며 행정입법 조정, 연방정부의 각종 규제 정비와 같은 업무를 수행한다. 이처럼 강력한 권한을 보유하고 있기 때문에 정부 내에서 관리예산처장은 행정부에서 두 번째로 막강한 지위로 인식되기도 한다.[82] 미국의 정보화 추진과정에서도 관리예산처는 대통령 리더십을 직접 연방기관에 연계하고 정보자원관리 및 각종 규제와 조직 조정 업무를 수행하면서 중대한 영향을 미쳤다. 오늘날까지도 미국은 관리예산처 내에 CDO 위원회(Federal CDO Council)를 둠으로써 연방기관의 데이터 혁신정책을 추진하고

80 Gregory Vial, "Understanding digital transformation: A review and a research agenda", *The Journal of Strategic Information Systems* 28(2), 2019, p. 122.

81 정충식, "전자정부에서 디지털플랫폼정부로의 전환: 과거 정부의 경험에서 얻는 교훈들", 『한국지역정보화학회지』 제26권 제4호, 한국지역정보화학회, 2023, 29－31면.

82 옥동석, 함영진, "재정관련 중앙행정조직 개편의 의의와 과제", 『한국조직학회보』 제6권 제1호, 한국조직학회, 2009, 217면.

있다. 이런 점을 고려해 디지털플랫폼정부를 구현하기 위한 전담 혁신조직을 두고 기술적 변화가 개별 분야에서 바로 집행될 수 있는 체계를 구축할 필요가 있다. 이를 위해서는 실질적인 권리의무 관계를 정할 수 있어야 한다. 전담기관이 개별 법령에 대한 점검 및 필요시 시정을 권고할 수 있도록 권한을 부여하는 형태로 각종 개별 법령에 디지털 관련 제도와 절차를 설계할 수 있을 것이다. 이를 통해 사회 근간을 이루는 금융, 교육, 노동, 보건의료, 조세와 같은 개별 분야의 법제들을 디지털 기반으로 재설계할 수 있어야 한다. 관련하여 전담기관에는 관련 예산사업을 총괄, 배분, 조정하는 권한을 부여해 실질적 집행력을 보장하는 방안도 고려할 수 있다.

내용적으로는 데이터 관리 법제를 혁신하는 것이 핵심과제다. 근본적으로는 공직 사회와 정책 현장에서의 데이터 활용 필요성에 대한 인식과 공감대를 형성할 필요가 있다. 또한 실제 데이터로 정책을 구현하기 위한 전문성을 확보하는 일이 중요하다. 조직을 어떻게 혁신하고 이를 위해 어떤 데이터를 어떤 방식으로 사용할 수 있는지, 이에 필요한 역량과 자원은 무엇인지 등을 파악할 수 있는 전문가가 요구된다. 공직 사회 내부에서 이를 확보하기 어렵다면 민간의 전문가를 적극 채용해야 한다. 나아가 이를 유지하기 위해서는 급여나 근무 등 인사제도도 혁신할 필요가 있다. 이렇게 만들어진 데이터책임관은 실질적인 권한을 법률로부터 부여받아 행사할 수 있어야 한다. 이를 지원하는 조직과 거버넌스 체계도 필수다. 개별 조직의 데이터 활용도 중요하지만 국가 차원의 데이터 전략 방향도 수립할 수 있어야 한다. 아직 한국은 국가 차원의 데이터 사령탑이 명확하지 못한 상태다. 데이터 전략을 단순히 데이터를 기술적으로 적용하기 위한 방편 정도로 이해해서는 안 된다. 디지털 시대에 적응하기 위한 국가 차원의 거대한 혁신 전략이 되어야 한다.[83] 이를 위해 컨트롤타워를 정비하고 그간 전통적인 관료제 관념을 벗

83 이미 미국이나 영국 등 서방의 주요 선진국들은 국가 차원의 데이터 전략을 수립해 관련 정책과 사업을 운용 중이다. 2019년 미국은 Federal Data Strategy 및 Action Plan을 수립, 발표하였으며 2020년 영국이 National Data Strategy를 세웠다. 한국도 지난 정부 대통령직속 4차 산업혁명위원회에서 2022년 국가데이터전략을 제안한 바 있으나 전략 수립으로 이어지진 못

어난 혁신적인 거버넌스와 소통 구조, 일하는 방식, 전문성과 새로운 인사제도 등이 고루 요구된다. 법제 관점에서는 「공공데이터법」이나 「정보공개법」이 데이터 제공과 개방 역할을 수행하고 있지만 실제 현장에서는 개별 분야의 법령에 막혀 데이터가 제대로 공유되지 못하고 있다. 이런 문제를 혁신하려면 법률 제개정시 공유 및 활용 영향평가를 의무화해 수집된 데이터의 목적 외 이용금지나 비밀유지 등 제한 요인이 있는지 확인하고 제한 범위의 적정성을 평가하는 체계가 요구된다. 이를 통해 관료제 특성으로 인한 새로운 제도적 칸막이가 형성되지 않도록 전담기관이 지속 관리할 수 있어야 한다. 한편, 현장에서는 자칫 개인정보가 포함된 데이터를 타 기관에 개방함으로써 발생할 수 있는 법적 문제에 휘말릴 것을 우려해 데이터 개방에 소극적으」로 임하게 되는 모습들이 나타났다. 이러한 문제를 해소하기 위해 한국은 「데이터기반행정법」을 개정해 적극적으로 데이터를 개방한 공무원에 대해 고의나 중과실이 없는 경우 불이익 처분을 면해주는 규정을 도입할 예정이다.

민간의 혁신 기술이나 상용서비스 등 역량과 자원을 행정 현장에 들여오는 절차에서는 불합리한 사업 구조도 혁파할 필요가 있다. 기존 공공분야의 정보화 사업 모델이 과거 시스템 중심의 개발 형태에 갇혀있어 새로운 기술이나 서비스를 유연하게 반영할 수 있어야 하는 오늘날의 환경에 부합하지 않는 문제들이 나타났기 때문이다. 아울러 디지털플랫폼정부 인프라를 구현하려면 기관 경계, 민간과의 경계 등을 허물어 데이터를 공유하고 활용할 수 있도록 하는 등 초대형 사업이 이루어져야 한다. 지방세시스템이나 교육행정정보시스템 등 전국 단위의 시스템을 개선하는 경우도 마찬가지다. 따라서 일률적인 요건과 절차를 정하기보다는 시스템별 특성을 고려해 모듈 단위로 설계, 개발할 수 있도록 함으로써 대규모 서비스의 안정성과 확장성을 제고할 수 있어야 한다. 일괄적으로 정해진 절차에 따라 순차 개발하기보다는 반복적으로 개발과 검증을 수행함으로써 환경변화에 유연하게 대응하고

했다.

안정성을 높이는 방식이다.

아울러 다른 시각에서는 공공성을 유지하기 위한 노력도 요구된다. 민간의 역할을 확대하는 과정에서 자칫 사익이 우선되어 공익이 침해되는 문제가 발생하지 않도록 해야 하기 때문이다. 동등한 주체로서 민관의 협력이 이루어지더라도 이는 어디까지나 행정 목적의 달성을 핵심으로 한다. 따라서 법은 특정 이해관계집단에 의한 지배 구조가 형성되지 않도록 부여된 권한을 감독할 수 있는 체계를 구현할 수 있어야 한다.[84] 이를 위해 민관협력의 방식과 내용, 절차의 투명성과 신뢰성을 담보해야 한다. 민관협력 과정에서 발생한 책임의 분배 문제도 고려해야 한다. 사후적으로 대체분쟁해결제도나 소송을 통해 갈등을 해결하는 상황이 축적된다면 민관협력이 전반적으로 축소될 우려도 있다.[85] 공적 주체와 사인이 공적작용에 대한 책임을 어떻게 분담할지 사전에 규정할 필요도 있다.

협력자로서 기능하는 민간 영역의 플레이어들에게는 주체적인 의식이 요구된다. 실질적인 자율규제 체계를 구현해 규범주체의 자기지배가 이루어지도록 해야 하는 것이다. 이를 위해서는 분야별 자율규제 체계를 구축하되 확실한 권한을 갖고 책임질 수 있는 사람이 참여해야 한다. 참여자들이 서로를 신뢰하고 그에 걸맞은 합의 권한을 갖고 실질적인 논의를 수행할 수 있어야 하기 때문이다. 무엇보다 신뢰의 출발은 정보공유다. 자율규제 정책의 이행 및 작동과 관련된 상세한 정보를 제공하고 관련된 의사결정의 과정과 결과를 공유하는 등 투명성을 강화하기 위한 노력도 요구된다.[86] 규제의 실효성을 확보하는 일도 중요하다. 내부에서 실효성을 확보하기로 했다면 절차에 따라 엄격히 집행하고 기록하여 정보를 공개해야 한다. 내용적 규율은 자율적으로 수립하되 정한 바에 따라 요구되는 집행 단계에서는 정부가 개입하

---

84 Steven P. Croley, "Theories of Regulation: Incorporating the Administrative Process", *Columbia Law Review* 98(1), 1998, pp. 167－168.

85 배건이, "민관협력법제의 법적 쟁점에 관한 고찰", 『입법학연구』 제16권 제2호, 한국입법학회, 2019, 102－103면.

86 Robert Yablon, "Political Advertising, Digital Platforms, and the Democratic Deficiencies of Self－Regulation", *Minnesota Law Review Headnotes* 104(1) 2020, pp. 37－40.

는 방안[87]도 고려할 수 있다. 이런 관점에서 과도한 전문가 주의나 기술관료적 접근, 정당국가화 경향 같은 문제들도 해결해야 한다.[88] 모두 규범을 만드는 자와 지키는 자가 다르기 때문에 벌어지는 문제다. 그렇다면 법은 참견하고 간섭하는 행정을 제한하고 시장원리와 시민의 자기책임원리에 바탕하여 신뢰를 형성할 수 있는 토대를 마련해야 한다.

V. 결 론

20세기 초 산업혁명을 통해 오늘날 선진국의 질서가 형성되었다. 2010년을 전후로 무너진 매체의 경계와 데이터 축적, 2016년 이후 급격히 발전한 인공지능 기술에 대한 새로운 시대적 기대감은 4차산업혁명이라는 용어로 전 세계에 알려졌다. 새로운 질서를 두고 모두가 후속 세대에 어떤 나라를 물려줄지 결정해야 하는 기로에 서 있다.

한국은 역사적 특성에 따라 국가를 중심으로 정보기술 정책을 강력하게 수립, 집행해왔다. 이는 통신과 전파를 규율하고 전국을 연결하던 시대부터 시작해 1980년대 신자유주의의 국제적 물결을 수용해 사업을 민영화하는 변화를 보이면서 정부와 민간의 역할을 구분하면서도 정책 리더십은 정부가 강하게 드라이브하는 모습으로 나아갔다. 이후 정보화의 과정에서도 정부의 역할이 컸다. 대표적인 결과물이 전자정부다. 전자정부의 발전 과정에서는 대통령의 리더십이 크게 작용했고 그 아래에서는 민간과 공공의 전문가들로 구성된 대통령 위원회가 기능했다. 전자정부법이 행정법에 미친 영향도 컸다. 법제적으로도 정책적으로도 기존의 정보기술을 규율하던 모습과 달리 정보화가 범국가적으로 추진되기 시작했고 통신법이 정보화의 기반으로 기능

87 Julia Black, "Constitutionalising Self-Regulation", *The Modern Law Review* 59(1), 1996, p. 27.

88 김성수, "인간존엄과 행정법-인간존엄 실현구조로서의 행정법질서 형성을 위한 시론-",『공법연구』 제43집 제1호, 한국공법학회, 2014, 315-316면.

했다면 그 위에서 개별 도메인의 정보화를 이룬 법제들이 나타났다. 특히 전자정부법은 정보화와 밀접한 관계를 형성하면서 다른 분야 행정법들의 실체적 기능을 디지털 절차로 구현하는 중대한 역할을 수행하였다.

그러나 시대가 변하면서 법제 정책 간의 역할도 도전을 마주하게 됐다. 데이터를 중심으로 하는 디지털 전환과 함께 변화의 물결도 개별 분야에서 동시적으로 발현되기 시작한 것이다. 법제적 관점에서는 개별 행정법의 분야에서 정보와 시스템을 다루는 규정들이 생겼다. 기존 디지털 행정을 규율하기 위한 전자정부법의 역할은 디지털 전환의 보편화와 함께 각자의 영역에서 변화를 수용하기 시작한 개별 법률과의 관계에서 모호한 지위에 놓이게 됐다. 행정과정을 관리하는 법률은 물론이고 통신이나 에너지, 국방, 의료, 복지 등 수평적으로 다양한 분야의 행정법과도 역할 경쟁이 생겨난 것이다. 이와 함께 내용적으로는 공무원을 통제하던 행정법의 역할이 민간과의 상호작용을 함께 다뤄야만 하는 현상들이 증가하고 있다. 이에 따라 행정주체와 객체라는 이분법적 관념이 무너졌다. 정부 혼자 해결할 수 없는 문제들이 늘어났고 민간의 우수한 역량과 자원을 공적 목적으로 활용하기 위해 동등한 주체로서 협력할 수 있는 체계가 요구되었다. 정부 내부의 부서 간 경쟁도 혁신해야 하는 우선 과제다. 경직된 조직구조에서 벗어나 민간이든 공공이든 역량있는 주체에게 필요한 권한과 자원을 투자해야 한다. 나아가 장기적으로는 공공과 민간이라는 경계를 허물어 사람을 유동화하는 것에서 나아가 분야별 사물을 유동화하는 관념까지도 생각을 확장할 필요가 있다.

과거 한국의 정보화와 전자정부를 성공적으로 이끌어 경험으로 살펴보면 실질적인 혁신을 구현하기 위해서는 대통령의 리더십이 중요하다. 그러나 기존과 달리 그러한 국가적 혁신 의지를 상시 구현하고 감독할 수 있는 상설 조직이 요구된다. 그간 대통령 소속 위원회 형태로 추진해왔던 모습들은 분명한 한계를 내포하고 있었다. 최근 한국은 디지털플랫폼정부를 새로운 국가모델로 내걸었다. 마찬가지로 대통령 소속 디지털플랫폼정부위원회를 통해 추진전략도 세우고 다양한 사업들을 추진, 점검하고 있지만 이를 법정기구로 구현해 실질적인 혁신 전담 조직으로 만들 필요가 있다. 국가 차원의 디지털 혁신을 책임지는 사령탑을 둠으로써 추진체계를 정비하고 실질적 권한과 지속력을 보장해야 하는 것이다. 이에 따라 한국은 디지털플랫폼정부특별법 등의 법제화를 검토 중에 있다. 절차행정법과 실체행정법의 관계가 모호해지는 현상을 고려할 때 이 혁신 조직은 기술적 변화가 바로 집행될 수 있게 실질적인 권리의무 관계를 정해주는 역할을 수행해야 한다. 즉, 디지털플랫폼정부의 가치를 구현하기 위해 모든 행정제도와 절차를 디지털 기반으로 전환하고 이러한 원칙이 개별 분야의 법제에서 구현되도록 관련 법률을 개정하고 제정하는 과정에서 필요한 권한을 행사할 수 있어야 한다. 이러한 권한과 연계하여 성과를 평가하고 그 결과를 반영해 혁신 전담조직에서 관련 예산을 편성하는 등의 강력한 조정 기능이 요구된다.

이 관념은 디지털 전환 시대의 법제 정책도 제로베이스로 바라봄으로써 필요하다면 규제를 처음부터 다시 설계하는 수준의 혁신을 수용해야 한다는 인식에 기반하고 있다. 디지털 시대에 걸맞은 국가혁신에 성공하려면 그에 맞는 조직 재편과 법제의 역할이 시급하다. 이제 특정 영역의 역량으로는 디지털 전환 시대에 발생하는 복합적 문제에 대응하기 어렵다. 경계구분 없는 협력이 요구되는 시대다. 종합적이고 장기적인 관점에서 비전을 명확히 하고 개별 영역의 플레이어들이 주체적으로 각자의 역량과 자원을 공유해 협력하지 않으면 살아남기 어려운 사회가 오고 있다. 과학적으로 현상을 정확히 이해하고 다양한 이해관계자가 참여해 소통하여 규범을 형성, 집행하는 모습들을 곳곳에서 구현해야 한다. 정부와 민간이 상호 협력자로서 소통하고 자원을 공유하며 함께 일할 수 있는 혁신 절차들이 요구된다. 정부 내부는 물론 정부와 민간의 경계도 허물어 디지털 국가혁신에 앞서가자는 디지털플랫폼정부의 가치는 행정법에게도 새로운 역할을 요구하고 있다.

참고문헌

1. 한국 문헌

- 권헌영, “데이터기반행정법과 데이터정책의 과제”, 『KISO Journal』 Vol. 40, 한국인터넷자율정책기구, 2020.
- 김도승, “국가 사이버 안보의 법적 과제”, 『미국헌법연구』 제28권 제2호, 미국헌법학회, 2017.
- 김민호, 이규정, 김현경, “지능정보사회의 규범설정 및 기본원칙에 대한 고찰”, 『성균관법학』 제28권 제3호, 성균관대학교 법학연구원, 2016.
- 김상중, “데이터 경제를 위한 데이터소유권의 문제－데이터산업법 제정 등에 의한 잠정적 정리와 데이터의 민사법적 보호를 중심으로－”, 『저스티스』 통권 제194－2호, 한국법학원, 2023.
- 김성수, “인간존엄과 행정법－인간존엄 실현구조로서의 행정법질서 형성을 위한 시론－”, 『공법연구』 제43집 제1호, 한국공법학회, 2014.
- 김세준, “전자상거래법 규제개선으로서의 자율규제”, 『재산법연구』 제39권 2호, 한국재산법학회, 2022.
- 김유환, “미국행정법과 한국행정법의 발전”, 『행정법학』 제17호, 한국행정법학회, 2019.
- 김재광, “전자정부의 행정법적 과제”, 『공법연구』 제35집 제1호, 한국공법학회, 2006.
- 김중권, “디지털화에 대한 독일 행정절차법의 대응과 그 시사점”, 『공법연구』 제52집 제1호, 한국공법학회, 2023.
- 김중권, “행정의 국제화에 따른 범국가적 행정작용－ 범국가적 행정행위에 관한 유럽법적 논의를 바탕으로 －”, 『법조』 제66권 제2호, 법조협회, 2017.
- 김태오, “기술발전과 규율공백, 그리고 행정법의 대응에 대한 시론적 고찰”, 『행정법연구』 제38호, 행정법이론실무학회, 2014.
- 명승환, “전자정부 연구에서 결정론적 사고의 한계와 극복방안: 행정의 투명성을 중심으로”, 『정보화정책』 제13권 제1호, 한국정보화진흥원, 2006.
- 박균성, “행정법 환경의 변화에 따른 행정법이론의 발전과제”, 『행정법학』 제10호,

한국행정법학회, 2016.
■ 배건이, “민관협력법제의 법적 쟁점에 관한 고찰”, 『입법학연구』 제16권 제2호, 한국입법학회, 2019.
■ 배상준, “Otto Mayer와 신사조행정법학자들의 대화-”행정법의 기초(Grundlagen des Verwaltungsrechts)” 제3판(3. Aufl. 2022)의 논의를 중심으로 -”, 『저스티스』 통권 제199호, 한국법학원, 2023.
■ 서민석 외, “전자정부 수준과 온라인 주민참여에 대한 연구”, 『한국행정학회 학술대회 발표논문집』, 한국행정학회, 2009.
■ 서원우, “행정시스템의 변화와 21세기 행정법학의 과제”, 『행정법연구』 제7호, 행정법이론실무학회, 2001.
■ 선정원, “성장발전하는 경제사회에서 행정조직법”, 『행정법연구』 제47호, 행정법이론실무학회, 2016.
■ 성봉근, “공공부문 클라우드 규제 현황과 개선과제”, 『토지공법연구』 제96집, 한국토지공법학회, 2021.
■ 송시강, “디지털 기술의 발전과 전파법의 구조 변동”, 『경제규제와 법』 제17권 제1호, 2024.
■ 송원섭, “한국경제의 신자유주의화 경로 연구: 한국 발전국가의 변형과정을 중심으로”, 『제도와 경제』 제14권 제3호, 한국제도경제학회, 2020.
■ 송희준, “정보화정책의 역사적 성찰과 향후 과제”, 『한국지역정보화학회지』 제11권 제1호, 한국지역정보화학회, 2008.
■ 송희준, 조택, “한국의 전자정부-성과와 과제-”, 『정보화정책』 제14권 제4호, 2007.
■ 양정원, 석경휴, 신현식, “전파법 개정에 따른 기술□사회적 중요성”, 『한국전자통신학회 논문지』 제14권 제4호, 한국전자통신학회, 2019.
■ 옥동석, 함영진, “재정관련 중앙행정조직 개편의 의의와 과제”, 『한국조직학회보』 제6권 제1호, 한국조직학회, 2009.
■ 우미형, “조종의 주체로서의 행정에 관한 연구”, 『행정법연구』 제47호, 행정법이론실무학회, 2016.
■ 유준구, “국제안보 차원의 데이터 주권 논의의 이중성과 시사점”, 『국가전략』 제27권 제2호, 세종연구소, 2021.
■ 윤상우, “글로벌 금융위기 이후 한국 발전모델의 지속과 변화”, 『아시아리뷰』 제12

권 제2호, 서울대학교 아시아연구소, 2022.
- 이성엽, "국가 사이버안보 법제와 거버넌스의 바람직한 정립 방향", 『행정법연구』 제67호, 행정법이론실무학회, 2022.
- 이승민, "온라인 플랫폼과 자율규제 논의의 기초", 『경제규제와 법』 제15권 2호, 서울대학교 공익산업법센터, 2022.
- 이원우, "디지털 기술 발전에 따른 국가-시장 관계의 변화와 공법의 역할", 『경제규제와 법』 제16권 제2호, 서울대학교 공익산업법센터, 2023.
- 이윤식, "국가경쟁력 강화를 위한 전자정부의 추진방향", 『한국행정학회 동계학술대회 발표논문집』, 한국행정학회, 1998.
- 이철수 외, "[포럼]정보화촉진기본법 제정의 의의 및 문제점", 『국가기간전산망저널』 제2권 제1호, 1995.
- 이해원, 김도승, "ICT 분야 규제 샌드박스 제도의 현상과 진단", 『동아법학』 제95호, 동아대학교 법학연구소, 2022.
- 이희정, "커뮤니케이션 기술의 발전과 디지털 플랫폼 규제", 『행정법연구』 제49호, 행정법이론실무학회, 2017.
- 장혜련, "주요국의 온라인 플랫폼 규제 동향-최근 해외 입법 추진현황을 중심으로", 『법학논총』 제46권 제1호, 단국대학교 법학연구소, 2022.
- 장호익, "전파법 해설", 『법제』 9월호, 2000.
- 정남철, "행정절차법과 행정기본법의 관계 재정립", 『행정법학』 제23호, 한국행정법학회, 2022.
- 정충식, "전자정부에서 디지털플랫폼정부로의 전환: 과거 정부의 경험에서 얻는 교훈들", 『한국지역정보화학회지』 제26권 제4호, 한국지역정보화학회, 2023.
- 정충식, 『전자정부론 제4판』, 서울경제경영, 2015.
- 최성락, 이혜영, 서재호. "한국 자율규제의 특성에 관한 연구: 자율규제 유형화를 중심으로", 『한국공공관리학보』 제21권 4호, 한국공공관리학회, 2007.
- 한주희, 주창범, "한국 전자정부의 발전과 시민참여", 『한국거버넌스학회보』 제22권 제2호, 한국거버넌스학회, 2015.
- 홍준형, "한국행정법학의 반성", 『법과사회』 제56호, 법과사회이론학회, 2017.
- 황성기, "사이버 안보 관련 법제의 문제점과 개선방향", 『경제규제와 법』 제12권 제1호, 서울대학교 공익산업법센터, 2019.
- 황종성, "한국의 정보화 정책구조와 발전방향", 『정보통신정책연구』 제10권 제2호,

정보통신정책학회, 2003.

■ 황창근, “ICT 특별법의 제정 의의와 발전 과제”, 『토지공법연구』 제64집, 한국토지공법학회, 2014.

■ 황철증, 『한국의 통신법과 정책의 이해』, 교보문고, 1999.

2. 외국 문헌

■ Adam I. Muchmore, “Uncertainty, Complexity, and Regulatory Design”, *Houston Law Review* 53(5), 2016.

■ Amy Luers et al. “Will AI accelerate or delay the race to net−zero emissions?”, *Nature* 628, 2024.

■ Gregory Vial, “Understandingdigitaltransformation:Areviewandaresearchagenda”, *The Journal of Strategic Information Systems* 28(2), 2019.

■ J. Ramon Gil−Garcia, Sharon S. Dawes and Theresa A. Pardo, “Digital government and public management research: finding the crossroads”, *Public Management Review* 20(5), 2018.

■ Julia Black, “Constitutionalising Self−Regulation”, *The Modern Law Review* 59(1), 1996.

■ Robert Yablon, “Political Advertising, Digital Platforms, and the Democratic Deficiencies of Self−Regulation”, *Minnesota Law Review Headnotes* 104(1) 2020.

■ Scott J. Shackelford and Amanda N. Craig, “Beyond the New Digital Divide: Analyzing the Evolving Role of National Governments in Internet Governance and Enhancing Cybersecurity”, *Stanford Journal of International Law* 50(1), 2014.

■ Shah M. Tarzi, “Third World Governments and Multinational Corporations: Dynamics of Host's Bargaining Power”, *International Relations* 10(3), 1991.

■ Shaleen Khanal, Hongzhou Zhang and Araz Taeihagh, “Why and how is the power of Big Tech increasing in the policy process? The case of generative AI”, *Policy and Society* 43(1), 2024.

■ Steven P. Croley, “Theories of Regulation: Incorporating the Administrative Process”, *Columbia Law Review* 98(1), 1998.

■ Thomas O. Main, "The Procedural Foundation of Substantive Law", *Washington University Law Review* 87(4), 2010.

3. 기타 자료

■ 공공데이터포털 웹페이지, "공공데이터 품질관리", https://www.data.go.kr/ugs/selectPublicDataQlityView.do, (접속일: 2024.6.15.)
■ 관계부처 합동, "인공지능 국가전략", 2019.
■ 국가기록원, "행정전산화", https://www.archives.go.kr/next/newsearch/listSubjectDescription.do?id=001951&sitePage= (접속일: 2024.6.25.)
■ 국정신문, "[정보화 촉진 기본법] 국내 정보사업 경쟁체제 구축", 1995.7.10. 기사.
■ 대한민국 대통령실, "국가사이버안보 전략", 2024.
■ 디지털플랫폼정부위원회, 『세상을 바꾸는 디지털플랫폼정부』, 2023.
■ 박미영, "과기정통부, 농어촌 5G 이동통신 공동 이용 상용화 완료", 보안뉴스 2024.4.19. https://m.boannews.com/html/detail.html?tab_type=1&idx=128998
■ 중앙전파관리소, "체신부 발족", https://www.crms.go.kr/lay1/S1T418C421/contents.do (접속일: 2024.6.25.)
■ 한국지능정보사회진흥원, "디지털 플랫폼 정부의 개념과 특징", 『IT & Future Strategy』 제7호, 2022.
■ 행정안전부 보도자료, "'공공데이터 품질인증' 신규도입으로 고품질 공공데이터 제공한다", 2023.8.16.자 보도.
■ 행정안전부, 『전자정부 50년』, 2017.

■ U.K. Cabinet Office, "'The What Works Network Five Years On", 2018.
■ U.K. Central Digital & Data Office, "Transforming for a digital future: 2022 to 2025 roadmap for digital and data", 2022.06. https://www.gov.uk/government/publications/roadmap-for-digital-and-data-2022-to-2025
■ U.K. Central Digital & Data Office, "Transforming for a digital future: government's 2022 to 25 roadmap for digital and data", 2023, https://www.gov.uk/government/publications/roadmap-for-digital-and-data-2022-to-2025/transforming-for-a-digital-future-2022-to-2025-roadmap-for-digital-and-data

■ Australian Government, “Data and Digital Government Strategy”, 2023, https://www.dataanddigital.gov.au/sites/default/files/2023-12/Data%20and%20Digital%20Government%20Strategy%20v1.0.pdf

■ Javier López González, Francesca Casalini, and Juan Porras, “A Preliminary Mapping of Data Localisation Measures”, OECD Trade Policy Paper No. 262, 2022.

■ Netherlands Digitale Overheid, “Wet digitale overheid op 1 juli van kracht”, 2023.07.30. https://www.digitaleoverheid.nl/nieuws/wet-digitale-overheid-op-1-juli-2023-van-kracht/

■ OECD, “2023 OECD Digital Government Index”, 2024.

■ OECD, “2023 OECD OURdata Index: Open, Useful and Re-usable data Index”, 2023.

■ OECD, “Recommendation of the Council on Digital Government Strategies”, OECD/LEGAL/0406, 2014.

■ OECD, “Trust in Government: Ethics Measures in OECD Countries”, Paris: Organization for Economic Co-operation and Development, 2000.

■ Stanford HAI, “Artificial Intelligence Index Report 2024”, 2024.

4. 디지털 전환에 따른 경제법의 변화 – 유럽의 관점

디지털 전환에 따른 경제법의 변화 –유럽의 관점

Roland Broemel*

유제민 역**

Ⅰ. 서 론

'사회 변혁 과정'은, 기술 혁신, 비즈니스 모델, 그리고 무엇보다 중요한 문화적 · 사회적 관행을 포함한 다양한 요소의 결합에서 발생한다. 이러한 요인들이 주고받는 상호 영향은 혁신의 과정을 복잡하게 만든다. 이러한 변화는 단순하지도 않고 미리 계획될 수도 없다. 그럼에도 특징적 메커니즘, 특성 그리고 상호 연관성은 디지털 전환의 사례 속에서 이를 단순화시켜 설명될 수 있다(이에 관하여서는 Ⅱ. 부분에서 다룬다). 이러한 전환 과정의 복잡성으로 인하여 법의 여러 측면이 변화되어야 할 필요성이 생긴다. 이와 관련된 전형적인 측면으로는, 디지털 시장의 개방성을 확보하기 위해 '데이터 흐름'을 어느 정도 규제할 수 있는지(이와 관련하여서는 Ⅲ. 1. 부분에서 다룬다), 그리고 특정 개인 및 사회적 위험과 관련성을 갖는 응용 분야에서 어떻게 머신러닝 프로세스의 질을 보장할 수 있는지(이와 관련하여서는 Ⅲ. 2. 부분에서 다룬다) 등의 주제가 있다. 또한 디지털 전환은 '법 자체'에 영향을 미치기도 한다. 법 또는 계약을 디지털화 하고자 하는 고려는 법 이행의 효율성과 관련된 잠재력을 실현하기 위한 것이기도 하다. 그러나 이는 법의 발전에 대한

---

* 독일 프랑크푸르트 대학교 교수.

** 서울고등법원 고법판사, 법학박사(행정법 전공).

개방성에 관한 의문을 제기한다. 또한 리걸테크 애플리케이션은 법 적용의 측면을 디지털화하므로, 특별한 방법론적 요구사항을 수반한다. 마지막으로 디지털 전환은 특히 경제법에서 다중 절차 정보 인프라의 발전을 이끌고 있는데, 이는 규제당국이 개별 사건을 더욱 면밀히 검토하는 기반을 제공한다 (이와 관련하여서는 Ⅲ. 3. 부분에서 다룬다).

Ⅱ. 디지털 전환으로 인한 구조적 변화

1. 4차 혁명과 사회 변화

디지털 전환의 혁신적 잠재력을 특징짓기 위해 이를 흔히 '4차 혁명'[1] 또는 경제적 맥락에서는 '4차 산업혁명'[2]으로 지칭한다. 커뮤니케이션 영역에서는, 4차 혁명이라는 용어는 지식이 생성되고 전파되는 방식을 의미한다. 이러한 관점에서 보면 디지털 전환은 언어의 발달, 문자의 발달, 인쇄술의 발명과 같은 발전 전통의 흐름 속에 있다고 할 수 있다. 경제적 관점에서 볼 때, 4차 산업혁명은, 수력 및 증기 동력 기계의 발명에서 전기 및 정보 기술에 기반한 생산의 자동화에 기초한 생산 조건의 중대한 변화를 뜻한다.[3]

이와 같이 '4차 혁명' 또는 '4차 산업혁명'으로 분류된다는 것은, 디지털 전환의 중요성과 그 범위를 잘 나타내 준다. 그러나 4차 산업혁명에 대한 경제적 관점은 디지털 전환을 특히 최적화와 경제적 효율성 증대라는 관점으

1 Harnad, Post-Gutenberg Galaxy: The Fourth Revolution in the Means of Production of Knowledge, Public-Access Computer Systems Review 2 (1991), 39 이하; Warschauer / Matuchniak, New Technology and Digital Worlds: Analysing Evidence of Equity in Access, Use, and Outcomes, Review of Research in Education 34 (2010), 179 이하; Floridi, The Fourth Revolution: How the Infosphere is Reshaping Human Reality, 2014.

2 Schwab, The fourth industrial revolution, 2017; Yeung, How is the UK Responding to the Technologies of the Fourth Industrial Revolution?, Journal of Law & Economic Regulation 10 (2017), 102.

3 Schwab, The fourth industrial revolution, 2017.

로만 한정한다.[4] 이러한 관점은－이미 존재하는 가치 사슬의 최적화만을 설명하는 분석과는 대조적으로－물리적, 디지털, 생물학적 영역의 특징적인 '상호연결성'을 강조한다.[5] 이러한 관점에서는, 여러 주체들의 상호 연결된 의사결정 및 그로 인한 복잡성과 관련된 발전의 예측불가성을 특징으로 삼는다. 그러나 이 관점은 여전히 재화와 서비스의 개발과 생산에 미치는 영향에 한정하여 초점을 맞춘다.[6]

이와는 대조적으로, 4차 혁명이라는 용어가 나타내는 관점은 사실 보다 포괄적이다. 언어, 문자 인쇄라는 이정표가 보여준 것에서 알 수 있듯이, 4차 혁명은 경제 영역에만 국한되지 않는다. 오히려, 4차 혁명이라는 것은, '디지털 전환'을 인류 역사의 시간적 흐름을 훨씬 더 거슬러 올라간, 일련의 '핵심적인 문화적 현상' 가운데에 위치시킨다고 볼 수 있다. 이러한 문화적 관행의 특성은 특히 각각의 법체계의 설계와 기능에도 영향을 미친다.[7] 법의 변화와 법의 적용은, 법 적용의 미디어 프레임워크, 예컨대, 법적 결정의 발전을 위해 사용되는 미디어의 관련성 등을 설명하는 관점에서도 유익하게 설명될 수 있다. 다시 말해서, 혁명으로서 디지털 전환을 설명하는 이러한 미디어 중심의 접근은 문화적 관행의 포괄적인 범위를 염두에 둔다.[8] 그러나 개별 미디어와 기술적 기반에 대한 설명만으로는 커뮤니케이션 맥락과 그에 기반한 문화적 관행에 대한 시사점을 제대로 파악할 수 없다는 단점이 있다.

이러한 관계는, 디지털 전환에 대한 개념적 설명의 측면에서도 명확하게 드러난다. '디지털화'와 같은 기술 용어는 커뮤니케이션 관계의 확장을 위한 기반이 되는 '정보 기술 프로세스'를 설명한다는 측면에서는 정확성을 갖는다. 그러나 디지털화라는 용어는 변화된 커뮤니케이션 관계의 '문화적, 사회적, 경제적 효과'에 대해서는 언급하지 않음으로써 정확성을 잃게 된다. 오히

4 BITKOM/Fraunhofer IAO, Industrie 4.0－Volkswirtschaftliches Potential für Deutschland, 2014.
5 Schwab, The fourth industrial revolution, 2017.
6 Schwab, The fourth industrial revolution, 2017.
7 Vesting, Legal Theory and the Media of Law, 2018.
8 Vesting, Legal Theory and the Media of Law, 2018, 411 이하.

려, 기술적 기반으로서의 디지털화는 크고 작은 폭넓은 범위의 큰 변화를 가져올 수 있다. 일부 사례에서 이러한 잠재적 범위의 기술과 이와 관련된 발전 가능성을 '범용 기술(general purpose technology)'로 지칭하기도 한다.[9]

다른 용어들은 알고리즘 기반 애플리케이션의 특정 속성을 지칭하지만, 이는 모호할 수밖에 없다. '디지털 전환'이라는 용어는 변화된 영역이나 변화의 양식을 암시하지 않고 변화의 구조적 특성을 표현한다. '빅데이터'와 같은 유행어나 데이터를 '21세기의 석유'로 비유하는 것은, 데이터의 특수한 관련성과 데이터 처리의 기술적 양식, 예컨대 3V[양(Volume), 속도(Velocity), 다양성(Variety)] 등을 통하여 나타난다.[10] 그러나 이 과정에서, 머신러닝을 통해 생성된 지식 콘텐츠의 질과 같은 핵심적인 측면이 간과되거나, 디지털 처리 및 커뮤니케이션 프로세스가 잘 반영되지 못하기도 한다.[11]

그러나 미디어가 커뮤니케이션 관계에 영향을 미치고 문화적 관행에 반영되는 방식과 수단은, 언어나 문자 그리고 인쇄의 예에서 알 수 있듯이 예측하기 어렵고, 사후에 제대로 확인할 수 있을 뿐이다.[12] 기술 및 이에 기반하여 제공되는 것들이 문화적 관행으로 확산되고 유입되는지 여부와 그 방식은 개별화된 주체들이 내리는 수많은 선택과 결정에 달려 있다. 사전적(ex ante) 관점에서의 발전을, 특정 관점[13]에서 제한적으로만 관찰 또는 예측할 수 있다는 사실은, 다수의 개별화된 주체가 자신의 선택 결정과 행동을 서로 연관시키는 현상과 이를 통하여 복잡성을 가중시키는 것 때문이라고 볼 수 있다.

---

9 Jovanovic/Rousseau, General Purpose Technologies in Agion/Durlauf (eds.), Handbook of Economic Growth, 2005, 1181 이하; Burri, Die Impact of Digitalization on Global Trade Law, German Law Journal 24 (2023), 551 (553).

10 기술적 정의에 대한 심도 있는 논의는 다음을 참조: Kitchin/McArdle, The Diverse Nature of Big Data, Big Data & Society 3 (2016), 1 이하.

11 Scholz, Big Data is Not Big Oil: The Role of Analogy in the Law of New Technologies, Tennessee Law Review 86 (2019), 863 이하.

12 이에 관한 심층 분석은 다음의 글을 참조. Vesting, Legal Theory and the Media of Law, 15 이하, 191 이하, 380 이하, 469 이하.

13 Burri, The Impact of Digitalization on Global Trade Law, German Law Journal 24 (2023), 551 (554).

2. 개별 영역에 특수한 사회적 관행의 자율적 합리성

사회적 관행의 형성에 적용될 수 있는 기준이나 요건은, 개별 영역에서의 적절한 합리성에 따라 결정된다.

(1) 과학적 연구

과학 분야에서는, 해당 분야의 과학 커뮤니티의 담론에 따라 머신러닝 애플리케이션이 연구에 사용되는 정도와 방법론적 요구사항 등이 결정된다.[14] 디지털 기술 사용의 가능성, 생산성, 위험 및 전제조건에 대한 다양한 평가를 지속적으로 처리하고, 필요 시 새로이 발견한 것에 적용하기 위해서는 다수 연구자의 관찰, 논평, 분류 및 평가가 필요하다. 이러한 담론은, 어떤 지식을 진실이라고 평가하거나 어떤 방법을 옳다고 평가하는 데 활용되는 (존재하지 않는) 보편적으로 언제나 유효한 (실제로는 존재하지 않는) 규칙을 대체하기도 한다.[15]

(2) 디지털 전환으로 인한 미디어 영역의 구조적 변화

미디어 영역에서, 디지털 전환은 특히 시청각 콘텐츠가 제작 및 홍보되는 방식에 영향을 미치고 있다. 머신러닝을 기반으로, 콘텐츠 마케팅이 먼저 최적화되고, 더 나아가 콘텐츠 제작도 최적화되고 있다.[16] 이러한 방식으로, 일부 신규 참여자는 고객 선호도에 관한 데이터 기반 지식을 사용하여 콘텐츠를 제작함으로써 시청각 콘텐츠 제작자로서 시장에 진입하고 있다. 또한

14 참고로, Berry, Understanding digital humanities: The computational turn and new technology.

15 Gläser, Wissenschaftliche Produktionsgemeinschaften.

16 Srivatsa/Krishna, Netflix Bigdata Analytics – The Emergence of Data Driven Recommendation, International Journal of Case Studies in Business, IT, and Education, 3 (2019), 41–51. 예를 들어, 플랫폼 운영사인 넷플릭스는 예측 알고리즘을 최적화하기 위한 대회를 개최한 바 있다. 알고리즘을 포함한 자세한 내용은 Feuerverger/He/Khatri, Statistical Science 27 (2012), 202 이하 및 Villarroel/Taylor/Tucci, Comput. Math. Organ. Theory 2013, 42 이하 참조.

상업적 커뮤니케이션의 기본 조건도 변화하고 있다. 고객의 프로필과 개별적 선호가 모든 미디어와 기기에서 각 수신자에게 맞춤화된 상업적 커뮤니케이션의 설계에 훨씬 더 정밀하게 통합되고 있다. 일부 비즈니스 모델은 광고를 어느 정도 투명하게 필터링하여[17] 특정 상황에서 각 사용자의 관심도에 맞춤화된 채널링이 가능하게 한다. 상업적 참여자들은 특히 전송 채널과 수신 습관 및 선호도에 대한 데이터 기반 분석과 관련된 변화된 기술적 가능성에 맞춰 비즈니스 모델을 조정하고 있다.

동시에 최종 고객의 미디어 수신 행동도 변화하고 있다. 기존 방송국의 선형적인 텔레비전 프로그램 즉, 특정 방송 일정에 따른 수신은 선택적이고 시간적으로 유연한 플랫폼의 사용으로 대체되고 있다.[18] 소셜 미디어에서는 기존 매스 미디어의 시청자 역할과 달리, 사용자가 미디어 콘텐츠에 적극적으로 기여한다. 콘텐츠를 수신하는 과정에서도 알고리즘에 의해 다양한 방식으로 사용자의 선택 결정이 평가된다. 따라서 디지털 전환 과정에서 사용자의 수신 결정은 구조적으로 매우 중요한 의미를 갖는다.[19]

동시에 콘텐츠 전송 방법과 양식도 변화하고 있다. 수신자의 관점에서 볼 때 디지털전송 경로와 최종 기기의 상호 호환성이 점점 더 높아지고 있다. 다수 사례에서 오랫동안 관찰되어 온 이러한 미디어의 융합[20]을 자세히 고찰하면 이것이 융합을 위한 서로 다른 복수의 발전임을 알 수 있다. 개별 전송 경로 또는 최종 디바이스는 점차 상호 호환적으로 변화하고 있다. 그러나 더 중요해진 것은, 시장 지배력이 집중되는 경제적 경향과 더불어 OTT(over－the－top)로서 사실상 선택 결정의 구심점이 되고 있는 '플랫폼'이다.[21]

---

17 Gritckevich/Katona/Sarvary, Ad Blocking, Columbia Business School Research Paper No. 18－11, 2018.

18 독일에 대해서는 독일 방송통신위원회(KEK)의 2022년 연례보고서 41 이하를 참조.

19 Broemel, Rezeptionsentscheidungen in der Rundfunkordnung, in: Hermstrüwer/ Lüdemann (eds.), Der Schutz der Meinungsbildung im digitalen Zeitalter, 2021, 35 이하.

20 Larouche, Communications Convergence and Public Service Broadcasting, 2005, http://dx.doi.org/10.2139/ssrn.832444; Burri, The Impact of Digitalization on Global Trade Law, German Law Journal 24 (2023), 551.

미디어법 측면에서 이러한 구조적 변화는 여러 도전을 야기하는 것으로 알려져 있다.[22] 여기에는 방송통신 영역에서 기술적으로 중립적이고 공정한 경쟁의 장을 보장하는 것뿐 아니라 망 중립성[23]이나 지상파 텔레비전과 시청각 콘텐츠 플랫폼을 통하여 이루어지는 시청각 콘텐츠에 대한 규제 등이 포함된다.[24] 그러나 무엇보다, 디지털 미디어를 규제하려면 디지털 커뮤니케이션 프로세스에서 의견 형성이 어떻게 작동하는지 그리고 그 과정에서 어떤 전제조건이 보장되어야 하는지에 대한 지식이 필요하다. 자유로운 개인적 및 공적 여론 형성을 위한 기본 조건을 보호하기 위한 법적 규제[25]는 소셜 미디어를 포함한 커뮤니케이션의 구조화 방식, 예컨대 디지털 플랫폼에서 필터링을 하거나 순위를 매기는 데 사용되는 알고리즘의 중요성 등에 대한 가정 등을 전제로 한다.

---

21 Hoelck/Bleyen/Ballon, Crossing Boundaries: Strategies of OTT Technology Platforms in the Telecommunications Sector(2014). Annual conference of the European Media Management Education Association (emma) “Media convergence and multi−platform strategies”, http://dx.doi.org/10.2139/ssrn.2702302.

22 Hermstrüwer/Lüdemann, Der Schutz der Meinungsbildung im digitalen 외 Zeitalter, 2021의 기고문 참조.

23 Du Marais, Net Neutrality in France, Journal of Law & Economic Regulation 7 (1) (2014), 129 이하; Trute, Net Neutrality in Europe and Germany, Journal of Law & Economic Regulation 7 (1) (2014), 97 이하; Marsden, Net Neutrality Regulation in the UK: More Transparency and Switching, Journal of Law & Economic Regulation 7 (1) (2014), 44 이하; Spoerr, Net Neutrality in Germany and Europe, Journal of Law & Economic Regulation 5(1) (2012), 28 이하; Kiyohara, Overview of the Policy on Network Neutrality in Japan, Journal of Law & Economic Regulation 5 (1) (2012), 48 이하; Ang, Net Neutrality: Its Utility and Limits, Journal of Law & Economic Regulation 5 (1) (2012), 70 이하.

24 Hettich, YouTube to be Regulated? The FCC Sits Tight, while European Broadcast Regulators Make the Grab for the Internet, University of St. Gallen Law School Law and Economics Research Paper Series, Working Paper No. 2010−05

25 예를 들어, 확립된 독일 판례의 출발점이 이것이다(연방헌법재판소 2021.7.20.자 판결, 1 BvR 2756/20 등, 76 문단 이하).

3. 사회적 관행의 변화에 대한 기준

디지털 애플리케이션이 사회적 관행에 어떻게 편입되어 디지털 전환을 형성하는지에 대한 의문과 관련하여, 과학 연구와 미디어 분야를 살펴보면 사회적 관행이 사용자의 지속적으로 반복되는 선택 결정에 어떻게 영향을 받는지 알 수 있다. 사용자는, 이러한 선택 결정을 내릴 때, 커뮤니케이션 관계에서 다른 사용자가 갖는 기대를 고려한다. 따라서 디지털 기술과 이를 기반으로 한 혁신적 서비스는 특히 이로운 어떤 특성으로 인해 자동으로 확산되지는 않는다. 오히려 법적인 구조화(legal framework)[26]의 효과 외에, 혁신적인 기술, 서비스 및 제품의 확산은 기술적, 경제적 문화적 또는 사회적 요인이 복합적으로 작용하는 데 기인한다. 역으로, 디지털 서비스는 기술적, 경제적 문화적 요인에 연쇄적인 영향을 미친다. 디지털 서비스가 널리 보급됨에 따라, 디지털을 비롯한 다른 혁신적인 기술이 성숙하고, 경제적으로 비용 대비 가치를 최적화하며 사회적 관행을 변화시킨다. 이러한 변화의 범위는 각 영역의 고유한 합리성에 의해 결정된다. 알고리즘 기반 애플리케이션은, 예를 들어 디지털 제품 및 서비스의 설계 및 유통에서와 같이 경제적 맥락과는 다른 기준과 범위에 따라 사용된다. 미디어 사용이나 개인 커뮤니케이션과 같은 소비적 목적의 사용에는 또 다른 기준이 적용된다.

4. 비즈니스 모델과의 관련성

각 영역별 특수성에도 불구하고, 비즈니스 모델과 연결되어 있는 경제적 인센티브는 사회 전 부문에 걸쳐 디지털 전환을 위한 기본 조건을 형성한다.

(1) 경제적 구조화 조건과의 관련성

가장 먼저 눈에 띄는 것은, 경제적 비즈니스 모델이 디지털 전환의 핵심

26 Yeung, Tensions in Law, Regulation and Technological Innovation, Journal of Law & Economic Regulation 9 (2) (2016), 64(67 이하).

동력이라는 점이다. 비즈니스 모델과 이와 관련된 행동에 대한 인센티브는, 디지털 애플리케이션을 위한 기술 인프라를 확장함과 아울러 다양한 분야에서 머신러닝 애플리케이션을 개발하는 기반을 형성한다.

(2) 전형적 측면으로서의 플랫폼 경제와 시장 지배력의 집중

데이터 기반 비즈니스 모델의 중요성으로 인해 서비스의 중개 및 전파에 있어 디지털 플랫폼과의 관련성이 크게 높아졌다.[27] 이러한 맥락에서, 시장 지배력 집중과 관련된 요인들은 플랫폼 사업자가 디지털 생태계를 형성할 수 있는 상당한 재량을 부여한다.

플랫폼은, 디지털 전환과 별개로 이미 시장 지배력 집중의 경향을 보이고 있다. 플랫폼의 규모가 커짐에 따라 다양한 유형의 직 · 간접적인 네트워크 효과가 수요자와 공급자 모두에게 불균형적으로 플랫폼의 혜택을 확대시킨다.[28] 이러한 네트워크 효과의 강도는 특히 플랫폼의 유형에 따라 달라진다. 예를 들어, 플랫폼이 특정 서비스의 공급자와 수요자를 중개하는 역할을 하는지, 소셜 네트워크의 기반이 되는지, 특정 공급자의 서비스를 제공하는지 등에 따라 달라지는 것이다.[29]

디지털 플랫폼의 이러한 경제적 특수성에 관한 예는, 소프트웨어 프로그램이나 비디오 카세트에 대한 표준 시행을 둘러싼 분쟁 등 디지털 전환 이전 시기로 거슬러 올라가면 찾아볼 수 있다.[30] 그러나 디지털 플랫폼에 시장 지배력이 집중되는 경향은 특히 머신러닝을 기반으로 한 데이터 평가의 다양

27 여기에는 '우버화'와 같은 새로운 형태의 플랫폼 기반 서비스 조직이 포함되지만 이에 국한되지는 않는다. du Marais, Journal of Law & Economic Regulation 9 (2) (2016), 110(118 이하); Kim, ICT Based Innovation and Existing Regulation, Journal of Law & Economic Regulation 8 (1) (2015), 109 이하.

28 Schwalbe/Zimmer, Kartellrecht und Ökonomie, 3. Aufl., 2021, 56 이하; Crémer/Montjoye/Schweitzer, Competition Policy for the Digital Era, Final Report, 2019, 20 이하; 독일 연방카르텔청, Ref. B6-113/15, 연구보고서-Market Power of Platforms and Networks, 2016년 6월, 9 이하.

29 독일 연방카르텔청, Ref. B6-113/15, 연구보고서-Market Power of Platforms and Networks, 2016년 6월, 9 이하.

30 Shapiro/Varian, Information Rules, 1999, 261 이하.

한 측면으로 인해 훨씬 더 심화되었다.[31]

인터넷 기반 서비스 제공업체, 특히 플랫폼 운영자는 서비스가 사용될 때 사용자 및 사용 행동에 대한 데이터를 수집하고, 이러한 데이터는 지속적인 훈련 또는 알고리즘에 대한 적응이나 광고 목적과 같은 사용자별 프로필 형성에 사용된다.[32] 훈련 목적이나 개개인별 프로파일링을 위하여 데이터를 사용하게 되면 광고 시장과 같은 다른 시장에서 인터넷 기반 서비스 제공업체의 시장 지위가 향상된다. 이러한 이유로 인터넷 기반 서비스 제공업체는 종종 교차 시장 비즈니스 모델을 설계하고, 일반적으로 한 시장 관계에서 확보한 개인 데이터를 다른 시장 관계에서 상용화한다.[33] 제공업체의 관점에서 볼 때, 데이터의 증가가 다른 시장에서의 상용화를 통해 이러한 비용을 상쇄하기 때문에 데이터 생성에 필요한 서비스를 특히 유리한 원가 이하의 조건으로 제공하는 것이 합리적이라고 생각할 수 있다.[34] 이러한 상호 보완적인 시장 관계를 가진 비즈니스 전략은 아날로그 세계에서도 볼 수 있었는데, 예를 들어 잉크젯 프린터나 캡슐 기반 커피 머신을 저렴하게 제공하고 잉크와 캡슐을 상호 보완적으로 제공하는 방식이 대표적이다. 그러나 상호 보완적인 제품을 통한 교차 시장 비즈니스 모델은 아날로그 시장에서는 부수적인 현상에 그치는 경향이 있었다. 디지털 시장에서는 이러한 비즈니스 모델이 중심에 있다. 이러한 것들이 디지털 혁신의 경제적 측면을 특징짓는 요소이다.[35]

---

31 Crémer/Montjoye/Schweitzer, Competition Policy for the Digital Era, Final Report, 2019, 20 이하.

32 유럽 집행위원회, DG Comp, 20.03.2019, Case AT.40411, 138 문단 이하－구글 검색 (AdSense) 참조.

33 구글 검색엔진과 관련해서는 독일 연방카르텔청, Ref. B6－113/15, 연구보고서－Market Power of Platforms and Networks, 2016년 6월, 42 이하.

34 Schweitzer/Haucap/Kerber/Welker, Modernisierung der Missbrauchsaufsicht für marktmächtige Unternehmen, Projekt Nr. 66/17 im Auftrag des BMWi, 2018, 111 이하.

35 Crémer/Montjoye/Schweitzer, Competition Policy for the Digital Era, Final Report, 2019, 20 이하.

(3) 경쟁법 적용에 있어 새로운 규제 지식의 필요성

경쟁법과 관련하여, 디지털 전환의 이러한 측면은 시장 지배력을 어떻게 측정할지, 그리고 한편으로 시장 참여자의 행동 범위를 어떻게 측정할지에 관한 개념적 어려움을 수반한다. 이는 특히 '사실적으로 관련된 시장'의 정의 및 이에 관한 분석에 있어, 각각 다른 시장이 어떻게 하나의 다면 시장으로 결합되는지 등의 문제와 관련이 있다.[36] 시장 지배력의 분배와 특정 시장 참여자의 행동 옵션 제한이 이미 규제가 필요한 문제가 되었는지 여부는, 적어도 초기에는 전통적인 아날로그 시장보다 디지털 시장에서 그 평가가 덜 확실할 수 있다.[37] 이는 가격 다변화나 데이터에 대한 접근을 확대하고 독점하는 전략과 같은 특정 교차 시장 데이터 기반 비즈니스 전략[38]이 규범적으로 남용으로 평가되어야 하는지에 대한 의문에도 동일하게 적용된다.

중요한 점은, 플랫폼 기반 시장에서 시장 지배력이 집중되는 경향에 대한 데이터 기반 효과가 가장 중요한 관련성을 지니고 있다는 데에 대해서는 이견이 없다는 것이다. 반면 머신러닝 애플리케이션의 확산으로 플랫폼 기반 시장에서 시장 지배력이 집중되는 경향이 상당히 심화되었음을 관찰할 수 있는데,[39] 특히 이는 애초에 제품과 서비스를 각각의 시장 상대방에게 매력적으로 만드는 것이 바로 시장 지배력의 존재이기 때문이다. 머신러닝, 상관관계를 통해 도출된 지식, 그리고 적절한 학습 데이터에 대한 접근은 경제적

---

36 독일 연방카르텔청, Ref. B6–113/15, 연구보고서–Market Power of Platforms and Networks, 2016년 6월, 7 이하

37 독일 연방카르텔청, Ref. B6–113/15, 연구보고서–Market Power of Platforms and Networks, 2016년 6월, 48 이하; 시장 지배력에 대한 일반적 내용과 관련하여서는 Jones/Sufrin/Dunne, Jones and Sufrin's EU Competition Law, 7th, 2019, 300 이하.

38 법원이 확인한 독일 연방 카르텔 사무소의 관행과 독일 판례는 소셜 네트워크 Facebook의 일반 이용 약관에 있는 조항을 평가하기 위해 데이터 보호법의 요건에 따라 다른 웹사이트의 사용 데이터도 분석할 수 있도록 하였다(CJEU, 2023.7.4. 판결, Meta Platforms, C–252/ 21, ECLI:EU:C:2023:537). 데이터 보호 표준에 근거한 독점 금지 남용의 구체화는 특히 두 제도의 규제 목적이 다르고 당국의 책임과 서로 다른 침해적 승인 기반 사용에 대한 관련 정당성 때문에 해당 문헌에서 논쟁이 되고 있다. Hoeren, Kartell–oder Datenschutzrecht: BKartA untersagt Facebook die Zusammenführung von Nutzerdaten, MMR 2019, 137 이하.

39 Hennemann, Künstliche Intelligenz und Wettbewerbsrecht, ZWeR 2018, 161, 166 이하.

집중화 동향이 형성되게 한 원동력이다.[40] 따라서 머신러닝과 데이터의 적절성으로 인해 관련 시장의 진화는 점점 더 돌이킬 수 없는 것으로 간주되는 상황 즉, 시장 지배력이 한 번 발생하면 그와 관련된 관련 데이터에 대한 특권적 접근으로 인해 더 이상 경쟁이 불가능한 것으로 간주되는 상황으로 이어졌다.[41] 결국 플랫폼 사업자의 시장 전략을 전형적이고 대단히 중요한 방식으로 3단계로 특징지을 수 있다. 첫 번째 단계에서, 전략의 목표는 최단기간 내에 최대한의 성장을 달성하는 것이다. 그런 뒤 가능한 경우 시장 진입장벽을 통해 신규 시장 참여자의 진입을 봉쇄하고, 마지막으로 기존 시장에서 확보한 시장 지배력을 시장 전략의 지렛대로 활용한다.[42]

그러나 동시에 데이터와 머신러닝이 이렇게 대단히 중요한 관련성을 가짐에도 불구하고 경쟁 경제학이나 독점금지법의 목적으로 일반적으로 언급되는 데이터 기반 효과[43]가 구체적으로 어떻게 작동하는지, 즉 어떤 전제조건이 적용되고 특정 맥락에서 어떻게 작용하는지는 명확하지 않다. 아날로그 시장의 영역에서는, 예를 들어 시장 지배력을 결정하거나 특정 상업적 관행을 평가하기 위해 세부적인 모델링이 널리 활용되고 있다. 이러한 이유로 유럽 집행위원회는 몇 년 전부터 경제적인 접근이라는 의미에서 독점금지 제도의 거시경제적 기반을 강화할 것을 주장해 왔다. 그러나 이러한 경제적 접근 방식이 향후 집행위원회의 가이드라인에서 어떤 역할을 할지는 아직 명확하지 않다. 이 접근법에 따르면, 조사 대상 시장 행위의 후생-경제적 효과를 정량화하고 이러한 관점에서 그 결과에 초점을 맞춘 반독점법의 적용이 장려될 것이다.[44] 디지털 시장의 반독점 평가의 경우, 경험적으로 뒷받침

---

40 Hennemann, Künstliche Intelligenz und Wettbewerbsrecht, ZWeR 2018, 161, 166 이하.

41 Crémer/Montjoye/Schweitzer, Competition Policy for the Digital Era, Final Report, 2019, 47.

42 Crémer/Montjoye/Schweitzer, Competition Policy for the Digital Era, Final Report, 2019, 19 이하; Schweitzer/Haucap/Kerber/Welker, Modernisierung der Missbrauchsaufsicht für marktmächtige Unternehmen, Projekt Nr. 66/17 im Auftrag des BMWi, 2018, 93 이하.

43 Monopolkommission, Recommendations for an effective and efficient Digital Markets Act, Special Report 82, 2021, 13(17 문단).

44 Albers, Der more economic approach bei Verdrängungsmissbräuchen Zum Stand der

되는 효과를 정량화할 수 있는 비교 가능한 모델링이 부족하다.

(4) 상관관계 기반 지식을 탈맥락화할 수 있는 능력

디지털 시장 모델링의 이러한 부족함 및 이와 관련된 규제 지식의 격차가 발생하는 이유에는 여러 가지가 있다. 첫째, 디지털 시장의 발전, 특히 개별 혁신 제품뿐만 아니라 구조적 변화를 특징으로 하는 시장에서는 여전히 광범위한 경험 부족이 존재한다. 가장 중요한 것은 상관관계에 기반한 지식이 다른 시장에서 사용되는 방식을 다른 맥락에서는 표준화시킬 수 없다는 점이다. 오히려 디지털 전환의 특징은 상관관계와 머신러닝에 기반한 지식이 행동의 범위를 크게 늘린다는 점이다. 상관관계를 기반으로 특정 상관관계의 통계적 확률에 대한 지식이 대두되는데, 이에는 2개의 특별한 특징이 존재한다. 한 가지는 탈맥락화, 즉 학습 데이터에서 결정된 기준에 따라 알 수 없는 사람이나 상황[45]을 분류할 수 있다는 것이다. 통계적 원칙에 따라 결정된 확률에 기반한 지식은 처음부터 이전이 가능하도록 설계되었다. 이 지식을 통해 특정 새로운 상황에서 결론을 도출할 수 있는 범위는 해당 질문에 대한 데이터 특성의 정보적 가치에 따라 달라진다. 다른 한편으로, 알고리즘 기반 상관관계에서 체계적으로 평가되는 관련 상황은 관찰을 통해서는 거의 얻을 수 없다. 그 결과, 관찰할 수 없고 시장 참여자 간에 공유할 수 있는 상관관계에 대한 경험 지식이 형성되지 않는다. 예를 들어, 벤치마킹을 통해 다른 산업에서 유리한 생산 방식이나 기업 활동을 관찰하고 이를 자신의 산업에 도입하는 것은 원칙적으로 가능하다. 반면에 머신러닝의 경우, 데이터에 친숙한 기업이 특정 특성을 기반으로 신규 고객의 선호도, 지불 의향 또는 신용도를 특히 신뢰할 수 있는 방식으로 결정할 수 있다는 것을 실제로 관찰할

Überlegungen der Europäischen Kommission, in: Ahrens/Behrens/von Dietze (eds.), Marktmacht und Missbrauch, 2007, 11 이하. 유럽 집행위원회, 통신 지배적 사업자의 남용적 배제 행위에 대한 EC 조약 제82조 적용시 위원회의 시행 우선순위에 대한 지침, 2009/C 45/02 참조.

45 예를 들어, 개인의 신용도, AI 기반 신용 점수 또는 질병 위험에 대한 자료.

수 있다. 그러나 알고리즘과 무엇보다도 학습 데이터가 없으면 이러한 관찰 결과를 다른 회사로 이전하는 것은 실질적으로 불가능하다.

(5) 디지털 전환의 특징인 네트워크 상호연결성과 하이브리드 기기

디지털 시장의 경제적 조건과 더불어 사람들의 일상생활에서의 디지털 기기의 보편성도 디지털 전환의 특징이다. 이러한 디지털 기기의 보편화는 표면적으로만 보면 아날로그 세상에서 알려진 것처럼 기기의 기능이나 용도를 변경하지 않고 기기를 네트워크로 연결하고 커뮤니케이션 선택을 가능케 하는 순수한 기술적 측면에 불과하다. 그러나 오히려 디지털 기기는 점점 더 일상생활에 자연스럽게 녹아들어 그 사용이 사회적 관행의 일부가 되고 있다. 결제에 모바일 기기를 사용하거나 조명, 난방, 다양한 가전제품을 자동화하거나 음성으로 제어하는 스마트 홈 환경이 대표적인 예다. 일부 사례에서는 디지털화가 기기의 기능을 근본적으로 바꾸지는 않지만, 음성으로 특정 기기를 제어하거나 근거리 무선통신을 통해 결제 프로세스를 촉진하는 등 사용 편의성을 높이기도 한다. 기기가 사전 선택을 하는 경우와 같이 사용자의 이전 사용 행동이나 상황에 대한 추가 정보도 용도에 통합되는 경우도 있다.[46]

디지털 전환은 '디지털 영역'과 '물리적 세계'의 활동 사이의 결합을 특징으로 하며, 이를 '온라이프'라고 부른다.[47] 통합에 대한 이러한 관점은 개인의 성격 발달과 라이프스타일의 기본 조건에 영향을 미치는 여러 문제를 조명한다.[48] 이는 사회적으로 통합된 개인의 자유 의지에 대한 요구, 디지털 리터러시 측면에서 디지털 서비스의 기능과 관련된 개인의 역량과 지식, 무엇보다도 바람직한 행정적 거버넌스 원칙과 규제와 관련된 필요성을 포함한

46 Hildebrandt, Smart Technology and the End(s) of Law, 2016.

47 Hildebrandt, Smart Technology and the End(s) of Law, 2016, 41 이하; The Onlife Manifesto, a working paper of a research group initiated by the European Commission, 2015 참조.

48 Floridi, Onlife Manifesto, 2015 참조; Trute, The Internet of Things: Remarks from the German Perspective, Journal of Law & Economic Regulation 9 (1) (2016), 118(125 이하).

다. 동시에, 미디어 과학자들은 디지털 기기의 사용이 디지털 커뮤니케이션의 형식을 형성하고 특히 소프트웨어와 사용자 인터페이스의 설계를 통해 커뮤니케이션의 기본 조건에 영향을 미친다는 점을 지적한다.[49]

이러한 온라인과 오프라인 요소의 통합은 여러 방식으로 상호적인 효과를 갖는다. 경제적 관점에서 디지털 기기의 사용은 개인 데이터의 연속적인 흐름으로 이어진다. 이러한 데이터는 일반적으로 사용자의 사용 행동과 직접적으로 관련성을 가지고, 일반적으로 한 번에 한 공급업체에만 제공된다. 이 데이터는 사용 행동에 대한 지속적인 피드백을 기반으로 제공되는 서비스를 지속적으로 최적화하는 데 사용될 수 있다. 또한 사용자 관련 프로파일링과 머신러닝 애플리케이션을 훈련하는 데에 사용될 수도 있다.[50] 경제적 관점에서 이러한 데이터 흐름은 최종 고객 관계의 가치를 크게 높인다. 그 과정에서 기기가 일상생활에 통합되면 새로운 사회적 관행이 발전할 수 있는 토대가 마련된다. 반대로, 새로운 기술적 가능성은 기술 기기의 매력에 영향을 미칠 수 있고, 따라서 이의 보급에도 영향을 미칠 수 있다. 예를 들어 생성형 AI 애플리케이션의 사용이 확대되면 웨어러블 기기가 스마트폰보다 더 매력적으로 보일 가능성을 생각해볼 수 있다.[51]

Ⅲ. 경제법 및 그 적용에 따른 결과

디지털 전환은 법률 특히, 경제법에 다양한 방식으로 영향을 미친다.[52] 예를 들어, 법은 개인 데이터 분석[53]에 대한 데이터 보호법의 한계, 알고리

49 Couldry/Hepp, The mediated construction of reality.

50 위를 참조.

51 Economist, 2023.10.7.자 "아이폰이여 안녕. 생성형 AI에게는 새로운 기기가 필요하다(So long iPhone. Generative AI needs a new device)" 참조.

52 예를 들어 사물인터넷과 관련하여, Rannenberg, Enabling Identity Management and Privacy in a global context, Journal of Law & Economic Regulation 11 (2) (2018), 9 이하 참조.

53 AI와 데이터 보호 사이의 갈등에 대한 분석으로는, Cate/Dockery, Artificial Intelligence and Data Protection, Journal of Law & Economic Regulation 11 (2) (2018), 107(115 이하);

즘과 데이터의 경제적 가치에 대한 법적 보호, 또는 반대로 제3자 데이터[54]에 대한 접근 요건 등을 통해 알고리즘 기반 애플리케이션의 개발 잠재력에 대한 틀을 설정한다. 그러나 디지털 전환은 여러 방식으로 법의 과제와 틀에 영향을 미친다. 이는 법적 규제가 필요한 사실과 문제 즉, 규제의 필요성에 영향을 미치는 동시에 문제를 규제할 수 있는 범위와 방식에도 영향을 미친다. 예를 들어, 경제적 지배력의 남용을 제한하거나 개인의 자기 결정권을 보장하는 데 있어 규제의 한계가 발생할 수 있다. 마지막으로 디지털 전환은 특정 미디어 기본조건에 따라 발생하는 법 적용 그 자체도 변화시킨다.

디지털 전환이 상법과 일반적인 법률에 미치는 다층적 영향 중에서, 이하에서는 디지털 플랫폼에서의 시장 지배력을 제한하기 위한 데이터 흐름의 규제(1.), 알고리즘의 투명성 및 비차별성 보장(2.), 법률 자체의 디지털화와 이의 적용의 측면(3.) 등의 선별된 사례를 통해 핵심적인 측면을 다루고자 한다.

1. 디지털 플랫폼에서의 권력을 제한하기 위한 데이터 흐름의 규제

디지털 전환으로 인해 발생하는 새로운 규제 필요성을 설명할 때 디지털 플랫폼에서의 경제적 지배력을 제한하는 것은 여러 이유로 특히 눈에 띄는 예가 될 수 있다.[55] 많은 제도권에서 디지털 전환으로 인해 반독점 제도가 광범위하게 변경되었으나, 일반적으로 반독점 규정은 고도의 추상성으로

O'Callaghan, Journal of Law & Economic Regulation 11 (2) (2018), 72(77 이하) 참조.

54 Trute, Industry 4.0 in Germany and the EU: Data between property and access in the data-driven economy, Journal of Law & Economic Regulation 10 (2) (2017), 169(175 이하).

55 여러 문헌들 중에서, Castets-Renard, The Wave of Digital Economy and Exploration of the Direction of Online Platform Regulation, Journal of Law & Economic Regulation 15 (1) (2022), 20 이하; Marsden, Platform Law in Europe, Journal of Law & Economic Regulation 15 (1) (2022), 34 et seqq.; Tatsumi, Platform Business Regulation in Japan, Journal of Law & Economic Regulation 15 (1), (2022), 85 이하; Schröder, A German Perspective on Self-Regulation of Online Platforms, Journal of Law & Economic Regulation 15 (2) (2022), 7 이하 참조.

인해 특히 적응하기 쉬운 것으로 간주된다.

디지털 플랫폼에서 경제적 지배력을 제한한 예는 많은 교훈을 주었는데, 이는 대형 플랫폼 사업자의 시장 지배력의 영향이 전세계적으로 명백하지만 디지털 전환이 어느 정도, 어떤 측면에서 경쟁을 봉쇄하는지, 시장의 발전을 위한 개방성을 확보하기 위해 어떤 법적 수단이 적합할지에 대하여 정립된 지식이 부족하기 때문이다.[56] 지금까지 대부분의 관할권에서 반독점 개념은 초기 관찰적 접근법에 기반한다. 이 접근법에서는 특정 시장 행동만 허용이 불가한 것으로 배제하며 경쟁의 역동적 기능을 손상시키지 않기 위해, 처음에는 시장 발전을 관찰하면서 필요한 경우 사후적 금지조치를 적용한다. 그러나 디지털 전환에 수반되는 구조적 시장 변화의 불가역적 특성으로 인해 독점금지법의 수단을 그에 맞게 적응시킬 필요성이 생긴다.[57] 그와 동시에 이로 인해 디지털 전환에서 법의 특징인 지식 문제가 발생한다. 즉, 새로이 나타나는 경쟁 봉쇄의 원인과 결과를 설명하고, 이러한 경쟁 봉쇄에 대처하기 위한 법적 접근법을 설계하여야 한다.

유럽 입법당국은 디지털시장법(Digital Markets Act)[58]을 도입하면서 어떤 면에서는 실용적인 접근법을 취했다. 디지털시장법은 게이트키퍼로 분류될 수 있는 특정 '핵심 플랫폼 서비스'를 정의하므로, 해당 플랫폼 서비스는 위 법에 의하여 의무를 부담하게 된다.[59]

한편 이러한 핵심 플랫폼 서비스를 게이트키퍼로 분류하는 것은 구체적인 매출 한도 및 사용자 수와 연관성을 갖는다. 따라서 입법자는 적어도 원

56 이러한 맥락에서 일부 연구자들은 시장의 진화를 위해 시장에 대한 접근과 경쟁 가능성을 체계적으로 촉진하는 전반적인 진입 정책 접근 방식을 지지한다. Speta, Entry Policy for the Fourth Industrial Revolution, Journal of Law & Economic Regulation 10 (2) (2017), 7(8 이하).

57 위를 참조.

58 디지털 부문의 경쟁 가능하고 공정한 시장에 관한 유럽의회 및 유럽이사회 규정[(EU) 2022/1925 및 (EU) 2019/1937, (EU) 2020/1828(디지털시장법), 2022.9.14.] 참조.

59 DMA 제2조 제2호에 따라 온라인 중개 서비스, 온라인 검색엔진 서비스, 온라인 소셜 네트워크 서비스, 동영상 공유 플랫폼 서비스, 번호 독립적 대인 커뮤니케이션 서비스, 운영체계, 웹 브라우저, 가상 비서, 클라우드 컴퓨팅 서비스 및 온라인 광고 서비스가 핵심 플랫폼 서비스로 분류된다.

칙적으로는[60] 일반화된 접근 방식을 채택하여 입법자의 평가에서 시장 지배력 집중의 위험이 명백하게 드러나는 특정 대상만 선별적으로 지정했다.[61] 발전에 대한 개방성은 높지만 법적 확실성은 낮은 대안적 접근법에서는 구체화가 필요한 추상적 기준에 따라 교차 시장에서 경쟁과 관련된 중요도가 높은 기업을 특별 규제 제도의 대상으로 명시했을 것이다.[62]

게이트키퍼에 대한 실질적 의무의 핵심[63]은 입법자가 게이트키퍼에 대한 특정 의무와 금지사항을 규정하는 것이고, 그중 상당수는 최근 관찰되어 유럽 집행위원회가 남용 행위로 규정한 상업적 관행과 관련성을 갖는다. 이는 차별에 대한 특정 금지사항[64]과 시장 지배력을 활용하기 위한 특정 결합 관행에 대한 금지[65]를 포함한다. 이와는 대조적으로 특히 데이터 접근 권한 부여에 관한 일부 의무는 디지털시장법과 함께 새로이 도입되었다. 이는 게이트키퍼가 플랫폼 운영을 통해 얻은 데이터에 대한 특권적 접근이 다른 시장 참여자의 시장 진입 장벽으로 이어진다는 가정에 근거한다. 따라서 상업적 사용자가 플랫폼을 통해 생성한 비공개 데이터를 게이트키퍼가 상업적 사용자와 경쟁하여 사용하는 행위는 금지된다.[66] 또한 최종 사용자가 데이터 보호법을 준수하는 방식으로 이러한 병합에 특정 동의를 하지 않을 시 게이트키퍼가 플랫폼의 개인 데이터를 다른 데이터 파일과 병합하는 것은 원칙

60 정당화된 개별 사례에서 다른 분류를 주장할 수 있는 상황은 별도로 규정된 절차인 DMA 제3(5)조에 의하여 고려될 수 있다.

61 DMA의 전문 제14조에서는 이러한 측면에서 불공정 비즈니스 관행의 위험과 관련된 기업과 최종 사용자에게 미치는 영향에 초점을 두고 있다.

62 독일 경쟁제한법(Gesetz gegen Wettbewerbsbeschränkungen) 제19a(1)조는 이러한 측면에서 기업의 지배적 지위뿐 아니라, 재무 건전성, 자원에 대한 접근성, 수직적 통합, 경쟁과 관련된 데이터에 대한 접근성, 조달 및 판매 시장에 대한 제3자 접근에 대한 회사 활동의 중요성 및 제3자의 사업 활동에 대한 영향력 등을 중점적으로 고려한다.

63 DMA 제5조에 따른 게이트키퍼의 의무 참조. 이는 제6조에 추가 명시되었을 수 있다.

64 DMA 제6(5)조에 따라 게이트키퍼는 순위 및 관련 검색 가능성 측면에서 제3자가 제공하는 유사한 제품 및 서비스보다 본인이 제공하는 제품 및 서비스를 우선적으로 제공할 수 없다.

65 DMA 제5(7)조에 따라 게이트키퍼는 중앙 플랫폼 서비스와 관련하여 자체 식별 서비스 웹, 브라우저 엔진 또는 결제 서비스의 사용을 요구할 수 없다. DMA 제5(8)조에 따라 게이트키퍼는 사용자가 게이트키퍼의 중앙 플랫폼 서비스를 사용 접근, 로그인 또는 등록하기 위해 다른 특정 플랫폼 서비스에 가입하거나 등록할 것을 요구할 수 없다.

66 DMA 제6(2)조.

적으로 금지되어 있다.[67] 따라서 개인 데이터를 게이트키퍼의 다른 서비스 또는 제3자 서비스의 개인 데이터와 병합하는 것 또한 금지된다.[68] 명시적이고 구체적인 동의 없이 다른 서비스의 개인 데이터를 추가적으로 사용하는 것도 금지된다.[69] 반면 게이트키퍼는 상업적 사용자 및 그 최종 고객의 플랫폼 사용과 관련하여 생성된 개인 데이터를 포함하여 집계 및 비집계 데이터에 대한 유효한 고품질의 영구적 실시간 접근을 상업적 사용자에게 무료로 제공할 의무가 있다.[70] 검색 엔진뿐 아니라 온라인 광고 서비스[71] 영역에서도 데이터에 대한 접근권을 부여할 의무를 갖는다. 따라서 게이트키퍼는 온라인 검색 엔진을 제공하는 제3자에게 공정하고 합리적이며 비차별적인 조건으로 무료 및 유료 검색 결과와 관련된 순위, 쿼리, 클릭 및 조회 데이터에 대한 접근권을 부여해야 할 의무를 부담한다.[72]

유럽 경제법은 이러한 디지털시장법의 규제를 통해 시장 지배력의 집중과 남용 관행을 방지하기 위해 데이터 흐름을 규제하는 방향으로 나아가고 있다.[73] 이러한 경제법의 새로운 접근법은 야심찬 것으로 증명되었다. 먼저 이동통신 분야의 접근규제와 유사하게 데이터 접근에 대한 '공정하고' '합리적인' 조건, 특히 합리적인 요금이 무엇인지에 대한 구체적인 기준이 필요하다. 일부 문헌은 표준 필수 특허에 대한 접근과 관련하여 필수 시설 원칙에 기반하여 발전된 원칙을 바탕으로 한다.[74] 가장 중요한 것은 데이터 흐름을 규제하기 위해서는 데이터에 대한 접근 또는 여러 서비스의 데이터 통합이

67 DMA 제5(2)조 b), c)항.
68 DMA 제5(2)조 b)항.
69 DMA 제5(2)조 c)항.
70 DMA 제6(10)조.
71 DMA 제5(9), (10)조.
72 DMA 제6(11)조.
73 나아가 최근 제정된 데이터 거버넌스법 유럽[데이터 거버넌스에 관한 유럽의회 및 2022. 5. 30. 유럽이사회 규정(2022/868) 및 개정된 유럽연합 규정(2018/1724)]은 공공 부문 기관이 보유한 특정 데이터의 재사용 조건을 규정하고 있다.
74 Habich, FRAND Access to Data: Perspectives from the FRAND Licensing of Standard-Essential Patents for the Data Act Proposal and the Digital Markets Act, IIC 2022, 1343 이하.

시장 발전에 어떤 영향을 미치는지에 대한 모델이나 최소한의 가정이 필요하다는 점이다. 대안이 부족한 경우가 많으므로 데이터 처리에 대한 사용자 동의의 중요성에 대한 문제도 포함된다. 본질적으로, 상법에 대한 이러한 접근 방식은 데이터 흐름의 적절성에 대한 모델링을 전제로 하는데, 이는 실제로 역동적인 시장 프로세스에서 현재 개발되고 있는 중이고 예측은 제한적인 범위에서만 가능하다.

2. 알고리즘의 규제: 투명성 및 데이터 품질의 보장

디지털 전환의 시작으로 거슬러 올라가는 법의 개념적 발전에 대한 논의의 또 다른 주제는 알고리즘 기반 애플리케이션의 규제 방식과 관련되어 있다. 이는 특히 알고리즘 기반 의사결정의 투명성 차별이나, 편견으로부터의 보호를 위해 충분한 훈련 데이터 품질을 확보하는 방법에 대한 논의를 포함한다.[75]

이미 디지털 전환의 초기 단계에서 투명성 및 차별 방지의 필요성과 가능성에 대한 문제, 예컨대 머신러닝, 알고리즘의 복잡성을 고려할 때 투명성을 어느 정도까지 확보할 수 있는지,[76] 각각의 사례에서 어떤 목적으로 사용되는지, 어떤 차별 위험이 존재하며 운영되고 있는 상황에서 이를 어떻게 인식할 수 있는지[77] 등이 중요하게 논의되었다.

이러한 논의를 바탕으로[78] 유럽연합은 AI 법에 대한 포괄적 접근방식을

---

75 아래의 예시 참조. Trute, Big Data and Algorithm: Preliminary Notes from Germany, Journal of Law & Economic Regulation 8 (2015), 62 이하; Cate, Protecting Privacy in Big Data, Journal of Law & Economic Regulation 8 (1) (2015), 7 (18).

76 Trute, Big Data and Algorithm: Preliminary Notes from Germany, Journal of Law & Economic Regulation 8 (2015), 62(76 이하).

77 Barocas/Selbst, Big Data's Disparate Impact, California Law Review 104 (2016), 671 이하; Richardson/Schultz/Crawford, Dirty Data, Bad Predictions: How Civil Rights Violations Impact Police Data, Predictive Policing Systems, And Justice, New York University Law Review 2019, 192 이하.

78 훈련 데이터 규제에 대한 더 발전된 제안의 개발과 관련하여 다음을 참조: Hacker, A Legal Framework for AI Training Data–From First Principles to the Artificial Intelligence Act,

추구하고 있다.[79] 이 법은 현재 입법 과정에 있으며, 간단히 말하자면 특정 AI 애플리케이션에 대한 일반적 기준을 수립하는 것이다. AI 애플리케이션에는 소위 위험 기반 접근법인 특정 위험 등급이 매겨진다.[80] 위험 평가는 주로 구조적 차별의 위험에 초점을 둔다.[81]

특히 실제적으로 관련성이 있으며 동시에 규제가 필요한 고위험 시스템의 위험 등급과 관련해서는 위험 관리 시스템의 구축,[82] 검증 및 테스트 데이터 세트에 기반한 데이터 품질 및 데이터 거버넌스 요구사항,[83] 문서화 및 기록 보관 의무,[84] 개발 단계부터 적용되는 투명성 및 추적가능성 요건,[85] 인적 감독의 효과성에 대한 요건[86] 등이 예상된다. 또한 정확성, 견고성 및 사이버 보안에 대한 요건에도 부합하여야 할 것이다.[87] 고위험 시스템으로 분류되는 애플리케이션의 범위는 매우 광범위할 것으로 예상된다. AI 시스템이 다수의 EU 법규에 따라 적합성 평가를 받아야 하는 제품의 안전 구성요소로 사용될 의도로 만들어진다면 이 시스템은 고위험 시스템으로 분류되어야 한다.[88]

한편 AI 시스템은 특정 영역에서 고위험 시스템으로 분류된다. 개인의 생체 인식 영역, 필수 인프라 운영, 교육 및 훈련에 대한 접근 또는 고용 또는 승진에 대한 접근과 관련된 의사결정, 기본적 민간 및 공공 서비스에 대

Law, Innovation and Technology 13 (2021), 257 이하.

79 인공지능(인공지능법)에 대한 동조화된 규칙을 규정하고 특정 연합 법률을 개정하는 유럽의회 및 이사회 규정안, COM/2021/206 최종판.

80 Langenbucher, AI credit scoring and evaluation of creditworthiness, 362.

81 AI 법안 전문 제37조; Langenbucher, AI credit scoring and evaluation of creditworthiness, 362.

82 AI 법안 제9조.

83 AI 법안 제10조.

84 AI 법안 제11조 및 제12조.

85 AI 법안 제13조.

86 AI 법안 제14조.

87 AI 법안 제15조.

88 AI 법안 제6(1)조 및 부속서 II; 이러한 적합성 평가는 특히 기계류, 완구, 레저용 선박 및 개인용 선박, 엘리베이터, 폭발 가능성이 있는 기체 관련 보호 시스템, 무선 장비, 압력 장비, 케이블, 개인 보호 장비, 기체 연소용 장비, 의료기기, 체외 진단 절차, 자동차, 항공, 철도 및 해상 운송의 안전과 관련된다.

한 접근, 이주, 망명 및 국경 통제 및 법 집행 영역, 사법 및 민주적 절차의 관리 등의 영역을 예로 들 수 있다.[89]

이 접근법의 이점은 머신러닝 애플리케이션의 품질을 확보하기 위한 구성요소와 접근법이 잘 정립될 수 있으며, 이를 다른 영역에 적용할 수 있다는 점이다. 이 접근법은 규범적 요건을 개념화하므로 기술 외의 영역들에서는 법의 조정 필요성이 있다. 머신러닝 애플리케이션의 기술적 및 통계적 특성이 기준점이 되므로 이 접근법의 요건은 이미 알고리즘과 거버넌스 구조의 설계에서 출발하게 된다. 따라서 머신러닝 애플리케이션에서 투명성과 비차별성이 어느 정도까지 가능한지에 대한 기존 논의에서 도출한 정보에 의존하게 된다. 동시에 시스템화는 개별 영역의 규제 요건의 품질을 향상시킨다. 모범관행을 파악하고 이에서 이탈하는 행위를 배제하지는 않고 정당화할 것만을 요구하기 때문이다. 따라서 시스템화는 부적절한 특정 이익이나 이익단체의 영향력으로부터의 보호에 기여할 수 있다. 데이터 보호법[90]이나 은행감독법과 같은 다른 분야와 마찬가지로 위험 관리 시스템은 개별 기업에 상황별 위험을 판단하고 적절한 예방 조치를 취해야 할 책임을 지운다.

그러나 이러한 접근법의 단점은 부문별 감독당국의 전문성을 포함하여 개별 부문의 기존 부문별 규제가 누락될 수 있다는 것이다. 예를 들어, 알고리즘 기반 신용 평가 시스템은 AI 법안에서 고위험 시스템으로 분류된다.[91] CRD IV(자본요건지침)[92]의 정의에 해당하는 신용기관들의 경우 어차피 해당 부문의 특정 리스크 관리 시스템을 도입할 필요가 있다. AI 법안은 이러한 요건들을 리스크 관리에 대한 규정에서 언급하고 있으며, 이를 통해 통합된 단일 리스크 관리를 지향하고 있다.[93] 이에 따라 유럽 금융당국과 각국 금융

89 AI 법안 제6(1)조 및 부속서 II.

90 Cate, Protecting Privacy in Big Data, Journal of Law & Economic Regulation 8 (2015) (1), 7(10 이하).

91 AI 법안 제6조 (2), 5 b)항 및 부속서 III.

92 신용기관의 활동에 대한 접근 및 신용기관의 건전성 감독에 관한 2013.6.26. 유럽 의회 및 이사회 규정(2013/36/EU)[2002/87/EC 지침을 개정하고 2006/48/EC와 2006/49/EC를 폐지하였으며, 2021.2.16. 유럽의회 및 이사회의 지침 2021/338로 최종 개정됨].

93 AI 법안 제9(9)조에 의하면, AI 법안의 위험 관리 측면은 CRD IV에 따른 위험 관리 절차의

부문 감독당국은 AI 애플리케이션의 금융 관련 리스크 평가에 대한 전문성을 쌓아왔다.[94] 그러나 신용 평가에 특화되어 있으나 신용기관으로 분류되지 않는 기업에는 이러한 통합이 적용되지 않는다. 이들은 일반 관할당국의 감독을 포함한 일반적인 요건을 적용받는다. 반면 금융부문에서 머신러닝 애플리케이션의 감독에 대한 부문별 접근법은 전문 당국의 특정 전문성을 활용할 수 있고, 사용자의 불만 및 법적 보호안을 금융상품, 특히 대출상품의 특성에 맞게 조정할 수 있다는 이점을 갖는다.[95] 더 일반적으로는, AI 법이 제안하는 이러한 포괄적인 접근법의 약점은 부문별 규제의 규제적 구조와 특수성이 충분히 반영되지 못하는 경향이 있다는 것이다. 따라서 디지털 전환은 모든 맥락에서 동등한 적절성을 갖지 못하는 경제 감독 및 규제의 교차부문 표준화에 유리한 상황을 야기하게 된다.

유럽연합의 암호화폐 자산에 대한 감독에서도 비슷한 경향을 관찰할 수 있다. 새로운 암호화 자산 시장 규정(MiCAR)[96]은 내부적으로 약간의 차이를 두고 다양한 범주의 암호화 자산에 대한 단일한 틀을 구축한다. 포괄적인 접근법을 통해 규제 격차를 해소하고 내부 시장에서 다양한 형태의 암호화 자산에 대한 감독의 일관성과 동조화를 촉진한다. 그러나 기존의 내부적 차별화에도 불구하고 규제의 접근법과 강도가 모든 형태의 암호화폐 자산과 관련 상업 활동에 동등하게 적합한 것은 아니다.[97]

일부이다.

94 유럽 금융감독청(EBA), EBA report on big data and advanced analytics, EBA/REP/2020/01; 독일 연방금융감독청(BaFin), Big Data meets artificial intelligence Challenges-and implications for the supervision and regulation of financial services, 2018; BaFin, Big Data and artificial intelligence: Principles for the use of algorithms in decision-making processes, 2021 참조.

95 Langenbucher: AI 신용 점수 및 신용도 평가, 362(376 이하) 및 미국의 부문별 감독 비교도 참조.

96 암호화 자산 시장에 관한 2023.5.31. 유럽의회 및 유럽이사회 규정 참조[EU 2023/1114. EU 1093/2010 및 EU 1095/2010, EU 2013/36, EU 2019/1937의 개정안].

97 암호화 자산 및 탈중앙화 금융 규제에 대한 비판적 평가는 다음을 참조: Paech, New Regulations or Novel Regulation for Crypto-assets and Defi? The Folly of Hybrid Laws.

3. 비즈니스 법의 디지털화와 그 적용

(1) 법률과 계약의 디지털화?

디지털 전환이 법률에 미치는 영향의 또 다른 측면은 법률과 계약의 디지털화와 관련되어 있다.

법률을 디지털화하거나 최소한 디지털 구현에 적합하게 만드는 것을 고려할 때[98] 이는 자동화의 효율성을 법 적용에서도 누리고자 하는 것을 목적으로 한다. 이때 법 규정의 개별 용어를 충분히 정확하게 정의하는 것이 가장 큰 과제다.[99] 법 규정은 일반적으로 법을 적용하는 과정에서 구체화된다. 사법부의 판결에서 법 조항을 적용하면 판례에서 보다 구체적인 정의와 차별화가 이루어진다. 알고리즘에 법 규정을 맵핑할 때는 이러한 구체화 방식이 적용될 여지가 없다. 알고리즘 기반 프로그램의 의사결정 기준은 처음부터 확정되어 있어야 한다. 알고리즘은 적용 과정에서 맥락에 맞게 구체화할 수 있는 기능을 갖추고 있지 않다. 따라서 공공 행정 분야의 법률을 디지털화하거나 적어도 디지털 전환에 적합하게 만드는 프로젝트는[100] 일반적으로 가능한 한 정확하게 개별 용어를 정의하고, 가능하다면 저장 공간에 포함되어 있는 법률 전체에 대한 용어 정의에서부터 시작된다.[101] 그러나 이러한 접근법은 법률 규정을 알고리즘에 맵핑하여 법률을 디지털화함으로써 법 규

---

98 Nationaler Normenkontrollrat/msg systems ag/RUB Bochum, Digitale Verwaltung brauchtdigitaltaugliches Recht, 2021, https://www.normenkontrollrat.bund.de/nkr-de/aktuelles/nkr-gutachten-digitale-verwaltung-braucht-digitaltaugliches-recht-der-modulare-einkommensbegriff-1930016.

99 Normenkontrollrat, Empfehlungen für eine Verbesserung der Digitaltauglichkeit von Gesetzen, Juli 2021.

100 Novak/Huber/Virkar, Digital legislation: Quo vadis?, DG.O'21, 515 이하; https://doi.org/10.1145/3463677.3463702; Hill, Gesetzgebung neu denken, ZG 2022, 125 (138); Breidenbach, Entscheidungen, Prozesse und Rechtsanwendung automatisieren: Das Schicksal von Regeln ist Code, in: Breidenbach/Glatz (eds.), Rechtshandbuch Legal Tech, 2nd. ed., 2021,2.2.

101 Nationaler Normenkontrollrat/msg systems ag/RUB Bochum, Digitale Verwaltung braucht digitaltaugliches Recht, 2021, https://www.normenkontrollrat.bund.de/nkr-de/aktuelles/nkr-gutachten-digitale-verwaltung-braucht-digitaltaugliches-recht-der-modulare-einkommensbegriff-1930016.

정이 끊임없이 변화하는 환경적 조건에 동적으로 적응할 수 있는 역량을 박탈한다.[102] 따라서 법률 용어의 모호함과 해석의 필요성은 약점이 아니라 새로운 상황과 변화하는 환경 조건에 적응할 수 있는 법의 역량을 위한 전제조건인 것이다. 반면 개별 용어를 확정해 버리면 법적 규제가 경직된다.[103] 이러한 접근법은 명확하게 파악 가능한 몇몇 전제조건에 의존하여 다수의 유사한 절차가 구현되는 공공행정 분야에 유용하게 적용될 수 있다.

이는 스마트 계약 형태의 계약 디지털화에도 동일하게 적용된다. 계약 규정을 알고리즘에 맵핑하면 계약 규정을 빠르고 비용 효율적이며 법적으로 안전하게 시행할 수 있다는 이점이 있다. 알고리즘은 계약 규정의 문서화와 시행 수준을 결합한다. 이상적으로는 국가 시행 메커니즘에 의존할 필요가 없어진다. 분산 원장 기술을 사용하여 기술적 수단에 의한 조작에 대비한 보안을 확보하고, 적절한 인터페이스를 통해 디지털 방식으로 결제를 구현하는 경우 특히 그러하다. 그러나 스마트 계약의 약점은 계약 체결 시 이미 정의되어 있고 사후에 명확하게 확인할 수 있는 측면에 대해서만 자동화가 작동한다는 점이다. 따라서 스마트 계약은 단순하고 정기적으로 반복되는 거래, 또는 계약의 개별적인 측면에 특히 적합하다고 할 수 있다.

(2) 법 적용에 있어서의 알고리즘

이러한 제한된 형태의 법률 또는 계약의 디지털화 외에도 디지털 전환은 주로 법 적용 방식을 통해 법을 변화시키고 있다.[104] 다양한 리걸테크 애플리케이션은 개별 사건의 법원 판결 내용을 예측하고(판결 예측), 사실관계를 정리하며, 대량의 문서를 평가하고, 변론과 판결의 형태로 문서를 생성한

102 Broemel, Wie ändert sich das Recht durch die Digitalisierung?, in: Schmidt/Trute (eds.), Lehre der Digitalisierung in der Rechtswissenschaft, 2023, 63 이하.

103 Hildebrandt, Code-driven Law: Freezing the Future and Scaling the Past, in: Markou/Deakin (eds.), Is Law Computable? Critical Perspectives on Law and Artificial Intelligence, 2020, 67 이하.

104 Broemel, Wie ändert sich das Recht durch die Digitalisierung?, in: Schmidt/Trute (eds.), Lehre der Digitalisierung in der Rechtswissenschaft, 2023, 56 이하.

다. 생성형 AI 애플리케이션은 진화하는 능력과 사용 편의성을 통해 리걸테크 애플리케이션의 사용을 확대할 것이다. 일부 예측과는 달리 다양한 리걸테크 애플리케이션이 변호사의 전문적 활동을 대체하지는 않을 것이다.[105] 그러나 특히 경제법 분야에서 변호사의 업무에 대한 비즈니스 모델과 요구사항은 변화를 보일 것이다. 이는 특정 내용이나 주장에 대한 대량의 텍스트를 분석하는 알고리즘의 기능과 요구사항에 대한 이해가 포함된다. 이러한 방법론적 요건은 법학 교육에서도 점점 더 많이 고려되어야 한다.[106]

(3) 교차 절차 정보 인프라

마지막으로, 디지털 전환은 감독 및 규제와 관련된 지식이 절차 전반에 걸쳐 만들어지는 방식을 통해 경제법을 변화시키고 있다. 감독 및 규제당국은 다양한 분야에서 데이터 인프라를 구축하고 있고, 이는 머신러닝 애플리케이션을 통해 시장을 관찰하고 의심 징후를 전달하기 위한 지식 기반으로도 활용되고 있다.[107] 에너지 및 증권법과 같이 입법자가 정보 인프라를 구축하기 위해 중앙 시장 투명성 당국에 특정 거래 데이터 수집을 요구하는 경우도 있다. 규제 당국이 지식을 얻을 수 있는 이러한 가능성은 절차에 대한 요구 사항과 기본권 보호까지 영향을 받는 기업의 법적 지위에 대한 절차적 보호에 변화를 가져온다.[108]

---

105 광범위한 가정은 다음을 참조: Susskind, Tommorow's lawyers, 2017.
106 Schmidt/Trute(Hrsg.), Die Lehre der Digitalisierung in der Rechtswissenschaft, 2023 참조.
107 유럽 집행위원회, 2021.12.15.자 커뮤니케이션-EU 금융 서비스 감독 데이터에 관한 전략, COM(2021) 798 최종.
108 또한 규제당국이나 중앙은행과 같은 공공 기관이 특정 목적을 위해 공개적으로 사용 가능한 데이터를 수집하여 상관관계의 근거로서 중요한 데이터 풀에 배치하는 경우 라이센싱 문제가 발생할 수 있다.

Ⅳ. 결 론

비즈니스 법은 디지털 전환으로 인해 다양한 방식으로 변화하고 있다. 변화의 범위는 새로운 규제의 필요성부터 규제 접근방식, 법 적용 자체의 미디어 프레임워크에 이르기까지 광범위하다. 이러한 맥락에서 법률의 주된 변화는 디지털화된 프로세스의 자동화에 기인하는 것이 아니며 머신러닝 애플리케이션이 지식을 생성하는 방식에 기인한다. 사회의 다양한 영역에서 해당 영역의 자율적 합리성, 특히 사회적 관행이 형성되는 방식에 따라 디지털 전환이 진행된다. 이러한 맥락에서 법은 알고리즘 기반 지식의 특성에 적응할 것을 요구받게 될 것이다. 이는 디지털 전환이 다양한 영역에서 암묵적으로 법적 개념의 근간이 되는 사회 구조에 대한 가정에 어느 정도까지 의문을 제기하는지에 대한 문제를 포함한다. 한편 다양한 리걸테크 애플리케이션과 교차 절차 정보 인프라의 구축은 방법론적, 절차적 문제도 제기한다.

02

디지털 전환의 인프라와 법정책

5.
기술혁신에 따른 데이터법의 이슈와 과제

기술혁신에 따른 데이터법의 이슈와 과제*

이 성 엽**

Ⅰ. 서 론

디지털 심화시대, 생성형 AI 시대를 맞이하여 데이터는 명실상부 핵심자원으로서 역할을 강화하고 있다. 빅데이터, 5G, IoT, AI를 이용한 실시간 대량 데이터의 수집, 분석, 이용이 극대화되면서 데이터는 이제 자본, 노동이라는 생산요소를 넘어서 국가와 기업의 경쟁력을 결정하는 핵심 요소가 되고 있다.

특히, 1990년대 후반부터 "세계에서 컴퓨터를 가장 잘 쓰는 나라"를 만들겠다는 구호 아래 초고속정보통신망을 구축하고 국민PC를 보급하는 것은 물론 콘텐츠와 소프트웨어 산업을 육성했고, 그 결과 한국은 세계를 선도하는 IT강국이 되었다. 이후 30여 년이 지난 지금 한국은 데이터를 많이 확보하고 잘 활용하는 기업이 혁신을 주도하는 데이터 경제 시대를 맞이하여 그동안의 엄격한 보호 위주의 데이터 규제를 완화하여 데이터 활용을 촉진하기 위해 데이터 3법을 개정하였고 또한 데이터, 인공지능 법제도 기반구축을 위해 25년 동안 정보화의 법적 기반이 되었던 국가정보화기본법을 인공지능(AI)의 기본법으로서 지능정보화기본법으로 변경하였으며, 공공부문의 데이터 활용을 촉진하기 위해 데이터기반행정 활성화에 관한 법률도 제정하였다.

---

* "기술혁신에 따른 데이터법의 이슈와 과제", 『경제규제와 법』 제16권 제2호, 2023.11.에 게재되었다.

** 고려대 기술경영전문대학원 부교수, 법학박사.

또한 2023년 9월에는 개인정보보호법 2차 개정안이 시행되면서 새로운 전기를 맞이하고 있으며, 또한 2021년 제정된 데이터산업법과 산업디지털법이 제정되어 2022년부터 시행되면서 데이터의 경제적 활용이 본격적으로 전개되고 있으며, 금융 분야의 마이데이터를 시작으로 마이데이터의 전 분야 확산도 진행되고 있다.

인공지능(AI, Artificial Intelligence)이란 인간의 학습능력과 추론능력, 지각능력, 자연언어의 이해능력 등을 컴퓨터 프로그램으로 실현한 기술로 활용가능한 데이터만 충분히 있다면 그동안 인간이 수행해 왔던 계산 기반의 지적 작업들을 인간보다 더욱 빠르고 정확하게 대신할 수 있어 경제적으로 뛰어난 가치를 가지고 있는데, 인공지능의 활용을 위해서도 데이터의 이용이 절대적인 중요성을 지니고 있다.

한편 지난해 12월 1일 미국 스타트업 '오픈AI'가 출시한 챗GPT(Chat Generative Pre-Trained Transformer)가 글로벌 IT 생태계에 충격을 주고 있다. 챗GPT는 사람의 언어를 이해하는 것은 물론 사람의 질문에 꼭 맞는 유용한 답을 하는 대화형 생성 AI로 일반 대중에게 AI의 일상화라는 경험을 제공하고 있다. 2007년 손 안의 컴퓨터 시대를 연 아이폰, 2016년 인간 바둑기사를 이긴 알파고의 충격 이후 6년 만에 챗GPT가 범용 인공지능 시대를 열고 있다. 생성형 AI에 있어서도 학습데이터의 양과 질은 AI의 성능을 좌우하는 요인이 되고 있으나, 데이터의 수집, 이용과정에서 기존 데이터 오너십 보유자와 이용자와의 이해관계 충돌도 심상치 않은 상황이다.[1]

이처럼 빅데이터, 인공지능 등 기술혁신으로 인해 데이터법제는 끊임없는 도전에 직면하고 있다. 이하에서는 기술혁신에 따른 데이터법의 이슈와 과제를 논의하고자 한다. 먼저 데이터법의 의의와 체계, 데이터법제의 성립과 발전 내용을 살펴본 뒤 생성형 AI 모델에서 데이터 이용, 마이데이터의

1 대표적으로 챗GPT의 학습데이터에 대한 권리와 보상을 주장하는 할리우드 작가들의 파업이 그 사례이다(JAKE COYLE, In Hollywood writers' battle against AI, humans win (for now), AP, 2023.9.28.).

현황과 과제, 데이터의 활용과 보호의 균형, 데이터의 국경 간 이전의 이슈, 데이터의 집중과 개방이라는 5가지 이슈에 대해 구체적으로 검토해 보고자 한다.[2]

Ⅱ. 데이터법의 의의와 체계

1. 데이터와 데이터법의 의의

데이터의 개념에 대해서는 우선 법적인 규율대상으로서 정보(information)에는 내용/의미론적 정보, 표시 · 기호/구문론적 정보, 물리적 · 유형적 실현물/구조적 정보의 3층위가 있으며, 데이터 경제에서 말하는 데이터는 원(源)정보 중 필요한 부분을 정해진 규칙에 따라 기호화, 즉 코딩(coding)한 것으로, 구문론적 정보를 가리킨다고 하는 견해가 있다.[3] 한편 데이터(data)는 정보(information), 지식(knowledge), 지혜(wisdom)로 발전하는 DIKW(Data, Information, Knowledge, Wisdom) 계층구조의 최하단의 기반을 이루는 것으로 가공하기 전의 순수한 수치나 기호로서 지식정보사회의 인프라로 기능한다고 보는 견해도 있다.[4]

실정법상으로는 데이터는 자료 또는 정보라는 개념으로 혼용되고 있고, 데이터산업법은 경제적 부가가치가 있는 데이터의 생성, 유통, 활용을 통하

2 데이터법의 근본 문제로서 데이터 권리 성격에 대한 규명이나 데이터 거래관계 유형에 관한 사법적(私法的) 논의는 본고에서는 다루지 않는다. 데이터권리를 전통적 소유권으로 볼 수 없으며, 법적 보호를 위해서는 배타적 권리가 아닌 행위규제 원리에 따라 보는 것이 타당하다는 점이 널리 받아들여지고 있다(이에 대해서는 권영준, 데이터 귀속 · 보호 · 거래에 관한 법리 체계와 방향, 이성엽 편 『데이터와 법』, 박영사, 2021 참조). 데이터거래의 유형도 산업자원부 등에서 이미 가이드를 발표했다(이에 대해서는 손승우, 데이터 거래 계약의 유형과 법적 쟁점, 이성엽 편 『데이터와 법』, 박영사, 2021 참조).

3 이동진, 데이터 소유권(Data Ownership), 개념과 그 실익, 『정보법학』 제22권 제3호, 2018, 221–222면 참조.

4 Ackoff, R. L., "From Data to Wisdom", 『Journal of Applies Systems Analysis』, Volume 16, 1989, pp. 3–9.

여 데이터 경제를 활성화하고자 하는 목적을 가지고 있어 데이터를 다양한 부가가치 창출을 위해 관찰, 실험, 조사, 수집 등으로 취득하거나 정보시스템 및 「소프트웨어산업 진흥법」 제2조 제1호에 따른 소프트웨어 등을 통하여 생성된 것으로서 광(光) 또는 전자적 방식으로 처리될 수 있는 자료 또는 정보로 정의하고 있다. 자료를 의미하는 순수 개념상으로 보는 것이 간명하다는 점에서 데이터는 존재형식을 불문하고 타 데이터와 상관관계가 없는 가공하기 전의 순수한 수치나 기호를 의미한다고 보는 것이 타당하다.[5]

이런 데이터의 정의에 비추어 보면 데이터법은 데이터의 활용과 보호, 데이터의 접근과 개방 등을 촉진 내지 규제하는 일체의 법규범이라고 할 수 있다. 주요 데이터법을 일정한 기준에 따라 분류해 보면 첫째, 데이터의 관리, 보유주체가 누구인가에 따라 공공기관이 보유한 공공데이터, 민간이 보유한 민간데이터로 나눌 수 있는데, 법률상으로는 「공공기관의 정보공개에 관한 법률」, 「공공데이터 제공 및 이용에 관한 법률」은 공공기관이 보유한 공공데이터를 법적용 대상으로 한다. 둘째, 개인식별성 여부에 따라 개인데이터와 비개인데이터로 구분될 수 있는데, 실정법으로 보면 「개인정보 보호법」, 「신용정보의 이용 및 보호에 관한 법률」, 「위치정보의 보호 및 이용 등에 관한 법률」은 개인식별이 가능한 데이터를 보호하는 것을 목적으로 하고 있다. 이에 대해서는 프라이버시 보호라는 인격권이 강조되었으나, 최근의 경제적 가치가 주목되고 있다. 셋째, 데이터 활용 분야별로 다양한 데이터법이 존재한다. 대표적인 것이 보건의료 분야, 통신 분야, 금융 분야, 콘텐츠 분야라고 할 수 있다. 보건의료 분야는 「의료법」, 「생명윤리 및 안전에 관한 법률」, 「전기통신사업법」, 「통신비밀보호법」이 있고 금융 분야는 「신용정보의 이용 및 보호에 관한 법률」, 「금융실명거래 및 비밀보장에 관한 법률」, 「전자금융거래법」, 「콘텐츠산업진흥법」, 「영상진흥기본법」, 「게임산업진흥법」이 있다.[6]

---

5 이성엽, 데이터법의 의의와 체계, 이성엽 편 『데이터와 법』, 박영사, 2021, 5－6면.
6 이성엽, 데이터법의 의의와 체계, 9－10면.

2. 데이터법의 성립과 발전

데이터법은 19세기 중반 미국에서 프라이버시권이라는 이름으로 개인의 사생활을 보호하는 인격권 측면에서 논의되기 시작했으며, 오랜 기간 데이터법은 개인정보보호라는 헌법, 형법 상의 일부분으로 존재하였다. 독일에서는 1971년 헤센 주가 세계 최초의 개인정보보호법을 제정하였으며, 1983년에는 인구조사판결에서 개인정보자기결정권이 인격권이 포함된 일반적인 인격권으로 인정받게 되었다.[7]

이후 지속적인 ICT 기술의 발전에 따라 1980년 OECD 회원국들에 의해 채택된 프라이버시와 개인정보보호에 관한 8대 원칙은 이후 개인정보보호의 일반 원칙으로 자리잡았다. 8대 원칙은 수집 제한 원칙(Collection Limitation Principle), 데이터 품질 원칙(Data Qulity Principle), 목적의 명확화 원칙(Purpose Specification Principle), 이용 제한 원칙(Use Limitation Principle), 안전성 확보의 원칙(Security Safeguards Priciple), 개방성 원칙(Openness Principle), 개인 참여 원칙(Individual Participation Principle), 책임 원칙(Accountability Principle)인데 주로 데이터 보호를 목적으로 하고 있었다.[8]

이후 모바일 기술의 발전과 국경 간 데이터 이동이라는 데이터 경제의 현실을 반영할 필요성이 생기면서 1995년 유럽에서 개인데이터보호지침[9]이 만들어지고, 이후 2018년 5월 일반 개인정보보호법(General Data Protection Regulation)이 만들어지면서 본격적인 데이터법제가 성립되었다고 할 수 있다. GDPR은 목적 조항에서 개인의 데이터 보호를 강화하고 디지털 단일시장에서 개인데이터의 자유로운 이동을 촉진한다는 점을 분명히 함으로써 데

---

7 인구조사판결(Volkszählungsurteil)에 따르면, 정보자기결정권(die Recht auf informationelle Selbstbestimmung)이란 개인이 그의 개인정보의 공개 및 제공(Preisgabe)과 사용에 관하여 스스로 결정할 권한으로 정의된다(BVerGE 65, 1(43)).

8 OECD Guidelines on the Protection of Privacy and Transborder Flows of Personal Data－OECD.

9 Directive 95/46/EC of the European Parliament and of the Council of 24 October 1995 on the protection of individuals with regard to the processing of personal data and on the free movement of such data.

이터 규제는 물론 데이터 활용을 위한 전기를 마련했다고 할 수 있다.[10]

미국의 개인정보 법제의 기본 이념은 소위 자기규제모델(Self-Regulation Model)로 요약될 수 있는데 이는 개인정보보호를 위한 지나친 정부개입은 정보기술의 발전과 기업체들의 자유로운 경제활동을 저해할 가능성이 크다고 판단하여 가급적 개인정보보호 문제를 민간의 자율에 맡긴다는 원칙이다.[11] 이에 따라 미국은 개인정보보호에 관하여 개별의 영역마다 법률을 제정하는 한편, 민간부문에 있어서 자율규제를 중심으로 하고 있는데, 이러한 추세에 따라 제정된 법률 중 중요한 것이 1974년 연방프라이버시법(Privacy Act of 1974)과 1986년 전자통신프라이버시법(Electronic Communication Privacy Act of 1986)이며,[12] 실제 개인정보보호와 관련 중요한 역할을 하는 기관은 연방거래위원회(Federal Trade Commission) 소관의 연방거래위원회법이다(FTC Act).[13]

연방프라이버시법(Privacy Act of 1974)은 연방기관으로부터 개인의 프라이버시를 보호하고 연방기관이 보유하고 있는 개인의 기록에 관련 당사자가 접근할 수 있는 권리를 부여하고 있다. 일종이 공공기관이 보유하고 있는 개인정보의 보호에 관한 법률로 볼 수 있다. 전자통신프라이버시법(Electronic Communication Privacy Act of 1986)은 정보서비스제공자 및 관리인에게 개인의 프라이버시보호에 관한 각종 의무를 부과하고 정보침입자 및 도청자를 처벌할 수 있는 규정을 두고 있다. 한국의 통신비밀보호법과 유사하다고 보

---

10 The aim of the General Data Protection Regulation is to reinforce data protection rights of individuals, facilitate the free flow of personal data in the digital single market and reduce administrative burden(REGULATION (EU) No XXX/2016 OF THE EUROPEAN PARLIAMENT AND OF THE COUNCIL, on the protection of individuals with regard to the processing of personal data and on the free movement of such data (General Data Protection Regulation, Introduction 2).

11 Barbara Crutchfied George, Patricia Lynch, Susan F. Marsnik, "Multinational Employees: Navigating Through the Safe Harbor Principles to Comply with the EU Data Privacy Directive", 38『American Business Law Journal』, 2001, pp. 746-750.

12 성낙인, 정보보호와 인권, 서울대학교『법학』제45권 제1호, 2004.3. 129면.

13 연방거래위원회는 독과점과 불공정거래를 규제하는 경쟁규제기관이자 독립적 법집행 기관이다. 한국을 비롯해 유럽, 일본 등 독립적인 개인정보규제기구 대신 경쟁당국이 개인정보보호도 담당하고 있다.

면 된다. 연방거래위원회는 불공정하고 사기적인 행위를 금지하는 연방거래법(Federal Trade Commission("FTC")) 제5장을 기업의 허위표시 및 개인정보보호정책 미준수에도 적용되는 것으로 해석하고 있다. 동법은 개인정보보호정책을 요구하지는 않지만, 기업이 가지고 있는 정책의 실행수단을 제공하고 있다.[14]

한국의 경우 데이터 법제는 개인정보의 보호를 목적으로 하는 법률과 공공기관의 정보공개를 의무화하는 두 가지 방향으로 시작되었으며, 크게 보면 공공부문에 적용되는 법률과 민간부문에 적용되는 법률로 양분되는 분리방식에 입각하고 있었다. 연혁적으로 보면 크게 3단계로 데이터의 보호에서 활용으로 나아가고 있다고 볼 수 있다.

첫 단계는 2011.9.29. 이전으로 데이터 보호, 특히, 개인정보보호 강화되고 체계화되어 가는 과정이다. 이 단계에서 개인정보 법체계는 1999년 전부개정되면서 개인정보보호의 장이 신설된 정보통신망이용촉진 및 정보보호에 관한 법률(이하 정보통신망법), 1995년 시행된 금융기관 등의 개인신용정보를 대상으로 하는 신용정보의 이용 및 보호에 관한 법률(이하 신용정보법), 1994년 제정된 공공기관을 대상으로 하는 공공기관의 개인정보보호에 관한 법률이 있었으나, 이러한 개인정보에 관한 개별법 체계로 포섭되지 않는 공공, 민간 부분의 모든 기관을 대상으로 하고 전자 파일 형태 외에 민원서류 등 수기문서도 법 적용대상으로 하며, 특히 고객이 아닌 직원에 대한 개인정보에 대해서도 법적 규제를 하고자 일반법 내지 기본법으로서 개인정보보호법이 2011년 9월 30일 제정, 시행되었다.[15] 현재로 개인정보보호에 관한 법제로는 개인정보보호법, 신용정보법 외에 2005년 제정된 위치정보의 보호 및 이용에 관한 법률이 대표적이다.

두 번째 단계는 데이터의 보호와 함께 활용에 인식과 필요성이 법제에

14 Allyson W. Haynes, ONLINE PRIVACY POLICIES: CONTRACTING AWAY CONTROL OVER PERSONAL INFORMATION, 『Penn State Law Review』, Winter 2007, p. 8.

15 이성엽, 한국의 데이터주도 혁신에 대한 법의 대응과 진화, 『경제규제와 법(Journal of Law & Economic Regulation)』, 제11권 제2호 (통권 제22호). (Vol. 11. No. 2). 2018.11, 148면.

반영되는 단계로 2013년부터 2020년까지로 구분할 수 있다. 2013년 공공기관이 보유한 정보의 이용 활성화를 위하여 '공공데이터의 제공 및 이용 활성화에 관한 법률'이 제정되어 시행되고 있다. 이 법은 공공기관이 보유 · 관리하는 데이터의 제공 및 그 이용 활성화에 관한 사항을 규정함으로써 국민의 공공데이터에 대한 이용권을 보장하고, 공공데이터의 민간 활용을 통한 삶의 질 향상과 국민경제 발전에 이바지함을 목적으로 한다(법 제1조). 이전 2004년 제정된 공공기관의 정보공개에 관한 법률이 알 권리를 보장하기 위한 정보의 제공에 초점을 맞추었다면, 공공데이터법은 민간 활용과 경제적 부가가치 창출을 위한 데이터의 제공에 초점을 맞춘 법률이다.[16]

또한 2018년 4차 산업혁명 시대를 맞아 핵심자원 데이터의 이용 활성화와 신산업 육성이 국가적 과제로 대두되면서 개인정보보호법, 정보통신망법, 신용정보법 등 데이터 3법에 대한 개정이 논의되어 2020.2. 데이터 3법이 개정, 시행되었다. 사실 2018년 이후 데이터 3법이라는 용어가 보편화되면서 개인정보, 정보 대신 데이터라는 개념이 자리잡았다고 볼 수 있다. 데이터 활용을 위한 가명정보, 가명정보의 결합, 당초 수집 목적과 합리적으로 관련된 범위 내에서 개인정보를 추가적으로 이용 · 제공 할 수 있는 양립 가능성 조항 등이 신설되었다. 개인정보보호 추진체계도 단일화 · 효율화되었다. 기존에 행정안전부, 방송통신위원회, 개인정보보호위원회로 분산되어 있던 개인정보보호 기능을 개인정보보호위원회를 중앙행정기관으로 격상하고 여기로 일원화하였다. 다만, 위치정보의 경우 여전히 방송통신위원회 소관으로 남아 있어 완전한 일원화로 보기는 어려운 측면이 있다.

셋째 단계는 데이터를 경제적 가치 있는 자원으로 인식하고 본격적인 활용을 위한 법제도가 마련되는 2021년 이후이다. 2021년에는 데이터산업법과 산업디지털법이 제정되어 2022년부터 시행되었는데, 양법은 데이터 생산, 활용을 촉진하고 데이터산업의 진흥을 목표로 한다는 점에서는 세계적으로 유례가 없는 획기적인 입법이라고 할 수 있다. 또한 2023년 9월에는 온오프

16 이성엽, 위의 글, 151－152면.

라인 규제 일원화, 전 분야 마이데이터 확산 근거 조항 도입, 동의 이외 개인정보 국외 이전 수단 도입을 내용으로 하는 개인정보보호법 2차 개정안이 시행되었다.

결론적으로 보면 한국은 인터넷이 보편화되면서 사이버상에서 프라이버시 침해가능성이 높아지자, 데이터를 보호하는 것이 그 무엇보다 중요한 규범적 과제로 설정되었으나, 점차 데이터의 경제적 가치가 인정되면서 데이터 활용의 중요성이 인정되는 방향으로 변화하고 있다고 할 것이다. 그러나 여전히 개인정보보호법은 '데이터 보호 기본법'으로 부를 수 있을 만큼 일반적인 수준에서 그리고 강력하게 개인데이터를 보호하고 있어 데이터 이용이 필요로 하는 사업계의 갈등국면이 충분히 해소되지 않고 있는 상황이라고 평가할 수 있다.

3. 데이터법의 체계

데이터법을 기본법과 특별법, 공법과 사법, 데이터 활용과 보호 목적, 공공 및 민간데이터, 개인 및 비개인데이터, 데이터의 법적 보호 수단, 데이터 활용 분야라는 몇 가지 기준으로 분류하면 다음 표와 같다.[17]

17 상세 내용은 이성엽, 데이터법의 의의와 체계, 10-15면 참조.

<table>
<tr><th>기준</th><th colspan="4">구분</th><th colspan="4">구분</th></tr>
<tr><td rowspan="2">기본법(일반법)
과 특별법</td><td colspan="4">기본법</td><td colspan="4">특별법</td></tr>
<tr><td colspan="4">지능정보화기본법, 데이터산업법</td><td colspan="4">개인정보 보호법, 공공데이터법</td></tr>
<tr><td rowspan="2">공법과 사법</td><td colspan="4">데이터공법</td><td colspan="4">데이터사법</td></tr>
<tr><td colspan="4">데이터산업법, 개인정보 보호법</td><td colspan="4">저작권법, 특허법, 상표법</td></tr>
<tr><td rowspan="2">데이터의
활용과 보호</td><td colspan="4">데이터활용 목적 위주</td><td colspan="4">데이터 보호 목적 위주</td></tr>
<tr><td colspan="4">데이터산업법,
데이터기반행정활성화법</td><td colspan="4">개인정보 보호법, 위치정보법</td></tr>
<tr><td rowspan="2">공공데이터/
민간데이터</td><td colspan="4">공공데이터</td><td colspan="4">공공 및 민간데이터</td></tr>
<tr><td colspan="4">공공데이터법, 공공기관정보공개법</td><td colspan="4">데이터산업법, 개인정보 보호법</td></tr>
<tr><td rowspan="2">개인데이터/
비개인데이터</td><td colspan="4">개인데이터</td><td colspan="4">개인/비개인데이터</td></tr>
<tr><td colspan="4">개인정보 보호법, 신용정보법,
위치정보법</td><td colspan="4">데이터산업법,
데이터기반행정활성화법</td></tr>
<tr><td rowspan="2">데이터의 법적
보호 수단</td><td colspan="2">특별법 보호</td><td colspan="2">지식재산권</td><td colspan="2">부정경쟁원리</td><td colspan="2">소유권 유사[18]</td></tr>
<tr><td colspan="2">개인정보 보호법,
신용정보법</td><td colspan="2">저작권법,
특허법</td><td colspan="2">부정경쟁방지법</td><td colspan="2">산업디지털
전환촉진법</td></tr>
<tr><td rowspan="2">데이터 활용/
보호 분야</td><td>통신</td><td colspan="2">금융</td><td colspan="2">보건의료</td><td colspan="2">행정</td><td>교육</td></tr>
<tr><td>전기통신사업법,
통신비밀보호법</td><td colspan="2">신용정보법,
금융실명법</td><td colspan="2">의료법,
생명윤리법</td><td colspan="2">공공데이터법,
데이터기반행정
활성화법</td><td>교육법</td></tr>
</table>

18 데이터 법적 보호와 관련 데이터산업법은 데이터생산자가 인적 또는 물적으로 상당한 투자와 노력으로 생성한 경제적 가치를 가지는 데이터를 "데이터 자산"으로 명명하고 이에 대한 데이터 자산을 공정한 상거래 관행이나 경쟁질서에 반하는 방법으로 무단 취득 · 사용 · 공개하거나 이를 타인에게 제공하는 행위, 정당한 권한 없이 데이터 자산에 적용한 기술적 보호조치를 회피 · 제거 또는 변경하는 행위 등 데이터 자산을 부정하게 사용하여 데이터생산자의 경제적 이익을 침해를 금지하고 있다. 이는 데이터에 대한 법적 보호 방안으로 부정경쟁의 원리를 도입함으로써 데이터 소유권 논란에 방향성을 제시한 것으로 평가된다. 이후 부정경쟁방지법에 데이터자산의 부정사용 조항이 신설되었다. 한편 산업디지털법은 산업데이터를 생성한 자는 해당 산업데이터를 활용하여 사용 · 수익할 권리를 가진다고 규정하여 사용 · 수익권이라는 개념을 도입하고 있다. 동 규정에 따른 사용 · 수익권이 배타적 지배권인 물권으로서 소유권과 유사한 측면이 있으나, 단순히 데이터 사용, 수익에 따른 이익을 향유하려는 목적으로 보여 데이터산업법과 다른 취지는 아닌 것으로 보인다.

Ⅲ. 데이터법의 주요 이슈와 과제

1. 생성형 AI 모델에서 데이터의 이용

생성형 AI는 문장을 생성(Generative)하는 모델로서 사전학습(Pre-trained)을 통해 훈련을 받았으며, 트랜스포머(Transformer)라는 구조에 기반한 인공지능 언어모델이다. 생성이란 문장을 사람처럼 만들어낸다는 것이고, 사전학습이란 많은 데이터를 사전에 습득했다는 것이며, 트랜스포머란 단어 간 연관성 파악이 가능한 혁신적인 심층신경망이라는 것이다.[19]

이처럼 생성형 AI의 특성 중 하나는 인터넷에 공개된 대규모의 데이터를 학습한다는 점이다. 크롤링 등의 방식으로 대규모 데이터를 수집하거나 공개된 데이터를 데이터셋으로 구축하여 지속적으로 학습을 한다.[20] 그런데 문제는 이 과정에서 필연적으로 데이터의 법적 특성에 따라서는 데이터 이용이 적법한 것인지 여부가 이슈가 된다는 것이다.

생성형 AI 모델에서 데이터의 이용 관계 이슈는 주로 학습대상 데이터에 저작권이 설정된 경우와 학습대상 데이터가 개인정보인 경우에 발생한다. 원칙적으로는 두 경우 각각 저작권자와 정보주체의 사용허락을 받아야만 적법한 사용이 되지만, 이를 그대로 적용하는 경우 AI 개발이나 서비스 제공이 불가능하므로 이에 관한 예외를 인정하기 위한 논의가 진행 중이다. 그 외 데이터 이용관계 이슈로는 데이터 크롤링 등이 부정경쟁행위에 해당하는 경우가 있다.

먼저 저작권 관련 이슈인데, 저작권법의 예외를 인정받기 위해서 두 가지 법이론이 있다. 첫째, TDM(Text and Data Mining) 면책 규정이다. 이는 정보분석 등의 목적으로 AI가 데이터를 이용하는 경우에는 저작권자의 저작물

---

19 World Economic Forum, Generative AI: a game-changer that society and industry need to Be ready for (https://www.weforum.org/agenda/2023/01/davos23-generative-ai-a-game-changer-industries-and-society-code-developers/, 2023.10.3. 접속).

20 생성형 AI의 특성에 대해서는 이성엽, "생성형 인공지능(AI) 규제원칙에 관한 연구", 고려대학교 법학연구원, 『고려법학』 제110호 2023년 9월. 151-155면 참조.

을 인공지능 학습용 데이터로 사용할 수 있도록 하자는 것이다.[21] 이미 영국, 일본 저작권법에 도입되어 있다.[22]

한국은 저작권법 개정안이 제안된 상태이다. 저작권법 개정안에는 컴퓨터를 이용한 자동화 분석기술을 통해 다수의 저작물을 포함한 대량의 정보를 해석(패턴, 트렌드, 상관관계 등의 정보를 추출하는 것)함으로써 추가적인 정보 또는 가치를 생성하기 위한 것으로, 저작물에 표현된 사상이나 감정을 향유하지 아니하는 경우에는 필요한 한도 안에서 저작물을 복제 · 전송할 수 있다고 규정하고 있다.[23] AI는 통계적 특성을 학습하는 것일 뿐 인간과 같이 사상과 감정을 향유하기 위한 목적이 없기 때문에 저작권법 위반 책임을 물은 이유가 없다는 점을 분명히 하고 있는 것이다. 다만, 여전히 창작자 단체를 중심으로 동 입법에 반대의견이 있으며, 나아가 보상금이나 기금 조성 등이 필요하다는 의견이 있어 입법까지는 난항이 예상된다.

두 번째 법이론은 공정이용(fair use)이다. 공정이용은 형식적으로는 저작물의 복제 등 저작권 침해행위에 해당하더라도 저작권법의 궁극적인 목적인 '문화의 향상발전'이라는 목표에 비추어 허용되는 행위를 말한다.[24] 이는 기술 발달과 저작물 이용환경의 변화로 다양한 형태의 저작물 이용이 나타나고 있어, 기존의 제한적 면책규정으로는 다양한 이용형태를 둘러싼 이해관계자의 입장을 조정하는 데 한계가 있으므로, 저작권 제한사유를 포괄할 수 있는 일반규정을 둘 필요성이 있다는 의견에 따라 도입되었다.[25]

한국의 저작권법은 저작물의 통상적인 이용 방법과 충돌하지 아니하고

21 상세 내용은 김창화, 정보분석을 위한 데이터의 이용과 저작권 침해 면책, 이성엽 편 『데이터와 법』, 박영사, 2021, 309－334면 참조.

22 영국은 비상업적 목적에 한정되어 있고 일본은 모든 목적을 포함한다. 영국 지식재산청은 모든 목적으로 범위를 확대하고자 했으나 영국 귀족원(상원)의 통신 및 디지털위원회(Communications and Digital Committee)의회에 의해 제동이 걸린 상태이다(의회의 의견은 HOUSE OF LORDS, Communications and Digital Committee, 2nd Report of Session 2022－23 HL Paper 125, At risk: our creative future, 17 January 2023에 담겨 있음).

23 도종환의원 대표발의, 저작권법 전부개정법률안, 의안번호 7440, 2021.1.15.

24 이상정 외, 『저작권법 강의』(제2판), 세창출판사, 2017, 174면.

25 국회 저작권법일부개정 검토보고서, 2009.

저작자의 정당한 이익을 부당하게 해치지 아니하는 경우에는 이용의 목적 및 성격, 저작물의 종류 및 용도, 이용된 부분이 저작물 전체에서 차지하는 비중과 그 중요성, 저작물의 이용이 그 저작물의 현재 시장 또는 잠재적인 시장 또는 가치에 미치는 영향을 고려하여 공정이용 여부를 결정하도록 하고 있다.[26] 미국 저작권법의 경우에도 공정이용에 해당하는지 여부는 상업 또는 비영리 교육 목적 등 이용의 성격, 저작물의 성격, 저작물을 사용한 정도의 양 또는 상당성, 저작물의 사용이 저작물의 잠재적 시장 또는 가치에 미치는 영향을 분석하여 결정된다.[27]

아직 AI의 학습데이터 이용에 대해 공정이용 여부를 결정한 판결은 없지만, 구글 북스 사례를 참고할 수 있다. 2016년 4월 18일 미국 연방대법원은 이용자에게 도서 검색의 편의를 제공하는 한편 도서 내용의 일부를 공개하는 구글의 도서 디지털 변환 프로젝트인 구글 북스가 공정이용에 해당된다고 판단하여 10년간의 저작권 침해소송을 마무리 지었다, 법원은 구글 북스의 목적이 독자, 연구자 등에게 도서 검색의 편의를 제공하는데 있다는 점, 소설에 비해 저작권 보호의 필요성이 크지 않은 비소설이 디지털 변환의 주요 대상이라는 점, 도서의 일부만을 열람할 수 있다는 점, 구글 북스가 도서 가치의 재발견에 기여할 수 있다는 점 등을 이유로 공정이용에 해당한다고 판단했다.[28]

최근 챗GPT가 뉴스 기사를 학습데이터로 사용한 것에 대해 저작권 위반이 아니냐는 논란이 미국 내에서 일어나고 있는데, 미국 언론사가 ChatGPT를 뉴스 저작권 위반으로 제소한 상황에서 향후 법원의 공정이용 여부 판단이 주목된다. 한국도 TDM(Text and Data Mining) 면책규정 도입 전까지는 공정이용 조항의 이용을 고려할 수 있을 것이다.

둘째 이슈는 공개된 데이터에 개인정보가 포함된 경우이다. 즉, 생성형

26 저작권법 제35조의5 저작물의 공정한 이용.
27 17 U.S. Code § 107 – Limitations on exclusive rights: Fair use.
28 The Authors Guild, et al. v. Google Inc., No. 15–849, U.S. Sup.

AI가 인터넷상 성명과 함께 이미 공개되어 있는 사진이나 동영상 등 개인정보를 수집하는 경우, 정보주체의 동의 없이 그러한 개인정보를 수집하는 것이 적법한지에 대한 것이다. 당초 데이터산업법 초안에는 AI 학습데이터가 개인정보인 경우에는 정보주체의 동의를 받아야 하지만, 개인정보처리자의 정당한 이익을 달성하기 위하여 필요한 경우로서 명백하게 정보주체의 권리보다 우선하는 경우, 법령에 따라 공시되거나 공개된 데이터, 출판물이나 방송매체 또는 공공기관의 인터넷 홈페이지 등의 매체를 통하여 공시 또는 공개된 정보, 정보주체가 스스로 사회관계망서비스 등에 직접 또는 제3자를 통하여 공개한 데이터의 경우에는 동의 없이 이용할 수 있도록 했었다.

그동안 공개된 정보의 이용에 대해서는 개인정보보호법 상 명문의 규정이 없어 혼란이 있었으나, 2016년 로앤비 사건에서 대법원이 "이미 공개된 개인정보를 정보주체의 동의가 있었다고 객관적으로 인정되는 범위내에서 수집 · 이용 · 제공 등 처리를 할 때에는 정보주체의 별도의 동의는 불필요하다"고 판시함으로써 기준이 제시되었고 이후 2020년 8월부터 시행된 신용정보법은 같은 취지로 조문을 입법화하기에 이르렀다.[29]

이러한 판례나 법령을 따를 때 AI의 데이터 학습과정에서 공개된 개인정보의 수집, 이용은 동의 없이 가능하다고 할 수 있으나, 비금융 분야에도 이를 입법화를 검토할 필요가 있다고 할 것이다. 생성형 AI가 개인정보를 수집하는 경우 인간과 달리 개인식별성이라는 목적을 가지지 않는다는 점도 고려할 필요가 있을 것이다.[30]

셋째, 크롤링 이슈이다. 크롤링이란 웹사이트에서 공개된 데이터를 수집하는 행위로, 크롤러(crawler)라는 소프트웨어를 이용하여 웹사이트에서 자동으로 대량의 데이터를 복제 · 수집한다. 크롤링은 정보통신망법상 정보통신

29 대법원 2016.8.17. 선고 2014다235080 판결.

30 개인정보보호위원회는 2023.8.3.「인공지능 시대 안전한 개인정보 활용 정책방향」을 발표했다. 이에 따르면 객관적 동의 의사가 추단되는 범위 내 또는 정당한 이익이 정보주체 권리보다 명백히 우선하는 범위 내에서 동의 없는 수집 · 이용이 가능하다. 다만, 정당한 이익의 구체적 내용 등 관련하여서는 가이드라인을 마련할 계획이다.

망침해, 저작권법상 데이터베이스권 침해, 부정경쟁방지법상 성과도용 등에 해당할 가능성이 있다. 숙박플랫폼 간의 크롤링 이슈와 관련해 대법원은 형사이슈에 대해서는 정보통신망법상 정보통신망침해, 저작권법상 데이터베이스권 침해에 대해 무죄를 선고했지만,[31] 민사 손해배상 이슈에 대해서는 상당한 비용과 시간을 들여서 수집 · 분류 · 갱신한 숙박업소 정보를 무단으로 복제한 것은, 공정한 상거래 관행이나 경쟁질서에 반하는 방법으로 경제적 이익을 침해한 것으로 보고 손해배상을 명했다.[32]

한편 위 판결 이후 신설된 부정경쟁방지법상 데이터자산의 부정사용 등 행위에 관한 사항(동법 제12조 제3항)에서는 보호되는 데이터를 "데이터 산업법 제2조 제1호에 따른 데이터 중 업(業)으로서 특정인 또는 특정 다수에게 제공되는 것으로, 전자적 방법으로 상당량 축적 · 관리되고 있으며, 비밀로서 관리되고 있지 아니한 기술상 또는 영업상의 정보"에 한정함에 따라 불특정 다수에게 공개된 데이터에 대한 크롤링은 부정경쟁방지법 위반이 아닐 가능성이 높아졌다. 결국 AI에 의한 공개된 데이터 크롤링의 경우 법적 리스크가 감소했다고 볼 수 있다.[33]

AI는 대량의 데이터를 수집, 분석해야만 타당한 결과를 도출한다는 점에서 데이터가 없거나 부족한 경우 제 기능을 발휘할 수 없다. 저작권을 보호함으로써 창작 의욕을 고취하고 개인정보를 보호함으로써 인간의 존엄성을 지키는 것이 중요하지만, AI의 기능과 효용에 필수적인 면책규정도 도입함으로써 AI가 인간에게 유용한 도구의 역할을 할 수 있도록 할 필요가 있다.

31 대법원 2022.5.12. 선고 2021도1533 판결.
32 서울고등법원 2022.8.25. 2021나2034740 판결.
33 이는 일본의 한정제공데이터 입법례와 유사하다. 입법의 취지는 이렇다. 가치가 있는 데이터라고 하더라도 저작권법상 보호의 대상이 되지 않거나 영업비밀에 해당하지 않는 경우에는, 부정한 방식으로 유통되는 것을 금지하는 것이 현실적으로 곤란하다. 이에 가치있는 데이터 중에서 타인과의 공유를 전제로 일정한 조건 하에서 이용 가능한 정보라는 요건을 충족한 데이터를 '한정제공데이터'라 하고, 이의 부정취득·사용 등을 부정경쟁방지법에 기초한 '부정경쟁행위'로 규정하는 한편, 그에 대한 구제조치로서 금지청구권 등을 마련한 것이다(박정훈, [이슈리포트] 데이터베이스 보호에 관한 한·일간 법제 비교 분석, 한국저작권위원회, 2022.7, 2-3면).

정부도 지난 4월 초거대 AI 경쟁력 강화방안을 발표하면서 저작물의 학습용 데이터 활용, 비정형데이터 가명처리 기준 마련, 재현데이터 활용 확대, 적극적으로 공개한 자기 개인정보의 AI 학습용 데이터 활용 허용 등을 통해 AI 학습용 데이터 활용을 제고할 수 있는 방안 등을 논의하기 위해 인공지능 법제정비단을 운영하고 있다.[34]

2. 마이데이터의 현황과 과제

내 손안의 금융비서를 목표로 2022년 1월 본격 시행된 금융분야 마이데이터 서비스는 지난 5월 기준 약 8,025만 명이 가입해 있으며, 마이데이터사업자는 66개, 정보제공의무자는 700여개에 이를 정도로 양적 성장을 계속하고 있다. 그러나 아직 대부분의 마이데이터 서비스가 자산에 통합 조회나 관리에 머물러 있어 기존 서비스와 별반 다르지 않은데, 오히려 개인정보가 집중되면서 유출위험이 높아진 것은 아닌지 우려하고 있다. 사업자들로서도 고객의 지불의사를 자극하는 혁신적인 감동서비스를 제공하지 못하면서 수익모델 발굴에 애로를 겪고 있다.

마이데이터의 전제가 되는 데이터이동권(right to data portability)은 기업이 보유한 개인 데이터를 정보주체 본인이나 본인이 지정한 제3자에게 전송하도록 요청할 수 있는 권리로서 2018년 EU GDPR에 최초로 규정되었다. EU가 데이터이동권을 도입하면서 밝힌 4가지 목적을 보면, 첫째, 정보주체의 자기결정권을 강화함으로써 정보주체와 개인정보처리자 간의 힘의 균형을 재조정하고, 둘째, 개인데이터의 역내 자유로운 이동을 촉진하며, 셋째, 온라인 이용자의 서비스 선택권을 강화함으로써 디지털서비스제공자들 간에 경쟁을 촉진하고, 넷째, 데이터 기반의 혁신을 촉진하는 것이다. 결국 데이터이동권을 우선 정보주체의 권리강화 측면에서 접근하고 있지만 그 외 다른 목표로서 데이터의 이동, 경쟁 촉진, 혁신도 강조하고 있다.[35]

34 관계 부처 합동, 초거대 AI 경쟁력 강화방안, 2023.4.14.

마이데이터는 기본적으로 동의절차를 거쳐 정보처리자에게 위임하였던 개인정보의 처리 권한을 개인이 다시 회수한다는 개념으로써 그동안 정보처리자의 권한으로 오해되어 왔던 개인정보의 자기통제권, 자기결정권을 원상으로 회복한다는 의미를 가진다. 또한 소수의 거대 기업이 독점해 온 개인정보를 고객의 요청에 따라 제3자에게 이전함으로써 새로운 데이터 기반의 다양한 비즈니스를 촉발하게 된다. 특히, 다양한 데이터 간 결합이 용이해지면서 데이터 산업이 크게 성장할 가능성이 있다.[36]

마이데이터 제도가 시행되기 전에도 우리는 개인정보로 식별되는 사람을 '정보주체'라고 부르고, 자신의 정보를 통제할 수 있는 다양한 법적 권리를 보장해다. 하지만 이러한 권리는 주로 개인정보처리자가 자신의 정보를 처리하는 것에 대한 소극적인 방어권 성격을 가지고 있었다. 예를 들어, 개인정보 수집 및 이용에 대한 동의권이나 제3자 제공에 대한 동의권은 정보주체의 권리이지만, 어떠한 개인정보를 수집할 것인지, 어떠한 목적으로 이용할 것인지, 누구에게 어떠한 정보를 제공할 것인지를 결정하는 것은 개인정보처리자이고, 정보주체는 이를 거부할 수 있는 권리를 가질 뿐이었다. 하지만 마이데이터 환경에서는 내가 나의 정보를 내가 원하는 곳에 보내어 내가 필요로 하는 목적으로 활용되도록 할 수 있다. 마이데이터에서 가장 핵심적인 권리로 논의되는 전송요구권은 정보주체가 자신의 개인정보를 활용하고 통제할 수 있는 가장 적극적인 권리이다. 개인정보가 어디에 소재할 것인지, 어디로 이동할 것인지, 어떠한 목적으로 활용되어야 하는지에 대한 1차적인 선택과 결정을 개인정보처리자가 아닌 정보주체가 할 수 있다는 점에서 마이데이터를 개인 중심의 개인정보 생태계라고 부를 수 있다.[37]

---

35 ARTICLE 29 DATA PROTECTION WORKING PARTY, Guidelines on the right to data portability, Adopted on 13 December 2016 As last Revised and adopted on 5 April 2017. p. 1.

36 마이데이터 기능과 역할, 데이터이동권의 정책목표 등에서 대해서는 정원준, 데이터이동권의 함의와 주요국 입법례 분석, 이성엽 편 『마이데이터와 법』, 박영사, 2022, 53－59면 참조.

37 이성엽, 마이데이터 1년의 성과와 과제, 『정보통신기술협회(TTA) 저널』 204호, 2022, 11/12월, 6면

결국 마이데이터는 개인정보의 자기결정권을 강화하는 동시에 개인정보 처리자 간의 유효경쟁을 활성화는 대안으로 평가된다. 즉, 마이데이터는 특정 기업이 보유한 개인정보를 해당 개인의 동의하에 다른 기업에게 제공해 맞춤형 서비스 개발에 활용하는 것을 지원하는 것과 함께 각종 온라인 사업자 간의 유효경쟁을 형성하는 제도로 이해할 수 있다.[38]

그러나 제도 시행 2년이 가까워지고 있지만, 차별화된 마이데이터 혁신 서비스가 나타나지 않고 있는데 이런 이유의 상당 부분은 불합리한 규제 때문이다. 가장 큰 문제는 마이데이터를 다양한 금융상품을 비교 · 추천하는 금융플랫폼화하는 것에 대한 규제이다. 사실 정부가 마이데이터를 도입한 핵심 취지는 개인정보의 분석 · 가공을 통한 맞춤형 상품 추천이다. 즉, 마이데이터 사업자가 금융플랫폼으로서 카드내역, 보험정보, 투자정보 등을 분석해 유리한 금융상품을 추천하고, 소비자들은 자신에게 특화된 정보관리 · 자산관리 · 신용관리 등의 서비스를 합리적인 비용으로 누리는 것이 마이데이터의 이상이다. 그런데 금융위원회는 마이데이터가 제공하는 신용카드, 보험의 비교 · 추천, 투자 권유 등의 서비스가 금융상품판매대리중개업 등록이나 개별 금융관계법 상 허가를 받지 않은 불법 서비스라는 유권해석을 내렸다. 이에 사업자들은 비교, 추천 서비스를 중단했다. 최근 규제 샌드박스 등을 통하여 이를 허용하는 방향으로 정리가 되고 있으나, 이는 미봉책에 불과하다. 금융서비스중개업의 라이센스를 신설하여 은행, 증권, 보험 모든 분야에서의 중개를 허용하는 방향을 검토할 필요가 있다. 은행, 증권, 보험에 걸쳐있는 금융서비스를 하나의 등록으로 특정의 금융기관에 소속되지 않고 중개가 가능하도록 한 일본의 금융서비스제공법을 참고하여 특별법을 제정하는 것을 고려할 필요가 있다.[39]

---

38 ARTICLE 29 DATA PROTECTION WORKING PARTY, Guidelines on the right to data portability, Adopted on 13 December 2016 As last Revised and adopted on 5 April 2017. p. 4.

39 이효경, 일본의 금융서비스제공법과 우리나라 빅테크 플랫폼에 대한 규제 시사점, 『상사법연구』, 2021, vol.39, no.4, 통권 109호 참조.

또한 마이데이터가 진정한 가치를 발휘하려면 금융을 넘어 흩어져 있는 내 정보를 모을 수 있는 환경이 조성되어야 한다. 다행히 2023년 9월 15일부터 전 분야 마이데이터 도입의 법적 근거로서 '개인정보 전송요구권이 포함된 개인정보 보호법 개정안이 시행되고 있으나 아직 이 조항은 시행이 되지 않고 있다. 법 부칙에 따르면 마이데이터 조항인 제35조의2의 개정 규정은 공포(2023.3.14.) 후 1년이 경과한 날부터 공포 후 2년이 넘지 아니하는 범위에서 대통령령으로 정하는 날에 시행한다. 2024년 3월, 늦으면 2025.3월까지 시행준비를 할 수 있다. 개인정보보호위원회는 국장급 단장을 둔 범 정부 마이데이터추진단을 신설해 법 시행 준비를 하고 있다. 다만, 보건의료 마이데이터에 대해서는 '디지털 헬스케어 진흥 및 보건의료데이터 활용 촉진에 관한 법률'이 별도도 추진되고 있어 양법 간 조화도 문제가 될 것으로 보인다.

한편 분야 간 데이터 이동에 필요한 표준화도 반드시 필요하다. 개인정보를 포함한 데이터의 원활한 이동을 위해서는 표준 도입이 시급하다. 금융분야는 마이데이터 도입 이전에도 신용정보집중기관을 중심으로 개인의 다양한 금융거래 정보가 집중되었고, 이러한 정보를 바탕으로 개인의 신용을 평가함으로써 금융시장의 거래 안전을 도모해왔다. 이러한 활용 경험과 이를 위한 정보 전송 인프라가 잘 갖춰져 있었기 때문에 전송요구권에 따라 개인정보가 이동하는 것이 개념적으로도 기술적으로 수용되기 수월했던 분야이다. 또한, 금융기관에서 다루는 이용자의 정보가 정형화되어 있고, 해석상 재량의 여지가 적은 정량적인 정보가 대부분이기 때문에 전송 및 활용 과정에서 표준화에 들어가는 노력이 적었다고 볼 수 있다. 이미 상당한 수준으로 표준화가 되어있었던 금융분야의 경우에도 API를 도입하는데 1년 이상의 시간이 소요되었다.[40] 금융 마이데이터의 경우 정보 주체의 동의를 받아 다른 곳에서 금융데이터를 긁어오는 스크래핑 방식의 서비스가 금지되고 API만 허용되었다. API는 서로 다른 프로그램 사이에서 데이터를 주고받기 위한 일종의 매개 언어로 접근이 허용된 필요정보만 수신한다는 점에서 개인정보보

40 이성엽, 마이데이터 1년의 성과와 과제, 11면.

호나 보안측면에서 장점이 있다. 다만, 전송대상 정보와 규격을 합의하는데 시간이 많이 걸려 비효율적인 면이 있다. 이에 따라 전 산업분야 마이데이터를 위해서는 스크래핑을 허용해야 할 필요가 있다.

끝으로 최근 금융분야의 최근 금융분야 마이데이터에서 정보 전송시 과금에 관한 문제가 논의되고 있다. 사업 시행 초기 과금을 하는 경우 산업에 진입하는 많은 사업자들, 스타트업에게 큰 진입장벽으로 작용할 수 있다는 점에서 합리적인 해결책이 강구되어야 할 것이다. 정보제공자 입장에서 일정한 비용이 드는 것은 사실이지만, 이는 개인정보가 활용되는 사업의 수행과정에서 필연적으로 부담해야 하는 비용으로 인식할 필요가 있으며, 합리적인 기대를 넘어서는 과도한 비용이 발생하는 경우에는 국가가 국민의 권리가 원활히 행사될 수 있도록 이를 지원하거나, 비용을 줄일 수 있는 제도적, 정책적인 접근을 고려해야 할 것이다.

마이데이터의 전 분야 확산과 관련해서는 우선 점진적, 단계적 전략이 필요하다. 이미 전자화가 이루어진 금융 분야 마이데이터도 2년 이상의 준비시간이 소요되었기 때문에 전 분야 마이데이터를 전면적으로 실시하는 것은 사실상 불가능하다. 다음 민간이 주도하고 정부가 지원하는 전략이 필요하다. 미디어, 통신 분야의 인프라 구축, 사업자 선정 우선의 정책 등과 같이 공급이 수요를 창출하는, 즉 제도가 비즈니스를 선도하는 전략은 데이터 산업에서는 더 이상 유효하지 않다. 끝으로 대량의 정보 집적으로 기업의 빅브라더화 우려가 있는바 프라이버시 보호에도 각별한 노력이 필요하다.

3. 데이터 활용과 보호의 균형

데이터는 디지털 경제 시대의 원유로서 사회 · 경제 전반을 디지털로 전환하는 핵심동력으로 작용하고, 타산업의 혁신과 성장을 견인한다. 그동안 정부는 데이터 유통 · 활용을 촉진하기 위해 데이터 3법 개정, 데이터 산업법 및 산업디지털법 제정 등 법 · 제도적 기반을 마련하였으나, 아직 데이터 활용 및 데이터 기반 신산업의 경쟁력은 미비하다.

정부도 이런 문제점을 인식하고 제1차 국가데이터정책위원회에서 몇 가지 중요한 데이터 규제혁신안을 제시했다. 크게 보면 마이데이터 관련 사항과 데이터 결합 관련 사항으로 구분할 수 있다. 마이데이터와 관련해서 보면 첫째, 공공 · 행정기관이 보유한 개인 행정정보를 받아서 마이데이터 서비스를 할 수 있는 기관이 행정기관 · 은행 등으로 한정되어 있는데, 이를 개인정보의 활용 수요가 높은 통신·의료 등 분야의 단체 등으로 확대하고, 둘째, 현재 금융분야와 공공분야에만 한정된 개인정보의 전송요구를 전 분야로 확대한다.[41]

다음 데이터 결합 관련 제도개선 사항은 아래와 같다. 첫째, 공공 결합 전문기관만 자기가 보유한 가명정보와 타기관의 가명정보를 자체결합하여 제3자에게 제공하는 것이 허용되는데 이를 민간 결합전문기관에도 이를 허용한다. 둘째, 금융 분야의 경우 개인정보 보호 측면을 강조하여, 가명정보 결합 시 이용기관으로 신청하지 않은 기관에게는 결합된 가명정보를 제공하는 것이 불가한데, 이를 가능하도록 개선한다. 셋째, 개인정보법, 신용정보법상 가명정보 결합 요건 · 절차가 일부 상이함으로 인한 결합 수요자의 불편을 해소하기 위해 결합신청 서류를 표준화하고 전문기관도 결합정보를 가명처리할 수 있도록 명확히 허용한다.[42]

그동안 업계와 전문가의 의견이 반영된 진일보한 혁신안으로 평가되지만, 아직 추가적으로 개선할 부분이 있다. 사실 데이터 3법 개정안에서 가장 핵심적인 내용은 기업이 이미 보유하고 있는 기존의 데이터를 활용해 빅데이터 분석이 가능하도록 하기 위해 도입된 가명처리, 데이터결합, 목적합치의 원칙이다. 그 외 신용정보법에 도입된 공개된 개인정보의 동의없는 이용도 중요한 변화이다. 한편 제2차 개인정보보호법 개정에서는 그간 정보주체

41 과학기술정보통신부 보도자료, 데이터 · 신산업 규제혁신으로 인공지능, 확장가상세계, 자율주행 등 디지털 경제에 활력 제고, 2022.9.14.

42 위 과학기술정보통신부 보도자료.

의 '동의'에만 과도하게 의존했던 개인정보 처리 관행에서 벗어나, 상호계약 등 합리적으로 예상할 수 있는 범위 내에서는 동의 없이도 개인정보 수집 · 이용이 가능하도록 정비하였다.

문제는 이런 개정에도 불구하고 아직 실무적으로 큰 변화를 찾기 어렵다는 점이다. 데이터 활용을 통한 혁신을 추구하기 위해서는 다음 몇 가지의 추가적인 개선이 필요하다. 먼저 데이터 결합이다. 한국은 모든 데이터 결합에 대해 가명처리 후 전문기관을 경유하도록 강제하는 독특한 제도를 가지고 있다. 데이터 결합을 규제하는 취지가 데이터 결합으로 인한 개인정보 침해의 위험성 때문이라면, 모든 데이터 결합을 일률적으로 제한하는 것보다는 데이터 결합에 따른 위험에 상응하는 안전장치나 위험 감소 장치를 유도하는 것이 바람직하다. 예컨대, 제3의 전문기관을 필수적으로 경유하도록 하는 요구는 정보주체에게 미치는 프라이버시 위험이 상당한 고위험군에 속하는 데이터 결합 행위에 한정할 필요가 있다. 또한 반출을 위한 가명처리, 익명처리의 적정성 평가의 한 항목인 안전성 확보조치 등 개인정보처리의 적정성 여부 판단은 상당한 시간과 노력이 소요되는데, 사실 이 평가는 기업 자체에 대한 평가로 이어진다. 이점에서는 ISMS-P 등 인증을 가지고 있는 개인정보처리자에 대해서는 안전성 확보조치의 적정성 여부 평가를 면제하는 방안을 고려할 수 있을 것이다.[43]

둘째, 목적합치의 원칙은 수집 시 제시한 목적 외에도 당초 수집 목적과 합리적으로 관련된 범위에서 정보주체의 동의 없이 개인정보를 이용, 제공할 수 있도록 한 것인데 실제 활용도가 높지 않은 실정이다. 이 원칙을 어떻게 해석 · 운용하느냐에 따라 빅데이터 활용에 상당한 실질적 변화를 초래할 수 있으므로 이에 대한 구체적 판단기준을 마련할 필요가 있을 것이다.[44]

셋째, 개인정보 이용에 있어서 공정이용 조항의 도입이다. 개인정보를

---

43 박광배, 데이터 결합제도의 활용가능성, 이성엽 편 『데이터와 법』, 박영사, 2021, 197-222면.

44 목적합치 원칙의 상세 내용은 이동진, 목적합치의 원칙, 이성엽 편 『데이터와 법』, 박영사, 2021, 173-194면 참조.

합법적으로 수집, 이용하기 위한 두 가지 근거는 정보주체의 동의와 법률의 규정이다. 다만, 동의를 받기 어려운 상황이나 법률의 규정도 없는 경우에도 개인정보를 처리할 필요가 있는 경우가 있다. 이를 대비해 현행 개인정보보호법은 개인정보처리자의 정당한 이익을 달성하기 위하여 필요한 경우로서 명백하게 정보주체의 권리보다 우선하는 경우라는 이익형량 조항을 두고 있다. 다만, 이는 지나치게 엄격하여 이익형량이 필요한 다양한 경우를 포괄하지 못하고 있다. 따라서 저작권법상 공정이용과 유사한 조항을 개인정보보호법에 도입할 필요가 있다는 것이다. 즉, 개인정보보호 관련법의 해석 시 일반적 이익형량 규정을 도입할 필요성이 있다는 것이다.[45]

넷째, AI 시대의 변화를 데이터법이 수용할 필요가 있다. 프라이버시 보호를 위한 대부분의 개인정보 규제는 빅데이터와 AI 기반 혁신을 저해할 가능성이 있다. 최소수집의 원칙, 삭제권, 설명권 등 대부분의 정보주체의 권리도 AI의 블랙박스 문제 등 기술적 특성 때문에 현실적으로 이행하기 어렵다. AI와 빅데이터를 위한 별도의 예외 규정이나 해석을 준비하는 것이 필요하다. 다섯째, 그 외에도 공공데이터의 개방과 관련해 공공기관이 보유한 개인정보의 경우 제공 불가 사유로만 되어 있어 가명처리 후 제공이 가능한지가 불명확한 측면이 있으므로 이를 명확히 하는 것이 필요하다.

다음 데이터의 보호를 위해서는 결과적으로는 소비자인 정보주체의 권리와 이익이 향상되는 방식으로 개인정보정책의 패러다임의 변화가 필요한 시점이다. 패러다임의 변화를 위해 다음 몇 가지 과제를 생각해볼 수 있다.

먼저 동의 중심 모델의 변화가 필요하다. 그간 개인정보 수집, 이용의 근거로서 동의 중심 모델은 개인정보처리자인 기업에게 면죄부를 제공하는 등 정보처리자 일방의 이익에만 초점이 맞춰져 있을 뿐, 정보주체의 권리나 이익을 고려하지 못했다. 이에 대한 대안으로 다음 두 가지가 논의되고 있다. 하나는 국가의 후견주의적 개입이다. 즉, 어차피 깨알 같은 동의문구를

---

45 같은 견해로는 최경진, 개인정보보호 관련법의 해석에 있어서 이익형량론과 일반적 이익형량 규정의 필요성에 관한 고찰, 『사법』 제1권 제40호, 2017.1.

인지하고 동의를 할 수 없는 이상 국가가 개인정보처리방침의 적법성과 적정성을 심사하고 나아가 개인정보처리실태도 점검함으로써 국가가 기업의 개인정보처리의 안전성을 보장하는 방안이다. 실제 업무수행은 협회 등에 위탁하는 자율규제 모델을 고려할 수 있다. 이 의견은 일종의 데이터 보호에 관한 국가책임제라고 할 수 있다.

2023. 9월 시행 2차 개정 개인정보호법 30조의2(개인정보 처리방침의 평가 및 개선권고)에는 이런 취지의 규정이 신설되었다. 즉, 보호위원회는 개인정보 처리방침에 관하여 다음 각 호의 사항을 평가하고, 평가 결과 개선이 필요하다고 인정하는 경우에는 개인정보처리자에게 제61조 제2항에 따라 개선을 권고할 수 있다. 1. 이 법에 따라 개인정보 처리방침에 포함하여야 할 사항을 적정하게 정하고 있는지 여부, 2. 개인정보 처리방침을 알기 쉽게 작성하였는지 여부, 3. 개인정보 처리방침을 정보주체가 쉽게 확인할 수 있는 방법으로 공개하고 있는지 여부. 다만, 개인정보 처리실태 점검에 관한 내용을 포함되어 있지 않다.

다른 하나는 상호합의 모델이다. 정보주체와 개인정보리자가 데이터의 활용 조건, 목적에 대해 합의하는 방식으로 상호의 이익을 도모하는 모델이다. 이 모델은 결국은 개인이 데이터 활용조건을 결정하기 어렵다는 문제를 해결하기 위해 데이터 신탁(Data trust) 모델을 제안한다. 이는 정보주체를 대신해서 개인정보의 활용을 위한 집합적인 이용조건을 설정하고 그에 따라 정보처리자에게 데이터 이용을 허락하는 것이다. 즉, 전문성과 협상력을 가진 주체가 구체적 이용조건을 협상하고 모니터링과 보고를 통해 정보주체는 사후 통제를 할 수 있게 하는 것이다.[46] 일본의 관민데이터활용촉진법 상 정보은행도 이와 유사한 방식이다. 이 모델의 특징은 데이터 활용에 따른 수익을 정보주체에게 배분한다는 점이다.

---

46 윤종수, 사물인터넷, 블록체인, 인공지능의 상호 운용에 있어서 개인정보자기결정권의 실현 및 데이터 이용 활성화 (2), 마이데이터와 데이터 신탁을 중심으로, 『정보법학』 제25권 제3호, 2021.12 참조.

둘째, 공공기관의 개인정보 이용에 대한 통제권 강화이다. 그간 공공기관은 법률의 규정에 따라 개인정보를 사용해 왔기 때문에 상대적으로 개인정보 이용의 적정성 여부에 대한 심사가 미흡한 측면이 있었다. 물론 현재에도 개인정보보호법 제8조의2(개인정보 침해요인 평가)에 따르면 중앙행정기관의 장은 소관 법령의 제정 또는 개정을 통하여 개인정보 처리를 수반하는 정책이나 제도를 도입 · 변경하는 경우에는 개인정보보호위원회에 개인정보 침해요인 평가를 요청하여야 하며, 위원회가 위 요청을 받은 때에는 해당 법령의 개인정보 침해요인을 분석 · 검토하여 그 법령의 소관기관의 장에게 그 개선을 위하여 필요한 사항을 권고할 수 있도록 되어 있다. 다만, 최근 대선 과정에서 전기통신사업법 상 통신자료제공, 비밀녹음의 정당성 여부를 둘러싼 논쟁에서 보듯이 기존 법령상 개인정보침해 요인에 대해서는 통제권한이 없는 것이 문제이다. 기존 법령에 대해서도 위원회 직권이나 국민의 요청에 의한 심사제도를 도입함으로써 공공기관의 개인정보 이용에 대한 통제를 강화할 필요가 있다.

4. 국경 간 데이터 이전

이제 세계 최대 전자상거래 업체인 아마존을 통해 외국 원서를 클릭 몇 번으로 집에서 받아볼 수 있는 세상이다. 또한 외국의 영화 등 디지털 콘텐츠도 넷플릭스 등 글로벌 플랫폼을 통해 안방에서 쉽게 즐기는 시대가 되었다. 이처럼 ICT 기술의 급속한 발달과 모바일 기기의 확산으로 인터넷을 기반으로 하는 글로벌 전자상거래가 확대되면서 기존의 전통적인 상품 중심의 무역 거래와는 다른 디지털 무역이 활성화되고 있다.

디지털 무역(digital trade)이란 인터넷 네트워크를 통해 상품과 서비스가 전달되는 것으로 상품과 서비스의 주문, 생산 및 배송에 있어 인터넷과 인터넷 기반 기술이 중요한 역할을 하는 국제간 거래라고 할 수 있다. 종래 주로 전자상거래를 지칭하는 개념이었지만 이제는 데이터의 이전까지 포함하는 개념으로 확대되고 있다.[47] 이는 최근 데이터 경제 시대를 맞아 데이터가 단순히 상품 등에 수반하는 것이 아니라 그 자체로 경쟁력 요소가 되었기 때문이다.[48]

이제 디지털 무역의 자유화의 흐름은 데이터 이동의 자유화와, 보호무역의 흐름은 데이터 이동 제한과 대응될 수 있는 정도로 디지털 무역에서 데이터는 중요한 변수가 되고 있다. 그동안 미국을 비롯한 주요 선진국은 디지털 무역이 활성화됨에 따라 이와 관련된 국제규범의 제정 노력을 기울여왔다. 현재까지 상황을 보면 WTO 체제에서는 각국 간 이해관계의 차이로 디지털 무역을 규율할 수 있는 협정이 어렵다고 보고 양자 간 FTA나 지역협정을 통해 디지털 무역에 대한 규범을 제정 · 운용하고 있다.

디지털 무역이 포함된 대표적 지역 협정이 아시아태평양동반자협정(Comprehensive and Progressive Agreement for Trans-Pacific Partnership: CPTPP)과 미국멕시코캐나다협정(United States−Mexico−Canada Agreement: USMCA)이다.

CPTPP는 미국 제외 환태평양경제동반자 협정(TPP) 12개 회원국(일본, 호주, 뉴질랜드, 캐나다, 멕시코, 칠레, 페루, 싱가포르, 베트남, 말레이시아, 브루나이, 영국)이 참여하는 경제동맹체이다. 2017년 1월 미국의 TPP 공식 탈퇴 이후 2017년 11월 출범에 합의했고 2018년 12월 30일 발효됐다. 국경 간 정보 이전 자유화, 컴퓨터 설비의 현지화 요구 금지, 소스 코드 공개요구 금지 등 3개 규범이 의무 조항으로 들어가 있다. 국경 간 개인정보의 이전과 관련해서 보면 각 당사국들이 국경 간 정보 이전에 관한 자체적인 국내 규제를 마련할 필요성은 인정하고 있다. 다만, 당사국들이 정당한 공공정책의 목적 달성을 위하여 개인정보의 국경 간 이전을 금지하는 것은 허용되나, 자의적 또는 부당한 차별, 위장된 무역 제한 조치로써 이를 금지하여서는 안 된다고

---

47 https://www.oecd.org/trade/topics/digital−trade/2023.10.12.접속.

48 디지털 통상에 관한 기초적 논의는 산업통상자원부, KSA 한국표준협회, 『사례로 손쉽게 이해하는 디지털 통상의 기초』, 2021.10.을 참조할 수 있음.

규정하고 있다.[49]

USMCA는 디지털 무역의 장을 별도로 둔 현재까지 가장 자유화 수준이 높은 국제규범으로 미국의 디지털 통상에 관한 기본적 입장을 담고 있다. 당사국은 특정한 행위가 대상자의 사업수행을 위한 활동인 경우 개인정보를 포함하여 전자적 수단에 의한 정보의 국경 간 이전을 금지하거나 제한하여서는 안 된다고 규정하고 있다.[50]

이런 데이터 자유화의 흐름과 달리 중국의 경우 2018년 네트워크안전법에 자국 내 개인정보와 중요 데이터가 해외로 이전되지 못하도록 서버의 중국 내 설치를 의무화하고, 당국의 승인 없이는 데이터의 해외 반출을 금지하였다. EU는 '디지털 시장통합(Digital Single Market) 전략'으로 역내에서 데이터의 자유로운 이동을 허용하지만 2018년 5월 시행된 GDPR은 역외로의 데이터 이전을 일부 제한하고 있다.[51]

한국의 경우 데이터 이전에 관한 한 데이터 보호주의(Data Protectionism)에 가까운 것으로 평가된다. 데이터 보호주의란 개인정보 보호와 자국 IT산업 육성을 위하여 자국민 데이터의 해외 이전을 제한하는 입장이다.[52] 주요 데이터 및 서버를 현지 국경 안에 두도록 하는 데이터 현지화(Data Localization)도 보호주의의 한 유형이라고 할 수 있다. 금융 및 의료 데이터 이전 금지, 동의 기반의 데이터 이전, 5000분 1 지도 반출 불허 등이 사례이다. 서버 현지화 등의 법안이 시도되었으나 아직 입법이 이루어지지는 않고 있다.

다만, 2차 개정 개인정보보호법은 디지털 환경 전환으로 개인정보의 국외이전 증가 등의 변화에 대응하여 글로벌 스탠다드에 맞게 개인정보 국외

---

49 김호철, 포괄적 점진적 환태평양동반자협정(CPTPP)의 전략적 의미와 쟁점－경제적, 지정학적, 규범적 분석,『통상법률』2022, vol., no.2, 통권 155호 3－53면 참조.

50 이주형, 미－일 디지털 무역협정과 예외규정에 관한 소고,『국제경제법연구』제17권 제3호, 2019.11 155－185면 참조.

51 황화경, 홍창표, 중국과 EU의 개인정보보호 규정 비교와 시사점,『중국지역연구』, 2021, vol.8, no.4, 통권 21호 참조.

52 Martina Francesca Ferracane, Data Protectionism, A Conceptual Framework to Assess Restrictions on Cross－Border Data Flows from a Trade Policy Perspective, European University Institute, 2021, pp. 11－26.

이전 요건을 다양화하였다. 즉, 한국과 동등한 수준으로 개인정보를 보호하고 있는 국가, 개인정보위가 고시하는 인증을 획득한 기업으로 국외 이전하는 경우에는 별도의 동의 없이도 국외이전이 가능하도록 하였다. 또한, 국외이전 관련 법 규정을 위반하거나 보호 수준이 취약하여 정보주체에게 피해가 발생하거나 발생할 우려가 현저한 경우에는 국외이전을 중지하도록 명령할 수 있도록 하였다. EU 수준으로 데이터 이전 자유화가 이루어진 것으로 평가할 수 있다.

최근 데이터 경제는 플랫폼 경제로 수렴 중이며, 국내외 주요 플랫폼의 경쟁력의 원천은 데이터 특히, 개인정보의 확보 여부다. 이에 EU, 중국은 미국의 플랫폼 견제를 위해 강력한 데이터 보호 정책과 규제를 시행 중이다. 한국의 선택은 어떤 것이어야 할까. 개방체제와 무역을 통해 성장한 한국의 경제전략은 디지털 시대에도 여전히 유효하다고 봐야 한다. 이 점에서 우선 글로벌 스탠다드에 부합하는 데이터 자유화 원칙이 중요하다.[53]

데이터를 둘러싼 국가 간 갈등의 이면에는 기술, 산업, 안보를 포함하는 국가 전체의 생존과 번영을 위한 전략이 있다. 각국은 어떤 경우에도 국가안보, 자국민 및 자국 산업의 보호라는 목표를 포기할 수 없기 때문에 갈등은 필연적일 수밖에 없다. 더구나 미중 G2의 디지털 전쟁에서 한국과 같이 양국에 안보, 경제의 상당 부분을 의존하는 경우 이런 목표의 성취에는 많은 고민이 따른다. 상황에 따른 유연한 대응이 필요하지만 그래도 제1순위는 자국민의 데이터와 자국 산업의 보호라고 할 것이다. 단, 통상마찰 등의 관점에서 국익을 고려한 데이터 정책과 규제 혁신 노력도 병행해야 할 것이다. 또한 산업통상자원부 등 통상 전담 부처는 물론 과학기술정보통신부, 개인정보보호위원회 등 ICT 및 데이터 소관 부처 간 협력 역시 중요하다고 할 것이다.

---

53 한국도 디지털통상 규범 논의에 계속 참여해 왔고 지난 1월 우리나라 최초의 디지털통상 협정인 '한국 · 싱가포르 디지털동반자협정'을 발효한 데 이어 지난 6월 싱가포르, 뉴질랜드, 칠레가 협정당사국인 복수국 간 디지털경제동반자협정(DEPA)의 최초 가입국이 되었다. 이 협정들은 CPTPP에서 도입한 것과 동일한 데이터 이전 원칙을 도입하고 있다(이성엽, "한국의 DEPA 가입 타결과 디지털통상 질서", 『월간 통상』, 2023 8월호 VOL.135 참조).

5. 데이터의 집중과 공유

생성형 AI가 디지털 심화의 화두가 되고 있는 현 상황에서도 여전히 데이터 경제에서 가장 중요한 자원인 데이터 집중이 문제가 되고 있다. 결국은 데이터를 많이 보유하고 있거나 데이터에 대한 접근이 용이한 거대 플랫폼 기업이 생성형 AI 시대에도 경쟁 우위를 이어가고 있는 것이다. 이처럼 데이터의 집중 문제를 어떤 시각으로 볼 것인지 또한 데이터 집중을 완화하기 위한 공유, 개방의 문제에 대해서는 어떻게 대처해야 할지가 이슈가 되고 있다.

먼저 데이터 집중 문제에 대한 논의이다. 플랫폼 기업들은 빅데이터 등 첨단 ICT 기술의 활용으로 초대용량 데이터의 축적해서 소비자들에게 맞춤형 서비스를 제공하여 일상 곳곳에서의 혁신이 촉진되고 있으나, 한편으로는 빅데이터를 이용한 진입장벽의 구축한다는 비판론도 제기되고 있다.

한국은 공정거래위원회 관련 지침을 제정하면서 온라인 플랫폼의 주요 특성으로서 '데이터의 중요성'을 적시하고 있다.[54] 이에 따르면 "온라인 플랫폼 분야에서 데이터는 생산, 물류, 판매촉진 활동 등 사업의 전 영역에 활용될 수 있는 중요 생산요소로서, 데이터의 수집 · 보유 · 활용 능력이 사업자의 경쟁력에 상당한 영향을 미칠 수 있다. 특히, 데이터 저장 · 관리 · 분석 기술이 발달함에 따라 플랫폼 운영 과정에서 이용자의 데이터를 축적한 온라인 플랫폼 사업자는 이를 활용하여 각 이용자에게 특화된 맞춤형 서비스 · 프로모션을 제공하고 이에 대한 피드백도 거의 실시간으로 파악할 수 있는 등 서비스 품질을 개선하거나 더 많은 이용자를 유인하는 것이 용이하다. 더 많은 이용자를 확보하면 더 많은 데이터를 축적할 수 있어 선순환 구조가 형성될 수 있다"고 데이터의 플랫폼 경제에서의 효용을 언급하고 있다.

또한 동 지침은 데이터 관련 경쟁법적 우려와 관련하여서는 "온라인

54 이상 지침의 내용은 공정거래위원회, 2023.1.12.「온라인 플랫폼 사업자의 시장지배적 지위 남용행위에 대한 심사지침」 2023.1.12.

플랫폼 사업자가 데이터를 활용하여 서비스 품질을 개선하고 이용자의 편익을 증가시키는 긍정적인 측면이 있는 반면, 특정 온라인 플랫폼을 중심으로 데이터가 집중될 경우 쏠림 현상이 발생하고 관련 시장의 경쟁이 제한될 우려가 존재한다"면서 "특히, 데이터의 이동성(portability), 상호운용성(interoperability)이 부족한 상황에서 관련 데이터가 특정 사업자에게 집중될 경우, 이는 시장의 진입장벽을 강화하고 경쟁을 제한하는 요인으로 작용할 수 있다. 반면, 플랫폼 간 데이터의 이동성, 상호운용성이 충분하여 신규 진입 사업자가 기존 이용자 데이터에 접근하는 것이 용이한 경우에는 이러한 경쟁제한 우려가 완화될 수 있다"고 밝히고 있다.

아울러 플랫폼의 시장지배적지위의 판단요소로서 '데이터 수집 · 보유 · 활용 능력'을 들고 있는데, "온라인 플랫폼 사업자의 시장지배력 등 평가 시에는 관련 사업자들의 데이터 수집 · 보유 · 활용 능력 및 그 격차를 고려할 수 있으며, 특히 데이터의 이동성 · 상호운용성의 정도, 이로 인해 온라인 플랫폼 이용자에게 발생하는 고착효과, 경쟁사업자가 해당 데이터에 접근할 수 있는 가능성 등을 고려할 수 있다"고 언급하고, "일반적으로 데이터의 이동성, 상호운용성이 낮은 경우 시장을 선점한 온라인 플랫폼 사업자에게 데이터가 집중되고 이용자가 해당 온라인 플랫폼으로 고착화되는 효과가 증가할 수 있는 반면, 데이터의 이동성, 상호운용성이 높아 신규 진입 사업자가 기존 이용자 데이터에 접근하는 것이 용이한 경우에는 데이터 집중으로 인한 고착효과는 크지 않을 수 있다"고 평가하고 있다.

또한 동 심사지침에서는 특히 멀티호밍 제한 행위의 한 유형으로서 "온라인 플랫폼 이용자가 플랫폼을 이용하면서 생성 · 축적한 데이터에 접근하거나 데이터를 이동하는 것을 저해하는 방법으로 경쟁 플랫폼 이용을 방해하는 행위"를 들면서 플랫폼 이용자의 데이터 접근권 및 이동권에 대한 보장 부분을 중요하게 평가하고 있다.

이처럼 경쟁당국은 데이터의 중요성을 인식하고, 사업자가 전략적으로 다량의 데이터를 수집하고 있는 상황을 예의주시하고 있으나, 아직 데이터 집중 문제에 공식적인 심결사례는 존재하지 않는다. 결론적으로 데이터가 대형 플랫폼에 많이 모이는 것은 사실이지만 이를 단순히 독점이라고 지칭하는 데에는 무리가 있다, 독점이 일어나면 소비자가 누려야 할 편익의 일부가 독점기업으로 이전하고 경쟁시장의 균형에 비해서 과소생산이 발생하면서 사회후생을 저해하는데 현재, 데이터의 집중이 실질적인 소비자 피해를 발생시키는지는 확인되지 않고 있으며, 플랫폼 독점의 문제와 데이터 집중의 문제를 구분하는 것이 필요하다고 할 것이다.

다만, 이런 논의에도 불구하고 데이터의 개방, 공유, 공개, 이동성을 확보하기 위한 다양한 입법적 시도가 이루어지고 있다. 정보주체의 개인정보 이동성을 실현하기 위한 제도는 이미 유럽의 일반개인정보보호법(GDPR)을 시작으로 한국의 신용정보법, 개인정보보호법에도 도입되어 있다. 공공영역과 사적영역을 구분해서 구체적으로 살펴보면 다음과 같다.

공공영역에서는 유럽연합은 유럽 내에서의 데이터 활용 활성화를 위한 목적에서 이른바 "데이터 거버넌스 법안(Data Governance Act)"[55]을 제정하였다. 이 규정에서 데이터 공유를 이루기 위한 조치는 크게 세 방향이다. 먼저 공공기관이 보유하고 있는 특정 범주의 데이터를 재사용할 수 있는 메커니즘을 구축하는 내용의 규정을 두고 있다. 공유 대상이 되는 데이터의 범주에 기존에 상업적 기밀, 통계적 기밀, 제3자의 지식재산권 보호 및 개인정보 보호를 이유로 보호되던 데이터를 포함시키고 있으며, 일정한 요건을 갖출 경우 제3자가 그러한 데이터에 접근할 수 있도록 보장할 의무를 공공기관에게 부여하고 있다(제5조 제1항). 데이터의 계속 사용을 위한 요건 중 중요한 것은 개인정보 보호를 위한 기술적 조치를 취해야 한다는 점(제5조 제3항)과 지식재산권을 보호해야 한다는 점(제5조 제7항)이다. 두 번째 범주의 조치는 사경제 영역에서 생산되고 보유하는 데이터를 대상으로 한다. 공동의 데이터

55 정식 명칭은 "유럽 데이터 거버넌스에 관한 규정"(Regulation (EU) 2022/868 of the European Parliament and of the Council of 30 May 2022 on European data governance and amending Regulation (EU) 2018/1724 (Data Governance Act))으로서, 그 성격은 유럽연합의 입법 형태 중 제2차법에 해당하는 규정(Regulation)에 해당한다.

사용을 위한 서비스 제공자라는 경제주체를 설정하고, 신고한 사업자에 대해 데이터 공유 서비스를 제공하도록 하고 있는 것이다. 이 측면에서 데이터 공유는 데이터 보유자와 사용자 간의 합의에 기초하며(제2조 제5호 참조), 기본적으로 유상의 서비스를 전제한다(제6조 참조). 끝으로 정보주체 혹은 경제적으로 데이터를 보유한 주체가 순전히 공익적이고 이타적인 목적으로 데이터를 제공하는 것을 장려하기 위한 이른바 "데이터 이타주의"(Data Altruism)[56]의 접근법이다. 이타주의적 데이터 제공을 지원하고 중개할 수 있는 조직의 등록과 운영에 관한 내용을 규정한다. 투명성과 제공자의 권익 보호를 위한 요건 및 조치들을 규정하고 있으며(제20조 및 제21조), 조직에 대한 감독과 모니터링에 대한 규정 역시 두고 있다(제23조 및 제24조).

보다 직접적인 데이터 공유를 위해 유럽연합 집행위원회는 2022년 2월 23일, "Data Act"를 발의하였다. 동 법안은 민간 부문의 데이터 이동과 공유에 대한 내용을 주안점으로 하고 있다. 본 법안이 일정한 요건이 충족된 경우 제3자가 데이터에 접근할 수 있도록 함으로써, 결과적으로 데이터 공유가 이루어지도록 하고 있다. 먼저 기업의 데이터 형성 과정에 소비자가 기여했다는 점을 근거로 데이터에 대해 일종의 지분을 인정하고 있으며, 해당 소비자 또는 그 승계인은 합리적인 조건 아래 데이터를 전송받을 수 있도록 하고 있다. 정보주체 본인에게 본인과 관련한 개인정보의 이동권을 인정하는 GDPR상의 "데이터 이동권"은 개인정보의 자기결정권에서 유래하는 것이므로 양자는 구분된다. 또한 데이터 접근 및 이용 계약의 공정성을 직접 규율함으로써, 데이터 보유자 외의 기업들이 데이터를 이용할 수 있도록 하고 있다. 제5장은 공익상의 이유에 따른 데이터 제공의무를 신설하고 있다. 공공필요가 있는 경우 재산권에 대해 사용, 수용 및 제한을 하는 것과 마찬가지로, 데이터에 대해서도 공적 주체에 의한 공익상의 접근을 인정하는 것이

56 과학적 연구 목적 또는 공공 서비스 개선과 같은 공익을 위해 보상을 구하지 않고 정보주체가 자신과 관련된 개인정보 처리에 동의하거나 기타 데이터 보유자가 자신의 비개인정보를 사용할 수 있도록 허락하는 것을 말한다(제2조 제16호).

다.[57] Data Governance Act의 경우 데이터 공유는 데이터 보유자와 사용자 간의 합의에 기초하며 유상의 서비스를 전제로 하지만, 본 법안에서는 데이터 형성에 대한 기여 정도에 따른 데이터 접근권을 보장함으로써 데이터 공유를 보다 적극적으로 의무화하고 있다는 점에 특색이 있다.[58]

그러나 보다 강화된 형태의 데이터 접근, 공유 의무가 부과되고 있는 것이 EU의 디지털시장법(Digital Market Act; DMA)이다. DMA는 연매출, 이용자 수 등 일정 요건을 갖춘 대형 온라인 플랫폼을 게이트키퍼로 지정하여 이들에 대한 사후규제에 대한 한계를 인식하고 경쟁제한 및 불공정 행위에 대한 사전규제를 강화하고자 하는 취지로 입법이 진행 중이다. 데이터 접근과 관련해서 첫째, 사업이용자들 또는 최종 소비자가 데이터를 효과적으로 이동할 수 있는 수단을 제공할 것(DMA 제6조 제1항(h)), 둘째, 사업이용자들 또는 사업이용자들이 승인한 제3자가 데이터를 무료로 효과적이고 계속적으로 실시간 접근 및 사용할 수 있도록 허용할 것(DMA 제6조 제1항(i)), 셋째, 제3의 온라인 검색엔진 사업자가 요청하는 경우, FRAND 조건으로 랭킹, 검색, 클릭, 조회 데이터에 대한 접근을 허용할 것(DMA 제6조 제1항(j)), 넷째 소프트웨어 애플리케이션 스토어에 대한 사업이용자들의 접근을 공정하고 비차별적인 일반적 조건하에 허용할 것(DMA 제6조 제1항(k)) 등의 의무를 부과하고 있다.[59] 최종이용자는 물론 사업이용자들이 게이트 키퍼가 보유하고 있는 데이터에 대한 접근을 강제하고 있다는 점에서 동법이 시행되면 강력한 규제가 될 것으로 보인다.

한국의 경우 제3자의 데이터 접근 및 활용과 관련한 규율을 두고 있는 법률로는 「공공데이터의 제공 및 이용 활성화에 관한 법률」이 있으나, 그 외 민간 부문에 대한 데이터 접근에 대해서는 마이데이터 사업을 위한 신용정

57 Proposal for a Regulation on harmonised rules on fair access to and use of data, Brussels, 23.2.2022, COM(2022) 68 final.

58 선지원, 데이터의 공유, 위험하고도 매혹적인 생각, 이성엽 편 『데이터와 법』, 박영사, 2021, 116－121면.

59 Proposal for a REGULATION OF THE EUROPEAN PARLIAMENT AND OF THE COUNCIL on contestable and fair markets in the digital sector (Digital Markets Act).

보법, 개인정보보호법을 제외하면 아직 구체적 입법은 없다. 다만, 그동안 지난 정부에서 추진된 온라인플랫폼이용자보호법안, 온라인 플랫폼 중개거래의 공정화에 관한 법률안 등에는 사업이용자, 광고주, 경쟁사업자의 데이터 접근에 관한 규정이 포함되어 있었다.

다만, 데이터 공유에 대해서는 별도의 비용과 노력을 들여 데이터를 수집, 보유한 사업자에 대해 대가도 없이 데이터 개방을 강제하는 것은 헌법상 재산권을 침해할 소지가 있고 데이터 수집, 이용에 대한 투자와 혁신을 저해할 위험도 있다.[60] 데이터 공유를 이루기 위해서는 데이터 유통, 거래를 활성화하는 거래적인 수단도 있다. 데이터 공유, 개방, 접근이 데이터 경제에 필수적인 수단임을 부인할 수 없으나, 우선 보다 자율적인 차원에서 논의가 이루어지는 것이 바람직해 보인다. 이와 관련 플랫폼 자율기구 데이터, AI 분과에서는 검색, 추천투명성 기준 발표 이후 데이터 공유, 접근을 위한 논의를 진행하고 있다.

Ⅳ. 결 론

디지털 심화 시대를 맞이하여 핵심 자원인 데이터를 둘러싼 기술혁신은 물론 경제, 사회의 변화의 속도와 범위가 심상치 않다. 이 시기 전통적인 자원이 아닌 새로운 데이터라는 자원에서 대한 정책과 법제의 역할이 어느 때보다 중요해지고 있다. 전통적으로 위험 통제를 목적으로 하는 법제도는 최근 산업진흥, 경제발전을 위한 기초를 제공한다는 의미에서 인프라로서도 기능하고 있다. 데이터 분야처럼 대규모의 연구개발이 필요하고 데이터 거래기준 수립, 데이터의 법적 권리 보호, 데이터의 공유와 개방, 데이터 정책추진을 위한 통합 거버넌스의 필요성이 높은 분야에서 인프라로서 법제도의 완

60 유사한 의견으로 최계영, "디지털 플랫폼의 경제학 II: 빅데이터 · AI 시대 디지털 시장의 규제 이슈", 『KISDI Premium report』, 정보통신정책연구원, 2020.3, 20－25면.

비는 필수적이라고 하지 않을 수 없다. 고속도로나 초고속망과 같은 인프라 역할을 법제가 해야 한다는 것이다.

한국 어느 국가보다도 앞서 데이터산업법, 산업디지털법 등 다양한 데이터 법제를 마련하고 본격적인 데이터 활용 및 관련 산업진흥을 위한 다양한 정책을 추진하고 있다. 다만, 아직도 기본적으로 데이터라는 권리를 어떻게 볼 것인지, 데이터 거래 계약을 어떤 기준으로 규율할 것인지라는 사법관계는 물론 본고에서 논의한 데이터 공유와 개방이라는 경쟁법 관계, 데이터의 합법적 이용을 위한 지식재산법제, 데이터의 국경 간 이전이라는 국제법적 관계를 포함한 다양한 논점이 불확실한 채로 남아 있다.

디지털화 초기 한국은 세계 어느 국가보다 인터넷이 가장 먼저 보편화되면서 프라이버시 침해 가능성이 높아졌고, 이에 따라 개인정보를 포함한 데이터를 보호하는 것이 그 무엇보다 중요한 과제로 설정되었으나, 점차 데이터의 경제적 가치가 인정되면서 데이터 활용의 중요성이 인정되는 방향으로 변화하고 있다. 다만, 여전히 개인정보보호법, 저작권법은 데이터 보호 위주로 구성되어 있어 데이터 이용이 필요로 하는 사업계와의 갈등 국면이 충분히 해소되지 않고 있는 상황이라고 평가할 수 있다.

데이터로부터 다양한 경제적 가치를 창출하고 데이터산업 발전의 기반을 조성하여 국민생활의 향상과 국민경제의 발전에 이바지하기 위한 입법목적을 고려하면 하루라도 빨리 이러한 데이터 보호 위주의 접근을 지양하고 데이터의 보호와 활용이 균형적으로 논의될 필요가 있다. 또한 최근 등장한 생성형 AI에 있어 학습데이터의 원활한 이용이 보장되지 않으면 AI 산업의 발전이 불가능하다는 점에서 데이터 보유자와 이용자 간의 적절한 이용관계의 정립이 필요하다. 그 외에도 마이데이터 혁신을 지속하기 위한 규제개선, 국경 간 데이터 이전의 자유화와 함께 데이터 주권의 확립, 데이터 집중과 개방의 균형 등이 필요하다.

데이터라는 새로운 자원의 등장은 결국 기존 산업계와 플랫폼 등 혁신기업 간의 갈등, 데이터 보유자와 신규 이용자와의 갈등, 국가 간 디지털 주권을 둘러싼 경쟁을 잉태하였다. 이러한 갈등이 균형감 있게 해결되어 데이터를 통한 혁신이 소비자의 편익 나아가 기업과 국가의 성장에 기여할 수 있도록 노력하는 것이 우리 세대에게 부여된 임무라고 할 것이다.

참고문헌

〈국내 문헌〉

1. 단행본

■ 이상정 외, 『저작권법 강의』(제2판), 세창출판사, 2017.

■ 산업통상자원부, KSA 한국표준협회, 『사례로 손쉽게 이해하는 디지털 통상의 기초』, 2021.10.

■ 이성엽 편 『데이터와 법』, 박영사, 2021.

■ _____, 『마이데이터와 법』, 박영사, 2022.

2. 연구논문

■ 권영준, "데이터 귀속 · 보호 · 거래에 관한 법리 체계와 방향", 이성엽 편 『데이터와 법』, 박영사, 2021.

■ 김창화, "정보분석을 위한 데이터의 이용과 저작권 침해 면책", 이성엽 편 『데이터와 법』, 박영사, 2021.

■ 김호철, "포괄적 점진적 환태평양동반자협정(CPTPP)의 전략적 의미와 쟁점－경제적, 지정학적, 규범적 분석", 『통상법률』 2022, vol., no.2, 통권 155호.

■ 박광배, "데이터 결합제도의 활용가능성", 이성엽 편 『데이터와 법』, 박영사, 2021.

■ 박정훈, "데이터베이스 보호에 관한 한일간 법제 비교 분석", 『이슈리포트』, 한국저작권위원회, 2022.7.

■ 선지원, "데이터의 공유, 위험하고도 매혹적인 생각", 이성엽 편 『데이터와 법』, 박영사, 2021.

■ 성낙인, "정보보호와 인권", 서울대학교 『법학』 제45권 제1호, 2004.3.

■ 손승우, "데이터 거래 계약의 유형과 법적 쟁점", 이성엽 편 『데이터와 법』, 박영사, 2021.

■ 윤종수, "사물인터넷, 블록체인, 인공지능의 상호 운용에 있어서 개인정보자기결정권의 실현 및 데이터 이용 활성화 (2), 마이데이터와 데이터 신탁을 중심으로", 『정보법학』 제25권 제3호, 2021.12.

■ 이동진, "데이터 소유권(Data Ownership), 개념과 그 실익", 『정보법학』 제22권 제

3호, 2018.
- _____, “목적합치의 원칙”, 이성엽 편 『데이터와 법』, 박영사, 2021.
- 이성엽, “한국의 데이터주도 혁신에 대한 법의 대응과 진화”, 『경제규제와 법(Journal of Law & Economic Regulation)』, 제11권 제2호 (통권 제22호). 2018.11.
- _____, “데이터법의 의의와 체계”, 이성엽 편 『데이터와 법』, 박영사, 2021.
- _____, “마이데이터 1년의 성과와 과제”, 『정보통신기술협회저널』 204호, 2022, 11/12월.
- _____, “한국의 DEPA 가입 타결과 디지털통상 질서”, 『월간 통상』, 2023. 8월호 VOL.135.
- _____, “생성형 인공지능(AI) 규제원칙에 관한 연구”, 고려대학교 법학연구원, 『고려법학』 제110호 2023년 9월.
- 이주형, “미－일 디지털 무역협정과 예외규정에 관한 소고”, 『국제경제법연구』 제17권 제3호, 2019.11.
- 이효경, “일본의 금융서비스제공법과 우리나라 빅테크 플랫폼에 대한 규제 시사점”, 『상사법연구』, 2021, vol.39, no.4, 통권 109호.
- 정원준, “데이터이동권의 함의와 주요국 입법례 분석”, 이성엽 편 『마이데이터와 법』, 박영사, 2022.
- 최경진, “개인정보보호 관련법의 해석에 있어서 이익형량론과 일반적 이익형량 규정의 필요성에 관한 고찰”, 『사법』 제1권 제40호, 2017.1.
- 최계영, “디지털 플랫폼의 경제학 II: 빅데이터 · AI 시대 디지털 시장의 규제 이슈”, 『KISDI Premium report』, 정보통신정책연구원, 2020.3.
- 황화경, 홍창표, “중국과 EU의 개인정보보호 규정 비교와 시사점”, 『중국지역연구』, 2021, vol.8, no.4, 통권 21호.

〈외국 문헌〉

- Ackoff, R. L., “From Data to Wisdom”, 『Journal of Applies Systems Analysis』, Volume 16, 1989.
- Allyson W. Haynes, ONLINE PRIVACY POLICIES: CONTRACTING AWAY CONTROL OVER PERSONAL INFORMATION, 『Penn State Law Review』, Winter 2007.
- ARTICLE 29 DATA PROTECTION WORKING PARTY, Guidelines on the right to

data portability, Adopted on 13 December 2016 As last Revised and adopted on 5 April 2017.

- Barbara Crutchfied George, Patricia Lynch, Susan F. Marsnik, "Multinational Employees: Navigating Through the Safe Harbor Principles to Comply with the EU Data Privacy Directive", 38 『American Business Law Journal』 (2001).
- Directive 95/46/EC of the European Parliament and of the Council of 24 October 1995 on the protection of individuals with regard to the processing of personal data and on the free movement of such data.
- HOUSE OF LORDS, Communications and Digital Committee, 2nd Report of Session 2022–23 HL Paper 125, At risk: our creative future, 17 January 2023.
- Martina Francesca Ferracane, Data Protectionism, A Conceptual Framework to Assess Restrictions on Cross–Border Data Flows from a Trade Policy Perspective, European University Institute, 2021.
- OECD Guidelines on the Protection of Privacy and Transborder Flows of Personal Data–OECD.
- Proposal for a REGULATION OF THE EUROPEAN PARLIAMENT AND OF THE COUNCIL on contestable and fair markets in the digital sector (Digital Markets Act).
- Proposal for a Regulation on harmonised rules on fair access to and use of data, Brussels, 23.2.2022, COM(2022) 68 final.
- World Economic Forum, Generative AI: a game–changer that society and industry need to Be ready for.

6. 디지털 고도화와 개인정보의 보호와 활용

디지털 고도화와 개인정보의 보호와 활용*

장 수 용**

Ⅰ. 서 론

데이터 경제의 확산 등 사회 전반의 디지털 전환이 확산됨에 따라 디지털 전환의 원동력이자 '디지털 시대의 석유'로 일컬어지는 데이터가 중요해지고 있다. 더욱이 최근 들어 컴퓨팅 능력 및 인공지능 등의 기술이 급속도로 발전하여 데이터 처리 능력이 고도화되면서 데이터의 중요성이 더욱 증대되고 있다. 이러한 기술 발전을 위한 다양한 논의가 이어지고 있는데 가장 공통적으로 언급되고 공감대를 얻고 있는 방안은 데이터의 학습이다.[1]

이러한 상황에서 개인정보 보호 법제는 데이터 활용을 저해하는 대표적인 요인으로 자주 언급되고 있다. 그 이유는 개인정보 보호와 데이터 활용은 갈등 관계 내지 긴장 관계에 있는 것으로 여겨지기 때문이다.[2] 통상적으로 현재 우리나라의 개인정보 보호 법제는 규제가 심하다는 평가를 받고 있는

* 본고는 필자의 법학전문박사 학위논문 "데이터 활용 활성화를 위한 개인정보 보호 법제 개선에 관한 연구"(지도교수: 이원우)를 요약 · 보완한 것입니다.

** 개인정보보호위원회 행정사무관, 법학전문박사.

1 현 세대 인공지능 도구는 인공지능 도구에 데이터를 입력하고 그 데이터를 기반으로 정확한 결과물을 산출하도록 학습시키는 학습단계를 거친 후에 사용된다(O'Callaghan, Joe, "Inferential Privacy and Artificial Intelligence: a new frontier?(추론적 프라이버시와 인공지능－새로운 경계선인가?)", 윤혜선 역, 『경제규제와 법』 제11권 제2호, 2018, 91면).

2 개인정보 보호와 활용 문제는 완전히 새롭게 제기되는 문제는 아니다. 1960년대에 프라이버시와의 갈등을 주장한 견해로 Ware, Willis H., "Security and Privacy in Computer Systems", RAND Corporation, 1967, pp. iii－iv, 16－17 참조.

데[3] 이러한 강력한 개인정보 규제 때문에 데이터를 제대로 활용하지 못한다는 볼멘소리가 다수 나오고 있다.

이 논문에서는 디지털 전환에 따른 데이터 활용과 개인정보 보호 법제의 관계에 대해 살펴보고, 데이터 활용을 위한 규범적 논의의 기초적 토대를 마련하고자 한다. 이를 위해 데이터와 개인정보, 데이터 활용과 개인정보 보호 법제의 관계를 살펴보고(Ⅱ), 이에 따른 개인정보 보호 원칙(Ⅲ)과 데이터 흐름별 개인정보 보호 법제의 개선 방안을 검토한다(Ⅳ).

Ⅱ. 데이터 활용과 개인정보 보호 법제

1. 데이터와 개인정보

데이터로서 개인정보의 가치 증가에 따라 개인정보의 처리가 확대되고 있다. 지난 몇 년 동안 소셜 네트워킹 등 가장 인기 있는 혁신의 상당수가 개인정보를 기반으로 하고 있다.[4] 보건의료 데이터, 금융 데이터, 통신 데이터 등과 같이 오늘날 높은 가치가 인정되는 데이터는 대부분 개인정보를 포함하고 있다.[5] 이러한 경제 패러다임의 변화에 따라 개인정보의 성격도 인격권에서 점차 재산권 또는 자산으로 변화하고 있다. 이는 현대사회에서 개인정보는 보호받아야 하는 사생활로만 여겨지는 것이 아니라 계약 등 다양한 사회 활동의 수단으로서 성격을 가지기 때문이다. 게다가 다수의 개인정보가

---

3 이원우, “지능정보사회에 대응한 개인정보보호법제 개선 방향”, 故 류지태 교수 10주기 추모논문집 간행위원회, 『현대 행정법의 이해』, 박영사, 2018, 247면; 고학수 편, 『개인정보보호의 법과 정책』, 박영사, 2016, iii; Greenleaf, Graham/Park, Whon-il, “Korea’s New Act: Asia’s Toughest Data Privacy Law”, 『Privacy Laws & Business International Report』 Issue 117, 2012, p. 2.

4 OECD, Exploring the Economics of Personal Data: A Survey of Methodologies for Measuring Monetary Value, OECD Digital Economy Papers No. 220, 2013.4, p. 7.

5 이상용, “데이터세트 보호 법제에 관한 연구”, 박사학위논문, 고려대학교 대학원 법학과, 2022, 28면.

모이면 특정 개인의 전유물이 아니라 공동체 전체의 구조와 경향성을 보여주는 공공재로서 성격도 가지게 된다.[6] 특정 그룹의 사람들로부터 수집된 데이터는 다른 그룹의 행동에 대한 예측을 가능하게 해주기 때문이다.

개인정보 보호 인식 제고에 따라서도 개인정보의 범위가 확대되고 있다. 대표적인 사례로 '휴대전화번호 뒷자리 4자리'[7]와 'IMEI · USIM 일련번호'가 있다. 휴대전화번호 뒷자리 4자리의 경우 법원은 휴대전화 사용이 보편화되면서 휴대전화번호 뒷자리 4자에 전화번호 사용자의 정체성이 담기는 현상이 심화되고 있어 휴대전화번호 뒷자리 4자만으로도 전화번호 사용자가 누구인지 식별할 수 있는 경우가 있고, 특히 그 전화번호 사용자와 일정한 인적 관계를 맺어온 사람이라면 더더욱 그러할 가능성이 높은데 이러한 경우에는 개인정보에 해당할 수 있다고 보았다. IMEI · USIM 일련번호와 관련하여서는 법원은 휴대폰 가입신청서 등 가입자정보에 나타난 다른 정보와 어려움 없이 쉽게 결합됨으로써 개인을 특정할 수 있게 되는 이상 이들을 개인정보라 봄이 상당하다고 보았다. 물론 해당 판례들이 개인정보의 범위를 지나치게 확대 해석했다고 비판하는 견해도 적지 않다. 하지만 판례들에서 얻을 수 있는 시사점은 개인정보 보호에 대한 인식 제고로 개인정보로 인정되는 범위가 넓어지고 있다는 점이다.

최근의 빅데이터, 인공지능 기술 등의 발달도 개인정보와 비개인 데이터의 경계를 모호하게 만드는 요인이 되고 있다.[8] 이렇게 수집 · 저장한 개인정보를 단순히 있는 그대로 활용하는 것이 아니라 추론 등을 통해 새로운 데이터를 생성하는 상황이 늘고 있다. 이를 통해 개인, 기업, 공공기관 등 여러 사용자를 위해 다양한 목적으로 분석될 수 있다. 특히 빅데이터 분석이 가져

6 이원우, "지능정보사회에 대응한 개인정보보호법제 개선 방향", 故 류지태 교수 10주기 추모논문집 간행위원회, 『현대 행정법의 이해』, 박영사, 2018, 253-254면; 권영준, "개인정보 자기결정권과 동의 제도에 대한 고찰", 『법학논총』 제36권 제1호, 전남대학교 법학연구소, 2016, 688, 691면.

7 대전지방법원 논산지원 2013.8.9. 선고 2013고단17 판결.

8 Rubinstein, Ira S., "Big data: The end of privacy or a new beginning?", 『International Data Privacy Law』 Volume 3 Issue 2, 2013, p. 78.

다주는 편의성이 급격히 커지면서 여러 경로를 통해 얻은 데이터를 상호 결합하여 유용한 분석을 수행할 수 있는 경우가 많아졌다.

2. 데이터 활용과 개인정보 보호 법제와의 관계

이와 같이 높은 가치가 인정되는 데이터는 대부분 개인정보를 포함하며, 데이터의 상당 부분이 개인정보의 개념에 포섭되는 상황이다. 이하에서는 데이터 흐름 각 단계별로 개인정보 보호 법제가 데이터 활용에 미치는 영향에 대해 알아보겠다.

첫번째 데이터 생성 단계에서는 데이터를 직접 생산하거나 다른 데이터에서 추출, 결합 등을 통해 데이터를 생성하게 된다. 그런데 개인정보는 개인에 관한 정보이므로 개인정보처리자가 무(無)의 상태에서 직접 생산하는 것은 불가능하고, 다른 데이터의 분석, 추론 등을 통해 생성할 수 있다. 개인정보 생성의 대표적인 사례는 프로파일링이다. 검색, 기록, 위치 등 다양한 정보의 추적, 추론을 통해 선호도를 추정할 수 있고, 나아가 개인을 식별할 수도 있게 된다. 이 때 생성되는 데이터가 개인정보인지 여부에 따라 「개인정보 보호법」 적용 여부가 달라진다. 문제는 같은 정보라도 상황과 맥락에 따라 개인정보가 될 수도 있고, 개인정보가 되지 않을 수도 있어 개인정보의 개념 기준이 문제되며, 개인정보 여부가 불분명한 경우에는 이러한 데이터를 어떻게 규율할 수 있을지가 문제된다.

두번째 데이터 처리 단계에서는 다양한 출처 · 경로를 통해 데이터를 수집하게 되는데 수집하는 데이터가 개인정보인 경우에는 정보주체로부터 개인정보를 직접 수집하거나 제3자로부터 개인정보를 제공받아야 한다. 이를 위해서는 「개인정보 보호법」상 요건을 준수해야 하는데 개인정보를 수집하는 개인정보처리자에게 있어서는 개인정보의 수집 근거가 문제되고, 개인정보를 제공하는 개인정보처리자에게 있어서는 개인정보 제공 근거가 문제된다. 한편, 정보주체의 개인정보 전송 요구에 따라서도 개인정보가 수집 · 이전되므로 해당 권리의 행사 가능성도 문제된다.

세번째 데이터 가공 단계에서는 인공지능, 통계 기술 등을 활용하여 분석 · 학습하고, 이를 활용할 수 있도록 처리하는데, 개인정보의 관점에서는 주로 가명처리 및 익명처리가 문제된다.[9] 개인정보를 가명처리하기 위해서는 역시 「개인정보 보호법」상 요건을 준수해야 하는데 이 과정에서 가명처리 근거가 문제되고, 가명처리된 가명정보를 어느 범위까지 분석 · 학습할 수 있는지가 문제된다. 익명처리에 대해서는 별도의 절차가 없는바 익명처리로 인정받기 위한 기준이 문제된다.

네번째 데이터 소멸 단계에서는 데이터가 파기되는데 데이터가 개인정보에 해당하는 경우 개인정보를 언제까지, 어느 범위까지 파기하지 않고 보관할 수 있는지가 문제된다.

이렇듯 데이터의 상당 부분은 개인정보이므로 데이터 활용 시에는 개인정보 보호 법제의 적용을 피할 수 없다. 따라서 데이터 활용은 필연적으로 개인정보 보호와 갈등을 빚는다. 한편으로는 데이터 활용이 활성화되면 데이터 처리의 불확실성이 증대되고 데이터 오남용 위험도 커지는 문제점도 야기한다. 이러한 내용이 시사하는 바는 데이터 활용 활성화를 위해서는 데이터가 법적으로 잘 보호되어야 한다는 점이다. 이러한 사실에 비추어 보면 데이터 활용과 보호가 대립관계에만 있는 것이 아니라 상생관계에 있다는 점을 확인할 수 있다.[10]

---

9 이상용, 앞의 글, 10면.

10 이원우, "지능정보사회에 대응한 개인정보보호법제 개선 방향", 故 류지태 교수 10주기 추모 논문집 간행위원회, 『현대 행정법의 이해』, 박영사, 2018, 256면.

Ⅲ. 개인정보 보호 원칙의 개선

1. 「개인정보 보호법」상 기본원칙의 개선

「개인정보 보호법」의 제정 이념이나 방침을 충분히 제시하기 위해 개인정보 보호 정책 수립, 법 적용·집행·해석의 기준 제시가 필요하다. EU 'General Data Protection Regulation'(이하 'GDPR'이라 한다) 및 일본 「개인정보의 보호에 관한 법률」과 같이 목적 조항에 개인정보의 활용이나 개인정보의 자유로운 이동을 명시하여 법 적용 시 개인정보 활용을 고려할 수 있도록 하는 근거를 마련할 필요가 있다. 이렇게 되면 향후 개인정보 보호와 다른 가치 간의 이익형량 시 개인정보 활용에 따른 경제적 이익 등도 고려 사항으로 고려할 수 있을 것이다.

다른 기본권과의 균형 도모 명시도 필요하다. EU 입법례[11]와 같이 개인정보 보호 권리는 절대적인 권리가 아니며, 사회에서의 기능과 관련하여 고려되어야 하고, 비례원칙에 따라 다른 기본권과 균형을 이루어야 한다는 내용이 포함될 필요가 있다. 이는 판례를 통해서도 확립된 사항으로 정보공개거부처분의 당부 판단 시 '개인의 사생활 보호 등의 이익'과 '국정운영의 투명성 확보 등의 공익'을 심리하여 비교·교량할 것을 주문했다.[12] 이러한 원칙을 법률로 명문화할 필요가 있고, 비례원칙의 구체적인 적용은 양립가능성 등 개별 조문을 중심으로 활용할 수 있을 것이다. 또한, 이는 원칙 중심 규제 설계의 시작점으로 역할을 할 수 있을 것이다.

---

11 개인정보 보호 권리는 절대적인 권리가 아니며, 사회에서의 기능과 관련하여 고려되어야 하고, 비례원칙에 따라 다른 기본권과 균형을 이루어야 한다(GDPR Recitals (4)). 특히 표현의 자유와의 균형을 강조하고 있다(GDPR Recitals (153)).

12 대법원 2006.12.7. 선고 2004두9180 판결.

2. 정보주체의 새로운 권리로 '개인정보 안전권' 도입

데이터 오남용 문제가 커짐에 따라 개인정보의 안전한 관리의 중요성이 강조되고 있다. 개인정보가 안전하게 관리가 되지 않으면 개인정보 유출 등 정보주체의 인격권 및 사생활에 직접 영향을 미칠 수 있는 중대한 침해가 발생할 수 있기 때문이다. 나아가 개인정보자기결정권이 "자신에 관한 정보가 언제 누구에게 어느 범위까지 알려지고 이용되도록 할 것인지를 정보주체가 스스로 결정할 수 있는 권리"[13]라고 할 때 개인정보가 유출되거나 오남용된다면 정보주체가 자신에 관한 정보를 스스로 결정할 수 있는 권리가 무용지물이 될 수밖에 없다. 이런 의미에서 개인정보의 안전한 관리는 개인정보자기결정권의 차원에서 중요한 의미를 차지한다. 그런데 현행 「개인정보 보호법」은 개인정보의 안전한 관리를 위해 개인정보처리자의 의무만 규정하고 있고, 정보주체가 행사할 수 있는 권리는 특별히 규정하고 있지 않다. 개인정보의 안전한 관리의 중요성에 비추어 보았을 때 정보주체의 권리 보장에 공백이 발생한 것으로 볼 수 있다. 따라서 이러한 문제점을 해결하기 위해 개인정보의 안전한 관리를 위한 새로운 정보주체의 권리 도입을 확대해야 한다.

구체적으로 정보주체에게 자신의 개인정보를 안전하게 처리할 것을 요구할 수 있는 권리(이하 '개인정보 안전권'이라 한다)를 부여해야 한다. 개인정보 안전권은 아직 생소한 개념이지만 완전히 새로운 권리는 아니다. 현재도 이론상 계약상 권리로는 인정될 수 있다. 판례는 "정보통신서비스 제공자가 정보통신서비스를 이용하려는 이용자와 정보통신서비스 이용계약을 체결하면서 이용자로 하여금 이용약관 등을 통해 개인정보 등 회원정보를 필수적으로 제공하도록 요청하여 이를 수집하였다면 정보통신서비스 제공자는 위와 같이 수집한 이용자의 개인정보 등이 분실 · 도난 · 누출 · 변조 또는 훼손되지 않도록 개인정보 등의 안전성 확보에 필요한 보호조치를 취하여야 할

13 헌법재판소 2005.5.26. 선고 99헌마513 결정.

정보통신서비스 이용계약상의 의무를 부담한다"고 하여 개인정보처리자의 계약상 안전조치의무를 인정하고 있다.[14] 따라서 개인정보처리자가 안전조치의무를 불이행하는 경우 채무불이행에 해당하고, 이론상 정보주체는 채권자로서 채무자인 개인정보처리자에 대해 안전조치의무 이행을 청구할 수 있을 것이다.

하지만 계약상 권리를 부여하는 것만으로는 개인정보처리자가 개인정보를 안전하게 관리하도록 하는 데 충분하지 않다. 계약상 권리만 있는 경우에는 개인정보처리자가 이를 이행하지 않더라도 정보주체는 이행 청구만을 할 수 있을 뿐, 「개인정보 보호법」상 마련된 분쟁조정이나 정보주체의 권리 행사 등의 제도는 활용할 수 없기 때문이다. 특히 법령에 따라 개인정보를 처리하는 공공기관의 경우 계약상 권리가 인정되기 어렵기 때문에 법률상 권리 부여의 필요성은 더욱 높다고 할 수 있다. 따라서 이러한 권리를 법률에 명시하여 법률상 권리로 확대할 필요가 있다.

3. 경쟁법과의 연계 · 조정을 위한 절차 마련

데이터 활용 활성화를 위해서는 개인정보 보호 법제와 긴장 관계 내지 갈등 관계에 있는 경쟁법, 신기술, 혁신 등의 분야 법제와의 연계 · 조정이 중요하다. 개인정보 보호에 중점을 둔 법제는 새로운 기업과 혁신적인 비즈니스 모델의 출현과 시장 경쟁을 의도치 않게 방해할 수 있기 때문이다.[15] 특히 개인정보 보호와 경쟁법과의 연계 · 조정은 국내외적인 화두이다. 개인정보 보호 법제를 준수하기 위한 해당 기업의 결정이 독점 및 경쟁에 영향을 미칠 수 있고,[16] 이에 따라 개인정보 보호 법제는 데이터 시장의 경쟁을 제한하고, 독점을 강화시키는 효과를 불러일으킬 수 있다.[17] 따라서 데이터 활

14 대법원 2015.2.12. 선고 2013다43994, 44003 판결.

15 Gal, Michal/Aviv, Oshrit, "The Competitive Effects of the GDPR", 『Journal of Competition Law and Economics』 Volume 15 Issue 3, 2020, p. 4.

16 Autorité de la concurrence, Bundeskartellamt, "Competition Law and Data", 2016, p. 23.

용 논의에 있어서는 개인정보 보호 법제와 경쟁법은 긴장 내지 갈등 관계에 있으므로[18] 제도 간 연계 · 조정이 필요하다.

이렇듯 규제가 혁신을 저해하는 문제를 해결하기 위해 현재 다양한 제도가 도입되어 있기는 하다. 법령 입안 시 사전적 규제 심사 제도로 '규제영향분석'(「행정규제기본법」 제7조 제1항)과 그 세부 평가로 중소기업 규제영향평가(「행정규제기본법」 제7조 제1항 제5호), 경쟁영향평가(「행정규제기본법」 제7조 제1항 제7호) 등이 있고, 사후적 규제 심사 제도로는 규제샌드박스(「행정규제기본법」 제5조의2 제1항) 등이 있다. 그러나 규제샌드박스는 사후적 심사 제도라는 점에서 한계가 있고, 규제영향평가는 '개인정보 침해요인 평가'(「개인정보 보호법」 제8조의2)라는 개인정보 보호 분야를 규율하는 별도의 사전 법령 심사 제도와의 관계 설정이 문제가 된다.

'개인정보 침해요인 평가'는 중앙행정기관의 장이 소관 법령의 제 · 개정을 통해 개인정보 처리를 수반하는 정책이나 제도를 도입 · 변경하는 경우 개인정보보호위원회가 해당 법령의 개인정보 침해요인을 평가하는 제도이다. 그런데 앞에서 살펴본 바와 같이 개인정보 보호 법제와 경쟁법은 긴장 내지 갈등 관계에 있으므로 개인정보 보호 법제를 설계할 때에는 개인정보 보호 법제가 시장에 미칠 수 있는 영향과 잠재적인 위험을 명확하게 인식하고 설계해야 한다.[19] 그런데 현재는 규제 심사와 개인정보 침해요인 평가가 각각 독립적으로 수행되고 있고, 규제 심사 시 '개인정보 보호' 자체를 '경쟁 제한'으로 보고 규제 심사를 할 수 있을지가 불분명하다.[20] 따라서 규제 심사

---

17 Gal, Michal/Aviv, Oshrit, Ibid., p. 4.

18 다른 한편으로는 독점이 개인정보 보호를 저해하는 것으로 보는 견해가 있다. 강력한 시장 지배력을 확보한 기업은 더 많은 개인정보를 수집하고 개인정보 보호를 약화시킴으로써 시장 지배력을 더욱 강화시킬 수 있기 때문이다(Autorité de la concurrence, Bundeskartellamt, Ibid., p. 24 참조).

19 임용/정해빈/고학수, "인공지능과 시장경쟁: 데이터에 대한 규율을 중심으로", 『한국경제포럼』 제12권 제3호, 2019, 56면; OECD, Data Portability, interoperability and Digital Platform Competition, OECD Competition Committee Discussion Paper, 2021.6, p. 39.

20 독일에서 경쟁법을 검토할 때 개인정보를 어떻게 취급하는지도 규율할 수 있다고 본 독일 경쟁법 사례(Bundeskartellamt prohibits Facebook from combining user data from different sources, 2019.7.)는 있으나, 개인정보 보호 판단 시 경쟁 제한 여부를 고려한 사례는 찾아보

와 개인정보 침해요인 평가가 연계 · 조정될 수 있는 장치가 필요하다. 즉, 개인정보 보호 법제를 설계함에 있어서도 경쟁 제한과의 관련성도 같이 평가될 수 있도록 규제기관 간 권한 배분 변화가 필요하다. 예를 들어 '개인정보 침해요인 평가' 시 '개인정보 보호'의 '경쟁 제한'도 측면도 고려할 수 있도록 규제 권한을 배분할 수 있다. 이렇게 되면 경쟁 당국 등이 중요한 역할을 할 수 있으며, 경쟁법 등의 시각에서 개인정보 보호 법제가 시장에 새로운 진입 장벽으로 작용할 수 있는 문제를 식별해내는 데 도움이 될 수 있다.[21] 또한, 개인정보 보호 법제를 설계할 때 '경쟁 중립성'[22]도 고려할 수 있을 것이다.

Ⅳ. 데이터 흐름 단계별 개인정보 보호 법제 개선 방안

1. 데이터 생성 단계

(1) 사생활 침해 가능성이 있는 경우 규제 대상에 포함

정보주체가 제공한 데이터가 아닌 개인정보처리자가 생성한 데이터는 개인정보에 해당하는지 여부가 정의하기가 어려우므로[23] '개인정보' 여부보다는 '사생활 보호'로 통제의 초점을 바꿀 필요가 있다. 동일한 데이터라도 맥락이나 상황에 따라 데이터를 처리하는 것이 편익을 가져다 줄 수도 있고

기 어렵다. 다만, 개인정보 이동성 평가 시 경쟁성을 평가하는 프레임워크로는 Swire, Peter, "The Portability and Other Required Transfers Impact Assessment (PORT-IA): Assessing Competition", Privacy, Cybersecurity, and Other Considerations, Georgia Tech, 2020, p. 29 참조.

21 OECD, Data Portability, interoperability and Digital Platform Competition, OECD Competition Committee Discussion Paper, 2021.6, p. 39.

22 경쟁 중립성에 관하여는 OECD, Competitive neutrailty, <https://www.oecd.org/competition/competitive-neutrality.htm> 참조.

23 Acquisti, Alessandro/Taylor,Curtis/Wagman, Liad, "The Economics of Privacy", 『Journal of Economic Literature』 Volume 54 No. 2, 2016, p. 443.

위험하고 바람직하지 않을 수도 있다.[24] 이는 '개인정보 보호'가 사생활 침해 가능성을 의미하는 프라이버시권을 중심으로 발전해 온 개인정보 보호 연혁과도 일맥상통한다. 또한, 이는 개인정보 수집보다는 개인정보 이용과 그 영향에 더 중점을 두자는 견해나,[25] 문맥적 무결성(contextual integrity)으로 정의하여 정보의 흐름에 따라 규율하자는 견해[26]와도 맥락을 같이한다. 따라서 단순히 개인정보 해당 여부를 중심으로 개인정보 보호 법제를 구성하기보다는 본래의 개인정보 보호 법제의 목적에 부합하도록 특정 데이터 처리가 개인의 인격권 및 사생활을 침해하는지(비록 해당 행위가 개인정보의 처리가 아니더라도)를 중심으로 개인정보 보호 법제를 구성하는 것이 타당하다.

이를 위해서는 데이터 처리가 정보주체에게 어떠한 영향을 미치는지 리스크를 측정해야 하는데[27] 이는 결국 이익형량으로 귀결된다.[28] 이러한 이익형량의 구체적 판단 기준으로 구 「공공기관의 정보공개에 관한 법률」[29] 제9조 제1항 제6호 조항을 참고할 만하다. 「공공기관의 정보공개에 관한 법률」이 개정[30]되기 전에는 비공개 사유에 해당하는 법조문은 "해당 정보에 포함되어 있는 성명 · 주민등록번호 등 개인에 관한 사항으로서 공개될 경우 사생활의 비밀 또는 자유를 침해할 우려가 있다고 인정되는 정보"였다. 따라서 해당 조항은 개인정보성이 반드시 요구되지 않았고, 사생활의 침해 가능성 여부에 따라 판단이 필요했다. 판례도 해당 취지에서 해당 정보에는 '개인식

---

24 Cate, Fred H./Dockery, Rachel, "Artificial Intelligence and Data Protection(인공지능과 개인정보보호)", 김태오 역, 『경제규제와 법』 제11권 제2호, 2018, 143면.

25 Cate, Fred H./Dockery, Rachel, 위의 글, 144면; 김현경, "정보주체의 권리보장과 '동의'제도의 딜레마", 『성균관법학』 제32권 제3호, 2020, 124면.

26 Nissenbaum, Helen, "A Contextual Approach to Privacy Online", 『Daedalus』 Volume 140 Issue 4, 2011.

27 Cate, Fred H./Dockery, Rachel, 위의 글, 144면.

28 권영준, "프라이버시 보호의 정당성, 범위, 방법", 『사법』 제41호, 2017. 303－311면.

29 2020. 12. 22. 법률 제17690호로 일부개정되기 전의 것.

30 현 「공공기관의 정보공개에 관한 법률」의 조문은 다음과 같다.

제9조(비공개 대상 정보) ① 공공기관이 보유 · 관리하는 정보는 공개 대상이 된다. 다만, 다음 각 호의 어느 하나에 해당하는 정보는 공개하지 아니할 수 있다.

6. 해당 정보에 포함되어 있는 성명 · 주민등록번호 등 「개인정보 보호법」 제2조제1호에 따른 개인정보로서 공개될 경우 사생활의 비밀 또는 자유를 침해할 우려가 있다고 인정되는 정보

별정보'뿐만 아니라 '개인에 관한 사항의 공개로 개인의 내밀한 내용의 비밀 등이 알려지게 되고, 그 결과 인격적 · 정신적 내면생활에 지장을 초래하거나 자유로운 사생활을 영위할 수 없게 될 위험성이 있는 정보'도 포함된다고 보았다.[31]

이러한 기준으로 볼 때 데이터 생성 중에서 민감정보 추론은 사생활 침해 가능성이 있는 것으로 판단될 수 있을 것이다. 한 연구 결과에 따르면 심층신경망(deep neural network) 기술을 이용하여 얼굴 사진을 가지고 성적 성향을 정확하게 예측할 수 있다고 한다.[32] 이러한 추론은 해당 기술이 개인정보 처리가 아니라고 하더라도 사생활을 중대하게 침해할 수 있으므로 법적 규율이 필요하다.

(2) 프로파일링에 대한 정보 공개 강화

생성 데이터에 있어 당면한 리스크는 해당 데이터가 프로파일링될 수 있다는 데 있다. 그런데 「개인정보 보호법」 개정으로 신설된 자동화된 결정에 대한 설명 등의 요구권(제37조의2)만으로는 정보주체가 실질적으로 프로파일링 전반에 대해 접근권을 행사하기 어려울 수 있다.[33] 현행법은 적용 범위가 '완전히 자동화된' 시스템으로 이루어지는 결정에 한정되는데 일반적으로 완전히 자동화된 의사결정은 사람의 개입 없이 기술적인 방법으로 의사결정을 내릴 수 있는 기능을 말한다.[34] 반면에 프로파일링은 완전히 자동화된 처리에 한정되지 않는다. 자동화된 처리가 수반되기는 하지만 사람이 개입하는 것도 가능하다.[35] 따라서 프로파일링은 자동화된 의사결정에 의하지

---

31 대법원 2012.6.18. 선고 2011두2361 전원합의체 판결.

32 Wang, Yilun/Kosinski, Michal, "Deep Neural Networks Are More Accurate Than Humans at Detecting Sexual Orientation From Facial Images", 『Journal of Personality and Social Psychology』 Volume 114 Issue 2, 2018, pp. 246–257.

33 해당 권리의 도입에 따라 정보주체는 개인정보처리자가 자동화된 결정을 한 경우에는 그 결정에 대하여 설명 등을 요구할 수 있다(제37조의2 제4항).

34 Article 29 Data Protection Working Party, Guidelines on Automated individual decision–making and Profiling for the purposes of Regulation 2016/679 (wp251 rev.01), 2018.8, p. 8.

35 Article 29 Data Protection Working Party, Guidelines on Automated individual decision–

않고도 수행될 수 있고,[36] 현행법만으로는 프로파일링을 규율하는 데에는 한계가 있을 수 밖에 없다. 따라서 개인정보처리자가 사전에 프로파일링에 대한 내용을 공개하도록 할 필요가 있다. 이러한 측면에서 일부 형식적으로 운영되고 있는 '개인정보 처리방침' 제도가 실체적 차원에서 중요성을 가지게 된다. 프로파일링은 수집된 데이터 자체보다 추론되는 방식이 문제의 원인일 수 있으므로 프로파일링의 의사결정 기준, 프로필을 생성하게 된 데이터의 출처도 공개하도록 하는 등[37] 공개 범위를 구체화하여 공개하도록 할 필요가 있다.

(3) 정확성 확보를 위한 사전 확인 의무 부여

「개인정보 보호법」상 정확성 원칙(제3조제3항)과 관련된 의무도 개인정보 보호 환경 변화에 맞추어 변화가 필요하다. 프로파일링 측면에서는 개인정보처리자가 생성한 개인정보가 실제 개인정보와 일치하는 정도를 의미한다고 볼 수 있다. 개인정보 이동이 활성화되고 프로파일링 또는 자동화되는 환경에서는 정확성의 중요성이 커진다. 예를 들어 개인정보처리자가 데이터를 프로파일링하여 개인정보가 생성되는 경우 해당 정보주체는 자신의 개인정보의 생성 사실을 인지하지 못하여 부정확한 정보를 정정할 기회를 가지지 못하게 된다. 특히 프로파일링의 일상화로 인한 부정확한 추론에 따른 위험을 고려할 때, 개인정보처리자의 정확한 개인정보 관리가 중요해지고, 정보주체가 원하는 경우 자신의 프로필을 수정하거나 업데이트할 수 있도록 하는 것이 중요하다.[38] 즉, 변화된 개인정보 보호 환경에서는 선언적 의미에 가까웠던 정확성 원칙이 실질적으로 의미를 가지게 될 것이다. 따라서 중요

making and Profiling for the purposes of Regulation 2016/679 (wp251 rev.01), 2018.8, p. 7.

36 Article 29 Data Protection Working Party, Guidelines on Automated individual decision-making and Profiling for the purposes of Regulation 2016/679 (wp251 rev.01), 2018.8, p. 8.

37 Article 29 Data Protection Working Party, Opinion 03/2013 on purpose limitation, 2013. 4, p. 47.

38 Article 29 Data Protection Working Party, Opinion 03/2013 on purpose limitation, 2013. 4, p. 47.

한 의사결정에 이용될 가능성이 있는 경우에는 정확성 확보를 위한 사전 확인 의무 부여할 필요가 있다.

2. 개인정보의 처리

(1) 개인정보 처리 유형 체계화

동의 제도 중심의 개인정보 처리 개선을 위해서는 우선 개인정보 처리 근거에 대한 유형화가 필요하다. 처리 근거에 대한 체계가 뒷받침되어야 동의가 필요한 대상과 동의가 필요하지 않은 대상을 구분하는 기준을 설정할 수 있기 때문이다. 현행 「개인정보 보호법」을 종합적으로 고려하면 개인정보 처리 근거는 동의 필요 여부에 따라 아래 표와 같이 7개로 분류할 수 있다.

〈표 1〉 개인정보 처리 근거 분류

구분	처리 근거(7개)	사례(예시)
동의 불요 또는 묵시적 동의(동의 간주)	동의 거부 · 철회 불가	- 법적 근거 - 중대한 이익, 공익 - 당국의 인정[39]
	동의 거부 · 철회 가능(opt-out)	- 영업 양도 등(동의 불요) - 신용정보주체가 스스로 사회관계망서비스 등에 공개한 정보[40](묵시적 동의)
동의 필요 (opt-in)	별도 동의 필요 없음	- 대부분의 개인정보 처리
	별도 동의 필요	- 민감정보, 고유식별정보 처리[41] - 국외 이전[42]
	대리인 동의 필요	- 아동 개인정보의 처리
동의를 근거로 개인정보 처리 불가	당국의 승인 필요	- 가명정보의 결합
	절대적 금지 또는 법률에 근거해서만 가능	- 주민등록번호 처리

39 「개인정보 보호법」 제18조제2항제5호, 일본의 경우 제3자 제공 시 개인정보보호위원회에 신고하는 제도.

40 묵시적 동의가 입법화된 유일한 사례이다(「신용정보의 이용 및 보호에 관한 법률」 제15조 제1항 제2호 다목).

개인정보 처리 근거는 동의 필요 여부에 따라 크게 동의가 불요한 사항, 동의가 필요한 사항, 동의를 근거로도 개인정보를 처리할 수 없는 사항으로 구분될 수 있다. 해당 구분을 세분화하면 우선 동의가 불요한 유형으로, ① 정보주체의 동의 거부 또는 철회로도 개인정보 처리를 막을 수 없는 유형이다. 법적 근거에 따라 개인정보를 처리하거나 공익상 필요한 경우가 여기에 해당한다. ② 또한, 정보주체의 동의를 요하지는 않되, 정보주체의 동의 거부나 철회가 있는 경우 개인정보를 처리할 수 없는 유형이 있는데 해당 유형이 opt-out 유형에 해당한다. 사전 통지 기반의 opt-out 방식은 동의 거부 또는 철회가 가능한 묵시적 동의 내지 동의 간주 제도와 효과가 동일하다고 볼 수 있다. 동의가 필요한(opt-in) 유형으로는 ③ 별도 동의가 불필요하고 포괄 동의만으로도 동의로 인정되는 유형과 ④ 민감정보 처리와 같이 법률상 별도 동의가 요구되는 유형이 있다. ⑤ 본인의 동의가 아닌 대리인의 동의가 요구되는 유형도 있다. 끝으로 정보주체의 동의가 있더라도 개인정보를 처리할 수 없는 유형이다. ⑥ 당국의 승인이 있으면 개인정보를 처리할 수 있는 유형과 ⑦ 절대적 금지 또는 법률에 근거하여서만 개인정보를 처리할 수 있는 유형으로 나누어진다.

1) 동의가 불요한 경우(opt-out)

동의가 불요한 경우로는 내용적인 면에서 대다수가 동의할 것으로 판단되는 사안,[43] 데이터의 이용 가치가 크다고 인정되는 경우,[44] 정보주체의 권리를 보호하기보다는 정보주체에게 피로감을 유발하는 사항이 있을 수 있다. 절차적인 면에서 정보주체에 대한 사전 통지[45]가 적절하게 이루어지는 경우

---

41 「개인정보 보호법」 제23조 제1항 제1호, 제24조 제1항 제1호.

42 「개인정보 보호법」 제28조의2 제1항 제1호.

43 이원우, "지능정보사회에 대응한 개인정보보호법제 개선 방향", 故 류지태 교수 10주기 추모 논문집 간행위원회, 『현대 행정법의 이해』, 박영사, 2018, 260면.

44 Tene, Omer/Polonetsky, Jules, "Big Data for All: Privacy and User Control in the Age of Analytics", 『Northwestern Journal of Technology and Intellectual Property』 volume 11 Issue 5, 2013, p. 262.

45 사전 통지란 행정청이 처분을 하기 전에 미리 당사자에게 처분의 내용 등을 통지하는 것(「행정절차법」 제21조)과 같이 개인정보처리자가 개인정보를 처리하기 전에 미리 정보주체에게

에는 실질상 사전 동의와 개인정보 보호의 정도가 크게 다르지 않다.[46] 따라서 사전 통지를 하는 경우 opt-out 방식의 개인정보 처리도 인정될 수 있을 것이다. 이 경우 사전 동의 방식으로 할지 opt-out 방식으로 운영할지 여부는 개인정보처리자의 자율적인 선택에 따라 정하도록 할 필요가 있다. 이는 리스크 관리자에게 일정한 책임을 부여하고 이를 단계별로 통제해야 한다는 리스크 관리 방식[47]에 부합한다. 특히 전문화와 분업화를 특징으로 하는 현대사회에서 생산 및 유통의 전 과정은 사업자가 지배하고 있으므로 리스크에 대한 정보도 사업자인 피규제자가 가지고 있어 리스크 관리의 책임이 위험지배자에게 부여되어야 한다는 위험책임의 법리에도 부합하는 방식이다.[48]

다만, 개인정보처리자에게 처리 근거에 대한 선택권을 부여한 만큼 이에 상응하는 책임성 확보 조치도 필요하다. opt-out 방식으로 운영할 때는 사전 통지 등의 방식으로 정보주체에게 충분한 정보를 제공하고, 정보주체의 사후 동의 철회 또는 거부권, 삭제권이 철저히 보장되도록 해야 한다.[49] 또한, 개인정보의 처리 근거에 대한 기록 등의 의무를 부과하여 개인정보처리자의 선택에 대한 책임성이 확보되도록 할 필요가 있다.

2) 동의를 필요로 하는 경우(opt-in)

민감한 개인정보는 정보주체의 동의가 있어야만 개인정보를 처리할 수

개인정보 처리의 내용 등을 통지하는 것을 말한다.

46 판례도 이른바 '로앤비 사건'에서 공개된 개인정보에 대해 별도의 동의를 받지 않은 경우에 있어 "개인정보 보호법 제20조는 공개된 개인정보 등을 수집 · 처리하는 때에는 정보주체의 요구가 있으면 즉시 개인정보의 수집 출처, 개인정보의 처리 목적, 제37조에 따른 개인정보 처리의 정지를 요구할 권리가 있다는 사실을 정보주체에게 알리도록 규정하고 있으므로, 공개된 개인정보에 대한 정보주체의 개인정보자기결정권은 이러한 사후통제에 의하여 보호받게 된다"고 판시하고 있다(대법원 2016.8.17. 선고 2014다235080 판결). 다만, 「개인정보 보호법」 제20조는 사후 통지에 해당하여 사전 통지보다는 정보주체의 통제권의 정도가 떨어진다.

47 이원우, "개인정보 보호를 위한 공법적 규제와 손해배상책임-개인정보 누출을 중심으로-", 『행정법연구』 제30호, 행정법이론실무학회, 2011, 266면.

48 이원우, "21세기 행정환경의 변화와 행정법학방법론의 과제", 『행정법연구』 제48호, 행정법이론실무학회, 2017, 94면

49 이원우, "지능정보사회에 대응한 개인정보보호법제 개선 방향", 故 류지태 교수 10주기 추모논문집 간행위원회, 『현대 행정법의 이해』, 박영사, 2018, 260면; 정원준, "동의 규제의 역설과 실질화 방안", 이성엽 편, 『데이터와 법』, 박영사, 2021, 146면.

있도록 해야 한다. 현행법상 '민감정보',[50] '고유식별정보',[51] '아동 개인정보'[52]가 그 예이다. 민감성이 더욱 높은 개인정보의 경우 동의 방법도 엄격하게 제한하여 별도 동의를 받도록 하는 조치가 필요하다. 이러한 개인정보의 경우 정보주체의 동의로 처리할 수 있는 목적 범위도 명확하게 제한할 필요가 있다.

다만, 동의 필요 사항은 '원칙적 허용－예외적 금지(negative regulation)'의 원칙에 따라 네거티브 방식으로 한정할 필요가 있다. 특히 규제 설계의 관점에서는 동의 사항에 대한 총량제를 도입하는 것도 필요하다. 보호 법익, 정보주체의 인지능력 등을 고려하여 필요한 최소한의 사항에 대해서만 동의 받도록 하여 법상 정보주체의 동의를 필요로 하는 사항의 총량이 증가하지 않도록 할 필요가 있다.

3) 동의로도 처리할 수 없도록 할 필요가 있는 경우

개인정보 유출 등 오남용에 따른 정보주체의 사생활이나 인격권이 침해될 우려가 커 절대적 보호가 필요한 개인정보는 정보주체의 동의로도 개인정보를 처리할 수 없도록 해야 한다. 현행법상 '주민등록번호'[53]가 그 예이다. 범죄정보의 경우 우리나라는 정보주체의 동의가 있으면 처리할 수 있는 반면 EU는 법률의 근거 하에서만 처리가 가능하도록 규정하고 있는데 범죄정보는 엄격히 제한적으로만 활용될 수 있도록 하여야 하므로 법률적 근거

---

50 개인정보처리자는 민감정보를 처리해서는 안 된다. 다만, ① 다른 개인정보의 처리에 대한 동의와 별도로 동의를 받거나, ② 법령에서 민감정보의 처리를 요구하거나 허용하는 경우에는 처리할 수 있다(「개인정보 보호법」 제23조 제1항).

51 ① 다른 개인정보의 처리에 대한 동의와 별도로 동의를 받거나, ② 법령에서 구체적으로 고유식별정보의 처리를 요구하거나 허용하는 경우를 제외하고는 고유식별정보를 처리할 수 없다(「개인정보 보호법」 제24조 제1항).

52 개인정보처리자는 만 14세 미만 아동의 개인정보를 처리하기 위하여 동의를 받아야 할 때에는 그 법정대리인의 동의를 받아야 한다(「개인정보 보호법」 제22조의2 제1항).

53 ① 법률 · 대통령령 · 국회규칙 · 대법원규칙 · 헌법재판소규칙 · 중앙선거관리위원회규칙 · 감사원규칙에서 구체적으로 주민등록번호의 처리를 요구하거나 허용하거나, ② 정보주체 또는 제3자의 급박한 생명, 신체, 재산의 이익을 위하여 명백히 필요하다고 인정되는 경우, ③ 주민등록번호 처리가 불가피한 경우로서 개인정보보호위원회가 고시로 정하는 경우 외에는 정보주체의 동의를 받아도 주민등록번호를 처리할 수 없다(「개인정보 보호법」 제24조의2 제1항).

가 있어야만 처리할 수 있도록 개정이 필요하다. 더 나아가 이러한 개인정보에 대해서는 처리할 수 있는 구체적인 범위를 법률로 정하는 등의 조치가 필요하다.

(2) 개인정보 처리에 대한 책임성 제고

1) 동의 효력 엄격화

동의 없이 처리할 수 있는 근거를 확대하는 대신 동의의 효력은 엄격하게 적용할 필요가 있다. 현재 판례[54]에 의해 인정되고 있는 형식적으로 동의가 있었더라도 실질적으로 동의가 없었던 것으로 보는 법리는 명확성 차원에서 법률에 명시하는 것이 필요하다. 아울러 해외 입법례를 참고하여 미동의 간주 규정을 도입할 필요가 있다. EU의 경우 명확하게 알리지 않았거나 계약 이행에 필요하지 않은 개인정보 처리에 대한 동의를 서비스 제공의 조건으로 하는 경우, 무응답 등에는 동의가 없었던 것으로 보고 있다(GDPR Recitals (43)). 미국 California Consumer Privacy Act of 2018(이하 'CCPA'라 한다)[55]는 다크패턴(dark pattern)을 명시하여[56] 다크패턴을 사용하여 얻은 동의는 동의로 간주되지 않도록 하고 있다. 싱가포르의 경우 기만적으로 이루어진 동의 등은 유효하게 이루어진 것으로 보지 않는다. 동의를 거절하거나 철회할 수 없는 경우에도 자유로운 의사에 따른 동의로 보기 어려우므로 동의한 것으로 보지 않는 규정을 명문화할 필요가 있다. 끝으로 EU 입법례(GDPR Article 7(1))를 참고하여 동의가 있었는지 여부에 대한 증명책임을 개인정보처리자에게 부여할 필요가 있다.

2) 개인정보 동의를 수반하는 계약의 품질관리 실시

디지털이 일상의 중심이 되는 현대사회에서는 거래 약관의 일부 내용으

54 이른바 홈플러스 1mm 깨알 고지 사건(대법원 2017.4.7. 선고 2016도13263 판결), 열심히커뮤니케이션즈 사건(대법원 2016.6.28. 선고 2014두2638 판결) 참조.

55 캘리포니아 주에서 2018.6. 최초로 일반법을 제정하여 2020.1.1.부터 시행하였다.

56 사용자의 자율성, 의사 결정 또는 선택권을 저해하거나 손상시키는 실질적인 영향을 미치도록 설계 또는 제작된 사용자 인터페이스로 정의하고 있다(CIVIL CODE § 1798.140(l)).

로 개인정보에 대한 내용이 편입되어 있는 경우도 많고, 개인정보에 대한 내용을 포함한 약관 일체를 계약 관계로 파악할 수 있다.[57] 즉, 상당수의 상황에서는 개인정보 동의 내용은 계약의 일부가 된다. 따라서 개인정보 동의 제도를 제대로 이해하려면 개인정보 동의 내용에만 국한하여 살펴봐서는 안되고, 해당 동의를 계약 내용으로 하는 계약 전체에 대해 살펴보아야 한다.

그런데 현행 개인정보 보호 정책은 계약의 일부로서 '개인정보 동의 내용'보다는 개인정보처리자가 별도로 마련한 '개인정보 처리방침'을 중심으로 이루어지고 있다. 하지만 법적으로 동의의 효력이 미치는 대상은 정보주체와 개인정보처리자 간 동의 내용을 포함하는 계약이지 개인정보 처리방침 그 자체가 아니다. 물론 개인정보 처리방침 그 자체를 내용으로 하여 동의가 이루어지는 경우도 있으나 실제로 동의를 받을 때에는 개인정보 처리방침에 없는 내용이 들어가 있는 경우도 많고, 개인정보 처리방침과 다른 경우도 있으며, 이용약관에 대한 동의로 개인정보 동의가 이루어지는 경우도 많은 등 개인정보 처리방침상의 내용과 별개로 동의 내용이 정해지는 경우가 많다.[58] 따라서 동의의 효력이 미치는 계약의 내용 및 수단에 대해 더욱 많은 관심이 필요하다.

따라서 이러한 계약의 품질관리가 필요하다. 대표적인 품질관리 방법으로는 계약의 표준화가 있고, 표준화 외에 공법적 규율 방법으로는 평가제도 도입이 있다. 이러한 평가 제도로서 현재 개인정보 처리방침의 평가 제도가 도입되어 있는데 여기에 추가하여 동의 내용에 대한 평가도 도입 검토가 필요하다. 왜냐하면 앞에서 살펴보았듯이 정보주체와 별도의 동의 과정을 거치게 되면 개인정보 처리방침의 내용이 아니라 동의 내용대로 효력이 인정되기 때문이다. 따라서 개인정보 처리방침 평가와 별도로 실제 동의 내용에 대한

57 권영준, "개인정보 자기결정권과 동의 제도에 대한 고찰", 『법학논총』 제36권 제1호, 전남대학교 법학연구소, 2016, 710면.

58 다만, 「개인정보 보호법」에는 개인정보 처리방침의 내용과 개인정보처리자와 정보주체 간에 체결한 계약의 내용이 다른 경우에는 정보주체에게 유리한 것을 적용한다는 규정이 있다(「개인정보 보호법」 제30조 제3항).

평가가 필요하다. 한편, 앞에서 살펴보았듯이 개인정보 동의가 계약의 일부로 이루어지는 이용약관 동의 형태로 이루어지는 경우도 많으므로 공정거래위원회의 약관 심사와의 연계를 확보할 필요성도 있다. 예를 들어 약관 심사 시 개인정보 처리에 관한 부분은 개인정보보호위원회가 검토하는 방식이다.

장기적으로는 개인정보 처리에 대한 정보 제공을 강화하기 위해 사전에 개인정보 처리방침에 대한 설명 의무를 부여할 필요가 있다. 물론 개인정보 동의를 받을 때 개인정보 처리에 관한 사항을 고지받기는 하지만 현행법상 고지 의무 항목(제15조 제2항, 제17조 제2항, 제18조 제3항 각 호)은 개인정보 처리방침에 담기는 내용(제30조제1항 각 호)에 비해 매우 제한적이다. 게다가 현재는 개인정보 처리방침을 인터넷에 공개하기만 하면 되어 정보주체가 개인정보 처리방침의 존재나 내용을 제대로 알기가 어렵다. 따라서 정보주체의 동의를 받을 때에는 고지 의무 항목과 별도로 개인정보 처리방침에 대해 설명하도록 할 필요가 있다. 이 경우 방대한 양의 개인정보 처리방침을 모두 설명하도록 하는 것은 오히려 정보주체에게 불리하게 작용할 수 있으므로 해당 개인정보 처리와 관련된 부분만 설명하도록 할 필요가 있고, 이를 위해 개인정보 처리방침도 개인정보 처리별, 단계별로 세분화하여 수립하도록 할 필요가 있다.

3) 정보주체에 대한 통지 강화

opt－out 방식 허용에 따라 개인정보처리자의 자율성이 강화되면 그 반대급부로 정보주체의 개인정보자기결정권이 약화될 수 있으므로 새로운 규제 체계 확립이 필요하다. 앞에서 살펴본 바와 같이 특히 opt－out 방식에서는 정보주체의 사후 동의 철회 또는 거부권 행사가 중요하다. 그런데 정보주체가 해당 권리를 제대로 행사할 수 있으려면 정보주체에 대한 적절한 통지가 중요하다. 따라서 opt－out 방식을 도입할 때에는 유효한 통지 요건을 설정할 필요가 있다.

우선 통지 사유와 관련하여 opt－out 방식은 사전 동의를 대체하는 것이므로 사전 동의를 받아야 하는 사유와 차이를 둘 이유가 없을 것이다. 해외 입법례의 경우 통지 요건을 엄격히 하고 있는데 EU GDPR이나 미국 CCPA는 동의가 필요 없는 양립가능성 요건 충족 시에도 통지를 하도록 하고 있고, 일본은 이용 목적을 변경한 경우 통지를 하도록 하고 있다. 우리도 기본적으로 사전 동의가 필요한 사안인 경우에는 통지를 하도록 할 필요가 있다. 통지 의무 발생 시기와 관련하여서는 정보주체의 거부권 보장이 필요하므로 개인정보 처리, 처리 시점 이전에 통지하도록 할 필요가 있다. 사전 통지의 경우 사전 통지 기간, 통지 방법을 정하고, 사후 통지의 경우 통지 주기, 통지 방법 등을 합리적으로 정하여 개인정보처리자의 설명 의무를 강화할 필요가 있다. 그리고 통지의 입증책임을 개인정보처리자에게 부여하여 통지에 대한 책임성을 제고해야 한다.

(3) 정보주체에 대한 대리 제도 활성화

정보주체의 권리 행사의 대리는 정보주체의 권리 행사를 효율적으로 지원해줄 수 있다는 점에서 데이터 활용 활성화를 위해서도 중요한 제도이다. 정보주체는 인지능력의 한계 및 제한된 합리성 등으로 인해 현실에서는 비일관적으로 권리를 행사한다. 그런데 전문성을 가진 대리인이 그 권리를 대신 행사를 하게 되면 합리성을 가지고 개인정보 처리에 동의하는 등 정보주체의 권리를 대리 행사할 수 있다. 따라서 정보주체가 자신의 권리를 실질적으로 행사할 수 있으려면 대리인 제도가 확대되어야 한다. 현행 「개인정보 보호법」은 만 14세 미만 아동의 경우 법정대리인이 그 아동의 개인정보에 대한 권리 행사를 할 수 있도록 하고 있고(제38조 제2항), 정보주체의 권리 행사를 대리인에게 하게 할 수 있다고 규정하고 있는 것(제38조 제1항) 외에는 대리에 관하여 규정하고 있는 것이 없다. 이에 따라 대리 행사에 법적 공백이 발생하고 있다. 이렇듯 정보주체의 권리 행사 대리 제도는 아직 미흡한 상황으로 실질적인 정보주체의 권리 행사를 위해서는 관련 장치 마련이 시급하다.

1) 정보주체의 권리 대리 범위를 동의 및 통지로 확대

현행법은 대리가 가능한 경우를 개인정보의 열람, 정정, 삭제 등으로만 규정하고 있는데 대리 범위를 이러한 권리에만 한정시킬 이유는 없다. 예를 들어 개인정보 처리 관련 통지의 경우도 정보주체 자신이 받는 것보다 대리인이 통지를 받을 때 더 정확하게 통지 내용을 이해할 수 있다. 더 나아가 자신의 개인정보 제공 등에 동의하는 행위도 대리인이 할 수 있도록 하는 것도 필요하다. 법적으로 정보주체의 권리는 강력한 보호를 받으나 현실에서는 일단 개인정보처리자에게 개인정보가 제공되고 나면 개인정보처리자가 개인정보를 동의 내용에 따라 제대로 처리하고 있는지를 확인하거나 이를 강제하기가 쉽지 않다. 이때 대리인이 정보주체를 대리하여 동의권을 행사할 수 있다면 정보주체 자신이 직접 행사하는 것보다 더 효율적이고 안전하게 개인정보를 처리하는데 도움이 될 수 있다.

그런 의미에서 현재 「개인정보 보호법」상 대리 행사할 수 있는 권리 범위에서 제외되어 있는 개인정보의 전송 요구도 대리 범위에 추가해야 한다. 물론 현재도 「개인정보 보호법」 제35조의3에 따른 '개인정보관리 전문기관'(이하 '개인정보관리 전문기관'이라 한다)이 개인정보의 전송 요구 업무를 함에 있어서는 일종의 대리인의 역할을 할 수 있는 것으로 보이나[59] 명문으로 대리인이 될 수 있음을 명시할 필요가 있다.

2) 대리인의 자격 기준 마련

개인정보의 흐름 측면에서 보면 대리인은 개인정보처리자 본인을 위해 개인정보처리자가 보유 중인 개인정보를 이전받는 수탁자와 비슷한 면이 있다. 따라서 대리인은 정보주체의 수탁자로서 개인정보처리자의 수탁자와 같이 수령한 개인정보를 보호할 필요가 있다.[60] 이를 위해 대리인에 대해 일정

---

59 「신용정보의 이용 및 보호에 관한 법률」의 경우 이미 본인신용정보관리회사에 정보주체의 권리 행사의 대리를 부수 업무로 허용하고 있다.
「신용정보의 이용 및 보호에 관한 법률」 제11조의2(부수업무) ⑥ 본인신용정보관리회사의 부수업무는 다음 각 호와 같다.
3. 제39조의3제1항 각 호의 권리를 대리 행사하는 업무

한 자격요건을 규율할 필요가 있다. 그렇지 않으면 대리인 제도는 데이터 브로커(data broker)[61]로 변질되어 개인정보 오남용 문제가 더 커질 수도 있다.

이와 관련하여 정책적으로 현재 개인정보 전송 요구에 한정하여 규율되어 있는 '개인정보관리 전문기관'을 정보주체의 권리 행사 모두를 대리하는 대리인으로 확대 적용하는 것이 타당하다. 현행 「개인정보 보호법」에서는 일정한 기술 수준 및 전문성 등을 갖춘 기관만을 '개인정보관리 전문기관'으로 지정하고 있는데 이러한 역량을 가진 '개인정보관리 전문기관'이 개인정보의 전송 요구 이외에 다른 정보주체의 권리 행사도 대리할 수 있도록 하면 정보주체의 권리를 보장하면서 데이터 활용을 활성화할 수 있다.

3) 본인확인 절차 편의성 강화

대리인 제도가 활성화되기 위해서는 정보주체의 노력도 중요하지만 정보주체의 권리 행사의 상대방인 개인정보처리자의 역할도 중요하다. 정보주체가 대리인을 통해 권리를 행사하고자 하더라도 개인정보처리자가 해당 대리인이 진정한 정보주체의 대리인이 맞는지 확인할 수 없다면 대리인 제도는 무용지물이 되기 때문이다. 따라서 대리 제도 활성화를 위해서는 본인확인 절차를 고도화하는 것이 무엇보다 중요하다. 우리도 개인정보 전송 요구 시 본인확인 절차를 규정하고 있는데(제35조의2 제6항) 본인확인 절차의 중요성을 인식하여 법률에 해당 내용을 명시한 것으로 볼 수 있다.

따라서 본인확인 절차를 구체화하여 이에 관한 규정을 법률에 명시하는 것이 중요하다. 특히 정보주체 자신이 직접 행사하는 경우 외에 대리인을 통해 권리를 행사하는 경우에도 개인정보처리자가 정보주체의 의사를 확인할

---

60 Balkin, Jack M., "Information Fiduciaries and the First Amendment", 『UC Davis Law Review』 Volume 49 No. 4, 2016, p. 1232.

61 고객의 오프라인, 온라인, 모바일 이용 정보를 수집, 분석하여 판매하는 사람이나 기업을 말한다(한국정보통신기술협회, 정보통신용어사전, <terms.tta.or.kr>). 우리나라의 경우 「정보통신망 이용촉진 및 정보보호 등에 관한 법률」 제44조의7 제1항 제6호의2에 따라 '이 법 또는 개인정보 보호에 관한 법령을 위반하여 개인정보를 거래하는 내용의 정보'는 유통이 금지되어 있다. 미국 CCPA의 경우 데이터 브로커를 명시적으로 허용하고 있다. 자세한 사항은 CIVIL CODE § 1798.99.80 참조.

수 있는 확인 절차나 인증 수단을 마련하도록 의무를 부여할 필요가 있다. 또한, 정보주체의 권리 행사 방식에 관한 규정(제38조제4항)을 차용하여 본인확인 수단이 개인정보처리자가 제공하는 서비스 가입 시의 본인확인 수단보다 더 어렵지 않게 하도록 하는 등의 의무를 부과하는 것도 병행할 필요가 있다. 다만, 이러한 의무 이행의 부담을 전적으로 개인정보처리자에만 부과해서는 안되고, 미국 CCPA와 같이 정부가 본인확인 수단 표준화 등 본인확인 절차를 수립할 책무를 인식하고 절차를 수립해 나가야 한다.

(4) 정보주체 주도의 개인정보 통제권(마이데이터) 확대

1) 개인정보의 전송 요구 대상 개인정보 확대

현행 「개인정보 보호법」은 전송 대상으로 '전송을 요구하는 개인정보가 개인정보처리자가 수집한 개인정보를 기초로 분석 · 가공하여 별도로 생성한 정보'인 경우에는 전송 요구 대상에서 제외하고 있다. 하지만 미국 CCPA의 경우 개인정보 전송 요구 대상이 제한되지 않고, 우리보다 개인정보 이동권을 먼저 도입한 EU의 경우 파생된 데이터나 추론된 데이터도 권리 행사 대상에 포함시켜야 한다는 주장이 계속 제기되고 있다. 예를 들어 정보주체가 개인정보 분석 · 가공 서비스 비용을 지불한 경우에는 서비스 제공업체는 정보주체로부터 분석 · 가공 비용을 받았으므로 분석 · 가공을 통해 생성된 정보의 가치는 정보주체에게 귀속되며, 이 경우 개인정보 이동권의 범위에 속하는 것이 타당할 수 있다.

만약 개인정보처리자가 생성한 정보를 전송 요구 대상에서 제외하는 이유가 개인정보처리자의 이익을 보호하기 위한 것이라면 전송 요구 권리 행사 시 요금을 부과하는 방식으로 얼마든지 이러한 문제를 해결할 수 있다. 또한, 해당 정보가 영업비밀 등에 해당한다면 영업비밀보호법 등의 법률에 따라 전송을 거부할 수 있는 정당한 사유에 해당하기 때문에 전송 요구에 응하지 않아도 된다. 따라서 개인정보처리자가 생성한 모든 정보를 전송 요구 대상에서 사전적, 전면적으로 제외하는 것은 타당하지 않고, 개인정보처리자가 생성한 정보도 전송 요구 대상으로 확대 적용시킬 필요가 있다.

2) 정보주체의 편익이 큰 개인정보 전송에 대한 책임 감면

일반적으로 개인정보의 전송 요구의 경우 동일 · 유사한 재화 · 서비스를 제공하는 등 정보주체의 재화 · 서비스 전환의 거래비용이 낮은 경우에 도입이 유망할 것으로 여겨진다. 금융, 통신, 의료 서비스 등이 그 예이다. 이는 개인정보처리자에게 있어 거래비용이 차지하는 비중이 큰 경우에는 개인정보의 전송 요구의 확산이 원활하지 않을 수 있다는 것을 의미하는 것이기도 하다. 리스크가 클수록 거래비용도 커지므로 개인정보처리자의 책임 감면 규정을 도입하여 개인정보 이전에 따른 편익을 얻는 정보주체가 리스크를 분담하게 만들 필요가 있다. 왜냐하면 개인정보의 전송 요구는 개인정보처리자가 원해서가 아니라 정보주체의 적극적인 통제 하에 이루어지는 것으로 해당 편익은 주로 정보주체에게 돌아가기 때문이다.[62] 따라서 개인정보의 전송 요구의 경우 정보주체도 개인정보 전송에 따른 리스크를 일정 부분 감수한 것으로 보아도 부당하지 않으므로 개인정보처리자의 리스크 부담을 완화시켜 줄 필요가 있다.

우선, 책임 감면이 필요한 요건은 개인정보 이동에 따른 편익이 비용보다 큰 경우이다. 여기서 편익이란 정보주체의 편익을 의미하는데 편익이 크지 않으면 정보주체에게 리스크에 대한 부담을 지우는 것을 정당화하기 어렵기 때문이다. 비용이란 개인정보처리자 입장에서의 리스크를 의미하는데 개인정보 이전 시 정보주체로부터 수수료를 받거나 정부의 금전적 지원을 받는 경우에는 개인정보처리자는 일정 부분 리스크에 상응하는 금전적 혜택을 보전받으므로 해당 부분은 비용 산정 시 제외하는 것이 필요하다.

편익이 비용보다 큰 경우로 볼 수 있는 대표적인 사례는 재화 · 서비스가 동일 · 유사한 경우이다. 반면에 재화 · 서비스가 동일 · 유사하지 않으면

62 정보주체의 요구에 따라 정보가 제공되므로 고의나 중과실이 없는 한 민형사상 책임을 감면받아야 한다는 견해로 조성은/정원준/이시직/이창범 외 1명, "개인주도 데이터 유통 활성화를 위한 제도 연구", 정보통신정책연구원, 2019. 145, 148면 참조.

개인정보를 이전받은 개인정보처리자는 해당 정보를 활용하여 정보주체에게 가치를 가져다주는 산출물을 만들어 내기가 쉽지 않다. 산출물을 만들어 낼 수 있다고 하더라도 재화 · 서비스가 동일 · 유사하지 않으면 기본적으로 개인정보 활용에 따른 리스크가 높을 수밖에 없기 때문에 해당 리스크를 고려해도 편익이 크다고 볼 수 있는 경우에만 책임 감면이 정당화될 수 있다. 같은 맥락에서 재화 · 서비스 제공 시 처리하는 개인정보가 민감한 개인정보인 경우에는 개인정보 이전에 따른 리스크가 크기 때문에 해당 리스크를 고려해도 편익이 크다고 볼 수 있는 경우에 책임 감면의 대상이 될 수 있다. 편익이 크다고 인정될 수 있는 대표적인 분야는 의료 분야로, 의료 서비스는 동일 · 유사한데 사람들은 보통 여러 군데에서 의료 서비스를 이용하므로 자신의 의료정보가 다른 의료기관으로 쉽게 옮겨질 수 있기를 원한다. 이렇게 의료정보가 이전되는 경우 의료 서비스 이용도 간편해지고, 진료 · 치료 등의 정확성도 높아져 의료 서비스의 질이 높아질 수 있다. 그런데 의료정보의 상당수는 민감정보에 해당하므로 개인정보 이전 시 개인정보 유출 등 리스크가 커 개인정보처리자인 의료기관은 개인정보 이전의 거래비용을 크게 느낀다. 따라서 이러한 경우에는 리스크에 상응하는 책임을 감면하여 개인정보 이전이 원활하게 이루어지도록 할 수 있다.

3. 데이터 가공

(1) 가명정보의 제한적 재식별 허용

가명정보를 재식별하는 것이 무조건적으로 정보주체의 권리를 침해하는 것이라고 보는 시각을 해소할 필요가 있다. 해당 가명정보 처리의 목적 달성을 위해 필요한 경우나, 정보주체의 권리 · 이익을 위해 재식별하는 경우 등에는 재식별을 허용하는 것이 타당할 수 있다. 해외 입법례는 일정 부분 재식별을 허용하고 있다. GDPR 가이드라인에서는 종단 연구 후반부에서 연구

대상자를 인터뷰해야 하는 경우에는 재식별할 수 있어야만 연구 목적을 달성할 수 있다고 보고 있고,[63] 미국 CCPA의 경우 연구를 지원하는 데 필요한 경우에는 재식별을 허용하고 있으며, Health Insurance Portability and Accountability Act(이하 'HIPAA'라 한다)도 내부 차원의 목적을 위한 재식별을 허용하고 있다. 예를 들면 가명정보 활용에 따른 데이터 배당 목적의 재식별은 정보주체의 동의가 있으면 허용하는 것이 타당할 수도 있을 것이다. 다만, 예상치 못한 재식별로 정보주체의 권리가 침해될 수 있으므로 정보주체가 인지할 수 있도록 사전 동의를 받도록 하거나 통지 강화 등의 조치를 병행할 필요가 있다.

(2) 가명처리 및 가명정보 처리에 대한 책임 감면

실무상 현실적으로 정보주체의 동의 없이 개인정보를 처리할 수 있는 대부분의 경우는 가명정보를 활용하는 경우일 것이다. 따라서 데이터 활용 활성화를 위해서는 가명정보 활용 확대가 불가피한데 아직 기술적으로 100% 완벽한 가명처리 방법은 없으므로 제도 활용에 소극적으로 되기 쉽다. 특히 공공기관의 경우 개인정보를 가명처리하지 않으면 아무 문제가 발생하지 않으나, 잘못 가명처리를 했을 때에는 징계, 감사 등이 뒤따르므로 가명정보 제도를 적극적으로 활용하기 어렵다. 따라서 이를 해결하기 위해 책임 감면 제도를 도입할 필요가 있다.[64]

이와 관련하여 현재 「개인정보 보호법」은 가명정보의 재식별 가능성만 언급하고 있는데 현재 기술상 실제 현실에서는 재식별 가능성보다는 애초에 가명처리가 제대로 되지 않는 불완전 가명처리의 리스크가 더 많을 것이다. 따라서 불완전 가명처리도 가명정보 관련 리스크의 유형으로 포함시킬 필요가 있고, 이러한 불완전 가명처리에 대해서도 책임을 감면할 필요가 있다.

---

63 Article 29 Data Protection Working Party, Opinion 03/2013 on purpose limitation, 2013. 4, p. 29.

64 고학수, "개인정보보호: 규제체계에 관한 논의의 전개와 정책적 과제", 고학수 편, 『개인정보 보호의 법과 정책』, 박영사, 2016, 29면.

책임 감면은 인접법인 「저작권법」상의 온라인서비스제공자의 책임 제한 조항(제102조, 제103조)과 유사하게 개인정보를 처리함에 있어 법률이 요구한 소정의 요건을 구비한 경우 개인정보처리자의 책임을 감면해줄 필요가 있다.[65] 현재의 가명처리나 가명정보의 처리는 내용적 측면보다는 절차적인 규범성이 강하기 때문이다. 따라서 현재 「개인정보 보호법」이 요구하는 절차적인 요건을 모두 준수한 경우에는 책임 감면을 해줄 수 있다. 이와 관련하여 현재 「개인정보 보호법」에서는 가명처리에 대해서는 구체적인 절차가 규정되어 있지 않은데 가명처리에 대해서도 절차 요건 마련이 필요하다. 구체적으로는 가명정보의 처리(제28조의4 제3항)와 유사하게 가명처리 기록 의무를 부여하고, 기술적 한계 보완을 위한 인적 개입에 의한 처리 등의 의무를 부여할 필요가 있다.

(3) 가명처리 정지 요구 제한적 허용

판례[66]는 최근 가명처리 정지권을 인정하였는데[67] 가명처리의 목적이 제한되지는 않는다고 해서 가명처리 정지권을 전면적으로 부정할 필요는 없다고 본다. 문제는 가명처리 정지권의 인정 범위이다. 판례는 가명처리 정지권이 인정되는 범위에 대해 명확히 판단을 내리지 않은 것으로 보인다. 오히려 해당 사안만 놓고 보면 가명처리 정지가 제한 없이 인정될 수 있는 것처럼 보이기도 한다. 그러나 정보주체의 권리 행사에도 일정한 한계가 있으므로 가명처리 정지권 자체는 인정하되 처리정지 요구를 거부할 정당한 사유가 있는 경우에는 처리정지 거부가 가능하다고 보아야 할 것이다. 이 경우

65 박준석, "지적재산권에서 바라본 개인정보 보호", 고학수 편, 『개인정보보호의 법과 정책』, 박영사, 2016, 165-166면.

66 서울중앙지방법원 2023.1.19. 선고 2021가합509722 판결; 서울고등법원 2023.12.20. 선고 2023나200923 판결.

67 그 논거로 ① '가명처리'도 「개인정보 보호법」 제2조 제2호의 '개인정보의 처리'에 해당하고, ② 가명처리는 재식별 가능성의 리스크가 존재하므로 개인정보자기결정권을 행사할 수 있도록 할 필요성이 존재하며, ③ 「개인정보 보호법」은 가명정보에 대해서는 통지 의무, 열람권 등의 적용을 모두 배제하고 있어 가명처리에 대한 처리정지 요구권은 정보주체가 가명정보에 관하여 가지는 사실상 유일한 결정권 행사 방법에 해당한다는 점을 들었다.

가명정보 처리의 폭 넓은 활용 목적을 고려할 때 가명처리 정지 요구 목적이 특정되지 않은 단순 가명처리 정지 요구는 실질적으로 가명정보의 처리를 무력화시키는 결과를 낳으므로 허용될 수 없다고 보는 것이 타당하다. 따라서 가명처리 정지의 목적 범위가 특정된 처리정지 요구 행사만 인정 가능할 것이다. 예를 들어 개인정보처리자가 상업적 목적으로 개인정보를 가명처리한 뒤 가명정보를 활용하여 수익을 일으켰는데 해당 정보주체에게 수익을 배당하지 않는 경우에는 수익 배당을 조건으로 가명정보를 처리정지할 수 있도록 하는 것도 생각해볼 수 있다. 한편, 가명처리는 안전조치 목적으로도 활용되고 있으므로 안전조치 목적 가명처리에 대해서는 처리정지를 요구할 수 없다고 보아야 한다.

(4) 익명처리 정도 절차적 규범화

익명처리도 기술상으로 실현이 쉽지 않으므로 현실에서 익명처리 제도가 활용될 수 있도록 하기 위해서는 규범적 차원의 조치가 필요하다. 이와 관련하여 익명처리를 절차적 개념으로 규정하는 것도 생각해 볼 수 있는데 미국과 일본의 입법례를 참고할 만하다. 미국의 CCPA나 HIPAA의 비식별화는 우리의 익명처리와 비슷하다고 할 수 있는데 CCPA[68]와 HIPAA는 비식별화의 조건을 구체적으로 규정하고 있다. 일본의 경우 우리의 익명처리와 비슷한 개념인 익명가공정보에 포함된 개인에 관한 정보의 항목을 공개하도록 하고 있다. 또한, 익명가공정보를 제3자에게 제공하는 경우에는 여기에 포함된 개인에 관한 정보의 항목 및 제공 방법을 미리 공개하고, 해당 정보가 익명가공정보임을 명시하도록 하고 있다. 우리나라도 이와 비슷하게 익명정보의 재식별 금지 의무[69]를 부여하고, 해당 익명정보를 제공받은 자도 관련 의

68 • 해당 정보를 소비자 또는 가정과 연관시킬 수 없도록 합리적인 조치를 취할 것
• 비식별화된 형태로 정보를 유지 및 사용하고 재식별을 시도하지 않을 것을 공개적으로 약속(다만, 비식별처리 프로세스가 비식별화 요건을 충족하는지 여부를 판단하기 위한 목적으로만 정보를 재식별화하는 것을 시도할 수 있음)
• 해당 정보 수신자가 비식별화를 위한 준수 조항을 준수하도록 계약상 의무를 부여

69 현행 「개인정보 보호법」은 가명정보와 달리 익명정보에 대해서는 재식별 금지 의무가 명시되

무를 준수하도록 의무를 부여하는 등 의무 부여를 조건으로 익명정보에 대한 법적 지위를 부여할 수 있을 것이다.

그 밖에 추정 규정이나 간주 규정 도입 검토도 필요하다. 현재 「신용정보의 이용 및 보호에 관한 법률」에는 익명정보 추정 규정이 도입되어 있는데(제40조의2 제3항, 제4항) 개인정보처리자가 익명처리가 적정하게 이루어졌는지 여부를 정부에 심사 요청하고, 정부가 심사하여 적정하게 익명처리가 이루어졌다고 인정하는 경우에는 익명정보로 추정하여 익명처리의 법적 부담을 해소할 수 있다. 또한, 간주 규정을 도입하여 추가 정보 내지 다른 정보를 활용한 식별가능성의 확보가 규범적 차원에서 불가능해졌다고 판단할 수 있는 수준의 조치를 취하면 익명처리한 것으로 보거나[70] 특정 암호화 처리를 하면 익명처리한 것으로 간주하도록 정할 수도 있을 것이다.[71]

4. 데이터 소멸

(1) 개인정보 보유기간 유연화

현행 「개인정보 보호법」은 개인정보 보유기간을 사전에 특정하도록 하여 규율이 굉장히 엄격하고, 빅데이터 환경에 맞지 않는 면이 있다. 해외 입법례는 이러한 점을 인식하여 보유기간을 상당히 유연하게 규정하고 있다. 일본의 경우 아예 삭제 의무를 부여하지 않고 있고, EU와 미국의 경우 기본적으로는 개인정보 수집 당시 보관기간을 정하도록 하되, 보관기간을 정하는 것이 어려울 수 있는 점을 인정하여 보관기간을 정하는 것이 어려운 경우에는 해당 기간을 결정하는 데 사용되는 기준을 통지하도록 하고 있다.

우리나라도 가명정보를 이용하는 경우에는 처리 목적 등을 고려하여 처

어 있지 않다.

70 고학수 외 4명, 『개인정보 비식별화 방법론－보건의료정보를 중심으로－』, 박영사, 2017, 182면.

71 Finck, Michèle, “Blockchains and Data Protection in the European Union”, 『Max Planck Institute for Innovation & Competition Research Paper』 No. 18－01, 2018, p. 11.

리 기간을 별도로 정할 수 있도록 규정하고 있다(「개인정보 보호법」 제28조의4 제2항). 다만, 기준이 명확하지 않은데 기준을 구체적으로 정한 「신용정보의 이용 및 보호에 관한 법률」의 입법례를 참고할 필요가 있다.[72] 그리고 가명정보 이외의 개인정보의 경우에도 보유기간의 연장을 명문화하여 보유기간을 유연하게 규정할 필요가 있다.

(2) 개인정보 보유기간 변경 시 정보주체에게 통지 의무 부여

개인정보 보유기간을 유연화하되, 보유기간이 변경된 경우에는 파기할 때 통지하도록 의무를 부여할 필요가 있다. 현행 「개인정보 보호법」은 파기 여부 판단 시 개인정보처리자의 수집 목적만 고려하여 개인정보의 필요 여부를 판단하도록 하고 있고, 정보주체 목적은 고려 대상으로 삼고 있지 않다.[73] 그러나 당초에 개인정보를 수집할 때는 개인정보 수집 목적에 대한 개인정보처리자와 정보주체 간 의사합치에 따라 개인정보 수집이 이루어진 것이므로 개인정보 파기를 할 때에도 양 당사자 간 의사합치가 있어야 파기할 수 있다고 보는 것이 타당하다. 개인정보처리자가 당초 공표한 개인정보 보유기간보다 앞서 개인정보를 파기한다는 것은 보유기간을 단축한다는 것이고 보유기간 단축은 개인정보 수집 목적의 변경을 의미한다. 따라서 개인정보 처리 목적 변경에 따른 통지를 실시하도록 의무를 규정할 필요가 있다.

---

72 이용 목적, 가명처리의 기술적 특성, 정보의 속성 등을 고려하여 대통령령으로 정하는 기간 동안 보존할 수 있다고 규정하고 있다(「신용정보의 이용 및 보호에 관한 법률」 제20조의2 제2항 제2호의2).

73 구 「개인정보 보호법」(법률 제16930호, 2020.2.4. 일부개정)에서는 이용자가 정보통신서비스를 1년의 기간 동안 이용하지 않는 경우 정보통신서비스 제공자등으로 하여금 해당 기간 만료 30일 전까지 개인정보가 파기되는 사실, 기간 만료일 및 파기되는 개인정보의 항목 등을 전자우편 등의 방법으로 이용자에게 알리도록 규정하였었다(제39조의6 제2항).

V. 결 론

지금까지 데이터 활용 활성화를 위한 우리나라 개인정보 보호 법제 개선 방안을 살펴보았다. 개인정보 보호 법제 개선 방안의 핵심은 리스크를 기준으로 정보주체의 권리 침해를 최소화할 수 있는지 여부이다.[74] 이러한 측면에서 개인정보 판단 기준 명확화 · 구체화가 가장 우선되어야 한다. 기본적으로 개인정보 여부에 따라 「개인정보 보호법」 적용 여부가 달라지기 때문이다. 두 번째는 가명정보 활용이다. 가명정보는 개인정보에 포함되기는 하지만 식별가능성이 낮으므로 정보주체의 권리를 해할 가능성이 낮아 개인정보 보호 리스크가 줄어들기 때문이다.[75] 이는 「개인정보 보호법」상 양립가능성 원칙의 판단 기준으로도 작용한다(시행령 제14조의2 제1항 제4호). 세 번째는 opt－out의 활용이다. 식별정보 활용이 불가피한 경우에는 가명정보는 활용할 수 없는데 이 경우에는 사전 동의를 받거나 opt－out 방식이 가능하다. 사전 통지가 수반된 opt－out 방식은 정보주체의 권리 보장 측면에서 사전 동의 방식과 차이가 없는 반면에 명시적인 동의를 필요로 하지 않으므로 데이터 이동성 확보에 용이하다. 네 번째는 정보주체의 권리 행사 대리이다. opt－out이 불가능한 개인정보 처리의 경우 정보주체의 사전 동의가 필요한데 이 때에는 정보주체의 합리적 선택이 중요하다. 그런데 정보주체는 합리적인 선택을 하지 않을 수 있으므로 전문성을 지닌 대리인이 권리 행사를 대리할 수 있도록 하면 이러한 정보주체의 비합리성 문제를 어느 정도 해결해 줄 수 있을 것이다.

「개인정보 보호법」은 역동적이며, 제도 개선을 위한 노력이 끊이지 않는 법률 중 하나이다. 특히 지난 2023.3.14. 개정된 현행 「개인정보 보호법」

74 이는 피해의 최소성 원칙과도 일맥상통한다(헌법재판소 2005.10.27. 선고 2003헌가3 결정; 헌법재판소 2008.5.29. 결정 2007헌마248 결정 등).

75 EU도 가명정보가 리스크 기반 접근에 기초하고 있음을 분명히하고 있다(Article 29 Data Protection Working Party, Statement on the role of a risk－based approach in data protection legal frameworks, 2014.5, p. 3).

의 경우 개인정보 보호 법제로서의 외연은 충분히 갖추었다고 볼 수 있다. 따라서 이제는 법률의 실효성 제고를 위해 세심한 부분을 살피고 내실을 다질 때이다.

참고문헌

〈국내 문헌〉

1. 단행본

■ 고학수, "개인정보보호: 규제체계에 관한 논의의 전개와 정책적 과제", 고학수 편, 『개인정보보호의 법과 정책』, 박영사, 2016.

■ 고학수 외 4명, 『개인정보 비식별화 방법론－보건의료정보를 중심으로－』, 박영사, 2017.

■ 박준석, "지적재산권에서 바라본 개인정보 보호", 고학수 편, 『개인정보보호의 법과 정책』, 박영사, 2016.

■ 정원준, "동의 규제의 역설과 실질화 방안", 이성엽 편, 『데이터와 법』, 박영사, 2021.

■ 이원우, "정보화사회의 진화와 규제법제의 대응", 김상택 편, 『방송통신 정책과 전략－다학문적 접근』, 2016.

■ ______, "지능정보사회에 대응한 개인정보보호법제 개선 방향", 故 류지태 교수 10주기 추모논문집 간행위원회, 『현대 행정법의 이해』, 박영사, 2018.

2. 논　문

■ 권영준, "개인정보 자기결정권과 동의 제도에 대한 고찰", 『법학논총』 제36권 제1호, 전남대학교 법학연구소, 2016.

■ ______, "프라이버시 보호의 정당성, 범위, 방법", 『사법』 제41호, 2017.

■ 김현경, "정보주체의 권리보장과 '동의'제도의 딜레마", 『성균관법학』 제32권 제3호, 2020.

■ 이상용, "데이터세트 보호 법제에 관한 연구", 박사학위논문, 고려대학교 대학원 법학과, 2022.

■ 이원우, "개인정보 보호를 위한 공법적 규제와 손해배상책임－개인정보 누출을 중심으로－", 『행정법연구』 제30호, 행정법이론실무학회, 2011.

■ ______, "21세기 행정환경의 변화와 행정법학방법론의 과제", 『행정법연구』 제48호, 행정법이론실무학회, 2017.

■ _____, “규제국가의 전개와 공법학의 과제－과학기술혁신에 따른 공법적 대응을 중심으로－”, 『경제규제와 법』 제14권 제2호, 2021.
■ 임용/정해빈/고학수, “인공지능과 시장경쟁: 데이터에 대한 규율을 중심으로”, 『한국경제포럼』 제12권 제3호, 2019.
■ 조성은/정원준/이시직/이창범 외 1명, “개인주도 데이터 유통 활성화를 위한 제도 연구”, 정보통신정책연구원, 2019.
■ Cate, Fred H./Dockery, Rachel, “Artificial Intelligence and Data Protection(인공지능과 개인정보보호)”, 김태오 역, 『경제규제와 법』 제11권 제2호, 2018.
■ O‘Callaghan, Joe, “Inferential Privacy and Artificial Intelligence: a new frontier?(추론적 프라이버시와 인공지능－새로운 경계선인가?)”, 윤혜선 역, 『경제규제와 법』 제11권 제2호, 2018.

〈국외 문헌〉

1. 논 문

■ Acquisti, Alessandro/Taylor,Curtis/Wagman, Liad, “The Economics of Privacy”, 『Journal of Economic Literature』 Volume 54 No. 2, 2016,
■ Autorite de la concurrence, Bundeskartellamt, “Competition Law and Data”, 2016.
■ Balkin, Jack M., “Information Fiduciaries and the First Amendment”, 『UC Davis Law Review』 Volume 49 No. 4, 2016.
■ Finck, Michele, “Blockchains and Data Protection in the European Union”, 『Max Planck Institute for Innovation & Competition Research Paper』 No. 18－01, 2018.
■ Gal, Michal/Aviv, Oshrit, “The Competitive Effects of the GDPR”, 『Journal of Competition Law and Economics』 Volume 15 Issue 3, 2020.
■ Greenleaf, Graham/Park, Whon－il, “Korea's New Act: Asia's Toughest Data Privacy Law”, 『Privacy Laws & Business International Report』 Issue 117, 2012.
■ Nissenbaum, Helen, “A Contextual Approach to Privacy Online”, 『Daedalus』 Volume 140 Issue 4, 2011.
■ Rubinstein, Ira S., “Big data: The end of privacy or a new beginning?”, 『International Data Privacy Law』 Volume 3 Issue 2, 2013.

■ Swire, Peter, “The Portability and Other Required Transfers Impact Assessment (PORT−IA): Assessing Competition”, Privacy, Cybersecurity, and Other Considerations, Georgia Tech, 2020.

■ Tene, Omer/Polonetsky, Jules, “Big Data for All: Privacy and User Control in the Age of Analytics”, 『Northwestern Journal of Technology and Intellectual Property』 volume 11 Issue 5, 2013.

■ Wang, Yilun/Kosinski, Michal, “Deep Neural Networks Are More Accurate Than Humans at Detecting Sexual Orientation From Facial Images”, 『Journal of Personality and Social Psychology』 Volume 114 Issue 2, 2018,

■ Ware, Willis H., “Security and Privacy in Computer Systems”, RAND Corporation, 1967.

2. 자 료

■ Article 29 Data Protection Working Party, Opinion 03/2013 on purpose limitation, 2013.4.

■ Article 29 Data Protection Working Party, Statement on the role of a risk−based approach in data protection legal frameworks, 2014.5.

■ Article 29 Data Protection Working Party, Guidelines on Automated individual decision−making and Profiling for the purposes of Regulation 2016/679 (wp251 rev.01), 2018.8.

■ OECD, Exploring the Economics of Personal Data: A Survey of Methodologies for Measuring Monetary Value, OECD Digital Economy Papers No. 220, 2013.4.

■ OECD, Data Portability, interoperability and Digital Platform Competition, OECD Competition Committee Discussion Paper, 2021.6.

■ OECD, Competitive neutrailty, <https://www.oecd.org/competition/competitive−neutrality.htm>

■ Bundeskartellamt prohibits Facebook from combining user data from different sources, 2019.2.7.

7.
인공지능 서비스에 대한 사회적 영향평가: 실행체계와 방법론

Ⅰ. 들어가는 말

Ⅱ. 인공지능 서비스 영향평가의 제도적 의의

Ⅲ. '사회적 영향평가'의 실행체계 구상

Ⅳ. '사회적 영향평가'의 방법론 모색

Ⅴ. 맺음말

인공지능 서비스에 대한 사회적 영향평가: 실행체계와 방법론*

권 은 정**

Ⅰ. 들어가는 말

인간과 인공지능 간의 물리적 거리와 심리적 거리감이 날로 줄어들고 있다. 알고리즘과 빅데이터를 비롯한 다종의 기술이 융합된 인공지능 시스템이 우리 사회 곳곳에서 새로운 기회와 편의를 창출하면서 다양한 인공지능 서비스가 대중의 호감을 사는 데 성공하였다. 그러나 인공지능 서비스의 확산성만으로 인공지능의 사회적 수용성이 높아졌다고 단언하기는 어렵다. 인공지능이 가져올 혜택에 대한 기대감 이상으로 아직은 잠재된 위험－즉, 위험성(risk)－에 대한 각계각층의 우려가 상당하다. 인공지능 시스템이 내포하는 편향성, 부정확성, 보안 취약성 등의 문제에 대비하지 않은 채 지금과 같은 가파른 성장세를 이어간다면, 인공지능의 확산성에 비례하여 사회 도처의 위험성과 부조리도 함께 증폭하는 상황에 직면할 것이다.

인공지능의 공과(功過)를 장담할 수 없는 지금이야말로 인공지능이라는 새로운 위험 영역을 다룰 규범과 기술에 대하여 역할과 실체를 부여할 적기이다. 물론, 인간에게 직간접적으로 영향을 미치는 인공지능에 적용되는 법적 요건, 책임 귀속 등에 관한 명확한 규율을 세우는 일은 여전히 어렵다. 그

---

* 이 글은 필자의 학술지 게재 논문인 “인공지능 서비스 영향평가의 체계와 방법론－「지능정보화 기본법」의 사회적 영향평가 제도를 중심으로”, 『경제규제와 법』, 제16권 제1호, 2023, 29－50면의 내용을 부분적으로 수정 · 보완한 것이다.

** 가천대학교 법과대학 교수.

러나 적어도 인공지능 기반의 서비스를 제공하는 단계에서 그 서비스 제공자가 각종 위험성을 파악하고 예방 · 관리하도록 하는 것은 인공지능 활용에 대한 적법성뿐만 아니라 사회적 수용성을 확보하는 가장 확실한 대책이 될 수 있다. 이러한 기대를 안고 등장한 제도가 바로 '인공지능 영향평가'이다.

인공지능 시스템의 사용으로 발생하는 결과적 불법, 불공정, 차별취급 등의 문제에 대해서는 해당 영역에 적용되는 개별법에 규정을 신설하여 규제하는 방법도 생각해 볼 수 있다. 인공지능 시스템의 편향성, 부정확성 등의 속성이 그 자체로 항상 위법하다거나 불법을 구성하는 것은 아니므로, 법적인 제재와 권리 구제는 인공지능 서비스의 내용 및 결과가 헌법상 가치 및 기본권, 법률상 보호되는 개인의 권리나 공공의 이익을 훼손하는 경우에 그에 상응하는 수준으로 이루어질 필요가 있다. 그런데 모델 설계 · 개발 단계를 거쳐 서비스 제공 · 운영 단계에 이르러도 인공지능 서비스는 시스템 업데이트를 거듭하며 진화하는 것이 보통이므로, 해당 서비스의 위험성이나 침익의 정도를 고정값으로 이해하기에는 무리가 있다. 더욱이 인공지능 모델은 배포 이후의 범용성과 가변성이 크기 때문에 사전에 일정한 작위 · 부작위 의무를 부과하는 규제 방식은 인공지능이 내포하는 다면적인 위험성을 예방 · 제거하는 수단으로 부적합하거나 불충분하다. 이에 반하여, 이미 상용화되어 대중에게 제공되는 인공지능 서비스의 경우에는 위험성을 식별하고 측정 · 평가하여 서비스 운영 및 이용 실태를 점검하는 '영향평가'는 일종의 위험 통제 및 관리 수단이 될 수 있다. 그러한 취지에서 우리 법에 신설된 제도가 '지능정보서비스 등에 대한 사회적 영향평가'이다.

2020년 12월에 제정된 「지능정보화 기본법」은 사회적 영향평가의 주체, 대상, 절차, 평가 항목을 개괄적으로 규정하고 있으나(법 제56조), 실제로 대상 서비스를 선정하고 영향평가를 시행하기 위한 제반 사항이 마련되지는 못한 상태이다. 해당 조문만 보자면, 본 제도는 근래에 유럽연합과 북미를 중심으로 논의되어 온 '인공지능 영향평가'나 '알고리즘 영향평가'의 경우와는 평가의 대상과 체계 면에서 상이한데, 이는 제도의 취지와 기능 면에서 차이가 있기 때문이다. 그럼에도 본질적으로 인공지능 영역의 위험성 관리(risk management) 및 안전성 확보에 주된 목적이 있다는 점은 일맥상통한다.

이하에서는 「지능정보화 기본법」에 근거 규정을 둔 사회적 영향평가 제도를 중심으로 '인공지능 서비스 영향평가'를 위해 선행되어야 할 조직 · 절차 설계 및 평가방법 구축의 출발점이 되는 체계론과 방법론을 개진하고자 한다.

Ⅱ. 인공지능 서비스 영향평가의 제도적 의의

1. '인공지능 영향평가'의 목적과 기능

기술 영역의 긍정적 · 부정적 영향 여하를 사전에 예측하거나 정례적으로 평가하는 '영향평가'는 인공지능과 같은 지능정보기술 영역을 규제하는 수단으로서 국제적인 주목을 받고 있으며, 일부 국가에서는 이미 제도화 수순을 밟아 시행 중에 있기도 하다.[1] 일반적으로 '영향평가'는 일정 규모 이상의 사업 계획이나 국가의 전략, 정책, 법률안 등을 수립하는 과정에서, 또는 신기술이 적용된 제품 · 시스템을 기획하고 개발하는 단계에서 잠재적 문제나 부정적 영향을 진단하여 이를 효과적으로 예방 · 완화하는 조치를 취하기 위해 고안된 제도이다. 국제적으로 논의되는 인공지능 영향평가나 국내외 기술영향평가도 모두 대상 기술 및 시스템의 위험성을 다각도로 파악하여 선제적으로 대처하는 것에 제도의 궁극적인 목적이 있다.

제도로서 정립된 '영향평가'는 경제, 사회, 환경 등에 미치는 영향을 종합적으로 평가하는 포괄적 유형도 있고, 이 중 일부 영역에 미치는 영향에 집중하여 특정 위험성만 평가하는 특화된 유형도 존재한다. 기존의 환경영향

1 캐나다 연방정부는 2019년 4월 정부기관에서 사용하는 자동화 시스템의 투명성과 책임성을 확보하기 위해 '사전적 알고리즘 영향평가'를 필수 요건으로 하는 「자동화된 의사결정에 관한 지침」을 마련하여 시행 중이다.

평가, 사회영향평가, 기술영향평가 등은 포괄적 영향평가의 대표적 사례다. 한편, 인공지능 영향평가 범주에서 제안되고 있는 인권영향평가, 데이터보호 영향평가(Data Protection Impact Assessment) 등은 특화된 영향평가의 사례로 볼 수 있는가 하면, '인공지능 윤리영향평가'(AI Ethical Impact Assessment)의 경우에는 평가 준거가 되는 '인공지능 윤리'의 범주를 어떻게 설정하느냐에 따라 그 유형을 달리 볼 수 있을 것이다.

종합해 보면, 인공지능 영향평가는 기술영향평가와 마찬가지로 신기술 영역의 위험성을 예방 · 완화하는 위험 통제 · 관리 제도로서의 의미가 큰 동시에, 영향평가의 항목과 범위에 따라 포괄적 위험 관리 체계로서 기능하거나 특정 기본권 영역을 수호하는 권리 보호 장치로서 작동할 수 있다. 아울러 인공지능 영향평가의 경우에는 안전성 및 지속 가능성을 꾀하는 대상 영역과 평가 영역이 일치하기 때문에, '영향'을 평가하는 것이 곧 '속성'을 평가하는 차원이라는 점에서도 제도의 특색이 있다.

2. '지능정보서비스에 대한 사회적 영향평가' 제도의 골자

(1) 법률상 근거: 「지능정보화 기본법」 제56조

현행 「지능정보화 기본법」은 제정 시점부터 인공지능 서비스를 비롯한 '지능정보서비스'를 대상으로 하는 영향평가 제도로서 '사회적 영향평가'를 제56조에 규정하였다.[2] 본조는 국민의 생활에 파급력이 큰 지능정보서비스

2 「지능정보화 기본법」 제56조(지능정보서비스 등의 사회적 영향평가)
① 국가 및 지방자치단체는 국민의 생활에 파급력이 큰 지능정보서비스 등의 활용과 확산이 사회 · 경제 · 문화 및 국민의 일상생활 등에 미치는 영향에 대하여 다음 각 호의 사항을 조사 · 평가(이하 "사회적 영향평가"라 한다) 할 수 있다. 다만, 지능정보기술의 경우에는 「과학기술기본법」 제14조 제1항의 기술영향평가로 대신한다.
1. 지능정보서비스 등의 안전성 및 신뢰성
2. 정보격차 해소, 사생활 보호, 지능정보사회윤리 등 정보문화에 미치는 영향
3. 고용 · 노동, 공정거래, 산업 구조, 이용자 권익 등 사회 · 경제에 미치는 영향
4. 정보보호에 미치는 영향
5. 그 밖에 지능정보서비스 등이 사회 · 경제 · 문화 및 국민의 일상생활에 미치는 영향
② 과학기술정보통신부장관은 사회적 영향평가의 결과를 공개하고, 해당 지능정보서비스 등

등에 대해서는 국가 및 지방자치단체가 기술영향평가와는 별개로 사회적 영향평가를 시행할 수 있도록 규정함으로써 인공지능 영역의 영향평가를 법제화하였다.[3] 이로써 주무부처인 과학기술정보통신부가 주축이 되어 인공지능 서비스의 활용과 확산이 사회 · 경제 · 문화 및 국민의 일상생활에 미치는 영향에 대하여 공식적으로 조사 · 평가할 수 있는 일반법적 근거가 마련된 것으로 이해된다. 매해 신기술을 선정하여 장래 영향력을 평가하는 일회적 · 일방향의 현행 기술영향평가와는 달리, 동법에 따른 사회적 영향평가는 이미 널리 확산되어 활용되고 있는 지능정보서비스의 안전성, 신뢰성, 영향력 등을 확인하고 개선하여 지속적으로 해당 서비스의 사회적 수용성을 확보하는 선순환의 영향평가 체계를 도입하는 데 주안점을 둔 것으로 판단된다.

(2) 실행 주체 · 대상 · 내용

1) 영향평가 주체

「지능정보화 기본법」 제56조 제1항에 규정한 바와 같이 사회적 영향평가의 실행 주체는 '국가 및 지방자치단체'이다. 이와 같은 정부 주도의 영향평가 제도가 특수한 것은 아니고, 현행법상 환경영향평가, 기술영향평가 등도 조직과 절차의 차이는 있지만 정부가 종국적인 수행 주체로서 기능한다는 점에는 차이가 없다. 본조에 따라 국가와 지방자치단체는 조문에 열거된 사항을 조사하고 평가할 수 있는 재량권을 지니며, 특별히 국가와 지방자치단체 간에 권한이나 기능을 구분하거나 우열을 두고 있지는 않다. 현재로서는 기본법에 사회적 영향평가 제도의 시행 근거를 둔 것에 불과하므로, 실제로 수행기관을 지정 또는 조직하는 것은 후속 과제로 남아 있다.

2) 영향평가 대상

사회적 영향평가는 '국민의 생활에 파급력이 큰 지능정보서비스 등'을 대상으로 한다. 지능정보서비스의 개념에 대해서는 「지능정보화 기본법」 제

의 안전성 · 신뢰성 향상 등 필요한 조치를 국가기관등 및 사업자 등에 권고할 수 있다.

3 「지능정보화 기본법」 제56조 제1항 단서 내용 참고.

2조에 규정되어 있다. 이에 따르면 지능정보서비스는 ①「전기통신사업법」 제2조 제6호에 따른 전기통신역무와 이를 이용하여 정보를 제공하거나 정보의 제공을 매개하는 것, ② 지능정보기술을 활용한 서비스, ③ 그 밖에 지능정보화를 가능하게 하는 서비스 중 하나에 해당한다(동법 제2조 제7호). 지능정보서비스에 인공지능 서비스가 포함된다는 것은 이론(異論)의 여지가 없다. 또한 민간 부문의 지능정보서비스에 한정하고 있지는 않기 때문에 사회적 영향평가 대상의 범위는 공공과 민간을 불문한다고 할 것이다.

결론적으로, 사회적 영향평가는 지능정보기술로써 구현되는 공공 · 민간의 다양한 지능정보서비스를 대상으로 하므로, 평가 대상 범위는 제2조 제4호에 정의된 광범위한 지능정보기술의 범주를 그대로 포섭하게 된다. 즉, 전기통신사업자가 제공하는 보편적 통신서비스, 인공지능 · 빅데이터 기술 등이 적용된 인공지능 서비스, 자동화된 행정서비스 등은 모두 사회적 영향평가의 대상이 될 수 있다. 이러한 점에서는 영향평가 대상의 범위가 지나치게 넓다고도 볼 수 있지만, 향후 인공지능 시스템의 활용 수준과 방식이 매우 다양하고 유동적일 수 있다는 점을 감안하면 영향평가 대상을 포괄적으로 규정하고 있는 것의 합목적성을 인정하지 않을 수 없다.

3) 영향평가 내용

사회적 영향평가를 통해 조사 · 평가하려는 내용은 '지능정보서비스 등의 활용과 확산이 사회, 경제, 문화, 국민의 일상생활 등에 미치는 영향'이다. 이와 관련하여 「지능정보화 기본법」 제56조 제1항에서는 주요 영향평가 항목을 다음과 같이 열거하고 있다.

1. 지능정보서비스 등의 안전성 및 신뢰성
2. 정보격차 해소, 사생활 보호, 지능정보사회윤리 등 정보문화에 미치는 영향
3. 고용 · 노동, 공정거래, 산업 구조, 이용자 권익 등 사회 · 경제에 미치는 영향

4. 정보보호에 미치는 영향
5. 그 밖에 지능정보서비스 등이 사회 · 경제 · 문화 및 국민의 일상생활에 미치는 영향

이처럼 사회 전방위에 미치는 영향을 평가 항목을 두고 있다는 점에서 '포괄적 유형'의 영향평가를 규정한 것으로 능히 평가된다. 또한 앞서 인공지능 영향평가 제도의 목적과 기능에서 언급하였듯이, 핵심적인 평가 항목으로 지능정보서비스의 안전성 및 신뢰성이라는 '속성'을 앞세운 것은 본 제도가 갖는 차별성에서 기인한다. 그 밖의 평가 항목에 대해서는 지능정보서비스가 가져올 수 있는 다양한 사회적 영향에 대하여 어느 정도 미래적 분석과 정성적 평가가 수반될 수밖에 없다. 특히, 우리 실정법 체계 내에서 보호되어야 하는 법익과 질서를 열거하고 있다는 점에 비추어 지능정보서비스의 부정적 영향을 식별하고 이를 완화하는 것이야말로 사회적 영향평가 제도에 부여된 주요 기능이라고 할 것이다.

3. 소 결

「지능정보화 기본법」 제56조의 사회적 영향평가는 향후 공공 · 민간을 불문하고 국민의 권리의무에 중대한 영향을 미치는 인공지능 서비스에 대하여 주효한 위험성 관리 체계의 초석이 될 것이다. 기존 영향평가 제도들이 정책적 의사결정권자에게 특정 조치의 효과성과 역기능에 대해 선제적으로 조언하고 정책을 제안하기 위해 마련된 것이라면,[4] 본조에 기초한 인공지능 서비스 영향평가는 상시적 위험 관리에 초점을 둔 제도로서 독자적인 의미를 지닌다.

인공지능 서비스가 특정 목적이나 범위에 국한되지 않는 이상, 평가 항

4 Louis Meuleman, Owl meets beehive: how impact assessment and governance relate, Impact Assessment and Project Appraisal, Vol. 33, No. 1, pp. 4－15, 2015, p. 4 참조.

목과 내용을 명시적으로 열거하는 데에는 한계가 있으므로, 현행 조문과 같이 예시적으로 규정하는 것은 불가피한 면이 있다. 그러나 본조 제1항의 1호부터 4호까지 규정된 평가 항목들은 상호 중첩되거나 계위가 상이하여, 실제로 영향평가를 시행하는 단계에서 평가 항목을 체계화하고 지표를 설정하기가 곤란할 것으로 예상된다. 또한 조문만으로는 현행 기술영향평가의 대상이 되는 지능정보기술과 지능정보서비스 간의 경계를 명확히 하기가 어렵고, 정규의 절차와 방식도 예측할 수 없다. 사회적 영향평가를 행정주체에 의하여 시행하고 그 결과에 따라 필요한 조치를 사업자 등에 권고할 수 있도록 할 뿐(동법 제56조 제2항), 이해관계자나 전문가가 사회적 영향평가에 참여할 수 있는지 여부도 불확실하기 때문에 영향평가의 전문성과 실효성을 담보하는 작업은 전적으로 후속 입법에 맡겨진 상태이다. 향후 사회적 영향평가의 제도화 과정에서 정례화 여부, 자체평가(self-assessment) 선행 여부, 제3의 전담조직에 의한 평가 여부, 인허가 체계와의 연계 여부 등이 핵심 사항으로 논의되어야 할 것이다.[5]

Ⅲ. '사회적 영향평가'의 실행체계 구상

1. 개 관

앞서 살펴본 바와 같이, 「지능정보화 기본법」에 따른 사회적 영향평가의 실행 주체는 국가 및 지방자치단체이다. 영향평가 대상을 선정하고 평가하고 그 결과에 따라 적정한 후속조치를 취하도록 권고하는 전 과정이 실행 주체인 국가 및 지방자치단체에 맡겨져 있다. 물론 우리 현행법과 같이 포괄적 수준의 인공지능 서비스 영향평가를 법제화한 사례는 찾아보기 어렵지만,

5 Alessandro Mantelero, "AI and Big Data: A blueprint for a human rights, social and ethical impact assessment", Computer Law & Security Review, Volume 34, Issue 4, August 2018, p. 754 참조.

앞서 유럽연합에서는 '인공지능 윤리 지침'을 토대로 하는 인공지능 자체평가 목록과 GDPR에 바탕을 둔 인공지능 시스템 대상의 데이터 보호 영향평가를 구체적인 지침(guideline)의 형태로 마련한 바 있다. 이하에서는 선구적인 성과물로 꼽히는 국내외 인공지능 영향평가 제도화 사례를 참고하여 평가 주체, 대상, 절차를 중심으로 하는 국내 인공지능 서비스 영향평가의 체계를 구상해 본다.

2. 국내 영향평가 제도 검토

(1) 국내 환경영향평가제도

1) 개 관

환경영향평가(Environment Impact Assessment, 이하 'EIA'라 한다)란 인간의 활동이 환경에 어떠한 영향을 미치는지를 평가하는 제도이다. 국내에서도 환경영향평가는 환경에 영향을 미치는 계획 또는 사업을 수립·시행할 때 해당 계획과 사업이 환경에 미치는 영향을 미리 조사 하여 예측·평가함으로써 유해한 환경적 영향을 피하거나 제거·감소시키는 방안을 마련하는 데 기여하는 제도로서 확립되어 있다.[6] 이처럼 EIA는 대상 계획이나 사업에 수반되는 위험성을 관리하는 기능에 초점이 있다. EIA 과정에서 이루어지는 다양한 정보의 생성·경합·집적과 더불어 이해관계자들 간의 정보 교환 및 학습을 통해 복잡하고 불확실한 위험성이 관리되고 해소할 수 있는 것으로 바뀐다. 이는 환경 문제를 내포하는 계획과 사업의 사회적 수용성을 제고하는 결과로 이어질 수 있다.

현실에서 특정한 인간의 활동이 환경에 미치는 영향은 환경 구조의 복잡성과 불확실성으로 인해 입증하기 어려운 경우가 많다. 이 점을 고려하여 환경법은 사전예방 원칙(precautionary principle)을 기본원칙으로 앞세운다.

6 「환경영향평가법」 제1조 및 제2조 제2호 참조.

사전예방 원칙이란 개입하지 않으면 심각한 환경파괴와 같은 회복할 수 없는 중대한 손해의 결과를 가져올 가능성(risk)이 있는 때에는, 비록 그 가능성이 불확실하고 손해 발생에 대한 과학적 입증이 존재하지 않는 경우라고 할지라도 사전예방 차원에서 위험을 방지하거나 감소시키는 조치를 취할 수 있다는 원칙이다.[7] EIA는 사전예방 원칙을 구현하는 위험성 관리의 핵심 수단 중 하나이다. EIA는 사회경제적 개발에 관한 의사결정 과정에서 환경적 고려를 하도록 함으로써 개발과 환경을 대립적 가치가 아닌 균형적 관점에서 양자가 지속 가능하도록 조정하는 역할을 한다고 볼 수 있다.[8]

2) 환경영향평가의 체계와 절차

EIA의 법적 근거는 「환경정책기본법」 제41조에서 찾을 수 있다. 이 규정에 따라 국가는 환경기준의 적정성을 유지하고 자연환경을 보전하기 위하여 환경에 영향을 미치는 계획 및 개발 사업이 환경적으로 지속 가능하게 수립 · 시행될 수 있도록 EIA를 실시하여야 하고, 이들 평가의 대상, 절차, 방법 등에 관한 사항은 따로 법률로 정하여야 한다. 현재 EIA는 「환경정책기본법」 제41조에 따른 입법적 산물에 해당하는 「환경영향평가법」이라는 개별 법률을 토대로 시행되고 있다.

EIA의 절차에서 주목할 점은, 의사결정 과정에 그 결정으로 인해 영향을 받을 수 있는 사람들이 참여할 수 있는 기회를 제공한다는 것이다. 그뿐만 아니라, EIA는 의사결정의 조정과 시민 참여를 통해 이해관계자들 간의 갈등을 완화하고 EIA 대상 사업 등의 원만한 이행을 유도함으로써 해당 사업 등의 사회적 수용성을 확보하는 효과를 거두게 된다.

---

7 박균성 · 함태성, 『환경법』 제9판, 박영사, 2019, 64－72면; 김홍균, 『환경법』, 홍문사, 2010, 48－51면 등 참조.

8 최승필, "도시개발과 환경, 재해 및 교통영향평가제도에 대한 법적 검토", 『토지공법연구』 제89집, 2020. 2, 3－28면, 7면; 윤용희, "환경영향평가의 내용상 하자에 대한 사법심사의 방법", 『저스티스』, 2012, 289－290면.

(2) 국내 기술영향평가제도

1) 개 관

우리나라의 기술영향평가제도는 신기술에 대한 정부 주도의 사전적 영향평가제도로서「과학기술기본법」제14조에 근거하여 정기적으로 시행된다. 매년 정부가 새롭게 선정한 대상 기술에 대하여 수탁기관(한국과학기술기획평가원)이 영향평가를 실시하며, 그 결과를 과학기술정보통신부장관 등에 보고하여 국가 연구 기획 및 정부 대책 수립에 반영하도록 한다(동법 제14조 및 동법 시행령 제23조).[9]

2) 기술영향평가의 체계와 절차

주요 기술선도국에서는 주로 입법기관이 주축이 되어 기술영향평가를 실시하는 것과는 달리, 국내 기술영향평가는 행정기관이 주도하도록 법제화되었다. 제도의 목적도 행정부에 대한 입법부의 견제나 정치적 의제 설정을 위한 것이 아니라, 행정기관의 정책 수립 및 집행에 요구되는 정보를 수집하고 분석 · 평가하기 위한 것으로 파악된다.

행정부 주도의 제도로서 달리 견제 장치가 없다는 이유로, 그동안 기술영향평가를 소관하는 기관의 독립성을 확보해야 한다는 문제 제기가 이어지기도 하였다. 그러나 행정부의 주도로 기술영향평가를 수행하는 경우에는 평가 결과가 과학기술 정책 및 관련 기술개발 정책 방안에 직접 반영될 수 있다는 제도적 이점도 존재한다.

가) 대상기술선정위원회

영향평가 대상기술 선정에 관해서는 기본적으로 2001년 제정된「과학기술기본법」제14조 및 시행령 제23조를 따른다. 동법 제14조 제1항에 따르면, "정부는 새로운 과학기술의 발전이 경제 · 사회 · 문화 · 윤리 · 환경 등에 미치는 영향을 사전에 평가하고 그 결과를 정책에 반영"해야 한다. 대상이 되는 기술에 대한 영향평가는 세 가지 요인이 포함되어야 하는데, 먼저 대상

9 과학기술기본법 제14조, 과학기술기본법 시행령 제23조.

기술은 '미래의 신기술 및 기술적 · 경제적 · 사회적 영향과 파급효과 등이 큰 기술'로서, 해당 기술이 국민 생활의 편익증진 및 관련 산업의 발전에 미치는 영향과 새로운 과학기술이 경제 · 사회 · 문화 · 윤리 및 환경에 미치는 영향을 사전에 평가하고, 해당 기술이 부작용을 초래할 가능성이 있는 경우 이를 방지할 수 있는 방안을 제시해야 한다.

과학기술 및 유관 사회과학 분야 전문가들로 구성된 대상기술선정위원회는 위원회 회의를 통하여 평가 대상으로 거론될 수 있는 기술들을 심의한다. 대상 기술 선정은 신기술뿐만 아니라, 향후 미래에 국민 생활에 높은 파급효과가 있을 것으로 예상되어 영향평가의 유용성이 높을 것으로 예견되는 기술, 사회적 관심도가 높은 기술, 다부처 · 범국가적인 논제가 될 수 있는 기술 등의 기준에 입각하여 진행된다.[10]

나) 대상기술분석위원회

평가 대상 선정 이후 대상 기술 분야와 연관성을 갖는 산학연 전문가들과 인문사회학자 등을 중심으로 '대상기술분석회의'를 구성한다. 동 위원회는 대상 기술의 정의 및 세부 기술의 특성 등을 검토하고 영향평가 범위 및 주요 이슈를 도출하여 당해 평가 대상 기술을 추천하는 기능을 담당한다.

다) 기술영향평가위원회 및 시민포럼

추천된 평가 대상 기술들을 논제로 하여 이후 전문가 자문회의, 시민포럼 및 온라인 게시판에서의 토론을 통해 실질적인 영향평가 절차가 진행된다.

대상기술 분야 전문가 및 사회과학 전문가 등으로 구성된 기술영향평가위원회는 전문가 평가로서의 성격을 가지는 절차를 진행한다. 기술영향평가위원회에서는 신기술이 초래할 파급효과에 대하여 다양한 분야의 전문가들이 다각도의 영향을 분석하고 대응 방안을 마련하는 데 중점을 두며, 특히 해당 기술의 부정적 효과를 최소화하기 위한 정책을 도출하는 데 중점을 둔다.

한편, 환경영향평가의 경우와 마찬가지로 시민적 참여 절차가 두드러진

---

10 미래창조과학부, 『2015 기술영향평가 제2권: 인공지능 기술』(한국과학기술기획평가원, 2015), 48면 참조.

다. 우선 기술 종류별로 공모를 거쳐 모집된 일반 시민들을 주축으로 '시민포럼'이 구성된다. 이를 통해 평가 결과에 대한 다양한 시민들의 의견을 수렴하게 되며, 일반 시민이 상시적으로 의견을 개진할 수 있는 인터넷 시민참여 게시판도 함께 운영하여 국민 일반의 의견도 수렴하고 있다.

라) 평가 결과 확정 절차

이상의 모든 절차를 거치고 나면, 기술영향평가위원회와 시민포럼은 공동회의를 통해 그간의 논의 결과를 공유하고 공개 토론회를 열어 기술영향평가 결과를 정리하여 발표한다. 이러한 일련의 과정을 거쳐 도출된 결과는 국가과학기술자문회의에 최종적으로 보고되며, 관계 부처들은 해당 기술영향평가 결과를 소관 영역의 국가연구개발사업 연구기획에 반영하거나 역기능을 최소화하기 위한 정책 수립에 활용할 수 있다.

3. 해외 인공지능 영향평가 사례 검토

(1) 유네스코「인공지능 윤리 권고」중 윤리영향평가

유네스코가 2021년 11월 총회에서 채택한「인공지능 윤리 권고」는 회원국의 다양한 의견과 상황을 반영하여 초안이 작성되고 수정된 결과물이라는 점에서 현재 국제적 수준에서 가장 대표성을 갖춘 인공지능 윤리의 규범적 틀이라고 할 수 있다. 우리나라도 유네스코 회원국으로서 이 권고의 내용을 이해할 의무를 갖고 있으며, 실제로 권고 채택 이전부터 다양한 방식으로 인공지능 윤리 관련 논의와 활동을 진행하고 있다. 본 권고문의 구조는 초안에 비해 유네스코의 기존 윤리적 틀의 구조를 보다 충실하게 따르고 있으며, 초안에 대해 제기되었던 여러 의견과 수정 제안을 반영하여 가치와 원칙뿐 아니라 정책 제언 측면에서 상당한 구조적 변화가 있었다.

유네스코의「인공지능 윤리 권고」가 다른 국제 인공지능 윤리 선언들과 분명한 차별점을 보이는 부분이 바로 회원국의 정책 과제로 제시된 '윤리영향평가'이다. 인공지능의 생애 주기에 걸친 윤리적 고려에 초점을 두면서, 인공지능의 설계 단계부터 인공지능의 윤리적 영향을 평가하고 그에 따라 예상되는 부작용에 사전적으로 대응할 수 있도록 하는 윤리영향평가를 시행할 것을 권고하고 있다. 이는 IEEE를 비롯한 많은 인공지능 연구자들이 말하는 '윤리적 설계 혹은 설계를 통한 윤리'(Ethics by Design) 개념과 일맥상통하는 것이지만, '윤리영향평가'라는 구체적 제도를 회원국에서 시행할 것을 권고하고 있다는 점에서 특별한 의미가 있다.

우선 회원국을 대상으로 '준비도 평가'(readiness assessment)를 실시하기로 하면서 '준비도 평가'의 방법론을 국제적 차원에서 논의하고 있다. 또 이와 별도로 인공지능 윤리영향평가의 방법론을 정하기 위한 전문가 집단이 2022년에 유네스코 내에 구성되어 운영 중인 것으로 알려져 있다. 유네스코에서 마련하는 평가 방법이 모든 회원국에게 일률적으로 적용될 것인지, 각 회원국이 자국의 특수한 상황을 고려해 자체적으로 평가 방법론을 개발하는 데 참고할 수 있는 '지침'의 성격을 그칠지는 불분명하다. 현재 국내에서는 과학기술정보통신부 및 국책연구기관을 중심으로 윤리영향평가 체계에 관한 연구가 진행 중에 있다.

(2) 유럽연합 「일반데이터보호규정(GDPR)」 중 데이터보호영향평가

데이터 보호 관점이기는 하나 일찍이 영향평가를 법제화한 GDPR은 감독기관의 권한을 강화하면서도 기업에 의한 자율적인 사전적 · 예방적 평가를 포함하는 평가 체계를 도입하였다. GDPR에 따른 "데이터보호영향평가"(Data Protection Impact Assessment, 이하 "DPIA"라고 함)는 자체영향평가를 의무화한 사례로서 중요한 의미가 있다. GDPR 제35조 제1항은 "개인데이터 처리의 성격과 범위, 상황, 목적을 참작하여 개인데이터의 처리 유형이 개인의 권리와 자유에 중대한 위험을 초래할 것으로 예상되는 경우(특히 신기술을 사용하는 경우), 컨트롤러는 개인데이터의 처리 이전에 예정된 처리 작업이 개인데이터 보호에 미치는 영향에 대한 평가를 수행하여야 한다"고 규정하

고 있다. 무엇보다 GDPR 제35조 제1항(a)는 자동화된 처리가 이루어지는 경우에 특별히 DPIA이 요구된다는 점을 명시하고 있다. 이때는 GDPR 제22조 규정과 달리 자동화된 처리에만 의존하는 경우가 아니더라도 DPIA를 수행하도록 그 적용 범위를 넓히고 있다. 기업이 DPIA를 수행한 후에는 이를 문서화해야 하며, 해당 문서에는 데이터 처리 목적과 작동에 대한 체계적 설명, 필요성과 비례성 평가, 권리 및 자유 침해 리스크 평가, 리스크 완화 조치에 관한 사항을 포함해야 한다(GDPR 제35조 제7항).

(3) 미국 '알고리즘 책임법(안)'의 알고리즘 영향평가

미국은 인공지능 분야와 관련하여 상 · 하원에서 다양한 방식의 규제 수단을 모색해 왔다. 「알고리즘 책임법안(Algorithmic Accountability Act)」이 대표적인 사례에 해당하며,[11] 2019년 4월에 처음 발의된 이 법안은 미국의 연방거래위원회(Federal Trade Commission, FTC)로 하여금 자동화된 의사결정 시스템에서 사용되는 데이터에 대한 영향평가를 실시하도록 의무화하고 있다. 이와 더불어 데이터의 정확성과 공정성, 편견과 차별, 개인정보 보호와 보안 등 데이터 관련 이슈들에 대하여도 대응하도록 규정하였다. 동 법안은 애초에 머신러닝의 공정설계를 규율하기 위해 제안되었으며, 머신러닝 시스템의 윤리적 이용과 소비자의 프라이버시와 보안을 위해 입법된 것이다. 편향된 인공지능 알고리즘 시스템이 자체적으로 내재되어 있는 편향성을 식별하거나 개선하기 어렵기 때문에 동 법안에서는 FTC가 기업들이 스스로 자동화된 시스템을 감사하도록 강제할 수 있도록 권한을 부여하였다. 기업은 민감 정보나 상당한 규모의 개인정보를 처리하는 경우 개인정보 보호 및 보안 위험에 대한 감사를 실시하도록 의무화하는 규정을 두었다(Sec.3.(C)).

이후 회기 만료로 폐기되었던 동 법안은 2022년 2022년 2월 3일 미국 하원과 상원에 다시금 발의되었다. 2022년 법안에서도 FTC에 소관 권한을

11 Algorithmic Accountability Act, H. R. 2231(2019.4.10. 발의) <https://www.congress.gov/bill/116th-congress/house-bill/2231/text>

부여하였으며, 일정 규모 이상의 기업들을 대상으로 자동화된 의사결정 시스템 또는 증강된 중요 의사결정 프로세스 및 이들이 소비자에게 미치는 영향에 대하여 지속적으로 점검하는 자체적인 '알고리즘 영향평가'를 실시하도록 의무화하고(§2(12)) 이를 FTC가 감독하도록 하였다. 2022년 법안은 자동화된 의사결정 시스템에 대한 영향평가의 경우에는 연간 평균 수익이 5천만 달러를 초과하거나, 3년간 지분 가치가 2억5천만 달러를 초과하거나, 소비자 및 가구 관련 식별 정보를 1백만 건 이상 처리하는 개인, 기업 등이 대상이며(§2(7)(A)(i)), 해당 시스템을 배치하기 전에 영향평가를 실시하도록 규정하고 있다(§3(b)(1)(A)(i)). 한편, 증강된 중요 의사결정 프로세스에 대한 영향평가의 경우에는 연간 평균 수익이 5백만 달러를 초과하거나 3년간 지분 가치가 2천5백만 달러를 초과하는 개인, 기업 등으로 대상을 확대하고 있으며(§2(7)(A)), 시스템 배치 전후로 영향평가를 실시하도록 의무를 부과하고 있다(§3(b)(1)(A)(ii)).[12]

(4) EU 인공지능법(안)[13]

지난 2021년 4월 발표한 인공지능법안에서는 리스크 기반 규제 체계를 구체화하여 인공지능 시스템을 위험도에 따라 1) 금지되는 위험, 2) 고위험, 3) 제한된 위험, 4) 최소위험으로 나누고 차등화된 규제를 적용했다. 특히 총 85개 조항 중 46개가 고위험 인공지능에 관한 것으로 고위험 인공지능을 중심으로 규율하고 있다는 특징이 있다. 이 법안에서 정의하는 고위험 인공지능은 안전, 기본권 등에 부정적 영향을 미칠 수 있는 것으로서 생체인식, 중요 인프라 운영 관리, 교육 및 직업 훈련, 고용 및 직원 관리, 필수 민간 · 공공 서비스, 법 집행, 사법 업무 등에 활용되는 인공지능 시스템을 의미한다.

---

12 '중요 의사결정'이란 다음과 같은 서비스에 대한 접근 또는 비용 · 조건 · 가용성과 관련하여 소비자의 삶에 법적으로나 중요한 또는 유사하게 중대한 영향을 미치는 의사결정 또는 판단을 의미한다(§2(8)).

13 동 법안은 이후 거듭된 수정 논의 끝에 2024년 3월 유럽의회에서 최종안이 통과되었고 같은 해 5월 EU 이사회에서 최종 승인되었으며, 2024년 8월 2일부터 발효된 상태이다.

고위험 인공지능 시스템의 공급 과정에 따라 규제 이행의무가 있는 주체를 공급자, 수입업자, 배포자, 사용자로 구분하여 의무를 부과하고 있다.[14]

인공지능법안에서도 인공지능 시스템 공급자 등에게 시장 출시에 앞서 요구사항을 이행했는지 여부를 확인하는 적합성 평가를 받도록 하고 이를 통과한 인공지능 시스템에 한하여 인증 후 시장에 출시할 수 있도록 규정하고 있다. 동 법안에서는 인공지능의 신뢰성을 구성하는 기술적 견고성, 공정성, 투명성 등을 담보하기 위한 법적 의무를 부과하고 있는바, 이 법안에 기초한 적합성 평가 체계는 상당 부분 '적법성' 평가로 귀결될 것으로 예상된다.

후술하는 신뢰성 평가 요소로 언급되는 견고성, 공정성, 투명성, 공정성 등에 대하여 법안이 규정하는 사항은 다음과 같다.[15] 이들 내용은 각 요소의 지표를 발굴하는 데 참고할 수 있다.

1) 견고성

인공지능의 견고성과 관련하여 동 법안은 제9조(리스크 관리 시스템), 제15조(정확성, 견고성 및 사이버 보안), 제17조(품질 관리 시스템) 등에서 다루고 있다. 리스크 관리 시스템을 규정한 제9조에서는 공급자는 고위험 인공지능 시스템 리스크 관리를 위한 시스템을 구축, 구현, 문서화, 유지, 관리하도록 하고 있다. 여기에는 예측 가능한 리스크 식별 · 분석, 예측 가능한 오 · 남용으로 발생할 수 있는 리스크 추정 · 평가, 시판 후 모니터링을 통해 수집된 데이터 분석에 기반한 리스크 평가, 단계별 리스크 관리 조치 등이 포함된다. 이를 통해 인공지능시스템의 설계 및 개발을 통해 가능한 한 위험을 제거 또는 감소시키고 제거할 수 없는 위험을 적절히 완화할 수 있어야 한다. 또한 리스크 관리는 인공지능시스템의 생애주기 동안 실행되는 지속적이고

14 △위험관리시스템 운영, △데이터 및 데이터 거버넌스 관리, △기술문서 작성, △기록 관리, △사용자 정보제공, △인간의 감독, △정확성 · 견고성 확보 등이 주된 의무 사항이다(제8조~제15조).

15 이하 견고성, 공정성, 투명성, 책임성 요소와 연결되는 법안의 내용은 조원영 · 유재흥 · 추형석, 『인공지능 신뢰체계 정립방안 연구』, 소프트웨어정책연구소, 2022의 해당 부분을 발췌 인용하였다.

반복적인 프로세스로 구성되어야 하며 정기적으로 업데이트해야 한다. 정확성, 견고성, 사이버 보안에 관한 제15조에서는 인공지능 시스템의 목적에 적합한 수준의 정확성, 견고성, 사이버 보안을 달성하고 일관되게 작동할 수 있도록 설계 및 개발하여야 하며, 사용 지침 내 정확한 수준과 측정 지표의 명시, 학습 데이터를 조작하려는 공격 등 취약성을 악용한 사용 등에 안전을 보장하도록 명시하고 있다. 또한 생애주기 동안 지속적으로 오류나 제3자의 악의적 성능 변경에 대응할 수 있어야 함을 규정하고 있다. 제17조에서는 고위험 인공지능 시스템의 설계 · 개발 · 검증 · 품질과 관련된 기술 및 절차, 위험 관리 시스템, 데이터 거버넌스, 기록 유지를 위한 시스템과 절차 등 법안 준수에 필요한 시스템 제반에 대한 품질 관리를 요구한다. 이에 법규 준수 전략, 시스템 디자인, 데이터 관리 절차 및 방법, 기술 표준, 사후 모니터링, 보고 메커니즘, 책임 체계 등을 포함하는 품질 관리 시스템을 구축하고 문서화하도록 요구하고 있다.

2) 공정성

인공지능의 공정성 중 데이터 관리와 관련해서는 데이터 및 데이터 거버넌스를 규정한 제10조에서 다루고 있다. 동조에서 고위험 인공지능시스템의 학습 · 검증 · 테스트를 위한 데이터 세트(data set)는 적절한 데이터 거버넌스 및 관리에 따라야 하고, 관련성과 대표성을 갖고 오류 없이 완전하여야 하며, 고위험 인공지능시스템 이용대상자나 이용대상 그룹에 대한 적절한 통계적 특성을 나타내야 함을 규정하고 있다. 또한 학습 · 검증 · 테스트 데이터 세트는 고위험 인공지능시스템의 사용 목적에 따른 지리적 · 행태적 · 기능적 세팅 등의 특성 또는 요소를 고려해야 한다. 고위험 AI 시스템과 관련하여 편향 모니터링, 탐지, 수정 목적으로 필요한 경우에 한하여 개인의 자유와 기본권을 보호하기 위한 적절한 보호조치가 취한다는 전제조건 하에 특정 범주의 개인정보를 처리할 수 있다.

3) 투명성

인공지능의 투명성 중 추적성의 내용은 제11조(기술문서), 제12조(기록유지), 제18조(기술문서 작성의무), 제23조(관할 당국과의 협력) 등에서 규정하고 있으며, 사전고지와 설명 가능성은 제13조(투명성 및 사용자 정보제공), 제52조(특정 인공지능 시스템의 투명성 의무)에서 규정하고 있다. 투명성 및 사용자 정보제공을 규정한 제13조에서는 사용자가 시스템의 결과를 해석하고 적절하게 사용할 수 있도록 하는 작동이 충분히 투명하도록 설계 개발하고 사용자에게 명확한 정보를 포함한 지침을 제공하도록 규정하고 있다. 사용자에게 제공해야 하는 정보에는 공급자(대리인) 관련 정보, 시스템 성능의 특징, 기능 및 한계, 고위험 인공지능시스템 및 성능의 변경사항, 시스템 결과 해석을 지원하기 위해 적용된 기술적 조치 및 인간의 감독 조치, 시스템의 예상수명 및 유지관리 조치에 대한 정보가 포함되어야 한다.

4) 책임성

책임성 중 인간의 관리감독은 제14조(인간의 감독)와 제25조(승인된 대리인)에 규정되어 있으며, 이의제기, 피해 산정 및 보상의 내용은 제21조(시정조치), 제62조(심각한 사고 및 오작동에 대한 보고) 등에서 규정하고 있다. 제14조에서는 인공지능 시스템이 사용되는 기간 동안 건강, 안전 및 기본권에 대한 위험을 예방 또는 최소화하기 위하여 사람이 효과적으로 감독할 수 있도록 설계되어야 한다고 규정하고 있다. 그리고 기술적으로 가능한 경우 공급자는 시장에 출시 및 서비스 개시 전에 고위험을 식별하고 인공지능시스템에 적절한 조치를 내재화하거나, 사용자가 구현하기에 적합한 수단을 제공하도록 의무 규정을 두고 있다.

4. 소 결

인공지능 기술이 급속도로 사회 각 분야의 주요 작동 원리로서 기능하는 추이를 보건대, 인공지능 서비스에 대해서는 전문적인 평가전담 조직을 구성하여 정례적인 사후적 평가뿐만 아니라 자체평가에 기반한 사전적인 방식을 병행하여 영향평가를 실시할 필요가 있다. 다만, 사전적 · 예비적 영향평가의 경우에는 해당 전담기관이 개별 자체평가 결과를 검토하는 '공동관리'의 형태로 이루어질 필요가 있다. 그리고 영향평가 대상을 선정하고 지표를 발굴하여 평가하고 분석하는 핵심 사무를 전담하는 '인공지능영향평가위원회(가칭)'를 설치하여 사전에 현행법상 사회적 영향평가를 시행하기 위한 별도 지침과 평가기법을 마련해야 할 것이다. 구체적인 거버넌스 논의는 별론으로 하되, 현행법에 도입된 사회적 영향평가 제도에 기초한 인공지능 서비스 영향평가 절차는 내외부의 유기적 평가 과정을 포함하는 것이 바람직하다. 앞의 사례와 사회적 영향평가 특유의 제도적 취지를 고려하여 다음과 같은 체계를 구상해 볼 수 있다.

대상 선정	▶	평가 및 분석	▶	결과 공개 및 피드백	▶	결과 반영
대상 분야 및 서비스 선정		영향평가 지표 수립 및 적용		평가 결과 공개 및 의견 수렴		평가 결과에 따른 후속 조치
• 인공지능 서비스의 파급력과 성숙도, 활용 분야, 확산 속도 등을 고려하여, 정례적 · 예비적 평가 분야 및 서비스 선정 → 통계 분석(AI 산업 실태조사, AI 활용 실태조사, AI 인식조사 등),16 분야별 전문가 의견수렴 등		• 공공 · 민간 인공지능 서비스에 대한 평가 항목 및 절차 이원화 • 서비스 개발 단계의 적합성 평가 및 서비스 제공 단계의 리스크 관리와 연계되는 세부평가항목 및 지표 수립 • 정례적 평가의 경우, 과년도 평가 결과와 연속 평가 결과 종합 및 분석		• 해당 인공지능 서비스 영향평가 결과 및 분석 내용 공개 • '시민포럼'을 통한 각계 전문가, 일반시민, 이해관계자 등의 의견 수렴 → 위원회 평가 결과의 타당성 재검토 및 최종 평가 결과 도출		• 정부는 신뢰성 확보를 위한 보완적 조치를 국가기관, 사업자 등에 권고(법 제56조 제2항) → 국가기관, 사업자 등은 서비스 개발, 리스크 평가 · 관리 등에 반영

Ⅳ. '사회적 영향평가'의 방법론 모색

현행「지능정보화 기본법」제56조 제1항에 따르면, 인공지능 서비스의 확산과 활용이 사회, 경제, 문화 등에 미치는 영향이 '사회영향평가' 맥락에서 주요한 평가 항목이 될 뿐만 아니라, 인공지능 서비스 자체의 안전성 및 신뢰성은 최우선의 평가 항목으로 명기되어 있다(제1호). 지능정보서비스는 실제 일상생활 영역에서 빈번하게 이용되면서도, 다양한 민간 · 공공 분야의 의사결정을 지원하거나 대체하는 역할을 수행하게 될 것이다. 따라서 서비스의 총체적 안전성과 신뢰성은 매우 중요한 문제라고 할 수 있다.

전자에 대한 평가기법은 여타 유관 영향평가제도들, 특히 환경영향평가에서 사용하고 있는 예측기법과 데이터에 기반한 정량적 · 정성적 평가기법이 마찬가지로 활용될 수 있을 것이다. 문제는 인공지능 서비스 공통의 전제요건인 안전성과 신뢰성 항목의 내용, 즉 지표를 어떻게 구성하고 평가할 것인가이다.

유럽연합의 '자체평가를 위한 인공지능의 신뢰성 평가 목록'(The Assessment List for Trustworthy Artificial intelligence; ALTAI)에서는 인공지능 시스템의 안정성 항목과 관련하여 기술적 견고성은 물론 사후적인 위험 관리 가능성 및 대비책 유무를 다루면서 신뢰성 요소까지 포함하는 광의의 안전성 개념을 제시하고 있다. 인공지능법안 규정에서도 이와 크게 다르지 않은 것으로 판단된다. 그런데 우리 현행법 규정에서는 문언상 인공지능 서비스의 '안전성'과 '신뢰성'을 각각 독립된 평가 항목으로 설정하고 있는바, 양자의 구분에 실익이 있다면 그 중첩 영역에 대해서는 평가 지표를 어떻게 구성해야 할지 고민이 필요하다. 평가 항목의 개념과 체계가 명확히 설정되어야 각 평가 요

16 영향평가 대상이 되는 인공지능 서비스를 선정하는 단계에서 국내·외 인공지능 산업·기술 동향 및 실태 조사 자료를 근거 데이터로 활용할 수 있다. 예컨대, ① 국내 산업·서비스별 인공지능 도입 수준, 기술적 특성 및 주(主) 이용자 현황 등 사회 전반의 인공지능 활용 현황을 파악할 수 있는 조사 자료, ② AI 기술 및 서비스 개발·제공 기업 실태, ③ AI 기술 및 서비스를 도입·활용하고 있는 기업·기관 현황 등이 이에 해당할 수 있을 것이다.

소에 대한 적합한 평가기법을 개발할 수 있는바, 우선 안전성과 신뢰성 항목을 구분하여 설정하고 세부 평가 항목 및 주요 지표를 도출하는 것이 선결과제에 해당한다.

1. 인공지능 서비스의 '안전성'

(1) 인공지능의 안전성 요소 및 요건

유럽연합의 '신뢰 가능한 인공지능을 위한 평가목록'에서 제시하는 안전성은 '기술적 견고성 및 안전성' 항목으로 구체화되며, 공격으로부터의 회복성 및 보안, 일반적 안전성, 정확성, 신뢰성, 대비책 및 재현 가능성을 아우르는 포괄적 목표이자 가치를 내포하고 있다.[17] 이처럼 신뢰성까지 포함하는 안전성 개념은 그 자체로 '책임성'과 표리관계를 이룬다고 할 것이다. 이와 유사한 포괄적인 맥락에서 Juric(2020) 등은 인공지능의 안전성을 ① 기술적 안전성, ② 인간인 상대방에 대한 인공지능의 윤리성, ③ 새로운 인공지능 기술에 대한 정책 및 거버넌스 내용[transparency, accountability, reliability, security, corrigibility(부적절 반응, 정확도 저하에 대한 자가 수정 가능성), interpretability, value specification, ability to limit capability, performance and safety 등]으로 분류한다.[18] 한편, 미국표준기술연구소(NIST)는 인공지능 시스템의 안전한 운영에 적합한 '기술 및 안전 표준'을 구체적으로 제안한 바 있으며, 기술 표준 및 관련 도구 개발에 대한 연방정부의 계획안을 발표하기도 하였다.[19]

17 The High－Level Expert Group on AI, The Assessment List for Trustworthy Artificial intelligence (ALTAI), July 2020 참조.

18 Juric, M., Sandic, A., & Brcic, M., AI safety: state of the field through quantitative lens. In 2020 43rd International Convention on Information, Communication and Electronic Technology (MIPRO), IEEE, pp. 1254－1259 참조.

19 NIST, U.S. Leadership In Ai: A Plan For Federal Engagement In Developing Technical Standards And Related Tools Draft For Public Comment. 2 July 2019 참조.

(2) 인공지능의 안전성 위협 유형화

인공지능 서비스의 안전성 위협 요인은 1) 개발 단계에서의 투명성 부족, 2) 개발 단계에서의 윤리성 위배, 3) 상용화 후 오작동 및 책임소재 불명확, 4) 상용화 후 프라이버시 침해 등을 꼽을 수 있다.[20] Hernandez-Orallo (2020) 등은 아래 <표 1>에서와 같이, 인공지능의 안전성(AI safety)에 관한 문헌 연구를 통해 안전성 이슈로서 '적대적 공격'(adversarial attacks)을 비롯한 22가지 유형의 이슈를 추출한 바 있다.

〈표 1〉 인공지능 안전성 이슈[21]

안전성 이슈의 유형	예시
적대적 공격 (Adversarial attacks)	• adversarial examples, white/black-box attacks, poisoning, policy manipulation[22]
진실성 및 명확성 결여 (Authenticity & obfuscation)	• impersonation, authentication problems, fake media, plagiarism, obfuscation
자율 무기 (Autonomous weapons)	• military drones, killer robots, robotic weapon
제약의 문제 (Confinement problem)	• AI boxing breach, containment breach
수정 및 중단 가능성 (Corrigibility & interruptibility)	• switch-off button problems, rogue agents, self-preservation taking control
의존성 (Dependency)	• cognitive atrophy(인지적 위축), lack of independence, google effect
해석 가능성 (Interpretability)	• lack of intelligibility, need for explanation
악의적 사용 (Malicious use)	• malign uses of AI, malicious control, hacking
조작 (Manipulation)	• nudging, fake news, manipulative agents
오남용 및 주의의무 태만	• AI misuse, negligent use

20 양희태, "인공지능의 안전성 이슈와 정책 대응 방안", 한국통신학회논문지 제43권 제10호, 2018, 1724-1732면 참조.

(Misuse & negligence)	
도덕적 딜레마 (Moral dilemma)	• moral machine issues, utilitarian ethics problems, choosing ethical preferences
기계의 도덕성 및 권리 문제 (Moral perception & machine rights)	• robot rights recognition, moral status disagreement, uncanny valley
프라이버시 및 무결성 (Privacy & integrity)	• inconsistency, private access breach, GDPR violation
문제 변환 (Problem shift)	• distributional shift, concept drift, lack of generality, distribution overfitting
신뢰성 및 견고성 (Reliability & robustness)	• error intolerance, robustness issues, reliability problems
보상의 문제 (Reward problems)	• honeypot problem, reward corruption, tripwire issues, tampering, wireheading
불안전한 탐색 및 부작용 문제 (Safe exploration & side effects)	• negative side effects, unsafe exploration, uncontrolled impact
감시 · 감독 문제 Scalable supervision	• supervision costs, human-in-the-loop issues, sparse rewards
자체 시정 가능성 (Self-modification)	• unintended self-modification, uncontrolled self-improvement
특수화 및 가치 정렬 문제 (Specification & value alignment)	• instrumental convergence, resource stealing, misalignment
신뢰, 투명성, 대응가능성 (Trust, transparency & accountability)	• lack of transparency, lack of trust, untraceability

21 Hernández-Orallo, J., Martínez-Plumed, F., Avin, S., & Whittlestone, J., AI paradigms and AI safety: mapping artefacts and techniques to safety issues(2020)의 Table 3. AI safety issue groups and their specific problems 발췌 인용.

22 주로 적대적인 데이터를 지속적으로 입력하여 인공지능 시스템의 성능을 저하시키는 것(fooling)이 이에 해당한다. 안전성 평가 시에 인공지능 시스템이 이러한 공격에 대한 방어 메커니즘을 갖추었는지 검증하는 것도 안전성 평가 항목으로 고려되어야 할 것이다.

2. 인공지능 서비스의 '신뢰성'

(1) 인공지능의 신뢰성 요소 및 요건

인공지능의 안전성과 신뢰성 2개 평가 항목은 사실상 상호 연관성이 크므로 각각의 요소와 요건이 상호 중첩될 여지가 없지 않다. 아울러, 광의의 신뢰성 개념에 기초하여 인식적(주관적) 요소까지 고려한다면 신뢰성을 구성하는 요소의 범주가 지나치게 확대되어 실질적인 평가기준을 설정하는 것이 곤란해질 수 있다. 신뢰성 자체는 매우 추상적 개념이기는 하나 영향평가 결과에 따른 구체적인 후속조치를 결정하는 것과 연결된다는 점에서 측량 또는 판단 가능한 실체적 요소를 중심으로 신뢰성 항목을 특성화할 필요가 있다.

일례로, Houben(2021) 등은 인공지능 개발과 관련하여 인공지능 '성능'의 신뢰성 이슈를 정리하기도 하였다.[23] 이는 데이터 세트 최적화 문제와 관련된 것으로 다음과 같은 문제가 다루어진다.

- 레이블링 작업의 비용을 감축하기 위한 활성화된 학습이 작동될 경우 그 정확도에 따라 데이터의 품질이 달라지는 문제
- 학습데이터 세트와 검증데이터 세트 분포의 동질성 보장 문제
- 데이터 불균형(data imabance, class imbalanace) 문제를 해결하기 위해 사용한 방법의 적절성(데이터가 부족할 경우 데이터 합성 등의 방법 사용함으로써 나타나는 문제) 등

한편, 인공지능의 신뢰성은 '견고성'(robust), '책무성'(accountable), '투명성'(transparent) 세 가지 요소를 포괄하는 개념으로 이해되기도 한다.[24] 이때는 각각에 대해 1) 기만 공격 등에도 불구하고 성능을 유지하는 능력과 환경 변화에도 잘 저항하는 능력을 갖추고, 아울러 개발자들은 자신들이 개발한

---

23 Houben, S., et al. Inspect, understand, overcome: A survey of practical methods for ai safety, 2021 참조.

24 웹사이트 https://adversa.ai/blog/what-is-secure-trusted-ai/ 참조.

인공지능시스템에 대해 모든 취약성을 보고하고, 2) 인공지능시스템이 어떤 작업을 하는지 보고해야 하며, 3) 서비스 이용자가 자신을 상대하는 상대방이 인간이 아니라 인공지능이라는 사실을 알려야 하고 인공지능 시스템의 결과가 해석 가능해야 한다는 점 등을 요구한다. 이와 달리, 인공지능의 신뢰성과 관련하여 다음과 같은 조치가 요구되기도 한다.[25]

- 기만 공격/방어 기술(deceptive attack/defense skills): 노이즈 데이터를 넣었음에도 불구하고 동일한 성능의 결과가 나오는지 여부를 점검
- 인공지능 기반 부채널 공격/방어(AI-based side-channel attack/defense): AI 서비스에서 발생하는 각종 부수적인 신호를 기반으로 알고리즘을 파악하여 공격 또는 방어하는지 여부를 점검

(2) 인공지능의 신뢰성 검증 방안

인공지능 서비스 개발 및 설치 시점에서 시간이 경과할수록 성능이 저하될 수 있으며, 이는 도메인의 변화에 따르기도 하고 학습데이터를 과도하게 학습하는 과적합(overfitting)의 결과로 추가적인 데이터가 더 입력되면서 성능이 저하되기도 한다. 시차를 두고 변경된 데이터 세트로 성능을 재측정하여 동일한 결과가 나오는지 검토하는 것도 가능하다. 또한 기대하지 못했던 사례나 희귀한 사례가 발생하더라도 인공지능시스템이 정확하게 대응하는지 여부를 검증하는 한편, 특정 데이터 세트로 학습한 인공지능시스템에 대하여 별도의 데이터 세트로 검증하여 성능의 신뢰성을 검증하는 방식도 사용할 수 있다.

신뢰성 검증(평가)의 경우에는 특히나 성능 지표의 적절성이 관건이다. 예를 들어 TOP-1 정확도를 기준으로 성능을 측정해야 하는데 TOP-3나 TOP-5로 측정하면 성능을 매우 만족스러운 수준이라고 오신할 수 있다.

---

25 Pokorni, S. J., Current state of the application of artificial intelligence in reliability and maintenance, Vojnotehnicki glasnik/Military Technical Courier, vol. 69, no. 3, pp. 578-593, 2021 참조.

또한 클래스 불균형(class imbalance)이 심한 데이터 세트에 대해서 전체 정확도(overall accuracy)로 평가하는 경우 정확도가 매우 높게 나타날 여지도 있다. 요컨대, 인공지능 시스템에서 유발되는 문제의 특성과 목표 수준에 맞는 성능 지표를 정하는 것이 안전성 및 신뢰성 지표 설정에서 가장 중요한 과제에 해당한다.

3. 안전성 및 신뢰성의 세부 평가 항목 및 지표

(1) 안전성 평가 항목의 구체화

인공지능 서비스의 안정성을 대변하는 주요 평가 항목을 열거하면 <표 2>와 같다. 안전성 요소는 후술하는 신뢰성 항목의 세부 평가 항목이 되기도 하므로, 양자가 명백히 분리되지 않고 세부 평가 항목 및 지표들이 상당 부분 중첩된다.

〈표 2〉 안전성의 세부 평가 항목 및 지표

세부 평가 항목	평가 내용	지표
적대적 공격(Adversarial attacks)에 대한 방어 능력	• 적대적 데이터로 학습을 시도할 때 이를 감지하여 저항하는지 점검	• 적대적 데이터 분량 대비 감지 비율 감지 소요 시간
시정 및 개선 가능성	• 오류가 발생할 경우 스스로 개선할 수 있는지 점검(자가성장력)	• 오류 발생 건수 대비 개선을 위한 반응 비율
설명 가능성	• AI의 추론 결과에 부가되는 설명의 유무, 이해가능도, 풍부성 측정	• 결과 설명 내용 유무 • 결과 설명에 대한 사용자 만족도
조작 가능성	• AI가 의도적으로 가짜뉴스를 내거나 조작을 하는지를 측정	• 단위 기간 내 가짜뉴스 등 조작 발생 건수
도덕적 딜레마 처리 능력	• 도덕적 딜레마 현상이 발생했을 때 적절한 대응을 하는지 측정	• 도덕적 딜레마 사례 발생 대비 부적절 대응 비율
개인정보 보호 여부	• 허용되지 않은 개인정보를 활용한	• 전체 데이터 대비 비허

	학습인지 점검(학습데이터 세트의 메타데이터를 점검)	용 개인정보 비중
일반화 가능성	• 과적합(overfitting) 추론을 하는지 점검	–
자가 수정	• 의도하지 않은 또는 통제되지 않은 추론 지식 수정 여부 점검 • 학습을 시행하는 건에 대해 점검	–
대응 가능성 (accountability)	• 추적 가능성 점검 • 상용화 이후 오작동 및 책임 소재 불명확성에 대한 대응 여부	–

(2) 신뢰성 평가 항목의 구체화

안전성은 곧 신뢰 가능성의 전제이기도 하므로 신뢰성 평가 내용으로 안전성 요소를 배제하기는 어렵다. 인공지능 서비스의 신뢰성 항목은 크게 일관성(reliabiltiy)과 신뢰가능성(trustworthy) 두 가지 차원으로 구분될 수 있으며, 각 신뢰성 요소는 <표 3> 및 <표 4>와 같이 범주화된다. 이때 신뢰성 평가의 핵심 항목으로서 안전성을 검증해야 하므로 양자의 실질적인 평가 내용과 지표가 상당 부분 중첩될 여지가 크다.

〈표 3〉 일관성 차원의 신뢰성: 세부 평가 항목 및 평가 내용

세부 평가 항목	평가 내용	지표
견고성(robustness)	기만 공격 등에도 불구하고 성능을 유지하는 능력, 환경 변화에도 잘 저항하는 능력, 이를 위해서는 개발자들은 자신들이 개발한 AI에 대해 가능한 모든 취약성을 보고해야 함	안전성과 중복됨
대응 가능성 (accountability)	AI가 어떤 작업을 하는지를 보고할 수 있어야 함	안전성과 중복됨
투명성	서비스 고객이 자신을 상대하는 상대방이 인간이 아니라 AI임을 알려야 함	안전성과 중복됨
안전성	AI가 아무런 해악을 끼치지 않을 것임을 확	안전성과 중복됨

	신함	
가공 데이터 사용 정도	Active learning에 의하여 가공 데이터를 학습데이터로 얼마나 많이 사용했는지의 정도	전체 데이터 대비 가공데이터 비율
학습데이터 세트와 검증데이터 세트의 동일성 정도	동일한 경우 테스트 정확도가 지나치게 높게 나오게 됨	양 데이터 세트 중 동일 샘플의 구성(%)

〈표 4〉 신뢰가능성 차원의 신뢰성: 세부 평가 항목 및 평가 내용

세부 평가 항목	평가 내용	지표
종적 성능 변화 정도	시차를 두고 변경된 데이터 세트로 성능을 재측정하여 동일한 결과가 나오는지 검토함	–
횡적 성능 변화 정도	특정 데이터 세트로 학습한 AI에 대하여 별도의 데이터 세트로 검증하여 성능의 신뢰성을 검증함	–
예외 상황 대응 정도	예기치 못한 사례나 희소한 사례가 발생하더라도 AI가 정확하게 대응하는지를 검증함	–
과적합 수행 여부	과적합(overfitting)이 적용된 성능을 제시한 것인지 여부 검증함	–
자가 성장 능력	domain generalization 또는 domain adaptation이 가능한 인공지능인지 여부를 확인함	안전성과 중복됨

4. 소 결

이상의 인공지능 영향평가 관련 해외 입법례, 지침, 연구 사례를 종합하면, 인공지능의 신뢰성을 구성하는 주요 요소는 크게 기술적 견고성, 공정성, 투명성, 책임성으로 파악된다.[26] 특히 안전성 요소 역시 신뢰성의 범주에 속한다고 보는 데 무리가 없음은 앞서 세부 평가 항목 및 지표 구성을 예시하는 과정에서 확인한 바 있다. 현행법에 도입된 사회적 영향평가의 주된 취지

26 조원영 · 유재흥 · 추형석, 『인공지능 신뢰체계 정립방안 연구』, 소프트웨어정책연구소, 2022 참조.

가 인공지능 서비스 등의 사회적 신뢰도를 제고하고 잠재적 역기능을 예방하는 것에 있다는 점을 상기할 때, 본 제도는 인공지능 윤리규범의 첫 번째 원칙으로 꼽히는 '사람 중심의 가치 증진'에 무게를 두어야 함은 물론이다. 이제는 사회적 영향평가의 실행체계와 방법론의 틀을 세우는 데서 더 나아가, 각 분야 인공지능서비스에 대한 신뢰성 평가 요소와 기타 사회적 · 경제적 · 문화적 영향 요인을 선별하고 체계화하는 작업을 개시해야 할 때이다.

V. 맺음말

우리 법에 도입된 지능정보서비스에 대한 사회적 영향평가는 여타 사전적 영향평가 제도의 구조와 달리, 이미 대중에게 상당한 파급력을 지닌 지능정보서비스가 미치는 다면적인 영향 여하를 진단하고 지속 가능성을 담보하는 안전성과 신뢰성을 평가한다는 점에서 제도의 독자적 취지가 있다. 인공지능의 영향력이 가시화되면서 그에 따른 위험의 성질과 유형은 복잡해지고 진화해 간다. 종래의 '위험 통제' 수단이 법률상 의무, 금지행위, 행정상 · 형사상 제재로 기능하였다면, 인공지능 영역의 영향평가는 '위험 관리' 수단으로서 인공지능 기술 및 서비스의 잠재적 또는 구체적 위험 요인을 통제하는 새로운 기술적 · 행정적 수단이 될 수 있다.

무엇보다 인공지능 서비스 영향평가의 핵심적인 목표는 해당 서비스 이용에 따른 부정적 영향을 식별하고 이를 예방하고 완화하는 데 있으며, 이는 서비스 제공자의 적극적인 협조 없이는 달성하기 어렵다. 이미 도입된 정부 주도의 사회적 영향평가제도와 연계하여 인공지능 영향평가를 제도화하는 것은 자칫 서비스 제공자에 의해 효과적으로 이루어질 수 있는 성능 · 품질 확보 측면의 위험성 관리 영역을 침범할 우려도 없지 않다. 인공지능 서비스 영향평가로 인하여 민간의 주체가 민사상 책임과 행정상 제재를 이중으로 부담하지 않도록 제도 설계 단계에서 서비스 제공 및 운영 주체의 계약상 의무 이행과 사후적 감독 · 평가 대상이 궤를 같이하는 민관 협력의 영향평가 모델을 구체화하는 것이야말로 주요한 과업이 될 것이다.

이상에서 제시한 인공지능 서비스 영향평가의 체계론과 방법론은 한정된 학제적 연구를 통해 인공지능 서비스 분야 공통의 기본적인 평가 체계와 더불어 핵심 평가 항목의 기준을 예시한 것에 불과하다. 앞으로 우리 정부는 규제 권한에 집중된 관심을 거두고, 인공지능 서비스의 신뢰성을 점검하고 사회, 경제, 문화, 일상 생활 등에 미치는 영향을 검토하는 사회적 영향평가 제도가 우리 사회의 새로운 위험성을 관리하는 최적의 제도로 운용될 수 있도록 제도의 설계와 방법론 개발에 역점을 두어야 한다. 각 서비스 분야에서 평가 항목 간 우선순위를 정하고 구체적인 평가 내용을 설정하는 것은 후속 연구 및 시범적 절차 운영을 통하여 순차적으로 시도되고 검증될 필요가 있다.[27] 또한 핵심 평가 항목인 인공지능 서비스의 안전성 및 신뢰성의 상호 관계성을 명확히 하여 관련 지표를 체계화하고, 이를 충족시키기 위한 기술적 · 관리적 조치에 관한 부단한 연구에 주력해야 한다. 정부로서는 제도 운용에 앞서 이러한 연구 기반을 공고히 할 때 사회적 영향평가 제도의 내실을 기할 수 있을 것이다. 제도의 취지와 기능을 살리는 방향으로 인공지능 서비스 영향평가의 실행체계, 평가지표, 평가기법이 차례로 정립된다면, 본 제도는 인공지능 서비스의 실질적인 명암을 식별하고 시의적절하게 대응하는 안전망으로서 인공지능의 신뢰성과 지속 가능성을 확보하는 주춧돌이 될 것이라 생각한다.

---

27 조문에서 열거하고 있는 정보문화, 사회 · 경제, 정보보호 등에 미치는 영향을 조사 · 평가 항목으로 규정하고 있는데, 이들 항목은 상호 중복 또는 교차되는 측면이 있어 규정 그대로를 영향평가 항목 체계로 삼기는 적절치 않다고 판단된다.

참고문헌

1. 국내문헌

[논문]

- 권은정 외, 『지능화 혁명 시대의 위험 통제 및 기술 수용을 위한 법체계 전환에 관한 연구』, 정보통신정책연구원, 2020
- 김유환, "과학기술규제의 특성과 규제거버넌스(Governance)의 재구성", 『행정법연구』 제47호, 2016, 239-267면
- 김태오, "제4차 산업혁명의 견인을 위한 규제패러다임 모색-한국의 규제패러다임을 중심으로", 『경제규제와 법』 제10권 제2호, 2017, 140-168면
- 양희태, "인공지능의 안전성 이슈와 정책 대응 방안", 『한국통신학회논문지』 제43권 제10호, 2018, 1724-1732면
- 윤순진, "환경갈등의 예방완화해소를 위한 환경영향평가제도 개선방안: 시민참여적 사회영향평가의 제도화를 중심으로", 『한국사회와 행정연구』 제15권 제1호, 2004. 5, 283-311면
- 윤용희, "환경영향평가의 내용상 하자에 대한 사법심사의 방법", 『저스티스』, 2012, 289-290면
- 윤혜선, "인공지능 규제 정책에 관한 연구: 주요국의 규제 정책 사례를 중심으로", 『정보통신정책연구』 제26권 제4호. 2019, 135-176면
- 이명화 외, 『기술영향평가의 실효성 제고를 위한 제도 개선방안』, 과학기술정책연구원, 2015
- 이종호, "환경갈등과 사회경제영향평가", 『한국사회과학연구』 제30권 제2호, 2014, 29-52면
- 전동준 외, 『국민참여형 환경평가 체계 구축 및 제도 개선 방안』, 한국환경정책·평가연구원, 2018
- 정주철·임재영, "사회영향평가의 원칙 및 지침에 관한 연구-미국 사례를 중심으로", 『환경영향평가』 제16권 1호, 2007, 45-58면
- 조성은 외, 『ICT 기반 사회현안 해결방안 연구』, 정보통신정책연구원, 2021
- 조원영·유재흥·추형석, 『인공지능 신뢰체계 정립방안 연구』, 소프트웨어정책연

구소, 2022

2. 외국문헌

■ Calvo, Rafael A., Peters, Dorian and Cave, Stephen, "Advancing impact assessment for intelligent systems", Nature Machine Intelligence 2, 2020, p. 89–91

■ European Commission. Proposal for a Regulation on a European approach for Artificial Intelligence, Brussels, 21 April 2021, COM(2021) 206 final, 2021/0106(COD)

■ European Data Protection Supervisor, A Preliminary Opinion on data protection and scientific research, 2020

■ Gabriella Ezeani et al., A Survey of Artificial intelligence risk assessment methodologies – The global state of play and leading practices identified, EY Trilateral Research, 2021

■ Hernández–Orallo, J., Martínez–Plumed, F., Avin, S., & Whittlestone, J., AI paradigms and AI safety: mapping artefacts and techniques to safety issues, 2020

■ High–Level Expert Group on Artificial Intelligence. Ethics guidelines for trustworthy AI. European Commission, 2019

■ High–Level Expert Group on Artificial Intelligence. The Assessment List for Trustworthy Artificial Intelligence (ALTAI) for self–assessment, 2020

■ Houben, S., et al. Inspect, understand, overcome: A survey of practical methods for ai safety, 2021

■ Juric, M., Sandic, A., & Brcic, M., AI safety: state of the field through quantitative lens. In 2020 43rd International Convention on Information, Communication and Electronic Technology (MIPRO), IEEE, pp. 1254–1259

■ Kroll, Joshua A., et al. 'Accountable Algorithms', 165(3) University of Pennsylvania Law Review 633, 2017

■ Louis Meuleman, Owl meets beehive: how impact assessment and governance relate, Impact Assessment and Project Appraisal, Vol. 33, No. 1, 2015, pp. 4–15

- NIST, U.S. Leadership In Ai: A Plan For Federal Engagement In Developing Technical Standards And Related Tools Draft For Public Comment. 2 July 2019
- Pokorni, S. J., Current state of the application of artificial intelligence in reliability and maintenance, Vojnotehnicki glasnik/Military Technical Courier, vol. 69, no. 3, pp. 578–593, 2021
- Roig, Antoni, 'Safeguards for the right not to be subject to a decision based solely on automated processing (Article 22 GDPR)', 8(3) European Journal of Law and Technology, 2017
- Scherer, Matthew U., 'Regulating Artificial Intelligence Systems: Risks, Challenges, Competencies, and Strategies', 29(2) Harvard Journal of Law & Technology 353, 2016
- The High–Level Expert Group on AI, The Assessment List for Trustworthy Artificial intelligence (ALTAI), July 2020
- The Senate (S. 3572) – Algorithmic Accountability Act of 2022, 117th Congress (2021–2022)
- US Congress, A Bill to direct the Federal Trade Commission to require entities that use, store, or share personal information to conduct automated decision system impact assessments and data protection impact assessments (Algorithmic Accountability Act of 2019), H. R.2231, introduced in the House 10 April 2019
- US Congress, A Bill to direct the Federal Trade Commission to require impact assessments of automated decision systems and augmented critical decision processes, and for other purposes (Algorithmic Accountability Act of 2022), H. R. 6580, introduced in the House 3 April 2022

8.
메타버스의 공적 성격? 미국 디지털 법제의 조망

메타버스의 공적 성격? 미국 디지털 법제의 조망

제임스 비 스페타(James B. Speta)*

최영식 譯**

증강현실(augmented reality)과 가상현실(virtual reality)과 같은 기술이 널리 채용되어 우리의 집단적인 온라인 체험이 점점 몰입적이고 지속적인 것이 되어감에 따라, 이 새로운 "메타버스(metaverse)"(또는 이 새로운 "메타버스들")는, 온라인 공간이 실제적인 문제와 법적 문제 모두에서 언제 "공적인 것"인지에 대해서 더 깊은 고찰을 요구한다.[1] 기업들과 여타 민간 메타버스 제작자들은, 과거 인터넷 플랫폼이 그랬던 것처럼 경제성, 브랜드 평판, 사회적 수용성 및 기타 여러 요소를 바탕으로 개방성의 수준을 정하게 될 것이다. 정부 역시, 시민과의 소통, 서비스 제공, 그리고 아마도 강화된 감시와 통제를 위해 메타버스를 구축할 것이다. 이와 같은 선택은 민간과 공공의 당

---

* 노스웨스턴 대학교 프리츠커 로스쿨, 엘리자베스 프롤링 호너(Elizabeth Froehling Horner) 교수.

** 변호사, 법무법인 서래.

1 메타버스에 대해 현재 통용되고 있는 정의에는 최소한 이용자가 가상공간의 일부라고(또는 가상공간에 둘러싸여 있거나 그 안에 포함되어 있다고) 느낄 수 있는 몰입감과 특정한 이용자가 접속하지 않을 때에도 가상공간이 계속 유지되는 영속성이 포함된다. 일부 논자들은 여기에 상호운용성(interoperability)을 추가하기도 하고, 다른 이들은 다양한 종류의 상호작용성(interactivity)을 추가하기도 한다. 예를 들어 Ling Zhu, The Metaverse: Concepts and Issues for Congress, CRS Report R47224 (Aug. 26, 2022); Jon M. Garon, Legal Implications of a Ubiquitous Metaverse and a Web3 Future, 106 Marq. L. Rev. 163 (2022); Michael Zyda, Let's Rename Everything "the Metaverse!," IEEE Computer, March 11, 2022, at 124; Markus Weinberger, What Is Metaverse??A Definition Based on Qualitative Meta-Synthesis, 14 Future Internet 310 (2022) 참조. 항상 그래왔듯이 시장과 정부는 시대에 맞춰 진화할 것이고, 사회적 이해도 그러할 것이다. 현재로서는 몰입성과 영속성이 적절해 보인다.

사자들 모두에게 법적 영향을 미치며, 특히 정부가 민간 플랫폼과 서비스를 어디까지 제한하거나 통제할 수 있는가에 관한 질문을 제기할 것이다.

이 글은 새로 등장하는 메타버스 플랫폼에 대한 공공 거버넌스와 관련된 미국의 선례들에 초점을 맞추고 있다. 입법 선례는 연방정부에서 최초로 철도 산업을 규제하고 미국 전역에서 공익산업(utility) 및 커먼캐리어(common carrier)에 대한 규제를 확대하기 시작한 1887년으로 거슬러 올라간다.[2] 법원의 선례는 이보다 역사가 깊은데, 커먼캐리어 및 공공시설(public accommodation)에 관한 미국법은 영국의 보통법(common law)에 그 뿌리를 두고 있기 때문이다.[3] 이러한 선례는 정부가 플랫폼의 공공성을 강제하는 것에 관한 사례를 제공한다. 이 글에서는 보다 최근의 역사에 초점을 맞추고자 하는데, 민간의 통신 서비스와 인터넷 플랫폼에 대한 규제에서 가장 직접적인 유사성을 발견할 수 있기 때문이다. 실제로, 페이스북이 메타(Meta)[4]로 사명을 변경한 것, 애플[5]과 구글의 가상현실(VR)[6] 노력, 그리고 새롭게 등장한 몰입형, 멀티플레이어형, 세계구축형 게임 체험에서 드러나듯이, 현재의 플랫폼들이 초창기 메타버스의 창조자가 될 가능성이 크다. 그러면 메타버스는 주요 통신 서비스를 민간이 소유하면서 공적 규제의 대상이 된 미국의 이례적인 역사를

---

2 Act to Regulate Commerce, 24 Stat. 379 (1887) (현재 "주간통상법(Interstate Commerce Act)"으로 알려져 있으며, 이 법률이 철도에 커먼캐리어 규제를 적용하였다) 참조; James B. Speta, A Common Carrier Approach to Internet Interconnection, 54 Fed. Comm. L.J. 225, 258－68 (2002) (운송 및 공익산업 대부분을 규율하는 법령에 주간통상법(ICA)이 모방된 역사에 대해서 설명)도 참조; Joseph D. Kearney & Thomas W. Merrill, The Great Transformation of Regulated Industries Law, 98 Colum. L. Rev. 1323, 1330－1332 (1998) (동일)도 참조. 일부 주에서는 연방정부의 조치가 있기 전에 커먼캐리어 및 공익산업에 관한 법률을 통과시켰다. William Z. Ripley, Railroads, Rates, and Regulation Ch. 2 (1999) 참조.

3 예를 들어 Speta, 위 각주 2번, 251－58 참조.

4 예를 들어 Mike Isaac, Facebook Renames Itself 'Meta,' N.Y. Times, Nov. 10, 2021 ("이 움직임은 최고 경영자인 마크 주커버그가 자신의 실리콘밸리 회사를 차세대 디지털 프론티어 즉 서로 다른 디지털 세계를 메타버스라는 것으로 통합하는 것에 초점을 맞추고자 하는 계획을 보여준다.").

5 예를 들어 Kellen Browning & Mike Isaac, Apple Is Stepping into the Metaverse: Will Anyone Care?, N.Y. Times, June 2, 2023 (Apple의 Vision Pro VR 기술 출시에 즈음하여).

6 예를 들어 Jack Kelly, The Metaverse Set Off A Battle Between Tech Giants Google, Apple, Microsoft And Meta To Build Virtual And Augmented Reality Headsets, Forbes.com, Jan. 21, 2022.

반영할 것이다.[7] 커먼캐리어와 공익산업에 관한 법은, 재산소유자가 가지는 보통법상의 권리 및 대부분의 기업이 가지는 사업을 누구와 어떻게 할 것인가를 선택할 수 있는 보통법상의 권리에 대한 오랜 예외이다. "공공성"을 강제한다는 것은 전체 대중이 서비스에 접근할 수 있어야 한다는 것과 "공익"에 부합하도록 서비스 제공 방식을 통제한다는 것 양자 모두에 관한 정부의 요구이다.

먼저, "개방형" 메타버스 구축에 대한 민간의 복합적인 유인을 강조하고자 한다. 사적 소유와 빈번한 비규제에도 불구하고, 현재 많은 인터넷 서비스는 상당히 개방적인 구조와 기준을 가지고 있으며, 이러한 개방성은 일정한 측면에서 '공공성(publicness)'을 띠게 되기 때문에 통상적으로 보다 중대한 정부 규제로 연결된다. 다른 한편으로, 그와 동시에 플랫폼(그리고 메타버스)은 콘텐츠를 관리하고 사용자를 한정할 유인을 지닌다.[8] 다음으로는 공공서비스에서 사적 메타버스 개념에 관한 미국의 선례를 살펴보려 한다. 미국 법원은 일반적으로, 현재 대법원에 계류 중인 사건에서 이러한 문제를 제기하고 있음에도 불구하고, 인터넷 플랫폼이 그 본질적 특성에도 불구하고 정부 서비스로 취급되어야 한다는 주장을 일반적으로 배척해왔다.[9] 또한, 법원과 규제자들은 인터넷 서비스 및 플랫폼을 공익산업으로 간주하려는(또는 간주해야 한다는) 주장도 (항상 그런 것은 아니지만) 대체로 배척해왔다. 그럼에도 불구하고 메타버스의 개방적 성격, 잠재적인 사회적 중요성, 그리고 메타버스가 이용자의 콘텐츠 생산을 촉진하고 그러한 이용자의 생산에 의존하는 방식은 메타버스에 대한 규제 필요성을 뒷받침하는 중요한 역사적 근거가 될 것이다. 메타버스가 성장함에 따라 그에 따른 규제 압력도 높아질 것이다. 그러나 플랫폼이 표현의 자유(first speech rights)을 가지고 있다는 지배적인 견해가 유지된다면, 미국 수정헌법 제1조에 의해 이러한 압력이 제한될

---

7 예를 들어 Kearney & Merrill, 위 각주 2번, 1400 (운송 및 공익산업에 관하여 유럽 국가들은 대부분 공공의 소유를 선택한 반면, 미국은 민간 소유를 선택하였다는 점에 주목함) 참조.

8 제1장(Part I).

9 제2장(Part II).

수 있다.[10] 마지막으로, 정부 스스로 열린 메타버스를 지원하는 경우 공공성이 다른 결과를 낳는다는 점에 주목한다. 그러한 상황에서 수정헌법 제1조는, 정부가 제공하는 서비스에 대한 민간의 접근에 관한 정부의 통제를 명백히 제한하기 때문이다.[11] 몇몇 미국 법원은, 비록 이 문제 역시 대법원에 계류 중이긴 하지만, 트럼프 대통령과 기타 관료들이 소셜미디어 플랫폼을 공적 목적으로 활용하는 것은 "공적 장(public forum)"을 조성한 것이고, 따라서 관료들이 논평가들을 차단한 것은 수정헌법 제1조를 위반하는 것이라고 판단하였다. 이처럼 법은 공공성의 개념을 명시적으로 적용하였는데, 이러한 공공성은 메타버스가 공적 소통 및 서비스의 핵심적 수단으로 활용되는 경우에 특히 중요하다. 끝으로 메타버스 거버넌스에 대한 보다 넓은 추측을 바탕으로 결론을 제시하고자 한다.

Ⅰ. 메타버스의 공공성에 대한 사적 유인

메타버스 내 공간은 인터넷과 마찬가지로 대부분 민간 주도로 구축될 가능성이 높다. 물론 적어도 미국에서는 정부가 의사소통, 서비스 제공, 감시 등에 필요한 공간을 조성하겠지만, 투자 위험과 혁신의 필요성은 광범위한 공적 소유를 불가능하게 만든다.[12] 민간 메타버스 소유자들은 개방적인 플랫

10 제3장(Part III).

11 제3장(Part IV).

12 메타버스에 대한 정부 감시는 대체로 이 글의 검토 범위에서 벗어난 것이지만, 세 가지 주목할 점이 있다. 첫째, 정부 감시에 대한 욕구와 그러한 감시의 적법성은 당연히 공적 그리고 사적 소유의 정도에 영향을 미친다. 정보 통제와 은밀한 감시에 대한 욕구가 강한 정부는 사적 소유를 제한할 것이다. 둘째, 사적 소유가 지속되더라도 대중에게 가장 큰 영향을 미치는 공간에 대해서는 정부 규제가 적절한 것이 될 것이다. 셋째, 사적 소유에 의해 구축된 메타버스 공간에 상대적으로 공적인 측면이 있다 하더라도, 미국의 법 원칙상 정부가 민간 메타버스에 상당한 정도로 개입하는 것은 제한될 것이다. 이는 정부 개입에 대한 헌법적 제한은 (대개 부당한 수색 및 압수에 대한 수정헌법 제4조의 제한을 통해) 참여자의 "사생활에 대한 합리적 기대"에 근거하기 때문인데, 공적 공간일 경우에는 이러한 기대가 낮아진다. 미국 수정헌법 제4조 참조.

폼을 구축할 복합적 유인에 직면하게 될 것인데, 이러한 복합적 유인이 메타버스가 체험되고 공적으로 규제되는 방식을 결정하게 될 것이다.

가장 크고 수익성 높은 인터넷 플랫폼들은 모든 이해관계자들을 광범위하게 수용하는 사업모델을 가지고 있는데, 이 경우에는 플랫폼이 이용자를 추방할 최종적인 권한을 가진다. 가장 커다란 플랫폼에 있어서, 개방성은 규모의 경제와 네트워크 효과에서 비롯되며, 이 두 가지는 사용자 기반의 성장에 따라 수익을 향상시킨다.[13] 디지털 경제에서 막대한 소프트웨어 개발 비용과 데이터센터 인프라를 다수의 이용자에게 분산시킬 수 있는 경우에는 규모의 경제가 평균 서비스 비용을 절감시킨다.[14] 더욱 중요한 것은 이용자 규모가, 광고를 위한 고객을 만들어 내고, 그보다 더 중요한 것은 서비스를 혁신하고 개선하는 데 필요한 풍부한 데이터 흐름을 만들어 낸다는 것이다. 특히, 풍부한 데이터 흐름은 더 많은 맞춤형 광고와 서비스를 가능하게 하여 수익을 창출한다.[15] 초기 메타버스에서 광고 모델과 이용자에 의한 콘텐츠 생성은 여전히 발전 단계에 있지만, 두 요소가 모두 소비자에게 널리 중요하다는 것은 입증되었다. 네트워크 효과는, 더 많은 접촉을 원하는 사람들을 끌어들이고 더 많은 이용자 제작 콘텐츠와 서비스를 지원함으로써 대규모 가입자를 자본화한다.[16] 규모의 경제, 데이터 이점, 네트워크 효과가 결합하여 대형 인터넷 플랫폼이 시장과 사회에서 지속적으로 입지를 유지할 수 있게 되며, 유럽 경쟁법에서는 이를 “지배력(dominance)”이라고 부른다. 민간의 메타버스는 의심의 여지없이 특정 공동체 내지 훨씬 더 특정한 사업을 위

13 대부분의 인터넷 플랫폼은 이용자에게 직접적인 이용료를 부과하지 않는데, 이는 이용자 기반이 커질수록 수익이 간접적으로만 증가한다는 것을 의미한다.

14 예를 들어 Carl Shapiro and Hal R. Varian, Information Rules 169–88 (1999) 참조.

15 예를 들어 Maurice E. Stucke and Allen P. Grunes, Big Data and Competition Policy ch. 13 (2016). The issue of Google’s “data advantage” is “already a central character … in the [U.S.] Justice Department’s case against Google.” Steve Lohr, A Key Question in Google’s Trial: How Formidable Is Its Data Advantage?, N.Y. Times, Sept. 19, 2023 참조.

16 예를 들어 David S. Evans and Richard Schmalansee, A Guide to the Antitrust Economics of Networks, Antitrust, Spring 1996, at 36; Michael L. Katz and Carl Shapiro, Network Externalities, Competition, and Compatibility, 75 Am. Econ. Rev. 424 (1985) 참조.

해서 존재하지만, 이러한 메타버스들은 그 정의 자체에 의해서 영향 범위가 제한된다.17

그러나 인터넷 플랫폼과 다가오는 메타버스의 개방성은, 기술적 가능성과 수익 모델 측면에서 전통적인 매스미디어의 개방성과는 미묘한 차이가 있다. 전통적인 매스미디어(신문, 지상파TV, 라디오 그리고 심지어 케이블TV까지)에서는 제작자가 다수의 이용자에게 동일한 콘텐츠를 제공하였다. 매스미디어 기술에는 이용자 간 실시간 상호작용이 없었고, 소비자가 미디어에 접근하는 것을 배제하는 기능도 없었다. 물론 제작자는 상품(콘텐츠)을 차별화했지만, 상당히 많은 청중과 함께 하는 콘텐츠를 찾아낼 필요성은, 광고주를 위해 다수의 대중을 끌어들이기 위한 "공통 분모(common denominator)" 개발을 이끌어내었다.18

인터넷 플랫폼들, 특히 이용자 생성 콘텐츠와 행동기반 광고(behavioral advertising)의 유통에 의존하는 플랫폼들은 이용자 기반과 콘텐츠 유통을 훨씬 더 맞춤화된 방식으로 관리한다. 실제로 콘텐츠 모더레이션(moderation)은 대부분의 대형 소셜미디어 및 여타 인터넷 플랫폼의 핵심 기능이 되었으며,19 플랫폼은 특정 종류의 게시물을 제외시키고, 게시물이 작성된 후 이를

---

17 이용자에게 전용 또는 맞춤형 서비스에 대한 요금을 청구할 수 있기 때문에 수익성 하락이 없을 수도 있다. 그러나 오늘날 가장 규모가 크고 수익성이 높으며 사회적으로 중요한 인터넷 플랫폼인 구글, 페이스북 등은 대부분 개방형 모델을 채택하고 있다. 데이터 수집과 맞춤형 광고가 전통적인 모델을 상당히 크게 변화시키기는 했지만, 어느 정도까지 개방형 모델과 폐쇄형 모델 사이의 선택은 매스미디어와 맞춤형 프로그래밍(targeted programming) 중 어떤 것이 더 장기적으로 경제성이 있는지를 반영하는 것이다. Bruce M. Owen and Steven S. Wildman, Media Economics ch. 4 (1992)와 Rui Qin,Yong Yuan, and Fei-Yue. Wang, Exploring the Optimal Granularity for Market Segmentation in RTB Advertising via Computational Experiment Approach, 24 Elec. Commerce Res. & App. 68 (2017) 비교.

18 일반적으로 Owen and Wildman, 위 각주 17번, 3장 참조.

19 미국의 Gab, Parler, Truth Social과 같은 플랫폼들은 콘텐츠 모더레이션을 배제하는 정책을 기반으로 한 모델을 구축하였는데, 이 중 Truth Social은 트럼프 전 대통령이 이용자 정책을 반복적으로 위반하여 페이스북과 트위터로부터 이용을 금지당한 후에 만든 플랫폼이다. 그러나 이러한 플랫폼들이 상대적으로 틈새 플랫폼으로 존속하는 한, 이는 대형 플랫폼의 경우에 콘텐츠 모더레이션이 필요하다는 점을 확인시켜 줄 뿐이다. 예를 들어 Tiffany Hsu, News on Fringe Social Sites Draws Limited but Loyal Fans, Report Finds, N.Y. Times, Oct. 6, 2022 참조 ("초당파적인 퓨리서치센터(Pew Research Center)의 최근 보고서에 따르면, 성인 중 단 6%만이 뉴스 검색 시 7대 주요 대안 소셜미디어 사이트, 즉 BitChute, Gab, Gettr,

검토하며, 전체 이용자와 개별 이용자에게 콘텐츠를 권장하거나 억제하기 위한 정교한 검토 프로세스를 개발하고 있다.[20] 어떠한 경우든, 콘텐츠 모더레이션의 필요성은 세 가지로 요약할 수 있다. (1) 어떤 규모의 최신 플랫폼이라도 정보 과부하 없이(또는 적어도 사용자에게 상당한 양의 차선 콘텐츠를 제공하지 않고) 모든 콘텐츠를 유통할 수 없다. (2) 최신 플랫폼은 이용자가 원하는 콘텐츠를 제공하고 이용자가 원하지 않는 콘텐츠를 제공하지 않음으로써 이용자를 확보한다. (3) 최신 플랫폼은 소비자를 세분화하여 광고주와 연결함으로써 효과적으로 수익을 창출한다.[21]

이런 식으로, 다양한 차원에서 개방성과 상충되는 유인이 있을 수 있다. 한편으로 메타 버스는 모든 방문객에게 무료 또는 저렴한 비용으로 서비스를 제공함으로써 대중의 참여를 유도하겠다는 중요한 유인을 가질 수 있다. 참여자 수가 많을수록 많은 콘텐츠를 생성하고, 이용자들에게 더 많은 선택권이 주어지며, 메타버스는 더 많은 데이터를 수집하고 수익을 창출할 수 있게 될 것이다. 다른 한편으로, 플랫폼은 더 많은 참여자를 확보하기 위해 특정 참여자와 특정 콘텐츠를 불허할 재량을 유지할 유인이 있다. 실제로, 논란이 많은 콘텐츠를 삭제하고, 개별 이용자에게 매력적인 경험을 제공하며, 수익을 늘리기 위해 콘텐츠 모더레이션은 불가피하다.

Parler, Rumble, Telegram, Truth Social 중 하나에서 정기적으로 뉴스를 검색하는 것으로 나타났다. 위 보고서에 따르면 위 사이트 중 어느 곳도 뉴스를 찾는 미국인 중 2% 이상을 끌어들이지 못하였다."); Alex Shephard, The Spectacular Failure of Right−Wing Social Media Platforms, New Republic, Oct. 20, 2022 참조.

20 일반적으로 Kate Klonick, The New Governors: The People, Rules, and Processes Governing Online Speech, 131 Harv. L. Rev. 1398 (2018); Tarleton Gillespie, Custodians of the Internet Platforms, Content Moderation, and the Hidden Decisions that Shape Social Media (2018) 참조.

21 대부분의 연구에서 맞춤형 광고의 가격을 기존 광고보다 훨씬 높은 수준으로 보고 있는데, 이는 가장 연관성이 높은 잠재적인 소비자에게 광고를 노출시키는 디지털 플랫폼의 능력을 반영하는 것이다. Jinaqing Chen and Jan Stallaert, An Economic Analysis of Online Advertising Using Behavioral Targeting," 38 MIS Quarterly 429 (2014). 소셜미디어에 대한 불신과 규제의 변화로 인하여 타겟팅이 제한되면서 이러한 추세는 약화되고 있지만, 타겟팅의 가치는 여전히 유효하다. Christine Moorman, Megan Ryan, and Nader Tavassoli, Why Marketers Are Returning To Traditional Advertising, Harv. Bus. Rev., April 29, 2022 참조.

Ⅱ. 메타버스가 정부기관이 될 것인가?

메타버스가 완전히 실현된다면, 그것은 상업용 기반시설, 통신, 교육, 금융 서비스 등을 위한 공간 및 기술 제공 등 전통적으로 정부가 수행하는 업무와 서비스를 담당하게 될 것이다. 미국에서는 민간이 이러한 서비스를 제공하는 경우, 그러한 민간 행위자를 실질적인 정부 기관으로 취급해야 하는지에 관한 질문이 제기된다. 이미 미국 법원은 대형 인터넷 플랫폼에서 축출되거나 콘텐츠 차단 또는 등급하향과 같은 조치로 손해를 본 개인과 기업이 제기한 소송을 다루어왔다. 이 원고들은 플랫폼이 수정헌법 제1조 또는 다른 법률에 따른 권리를 침해했다고 주장해왔다.

법원은 이른바 "국가행위(state action)" 이론에 따라, 인터넷 플랫폼의 주요 서비스에 의해서 이들 플랫폼이 정부의 대리인이 된다는 주장을 거의 일관되게 배척해왔으며, 이는 민간 메타버스의 경우에도 마찬가지일 것이다.[22] 국가행위이론에 따르면, 미국 헌법상의 권리와 다수의 법률적 보호는 정부의 행위에만 적용된다. 즉, 수정헌법 제1조는 정부가 표현의 자유를 제약하는 경우만을 보호하고,[23] 적법절차(due process) 조항은 정부가 생명, 자유, 재산을 박탈하는 경우만을 제한한다.[24] 예를 들면, 하나의 리딩케이스에서[25] "'보수적인 견해와 관점 및 흔히 간과되는 공적 이슈를 제공하는 것'을 임무로 하는 비영리 교육 및 미디어 단체"인 프레이거 대학(Prager University)은,[26] 유튜브가 프레이거 대학의 동영상 중 일부를 "제한 모드(Restricted Mode)"에

---

22 국가행위이론과 플랫폼 전반에 대해서는 Danielle Keats Citron and Mary Anne Franks, The Internet as Speech Machine and other Myths Confounding Section 230 Reform, 2020 U. Chi. Legal F. 45, 61-67 참조.

23 미국 수정헌법 제1조("의회는 종교의 설립이나 자유로운 신앙 활동을 금지하거나, 표현 또는 출판의 자유 제한하거나, 평화로운 집회의 권리나 정부에 대한 청원권을 제한하는 어떠한 법률도 만들 수 없다.").

24 미국 수정헌법 제14조 제1절("어떠한 주도 법에 따른 정당한 절차에 의하지 아니하고는 누구라도 그 생명, 자유 또는 재산을 박탈할 수 없다."); 미국 수정헌법 제5조(연방정부도 동일).

25 Prager University v. Google LLC, 951 F.3d 991 (9th Cir. 2020).

26 위 판결 995.

서 차단되도록 태그를 지정하고, 프레이거 대학의 다른 동영상이 유튜브의 가이드라인을 위반했다는 이유로 해당 동영상의 수익창출을 막았다고 주장하면서, 구글을 상대로 제소하였다. 프레이거 대학은 유튜브가 "표현을 위한 공적 장(public forum for speech)"을 조성한 것이므로[27] 유튜브의 행위는 수정헌법 제1조를 위반한 것이라고 주장하였다. 미연방 제9순회 항소법원은, 최근 대법원이 수정헌법 제1조는 "정부에 의한 표현의 제한만 금지"할 뿐, "민간에 의한 제한은 금지하지 않기" 때문에 케이블TV 공공채널은 수정헌법 제1조의 적용을 받지 않는다고 판시한 바 있음에 주목하였다.[28] 더 일반적으로, 제9순회법원은 "사기업이 공적 기능을 수행할 때 국가기관(state actor)으로 간주될 수 있지만, 해당 기능은 '전통적으로, 그리고 전적으로 공적인 것이어야 한다'"고 판시하였다.[29] 유튜브의 경우 "민간 플랫폼에 표현을 게시하는 것"은 이러한 요건에 부합하지 않는 것이었는데, 이는 "식료품점이나 코미디 클럽과 같은 민간 클럽들도 자신의 재산을 표현 공간으로 개방하여 왔기 때문이다."[30] 다른 미국 법원들도 구글, 페이스북 및 여타 플랫폼과 관련된 사건에서 비슷한 결론을 내렸다.[31] 실제로 제9순회법원은 부분적으로는 동 법원 및 다른 법원들이 아메리카 온라인(AOL)이 "정부의 '도구나 대리인'이 아니"라고 판시하였던 초창기 인터넷 관련 선례를 근거로 삼을 수 있었다.[32]

메타버스는 기존의 인터넷 플랫폼보다 훨씬 더 포괄적일 수 있으므로 이러한 선례들이 시험대에 오를 수 있다. 소설 스노우 크래쉬(Snow Crash)[33]

---

27 위 판결 997.

28 Manhattan Cmty. Access Corp. v. Halleck, 139 S. Ct. 1921, 1928 (2019).

29 Prager University, 951 F.3d at 997.

30 위 판결, 998 (Halleck에 대한 인용 및 인용 출처 생략).

31 예를 들어 Freedom Watch, Inc. v. Google Inc., 816 Fed. Appx. 497 (D.C. Cir. 2020) (여러 플랫폼들이 국가기관을 구성하지 않는다고 판시함); Brock v. Zuckerberg, 2022 WL 1231044 (2d Cir., April 27, 2022) (페이스북); Ruttenberg v. Twitter, Inc., 2022 WL 1568360 (9th Cir., May 18, 2022) 참조.

32 Prager University, 951 F.3d at 997 (Howard v. Am. Online Inc., 208 F.3d 741, 754 (9th Cir. 2000)을 인용함); Green v. Am. Online (AOL), 317 F.3d 465, 472 (3d Cir. 2003) (AOL은 국가기관이 아니라고 판시함)도 참조.

에서 가상세계 제공자는 토지 매입과 각종 규제를 제공하고, 개인은 마치 현실 세계를 옮겨 놓은 것 같은 방식으로 상호작용한다. 소설 속의 "가고일(gargoyle)"과 같이 메타버스에 지속적으로 연결되어 있어 있는 사람들도 있다. 이러한 메타버스는 법원이 헌법적 제약을 받는 국가 기관이라고 본 "컴퍼니타운(company town)"과 동등한 것으로 생각될 수도 있다.[34] 이 "컴퍼니타운" 사건에서, 법원은 민간기업도 지방자치단체와 동일한 헌법적 제한을 받는다고 판결하였다. 하나의 예로, 딜로이트(Deloitte) 컨설팅은 우리가 그러한 방향으로 나아가고 있다고 생각한다.

> 미국 응답자의 약 3분의 1은 온라인 체험이 대면 체험을 대체할 수 있다고 생각하며, 설문조사에 참여한 전체 Z세대와 밀레니얼 세대의 절반이 이에 동의하였다. 젊은 세대 중 48%는 현실 세계보다 소셜미디어에서 다른 사람들과 더 많은 시간을 보낸다고 답했으며, 40%는 비디오게임을 통해 더 많은 사람들과 교류한다고 말했다. 이들 세대는 자기표현, 사회적 연결, 몰입 기능을 갖춘 멀티플레이어 비디오게임에 훨씬 더 많이 참여하며 디지털 굿즈로 아바타를 꾸미는 것에 돈을 쓰고 있다.[35]

그러나 법원은 "컴퍼니타운"의 관념 역시 민간 행위자가 "지방자치단체의 권한을 전 범위에서 행사하는" 경우로 한정해서 적용해왔다.[36] 마쉬(Marsh) 사건에서, 회사는 "모든 집, 모든 상점, 모든 도로, 모든 보도(步道)를 소유했고",[37] 회사는 경찰 비용을 부담했으며, 거리에서 허용되는 표현 활동에 대한 자체 규정을 정하였다.[38] 이러한 상황을 전제로 법원은 회사가 순수

33 Neal Stephenson의 Snow Crash (1992)는 "메타버스"라는 용어를 처음 사용한 것으로 널리 알려져 있다.

34 Marsh v. Alabama, 326 U.S. 501, 505–09 (1946) 참조.

35 딜로이트 기술 · 미디어 · 통신 센터, 메타버스 규제를 위한 고려 사항: 콘텐츠, 상거래 및 데이터를 위한 새로운 모델, https://www2.deloitte.com/us/en/insights/industry/technology/emerging–regulations–inthe–metaverse.html.

36 Lloyd Corp. v. Tanner, 407 U.S. 551, 569 (1972); Hudgens v. NLRB, 424 U.S. 507, 518 (1976)도 참조.

37 326 U.S. at 505.

38 위 판결 503~504.

한 정치적인 표현을 제한함으로써 수정헌법 제1조를 위반했다고 보았다.[39]

메타버스는 "컴퍼니타운"이 될 것인가? 가장 극단적인 전망을 가정하더라도 개인들이 메타버스를 완전히 차지하거나 어떤 메타버스가 개인들에 대해 그와 같은 광범위한 통제권을 갖게 되어 "전 범위"라는 요건이 충족될 경우를 상상하기는 어렵다.

Ⅲ. 메타버스가 공익산업이 될 것인가?

메타버스가 정부의 모든 기능을 맡게 되지는 않겠지만, 상당히 개방적일 것이고, 폭넓은 범위의 오락, 교육, 공공정책, 토론, 여행 대체 수단, 모든 종류의 몰입형 체험을 제공할 것이다. 메타버스에는 이미 이러한 기능들이 구현되고 있으며, 인간의 상상력은 무한하다. 개인이 메타버스에서 더 많은 시간과 가치를 소비함에 따라, 정부의 역할도 확대되고 정부규제에 관한 압력도 증가할 것이다.

미국에서 법적으로 그리고 역사적으로 가장 유사한 규제는 커먼캐리어와 공익산업에 대한 규제이다.[40] 커먼캐리어 원칙(rules)에 따르면, 메타버스에는 모든 사람들을 수용하고 그들(및 그들의 콘텐츠)을 동등하게 취급할 것이 요구될 수도 있다. 미국에서는 이러한 방향으로 몇 단계가 진행되었다. 이미 몇몇 주에서는 대형 인터넷 플랫폼에 대해 커먼캐리어 규제가 통과되었고,[41] 유사한 법안들이 의회에 제출되었으며,[42] 논자들도 이러한 계획을

39 위 판결 505 ("치카소(Chickasaw) 주민들이 모든 집, 모든 상점, 모든 도로, 모든 보도를 소유하고 있었더라도, 모든 소유자가 함께 종교 출판물의 배포를 완전히 금지하는 조례를 통과시킬 정도로 충분한 권한을 가진 지방 정부를 세울 수 없었을 것임은 자명하다. 그렇다면 우리의 질문은 다음과 같이 귀결된다. 한 기업이 마을 전체에 대한 법적 소유권을 가지고 있다는 이유만으로 치카소 주민과 이곳에 방문한 사람들의 언론 및 종교의 자유를 막을 수 있을까? … 우리는 기업의 재산상 이익이 이 문제를 해결할 수 있다고 보지 않는다.").

40 일반적으로는 James B. Speta, The Past's Lessons for Today: Can Common-Carrier Principles Make for a Better Internet?, 106 Marq. L. Rev. 741 (2023) 참조.

41 위의 글 751-52 (텍사스 주와 플로리다 주 법령 논의) 참조.

진지하게 추진하고 있다.[43] 토마스 대법관은 "머지않아 현재의 법리를 디지털 플랫폼과 같이 고도로 집중된 민간 소유의 정보 인프라에 적용할 방안을 고민하지 않을 수 없을 것이다"라고 명시적으로 말했다.[44] 그는 "이에 관한 해결책 중 일부는 사기업이 이용자를 배제하는 것을 제한하는 원칙, 즉 커먼캐리어와 공공시설에 관한 법리에서 찾을 수 있다"고 주장했다.[45] 간단히 말해서, 커먼캐리어 및 공익산업 규제는 민간기업에 (1) 모든 소비자에게 서비스를 제공할 것 (2) 공정하고 합리적인 요금만을 청구할 것 (3) 차별 없이 서비스를 제공할 것 (4) 서비스에 관한 모든 요금, 이용약관, 계약조건을 공개하고 정부의 승인을 받을 것이라는 의무를 부과한다.[46]

규제의 역사를 살펴보면, 미국의 커먼캐리어 규제는 통상적으로 특정 산업이 "공익에 영향을 미친다"는 입법부의 판단을 따라왔다.[47] 앞서 언급한 것처럼, 연방정부는 1800년대 후반에 다양한 산업에 대해 커먼캐리어 규제를 부과하기 시작했는데, 이는 철도와 "트러스트"(스탠다드 오일 트러스트(Standard Oil Trust) 또는 슈가 트러스트(Sugar Trust)와 같은 것)에 관한 민간 경제력의 규모에 대한 우려로 인하여 입법부가 더 많은 통제권을 주장하였기 때문이다. 연방 규제와 주 규제 사이에서, 정부의 통제는 거의 모든 운송 관련 산업(철도, 버스, 트럭, 항공, 택시, 가축 수용소, 항만, 교량 등), 거의 모든 전력 산업(전기, 천연가스, 송유관), 기타 다양한 필수 서비스(상하수도, 폐기물 서

42 예를 들어 21st Century FREE Speech Act, S. 1384 117th Cong. (2021); PRO-SPEECH Act, S. 2031, 117th Cong. (2021); Filter Bubble Transparency Act, H.R. 5921, 117th Cong. (2021) 참조.

43 예를 들어 Eugene Volokh, Treating Social Medial Platforms Like Common Carriers?, 1 J. Free Speech L. 377 (2021); Adam Candeub, Bargaining for Free Speech: Common Carriage, Network Neutrality, and Section 230, 22 Yale J.L. & Tech. 391 (2020) 참조.

44 Biden v. Knight First Amend. Inst., 141 S. Ct. 1220, 1221 (2021) (토마스 대법관, 상고허가에 대한 찬성 의견). 연방대법원은 상고를 허가하지 않아 법정의견을 제시하지 않았다. 해당 사건은 아래에서 자세히 설명한다.

45 위의 판결 1330, 1383-84.

46 Kearney and Merrill, 위 각주 2번, 1400-02 참조.

47 Munn v. Illinois, 94 U.S. 113, 126 (1876) ("헌법에 의해 보호되는 권리가 유래한 보통법을 살펴보면, 사유 재산이 '공익에 영향을 미칠 때 그것은 더 이상 사적인 것이 아니다'"라는 점에서 대형 곡물창고에 의해서 청구되는 가격에 관한 주 정부의 규제를 지지함) (인용 출처 생략).

비스 등) 등 경제 전반에서 이루어졌다.[48] 오늘날 미국 입법부는 사유재산에 대한 노골적인 "수용(taking)"과 같이 심한 경우가 아닌 한, 경제규제를 부과함에 있어서 거의 제한을 받지 않고 있다.[49] 그러나 1930년대까지 미연방대법원은 이러한 규제의 대상을 "공익" 모델에 부합하는 기업으로 한정하였다. 이는 뉴딜정책 시행 전까지 미연방대법원은 어떤 산업이 "공익과 결부된" 것이 아니라면, 이러한 경제규제가 계약 자유[50]와 같은 "개인의 자유" 에 대한 위헌적 제한이 될 수 있다고 판단했기 때문이다.

그 결과 우리는 민간 산업이 어떤 경우에 "공적인" 것이 되는지에 대한 많은 판례를 가지게 되었다. 게다가 더 이상 헌법적으로 강제되지 않는다고 하더라도, 유추를 선호하는 법과 정치 영역에서는 이러한 선례들이 새로운 산업 특히 중대한 경제적 영향력을 행사하는 산업에 유사한 의무를 적용해야 하는지에 관한 논의에서 여전히 이용되고 있다. 예를 들어, 광대역 인터넷 서비스 제공자(ISP)들에게 의무전송(mandatory carriage) 및 차별금지 의무를 부과하려는 "망 중립성(net neutrality)" 논쟁은, 그러한 기업들이 인터넷 시장에서 경제적 · 비경제적 영향력을 지니고 있는지 여부, 광대역 ISP들이 제공하는 서비스가 더 광범위한 상거래, 교육 및 민주주의에 필수적인 것이어서 규제가 도입되어야 하는지 여부에 관한 논의로 이어졌다.[51] 미연방통신

48 Speta, 위 각주 2번, 251－68 참조.

49 미국 수정헌법 제5조("정당한 보상 없이 사유 재산을 공용으로 수용해서는 안 된다."). 경제규제의 맥락에서, 요금 설정이 "'너무 부당하여 몰수에 해당할 정도', 즉 [기업의] '재정적 건전성'을 위협할 정도가 아닌 한" 해당 규제는 합헌이라는 것이 일반적인 원칙이다. Verizon Communs. v. FCC, 535 U.S. 467, 524 (2002) (Duquense Light Co. v. Barasch, 488 U.S. 299, 307, 312 (1989) 인용).

50 Lochner v, New York, 198 U.S. 45 (1905) (제빵사의 근무 시간에 관한 주 정부의 규제가 계약 자유를 침해하는 것으로 적법절차 조항에 따라 위헌이었다고 판시) 참조. 이후 대법원은 후속 판결을 통해 Lochner 판결을 변경하였는데, Brass v. North Dakota ex rel. Stoeser, 153 U.S. 391, 403－04(1894) 사건에서 대법원은 본질적으로 그러한 규제가 공익에 영향을 받는 산업에 관한 것이라는 입법부의 판단을 존중할 것이라고 판시하면서, 커먼캐리어와 공익산업의 맥락에서 그와 같은 판례 변경을 시사하였다.

51 역사적 선례에 의할 때 광대역 인터넷 접속 제공자가 커먼캐리어에 해당하는지 여부에 대해서 다루고 있는 일부 문헌으로, Speta 위 각주 2번; Daniel T. Deacon, Common Carrier Essentialism and the Emerging Common Law of Internet Regulation, 67 Admin. L. Rev. 133 (2015); Christopher S. Yoo, Common Carriage's Domain, 35 Yale J. on Reg. 991

위원회(FCC)는 망 중립성 원칙을 채택하면서 개방형 인터넷은 "전기와 마찬가지로" "혁신가들이 어떠한 통제기구의 승인을 요하지 않고, 즉 망 사업자, 장비 제조사, 산업체, 또는 정부 기관 등 누구의 승인도 필요 없이, 새로운 응용프로그램과 서비스를 만들어 제공할 수 있는 구조"라고 말했다.[52] 마찬가지로 위원회에 따르면, "인터넷이 표현과 시민참여를 위한 플랫폼의 역할을 하는데 있어서도 개방성은 필수적이다. 정보를 갖춘 유권자는 민주주의의 건전한 작동에 결정적이며, 의회는 인터넷이 '진정으로 다양한 정치적 담론의 장, 문화 발전을 위한 특별한 기회, 지적 활동을 위한 수많은 통로를 제공한다는 것'을 인정하였다."[53] 나중에 위원회가 이 원칙을 번복했을 때조차도, 위원회는 개방형 인터넷의 경제적 · 정치적 가치에 대해서는 이의를 제기하기보다는, ISP 시장이 대체로 경쟁적이고, 인터넷 서비스와 전화 서비스 사이의 일정한 기술적 차이점들을 고려하면 ISP 서비스는 연방통신법에 따른 커먼캐리어의 정의를 충족하지 못한다고 결정하였을 뿐이다.[54]

그러나 커먼캐리어에 관한 선례는 대개, 최소한 향후 가장 큰 규모의 메타버스는 이러한 법제에서 말하는 "공적인" 것에 해당할 것이라는 주장을 지지한다. 첫째, 정부는 종종 플랫폼의 "사실상(de facto)" 개방성을 근거로 차단과 차별을 금지하는 규제를 정당화해왔다. 실제로 순환논리라는 비판에 직면하면서도, 통신 서비스가 커먼캐리어 서비스인지 아니면 민간 서비스인지에 대한 법적 판단에서는, 통신사업자가 해당 서비스를 대중에게 일반적으로 제공하는지 여부가 첫 번째 기준이었다. "커먼캐리어 지위의 주된 필수요건은 준공공적 성격이며, 이는 모든 사람에게 차별 없이 공평하게 서비스를 제공하는 것에서 비롯된다."[55] 둘째, 고객이 서비스 이용 방식에 대해 상당한

(2018).

52 Preserving the Open Internet, Report and Order, 25 FCC Rcd. 17,905, 17,910 (2010).

53 위 보고서, 17,912.

54 Restoring Internet Freedom, Declaratory Ruling, Report and Order, 33 FCC Rcd. 311 (2018), aff'd, Mozilla Corp. v. FCC, 940 F.3d 1 (D.C. Cir. 2019) 참조.

55 NARUC v. FCC, 533 F.2d 601−608 (D.C. Cir. 1976); Sw. Bell Tel. Co. v. FCC, 19 F.3d 1475, 1480 (D.C. Cir. 1994)도 참조.

통제권을 가지고 있는 경우에 커먼캐리어 규제가 종종 부과되었다. 전기 및 기타 에너지 산업의 경우, 이용자가 사용할 기기나 장비를 선택함에 있어서 전기 등 제공사업자로부터 제한을 받지 않는다. 운송의 경우에는 소비자가 여행지나 배송지를 직접 지정한다. 통신의 경우 고객은 "자신이 설계하고 선택한 정보를" 자신이 선택한 수신자에게 전송한다.[56] 나아가 토마스 대법관이 지적한 것처럼, 커먼캐리어 및 공익산업 규제는 가장 큰 메타버스처럼 기업이 상당한 경제적, 정치적, 사회적 지배력을 가진 경우에 적용될 가능성이 특히 더 높다.[57]

이상의 모든 이유로 인해, 입법부와 규제자는 메타버스에 커먼캐리어 규제를 적용하는 것을 정당화하기에 충분한 역사적 유사성을 찾게 될 것이다. 이는, 상당한 규모를 가지고 아주 개방적인 가입 체계를 운용하고 있으며 세계 구축(world-building)의 일부로서 이용자간 상호작용과 이용자 콘텐츠 생성에 의존하는 메타버스의 경우에 더욱 그러할 것이다.

미국에서 이와 같은 메타버스 규제에 대한 주된 장벽은 수정헌법 제1조인데, 연방대 법원은 조만간 소셜미디어 플랫폼에 대한 유사한 규제 시도로 인하여 발생하는 법정 분쟁을 다루게 될 것이다.[58] 앞서 언급한 것처럼, 텍사스 주와 플로리다 주에서는, 대형 소셜미디어 플랫폼의 경우에 원하는 모든 사람들이 참여할 수 있게 하고 관점에 따른 콘텐츠 모더레이션(moderation)을 금지하는 법령을 채택하였다. 민간 플랫폼의 콘텐츠에 대한 통제권을 제한하는 이러한 규제가 수정헌법 제1조에 위배되는지 여부에 대해 연방항소법원

---

56 위 판결.

57 위 각주 44번 참조.

58 Speta, 위 각주 41번 참조. 소셜미디어 플랫폼이 커먼캐리어의 성격에 부합하는지에 관한 문제에 대해서는 위의 글과 Ashutosh Bhagwat, Whey Social Media Platforms Are Not Common Carriers, 2 J. Free Speech L. 127 (2022); Eugene Volokh, Treating Social Media Platforms Like Common Carriers?, 1 J. Free Speech L. 377 (2021); Christopher S. Yoo, The First Amendment, Common Carriers, and Public Accommodations: Net Neutrality, Digital Platforms, and Privacy, 1 J. Free Speech L. 463 (2021); Adam Candeub, Bargaining for Free Speech: Common Carriage, Network Neutrality, and Section 230, 22 Yale J.L. & Tech. 391 (2020) 참조.

들 사이에서 의견이 나뉘었는데, 한 법원에서는 플로리다 주 법령을 파기하였고[59] 다른 법원에서는 텍사스 주 법령을 지지하였다.[60] 현재 두 사건 모두 연방대법원에 상고되어 심리 중이다. 사견으로는 이러한 규제는 수정헌법 제1조에 위반된다고 보는데, 플랫폼은 특정 종류의 표현 환경을 조성하기 위해 콘텐츠 모더레이션(moderation)을 활용하기 때문이다.[61] UCLA 로스쿨의 유진 볼로크(Eugene Volokh) 교수는 이에 반대하는데, 그의 주장에 따르면 이러한 규제는 쇼핑센터와 같이 대중에게 개방된 시설에 대한 정부 규제를 지지하는 판례에 의해 정당화된다고 한다.[62] 토마스 대법관은 헌법 해석에 원의주의(originalist) 방법론을 적용하여 이러한 이슈들을 결부시키고 있는데, 그의 입장에 의하면 수정헌법 제1조는 (커먼캐리어로 분류한 것이 적절하다는 전제 하에서) 커먼캐리어 규제를 금지하는 바가 전혀 없기 때문이다.[63] 사견으로는 이는 틀렸다고 생각하며, 그 이유는 수정헌법 제1조가 청중에게 콘텐츠를 제시하는 발언자, 편집자 또는 (서점과 같은) 선별자를 언제나 보호해왔기 때문이다. 이는 인터넷과 미래의 메타버스 모두에서 콘텐츠 모더레이션이 적용되도록 한다.

Ⅳ. 정부 메타버스가 공적 장이 될 것인가?

민간기업뿐만 아니라 정부도 메타버스를 제공할 수 있다. 현재 정부에서

---

59 NetChoice, LLC v. Att'y Gen. of Fla., 34 F.4h 1196, 1205-07 (11 th Cir. 2022).
60 NetChoice, LLC v. Paxton, 49 F.4 th 439 (5 th Cir. 2022).
61 Speta, 위 각주 40번, 743, 754-55.
62 Volokh, 위 각주 43번 참조.
63 141 S. Ct. at 1223-24 참조 ("물론 인터넷 플랫폼들도 수정헌법 제1조에 따른 표현의 자유를 누리지만, 표현의 자유에 영향을 주는 규제라고 하더라도 그것이 미국 건국 당시 허용되었을 법한 규제라면 유효한 것이다. 영국과 미국에서 커먼캐리어와 공공 숙박시설의 배제(exclusion) 권리를 제한해 온 오랜 역사는, 특별히 그 제한이 기업의 표현을 금지하거나 기업이 어떤 표현을 수용하도록 강요하는 것이 아닌 경우에, 유사한 규제에 대해서 심사강도를 강화하지 않도록 할 것이다").

는 정보에 대한 접근에서부터 교육, 행정 서비스 요청에 이르기까지 광범위하게 인터넷 기반 서비스를 제공하고 있다. 비록 미국이 이 분야에서 뒤처져 있다고는 하지만, 몇몇 주 정부에서는 온라인으로 세금서비스와 심지어 투표서비스까지 제공한다.[64] 전미도시연맹(National League of Cities)은 "지금까지는 민간부문이 메타버스 구축을 주도하였지만, 정부도 이 새롭게 출현하고 있는 기술에 동참하기 시작했다. 어떤 도시가 완벽하게 작동하는 디지털 세계를 개발할 때까지는 시간이 걸리겠지만 몇몇 도시에서는 디지털 시청 및 여타 도시 운영을 통해 이미 메타버스로 이동 중이다"라고 말했다.[65] 물론 서울은 그 선두에 서 있다.[66]

민간은 메타버스 운영에 있어서 헌법적인 제한을 받지 않지만, 미국 정부는 크든 작든 헌법적인 제한을 받을 것이다.[67] 예를 들어 평등보호 조항은 정부가 인종, 성별, 젠더 그리고 그 밖에 보호되는 특성을 기초로 개인을 차별하는 것을 금지할 것이다.[68] 수용 조항(takings clause)은 정부가 공익 목적을 위해 민간 메타버스를 (정당한 보상 없이) 전용하는 것을 금지할 것이다.[69] 부당한 압수 및 수색으로부터의 헌법적 보호는 정부가 정부 메타버스를 이용해서 개인에 대한 정보를 수집하는 것을 제한할 수 있다.[70] 그리고 개별화된 "통지 및 청문의 기회"를 일반적으로 요구하는 적법절차 권리(due process rights)는 정부가 정부혜택 적용 및 정부규제 집행에 있어서 자동화된 의사결정 과정을 활용하는 것을 제한할 수 있다.[71]

---

64 예를 들어, Ihkan Darmawan, E-voting Adoption in Many Countries: A Literature Review, 6 Asian J. Comp. Politics 482 (2021); Electronic Voting and Democracy: A Comparative Analysis (Norbert Kersting and Harald Baldersheim, eds., 2004) 참조.

65 National League of Cities, Cities and the Metaverse, https://www.nlc.org/resource/cities-and-the-metaverse/.

66 Kim Joo-heon, Seoul Opens Metaverse-based City Hall as Demonstration To Establish Metaverse City, Aju Korea Daily, May 10, 2022.

67 위 II장 참조.

68 미국 수정헌법 제14조 제1절.

69 미국 수정헌법 제5조.

70 Garon, 위 각주 1번, 232-41 참조.

71 예를 들어, Danielle Keats Citron, Technological Due Process, 85 Wash. U.L. Rev. 1249 (2007); Danielle Keats Citron & Frank Pasquale, The Scored Society: Due Process for

정부 메타버스에 대한 가장 큰 제한은, 정부가 일정한 상황에서 표현을 검열하거나 다른 방식으로 제한하는 것을 금지하는 수정헌법 제1조에서 나올 것이다. 확실히, 정부는 서비스와 공적 커뮤니케이션을 제공함에 있어서 메타버스를 제약 없이 사용할 수 있을 것이다. 정부 스스로가 표현자일 경우, "표현의 자유 조항은 정부가 중립적인 관점을 유지할 것을 요청하지 않는다."[72] 이 "정부 표현 원칙은, 정부에게 이러한 자유가 결여될 경우 정부가 기능하기 어렵다는 점을 전제로 한다."[73]

반면에, 이러한 "단방향" 서비스 조항은, 메타버스를 혁신적인 것으로 만들기 위한 상호작용적인 사고를 활용하지 않는다. 전미도시연맹은, 지방자치단체 메타버스로부터의 공적인 혜택으로 "사무실 의자에서 공적 회의에 논평을 하는 것"과 "시청에 가지 않고도 시장과 소통하는 것"을 포함시킨다.[74] 정부가 그러한 공간을 만들 때, 수정헌법 제1조의 목적을 위해서 "공적 장(forum)"을 만들 것 같다. 특히 "헌법이 모든 종류의 정부 재산에서 자유롭게 말할 권리를 행사하려는 모든 사람의 접근을 승인하도록 요구하지 않고 있음"에도 불구하고, "정부가 공적 장으로서 소통의 장소 또는 수단을 설계한" 경우, 이를 강제할만한 정부의 이익이 없는 한 표현자는 배제될 수 없다.[75] 미연방대법원은 공립대학에 관한 자금조달 결정에 이를 적용하면서, 기금은 "공간적 또는 지리적 의미보다는 형이상학적 의미에서의 장이지만, 동일한 원칙이 적용된다"라고 하여, 이러한 요청이 실제 재산의 영역 바깥에 적용된다는 점을 인정해왔다.[76] 실제로 디지털 환경의 무한한 용량을 기대하

Automated Predictions, 89 Wash. L. Rev. 1 (2014) 참조.

72 Matal v. Tam, 582 U.S. 218, 234 (2017).

73 Pleasant Grove City v. Summum, 555 U.S. 460, 468 (2009); Keller v. State Bar, 496 U.S. 1, 12–13 (1990) ("만약 모든 시민이 공적 자금으로 돈을 받는 사람이 해당 시민이 동의하지 않는 견해를 표현하지 못하도록 주장할 권리를 가진다면, 대중이 크게 관심을 가진 문제에 대한 논의는 민간 부문의 논의로 한정되게 되고, 우리가 알고 있는 정부 프로세스는 근본적으로 바뀔 것이다")도 참조.

74 National League of Cities, The Future of Cities: Cities and the Metaverse 3 (2022) (https://www.nlc.org/ resource/cities–and–the–metaverse/에서 이용할 수 있음).

75 Cornelius v. NAACP Legal Defense & Ed. Fund, 473 U.S. 788, 799–800 (1985).

76 Rosenberger v. Rector and Visitors of the University of Virginia, 515 U.S. 819, 830 (1995).

는 맥락에서, 법원은 "정부가 소유한 자산이나 정부의 프로그램이 토지나 프로그램의 본질적인 기능을 손상시키지 않으면서 다수의 대중 표현자를 수용할 수 있는 상황에서 … 장(forum) 원칙"을 채용하였다.[77]

따라서 이 규칙은 공식적인 정부 행위 및 서비스에 해당하는 정부 생성 메타버스에 적용될 것이다. 그러나 이는 또한 민간 메타버스에서 활동하는 정부 관료에게도 확대될 수 있다. 트럼프 대통령의 소셜미디어 이용은 다가오는 메타버스에 직접 적용할 수 있는 사례를 제공한다. 비록 나중에 소의 이익 흠결로 파기되기는 하였지만, 미연방 제2순회 항소법원은 트럼프 대통령이 본인의 정책에 대한 비판에 대통령 자신이 동의하지 않음을 이유로 대통령의 트위터 계정으로부터 비판자들을 차단한 것은 수정헌법 제1조를 위반한 것이라고 판단하였다.[78] 우선 법원은, 대통령이 공식 업무를 발표하고 외국 지도자와 소통하고 자신의 정책에 대한 대중의 반응을 추정하는데 트위터 계정을 사용하였기 때문에, "해당 계정의 공적 성격을 보여주는 증거는 압도적"이라는 결론을 내렸다.[79] 이어서 법원은, 대통령의 트위터 계정이 "공적인 토론"을 위해서 대중이 사용할 수 있도록 공개되어 있고 대통령이 "대중이 제한 없이 그 상호작용적 특성에 접근할 수 있도록 하였다"는 점에서 공적 장이었다고 결론을 내렸다.[80] 결과적으로, 의견이 상이한 사람들의 접근을 차단하는 것은 허용될 수 없는 관점 차별이었다. 마지막으로, 법원은 트위터 계정이 "정부의 표현(government speech)"이라는 대통령의 주장을 배척하였다. 물론, 정부는 사안에 대해 자신의 견해를 제시할 권한이 있으며, 비판자의 견해까지 똑같이 대변할 필요는 없다. 그러나 법원은 이는 대통령의 최초 트윗에만 적용되고 (원고들이 차단된) 상호작용적 댓글에는 적용되지 않는다고 판단하였다.[81] 요컨대, 법원은 해당 트위터 계정을, 연설을 위해 대

77 Pleasant Grove, 555 U.S. at 478.

78 Knight First Amendment Inst. v. Trump, 928 F.3d 226 (2d Cir. 2019), 141 S. Ct. 1220 (2021)에 의해서 소의 이익 흠결로 파기(*vacated as moot*).

79 위 판결 235, 236.

80 위 판결 237.

81 위 판결 239–240.

중을 백악관 경내로 초대하였지만 자신의 의견에 반대하는 사람들의 참석을 금지하려는 대통령과 유사하게 취급하였다.

제2순회 법원의 판단은 독자적인 것이 아니다. 다른 미연방 항소법원들도 관료의 소셜미디어 플랫폼 이용에 공적 장 원칙(public forum doctrine)을 유사하게 적용하면서, 비판적인 여론을 배제하려는 시도는 수정헌법 제1조에 위배된다고 판단하였다.[82] 그러나 모든 법원이 정부 관료에게 불리한 판결을 내린 것은 아니다. 미연방 제6순회 항소법원은 트럼프 대통령에 대한 제2순회법원의 판단에 일정 정도 동의하지 않으면서, 시행정담당관(city manager)이 정부 업무 및 기타 시 서비스를 홍보하기 위해 개인 페이스북 페이지를 사용하는 것이 국가 행위에 해당하지 않는다고 판단하였다. 해당 법원은 소셜미디어의 이용이 "실제적이거나 명백한 의무에 따라" 또는 "정부 권한을 사용"하는 경우에만 국가 행위가 될 것이라고 하였다.[83] 해당 법원은, 백악관 공식 계정이 트럼프 대통령의 개인 계정을 가리키는 것이었고 트럼프 대통령이 자신의 계정을 운영하기 위해 공무원을 사용하였다는 점에서, 위 판단이 제2순회법원의 판단과 완전히 충돌하지는 않는다고 밝혔다. 그럼에도 불구하고 대법원 또한 이 쟁점, 즉 정부 관료의 소셜미디어 이용이 수정헌법 제1조 적용을 위한 국가행위가 되는지 여부를 판단의 전제가 되는 쟁점으로 가지고 있다.

이러한 선례들 아래에서, 정부는 주민에게 서비스를 제공하고 심지어 정부의 의견을 제시하기 위해서 메타버스를 구축할 수 있고, 여전히 가상공간을 엄격하게 통제할 수 있다. 그러나 정부가 예를 들어 가상 시청을 만들어서 모든 사람에게 개방된 공간을 구축하고 상호작용을 유도하는 순간, 정부와 공무원이 콘텐츠나 관점에 기초하여 차별을 하는 것은 헌법적으로 제한

82 Davison v. Randall, 912 F.3d 666 (4th Cir. 2019) (공무원이 업무의 수단으로 페이스북 페이지를 이용하는 것은 수정헌법 제1조의 적용 대상이다); Robinson v. Hunt Cty., Texas, 921 F.3d 440 (5th Cir. 2019) (동지); Garnier v. O'Connor−Ratcliff, 41 F.4th 1158 (9th Cir. 2022), 143 S. Ct. 1779 (2023)에 의해서 승인 확정(*cert. granted*) 참조.

83 Lindke v. Freed, 37 F.4th 1199, 1204 (6th Cir. 2022), 143 S. Ct. 1780 (2023)에 의해서 승인 확정(*cert. granted*).

될 것이다. 그리고 심지어 정부 관료들이 자신의 메타버스 인격을 이용하는 경우에도 마찬가지일 것이다. 비판자들에게도 자유로운 발언권이 주어져야 한다. 이는 연방대법원이 곧 판시할 것이다. 이것이 실제로 문제가 될지는 미지수이지만, 사람들은 실제 공간에서보다 소셜미디어 플랫폼에서 더 쉽게 적대적이고 공격적으로 된다는 것은 이미 연구를 통해 드러나 있다.[84] 아마도 메타버스는 현실 공간과 더 유사하겠지만, 수정헌법 제1조는 "익명" 표현도 보호하고 있으며,[85] 그리고 이는 소셜미디어에서의 잘못된 행동이 정말로 공적 메타버스로 계속 이어질 수 있음을 시사한다.

Ⅴ. 결론 및 예측

이전에 있었던 인터넷 플랫폼과 커먼캐리어 및 공익산업 규제의 경제, 역사, 그리고 선례를 바탕으로, 미국 법 아래에서 다가오는 메타버스에 대한 공적 규제의 특성에 대해서는 다음과 같이 (합리적으로) 예측해 볼 수 있다.

첫째, 몇몇 메타버스들은 그들의 장치에 맡겨두면 대중에게 상당한 개방성을 제공할 것인데, 이는 그들이 거대한 규모, 이용자 상호작용성 및 생산성 그리고 데이터 수집을 통해서 경제적으로 번성하기 위해서 노력할 것이기 때문이다. 그러나 이 동일한 플랫폼은 체험의 질을 보호하고 개인들에 대한 매력을 극대화하기 위해서, 자신들의 기준을 따르지 않는 개인들을 차단할 권리를 보유하고, 콘텐츠 모더레이션 즉 이용자가 제공한 콘텐츠에 대한 사적인 차별에 적극적으로 나설 것이다.

둘째, 메타버스는 그것이 상당히 몰입감을 가지더라도, 정부 기관으로 취급될 것 같지는 않다. 이러한 기업들이 "컴퍼니타운"과 같은 완전한 통제

---

84 Bruce P. Smith, Cybersmearing and the Problem of Anonymous Online Speech, 18 Com. Law. 3 (2000) 참조.

85 McIntyre v. Ohio Elections Comm'n, 514 U. S. 334 (1995).

에 이르지 않는 한 즉 영화 매트릭스(The Matrix)와 같은 정도의 메타버스에 이르지 않는 한, 법은 이들 기업의 사적 성격을 존중할 것이다.

셋째, 거대 메타버스들의 규모, 경제적 중요성, 사회적 통제 가능성 때문에, 정부는 (스스로의 이익과 대중의 이익이라는 양쪽 측면에서) 메타버스들의 권한을 제한하는 규제를 부과하려는 압박을 느낄 것이다. 한 세기 이상 동안 개인을 배제하고 차별하는 민간의 경제 권력을 제한해 온 커먼캐리어 및 공익산업 모델은, 이러한 규제 제안들에 상당한 역사적 지지를 부여할 것이다. 이러한 규제에 관한 수정헌법 제1조의 제한은 여전히 유효하겠지만, 메타버스는 철도나 전기 회사와 달리 본질적으로 표현 행위에 관여하기 때문에, 이 규제에는 다른 고려가 필요하다.

그리고 넷째, 미국 법은 최소한 메타버스에 정부가 출현하는 경우에는, 한정된 수준의 개방성과 대중 참여를 보장하면서도 정부가 비판자를 배제하는 것을 제한할 것이다.

03

디지털 전환에 조응하는 개별 영역의 규제와 법

9.
과학기술의 발전과 통신법의 공진화를 위한 과제

Ⅰ. 서

Ⅱ. 통신 기술의 혁신적 변화

Ⅲ. 통신 기술과 법의 공진화를 위한 ‘커뮤니케이션 법’의 구성

Ⅳ. 통신 기술과 법의 공진화를 위한 통신법의 과제

Ⅴ. 맺음말

과학기술의 발전과 통신법의 공진화를 위한 과제*

이 희 정**

Ⅰ. 서

과학기술의 발전에 법이 어떻게 대응해야 하는가를 연구하기 위해서는 과학기술의 내용에 대한 정확한 이해가 선결되어야 하지만, 법학자로서 그에 대한 깊은 이해에는 한계가 있다. 그러한 한계에도 불구하고, 과학기술과 사람들 간의 접점에 초점을 맞춘다면 어느 정도 의미있는 법학적 고찰을 할 수 있다. 특히 행정법학의 대상이 될 수 있는 접점으로는 과학기술의 발전 자체에 대한 행정의 역할, 과학기술의 활용 단계에서의 행정의 역할, 그리고 행정 자체에서 과학기술의 역할 등의 측면을 생각해 볼 수 있다. 각 국면에서 행정청, 과학기술자, 기업, 시민 등 다양한 이해관계인들의 관계와 상호 주고받는 영향 중에 법적 관점에서 다루어야 할 문제들을 인식하고 해법을 고민할 수 있다. 물론 과학기술과 그를 둘러싼 사람들 간의 상호작용도 엄밀한 사회과학적 방법론으로 고찰해야 한다면 이 역시 법학 내부에서만 해결하기는 어렵다. 법학은 인문학, 사회과학 등 다른 학문분과의 연구성과를 학습하여 법적 판단에 활용하도록 노력해 볼 수 있을 것이다. 그러나 이에 대해서도 다른 학문분야의 연구결과를 법적 판단에 그대로 연결하기는 어렵고, 그

* 이 글은 필자가 2004년 8월 『행정법연구』 제74호에 게재한 "과학기술의 발전과 통신법의 공진화를 위한 과제"를 수정 · 보완한 것입니다.

** 교수, 고려대학교 법학전문대학원.

로부터 법체계의 고유한 방식으로 시사점을 도출해서 활용해야 한다.[1]

사회적 동물인 인간 그리고 공동체의 삶에 상호 소통을 의미하는 '커뮤니케이션'은 협력과 갈등관리 등을 가능하게 하는 필수적 기능이다. 마르코니의 무선전신 이래 전기전자공학, 컴퓨터과학 등 과학기술의 발전에 힘입어 인간은 물리적 · 시간적 한계를 뛰어넘어 커뮤니케이션의 가능성과 다양성을 확장시켜 왔다. 현재 정치 · 경제 · 사회의 모든 영역에서 디지털 전환과 심화가 논의되기에 이른 핵심적 원동력은 이러한 기술에 기반한 커뮤니케이션의 가능성과 다양성의 확장이었다. 나아가 커뮤니케이션을 통해 외부로 표출된 정보를 디지털 기술로 축적해 인공지능 개발에 활용함으로써 우리는 가상의 커뮤니케이션 주체(인공지능)까지 만들게 되었다. 따라서 오늘날 (원격지간)통신(telecommunication) 기술과 서비스가 효율적으로 고도화되고 동시에 형평에 맞게 제공되는 것, 그리고 그에 수반되는 위험을 관리하는 것은 광범한 디지털 전환의 기반을 이루는 핵심적 공익이다. 통신서비스의 공급과 활용에 관한 사항을 규율하는 '통신법'은 이러한 공익 실현을 뒷받침하는 법영역 중 하나이다.

통신기술의 발전은 통신법에 영향을 미칠 수 있고, 통신법은 통신기술의 발전 방향에 영향을 미칠 수 있다. 장기간에 걸쳐 보면 통신법이 통신기술의 발전에 조응하여 변화해 가는 것은 필연적인 현상이나, 단기적으로는 입법자가 어느 정도의 속도와 어떤 방향성을 가지고 통신법을 변화시켜 나갈 것인지를 계속 결정해야 한다. 예컨대, 법의 '기술중립성', '동일서비스 동일규제' 등을 바람직하다고 본다면, 법이 기술에 민감하게 반응하여 변화하기보다는 시간과 거리를 두고 반응이 필요한지를 검토하여야 한다. 다른 한편으로 기술이 종전에는 가능하지 않았던 새로운 위험을 발생시키거나, 당사자에 대한 행위의무 부과(규제) 등으로 대응하던 문제를 기술로 해결할 수 있다면, 법이 이를 수용하여 변화하여야 한다. 공진화의 과정에서 통신기술의 변화에 따른 법의 변화의 속도, 시점, 방향 등이 법학의 연구대상이 될 것이다.

---

1 조홍식, "리스크 법－리스크관리체계로서의 환경법－", 서울대학교 『법학』 제43권 제4호, 29면.

이하에서는 최근 통신기술의 발전방향에 대해 고찰한 후, 통신법이 이러한 기술변화를 적절히 수용하기 위해 고려해볼 방향을 시론적으로 검토해보고자 한다. 첫째, '커뮤니케이션법' 영역을 설정하는 것이다. 통신기술의 변화가 사람들에게 미치는 영향에 관하여 '커뮤니케이션'이라는 근본적이고 포괄적인 기능의 관점에서 고찰해 봄이 필요하다. 이를 통해 디지털 통신기술 등이 초래하는 사람들 상호간, 나아가 (IoT의 경우) 사람과 환경간의 커뮤니케이션의 양적, 질적 변화, 그것이 미치는 영향 등을 숙고함으로써 통신법의 공익적 목표와 수단 등을 근본적으로 재검토할 수 있다. 또한 전화와 인터넷, 통신과 방송, 방송과 OTT서비스 등 서로 다른 방식으로 유형화되었던 커뮤니케이션의 방식들이 융합되는 현상을 '커뮤니케이션' 이라는 개념 하에 포괄적으로 포착하여 분석할 수도 있다. 이를 위해 '커뮤니케이션법'이라는 분야를 구성해 볼 필요성을 검토한다. 둘째, '커뮤니케이션 법'의 관점에서 '통신법' 특히 실정법으로서 '전기통신사업법'의 몇 가지 쟁점을 검토한다.

Ⅱ. 통신 기술의 혁신적 변화

1. 개 관

통신기술의 역사는 인류의 발전과 함께 해왔다. 고대에 있어 구어와 문자의 발전으로 시작하여, 신호와 봉화, 파발마, 비둘기 등 원격지 간 통신 수단도 계속하여 고안되어 왔다.

그런데 19세기 중반부터 전기신호를 이용한 유선전화와 전파를 이용한 무선전신이 발명되어 상용화되었고, 이후 이러한 기술들을 기반으로 통신기술의 혁신적 변화가 시작되었다. 20세기 초에는 라디오 방송(1920년)과 텔레비전 방송(1930년대)이 가능해져서 대중에게 음성과 영상정보를 전달하는 새로운 방식이 보급되었다. 이러한 전기, 전자 기술은 단지 원격지 간의 통신을 가능하게 한 것을 넘어 이를 전기적 속도로 이루어냄으로써 광범한 지역에서 정보가 거의 동시에 공유될 수 있는 놀라운 변화를 가져왔다.[2]

20세기 중반에 들어와 1960년대에는 인공위성을 이용해 지구 반대편까지도 신속하게 정보를 전달할 수 있게 되었다. 또한 ARPANET에서 시작된 인터넷은 컴퓨터 네트워크를 통해 정보를 주고받는 방식을 혁신적으로 바꾸었다. 20세기 후반인 1980–90년대에는 무선 통신 기술의 발전으로 휴대전화가 보급되기 시작했으며, 이후 스마트폰의 등장으로 인해 모바일 인터넷과 다양한 앱 서비스가 가능해졌다. 여기에 광섬유를 이용한 통신 기술은 대용량 데이터 전송을 가능하게 하여 인터넷의 속도와 용량을 크게 향상시켰다.

21세기에 들어와 2020년대 5세대 이동통신 기술은 더욱 빠른 속도와 낮은 지연 시간을 제공하며, 사물인터넷(IoT), 자율주행차 등 다양한 분야에서 활용되고 있다. 또한 스페이스X의 스타링크와 같은 위성 인터넷 서비스는 지구 전역에 인터넷 접속을 제공할 수 있는 가능성을 보여주고 있다.

2. 이동통신 기술의 발전

이동통신 기술은 20세기 후반부터 급격히 발전해 왔으며, 여러 세대를 거치면서 성능과 기능이 크게 향상되었다. 각 세대를 거치며 음성 통화에서 시작해 데이터 서비스, 멀티미디어 서비스, 초고속 데이터 전송 및 다양한 기기와의 연결을 제공하는 방향으로 발전해왔다. 각 세대별 이동통신 기술의 주요 특징을 보면 아래와 같다.[3]

1970년대 후반~1980년대에 개발된 1세대(1G)는 주파수 변조(FM) 등을

---

2 전화와 전신은 모두 전기를 이용한 '전기미디어'로서 그 속도로 인해 사람들 상호간을 마치 사람의 뇌의 중추신경조직처럼 연결하여 일종의 상호작용의 장을 만들게 되었다고 보는 견해(마셜 맥루언, 『미디어의 이해』, 25장 전신–사회의 호르몬, 김성기 · 이한우 옮김, 민음사, 344–359면 참조)에 따르면, 이 기술들이 전기적인 것이고 그 속도가 사람들에게 큰 영향을 미친다는 점을 통신법도 주목해야 할 것으로 생각된다. '전기통신사업법'의 '전기'가 이러한 맥락에서는 통신기술의 핵심적 특징을 드러내는 적절한 용어라고 볼 수도 있다.

3 최형진, "국내 이동통신 및 위성통신의 역사", 『정보와 통신』, 2019.4. 43–6면 참조.

이용한 아날로그 셀룰러 기술로, 아날로그 신호를 사용하여 음성 통화를 제공하였다. 음성 통화만 가능했고, 통화 품질, 보안성이 낮고, 전력 소모가 높았던 한계가 있었다.

1990년대 개발된 2세대(2G) 휴대전화는 디지털 셀룰러 기술로 전환되었다는 의미를 갖는다. 디지털 신호를 사용하여 음성 품질이 향상되었고, 단문메시지서비스(SMS)를 지원하게 되었으며, 로밍이 가능해졌고, 데이터 전송 속도는 약 9.6kbps였다.

1990년대 후반부터 2000년대 초반까지 개발된 2.5세대(2.5G)는 데이터 전송기술이 향상되어, 패킷 데이터 전송이 가능해졌고 따라서 인터넷 접속 및 이메일 사용이 가능하고, 데이터 전송 속도도 최대 384kbps로 향상되어 데이터 서비스가 향상되었다.

2000년대 들어와 3세대(3G) 기술이 개발되어 음성 및 데이터의 고속 전송이 가능해졌다. 비디오 통화가 가능해졌고, 파일, 메일, 메시지 등 멀티미디어 메시징 서비스(MMS)가 제공되었으며, 데이터 전송 속도가 최대 2Mbps까지 향상되었다.

2000년대 중반 개발된 3.5세대(3.5G)에서는 3G 기술에 기반하여 데이터 전송 속도를 최대 14Mbps까지 향상시켜, 인터넷 속도와 성능이 향상되었다.

2010년대에 들어와 4세대(4G)－LTE 기술이 개발되었는데, 이는 IP 기반 네트워크로 고속 데이터를 전송하는 것이었다. 대표적인 시스템은 LTE (Long Term Evolution), WiMAX으로서, 고속 인터넷과 안정적인 접속으로 데이터 전송 속도가 최대 1Gbps까지 나와서 고화질(HD) 비디오 스트리밍이 가능해졌다.

2010년대 후반부터 상용화된 5G서비스는 초고속, 초저지연, 초연결을 특징으로 한다. 데이터 전송 속도 최대 10Gbps 이상, 지연 시간 1ms 이하, 대규모 기기 연결이 가능하다는 특징으로 자율주행차, 스마트시티, IoT 기기 등에 활용이 가능해졌다. 대한민국이 2018년 12월 1일부로 세계최초 5G 무선이동통신을 개통하였다.

최근에는 향후 6G 기술의 발전 방향이 논의되고 있다. 대략 그 시기는 2030년대 상용화가 예상되고 있고, 테라헤르츠 대역을 사용하며, 데이터 전송 속도 100Gbps 이상이 될 것으로 예상되고 있다. 이 기술은 특히 AI와의 융합을 주요 특징으로 하여, 더욱 지능화된 통신망이 될 것으로 기대되고 있다.

이러한 통신기술의 발전의 큰 방향 중 하나는 통신망이 분화 → 통합 → 기능적 재분화의 방향으로 발전되고 있다고 할 수 있다. 일반 전화 교환망(PSTN)과 같은 유선전화망과 국제 이동통신-2000(IMT-2000)망, 무선망, 패킷 데이터망과 같은 기존의 통신망 모두가 하나의 IP 기반망으로 통합되어, 음성, 데이터, 멀티미디어 등을 처리하는 패킷망과 인터넷 전화 방식(IP Telephony)을 기반으로 하는 망 구조를 갖게 된다. 다시 말해 인터넷 프로토콜(IP)을 기반으로 서로 다른 망이 통합된 구조를 갖는 망, 즉 ALL-IP Network이다. 이렇게 통신자원의 사용이 물리적으로 구획지워지지 않고, 자원을 통합적으로 이용함으로써 더 효율적인 사용이 가능하다. 그런데 5G, 6G는 이 망을 더욱 고도화한 후 네트워크슬라이싱 기술 등을 활용하여 다양한 목적과 응용기술에 맞는 분화된 통신서비스로 진화하고 있다.

3. 인공지능기술의 접목

인공지능기술은 다른 기술과 결합하여 그 기술을 변화시킨다는 특징이 있다. 인공지능은 통신기술에 있어서도 혁명적 변화를 가져와서, 우리가 연결되고, 소통하고, 정보를 나누는 방식을 전환시킬 것으로 예측되고 있다. 인터넷 백본망, 셀룰라 네트워크, 모바일 기기, 기지국, 광섬유, 마이크로웨이브 전송, 위성, 해저케이블 등과 같은 다양한 통신시스템에 AI가 접목되고 있다. AI는 방대한 양의 데이터를 분석하고, 실시간으로 지능적 결정을 내리며, 복잡한 과정을 자동화하는 능력을 발휘하여, 더 효율적이고 신뢰할 수 있으며 안전한 통신기술의 발전을 가능하게 하고 있다.

AI를 이용하여, 네트워크 디자인과 관리를 최적화할 수 있다. 통신시스템이 생성한 방대한 양의 데이터를 활용하여, 신호-소음비율(signal-to-noise ratios(SNRs))[4]을 줄이고 신호효율을 개선함으로써 셀룰라 전송을 혁신적으로 개선할 수 있다. 스마트폰에서 스마트시티에 이르기까지 AI를 채택한 효과를 볼 수 있다. 자율주행자동차는 시각적으로 동시에 위치를 인식하고 지도를 그릴 수 있는 알고리즘으로 깊이를 인식할 수 있는데, 이를 통해 낮은 비용으로 신뢰할 수 있는 디자인을 만들어내는 것이 가능해진다. 또한 커뮤니케이션 과정에 AI를 활용하여 데이터전송을 더 빠르게 함으로써 엣지 컴퓨팅(edge computing)과 클라우드 기반 애플리케이션(cloud-based applications)을 위해 필요한 더 빠른 전송이 가능해진다.[5]

4. 소 결

위 통신기술과 서비스의 핵심적 요소는 전기전자기술과 컴퓨터(또는 디지털)기술이다. 전기기술의 특징 중 중요한 것은 그 속도이다. McLuhan 교수에 따르면 전기가 정보를 전달하는 속도가 너무 빨라서 정보가 거의 동시에 전파됨으로 인해 전통적인 조직구조 등에 변화를 가져온다.

다음으로 이러한 통신 네트워크에 컴퓨터가 연결되어 데이터를 처리하는 서비스가 이루어진 것이 오늘날 큰 변화를 가져왔는데, 이를 컴퓨터 매개 통신(computer mediated communication)이라 한다. 이는 속도와 별도로 데이터 처리기능의 접목을 통한 애플리케이션 등을 통해 커뮤니케이션의 구조 및 방식에 큰 영향을 미칠 수 있다는 점이 중요한 특징이다.[6]

4 신호 대 잡음비(영어: signal-to-noise ratio, SNR, S/N)는 노이즈 전력 대비 신호 전력의 세기를 봄으로써 상대적인 신호 전력 크기를 나타내기 위함이다. 이는 통신 시스템의 성능이 절대적인 신호 전력이 아닌 노이즈 전력 대비 신호의 전력으로 결정되기 때문이다. 통신 시스템의 성능에는 최대 달성 용량인 채널 용량, 신뢰성을 나타내는 오류율 그리고 얼마나 자연스럽게 전달되는지 지연율 등이 있다.

5 https://www.cadence.com/en_US/home/ai/communications.html

6 Philip S. Nyborg, Computer technology and US communications law, Telecommunications Policy, Dec. 1977.

전화서비스는 속도가 빠르다 하더라도 대면 커뮤니케이션과 유사한 구조를 유지한다. 그러나 데이터처리가 접목된 컴퓨터 기반의 통신은 서비스 제공자가 통신이 이루어지는 구조 자체를 정하고 변경할 수 있으므로, 이러한 구조를 결정하고 운영하는 자의 힘에 관한 문제가 있다. 구조를 결정하는 힘에 대한 통제, 그리고 그 구조 속에서 일어나는 일에 대해 책임질 수 있는 힘을 사용하도록 하는 문제 등이 그 예이다.

Ⅲ. 통신 기술과 법의 공진화를 위한 '커뮤니케이션 법'의 구성

과학기술의 연구는 미시적으로는 인간의 자유로운 지적 탐구와 상상력의 결과로서 자유의 보장이 필요할 영역이라 할 수 있다. 헌법 제22조 제1항에 의해 보장되는 학문의 자유에는 연구의 자유, 연구결과 발표의 자유가 포함되고, 동조 제2항에서는 "저작자 · 발명가 · 과학기술자"의 권리를 법률로써 보호하도록 하여, 이러한 학문의 자유를 뒷받침하고 있다.[7] 그러나 현실적으로 과학기술의 연구에는 개인이 부담하기 어려운 많은 자원이 뒷받침되어야 하므로, 국가와 기업 등의 정책목표 설정과 지원과 투자에 관한 제도 등이 과학기술 발전의 방향과 속도 등에 큰 영향을 미치게 된다. 과학기술의 적용과 상용화는 말할 것도 없다. 따라서 과학기술의 발전 및 적용의 방향을 일반 국민의 공익에 부합하는 방향으로 맞추기 위해서는 국가가 어떤 공익을 지향하며, 그를 실현하기 위해 어떤 정책목표를 설정하고 어떤 정책수단을 동원할 것인지를 법제화하는 것이 매우 중요하다.

이는 위에서 본 통신기술에 관해서도 마찬가지이다. 국가는 통신기술의 개발과 적용에 관해 어떤 공익을 목적으로 설정하고, 이를 위해 어떤 정책목표와 정책수단을 채택할 것인가? 「전기통신사업법」은 이와 관련된 내용을 가장 많이 담고 있는 법 중 하나이다. 그러나 그 법은 통신사업의 민영화를

7 김하열, 『헌법강의』, 박영사, 2022, 511, 520면.

맞아 시장경쟁 및 이용자 보호를 위해 규율한다는 구체적 맥락에서 출발한 법률이므로, 디지털 전환과 같은 큰 변화에 어떠한 대응이 필요할지에 대한 근본적인 문제의식이나 관점을 담고 있지는 않다. 이를 찾기 위해서 「전기통신사업법」 외부에서, 「전기통신사업법」을 포괄할 수 있는 근본적인 관점이 필요하다. 통신이 기여하고 있는 '커뮤니케이션(communication)'이라는 기능을 중심으로 보는 것이 한 대안이 될 수 있다. 법학에서 잘 할 수 있는 일은 그러한 커뮤니케이션의 기능과 관련하여 법규범으로 보호해야 할 목표를 정하고, 커뮤니케이션에 관련한 다양한 당사자들 사이에서 이 목표를 달성하기 위해 어떤 법제도를 만들지를 탐구하는 것이다.

1. '커뮤니케이션'의 기능

'커뮤니케이션(communication)'은 '의사소통' 또는 '의사전달'이라고 번역할 수 있다. 그러나 다양한 학문에서 사용되고 있는 '커뮤니케이션'은 정의되기 어려울 정도로 폭넓은 의미를 담고 있으므로,[8] 이를 그대로 담아내는 뜻에서 이 글에서는 '커뮤니케이션'을 사용해 보기로 한다.

커뮤니케이션'이 담고 있는 의미의 스펙트럼을 6가지 개념으로 분류한 견해에 따르면, 첫째, 커뮤니케이션은 사람들이 대면 또는 중재플랫폼(mediated platform)을 통해서 상호관계를 발전시키고 유지하는 관계맺음(connection)의 수단이며, 대등한 관계를 전제로 타인과 상호 이해를 위해 이야기하고 경청하는 대화(dialogue), 타인에게 자신의 의사나 존재를 드러내기 위한 표현(expression) 행위를 포함한다. 다른 한편으로 커뮤니케이션은 정보(information)를 생산, 전달, 처리, 관리하고 이용하는 방식이기도 한데, 이러한 측면은 디

8 Stephen W. Littlejohn, Karen A. Foss, John G. Oetzel, Theories of Human Communication, 12th ed. Waverland Press, Inc. 2021, pp. 4–5), 사람들 상호간의 커뮤니케이션을 넘어서 사람과 자연, 사람과 사물, 사람과 기계, 사람과 신과의 커뮤니케이션도 연구대상에 포함된다. (Stephen W. Littlejohn, Karen A. Foss, John G. Oetzel, pp. 178–220 Part. Two 6. Beyond Human Communication 참조.

지털 통신의 특징을 잘 보여준다. 또한 커뮤니케이션은 의도적으로 믿음, 태도, 행위 등을 변화시키고자 하는 노력으로서 설득(persuasion) 행위이기도 하고, 나아가 '인간'의 특징적 측면인 상징적 상호작용(symbolic interaction)을 하는 행위로서 이를 통해 사회적 현실을 구성해나가고, 또 그 현실을 살아내는 방법이기도 하다. 커뮤니케이션은 이러한 여러 개념의 집합체로 보는 것이 그 복잡성을 담아내기에 적합하다.[9] 위와 같은 복잡한 정의는 곧 커뮤니케이션이 인간사회에서 얼마나 다채로운 기능을 담당하고 있는지 알려준다. 아래에서는 개인적 차원, 사회적 차원에서의 커뮤니케이션의 기능 및 이를 보호하기 위한 법제도를 예시적으로 살펴본 후, 커뮤니케이션이 곧 조직을 형성하는 활동이라는 점에 대해 본다.

(1) 개인적 차원

커뮤니케이션을 통해 개인은 타인과 생각의 공통점은 물론 차이점을 인식할 수 있고, 타인과 구별되는 자아 또는 자신의 정체성을 인식하게 된다.[10] 커뮤니케이션이 필요하다는 것은 곧 별도로 존재하는 개별 인격을 전제로 한다는 것이므로 이는 자유로운 개별 인격체가 커뮤니케이션을 통해 혼자 간직할 부분과 서로 공감하고 협력할 부분을 구별하고 분리한다는 점에서 프라이버시의 존재와도 관련이 깊다. 또한 개인은 커뮤니케이션을 통해 타인에게 영향력을 행사할 수 있다. 이는 관계 또는 관계를 지배하는 규칙에 따라 명령적 통제일 수도 있고, 협력에 의한 조율일 수도 있다. 통신기술을 통해 커뮤니케이션의 범위가 확장되면, 개인이 통제력을 발휘하는 범위 역시 확장된다. 대형 조직을 형성하여 운영할 수 있게 되고, 원격지에 있는 사람들을 통제하거나 공동으로 의사결정을 할 수 있게 됨으로써 글로벌 기업의 운영도 가능해진다.

---

9 Silvio Waisbord, Communication: A Post-Discipline (Malden, MA: Polity, 2019) 24-38.

10 커뮤니케이션을 통해 자아와 정체성이 형성되는 방식에 대한 이론은 Stephen W. Littlejohn, Karen A. Foss, John G. Oetzel, Theories of Human Communication, 12th ed. Waverland Press, Inc. 2021, pp. 74-81 참조.

이러한 기능의 중요성을 반영하여 헌법은 개인의 기본권으로서 표현의 자유, 통신의 자유, 언론·출판의 자유 등을 보호하고 있고, 커뮤니케이션이 정치, 경제, 사회, 문화, 가족 등 대부분의 생활영역이 구성되는 토대가 된다는 점을 생각하면 인간의 존엄과 가치, 평등을 포함한 대부분의 기본권을 보호하기 위해서는 관련된 커뮤니케이션의 기회와 적절한 구조 등이 법적 보호의 대상이 되어야 할 것이다. 예컨대 행정절차 참여권 역시 행정과정에서 커뮤니케이션의 기회와 적절한 구조가 보호되는 것이라 할 수 있다.

(2) 사회적 차원

사회가 유지·발전되는 데에도 커뮤니케이션은 필수적이다. 자유로운 인격체로서의 개인들을 공동의 목표와 가치에 공감하도록 설득시킬 수 있고, 의견의 차이가 있는 경우에도 갈등과 긴장을 완화시킬 수 있는 수단이기 때문이다.[11] 법치주의와 민주주의를 구현하는 데에도 커뮤니케이션이 핵심적 도구이다. 정치과정은 물론 법과정도 커뮤니케이션에 의존하기 때문이다. 법규범은 사회구성원들에게 전달되지 않으면 작동할 수 없다. 법 커뮤니케이션에 의한 통제는 물리력에 의한 통제에 비해 개인의 자유를 존중하는 방식이기도 하다. ('행정행위 (행정처분)'은 행정청의 법적 결정이 처분의 상대방에게 '커뮤니케이트'될 때 법적 효력을 발생하고, 강제집행을 하기 전에 상대방의 자발적 준수를 기대한다.) 또한 구성원들의 원활한 협력과 조직 형성을 통해 공동체의 자원 동원, 생산력 증가를 가져와서 다른 공동체와의 관계에서 경쟁력을 높이는데도 필요하다. 한편 커뮤니케이션이 원활히 이루어지게 되면 물리적 거리를 넘어서 그로부터 사회공간이 형성된다. 인터넷상 커뮤니케이션을 통한 사이버스페이스(cyberspace)나 메타버스(metaverse)와 같은 가상공간이 그 예이다. 사회가 승인하는 공간은 영토의 확장과 같은 효과를 가져올 수 있지만, 반대로 관할권을 무력화시키는 공간이 될 수도 있다.

---

11 커뮤니케이션이 사람들간의 관계에 미치는 영향에 대해서는 Stephen W. Littlejohn, Karen A. Foss, John G. Oetzel, Theories of Human Communication, 12th ed. Waveland Press, Inc. 2021, pp. 221–253 참조.

(3) 커뮤니케이션과 조직

커뮤니케이션의 기능 중 특히 중요한 의미를 갖는 것은 '조직(organization)'을 형성하고, 유지하며, 조직의 구조를 결정하는 데 큰 영향을 미친다는 점이다. 우리가 어떤 집단적인 행위를 하거나 목표를 추구하고자 할 때마다 조직이 형성된다. 사회적 동물인 사람들이 조직의 형태로 움직일 때 개인을 능가하는 집단의 힘을 체계적으로 발휘하고, 국가공동체에서는 국가조직 외에 구성원들이 기업, 사회단체 등 다양한 조직을 만들어서 특정한 목표를 지속적으로 추구해나가는 것이 바람직하다.

'조직 커뮤니케이션(orgnaizational communication)'은 조직적 형태가 어떻게 형성되고, 협력이 이루어지도록 하는지를 연구하는 분야이다. 조직을 이해하기 위해서는 시스템 내의 영향력의 작동을 이해하는 것이 중요하다. 특정 개인이 타인들에게 영향을 미치는 방식, 특정 그룹이 다른 그룹에게 영향을 미치는 방식, 특정 시스템이 다른 시스템을 통제하거나 관리하는 방식 등을 의미한다.[12]

커뮤니케이션 행위가 조직을 형성하는 도구라는 인식을 넘어 '조직'의 실체가 곧 '커뮤니케이션'이라는 점을 강조한 Luhmann의 체계이론에 따른 설명을 빌자면,[13] 조직은 "상호 관련된 커뮤니케이션들로 구성되어 있는 자기참조적 체계(organization is conceptualized as an autopoietic system consisting

---

12 '조직 커뮤니케이션' 이론들은 조직에 있어서 커뮤니케이션의 역할을 4개의 원칙으로 표현한다.
첫째, 커뮤니케이션은 사회적 실재를 형성한다. (Communication creates social realities.) 이를 커뮤니케이션의 구성적 개념(a constitutive conception of communication)이라 하는데, 이를 '조직'에 적용하는 견해로부터 둘째 명제가 나온다. "조직은 단지 커뮤니케이션이 이루어지는 장이 아니라 조직 자체가 커뮤니케이션이다(organizations are communication.)" 이를 "조직의 구성자로서 커뮤니케이션(communication as constitutive of organizations)"를 주장하는 견해라고 지칭한다. 셋째, 조직은 커뮤니케이션을 통해 만들어지는 것이고, 이때 커뮤니케이션은 구체적 맥락과 역사적 상황에 기반한 것이고 정치적 함의를 지닌 것이다. 넷째, 커뮤니케이션은 복잡하고, 긴장과 오해, 문제들로 가득찬 것이다. Stephen W. Littlejohn, Karen A. Foss, John G. Oetzel, Theories of Human Communication, 12th ed. Waverland Press, Inc. 2021, pp. 299－300.

13 Dennis Schoeneborn, Organization as Communication: A Luhmannian Perspective, Management Communication Quaterly 25(4), 2011, pp. 665－666.

of interconnected communicative events.)"로 개념화될 수 있다고 한다.[14] 이러한 관점에서 조직이 존재하는 것은 지속적인 커뮤니케이션이 존재할 때만이다. 커뮤니케이션 중에서도 조직의 형성에 필수적인 것은 결정(decision)에 관한 커뮤니케이션이다. '어떤 사람을 회원으로 가입시킬 것인가?'와 같이 필연적인 답이 없는, 그래서 우연적인(contingent) 결정을 요하는, 문제들에 대해 결정을 해나가는 커뮤니케이션이 계속 이어질 때 조직이 실체를 갖게 된다고 한다.[15]

줄이자면 조직이란 사람들 간의 협력이 지속적인 방식으로 이루어지도록 안정화되는 것인데, 그 실체를 지속시키는 데는 선택적 결정을 내리는 커뮤니케이션이 필수적이다. 디지털 통신기술에 기반한 플랫폼들은 이용자들 간의 커뮤니케이션을 매개하면서 적극적으로 그 커뮤니케이션이 이루어지는 구조를 만들어낸다.[16] 이러한 구조 속에서 참여자들이 결정을 하는 과정이 지속적으로 이루어진다면, 이 플랫폼상의 커뮤니케이션이 곧 조직을 만들어내는 것으로 볼 수 있다. 이렇게 매개되는 커뮤니케이션을 통해 구성되는 조직이 곧 기존의 기업 또는 산업의 조직형태를 와해시키는 플랫폼이 가져오는 혁신의 주요 동력이라 할 수 있다.

2. 커뮤니케이션 미디어의 사회적 영향

커뮤니케이션 모델을 구성하는 요소로는 '커뮤니케이션을 하는 자(communicator)', '소통되는 내용(Message)', '소통의 매체(medium)의 3가지를 든다. 음성이나 표정, 몸짓을 통한 대면 커뮤니케이션이 아닌 한 대부분의

---

14 Dennis Schoeneborn, Organization as Communication: A Luhmannian Perspective, Management Communication Quaterly 25(4), 2011, p. 670.

15 Dennis Schoeneborn, Organization as Communication: A Luhmannian Perspective, Management Communication Quaterly 25(4), 2011, pp. 672-3.

16 Dzifa Ametowobla, Stefan Kirchner, The Organization of Digital Platforms, The Role of Digital Technology and Architecture for Social Order, Zeitschrift für Soziologie, 2023; 53(2), p. 145.

커뮤니케이션은 어떤 도구(예컨대, 봉수대의 연기와 불빛)를 사용하게 되고, 오늘날 그 도구들은 주로 전기, 전자를 이용한 과학기술에 기반한 것들이다. 이를 사람들 간 커뮤니케이션을 매개한다는 의미에서 '미디움(medium)' 복수로 '미디어(media)'라고 지칭한다. 미디어 관련 담론 중 가장 친숙한 것은 '매스 미디어'이지만, 커뮤니케이션을 매개하는 기능을 한다는 점에서 전화, 오늘날 계속해서 다양한 형태의 커뮤니케이션을 만들어내고 있는 컴퓨터와 인터넷도 '미디어'라고 할 수 있다.

1964년 캐나다 토론토대학의 Marshall McLuhan 교수가 『미디어의 이해(Understanding Media)』라는 책을 출간하면서, 미디어는 '인간의 확장(the extensions of Man)'을 가져오며, "미디어는 메시지이다.(Media is Message.)"라고 주장하였다.[17] 이는 이후 큰 영향력을 끼친 명제가 되었다. 그는 사람들이 흔히 미디어를 통해 표현되는 내용(contents)(만)을 메시지로 보지만, 미디어 자체의 특성이 사람들 상호간의 관계, 자기 자신과의 관계 등에 가져오는 영향력이 그 내용에 못지않게 중요하다고 주장하였다. 전화를 통해 전달되는 내용이나 텔레비전에서 방송되는 컨텐츠의 내용과 별도로, 전화가 커뮤니케이션을 매개하는 방식, 텔레비전이 커뮤니케이션을 매개하는 방식 자체가 사람들에게 미치는 영향에 주목해야 함을 강조했다. 이는 기술결정론의 맥락으로 이해할 수 있다. 물론 미디어를 비롯한 커뮤니케이션의 발달은 분명히 기술, 노동력의 발달과 맥을 같이하면서도 정신적 · 정치적 · 문화적 요소 또는 관계의 영향을 받는다.[18]

그는 이러한 영향을 유형화하여 '뜨거운 매체(hot medium)'과 '차가운 매체(cold medium)'을 구별하였다. '뜨거운 매체'는 어떤 감각을 고밀도(high definition)로 확장시키는 매체이다. '고밀도'라 함은 데이터로 잘 채워진 상태를 의미한다. 이미 데이터로 가득찬 매체의 경우 이용자는 수동적으로 수용

---

17 Marshall McLuhan, Understanding Media, The Extensions of Man, 김성기 · 이한우 옮김, 『미디어의 이해, 인간의 확장』, 민음사, 35면.

18 김승수, "포스트 커뮤니케이션의 정치경제학", 『한국언론정보학보』(2022년 통권 111호), 16면.

할 수밖에 없고 적극적인 참여도가 낮게 된다. '차가운 매체'는 반대로 어떤 감각을 통해 제공되는 정보가 적다는 점에서 '저밀도'이고 따라서 이용자가 보충할 필요가 생기고 적극적으로 참여하게 된다. 사진이 만화에 비해, 강의가 세미나에 비해, 그리고 책이 대화에 비해 데이터가 많고 청자의 참여를 덜 허용하는 매체이다. 그는 라디오는 전화에 비해, 영화는 TV에 비해 시청자의 참여를 덜 허용한다고 보았다.[19] 현재 이들 매체들에 대해 디지털 기술이 가져온 변화를 고려하면 McLuhan 교수의 분류가 타당한지는 재검토가 필요하겠지만, 매체 자체의 특징이 매체를 대하는 사람들의 행동에 영향을 미치게 되고, 특히 그 특징 중에 인간의 감각에 대해 제공되는 데이터의 밀도가 어느 정도인가에 따라 사람의 참여도가 달라진다는 일반적 통찰은 오늘날 미디어에 대한 법적 규율을 검토할 때에도 사실적 기초에 대한 좋은 출발점이 될 수 있다고 생각된다.

그는 비단 활자, 전화, TV와 같은 통신매체뿐만 아니라 도로, 시계, 바퀴 등을 포함하는 다양한 기술을 모두 '미디어'로 보고 그 영향에 대해 의견을 서술하고 있는데, 이는 오늘날 통신기술로 할 수 있는 일들－자율주행, 원격수술, 스마트그리드, 스마트공장, 스마트농업 등－을 생각하면 매우 적절한 접근으로 보인다. 이 중 커뮤니케이션과 직접 관계되는 '전화', 그리고 커뮤니케이션 기술의 종착점으로 생각되는 인공지능과 관계되는 '자동화(automation)에 대한 분석 중 일부를 살펴본다.

전화는 차가운 미디어로서, "막을 수 없는 침입자처럼" 시간과 장소에 상관없이 걸 수 있고 전기적 속도로 정보를 전달한다. 이는 경영과 의사결정의 구조에 영향을 미친다. 종전에는 일을 세분한 후 각자에게 권한을 위임하는 피라미드 구조였다면, 전화 이후에는 모든 계급적 구조를 무시하고 즉각적으로 결정을 내려야 하는 구조, 이음매가 없는 그물 패턴이 도입되었다고 한다. 권력의 분산은, 멀리 있는 주변으로까지 방사상으로 확장하는 중앙집

19 Marshall McLuhan, Understanding Media, The Extensions of Man, The MIT Press, 1964, pp. 22－3.

권적 구조에서 행동을 통제하기 위한 기법이었는데, 전기적 구조에서는 '주변'이라는 것이 존재하지 않으므로, 명령계통의 피라미드를 뒷받침해 주지 못한다고 한다.[20]

다음으로 '자동화'의 영향에 대한 그의 분석에 따르면, 종전까지 지배하던 기계적 원리는 조작의 세분화와 분리를 특징으로 하였는데, 자동화는 전기의 순간적 성격이 기계의 세계에 침입한 것이라 볼 수 있다. 자동화는 행동의 한 방법일 뿐 아니라 사고의 한 방법이다. 기계적 분석의 선형적, 연속적 특징은 없어지고, 전기에 의한 가속과 정보의 완벽한 동시화가 이루어진다. 전기 테크놀로지는, 우리 중추신경 조직 안에서 오래 전에 생겨난 '상호작용에 의한 지식의 순간적 처리'를 외부세계에까지 확장시킨다. 자동화가 대량생산을 가능하게 하는 것은 규모 때문이 아니라 순간적으로 전체를 포괄하기 때문이다. 매스 미디어 역시 수용자의 규모가 크기 때문이 아니라 모든 사람들을 그 미디어에 동시에 관여시키기 때문에 매스 미디어인 것이다. 자동화는 생산뿐 아니라 소비와 마케팅의 모든 국면에 영향을 미치는데, 소비자는 자동화 회로 내에서 생산자가 되기 때문이다. 이는 신문의 독자가 자기 자신의 뉴스를 만들거나, 독자 자신이 뉴스인 것과 같다.[21]

기술의 구체적 특성 및 영향은 1964년 이후의 기술변화를 고려할 때 유지되기 어려운 점도 있겠으나, 전화라는 수단이 의사결정구조에 미치는 영향이나 자동화가 정보의 동시화를 핵심으로 하고, 자동화의 피드백 구조 안에서 소비자도 생산자의 역할을 담당하게 된다는 점 등은 향후 디지털 통신기술이 가져올 변화를 예측하는데도 의미있는 통찰이라고 생각된다. 미디어가 개인과 사회에 미칠 영향, 변화에 대한 성찰은 국가가 미디어를 어떻게 규율할지를 결정할 때 그 기초가 될 것이다. 국가는 구성원들의 커뮤니케이션에 대해 기본적으로 바람직한 부분을 진작하거나 조성하고, 부정적인 부분은 규

---

20 Marshall McLuhan, Understanding Media, The Extensions of Man, 김성기 · 이한우 옮김, 『미디어의 이해, 인간의 확장』, 민음사, 377－8면.

21 Marshall McLuhan, Understanding Media, The Extensions of Man, 김성기 · 이한우 옮김, 『미디어의 이해, 인간의 확장』, 민음사, 482－4면.

제하는 역할을 수행하여야 하는데, 이를 위해서는 미디어를 통해 표현되는 컨텐츠 외에도 미디어 자체의 특성에 초점을 맞춘 접근도 필요하다. 미디어가 커뮤니케이션에 미치는 영향에 따라 규제의 방식, 강도 등이 달라지는 것이 합리적이기 때문이다.

3. '커뮤니케이션 법'의 구성 필요성

우리 법제에도 위와 같은 커뮤니케이션, 그리고 그와 관련된 미디어의 중요성을 반영한 법제가 갖추어져 있다. 신문법, 전기통신사업법, 방송법, 인터넷 멀티미디어방송사업법, 정보통신망 이용촉진 및 정보보호에 관한 법률 등이 대표적인 법률이다. 그리고 이에 대해 법적 연구도 언론법, 통신법, 방송법, 인터넷법, 미디어법 등 다양한 영역이 정립되어 있다. 그렇지만 커뮤니케이션 자체, 또는 다양한 미디어를 관통하는 '커뮤니케이션' 개념 하에서 이 미디어를 통합적으로 고찰하는 '커뮤니케이션 법' 영역은 정립되었다고 보기 어렵다.

외국법의 사례를 보면, 미국의 경우 "The Communications Act of 1934", 영국의 경우 "Communications Act, 2003"와 같이 실정법으로 이 개념을 활용한 경우가 있다. The Communications Act of 1934는 전화, 전신, 무선전파를 이용한 미디어들을 함께 규율하는 법이었다. 우리나라의 법제와 비교해보면 전기통신사업법, 방송법, 전파법 등이 하나의 법체계를 구성하는 것으로 볼 수 있다. 또한 실정법의 명칭과 별도로 법학에 있어서도 '커뮤니케이션 법(communication law)'이라는 영역이 존재한다. 영국의 2003 Communications Act도 유사하게 통신과 방송, 전파에 관한 법을 모두 포함하고 있다.

그렇다면, '커뮤니케이션 법'에 포함될 하위 영역들이 이미 개별법으로 잘 정립되어 있는 상황에서, 이를 포괄하는 '커뮤니케이션 법' 영역을 설정할 필요가 있는가? 이에 대해서는 아래와 같은 필요가 있다. 첫째, 통신, 언론,

방송, 인터넷 등 모든 미디어가 개인과 사회의 커뮤니케이션의 일부를 담당하고 있는 것이므로, 좀더 근본적이고 본질적인 문제의 단위로서 '커뮤니케이션' 또는 '의사소통'의 문제를 법학의 대상으로 삼는다면 각 영역에서 구축되어 있는 기존의 법리들을 새로운 시각에서 검토해 볼 수 있을 것이다. 각각의 미디어들이 인간과 사회의 원초적인 도구인 '커뮤니케이션'에 어떻게 기여하고 어떤 영향을 끼치고 있는가를 문제로 할 경우, 좀더 거시적이고 본원적이고 비판적인 시각에서 각 미디어의 효용과 부작용을 평가해 볼 수 있을 것이다. 둘째, IP TV, OTT 등으로 대표되는 방송과 통신의 융합 문제, 최근 방송과 OTT 규제 문제 등에서 볼 수 있듯이 전통적인 미디어 유형별 법제는 디지털화로 그 경계가 무너지고 여러 영역이 융합해 나가는 때에 더 본질적인 문제로 상위개념을 만든다면 좀더 통합적 접근을 하는데 도움이 될 것이다. 셋째, 커뮤니케이션의 인프라를 제공하는 것과 관련하여서도 종합적으로 볼 수 있다. 전기통신사업법에 의한 사업규제뿐만 아니라 전파법에 의한 전파 할당, 네트워크 인프라의 공급뿐만 아니라 보안을 위한 법 등도 커뮤니케이션 법의 하위 영역으로 통합적 고찰이 가능하다.

'커뮤니케이션 법'의 범주를 설정하는 것이 곧 실정법을 '커뮤니케이션 법'으로 제정해야 하는 것은 아니다. 실정법은 다양한 미디어별, 공익별 개별법으로 존재하더라도, 이를 통합하여 분석하는 하나의 관점으로서 학문적 체계를 만들어 보는 것만으로도 의미가 있다. 통신법, 방송법, 미디어법을 '커뮤니케이션'과의 관련성 속에서 위치지우고, 상호작용을 파악함으로써 문제를 더 깊이있게 성찰할 수 있다. 그리고 '커뮤니케이션'에 관한 다른 학문분야의 연구성과 등을 성찰의 관점, 도구로 사용하기 용이해진다.

Ⅳ. 통신 기술과 법의 공진화를 위한 통신법의 과제

1. 공익의 재설정: 디지털 인프라와 디지털 포용

(1) 헌법상 통신 관련 공익

헌법에서 '통신'을 명시적으로 언급하고 있는 조문은 제18조가 유일하다. "모든 국민은 통신의 비밀을 침해받지 아니한다."는 규정에 대해 일반적으로 '통신의 자유'에 대해 규정하고 있다고 해석된다. 통신의 자유는 통신의 비밀 보장 이전에 통신이 가능할 때에 확보될 수 있으므로, 제18조의 보호법익에는 통신의 가능성을 확보하는 것도 포함된다고 본다.

'통신'을 명시적으로 언급하지 않더라도, 통신을 통해 가능해지거나 통신을 통해 증진되는 모든 기본권에 관한 규정 역시 통신서비스 관련 헌법적 의무를 도출하는데 활용될 수 있다. 헌법 제34조에서 '인간다운 생활을 할 권리'의 내용에 통신서비스를 사용할 수 있는 권리 역시 포함될 수 있다. 통신서비스는 생존배려서비스의 필수적인 일부이기 때문이다. 또한 커뮤니케이션의 개인적, 사회적 효용에서 본 바와 같이 커뮤니케이션은 경제활동, 정치활동, 사회활동 등 모든 활동이 가능하도록 하는 수단이고, 통신서비스가 커뮤니케이션을 어느 범위에서 어떤 형태로 가능하게 하는가에 따라 그 경제, 정치, 사회활동의 구체적인 방식에 영향을 받게 된다. 그렇다면 헌법상 정치적 기본권, 가족과 혼인생활에 대한 기본권, 경제생활에 대한 기본권 규정이 모두 통신서비스에 대한 규율의 헌법적 근거가 될 수 있다. 또한 커뮤니케이션의 사회적 가치에서 본 바와 같이 이는 민주주의, 법치주의, 사회국가의 실현을 가능하게 하는 수단이기도 하므로 법적 규율에 있어서 이러한 헌법적 가치들을 진작하는 것도 필요하다.

(2) 디지털 전환을 위한 인프라스트럭쳐

디지털 통신은 디지털 경제와 사회가 번영하기 위한 핵심조건이 되고 있다. 이제 통신서비스는 사람들 간의 커뮤니케이션 뿐만 아니라 사물에 부착된 센서로 수집한 데이터를 클라우드를 통해 저장, 컴퓨팅 자원을 활용, 처리하여 스마트 농업, 식품의 자동관리, 스마트그리드를 통한 전력관리 등의 기능을 구현할 수 있다. 통신속도를 충분히 높이면 자율주행, 실시간 원격수술, 예측관리, 실시간 모니터링, 자동화 등이 가능해진다. 따라서 안전하고 지속가능한 디지털 인프라스트럭쳐가 없이는 이러한 과학기술에 기반한 편익을 포기하게 되는 것이다. 첨단 디지털 네트워크 인프라스트럭쳐와 서비스가 있어야 AI, 가상세계, Web 4.0과 같은 전환적인 디지털 기술과 서비스를 가능하게 하고 에너지, 교통, 보건의료 분야의 사회문제를 해결하는 것도 도전할 수 있다. 따라서 오늘날 통신법은 이러한 디지털 전환과 심화를 통해 각종 사회문제를 해결하고, 국민들이 디지털 기술의 편익을 누릴 수 있도록 인프라스트럭쳐를 고도화하는 것을 목표로 해야 한다.

(3) 디지털 포용

디지털 통신의 활용으로 인한 효용이 놀라운 만큼, 디지털 접근능력과 디지털 기기 활용역량의 차이는 심각한 사회적 차별과 불평등으로 귀결될 수 있다. 이는 헌법적 가치에 반할 뿐 아니라 현실적으로 사회 각 영역의 갈등이 심해져서 디지털 전환에도 장애가 될 것이다. 이에 대응하기 위해 통신법의 또다른 정책목표는 '디지털 포용(digital inclusion)'이 되어야 한다. 종전에 논의되던 '디지털 격차(digital divide)'는 주로 장애인, 고령층 등과 같은 정보취약계층이 디지털 서비스 등에 대한 물리적 접근이 제한됨으로 인해 역량의 격차로 이어지는 문제를 다루었다면, '디지털 포용'은 미래사회에서 전 국민의 삶의 질을 확보하기 위해 역량을 전반적으로 향상시키는데 목적을 둔 보다 광범위한 의제이다.[22] 지능정보기술을 활용해 디지털 사회에 참여할 수 있는 역량, 차별과 배제 없이 제공되는 디지털 이용환경, 디지털 기술과 서비스 활용을 통해 삶의 질 향상, 주체들의 참여를 통한 기반 마련 등

22 이우철 · 김윤희, "한국의 디지털 포용 법제에 관한 연구", 『한국정책논집』 제23권, 2023, 45면.

광범위한 사회적 포용의 수단이 포함된다.[23]

디지털 포용을 실현하기 위해서는 디지털 접근성(access), 디지털 경제성(affordability), 디지털 문해력(digital literacy)의 세 가지 요소가 기본적으로 보장되어야 한다.[24] 우리나라는 디지털 취약계층의 디지털 격차를 줄이기 위해 주로 물리적 접근성에 중점을 두는 경향이 있었으나, 2020년 7월 정부가 발표한 디지털포용추진계획에는 전 국민의 디지털 역량 강화, 포용적 디지털 이용 환경 조성, 디지털 기술 확산으로 취약계층의 사회참여와 일자리 확대, 디지털포용 사회 기반 조성을 위한 거버넌스 구성을 4대 과제로 추진하였고, 제21대 국회에서는 "디지털포용법"도 발의되었다.[25]

2. 부가통신역무와 컴퓨터 매개 통신(Computer Mediated Communication)

전기통신사업법은 통신서비스를 기간통신역무와 부가통신역무로 구분하고 있다. 법 제2조 제11호의 정의상 기간통신역무의 특징은 전화, 인터넷접속 등과 같이 음성, 데이터, 영상 등을 "그 내용이나 형태의 변경 없이 송신 또는 수신하게 하는" 데 있다. 부가통신역무는 "기간통신역무 외의 전기통신역무"로 소극적으로 규정되어 있으므로, 규정 자체에서는 적극적 징표를 찾

23 황용석, "디지털포용 사회 구현을 위한 디지털포용 척도 개발과 타당성 연구", 48면.

24 이우철 · 김윤희, "한국의 디지털 포용 법제에 관한 연구", 『한국정책논집』 제23권, 2023, 38면.

25 황용석, 전게논문, 연구, 48면. 외국에서 추진되고 있는 디지털 포용정책의 구체적 예로는 유럽연합의 경우 2008년 디지털 포용계획(e-inclusion Initiative), 2009년 디지털 유럽 전략(Digital Europe Strategy) 등을 통해 디지털 포용을 사회 문제 해결의 핵심이 되는 정책적 목표로 보고 사회적 포용, 경제적 경쟁력 증진, 개인 삶의 질 제고라는 정책적 과제를 계속적으로 상정해오고 있다. 최근 유럽의 디지털전략(Digital Strategy 2020-2025)에서는 디지털포용 정책 추진내용을 구체적으로 ICT에 대한 접근성 강화, 장애인 활동 지원에 필요한 보조기술 개발, 교육에서의 디지털 기술 활용, 사회적 포용성으로 정했다. 호주의 경우 정부가 중심이 되어 여러 이해관계자들과 연합체인 디지털포용연합체 ADIA(Australian Digital Inclusion Alliance)를 구성하고 있다. 2020년 발표한 '국가 디지털포용 로드맵(National Digital Inclusion Roadmap)에서는 디지털포용 정책의 대상을 세분화하고, 디지털 기술에 대한 지불능력, 접근성, 활용역량에 따라 각각의 방향성을 제시하고 있다. 황용석, "디지털포용 사회 구현을 위한 디지털포용 척도 개발과 타당성 연구", 48-9면.

을 수 없지만 플랫폼 서비스 등이 부가통신역무에 해당한다고 보아온 지금까지의 관점에서는 플랫폼서비스는 "그 내용이나 형태의 변경"이 있는 서비스를 한다고 볼 수 있다. 그 내용이나 형태를 변경할 수 있는 능력은 플랫폼서비스가 컴퓨터에 의해 매개되는 서비스이므로, 데이터 처리 능력을 함께 이용하기 때문이다. 이와 관련하여 커뮤니케이션 이론에서는 '컴퓨터 매개 커뮤니케이션'이라는 범주에 관한 연구가 활발히 이루어졌다. 이는 '컴퓨터 매개 커뮤니케이션'의 특징과 그것이 사회에 미치는 영향 등을 연구한 것이었다.[26] 통신서비스에 대한 규제의 목표와 방향을 설정함에 있어서, 특히 부가통신역무에 관한 규제를 연구함에 있어서, 그것이 갖는 '컴퓨터 매개 커뮤니케이션'으로서의 특징을 고려함이 도움이 될 것으로 생각된다.

플랫폼 서비스는 이러한 컴퓨터를 이용하여 특정인들의 통신을 특정 방식으로 매개하는 역할을 한다. 그러한 통신서비스는 단지 커뮤니케이션이 가능하도록 하는데 그치는 것이 아니라 커뮤니케이션이 이루어지는 구조를 형성하여 지속적으로 사람들간의 커뮤니케이션에 영향을 미치게 된다. 이렇게 지속적인 커뮤니케이션은 곧 조직을 형성하는 행위가 되므로, 플랫폼서비스는 기업을 만들거나 법인을 만드는 것과 유사한 조직활동의 장이 되고 있다고 할 수 있다. 이는 커뮤니케이션을 기반으로 이루어지는 정치 · 경제활동, 사회적 교류방식 등에 지속적 영향을 미치는데, 그 영향이 일방적이거나 커뮤니케이션의 구조를 만드는 자와 그 구조에 참여하는 자 사이에 힘의 차이가 크거나, 그 구조에서 이루어지는 커뮤니케이션의 내용에 문제가 있는 경우 등이 법적 규율의 필요성을 검토해야 한다. 최근 플랫폼서비스는 '와해적 혁신(disruptive innovation)'을 가져온다고 한다. 이는 획기적인 커뮤니케이션의 기회를 제공함으로써 경제학상 거래비용(transation cost)을 낮추고, 평가의견 등을 쉽게 공유하도록 함으로써 거래에 있어서 물리적, 시간적 장벽으로 인한 경쟁의 사각지대 등을 없앰으로써 기존 경제거래질서를 변화시키기 때

26 이은주, "컴퓨터 매개 커뮤니케이션으로서의 트위터, 향후 연구의 방향과 과제", 『언론정보연구』, 48권 1호, 2011년, pp. 32－5 참조.

문이다. 이때 전환기에 놓인 개인들의 지위를 보호하기 위해 플랫폼의 '커뮤니케이션 구조 결정력'을 국가가 견제하고자 하는 것이 최근의 플랫폼 규제의 본질이라 생각된다.

커뮤니케이션 이론의 관점에서 통신서비스는 다음과 같이 유형화되기도 한다. 대인 커뮤니케이션(interpersonal communication)과 전통적인 매스 커뮤니케이션(mass communication)을 양 끝으로 하는 연속선 위에 매개 커뮤니케이션(mediated communication)이 위치한다고 볼 수 있으며, 각 미디어가 이 연속선의 어디쯤에 있는지는 사람들이 커뮤니케이션 과정에 개입하고 이를 통제하는 정도에 따라 결정된다. 예를 들어 일반전화는 이 연속선의 한쪽 끝에 위치한다고 볼 수 있는데, 이는 기술을 사용하기는 하지만 언제든 소수의 인원만 커뮤니케이션에 참여할 수 있으며, 사람들이 커뮤니케이션 과정에 개입하고 이를 통제하는 정도가 높은 편이기 때문이다. 이 연속선의 반대 지점에는 영화나 드라마, 스포츠 경기를 중계하는 텔레비전이 위치하며, 이때 커뮤니케이션 과정에 대한 관객과 시청자의 통제력은 제한된다. 물론 시청자들이 콘텐츠에 특유의 해석을 적용할 수 있고, 화면에 얼마나 집중할 것인지도 스스로 결정할 수 있지만, 이러한 개입과 통제로는 전달되는 메시지의 내용을 직접 바꿔놓을 수 없고, 메시지의 내용은 전적으로 미디어 조직이 통제한다. 최근 전화와 텔레비전을 연결하는 이 연속선의 중간부분을 새로운 커뮤니케이션 기술이 채워나가고 있다. 미디어소비자가 기꺼이 시간을 들이고자 하고 기술과 자원만 있으면 메시지의 내용을 바꿀 수 있게 되었고, SNS 와 유튜브의 성공은 미디어를 통해 콘텐츠와 그에 대한 관점을 공유하고자 하는 수용자의 열망이 반영된 것이다. 이러한 수용자의 활동은 기존의 미디어 기업 대신 애플, 구글, 페이스북이 더 영향력있는 미디어 기업이 되도록 하였다.27

또한 이 디지털 통신의 특징은 단순히 개인들이 발화한 커뮤니케이션을

---

27 Stanley J. Baran, Dennes K. Davis, Mass Communication Theory, Foundations, Ferment and Future, 7th ed. 김훈순 · 김경희 · 정선호 옮김, 『매스커뮤니케이션 이론』, 제7판, 2020, 30면.

그대로 전달될 수 있도록 통로를 열어주는 것에 그치지 않는다는 점이다. 디지털 통신은 컴퓨터를 통한 통신이다.

3. 통신의 주체 확장

사람간 통신을 넘어 사람과 사물 간, 사람과 인공지능 간, 사물 상호 간 통신이 활발해지고 있다. 전기통신과 컴퓨터의 활용으로 인해 연결된 '장' 또는 '공간'이 생기고, 그 안에서 피드백 과정이 만들어진다. 이를 통해 환경 속의 주체들뿐만 아니라 환경 자체가 서로 정보를 주고받고 커뮤니케이션하게 되었다. 따라서 단순히 사람들간의 의사소통을 넘어 환경을 만들어내기 위한 사물들간의 커뮤니케이션도 통신법의 대상이 되어야 한다. 그러기 위해서는 사물들간 커뮤니케이션에 대한 규율이 사람들간 커뮤니케이션과 차별화되어야 할 사항이 무엇인지 검토하여 이를 통신법에 반영하여야 한다.

Ⅴ. 맺음말

디지털 통신 기술로 인해 다양한 커뮤니케이션 미디어가 추가적으로 등장하고 기존의 미디어들과 융합되면서, 이를 '커뮤니케이션'의 수단이라는 관점에서 재유형화하고 법적 규율방향을 정해갈 필요가 있다. 이를 위해 법이론적 차원에서 '커뮤니케이션법'이라는 범주를 설정하는 것이 의미있다고 생각된다. '커뮤니케이션법'의 범주에서 각각의 미디어가 사람과 환경, 사람과 사람 간에 미치는 영향에 따라 규율의 내용과 강도를 차별화할 수 있을 것이다. 이러한 관점에서 전기통신상법에서는 '헌법상 통신 관련 공익'을 재설정하고, 디지털 포용정책을 수립하고, 커뮤니케이션의 주체의 확장 등이 향후 과제로 제기될 수 있다.

참고문헌

■ 김하열, 『헌법강의』, 박영사, 2022.

■ 신종철, 『통신법 해설－전기통신사업법의 해석과 사례－』, 개정판, Jinhan M&B, 2019.

■ 이상직 외 15인 공저, 『전기통신사업법연구』, 법문사, 2016.

■ 이원우, 『경제규제법론』, 홍문사, 2010.

■ 엘리어트 애런슨 · 조슈아 애런슨, 박재호 · 박지원 · 박낭규 옮김, 『인간, 사회적 동물』, 제12판, 탐구당.

■ 김승수, "포스트 커뮤니케이션의 정치경제학", 『한국언론정보학보』(2022년 통권 111호).

■ 이은주, "컴퓨터 매개 커뮤니케이션으로서의 트위터, 향후 연구의 방향과 과제", 『언론정보연구』, 48권 1호, 2011년.

■ 조홍식, "리스크 법－리스크관리체계로서의 환경법－", 서울대학교 『법학』, 제43권 제4호, 2002.12.

■ 최형진, "국내 이동통신 및 위성통신의 역사", 『정보와 통신』, 2019.4.

■ 홍명수, "보편적 역무의 제공과 경쟁정책", 『인권과 정의』, 343호, 2005년 3월호.

■ 진성오, "디지털 심화 시대의 새로운 디지털 규범과 보편적 역무 개편 방향", 『한국통신학회논문지』, 48(12), 2023－12.

■ 이우철 · 김윤희, "한국의 디지털 포용 법제에 관한 연구", 『한국정책논집』 제23권, 2023.

■ 황용석 · 황현정 · 이현주, "디지털포용 사회 구현을 위한 디지털포용 척도 개발과 타당화 연구", 『방송과 커뮤니케이션』, 25권 1호, 2024.

■ Baran, Stanley J., Davis, Dennes K., Mass Communication Theory, Foundations, Ferment and Future, 7th ed. 김훈순 · 김경희 · 정선호 옮김, 『매스커뮤니케이션 이론』, 제7판, 2020.

■ Lin, Carolyn A., Atkin, David J. eds. Communication Technology and Social Change, Theory and Implications, Lawrence Earlbaum Associates, Pulblishers,

2007.

■ McLuhan, Marshall, Understanding Media－The Extensions of Man－, The MIT Press, 1964.

■ Littlejohn, Stephen W., Foss, Karen A., Oetzel, John G. Theories of Human Communication, 12th ed. Waverland Press, Inc. 2021.

■ Schoeneborn, Dennis, Organization as Communication: A Luhmannian Perspective, Management Communication Quaterly 25(4), 2011.

■ Dzifa Ametowobla, Stefan Kirchner, The Organization of Digital Platforms, The Role of Digital Technology and Architecture for Social Order, Zeitschrift für Soziologie, 2023; 53(2).

10. 디지털 시대의 방송과 규제법 – 방송 진입규제를 중심으로

Ⅰ. 들어가며

Ⅱ. 규제수단으로서 진입규제

Ⅲ. 특수영역으로서 방송 진입규제

Ⅳ. 방송 진입규제의 정당화 이론

Ⅴ. 디지털시대의 방송 진입규제 재편을 위한 고려사항

디지털 시대의 방송과 규제법 – 방송 진입규제를 중심으로*

김 태 오**

Ⅰ. 들어가며

디지털시대를 맞이하며 방송의 전통적인 패러다임은 변화하였다. 방송사업자가 (자체 또는 외주) 방송프로그램을 편성해서 시청자에게 전달하는 방송 체계가 여전히 작동하지만, 개인이 스스로 콘텐츠를 기획 · 제작할 수 있고 이를 자유롭게 대중에게 공개할 수 있게 되었다. 대중은 본인의 판단에 따라 콘텐츠를 선택할 수도 있다. 예전처럼 방송의 주도권을 전적으로 방송사만 갖는 시대는 아닌 것이다.

이러한 패러다임의 변화는 디지털기술이 도입되기 시작한 2000년 초 · 중반 무렵부터 예견된 바 있다. "디지털시대에 모든 개인은 '홈퍼블리셔'가 된다. '매스미디어'는 더 이상 불필요하게 될 것이다. 대량으로 유통되는 자료에 의존하지 않고 대중은 원하는 것을 선택적으로 접근할 수 있다. 신문편집자나 방송 편성권자가 아니라 최종 소비자가 의제나 일정을 정하게 될 것이다."[1]

방송이 엄격한 규제의 대상이었던 이유는 의견형성의 주요 공간이기 때

* 이 글은 김태오, "디지털시대의 방송과 규제법-방송 진입규제의 정당성을 중심으로", 『경제규제와 법』 제16권 제2호, 2023.11., 107-132면을 요약한 것이다.

** 국립창원대학교 법학과 부교수.

1 Mike Feintuck/Mike Varney, Media Regulation, PublicInterest and the Law (2th ed.), Edinburg, 2006, p. 26.

문이다. 그러나 의견형성의 공간도 당대 사회의 상황과 환경에 따라 구조화된다. 시간이 흐르면 사회가 변화하고 의견형성의 공간도 바뀐다. 디지털시대가 바로 의견형성의 공간과 환경을 변화시킨 중요한 계기이다.[2] 이제 개인도 방송의 포맷과 형식을 동일하게 재현할 수 있고 영향력 있는 새로운 의견형성의 공간을 만들어 냈다. 반면, 전통적인 방송매체가 예전과 동일한 수준의 유력한 의견형성 공간이라고 보기는 힘들다. 따라서 이에 부합하는 규제체계의 변화가 있어야 한다. 특히 방송의 진입규제는 본격적인 디지털시대 이전에 설계된 2000년 방송법의 골격과 구상이 변화하지 않고 그대로 유지되고 있다.

이 글은 이렇게 변화한 미디어 환경 속에서 특히 방송 진입규제를 중심으로 그 법적 정당성이 여전히 유지될 수 있는지, 변화한 디지털시대에는 진입규제의 방향을 어떻게 설정해야 하는지에 대한 논의를 하고자 한다. 이를 위해 우선 진입규제 수단에 대한 일반적인 개관을 한 다음(Ⅱ.), 현재 방송 진입규제의 현황과 문제점을 살펴보고(Ⅲ.), 방송 진입규제에 대한 전통적인 이론과 디지털시대 관점에서 평가를 한 후(Ⅳ.), 디지털시대의 바람직한 진입규제는 어떻게 설계되는 것이 합리적인지를 제안(Ⅴ.)하고자 한다.

Ⅱ. 규제수단으로서 진입규제

1. 진입규제의 의의

진입규제에 대한 이론적인 보편적 정의는 존재하지 않는다. 진입규제의 수단인 허가 · 특허 · 예외적 승인 · 인가 · 신고 · 등록 · 지정 · 인증 등(이하 '인허가'이라 한다)을 요구하는 것을 진입규제로 파악하고, 이를 단순히 추상화하여 진입규제로 부르는 것이 일반적이다.[3]

---

2 Albert Ingold, Meinungsmacht des Netzes, MMR 2020, S.82ff(83).

진입규제는 사전규제로도 분류된다. 어떠한 사업을 개시하거나, 시설을 설치하거나, 행위를 하기 '전'에 규제당국의 인허가를 요구하기 때문이다. 사전규제는 위험 또는 리스크의 관리 관점에서도 이해할 수 있다. 진입규제를 통해 잠재적인 위험 또는 리스크의 발생조건을 검토한 다음 진입을 허용해주는 것이다. 사전규제의 대상이 되었다고 하여 사후규제로부터 면제될 수 없다. 사전규제의 요건은 궁극적으로 사후규제의 준수가능성을 예방적으로 집행하는 역할을 한다.[4] 따라서 진입규제로 규제하고자 하는 바와 사후규제로 규제하고자 하는 바의 기능분배선을 잘 긋는 것이 중요하다.

불확정 개념이 인허가 요건이어서 재량적 판단이 가능한 영역, 또는 인허가의 수가 정해져 있어 인허가의 여부가 결정적인 진입장벽으로 작용하는 영역에서 진입규제는 규제강도가 가장 센 규제로 기능한다.[5]

2. 진입규제의 수단 및 그 정당성

(1) 진입규제의 수단과 그 정당성 간 관계

진입규제의 법적 형식은 진입규제 수단인 다양한 유형의 인허가로 발현된다. 이러한 각 진입규제의 수단들은 인허가 수의 제한 여부, 진입규제의 정당화 사유,[6] 기본권 제한의 정도 등에 있어 차별적이다. 또한 각 진입규제

---

3 최병선, "규제수단과 방식의 유형 재분류", 『행정논총』 제47권 제2호, 2009, 1면 이하(21면); 최승필, "규제완화에 대한 법적 고찰－인 · 허가 및 신고, 등록제도와 네거티브 규제를 중심으로－", 『공법학연구』 제12권 제1호, 2011, 317면 이하(321면); 최승필, "금융업 진입규제에 대한 법적 검토－공법적 해석을 중심으로", 『은행법연구』 제15권 제12호, 119면 이하(122면).

4 Christian Berringer, Regulierung als Erscheinungsform der Wirtschaftsaufsicht, München, 2004, S.124.

5 하명호, "헌법재판과 행정법이론－진입규제의 수단으로서 허가 · 특허를 글감으로－", 『공법연구』 제45집 제2호, 2016, 155면 이하(160면); 최영규, "기업활동의 공법적 규제수단에 관한 연구－진입규제 수단을 중심으로", 『경남법학』 제7집, 1992, 127면 이하(129면). 이러한 연유로 진입규제를 "시장경쟁에 참여하는 개인사업자 또는 법인기업체의 수를 제한하는 것"으로 이해하고 있다.

6 진입규제의 정당성은 합헌적 범위 내의 기본권 제한임을 보장해주는 것이다. 그러나 규제의 합헌성은 가장 넓은 규제의 허용 테두리이다. 합헌성만으로 규제의 합리성을 보장해주지 않

의 수단마다 해당 진입규제를 정당화할 수 있는 정당화 사유들을 유형화할 수 있다. 만일 진입규제 정당성의 존립 근거가 상실하거나 그 사정이 변경된다면, 해당 진입규제 수단을 유지하는 것 또한 허용될 수 없다. 규제환경이 변화하면 진입규제의 수단도 바뀔 수 있는 것이다.

이하에서는 진입규제의 수단과 그에 일치하는 진입규제를 정당화하는 사유를 살펴보고, 이러한 관계를 기준으로 규제환경의 변화에 따른 합리적인 진입규제의 수단을 찾는 단초를 제시하고자 한다.[7]

(2) 강학상 특허와 그 정당성

강학상 특허(이하 '특허'라고 한다)는 새롭게 권리, 능력 또는 법적 지위를 설정하는 행위를 말한다.[8] 일반적으로 특허는 그 수가 제한적이다. 특허는 희소한 재화의 배분 문제[9]와 밀접한 관련을 맺기 때문이다.

원래 희소한 자원을 필연적으로 사용해야 하는 경우 특허의 수가 제한될 수 있다. 이동통신, 지상파방송 등은 전파자원이 한정적이기 때문에, 이를 사용하는 사업자의 진입이 제한적일 수밖에 없다.[10] 환경자원도 그 자체가 희소하기도 할 뿐 아니라, 미래세대를 위해 환경자원을 유보해 두어야 하므로 그 사용을 제한할 수 있다.[11]

인위적으로 인허가의 수를 희소하게 만드는 경우도 존재한다.[12] 공익산

는다. 규제의 정당성은 최소한 합헌성을 만족시킬 수 있어야 하지만, 최대한 규제의 합리성도 충족시킬 수 있는 것이 바람직하다.

7 진입규제의 수단과 관련하여, 강학상 특허와 허가의 구분, 특허와 예외적 승인과의 차이, 수리를 요하는 신고 등 다양한 법리적으로 중요한 쟁점들이 존재한다. 그러나 여기에서는 대표적인 방송 진입규제와 밀접한 관련을 맺는 진입규제 수단을 위주로 서술하기로 한다.

8 김동희/최계영, 『행정법 Ⅰ』, 제26판, 박영사, 2021, 298면 이하.

9 이원우/김태오, 제4편 경제행정법, 김철용(편), 특별행정법, 박영사, 2022, 521면(인용의 편의 때문에 이 책을 인용한 것이며, 더 자세한 내용은 이원우, 『경제규제법론』, 홍문사, 2010의 해당 부분을 참고하길 바란다. 이하 동일).

10 하명호, 앞의 글, 159면; 최영규, 앞의 글, 132면.

11 이승훈, "시장구조의 제도적 결정요인에 관한 공법적 고찰－희소한 영리행위가능성의 배분과 관련된 문제점을 중심으로－", 『공법연구』 제37집 제4호, 2009, 311면 이하(313－314면).

12 이에 대한 상세는 김태오, "현대적 재산권의 본질과 한계에 관한 연구－공법상 권리의 재산권성을 중심으로－", 서울대학교 박사학위 논문, 2011, 213면 이하.

업(교통, 통신, 에너지 등) 분야는 서비스를 제공하기 위한 시설과 설비 등의 고정비용이 높아 시장진입이 쉽지 않으면서, 여러 사업자가 서비스를 제공하는 것이 바람직하지 않은 자연독점(natural monopoly) 산업에 해당한다.[13] 대체적으로 이러한 서비스는 일상생활에 필수적인 생존배려적 성격을 갖는다. 이러한 공익산업 분야에서는, 인허가의 수를 인위적으로 희소하게 만들고 독점적인 지위를 부여하여 안정적으로 사업을 할 수 있는 환경을 만들어 주면서, 그 대신 양질의 서비스가 제공될 수 있도록 일정한 의무를 부여한다. 적정 인허가의 수를 넘어서 진입이 허용된다면 과당경쟁이 발생하게 되고 안정적인 서비스 공급을 할 수 없으며 서비스의 품질이 저하될 수도 있다. 따라서 일정한 서비스 품질의 유지와 경쟁황폐화 방지도 인위적 희소화의 정당화 사유가 된다.[14]

다른 한편, 위험을 통제하기 위하여 특허를 통해 진입을 허용하는 경우도 있다.[15] 이 경우 반드시 인허가의 수가 한정적인지는 분명하지 않다. 다만, 추가적인 진입의 허용이 까다롭고, 그 여부에 대한 사전적인 정책적 판단이 수반되면서 특허의 수를 미리 정해두는 것이 일반적이다.

(3) 강학상 허가와 그 정당성

강학상 허가[16]는 위험을 예방하기 위한 목적으로 잠정적으로 사업의 개시나 경제활동을 제한하는 행위를 말한다.[17] 그 이유는 사후규제나 법위반에 대한 제재만으로는 공익과 제3자의 권리를 충분히 보호할 수 없기 때문이다.[18] 강학상 허가를 통해 사전에 검토하고자 하는 위험 사항들을 요건화하

---

13 자연독점에 대한 설명은 이주석, “규모의 경제와 자연독점”, 『클릭 경제교육』, KDI, 2012, 11면.

14 최영규, 앞의 글, 132면; 이승훈, 앞의 글, 315면.

15 최승필, “금융업 진입규제에 대한 법적 검토－공법적 해석을 중심으로”, 123면 이하.

16 다만, 방송사업자에 대해 제도적으로 허가를 규정하고 있지만, 그 본질은 강학상 특허임을 유의해야 한다. 상세한 내용은 후술한다.

17 이원우/김태오, 앞의 책, 519면.

18 Christoph Gusy, Verbot mit Erlaubnisvorbehalt－Verbot mit Dispensvorbehalt, JA 1981, S.80ff(80).

여 미리 검토한 다음, 그 요건을 충족하면 강학상 허가를 발급해줘야 한다는 점에서 인허가의 수를 제한할 수 있는 관념과는 거리가 멀다.[19] 이러한 유형의 진입규제에는 영업허가, 어업허가, 주류판매업허가 등이 포함된다.[20]

강학상 허가의 진입규제 수단이 정당화될 수 있는지 여부는 결국 위험에 대한 평가와 결부된다. 하지만 위험의 중대성과 발생가능성을 고려한 위험의 성질에 따라 특허에 가까울 수도 있고, 강학상 허가가 아닌 등록이나 신고 정도로 진입규제의 수단이 완화되어야 할 수도 있다.[21] 다만, 위험이 강학상 허가로써 통제되어야 할 수준이라면, 법리적으로 강학상 허가의 본질에 맞는 진입규제가 이루어져야 할 것이다. 특히 강학상 허가의 요건이 구체적이고 명확하게 규정되어야 하며, 자본금, 시설기준, 기술인력 등과 같은 객관적 요소로 구성되어야 한다. 부득이 추상적으로 요건을 규정하더라도, 규제당국의 자의적 판단을 방지하고 예측가능성을 높일 수 있는 방식으로 규정하여야 한다.[22]

(4) 등록과 그 정당성

등록의 본래적 의미는 일정한 사실이나 법률관계를 행정기관이 구비한 장부에 등재하는 것을 말한다.[23] 이로써 장부에 등재된 일정한 사실이나 법률관계가 공적으로 증명된다.[24] 이러한 본래적 의미에 따르면, 등록은 진입규제로 기능하지 않는다. 그러나 실무적으로 등록은 앞서 살펴본 강학상 허가와 신고의 중간에 속하는 인허가의 진입규제로 운영되는 경우가 많다.[25]

---

19 강학상 허가는 그 요건을 충족하면 강학상 허가를 발급해야 하는 기속행위이다. 다만, 강학상 허가의 요건에 재량적 판단이 가능한 조문이 포함되어 있는 경우 반드시 강학상 허가를 발급해 줄 필요는 없지만, 그렇다고 강학상 허가의 수량이 제한되어 있다고 볼 수도 없다.

20 박균성, 『행정법론(상)』, 제20판, 박영사, 2021, 349면.

21 "인허가에서 등록에 이르는 규제단계는 해당 업이 영위하는 리스크의 크기에 상응하여 부과되어야 한다"도 동일한 취지로 이해된다. 최승필, "금융업 진입규제에 대한 법적 검토–공법적 해석을 중심으로", 143면.

22 법제처, 『법령입안심사기준』, 2022, 94면.

23 박균성, 앞의 책, 116면.

24 이를 준법률행위적 행정행위로서 '공증'이라고도 한다. 박균성, 앞의 책, 371면; 법제처, 앞의 책, 143면.

등록을 해야 사업을 개시하거나 경제활동을 할 수 있는 것이다.[26] 일정한 물건(자동차), 시설(공장)이나 사람 또는 자격증(사업자등록, 면허등록 등) 등은 국가가 관리하는 공부에 등재하여 그 실체를 파악하고 감독하기 위한 것으로 이해할 수도 있지만,[27] 등록의 요건인 물적 · 인적 전제가 일정한 수준 이상의 책임 있는 행위를 담보하고 위험발생을 억제하는 취지도 겸유하는 것으로 볼 수 있는 경우도 있다.[28]

진입규제의 맥락에서 등록은 강학상 허가보다 더 완화된 진입규제 수단이라는 점[29]을 전제로 그 정당성을 찾아야 한다. 등록이 일정한 자격을 갖춘 자의 진입을 허용하여 일정 수준 이상의 책임 있는 행위를 보장하기 위한 수단이므로, 이를 확보하기 위한 최소한도의 물적 · 인적인 요건을 위주로 기속적인 판단을 할 수 있는 진입요건을 설정하는 것이 바람직하다.

(5) 신고와 그 정당성

신고는 진입규제 수단 중에서 가장 개입의 정도가 낮다. 신고는 규제당국에 일정 사항을 알리는 것이다.[30] 신고제도의 핵심 취지는 규제당국이 관련 정보를 취득하기 위함이다. 취득한 정보를 토대로 해당 사업과 경제활동을 사후적으로 관리 · 감독할 수 있다.

신고사항을 규제당국에 알리는 것으로 신고의무를 이행한 것으로 보며,

---

25 류광해, "행정상 '등록'의 유형 및 법적 성격", 『법학연구』 제29권 제1호, 충남대학교 법학연구소, 2018, 167면 이하(171면); 류광해, "영업상 등록제의 법적 성격", 『법학연구』 제18집 제1호, 인하대학교 법학연구소, 2015, 249면 이하. 등록의 스펙트럼은 특허, 강학상 허가, 공증 등 다양하게 분포되어 있다.

26 최승필, "금융업 진입규제에 대한 법적 검토－공법적 해석을 중심으로", 127면.

27 정훈, "공법상 신고의 법적 성질과 현실에서의 의미", 『동아법학』 제58호, 2013, 185면 이하(190면 이하).

28 헌법재판소는 구 신문 등의 진흥에 관한 법률 제9조 제1항 및 동법 시행령 제2조(2015.11.11. 대통령령 제26626호로 개정된 것)에 따라 인터넷신문의 경우 5인 이상의 취재 및 편집 인력의 고용을 등록 기준으로 한 것의 취지에 대해 "취재 및 편집 역량을 갖춘 인터넷신문만 등록할 수 있도록 함으로써 인터넷신문의 언론으로서의 신뢰성 및 사회적 책임을 제고하기 위한 것"으로 판단한 바 있다. 헌법재판소 2016.10.27. 선고 2015헌마1206, 2016헌마277(병합) 결정.

29 최영규, 앞의 글, 148면.

30 박균성, 앞의 책, 116면.

그 이후 대상 사업을 개시하거나 경제활동을 할 수 있다. 신고가 의미 있는 진입규제의 유형으로 분류되려면, 신고를 하지 않고 사업이나 행위를 하는 것에 대한 제재가 있어야 한다.[31]

진입규제로서의 신고제가 갖는 정당성은 신고대상 사업이나 경제활동을 규제대상으로 삼을 것인지를 결정하는 판단기준으로서의 기능이다. 진입규제가 없는 자유업이나 경제활동이라 하더라도, 사후적인 관리 · 감독의 대상에서 반드시 제외된다고 볼 수는 없다. 그러나 신고의무가 존재할 경우, 사후적인 관리 · 감독의 대상을 빠짐없이 파악할 수 있는 장점이 있다. 특히 무규제 영역이었던 사업 또는 경제활동에 대한 신고의무의 도입을 통해, 공식적으로 신고사항과 관련한 정보를 수집하고 수집된 정보를 토대로 추후 대상 사업과 경제활동에 대한 규제 여부를 판단하는 근거로 삼거나, 이미 다른 사업자나 경제활동에 대해 적용되던 규제의 집행을 연장하는 계기가 될 수 있다.

3. 진입규제의 요건

(1) 진입규제의 정당성과 진입규제의 요건

진입규제의 정당화 이론은 진입규제의 목적으로 치환할 수도 있다. 정당화 이론에서 제시하는 목적을 위해 진입규제 수단이 사용된 것이다. 진입규제를 통해 달성하려는 목적은 진입규제의 요건으로 구체화된다.[32] 사업을 개시하거나 경제활동을 하려는 자나 그 행위가 규제를 통해 달성하려는 목적과 수준을 충족하는지 여부가 진입규제의 요건 또는 기준으로 제시된 것이다.

---

31 최영규, 앞의 글, 150면. 가령, 데이터 산업진흥 및 이용촉진에 관한 기본법의 신고의무는 지원 목적으로 기능할 뿐 제재규정이 존재하지 않으므로 진입규제로 분류하기 어렵다.

32 이러한 전반적인 취지에 대해서는 이원우/김태오, 앞의 책, 565면.

(2) 주관적 요건[33]

1) 인적 요건

인적 요건이란 사업을 개시하거나 경제활동을 하려는 자에게 일정한 자격을 요구하거나(자격을 갖춘 종사자 고용도 포함), 법인일 것을 예정하거나, 결격사유를 규정하거나, 특정한 기술능력(Befähigung)을 요구하거나 또는 규범 준수의 신뢰성을 전제하는 경우 등을 의미한다.

2) 물적 요건

물적 요건으로는 시설, 장비, 설비 등의 기준이 가장 일반적으로 요구되며, 그밖에도 일정 수준 이상의 자본금이 요구되기도 한다.

(3) 객관적 요건

1) 수급균형요건

객관적 요건의 가장 대표적인 예로 시장수요를 고려하여 진입을 규제하는 경우를 들 수 있다. 구체적으로는 거리제한이나 인허가의 수 제한 또는 독점적 사업구역 내지 공급구역제 등의 방식으로 나타난다. 해상여객운송사업, 항공운송사업, 에너지사업 등 당해 재화나 용역의 희소성이 큰 영역에서 그 예를 볼 수 있다.

2) 입지요건

입지요건이란 영업장소의 제한을 의미한다. 폐기물처리업, 발전사업 등 도시관리계획에 따른 제한이 가장 대표적이며, 학교나 주거지역 내에서의 특정 영업행위제한도 이에 해당한다.

3) 공익요건

공익성(방송법 제10조 제1항 제1호, 은행법 제8조 제2항), 기타 공익적 필요(전기사업법 제7조 제5항) 등과 같이, 개별적 허가 요건 외에 포괄적인 요건으

33 이하의 내용은 이원우/김태오, 앞의 책, 564면 이하를 요약한 것이다.

로 공익성을 요구하는 경우가 있다. 이에 대해서는 법령에 구체화된 허가 요건이 바로 공익상 필요를 구체화한 것이기 때문에, 다시 공익상 필요라는 요건을 규정하는 것은 부당하게 행정청의 재량을 확대하고 남용의 우려를 야기한다는 비판이 있다. 그러나 공익성이 강한 특허로 진입규제가 이루어지는 경우 관계법령의 목적을 한정적인 요건으로 모두 구체화하는 것이 곤란하기 때문에 트로이의 목마처럼 공익성이라는 포괄적인 요건 설정이 필요할 수도 있을 것이다.[34] 공익성의 개념은 해당 법령에서 구체화될 수도 있다.

Ⅲ. 특수영역으로서 방송 진입규제

1. 방송 진입규제의 법적 근거 및 그 수단

(1) 방송법

방송법은 지상파방송,[35] 종합유선방송사업자(이하 '케이블TV'라고 한다), 종합편성을 행하는 방송채널사용사업자(이하 '종편PP'라 한다), 보도에 관한 전문편성을 행하는 방송채널사용사업자(이하 '보도PP'라 한다), 상품소개와 판매에 관한 전문편성을 행하는 방송채널사용사업자(이하 '홈쇼핑PP'라 한다)[36] 등에 대해 각 방송사업자의 유형과 "허가"[37] 및 승인 간의 진입규제 수단을 특별히 구별하지 않고, 신규허가·승인 심사사항(방송법 제10조)[38]과 재허

34 Christian Berringer, a.a.O., S.124.

35 지상파방송에는 지상파텔레비전, 지상파라디오, 지상파이동멀티미디어방송(DMB), 공동체라디오가 모두 포함된다.

36 홈쇼핑PP에는 라이브방송을 할 수 있으면서 화면비율에 아무런 제약이 없는 홈쇼핑PP와 라이브방송이 금지되고 최초 화면비율도 1/2로 제한되는 데이터홈쇼핑PP로 나누어진다. 데이터홈쇼핑PP가 나중에 도입되었지만, 여기에서 홈쇼핑PP는 이들 두 사업자 유형을 모두 포괄하는 개념이다.

37 이때의 허가는 명문의 표현과 달리 앞서 살펴본 강학상 허가가 아니다.

38 1. 방송의 공적 책임·공정성·공익성의 실현 가능성
2. 방송프로그램의 기획·편성 및 제작계획의 적절성
3. 지역적·사회적·문화적 필요성과 타당성

가 · 재승인의 요건(방송법 제17조)[39]을 동일하게 규정하고 있다.[40]

체계상 진입규제의 수단으로 지상파방송,[41] 케이블TV, 위성TV 등 방송설비를 보유하고 송출 기능을 갖는 사업자의 경우 '허가'를 규정하고 있다. 종편PP, 보도PP, 홈쇼핑PP 등 자체 송출기능은 없고 방송프로그램을 기획 · 제작 · 편성하는 기능만 수행하는 사업자들은 '승인'을 받아야 한다.

방송사업자의 유형을 나누어 허가와 승인이라는 형식상 별개의 진입규제 수단을 규정하고 있음에도 불구하고, 그 법적 성격은 모두 특허로 해석된다.[42] 허가와 승인의 대상이 되는 방송사업은 방송사업자에게 원래 주어진

---

4. 조직 및 인력운영등 경영계획의 적정성
5. 재정 및 기술적 능력
6. 방송발전을 위한 지원계획
7. 그 밖에 사업수행에 필요한 사항

39 1. 제31조 제1항에 따른 방송평가
2. 이 법에 따른 시정명령의 횟수와 시정명령에 대한 불이행 사례
2의2. 방송의 공적 책임을 고려하여 대통령령으로 정하는 법령의 위반 여부
3. 시청자위원회의 방송프로그램 평가
4. 지역사회발전에 이바지한 정도
5. 방송발전을 위한 지원계획의 이행 여부
5의2. 「방송광고판매대행 등에 관한 법률」 제20조 제2항에 따른 네트워크 지역지상파방송사업자와 중소지상파방송사업자에 대한 방송광고 판매 지원 이행 정도
6. 그 밖에 허가 또는 승인 당시의 방송사업자 준수사항 이행 여부

40 이들 사업자의 신규진입을 위한 근거규정과 유효기간 이후 사업을 계속할 수 있는 갱신의 근거규정이 동일하다는 의미이다. 신규진입의 근거규정인 방송법 제10조의 심사사항은 장래 사업계획에 대한 평가의 기능을 갖고 있다. 따라서 갱신의 근거규정인 방송법 제17조에서도 심사사항으로 방송법 제10조가 재활용되고 있다. 갱신 여부에 대한 심사에는 장래의 평가도 중요한 요소로 작용하기 때문이다. 추가적으로 방송법 제17조에는 신규진입 이후 사업성과에 대한 판단이 이루어지는 심사규정이 별도로 존재한다. 이러한 의미에서 방송법 제10조에 따른 신규진입의 경우보다 방송법 제17조에 따른 재허가 · 재승인 심사가 심사사항이 많다는 점에서 더욱 엄격하다고 볼 여지는 있다. 다만, 실무적으로 방송인허가의 수가 제한적인 상황에서 신규 사업자를 선정하는 경우가 이미 신규진입이 이루어진 사업자의 재허가 · 재승인 심사에 비해 더욱 엄격한 것으로 보인다.

41 지상파방송은 방송설비를 보유하면서 방송프로그램의 기획 · 제작 · 편성 기능을 동시에 수행한다.

42 이에 반해 박종수 교수는 종편PP, 보도PP, 홈쇼핑PP 승인을 완화된 허가로 해석한다. 입법연혁적으로 1999년 종합유선방송법 전면개정으로 일반PP가 허가제에서 등록제와 진입규제가 완화하면서 보도PP에 대해서는 문화관광부장관의 승인을 얻도록 했던 것에 주목하여 종전의 허가제보다는 완화되었으나 등록제보다는 엄격한 중간적 성질을 지니는 것으로 파악하고 있다. 박종수, "방송채널사용산업의 활성화를 위한 현행 방송법상 방송채널사용사업자 규제제도의 개선방안", 『공법연구』 제40집 제2호, 2011, 417면 이하(427－428면). 문재완 교수는 허가와 승인 모두 금지된 자유의 회복이라는 관점에서 강학상 허가로 보고 있다. 문재완, "방

자연적 권리이고 특정한 위험을 배제하기 위해 잠정적으로 그 자유의 행사가 제한되었다가 추후에 회복되는 것이 아니다. 허가와 승인으로 비로소 방송사업을 할 수 있는 권리가 창설된다.[43] 신규허가 · 승인 및 재허가 · 재승인의 요건이 불확정 개념으로 구성되어 있어 방송인허가 여부가 규제당국의 재량에 맡겨져 있고, 인허가의 수가 제한적이어서 독과점적 지위가 보장되면서 강한 공적 통제와 의무의 대상이 되기 때문이다.[44]

이에 반해, 일반PP[45]에 대해서는 등록제가 적용된다. 등록의 요건은 일정 규모 이상의 자본금, 일정 수준의 방송운영체계, 공간 및 시설, 동일 채널명 사용 금지 등으로 구성되어 있다(방송법 제9조의2).[46] 등록요건은 기속적 판단이 용이한 구조이고, 인적 · 물적 요건 위주이면서 판단이 용이한 소극적 요건으로 이루어져 있다.

송의 공공성과 구조규제에 대한 비판적 검토", 『공법연구』 제46집 제4호, 2018, 213면 이하(237면). 그러나 심사기준의 관점에서 본다면, 방송법상 허가와 승인의 심사기준은 완전히 일치한다. 실제 심사 시 일부 매체별 특성이 반영되기는 하지만 사실상 동일하다고 평가된다. 종전의 PP허가를 강학상 특허로 전제한다면, 법상 동일한 심사기준, 실제 심사의 엄격성 등을 고려할 때 승인 역시 강학상 특허로 볼 수 있을 것이다. 오히려 강학상 특허로 인정되던 기존의 PP허가의 심사기준에 비해 더 많은 불확정 개념과 심사요소(방송법 제10조의 심사사항)로 진입여부가 판단된다는 점에서 재량적 판단이 강화되었다.

43 김태오, "행정절차 하자의 독자적 취소사유에 대한 기능론적 재검토－시청자 의견청취절차의 부실이행을 이유로 한 방송사업 재허가 거부처분 취소소송을 중심으로－", 『행정법연구』 제42호, 2015, 23면 이하(36면); 김태오, "데이터홈쇼핑에 대한 방송규제의 법적 쟁점－생방송 편성 금지와 화면비율 규제를 중심으로－", 『행정법연구』 제68호, 2022, 271면 이하(283면); 김정현/홍대식, "유료방송시장 경쟁규제의 주요 쟁점 및 개선방안", 『언론과 법』 제19권 제2호, 163면 이하(167면); 송시강, "통방융합 하에서 기업결합의 법적 쟁점", 『행정법연구』 제18호, 2007, 105면 이하(120면); 김민호, "방송법 제9조에서 허가 · 승인 · 등록의 법적 의의에 관한 연구", 『성균관법학』 제25권 제3호, 2013, 109면 이하(117면).

44 이원우/김태오, 앞의 책, 523면.

45 일반PP는 보도가 금지되며, 특정 방송분야의 방송프로그램을 전문적으로 편성해야 한다.

46 1. 납입자본금과 실질자본금(해당 방송채널사용사업만을 위한 자본금을 말한다)이 각각 5억원 이상일 것. 이 경우 "자본금"은 주식회사 외의 법인의 경우에는 "출자금"으로 본다.
2. 주조정실(방송프로그램의 편성 및 송출 등을 종합조정하는 장소를 말한다), 부조정실(개별 방송프로그램의 제작을 조정하는 장소를 말한다), 종합편집실(음성 · 영상 · 음향 등을 편집하여 개별 방송프로그램을 완성하는 장소를 말한다) 및 송출시설을 갖출 것
3. 해당 방송채널사용사업을 영위할 수 있는 사무실을 보유할 것
4. 방송사업자가 사용하고 있는 다른 채널명과 동일한 채널명 또는 시청자가 동일한 채널로 오인할 수 있는 채널명을 사용하지 아니할 것

(2) IPTV법

IPTV법은 케이블TV 및 위성TV와 함께 유료방송플랫폼의 기능을 수행하는 IPTV에 대하여 허가[47]와 재허가[48]를 요구한다(IPTV법 제4조). 허가와 재허가의 요건은 방송법과 일부 차이가 있으나, 구조적 · 체계적인 관점에서 볼 때 IPTV에 대한 진입규제 역시 특허로 볼 수 있다.

한편, IPTV에 대하여 콘텐츠를 공급하는 인터넷 멀티미디어 방송 콘텐츠사업자(이하 'IPTV 콘텐츠사업자'라 한다)는 승인 · 등록 · 신고를 하여야 한다. 다만, 이들 사업자의 본질은 방송법상 종편PP, 보도PP, 홈쇼핑PP, 일반PP 또는 전기통신사업법상 부가통신사업자들이다. 이미 다른 법률에 따른 진입규제절차를 거쳤기 때문에, IPTV법은 승인 · 등록 · 신고를 한 것으로 간주하는 규정을 두고 있다(IPTV법 제18조 제3항).

(3) 전기통신사업법

넷플릭스나 유튜브와 같이 품질이 보장되지 않는 범용 인터넷[49]으로 제공되는 온라인동영상서비스(이하 'OTT'라 한다)[50]는 전기통신사업법상 부가통신사업자로 분류된다. VOD 역시 부가통신사업자로서 신고의 대상이다.[51]

---

47 1. 방송의 공적 책임 · 공정성 · 공익성의 실현 가능성
2. 콘텐츠 수급계획의 적절성 및 방송영상 산업 발전에 대한 기여도
3. 유료 방송시장에서의 공정경쟁 확보 계획의 적정성
4. 조직 및 인력운영 등 경영계획의 적정성
5. 재정 및 기술능력
6. 신청인이 설립 중인 법인인 경우에는 해당 법인의 설립이 확실한지 여부
7. 시설계획이 적정한지 여부
8. 그 밖에 사업 수행에 필요한 사항

48 1. 이전(以前) 허가 당시의 사업계획, 허가조건 및 그 밖의 준수사항의 이행 여부
2. 방송통신위원회 또는 과학기술정보통신부장관의 시정명령, 과징금 · 과태료 부과처분의 내용 · 횟수와 그 이행 여부

49 IPTV도 인터넷으로 제공되는 서비스이나 '일정한 품질이 보장'되는 점에서 범용 인터넷으로 제공되는 OTT와 차이가 있다.

50 OTT도 그 속성에 따라 다양한 유형으로 분류가 가능하다. 실시간 콘텐츠가 제공되는지, 콘텐츠 제작 주체가 누구인지, 유료인지 무료인지 등의 기준에 따라 OTT의 종류도 세분화할 수 있다. 그럼에도 불구하고, 여기에서는 범용 인터넷으로 제공되는 온라인동영상서비스라는 개념징표로써 OTT를 단순화하고자 한다.

51 현행법상 OTT나 부가사업의 형태로 VOD를 제공하는 사업자를 방송사업자로 분류할 수는

부가통신사업자에 대해서는 과학기술정보통신부장관에게 신고하도록 규정하고 있다(전기통신사업법 제22조). 수리를 요하지 않는 자기완결적 신고의 성질을 갖는다.

2. 방송 진입규제의 절차와 기준

(1) 매체 간 유사점

특히 허가와 승인을 받아야 하는 지상파, 종편PP, 보도PP, 홈쇼핑PP, 케이블TV, 위성TV, IPTV 등은 유사한 진입규제 방식이 적용된다.

우선 이들 방송사업자의 (재)허가와 (재)승인 절차는 전문가로 구성된 심사위원회의 심사를 거친다. 심사위원회의 심사결과가 법적 구속력을 발휘하지 않지만, 최종적인 (재)허가와 (재)승인 처분은 심사위원회의 심사결과에 사실상 구속된다.

심사위원회의 심사의견은 정량적 평가방식으로 결정된다. 방송법과 IPTV법에 따른 (재)허가와 (재)승인 심사사항을 구체화하고 정량화하여 1,000점 만점[52]으로 재구조화한 다음, 650점 이상을 획득한 사업자에 대해 (재)허가와 (재)승인이 이루어지는 체계이다.[53]

재허가와 재승인은 과거 실적에 대한 평가와 향후 계획에 대한 평가로 이원화된다. 향후 계획에 대한 평가는 신규 허가 또는 승인과 유사한 기준을 적용할 수 있지만, 과거 실적에 대한 평가는 별도의 법정 심사기준에 따른다

없다(일반PP의 지위로 VOD를 제공하는 사업자－홈초이스－도 있다). 다만, OTT는 방송법의 범주로 포섭하여 규율하고자 하는 논의도 있으므로, 방송 진입규제에 대한 논의에서 함께 설명하고자 하였다.

52 1,000점 만점으로 계량화하여 평가가 이루어진 것은 1993년 케이블TV가 도입되면서부터였다. 정인숙, "1990년 이후 방송사업자 인허가정책에 대한 평가", 『한국언론정보학보』 2002 봄, 통권 18호, 199면 이하(211면).

53 다만, IPTV의 경우 IPTV법 시행령 별표와 고시로 각 심사기준별 정량적 배점의 분포를 규정해두고 있다. 특히 재허가 절차에 대한 상세는 김태오, "행정절차 하자의 독자적 취소사유에 대한 기능론적 재검토－시청자 의견청취절차의 부실이행을 이유로 한 방송사업 재허가 거부처분 취소소송을 중심으로－", 23면 이하 참고.

(방송법 제17조 또는 IPTV법 제5조의2).

(2) 매체 간 차이점

방송사업은 유형별로 유사성도 있지만 개별적인 고유성도 존재한다. 이에, 각 방송사업의 특성을 고려하여 유형별로 별도의 구체적인 심사기준을 통해 심사위원회의 심사절차가 진행된다.

예컨대, 종편PP, 보도PP, 홈쇼핑PP 등은 방송설비를 갖고 있지 않는 반면, 지상파, 케이블TV, 위성TV는 방송설비를 갖추고 있기 때문에 심사의 중점과 요소가 달라질 수밖에 없다. 또한, 홈쇼핑PP는 납품업체와의 공정한 거래관계, 지상파는 방송광고판매대행 등에 관한 법률 제20조 제2항에 따른 네트워크 지역지상파방송사업자와 중소지상파방송사업자에 대한 방송광고 판매 지원, 케이블TV와 위성TV는 PP들과의 프로그램 사용료와 송출수수료 등 거래관계 등 사업자별로 쟁점과 관심사가 다르다.

케이블TV, 위성TV, IPTV 공히 유료방송플랫폼으로서 유사한 기능을 수행하지만, 케이블TV는 지역방송채널을 운영한다는 점, 위성TV는 남북통일에 대비하고 통일을 지향하는 임무를 지닌 매체라는 점, IPTV는 통신사업자가 운영하면서 최근 케이블TV를 인수 · 합병함으로써 시장지배력이 상당히 높다는 점 등의 특성을 심사과정에서 고려한다.

3. 정 리

방송 진입규제는 매체별로 그 근거가 별도로 마련되어 있다. 공식 용어로는 허가, 승인, 등록, 신고로 규정되어 있다. 이론적으로는 방송 진입규제의 수단은 특허, 등록, 신고로 유형화된다. 지상파방송, 종편PP · 보도PP · 홈쇼핑PP, 케이블TV · 위성TV · IPTV는 특허, 일반PP는 등록, 그리고 OTT · VOD는 신고로 분류할 수 있다.

방송의 특수성은 진입규제의 정당성을 통해 드러날 수 있다. 이러한 진입규제의 고유한 정당성은 특허, 등록, 신고의 요건으로 구체화되어 있다. 이와 함께, 어떠한 '이유'로 해당 매체별 진입규제 수단들이 선택되었는지가 논증되는 과정에서 명확해 질 수 있다.

그 중에서 특허는 가장 강한 진입규제에 속하는 만큼, 그에 상응하는 정당성과 충분한 논증근거들을 제시할 수 있어야 한다. 일반적인 특허의 정당화 사유인 자연적 희소성, 인위적 희소성, 중대한 위험통제의 관점 중에서 어느 하나라도 방송인허가 수의 희소화 이유로 제시될 수 있어야 한다. 지상파방송, 종편PP · 보도PP · 홈쇼핑PP, 케이블TV · 위성TV · IPTV 등 다양한 매체가 특허라는 하나의 범주에서 설명되고 있는데, 디지털시대를 맞이한 매체별 상황과 특성이 충분히 고려되었는지도 검토해보아야 한다.

Ⅳ. 방송 진입규제의 정당성

1. 전통적 이론[54]

디지털시대의 방송 진입규제의 유효성은 그간 방송 진입규제를 정당화한 전통적 이론을 통해 규명되어야 한다. 일반적인 특허 법리에 따른 정당화 요소들(자연적 · 인위적 희소성, 중대한 위험통제)이 전통적인 이론을 통해서도 드러날 수 있어야 한다. 정당화 이론들이 진입규제의 어떠한 요건으로 구체화되어 기능하는지도 중요한 고려요소이다.

(1) 희소성 이론(scarcity rationale)

전파(frequency)는 방송의 주요 수단이다. 전파는 수요만큼 충분히 공급될 수 없는 '자연적으로 희소한' 자원이다. 방송용도로 공급되는 주파수는 매

54 이하에서 열거된 정당화 사유들이 지금까지 주장된 모든 내용들을 포괄할 수는 없을 것이다. 대부분의 정당화 사유가 '공익'(public interest)으로 묶일 수도 있고, 공익을 구체화한 원칙이기도 하다.

우 한정적이다.

하나의 주파수를 동시에 여러 명이 사용할 수도 없다. 기술적으로 혼신이 초래될 수 있다. 방송으로 전달하고자 하는 정보와 메시지가 왜곡될 수 있는 것이다.

이러한 전파의 희소성은 전파를 사용하는 방송의 인허가 수를 제한한다. 결국 지상파방송이 제공하는 방송채널의 수도 충분하지 않게 된다.

희소성 이론을 구체화한 진입규제 요건은 특별히 존재하지 않는다.[55] 희소성 이론에 따를 때 인허가 수는 그 수요에 비해 제한적이므로, 상대적으로 가장 우수한 방송사업자에게 인허가가 부여된다. 모든 진입규제 요건에 따른 심사 결과 상대적으로 우수한 사업자가 희소성 이론에 따른 방송 진입규제가 의도한 목적에 가장 적합하게 되는 것이다.

(2) 공익 이론(public interest rationale)

일반적으로 방송에 있어서의 공익에는 다원주의, 다양성, 경쟁, 지역주의 등과 같은 시청자의 정치적 · 문화적 복지가 포함된다. 이것이 구체화되면, 유해한 정보의 유통을 제한하는 '소극적 내용'과 일정 비율의 뉴스 제공, 정보 및 교육 콘텐츠 제공, 보도의 정확성과 신뢰성 기준 충족, 저널리즘 가치 준수 등의 '적극적 내용'으로 나누어진다.[56]

미국에서도 방송의 진입규제를 정당화하기 위한 요소로서 공익은 허가의 기준으로 기능한다.[57] 전파의 희소성은 사상의 자유시장에 사상(idea)을 공급하는 방송사 수를 제한하는 요인이므로, 방송인허가를 받는 방송사업자는 반드시 공익에 기여해야 한다는 논리이다.[58]

55 혼신을 관리할 수 있는 기술적 능력은 당연한 전제이다. 그러나 혼신은 자원의 희소성과 다른 관점의 문제이다.

56 Philip M. Napoli, Social media and the public interest: Governance of news platforms in the realm of individual and algorithmic gatekeepers, 39 *Telecommunications Policy* 751, at 753–754 (2015).

57 진입규제의 단계에서 적용되는 공익과 진입 이후의 단계에서 방송사업자를 규제할 때 그 논거로서의 공익은 밀접한 관련이 있지만, 적용 단계, 구체적 요건, 법효과 등에 있어 차이가 존재한다는 점을 유념하여야 한다.

애초에 공익이 방송의 인허가 기준이 된 것은 혼신 문제 때문이었다.[59] 그러나 이로부터 비롯된 미국 방송통신규제당국인 FCC[60]의 규제 범위는 단순히 혼신을 예방하는 것에 그치지 않았다. 공익은 FCC가 방송사업자에 대한 더 광범위한 규제가 가능하게 한 근거로 작용하였다.[61]

미국에서 공익 이론을 구체화한 방송인허가 요건은 "공공의 편의, 이익 및 필요성"이다. 방송인허가 신청자는 대중의 요구와 관심사에 대한 계획을 가지고 있음을 제출해야 한다. 만일 경쟁자가 없고 FCC의 방송인허가에 반대하는 자가 없으며 "공공의 편의, 이익 및 필요성" 요건을 충족하면 방송인허가가 발급된다. 재허가 시에는 법적 자격 요건, 기술적 자격요건, 재정적 요건, 인적 요건으로 나누어 살펴본다.[62] 이와 더불어, 방송프로그램 내용과 관련한 계획 및 실적 등[63]을 심사한다. 우리의 경우도 법적 자격 요건, 기술적 자격요건, 재정적 요건, 인적 요건과 함께 비상업적 공익광고의 편성, 어린이 · 청소년 · 장애인 등 소수자 그룹을 위한 프로그램 편성 등[64]이 공익

58 David Kordus, What's on (Digital) TV: Assessing the Digital Television Broadcasting System, Its Potential and Its Performance in Increasing Media Content Diversity, 19 *COMM. L. & POL'y* 55, at 58 (2014).

59 조영신/현경보/이선미, "FCC 방송 재허가와 공익", 『미디어 경제와 문화』 제3-1호, 2005, 78면 이하(84면).

60 방송통신규제를 소관하는 미국의 독립규제위원회이다.

61 JOHN W. BERRESFORD, The Scarcity Rationale for Regulating Traditional Broadcasting: An Idea Whose Time Has Passed, FCC MEDIA BUREAU STAFF RESEARCH PAPER, 2005, p.1; Philip M. Napoli, Foundations of Communications Policy: Principles and Process in the Regulation of Electronic Media, NJ: Hampton Press, 2001, p.87.

62 법적 자격 요건이란 소유 제한 또는 반독점 금지법을 위반하고 있는지 여부를 한다. 기술적 자격 요건이란 전파간섭 기술, 전파자원의 효율적 운영, 적절한 운영설비, 그리고 주파수 도달범위 확보 등이 해당된다. 재정적 요건은 운영할 수 있는 충분한 재정적 능력이 있는지 여부를 따지는 것이며, 끝으로 인적 요건은 신청자가 과거 범죄 경력 유무 등을 의미한다. 조영신/현경보/이선미, 앞의 글, 89면 이하. 우리 방송법과 IPTV법도 대체로 이러한 체계를 갖는다.

63 즉, 지역의 요구에 대한 적절한 조치, 교육 · 교양 프로그램 제공, 비속 · 외설 등 방송의 금지, 광고규제 준수, 정치입후보자에 대한 동등 기회 부여, 공정보도원칙, 자막방송, 메인 스튜디오의 위치 등, 동등한 취업규칙에 대한 것이다. 조영신/현경보/이선미, 앞의 글, 90면 이하.

64 방송통신위원회, 2020년도 상반기 종합편성 및 보도전문PP 재승인 백서, 2021, 307면 이하. 종편PP와 보도PP의 재승인 심사 백서이지만, 신규 승인뿐 아니라, 지상파방송 허가 · 재허가 기준으로도 충분히 원용될 수 있는 내용이다. 방송통신위원회의 2021년도 지상파방송사업자 재허가 백서에는 구체적인 세부심사 항목이 공개되지 않았으나 해당 항목에 대한 평가가 이

이론을 구체화한 진입규제의 요건으로 볼 수 있다.

(3) 영향력 이론(pervasiveness rationale)

영향력 이론은 방송이 '널리 보급되어 영향력이 있는'(pervasive) 매체이므로 규제가 필요하다는 주장이다. 널리 보급되어 있다는 것은 도달범위가 넓다, 접근이 용이하다, 영향력이 있다는 것과 관련된다.[65] 특히 실시간 방송의 영향력은 더욱 크기 때문에,[66] 이를 사전에 통제하지 않고 무제한적으로 방치하였을 때 나타나는 잠재적 '위험'을 미리 예방해야 할 필요가 있는 것이다.[67]

매체가 한정적이고 희소한 미디어 환경에서 대중은 방송에 의존[68]하여 정보를 취득하므로, 방송은 주된 정보원이 된다. 방송으로부터 취득한 정보의 내용, 양과 그 정도에 따라 문화, 정치적 식견, 정치적 행위, 행동양식 및 사회적 가치 등 다방면으로 영향을 받는다.[69]

영향력에 근거한 방송 진입규제의 대표적인 요건으로는 내적인 다원적 구조의 요구를 제시할 수 있다. 방송은 영향력이 큰 매체이기 때문에, 그럴수록 독립성을 해하는 국가나 경제 · 사회세력이 조직 내부적인 영향력을 미치게 되면, 민주적 의견형성에 왜곡이 발생할 수 있다. 이를 방지하기 위해 내적인 다원적 조직구조가 필요하다는 것이다.[70] 이에 따라, 편성규약의 제정, 편성의 자율성 · 독립성 확보에 대한 계획과 실적에 대한 평가가 이루어

루어지고 있음을 전제로 관련 자료를 제출할 것을 안내하고 있다. 이하 동일.

65 Philip M. Napoli/Fabienne Graf, Revisiting the Rationales for Media Regulation: The *Quid Pro Quo Rationale* and the Case for Aggregate Social Media User Data as Public Resource, in: Sorin Adam Matei/Franck Rebillard/Fabrice Rochelandet(ed.), Digital and Social Media Regulation: A Comparative Perspective of the US and Europe, Switzerland: Springer, 2021, p. 46.

66 Albert Ingold, a.a.O., S. 84.

67 BeckOK InfoMedienR/Martini, 41. Ed. 1.2.2021, MStV § 52, Rn.1.

68 정보를 취득하는 매체의 의존도는 미디어 시장의 환경에 따라 변화한다.

69 Philip M. Napoli, Foundations of Communications Policy: Principles and Process in the Regulation of Electronic Media, NJ: Hampton Press, 2001, p. 13.

70 Albert Ingold, a.a.O., S.84f; 곽상진, "방송규제의 특수성에 대한 헌법적 검토", 『공법연구』 제29집 제3호, 2001, 263면 이하(267면).

진다.[71]

(4) 다양성 이론(diversity rationale)

다양성은 방송의 영향력을 전제한다.[72] 다양성은 방송규제의 핵심적인 방송규제의 목적이다.[73] 방송은 여론형성의 기능을 통해 민주주의의 발전에 '기여'(dienende Funktion)하는데, 민주주의에 대한 방송의 기여적 기능의 핵심은 다양성 보장(Vielfaltssicherung)에 있다.[74] 사전의 진입규제를 통해 최대한으로, 왜곡되지 않고, 완전하게, 다양한 의견을 방송에서 나타낼 수 있으므로,[75] 방송의 진입규제는 방송의 다양성과 균형성에 기여한다.

진입규제에 있어 다양성은 방송프로그램의 기획 · 편성 · 제작 · 구매 등 수급 계획의 적정성, 공익성 관련 방송프로그램 편성 이행계획의 우수성, 지역 프로그램의 기획 · 편성 · 제작 · 구매 · 투자 계획의 적정성 등의 세부 항목으로 평가되고 있다.[76] 케이블TV · 위성TV · IPTV 등 유료방송플랫폼에 있어 다양성은 채널구성의 다양성, 신규 · 중소 PP등의 편성 비중 등이 심사의 대상이 된다. 특히 지역채널을 운용하는 케이블TV의 경우 지역채널 자체의 품질 제고 노력과 지역채널에서의 다양성 확보 노력 등을 통해 다양성 평가가 이루어지고 있다.[77]

71 방송통신위원회, 2020년도 상반기 종합편성 및 보도전문PP 재승인 백서, 2021, 307면 이하.
72 이에 대한 상세는 김남두, "변화하는 미디어 생태계와 미디어 다양성의 새로운 쟁점: 미디어 다양성 조사 제도화의 의의, 한계 및 향후 과제", 『방송문화연구』 2017년 제29권 제1호, 41면 이하(41면).
73 Philip M. Napoli, Foundations of Communications Policy: Principles and Process in the Regulation of Electronic Media, NJ: Hampton Press, 2001, p. 125.
74 Jürgen Kühling, Sektorspezifische Regulierung in den Netzwirtschaften, München, 2004, S.114f.
75 BVerfGE 114, 371, 387.
76 방송통신위원회, 2020년도 상반기 종합편성 및 보도전문PP 재승인 백서, 2021, 307면 이하.
77 김태오, "규제행정법적 관점에서 본 유료방송 인수 · 합병의 쟁점－최근 종합유선방송사업자 인수 · 합병 사례를 중심으로－", 『법과 기업연구』 제10권 제1호, 2020, 95면 이하(117면 이하).

(5) 소결: 전통적 이론과 특허의 정당화 사유 간 연결고리

방송프로그램을 전달하는 방송기술과 방식은 방송 진입규제의 체계에 상당한 영향력을 미쳤다. 전통적 이론의 배경에는 방송기술과 방식의 희소한 상황이 전제될 수밖에 없었다. 이러한 전파자원의 희소성을 중심으로, 공익이론, 영향력 이론, 영향력 이론이 전제된 다양성 이론으로 파생되었다. 희소한 상황이므로 공익적 관점의 중요성이 높고(공익이론), 희소한 상황에서 진입한 사업자의 시각과 내용에 의존하게 되어 그 파급력은 클 수밖에 없으며(영향력 이론), 이러한 시각과 내용을 제작 · 기획 · 송신하는 사업자가 많지 않을수록 다양성 관점에서의 통제(다양성 이론)가 필요하기 때문이다. 결국 희소하므로 공익적 관점에서 그 중요성을 갖고 영향력이 크며 위험이 사후적으로 제어되지 않기 때문에 위험이 중대하게 된 것이다. 하지만 기술의 발전으로 어느 정도 희소성이 극복되어도 입법자와 규제당국은 희소성에 근간한 진입규제의 전통과 논리들을 유지하면서 방송인허가의 수를 인위적으로 희소하게 만들어 방송규제의 전통을 지속하였다.

2. 디지털시대에서의 고전적 정당성 평가[78]

(1) 디지털시대의 방송

디지털시대에서 고전적인 방송 진입규제의 정당성을 평가하기 위해서는

78 방송법, IPTV법 그리고 전기통신사업법에 의해 규율되는 방송 또는 OTT는 다양한 강도의 진입규제의 대상이 된다. 그러나 '등록'을 해야 하는 일반PP와 '신고'의 대상인 OTT는 방송 진입규제에 대한 전통적인 이론들이 정당화하고자 하는 매체와는 거리가 멀다. 등록요건과 신고사항의 구체적인 내용과 그 구성에 대해 일부 논란은 있겠으나−예컨대, 등록요건으로서 자본금 5억이 적절한가? 등−, 그 요건을 갖추거나 신고사항을 알리는 것이 어렵지 않기 때문이다. 즉, 일반PP의 경우 등록 요건을 구비해야 등록이 가능하고, 결격사유가 등록을 거부하거나 취소할 수 있는 사유로 기능하지만, 사업자 수가 제한적이거나 진입에 어려움을 겪지는 않는다. OTT는 그 자체가 방송규제의 대상인지 여부에 대한 논란이 있을 뿐 아니라, 자체완결적 신고로써 진입이 가능한 상황이다. 따라서 이하에서는 이들 매체를 제외한 지상파방송 · 종편PP · 보도PP · 홈쇼핑PP 및 유료방송플랫폼(케이블TV, 위성TV, IPTV)에 한정하여 방송 진입규제의 고전적 이론이 디지털시대를 맞이한 현재에도 유효한지 검증하고자 한다.

디지털시대에 방송특성의 변화를 확인해야 한다.

첫째, '1 대 다수'에서 '다수 대 다수'의 커뮤니케이션이 가능해짐에 따라, 모든 사람 간 커뮤니케이션(Jedermann-Kommunikation)의 도달범위가 넓어졌다. 종래에는 방송사와 대중 간의 커뮤니케이션이었다면, 이제는 1인 미디어와 대중 간의 커뮤니케이션을 누구나 접할 수 있는 것이다.

둘째, 방송이 콘텐츠를 지배하여 필터링(Medienfilter) 하던 시대에서 개인이 미디어를 필터링(Filtermedien)하는 시대로 전환하였다. 개인의 성향에 맞는 미디어가 제공되면서 대중은 수동적 존재에서 능동적 주체로 등장하였다.

셋째, 디지털화된 네트워크 구조는 새로운 형태의 상호작용을 가능하게 한다. 이것이 일정한 집단적 효과와 영향력을 만들어 낼 수 있게 하였다.[79]

넷째, 디지털기술의 발전으로 콘텐츠의 전송용량이 극적으로 늘어났다. 방송프로그램이나 방송채널의 전송용량의 한계로 인한 수요와 공급이 불일치한 상황은 대부분 해소되었다. 나아가 디지털기술의 발전은 방송기술의 기술적 구분을 무의미하게 하였다. 방송수단을 전파, 케이블, 위성, 인터넷으로 구별하고, 각각의 규제체계를 달리할 실익과 이유가 더 이상 존재하지 않는 것이다.

다섯째, 지금까지의 콘텐츠 제작, 퍼블리싱, 방송, 유통이라는 분리된 기능의 경계가 점차 모호해지고 있다.[80] 종래에는 방송사업을 위해 일정 수준의 경영능력, 저널리즘, 방송전문 인력,[81] 방송편집 및 송출공간, 기술적 능력, 재정능력 등이 있어야 했지만,[82] 개인도 콘텐츠를 제작할 수 있는 역량

79 이상의 세 가지 속성에 대해서는 Albert Ingold, a.a.O., S.83.

80 Nicolas Curien, The Audiovisual Industry Facing the Digital Revolution: Plunging the Predigital Fishbowl into the Digital Ocean, in: Sorin Adam Matei/Franck Rebillard/Fabrice Rochelandet(ed.), Digital and Social Media Regulation: A Comparative Perspective of the US and Europe, Switzerland: Springer, 2021, p. 27.

81 프로듀서, 아나운서, 기자, 작가, 무대감독 및 스태프, 조명감독 및 스태프, 음향감독 및 스태프, 카메라감독 및 스태프 등 수많은 인력이 필요하다. 디지털시대에는 IT 전문가, 컴퓨터그래픽(CG) 전문가 등이 추가로 요구된다.

82 Kai Bodensiek/Matthias Walker, Livestreams von Gaming Video Content als Rundfunk?:

이 생겨났다.

(2) 희소성 이론

희소성 이론은 방송수단을 전파자원에만 의존하던 시기에 유력한 근거였다. 그러나 모든 자원은 정도의 차이만 존재할 뿐이지 어느 정도 희소성을 내재하고 있다.[83] 오늘날 방송을 전송할 수 있는 기술적 수단이 전파자원으로 한정되어 있지 않을 뿐 아니라, 케이블, 위성, 인터넷 등 다른 인프라가 등장하고 고도화됨에 따라 희소성에 근거한 방송규제는 더 이상 그 정당성을 지탱해가기 어렵다.[84]

지상파방송과 위성TV에 대해서는 희소성 이론이 진입규제의 정당화 사유로 여전히 유효할 수 있다. 다만, 디지털기술의 발전으로 한정된 주파수대역을 효율적으로 활용할 수 있게 되었고, 지금보다 더 많은 방송채널을 송출할 수 있는 상황이다.

종편PP · 보도PP · 홈쇼핑PP는 자원의 희소성으로 방송인허가 수가 제한된 것이 아니라, 인위적으로 방송인허가 수를 희소하게 만든 결과이다.

종편PP · 보도PP에 대해서는 지상파방송에 비견되는 영향력, 이러한 영향력을 감안한 양질의 콘텐츠 및 공정하고 객관적인 보도프로그램을 제작 · 편성할 수 있는 자본력과 전문성, 과열경쟁의 우려[85] 등이 제시된 바 있다.[86] 그러나 보편적으로 종편PP · 보도PP를 다른 일반PP와 차별취급하며 승인제와 같은 엄격한 진입규제를 통해 방송을 허용하는 사례가 드물고,[87] 특히 디

Notwendigkeit einer verfassungskonformen Auslegung der Rundfunkzulassungspflicht, MMR 2018, S.136ff.

83 MATTHEW L. SPITZER, THE CONSTITUTIONALITY OF LICENSING BROADCASTERS, 64 *N.Y.U.L. Rev.* 990, at 1015–1016 (1989).

84 Philip M. Napoli, User Data as Public Resource: Implications for Social Media Regulation, 11 *Policy and Internet*, 439, at 445 (2019).

85 황근, “방송사업자 재허가 · 재승인 제도 개선 방안”, 『중앙법학』 제21집 제4호, 2019, 475면 이하(490면). 과열경쟁의 우려는 사업의 안정성 확보, 경쟁에 따른 방송의 상업화, 시장의 부담 등 파생적 논의로 이어질 수 있다. 방송통신위원회, 『종합편성 · 보도전문PP 승인 백서』, 2011, 37면 이하.

86 황준호 외, 『보도전문채널 및 종합편성채널 제도 연구』, 방송통신위원회, 2008, 81면.

지털시대에는 종편PP · 보도PP 승인제의 가장 유력한 근거인 보도의 영향력이 오늘날 매체 환경에서 유의미하지 않으며,[88] 이미 종편PP · 보도PP는 시장에서 확고한 사업적 안정성을 차지하고 있다는 점에서 승인제는 합리적인 진입규제의 수단이 아니다.

홈쇼핑PP는 방송채널 자체가 방송광고를 위한 공간이어서 홈쇼핑PP가 무제한적으로 진입할 수 있게 될 경우, 방송의 상업화, 홈쇼핑PP 상호 간 경쟁황폐화, 소비자 보호 등 다양한 사회 · 경제적 문제가 발생할 우려가 있다. 이를 위해 규제당국이 홈쇼핑PP의 방송인허가 수를 제한하면서,[89] 승인의 수요와 그 정당성이 확보될 때에 한하여 추가로 진입시켜왔다. 그러나 오늘날 범용 인터넷을 통해 특별한 진입규제 없이도 홈쇼핑PP와 유사한 수많은 라이브커머스가 등장하여 경쟁하고 있다. 유료방송플랫폼에서 200개가 넘는 방송채널이 제공되고 있는 환경[90]에서는 국가가 홈쇼핑PP의 진입자체를 제한할 것이 아니라, 유료방송플랫폼이 계약을 통해 홈쇼핑PP를 제공할 것인지 여부를 판단하도록 맡겨두고 시청자 보호를 위해 홈쇼핑PP 채널을 특정 채널 대역에 군집화시키는 것이 합리적이다.[91]

---

87 종편PP와 보도PP를 도입하기 위한 정책연구에서 분석된 해외사례에서도 엄격한 진입규제를 운영하고 있는 국가는 존재하지 않으며, 현재도 종편PP와 보도PP의 승인제와 같은 제도를 운영하는 나라는 없는 것으로 알려져 있다.

88 황근, 앞의 글, 490면에 따르면, 한국언론진흥재단의 '2018 언론수용자 의식조사' 결과를 인용하면서, '거의 매일 모바일 포털을 통해 뉴스를 접촉한다'고 응답한 사람들이 40.6%로 종합편성채널(18.0%), 보도전문채널(14.0%)을 압도하고 있음을 이유로 제시하고 있다. 언론진흥재단, 『2022 언론수용자 의식조사』, 2022, 73－74면은 종편PP나 보도PP를 별도로 구별하여 측정하지 않았으나, 뉴스나 시사정보의 주 이용 경로로 TV가 44.5%, 인터넷포털/검색엔진은 39.7%, 온라인 동영상 플랫폼 4.0%로 조사되었다. 해당 조사에서 TV는 지상파, 종편PP, 보도PP만을 포괄하는 개념이다.

89 방송통신위원회는 종편PP 및 보도PP의 신규 승인체계를 구상할 때 홈쇼핑PP의 수를 제한한 이유로 "시장 전망이 용이"했기 때문이라고 밝힌 바 있다. 시장 전망을 통한 경쟁상황(사업자의 예측 가능성 제고 및 리스크 부담 경감을 통한 사업의 안정적 운영 차원)을 고려하여 시장에 적정한 홈쇼핑PP의 방송인허가 수를 판단할 수 있었다고 이해할 수 있다. 방송통신위원회, 『종합편성 · 보도전문PP 승인 백서』, 2011, 37－38면.

90 최근 유료방송플랫폼의 상품구성을 보면 대체로 250개 내외의 방송채널이 제공되고 있다. 미국 유료방송플랫폼인 Spectrum TV에서 최대 160개 내외의 방송채널이 제공되고 있는 것에 비해 많은 숫자이다.

91 홈쇼핑PP에 대한 개관은 김태오, "데이터홈쇼핑에 대한 방송규제의 법적 쟁점－생방송 편성 금지와 화면비율 규제를 중심으로－", 『행정법연구』 제68호, 271면 이하 참고.

케이블TV는 그간 일정한 방송구역 안에서 독점적인 지역사업권[92]을 보장받았다.[93] 논리적으로 케이블TV의 허가는 전국 78개 지역사업권별로 하나의 허가만이 존재하는 상황이다.[94] IPTV 제공사업도 방송설비와 네트워크 설치비용의 높은 진입장벽으로 인해 통신 3사만이 사업을 영위하고 있었다. 하지만 IPTV들이 대규모 케이블TV를 인수 · 합병하였고,[95] 일부 중소규모의 케이블TV 사업자[96]들도 IPTV법상 허가를 받고 진입함으로써 방송기술에 따른 사업자 구별도 사실상 무의미해졌다. 인허가수의 제한을 정당화할 수 있는 방송설비의 비용이 진입장벽으로 작용하는 자연독점 산업으로서의 성격도 IPTV의 기술적 기반인 통신사업의 진입규제가 허가제에서 등록제로 완화되었기 때문에(전기통신사업법 제6조) 그 설득력을 점차 잃어가고 있다.

이처럼 그간 지상파방송, 종편PP · 보도PP · 홈쇼핑PP, 케이블TV · 위성TV · IPTV의 방송인허가를 특허로 분류하였던 진입규제 수단의 정당성 논거들이 더 이상 유효하지 않기 때문에, 특허로 방송인허가수를 제한하는 진입규제 수단의 근본적인 재검토가 필요하다.

---

92 방송법 제12조(지역사업권) ① 과학기술정보통신부장관은 제9조 제2항에 따라 종합유선방송사업 또는 중계유선방송사업을 허가할 때에는 일정한 방송구역 안에서 사업을 운영하는 권리(이하 "地域事業權"이라 한다)를 부여할 수 있다. 제9조 제3항에 따라 종합유선방송사업을 승인할 때에도 또한 같다.
② 제1항에 따른 방송구역과 음악유선방송의 사업구역은 행정구역을 중심으로 지역주민의 생활권 및 지리적 여건과 전기통신설비등을 참작하여 관계중앙행정기관의 장 및 시 · 도지사와 협의하여 과학기술정보통신부장관이 고시한다.

93 지역사업권이 부여되는 방송구역은 현재 78개이다.

94 물론 하나의 사업자가 여러 개의 지역사업권을 보유할 수 있다. 현재 LG 헬로비전, Btv 케이블, sky HCN, 딜라이브, CMB 등 다섯 개 사업자가 여러 지역사업권을 보유하고 있다. 이들 5개 사업자가 69개 지역사업권을 보유하고 있으며, 나머지 9개 지역사업권은 중소규모 케이블TV가 각각 하나씩 보유하고 있는 상황이다. 세종특별자치사의 경우 예외적으로 2개의 사업자가 사업권을 허가받았다.

95 LG U+가 CJ 헬로비전(현 LG 헬로비전)을, SKB가 티브로드(현 Btv 케이블)를, KT가 그 계열사인 skylife를 통해 현대 HCN을 인수합병하였다.

96 지역사업권을 하나만 보유하고 있는 케이블TV 사업자로서 ▲㈜한국케이블TV광주방송(광주 동구 · 북구) ▲㈜케이씨티브이제주방송(제주 · 서귀포) ▲㈜아름방송네트워크(경기 성남) ▲㈜서경방송(경남 진주 · 사천 · 남해 · 하동 · 산청 · 함양) ▲JCN울산중앙방송㈜(울산 중구 · 남구 · 동구 · 북구 · 울주) ▲금강방송㈜(전북 익산 · 군산) 등 6개 사업자를 말한다.

(3) 공익 이론

공익 개념은 공익산업 분야(주로 철도, 통신 등)에서 사용되고 그 내용도 불분명하므로 이를 방송에 차용하는 것은 바람직하지 않다는 것도 주된 비난의 요소이다. 규제기관의 어떠한 처분이나 정책도 공익이라는 모호한 기준으로 정당화될 수 있기도 하다.[97] 극단적으로 규제기관의 정책방향에 따라 방송에 대한 정부의 영향력을 강화할 수도 있고, 시장메커니즘에 따르는 것이 공익에 부합하는 것으로 운영될 수도 있다. 특정 사업자 군에 포섭(capture)되어 해당 사업자를 인허가하는 것 역시 공익으로 포장될 수 있는 것이다.

미디어 환경이 진화하고 전통적인 방송과 경쟁적인 매체가 등장하면서 공익의 의미에 대한 관점이 달라지는 계기가 마련되었다. 경쟁이 심화되는 환경에서 시장의 힘에 더 많이 의존하는 해석학적 접근방식이 등장하기도 했다. 공익은 주어진 것이 아니라 사업자와 시청자 간의 상호작용에 맡겨져 있으며, 방송사업자는 시청자의 수요를 측정하고 그에 따라 콘텐츠와 서비스를 제공하는 중개기능을 수행하는 것이다.[98]

방송인허가의 심사기준으로 공익 이론의 내용들이 어느 정도 구체화되었지만, 여전히 불명확하고 논란이 있다. 이를 방송인허가를 좌우할 수 있는 요소로 지속시키기는 바람직하지 않다. 공익 이론의 구체화된 요건들이 오히려 규제당국의 재량을 폭넓게 인정하여 특허의 법적 지위를 강하게 유지시켜주는 논거로 작용한다. 최소한의 방송사업자로서의 갖추어야 할 인적 · 물적 요소와 기술적 능력 및 방송조직체계를 명확히 제시하고, 그간 공익 이론으로 내세웠던 요건들은 진입 이후에 사후적으로 준수하도록 규제체계를 개편할 필요가 있다.

---

97 Philip M. Napoli, id., p.68.

98 Philip M. Napoli, Social media and the public interest: Governance of news platforms in the realm of individual and algorithmic gatekeepers, 39 *Telecommunications Policy* 751, at 754 (2015).

(4) 영향력 이론

지상파방송과 종편PP 및 보도PP는 여전히 유효한 영향력을 갖는 매체이다. 다만, 디지털시대에는 유튜브 등 OTT에서 영향력을 갖는 채널, 인터넷플랫폼의 포털서비스 등이 다수 등장하면서 전통적인 방송사업자의 영향력을 희석시키고 있다. 일부 대중들이 디지털미디어에 과의존함으로써 기존의 방송사업자의 영향력을 능가하기도 한다.

뿐만 아니라, 디지털미디어의 단순한 양적 증가만이 아니라 시청자가 능동적 주체로서 적극적으로 선호하는 매체를 선택하기 시작했다. 물론 전통적인 방송사업자들도 정보나 콘텐츠의 유통방식을 온라인으로 확장하고 있기 때문에, 전통적인 방송사업자들의 영향력이 반드시 줄어드는 것으로 보기는 어렵다.[99] 그러나 OTT의 경우 전통적인 방송사업자가 아닌 개인(인플루언서나 연예인 등)이 채널을 만들고 영향력 있는 콘텐츠를 제작하여 구독자수를 늘리는 사례도 많다. 이러한 상황은 전통적인 매체의 영향력을 감소시키는 요인이면서, 동시에 OTT 등 새로운 매체의 영향력을 확장하는 계기를 만든다. '영향력에 근거한 기존 매체에 대한 강한 진입규제의 완화요인'과 '영향력을 이유로 한 새로운 매체에 대한 진입규제 신설요인'이 될 수 있다.

하지만 실제로 방송이 의견형성에 영향을 미치는지 여부, 어느 정도로 영향을 미치는지에 대해서는 엄밀히 입증된 바가 없다. 영향력은 추정될 뿐이다.[100] 그간 소수의 매체만이 방송을 할 수 있는 환경에서 진입 자체만으로 영향력이 존재함을 전제할 수 있고, 이러한 영향력을 전제로 방송사업자로서의 품격, 공익, 공정성을 갖춘 사업자에 한하여 사전적인 방송인허가를 주는 것이 정당화되었다. 영향력이 있는 매체의 수가 늘어난 환경에서 시장의 진입 자체가 영향력을 보유하는 것을 기본값으로 한 진입규제의 정당성은 재고의 여지가 있다.

---

99 여론집중도조사위원회, 『여론집중도조사 보고서 2021』, 17-18면.

100 Boris P. Paal, Medienvielfalt und Wettbewerbsrecht, Tübingen, 2010, S.19; Albert Ingold, a.a.O., S.83.

한편, 유료방송플랫폼의 경우 영향력을 이유로 한 진입규제가 정당화될 수 있을지 의문이다. 유료방송플랫폼은 지상파방송과 종편PP 및 보도PP를 가입자에게 도달하게 하지만, 이미 만들어진 기성품을 전달하는 역할을 할 뿐이다. 디지털시대에는 정보의 유통을 제어할 정도의 영향력이 존재하지는 않는다. OTT의 등장은 유료방송플랫폼의 영향력을 떨어뜨리는 요인이다.

(5) 다양성 이론

방송에 있어 다양성의 본질에 대해서는 여러 관점에서 접근이 가능하다.[101] 다양성 이론의 적용 단계로서 방송 진입규제의 요건으로 구체화된 내용은 주로 방송프로그램의 다양성과 방송채널 구성의 다양성으로 좁혀진다. 그러나 방송프로그램의 다양성은 편성규제(방송법 제71조 및 제72조)로 충족될 수 있고, 유료방송플랫폼의 방송채널 다양성은 채널의 구성과 운용 규제(방송법 제70조)로 대체할 수 있다. 진입규제 단계에서는 방송프로그램 편성이나 채널의 구성 및 운용에 대한 구상(concept) 계획을 제공받는 것으로 족하고, 다양성이 진입규제의 가부를 결정짓도록 해서는 안 된다. 수많은 방송채널이 공존하고 있고, OTT를 통해 의견 다양성을 확보할 수 있는 대안도 늘어났다.[102]

---

101 성욱제, "국내 미디어 다양성 연구에 대한 메타분석－미디어 다양성에 대한 개념 및 접근방식을 중심으로", 『방송통신연구』 통권 제19호, 2012, 101면 이하(107면 이하). 미디어 다양성에 대해 특히 국내에서 많이 인용하고 있는 나폴리의 다양성 문헌으로 Philip M. Napoli, Foundations of Communications Policy: Principles and Process in the Regulation of Electronic Media, NJ: Hampton Press, 2001, pp. 125.

102 문재완, 앞의 글, 230면.

Ⅴ. 디지털시대의 방송 진입규제 재편을 위한 고려사항[103]

1. 방송 진입규제의 정당성

디지털시대에도 방송 진입규제가 여전히 유효한 정당성 근거는 '영향력'이라고 볼 수 있다. 방송의 (잠재적) 영향력은 방송매체의 수와 전송용량이 늘어나더라도 변하지 않는다.[104] 이러한 영향력을 근거로 방송 진입규제를 어떻게 설계할 것인지는 영향력의 크기에 비례하여 판단될 것이다. 영향력이 미미한 경우에는 진입규제의 필요성이 없을 것이지만, 어느 정도의 영향력이 전제된다면 부정적인 영향력을 최소화하고 긍정적인 영향력을 확산할 수 있는 요건을 설정해야 한다. 그러나 영향력의 유무, 영향력의 정도, 그에 비례한 요건의 설정은 쉽지 않다. 따라서 사전 진입규제의 단계에서는 방송의 사회적 책임과 방송서비스의 품질을 보장할 수 있을 정도로 최소한의 인적·물적 요건을 공통적으로 설정하고, 전송기술의 유형과 상황에 따라 추가적인[105] 진입규제 요건을 설정하는 것이 바람직하다.

2. 방송인허가 수의 제한 필요성

그간 방송인허가의 수가 제한된 사유는 전파자원의 희소성, 자연독점적 성격, 방송시장의 경쟁상황, 위험의 중대성 등으로 요약된다. 그러나 디지털

103 2023년 4월 국무총리 소속 민관 합동위원회로 출범한 '미디어·콘텐츠산업융합발전위원회'는 2024년 3월에 '미디어·콘텐츠 산업융합 발전방안'을 발표하였다. 특히 방송인허가와 관련하여 홈쇼핑PP, 케이블TV, 위성방송, IPTV에 대한 재승인·재허가 제도를 폐지하고, 장기적으로 진입장벽 자체를 한단계씩 낮추어 기존의 허가제는 등록제로 등록제는 신고제로 각각 낮추자는 데 의견을 모았다. 방송의 공공성이 강조되는 지상파와 종편PP 및 보도PP는 허가 유효기간을 현행 5년에서 7년으로 확대하는 방안을 내놓았다. 이에 대한 상세는 곽동균, "<미디어·콘텐츠 산업융합 발전방안>에 담긴 방송규제 완화를 위한 입법 필요 사항", 『경제규제와 법』 제17권 제1호, 2024, 301면 이하(302면).

104 BVerfG, 2 BvF 4/03 vom 12.3.2008, S.90ff.

105 이에 대한 상세는 김태오, "디지털시대의 방송과 규제법–방송 진입규제의 정당성을 중심으로", 『경제규제와 법』 제16권 제2호, 2023.11, 126면 이하의 '매체별 진입규제 체계의 재편방안'을 참고하기 바란다.

기술의 발전은 전파자원의 희소성과 높은 방송설비 및 네트워크 설치비용에 따른 진입의 장벽을 상당부분 허물었다. 과당경쟁으로 인한 불필요한 사회·경제적 비용의 낭비, 사업성 악화, 방송의 상업화 및 방송서비스 품질의 저하 문제는 규제당국이 진입 단계에서 예측하여 판단할 수 있는 성질의 것이 아니다. 이미 시장에서는 다양한 미디어들이 시청자의 이목(耳目)과 시간을 둘러싼 경쟁을 하고 있다. 의견형성에 대한 영향력과 이로 인한 위험도 시청자의 선택에 맡겨져 있다.[106] 영향력과 위험의 '정도'에 따라 특정 매체의 방송인허가 수를 미리 조절하는 것은 바람직하지 않다. 경쟁적으로 변화하는 시장환경에서 방송인허가 수의 제한으로 인해 기존 사업자가 누리던 지대(rent)를 지속적으로 누리게 해서도 안 된다.

3. 방송인허가 수의 제한과 방송인허가의 절차

방송인허가 수의 제한이 허용되는 상황을 전혀 배제할 수는 없다. 지상파방송의 경우 방송용으로 분배된 주파수가 여전히 한정되어 있기 때문이다. 수요가 공급을 초과하는 상황에서 누가 가장 적합한 방송사업자인지를 정하는 절차로서 진입규제는 여전히 의미가 있다.

'일반적인 방송인허가 기준'과 '누가 가장 적합한 방송사업자인지를 선정하는 절차'는 별개의 문제이다. 경쟁상황에서 사업자를 선정하는 기준과 그 절차의 공정성, 객관성, 투명성 등이 일반적인 방송인허가의 요건과 혼동되어서는 안 된다. 누가 가장 적합한 방송사업자인지를 선정하는 절차와 관련한 기준들이 일반적인 방송인허가 기준으로 편입될 수는 없다.

4. 본질에 부합하는 방송인허가의 재정립

지상파방송, 종편PP·보도PP·홈쇼핑PP, 케이블TV·위성TV·IPTV 등

106 문재완, 앞의 글, 229면.

방송인허가의 법적 성질을 특허로 판단하였다. 그러나 일반적인 진입규제 수단으로 사용되는 특허와 강학상 허가의 구분기준조차 명확하지 않다는 비판이 있다.[107] 영향력, 위험 등 방송 진입규제의 정당화 사유들도 특허나 강학상 허가 모두에서 '겸유'되는 성질의 것이고 상대적인 정도의 차이가 있을 뿐이다. 이러한 사유들은 근거로 특정 진입규제의 상황을 특허와 강학상 허가로 정밀히 나누는 것은 쉽지 않다.

일부 견해는 이들 방송인허가의 법적 성질을 방송기술 발전으로 방송규제의 특수성이 사라진 상황에서, 방송의 자유를 객관적 질서유지보다 주관적 공권으로서 일반적인 언론의 자유와 동일한 방송의 자유를 강조하며 강학상 허가로 보거나,[108] 입법연혁적 관점에서 등록보다는 조금 엄격한 완화된 형태의 허가로 파악하기도 한다.[109] 입법론적으로 충분히 공감할 수 있으나, 현행 방송법과 IPTV법의 요건, 심사방식 및 절차 등을 고려하면, 이러한 해석은 현실에 부합하지 않는다.

따라서 이들 방송인허가의 법적 성질을 강학상 허가로서 분명히 위치지우기 위해서는 현행 방송법과 IPTV법의 요건, 심사방식 및 절차의 개정을 통해 강학상 허가에 부합하는 체계로 개편하는 것이 바람직하다. 특히 재량적인 판단이 가능한 요건을 최소화할 필요가 있다.[110] 불확정 개념의 해석 · 적용 결과에 대한 사법심사는 제한적이고, 규제당국의 판단이 최종적인 판단이 될 가능성이 높기 때문이다. 자동차 운전면허(Führerschein)와 같이 일정 능력을 전제로 운전면허를 발급하는 것처럼 방송의 서비스 품질을 유지할 수 있는 최소한의 인적 · 물적 요건으로 재구성할 필요가 있다.

---

107 최영규, 앞의 글, 147면.

108 문재완, 앞의 글, 234-235면.

109 박종수, 앞의 글, 427-428면.

110 독일의 경우 방송인허가에는 불확정 개념이 사용되더라도 판단여지가 인정되지 않으며, 전면적인 사법심사가 가능하다고 보고 있다. BeckOK InfoMedienR/Martini, 41. Ed. 1.2.2021, MStV § 52, Rn.5.

5. 사전규제와 사후규제의 기능재분배

방송 진입규제를 포함하는 사전규제는 법령에서 그 규제의 요건이 비교적 명확하게 확정적으로 제시된다. 사후규제의 체계는 불확정 개념을 매개로 숙고하고 형량할 수 있도록 구조화되어 있다.[111] 이를 고려하면, 확정적인 요건을 제시하지 못하는 방송법과 IPTV법의 진입규제 요건은 일반적인 사전규제의 체계와 맞지 않은 측면이 있다. 진입규제를 통해 기대하는 방송사업자의 수준은 사후적으로 교정해 나가면서 법위반에 대한 엄격한 제재로써 유지 · 발전시킬 수 있을 것이다.

사전규제의 단계에서 예측이 불가능하고 부정확할 수밖에 없는 요건을 해석 · 적용하면서 규제당국의 관점과 기준을 잣대로 진입여부를 결정할 것이 아니라, 방송사업자가 갖추어야 할 핵심적인 가치와 요건을 위주로 진입규제의 요건을 재편함으로써 사전규제의 비중을 최소화하는 것이 바람직하다. 그간 진입규제의 요건으로 제시되었던 공익, 다양성 등의 가치에 대해서는 방송사업자가 더 잘 알고 있고, 진입규제 단계에서 이를 확인하지 않더라도 사상의 자유 시장의 메커니즘에 따라 잘 구현될 수 있다.[112] 이미 방송법과 IPTV법의 방송심의, 시청점유율 제한, 채널의 구성과 운용, 방송편성, 재송신, 금지행위 등 여러 사후규제 수단들이 진입규제 단계에서 고려했던 가치들을 충분히 반영하고 있다.

6. 새로운 미디어의 진입규제

OTT는 기능적으로 방송과 유사해져 가고 있다. OTT 콘텐츠의 영향력은 방송 못지않다. 시사 다큐멘터리 형식의 OTT 콘텐츠가 사회적 반향을 불러일으킨 사례도 이미 경험한 바 있다. 그러나 양자 간에는 결정적인 차이도

111 이러한 체계에 대해서는 이희정, “방송통신위원회의 재정제도에 관한 연구 – 그 법적 성격과 기능을 중심으로 –”, 『행정법연구』 제24호, 2009, 23면 이하(35면).

112 David Kordus, ibid., p. 60

존재한다. 전송기술은 사소한 과정과 절차로 치부될 수도 있지만, 근본적인 속성을 좌우하는 요소이다. 인터넷 기반의 정보 생산과 유통의 방식, 그 정보의 가치, 정보의 선택과 소비 방식, 이를 향유하는 문화 등은 전통적인 방송과 상당한 차이를 나타낸다. 산업정책적 관점에서도 성장하는 산업에 대한 방송법과 같은 강한 규제는 성장동력을 잃게 만든다. 이러한 점을 포함한 다양한 고려요소들이 혼재하고 있는 OTT와 같은 새로운 미디어의 진입규제는 신중한 접근이 필요하다.

참고문헌

- 곽동균, "<미디어 · 콘텐츠 산업융합 발전방안>에 담긴 방송규제 완화를 위한 입법 필요 사항", 『경제규제와 법』 제17권 제1호, 2024, 301면 이하.
- 곽상진, "방송규제의 특수성에 대한 헌법적 검토", 『공법연구』 제29집 제3호, 2001, 263면 이하.
- 김남두, "변화하는 미디어 생태계와 미디어 다양성의 새로운 쟁점: 미디어 다양성 조사 제도화의 의의, 한계 및 향후 과제", 『방송문화연구』 2017년 제29권 제1호, 41면 이하.
- 김동희/최계영, 『행정법 Ⅰ』, 제26판, 박영사, 2021.
- 김민호, "방송법 제9조에서 허가 · 승인 · 등록의 법적 의의에 관한 연구", 『성균관법학』 제25권 제3호, 2013, 109면 이하.
- 김정현/홍대식, "유료방송시장 경쟁규제의 주요 쟁점 및 개선방안", 『언론과 법』 제19권 제2호, 163면 이하.
- 김태오, "현대적 재산권의 본질과 한계에 관한 연구－공법상 권리의 재산권성을 중심으로－", 서울대학교 박사학위 논문, 2011.
- 김태오, "행정절차 하자의 독자적 취소사유에 대한 기능론적 재검토－시청자 의견청취절차의 부실이행을 이유로 한 방송사업 재허가 거부처분 취소소송을 중심으로－", 『행정법연구』 제42호, 2015, 23면 이하.
- 김태오, "규제행정법적 관점에서 본 유료방송 인수 · 합병의 쟁점－최근 종합유선방송사업자 인수 · 합병 사례를 중심으로－", 『법과 기업연구』 제10권 제1호, 2020, 95면 이하.
- 김태오, "데이터홈쇼핑에 대한 방송규제의 법적 쟁점－생방송 편성 금지와 화면비율 규제를 중심으로 －", 『행정법연구』 제68호, 2022, 271면 이하.
- 김태오, "디지털시대의 방송과 규제법－방송 진입규제의 정당성을 중심으로", 『경제규제와 법』 제16권 제2호, 2023.11, 2023, 107면 이하.
- 류광해, "영업상 등록제의 법적 성격", 『법학연구』 제18집 제1호, 인하대학교 법학연구소, 2015, 249면 이하.
- 류광해, "행정상 '등록'의 유형 및 법적 성격", 『법학연구』 제29권 제1호, 충남대학

교 법학연구소, 2018, 167면 이하.
■ 문재완, "방송의 공공성과 구조규제에 대한 비판적 검토", 『공법연구』 제46집 제4호, 2018, 213면 이하.
■ 박균성, 『행정법론(상)』, 제20판, 박영사, 2021.
■ 박종수, "방송채널사용산업의 활성화를 위한 현행 방송법상 방송채널사용사업자 규제제도의 개선방안", 『공법연구』 제40집 제2호, 2011, 417면 이하
■ 법제처, 『법령입안심사기준』, 2022.
■ 성욱제, "국내 미디어 다양성 연구에 대한 메타분석－미디어 다양성에 대한 개념 및 접근방식을 중심으로", 『방송통신연구』 통권 제19호, 2012, 101면 이하.
■ 송시강, "통방융합 하에서 기업결합의 법적 쟁점", 『행정법연구』 제18호, 2007, 105면 이하.
■ 염용섭, "융합시대의 IP－TV 정책방향", 『경제규제와 법』 제1권 제2호, 2008, 61면 이하.
■ 이승훈, "시장구조의 제도적 결정요인에 관한 공법적 고찰－희소한 영리행위가능성의 배분과 관련된 문제점을 중심으로 －", 『공법연구』 제37집 제4호, 2009, 311면 이하.
■ 이원우, "개인정보 보호를 위한 공법적 규제와 손해배상책임－개인정보 누출을 중심으로", 『행정법연구』 제30호, 2011, 237면 이하.
■ 이원우/김태오, 제4편 경제행정법, 김철용(편), 『특별행정법』, 박영사, 2022.
■ 이주석, "규모의 경제와 자연독점", 『클릭 경제교육』, KDI, 2012.
■ 이창준, "미국 방송법의 '공공의 이익, 편의, 필요' 기준의 기원과 초기의 성격에 대하여", 『언론과 사회』 11권 1호, 2002, 1면 이하.
■ 이희정, "방송통신위원회의 재정제도에 관한 연구－그 법적 성격과 기능을 중심으로－", 『행정법연구』 제24호, 2009, 23면 이하.
■ 정인숙, "1990년 이후 방송사업자 인허가정책에 대한 평가", 『한국언론정보학보』 2002 봄, 통권 18호, 199면 이하.
■ 정 훈, "공법상 신고의 법적 성질과 현실에서의 의미", 『동아법학』 제58호, 2013, 185면 이하.
■ 조영신/현경보/이선미, "FCC 방송 재허가와 공익", 『미디어 경제와 문화』 제3－1호, 2005, 78면 이하.
■ 최병선, "규제수단과 방식의 유형 재분류", 『행정논총』 제47권 제2호, 2009, 1면

이하.
- 최승필, “규제완화에 대한 법적 고찰－인 · 허가 및 신고, 등록제도와 네거티브 규제를 중심으로 －”, 『공법학연구』 제12권 제1호, 2011, 317면 이하.
- 최승필, “금융업 진입규제에 대한 법적 검토－공법적 해석을 중심으로”, 『은행법연구』 제15권 제12호, 119면 이하.
- 최영규, “기업활동의 공법적 규제수단에 관한 연구－진입규제 수단을 중심으로”, 『경남법학』 제7집, 1992, 127면 이하.
- 하명호, “헌법재판과 행정법이론－진입규제의 수단으로서 허가 · 특허를 글감으로 －”, 『공법연구』 제45집 제2호, 2016, 155면 이하.
- 황근, “방송사업자 재허가 · 재승인 제도 개선 방안”, 『중앙법학』 제21집 제4호, 2019, 475면 이하.
- 황상재/정영주, “방송채널사용사업자 등록제 이후 케이블 방송의 다양성 변화에 관한 연구”, 『한국방송학보』 제19－2호, 2005, 200면 이하.
- 황준호 외, 『보도전문채널 및 종합편성채널 제도 연구』, 방송통신위원회, 2008.

- BeckOK InfoMedienR/Martini, 41. Ed. 1.2.2021, MStV § 52,
- BERRESFORD, JOHN W., The Scarcity Rationale for Regulating Traditional Broadcasting: An Idea Whose Time Has Passed, FCC MEDIA BUREAU STAFF RESEARCH PAPER, 2005.
- Berringer, Christian, Regulierung als Erscheinungsform der Wirtschaftsaufsicht, München, 2004.
- Bodensiek, Kai/Walker, Matthias, Livestreams von Gaming Video Content als Rundfunk?: Notwendigkeit einer verfassungskonformen Auslegung der Rundfunkzulassungspflicht, MMR 2018, S.136ff.
- Curien, Nicolas, The Audiovisual Industry Facing the Digital Revolution: Plunging the Predigital Fishbowl into the Digital Ocean, in: Matei, Sorin Adam/Rebillard, Franck/Rochelandet Fabrice (ed.), Digital and Social Media Regulation: A Comparative Perspective of the US and Europe, Switzerland: Springer, 2021.
- Feintuck, Mike/Varney, Mike, Media Regulation, PublicInterest and the Law (2th ed.), Edinburg, 2006.

- Gusy, Christoph, Verbot mit Erlaubnisvorbehalt–Verbot mit Dispensvorbehalt, JA 1981, S.80ff.
- Ingold, Albert, Meinungsmacht des Netzes, MMR 2020, S.82ff.
- Kordus, David, What's on (Digital) TV: Assessing the Digital Television Broadcasting System, Its Potential and Its Performance in Increasing Media Content Diversity, 19 *COMM. L. & POL'y* 55 (2014).
- Kühling, Jürgen, Sektorspezifische Regulierung in den Netzwirtschaften, München, 2004.
- Napoli, Philip M., Foundations of Communications Policy: Principles and Process in the Regulation of Electronic Media, NJ: Hampton Press, 2001.
- Napoli, Philip M., Social media and the public interest: Governance of news platforms in the realm of individual and algorithmic gatekeepers, 39 *Telecommunications Policy* 751 (2015).
- Napoli, Philip M., User Data as Public Resource: Implications for Social Media Regulation, 11 *Policy and Internet*, 439 (2019).
- Napoli, Philip M./Graf, Fabienne, Revisiting the Rationales for Media Regulation: The *Quid Pro Quo Rationale* and the Case for Aggregate Social Media User Data as Public Resource, in: Matei, Sorin Adam/Rebillard, Franck/Rochelandet Fabrice (ed.), Digital and Social Media Regulation: A Comparative Perspective of the US and Europe, Switzerland: Springer, 2021.
- Paal, Boris P., Medienvielfalt und Wettbewerbsrecht, Tübingen, 2010.
- SPITZER, MATTHEW L., THE CONSTITUTIONALITY OF LICENSING BROADCASTERS, 64 *N.Y.U.L. Rev.* 990 (1989).

11.
디지털 기술의 발전과 전파법의 구조 변동

Ⅰ. 서론 – 전파법의 고립과 위기

Ⅱ. 전파법이 직면하는 변화

Ⅲ. 전파법의 구조와 체계

Ⅳ. 전파법의 발전 전략

Ⅴ. 결론 – '무선통신산업발전특례법'

디지털 기술의 발전과 전파법의 구조 변동*

송 시 강**

Ⅰ. 서론 – 전파법의 고립과 위기

1. 주파수 정책의 실패 사례와 교훈

최근 「전파법」(이하 '전파법'이라 한다) 제15조의2 제1항 제4호[1]에 따른 5G 28GHz 대역 주파수할당의 취소 사건[2]은 우리 주파수 정책의 현주소를 보여준다. 무엇보다 기술 발전과 수요 창출에 관한 예측에 실패하였고, 정책의 실패를 인정하지 않으려는 행정의 관행으로 인하여 신축적인 대응의 기회를 놓쳤다.[3] 할당이 취소된 5G 28GHz 대역을 제4 이동통신에 할당하는

* "디지털 기술의 발전과 전파법의 구조 변동–이동통신을 중심으로 시론", 『경제규제와 법』 제17권 제1호, 2024.5. 게재.

** 홍익대학교 법과대학 교수.

1 제15조의2(주파수할당의 취소) ① 과학기술정보통신부장관은 제11조 및 제12조에 따라 주파수할당을 받은 자가 다음 각 호의 어느 하나에 해당하는 경우에는 주파수할당을 취소할 수 있다. 다만, 제1호에 해당하는 경우에는 주파수할당을 취소하여야 한다.
4. 제10조제4항에 따른 조건을 이행하지 아니한 경우

2 과학기술정보통신부는 2018년에 5G 주파수 28GHz 대역을 이동통신 3사에 할당하면서 3년 차까지 28GHz 대역 장비 15,000개 구축 의무를 조건으로 부과하였다. 2022년에 실시된 3년 차 이행점검에서 이동통신 3사의 망 구축 실적이 의무 대비 약 10% 미만으로 확인되었다. 이에 과학기술정보통신부는 2022년 12월 케이티(KT)와 엘지유플러스(LGU+)에 대한 할당을 취소하였고, 에스케이텔레콤(SKT)의 경우 유예기간이 주어졌으나 2023년 5월에 이르러 결국 할당이 취소되었다. 그 경과와 아울러 문제점의 분석에 관하여 이미선, "5G 28GHz 주파수할당 취소 이슈 및 문제점", 『나보포커스』 제63호, 국회예산정책처, 2023.

3 이미선, 앞의 글, 4쪽 이하는 할당 취소의 문제점으로, ① 정책 목표 실패, ② 네트워크 강국 위상 저하, ③ 소비자 부담 가중, ④ 이동통신 3사의 이익 확대, ⑤ 기금 수입 감소, ⑥ 기술·산업 경쟁력 약화를 제시하고 있다.

방안이 조속히 추진된 것 또한 사업자에게 전적인 책임이 있다는 정부 인식의 연장선에 있다.[4] 제4 이동통신을 위한 주파수할당에 복수의 사업자가 참여하여 경매가 활성화된 것까지는 좋았으나 경매가격이 예상치를 크게 뛰어넘는 고액에 이르면서,[5] 앞선 정책의 실패를 만회하는 기회가 될 수 있다는 기대도 잠시 곧바로 신규사업자의 재원조달능력에 의문이 제기되면서, 자칫하면 연이은 더 큰 정책 실패가 될 수 있다는 우려를 피하기 어려운 형편이다.[6] 경매가격이 그토록 고액에 이른 결과는 제4 이동통신의 성공을 기대할 수 있는 합리적 근거가 된다기보다는 주파수의 합리적 가치를 담아내지 못하는 우리 주파수 경매제도의 본질적 문제점을 드러내는 측면이 강하다.[7]

---

4 이 점은 2023.7.3. 과학기술정보통신부가 발표한 '통신시장 경쟁촉진 방안'을 보면 알 수 있다. 여기서 초점이 되는 것은 이동통신 3사의 독과점 체제로 인하여 설비 투자가 감소하고 국민 편익이 감소한다는 점인바, 5G 28GHz 대역 주파수할당 취소 사건도 그와 같은 맥락에서 이해되는 결과 할당이 취소된 5G 28GHz 대역 주파수를 제4 이동통신에 할당하는 방안이 처방으로 제시된 것이다. 그러나 이동통신 3사의 체제가 아니라 이동통신 4사의 체제가 되면 정부가 문제라고 진단하는 사태(설비 투자의 감소와 국민 편익의 감소)가 개선되거나 해결될 수 있다는 점에 대한 구체적 논증은 충분히 제시된 적이 없다.

5 신규사업자(스테이지엑스)가 낙찰받은 4,301억 원은 이동통신 3사가 2018년 주파수를 낙찰받은 평균 가격(에스케이텔레콤 2,073억원, 케이티 2,078억원, 엘지유플러스 2,072억원)의 2배가 넘는 금액이다. 애초엔 1,000억원대 중반에서 낙찰될 것이라는 전망이 많았다. 이에 관하여, 2024.2.2.자 조선일보(통신 3사 낙찰가 2배인 4301억 베팅 … "비용 과해" "경쟁력 있다" 반응 갈려).

6 신규사업자(스테이지엑스)는 경매가격의 10%에 해당하는 할당대가 430억원을 납부함으로써 전파법상 주파수할당에 필요한 절차를 마무리하였으나, 과학기술정보통신부에 제출한 계획서상 초기 자본금 2,000억원 중 500억원만 확보한 채로 그 중 할당대가 430억원을 납부하고 추후 1,500억원의 증자도 불확실한 상태인 점에서, 자본금의 확충에 문제가 있다는 시민단체의 비판이 제기되고 있는바, 이에 과학기술정보통신부는 전기통신사업법상 기간통신사업자 등록에 필요한 서류가 제출된 지 한 달이 지나도록 절차를 마치지 못하고 있다. 이에 관하여, 2024.5.30.자 아이뉴스24(3번째 서류제출 스테이지엑스 … "2000억 확보 불확실성 여전").

7 동시다중오름경매(Simultaneous Multi-Round Ascending auction; SMRA)은 세입의 원인이 되는 입찰에서 세입의 증대만을 목적으로 하는 데 그치지 않고 여러 라운드에 걸친 경쟁을 통해 주파수의 가치에 대한 정보의 공유를 통한 입찰자의 위험부담 감소를 또한 목적으로 한다. 그런데 입찰자가 목적물의 가치를 정확하게 측정하기 위해서는 낙찰자가 그에 대한 재산권을 보장받을 수 있어야 한다. 실제 다른 국가에서 경매의 목적물이 되는 주파수는 그 이용의 기한이 실질적으로 무제한에 가깝고 용도에 특별한 제한이 없으며 양도와 임대가 원칙적으로 자유롭다. 이와 달리, 우리의 경우 그 이용의 기한이 단기일 뿐 아니라 재할당에 대한 법적인 기대도 약하고 일반적으로 용도에 유무형의 상당한 제약이 따르며 양도와 임대가 자유롭지 않은 것이 원칙이다. 이처럼 주파수의 재산적 가치가 불확실한 상황에서 고액의 경매가격은 그만큼 입찰자의 위험부담으로 귀결될 수밖에 없는데도 우리 경매제도가 부추기는 과당경쟁으로 인하여 '승자의 저주'가 발생할 가능성이 크다. 다중라운드오름입찰이 고안된 목

5G 28GHz 서비스의 성공 가능성은 지금도 열려 있다. 하지만 기존의 정책 관행과 그 배경이 되는 법제의 변화가 없다면 그 가능성의 실현은 쉽지 않을 것이다. 이러한 상황은 다가오는 6G 기술의 상용화에서 더 심각해질 수 있다. 여기서 가장 큰 문제는 실패를 경험하고도 교훈을 얻지 못한다는 데 있다. 우리 정책과 법제는 이전 3G 시대의 성공에 안주하여—4G 시대에 이미 경보음이 울렸음에도 불구하고—아무런 진화 없이 격변하는 시대에 직면하고 있다.

2. 이동통신 시장경쟁의 정체와 그 원인

최근 이동통신의 영업이익은 매우 좋은 편인데, 그 이유는 통신시장의 성장으로 매출이 늘어나기 때문이 아니라 통신시장의 정체로 인하여 신규 투자가 줄어들기 때문이다. 이러한 목전의 수익성 개선은 요금 인하라는 정치적 압력을 초래한다.[8] 이 문제의 원인을 정부는 통신시장의 독과점으로 인한 경쟁 부족에서 찾고 있다. 이에 따라 신규사업자의 진입을 촉진하기 위한 다각적인 정책 방안이 제시되고 있으나,[9] 그 진단과 처방이 적절한지에 관한

적 가운데는 '승자의 저주'를 회피하는 것도 있는 점을 고려하건대 역설적인 결과가 아닐 수 없다.

8 2024.2.8.자 조선일보(통신 3사, 3년 연속 4조대 영업이익 '실적 잔치' … 시민단체 "정부가 가계통신비 경감 위해 나서야); 지난해 이동통신 3사의 합산 영업이익이 4조원을 돌파했다. 2021년 4조원을 넘어선 후 3년 연속 4조원대 합산 영업이익이다. 설비투자는 적극적으로 하지 않는 대신 LTE 대비 가입자당 매출이 1.5배 많은 5G 가입자가 꾸준히 늘어난 것이 영향을 미쳤다. 올해 이동통신 3사의 합산 영업이익은 5조원에 육박할 전망이다. 시민단체는 정부가 가계통신비 부담 경감을 위해 적극 나서야 한다고 목소리를 높이고 있다.

9 2024.2.1.자 디지털데일리(22년 만에 이룬 이동통신 4사 체제 … 기대반 우려반); 과학기술정보통신부가 지난 1월 발표한 28GHz 신규사업자 지원방안을 보면 이전과는 다르다. 과거 신규사업자 발목을 잡았던 것이 자금조달능력인 만큼 지원방안은 인프라 구축에 대한 사업자의 부담을 덜어내는 데 집중됐다. 5G 28GHz 대역 신규사업자는 향후 3년간 전국이 아닌 90개의 핫스팟에서 설비를 구축하면 된다. 그 외 지역에 대해선 알뜰폰 사업자와 같이, 기존 통신사로부터 5G 3.5GHz 대역 혹은 LTE 통신망을 도매로 제공받아 전국망 서비스가 가능하다. 기지국도 이동통신 3사가 각 15,000개씩 구축해야 했던 반면, 신규사업자는 6,000개만 구축하면 된다. 또 정책금융을 통해 초기 인프라 구축 비용에 대한 부담을 대폭 줄였다. 과학기술정보통신부는 총 300곳의 핫스팟 지역에 설비를 구축하는 데 약 3,000억원 규모의 투자가 필요한 것으로 추정하고 정책금융을 통해 4,000억원 규모의 자금 역시 조달하기로 공언했다.

의문이 제기된다. 미래가 불확실하여 투자가 부족한 경우 신규사업자가 진입한다고 해서 신규투자가 촉진되지 않고 신규사업자의 진입 자체도 어려울 것인 점에서 그러하다.[10] 당기의 이익은 전기의 투자가 실현된 결과이고, 당기의 투자는 장래의 이익을 고려한 결과이다. 미래의 불확실성으로 투자가 유보되니 현재의 순익이 커지고 그 결과 요금 인하의 압박이 커지는 것이다. 여기서 지금 정부가 관심을 가져야 할 대상은 요금의 인하가 아니라 투자의 촉진일 수 있다. 정책의 목표가 과연 적절한지에 관한 검토가 필요한 것이다. 투자의 촉진에 핵심이 되는 것은 바로 리스크의 감소이다. 정부가 리스크의 감소를 위해 노력하면 기업의 투자가 촉진되고 이를 통해 실현되는 규모의 경제는 요금의 인하를 가져올 것이다. 이러한 미래지향적인 선순환의 기제가 작동하도록 제도를 개선하는 방안이 절실하나, 현실은 정반대일 뿐 아니라 그 상황은 갈수록 심각해지고 있다.

대표적으로, 최근 공정거래위원회가 방송통신위원회의 가이드라인에 따라 「이동통신단말장치 유통구조 개선에 관한 법률」(이하 '단말기유통법'이라 한다)의 장려금을 지급한 이동통신 3사에 대해서 「독점규제 및 공정거래에 관한 법률」(이하 '공정거래법'이라 한다) 제43조에 따른 부당한 공동행위를 이유로 하는 수조 원대의 과징금 부과 절차를 진행 중인 점이 그러하다. 단말기유통법이라는 세계적으로 유례가 없는 규제를 숙고 없이 만들어 낸 것도 모자라 해당 법률의 집행을 전담하는 규제기관의 행정지도에 따른 사업자의 공동행위를 이른바 일반규제기관이 나서서 불법이라고 제재하고자 할 뿐만

10 2024.3.13.자 한국경제(통신시장 '메기'라더니 … 정부 '기생충'된 제4 이동통신); 스테이지엑스는 최근 과학기술정보통신부에 "이동통신 3사로부터 3.5GHz 대역 통신망 로밍 대가를 낮추도록 해달라"라고 요구했다. 구체적으로는 알뜰폰 사업자가 이동통신 3사에 내는 통신망 로밍 대가의 절반 이하를 요청했다. 스테이지엑스는 정부 지원을 등에 업고 싼값에 통신망을 확보한 뒤 해당 통신망을 알뜰폰 사업자에게 비싸게 파는 식의 도매사업을 구상한 것으로 전해졌다. 일명 이동통신망 재임대사업자(MVNE) 형태다. 이번에 드러난 스테이지엑스의 사업 구상은 정부에 기생하는 방식으로 제4 이동통신 도입 취지에 어긋난다는 게 업계의 지적이다. 정부는 이동통신 3사의 과점을 깨뜨리는 혁신 기업을 출범시켜 통신비 인하 등 소비자 편익을 늘리겠다며 제4 이동통신의 필요성을 강조해 왔다. 스테이지엑스가 통신 시장의 '메기'가 되길 기대했던 정부는 당혹감을 감추지 못하는 분위기다. 일각에선 정책 실패라는 평가까지 나온다.

아니라[11] 무려 수조 원대에 이르는 불이익을 가하는 것인데도 그것이 상대적으로 신중한 재판절차가 아니라 중립성에 취약한 행정절차를 통해서 이루어지는 상황[12]은—조만간 공정거래위원회가 부과하게 될 과징금에 대한 행정소송의 결론이 나중에 어떻게 날지와 무관하게—해당 기업에 리스크의 극대화를 초래할 수밖에 없다.[13]

---

11 우리 방송통신위원회는 미국 방송통신위원회와 달리 발전행정(Development Administration)의 맥락에 좀 더 부합하는데, 이와 달리, 우리 공정거래위원회는 미국 공정거래위원회와 같이 규제행정(Regulatory Administration)의 맥락에 좀 더 부합한다. 다 같이 미국으로부터 영향을 받았는데도 제도의 경로의존성(path dependence)이 서로 달리 작용한 결과라고 볼 수 있다. 발전행정의 정책수단은 외적인 속성이 있는 규제(regulation)라는 외관에도 불구하고 내적인 속성이 있는 규율(discipline)의 실질을 가지는 경우가 적지 않다. 방송통신위원회의 이동통신 3사에 대한 행정지도는 공정거래위원회가 예상하는 수준보다 훨씬 강력한 실효성을 가지고 있을 가능성이 큰데도 이러한 특수성을 공정거래위원회가 받아들이기 쉽지 않을 수 있다. 여기서 방송통신위원회가 공정거래위원회를 설득할 의지가 없거나 능력이 없다면 방송통신위원회가 따로 존재해야 할 의미가 퇴색될 수밖에 없다.

12 행정절차를 거친 의무의 부과에 대해서 사업자가 행정기관을 상대로 사법심사를 청구하는 경우(우리의 공정거래위원회)보다는 처음부터 행정기관이 사업자에 대한 의무의 부과를 위해서 법원에 소추해야 하는 경우(미국의 공정거래위원회)가 의무의 부과에 더 신중할 수밖에 없다. 대륙법계에 속하는 우리 법제에서 후자를 원칙으로 할 수는 없지만, 예를 들어, 수조 원에 이르는 과징금과 같이 기본권에 대한 침해가 중대한 경우에 예외적으로 후자를 적용하는 방안을 적극적으로 검토할 필요가 있다. 이러한 맥락에서 제재절차의 사법화 방안에 관하여, 송시강, "행정제재에 관한 법제 개선 방안—벌칙 중심 규제의 개혁을 위한 시론", 『홍익법학』 제23권 제4호, 홍익대학교 법학연구소, 2022, 76면 이하.

13 2024.5.7.자 뉴데일리(이동통신 3사, 공정위 · 방통위 규제 불협화음에 '이중고'); 이동통신 3사가 담합 의혹에 따른 정부 부처 간 규제 혼선으로 어려움을 겪고 있다. 공정거래위원회는 최근 이동통신 3사에 판매장려금 담합 의혹에 따른 심사보고서를 발송했다. 판매장려금은 이동통신 3사가 유통 · 대리점에 판매 촉진을 위해 지급하는 비용이다. 이용자에게 혜택을 주는 공시지원금과 별개로 유통채널에 제공한다. 공시지원금의 15% 한도로 이용자에게 줄 수 있는 추가지원금이 판매장려금이다. 공정위는 이동통신 3사가 2015년부터 2022년까지 휴대전화 번호이동 시장에서 판매장려금과 거래조건, 거래량 등을 담합한 것으로 보고 있다. 특히 통신사들이 번호이동 건수를 공유하며 판매장려금 규모를 비슷하게 유지하고, 이를 통해 번호이동 수치도 조절했다는 지적이다. 문제는 공정위가 지적하는 담합 관련 내용이 방송통신위원회가 정한 판매장려금 '가이드라인'과 이를 수행하기 위한 '시장상황반' 운영과 맞닿아 있다는 점이다. 방송통신위원회는 판매장려금이 불법 지원금 경쟁으로 변질될 것을 우려해 상한선 30만 원을 설정한 바 있다. 또한 시장상황반을 통해 지원금 지급 등 관련 이용자 차별을 방지하도록 했다. 시장상황반은 방송통신위원회 관리 · 감독 하에 운영되었을 뿐 아니라, 운영 시 장려금 수준을 합의한 적이 없다는 주장이다. 또한 시장상황반이 번호이동 실적을 별도로 공유해 조절했다는 의혹에 대해서도 사실과 다르다고 강조했다. 번호이동을 담당하는 KTOA(한국통신사업자연합회)가 과거부터 이동통신 3사와 정부에 제공하는 정보이며 별도로 공유한 것이 아닌 점에서다. 방송통신위원회 가이드라인을 준수한 것을 공정거래위원회가 제재한다는 이중규제 논란이 일고 있다.

3. 전파법의 중립성 테제와 그 문제점

지금과 같은 답보적인 상황이 만들어진 데에는 전파법의 책임이 크다. 예를 들어, 아날로그 통신기술을 전제로 하는 법제의 구조와 체계를 지금과 같은 디지털의 심화 시대에도 그대로 유지하고 있는 점, 무선통신의 비중이 전파법의 최초 입법 당시에 감히 상상하지 못할 수준으로 커졌을 뿐 아니라 무선통신의 역할은 이제 직접적인 정보나 의사의 전달이라는 통신 본래의 기능보다는 인터넷(network of networks)이라는 정보통신망을 구성하는 데 방점이 있는데도 이러한 본질적인 변화에 대한 고려가 부족한 점 등에서 그 이유를 찾을 수 있다. 그런데도 정작 그 대응은 전파법에서 나오지 않는 점에 주목할 필요가 있다. 전파법은 기술적이고 수단적인 기능만을 수행하는 점에서 경제와 산업에 대해서는 중립적이라는 테제가 팽배해 있다. 예를 들어, 5G 28GHz 대역의 주파수할당에 관하여 전파법은 「전기통신사업법」(이하 '전기통신사업법'이라 한다)의 기간통신에 필요하니까 해당 주파수를 할당한 것일 뿐이라는 태도를 견지하게 된다. 그리고 해당 주파수할당의 취소에 있어서는 단순히 전파법상 주파수할당의 조건을 충족하지 못하였다는 점만 강조될 뿐 그 원인이 어디에 있는지, 그 취소가 전기통신사업법에 미치는 영향 등에 관해서 전파법은 무관심하다. 그동안 계속된 규제 완화로 전기통신사업법에는 다른 마땅한 정책수단이 없는 탓에[14] 전파법을 동원하여 핵심적인 정책 결정을 할 수밖에 없는데도 정작 전파법은 이동통신이라는 정책의 무대에서 주목받지 못한다. 이러한 전파법의 중립성 테제를 타파하는 것이 시대에 뒤떨어진 전파법으로 인한 통신시장과 그 산업의 지체 상태를 타개하는 해법을 찾는 첫걸음이다.

---

14 최근 제4 이동통신(스테이지엑스)의 기간통신사업자 등록 절차가 상당히 지연되고 있는 사태는－내용적인 측면에서 타당한지를 떠나－기존의 허가를 새로이 등록으로 규제를 완화한 제도적 취지에 맞지 않는다는 지적이 있다. 이에 관하여, 2024.5.31.자 글로벌이코노믹(과기부 "통신사업 '허가제'로 바꾼 의미 있나?" 제4 이통사 난항).

4. 소 결

오늘날 이동통신의 초점이 음성에서 데이터로 이전되고, 이러한 이동통신이 정보통신망에서 차지하는 비중이 날로 커지는 상황에서, 주파수는 이동통신을 넘어 정보통신망의 기초로서 역할을 한다. 그러나 전파법은 여전히 아날로그 통신기술에 적합한 틀을 그대로 유지하고 있다. 이러한 불일치는 전파법이 전기통신사업법과 「정보통신망 이용촉진 및 정보보호 등에 관한 법률」(이하 '정보통신망법'이라 한다)에서 고립되는 결과를 초래하고, 그로 인한 문제점은 전파법의 위기일 뿐만 아니라 전기통신사업법과 정보통신망법의 위기이기도 하다. 이에 전파법이 기존의 중립성 테제에서 벗어나 역동적 변화에 대응하면서 새롭게 발전하는 방안을 모색하고자 한다.

Ⅱ. 전파법이 직면하는 변화

1. 전파 이용의 변화

디지털 기술의 발전은 이동통신에 기회가 되는 동시에 위기가 된다. 전자에 해당하는 것이 B2B 사업모델의 성장이라면, 후자에 해당하는 것은 B2C 사업모델의 약화이다. 문제는 부정적인 후자의 측면이 긍정적인 전자의 측면을 상회하고 압도한다는 것이다. 그 핵심에는 온라인플랫폼(Online Platform)과 디바이스플랫폼(Device Platform)의 발전이 있다.[15] 이용자는 온라

15 플랫폼(platform)이라는 용어는 휴리스틱(heuristic)의 속성을 가진다. 따라서 이를 명확한 개념으로 상정하고 그로부터 연역적으로 의미를 추론하는 방법은 적절하지 않다. 경험적으로 발견되는 범위 내에서 귀납적인 추론을 통해서 불완전하나마 의미를 모색하는 방법이 필요하다. 이에 따라 설명하면 다음과 같다. 가치의 교환을 의미하는 거래(transaction)가 이루어지는 데는 일정한 비용이 소요되는바, 이러한 거래비용(transaction cost)의 최소화 전략으로 거래에 우호적인 조건을 만들어 가는 역할이 바로 플랫폼이다. 거래의 공간, 거래의 규칙, 거래의 촉진(거래의 중개가 대표적이나 이에 국한되지 않는다) 등이 플랫폼을 구성하는 요소가 된다. 이렇게 보면 세상은 거래(상거래와 커뮤니케이션)와 그 조건을 조성하는 플랫폼으로 양분된다. 이러한 플랫폼은 온라인이나 오프라인에 그 수가 매우 많지만, 그중에서 일반적으

인플랫폼과 디바이스플랫폼을 통해서 직접적인 효용을 누리고 이동통신은 단순히 정보통신망에 대한 접속을 제공하는 기능에 그치게 되면서, 이동통신이 이용자에 직접 호소하여 고부가가치 서비스 경쟁을 할 방안이 사라진다. 이용자에 직접 호소하는 고부가가치 서비스 경쟁은 이제 플랫폼 간에 전개되는바, 그 결과 기존에 이동통신이 누리던 독과점적 이익이 이제 온라인플랫폼과 디바이스플랫폼의 이익으로 귀속하는데, 온라인플랫폼과 디바이스플랫폼은 늘어나는 부가가치에 상응하는 비용 기타 책임을 부담하지 않으려고 한다. 이런 상황에서 논리적으로만 보면 이동통신의 경쟁전략은 품질경쟁보다 가격경쟁이어야 하지만, 시장의 독과점 구조로 인하여 가격경쟁의 동기가 없고, 미래의 불확실성 속에서 떠밀려서 하는 가격경쟁은 이동통신의 잠재력을 잠식할 수도 있다.

2. 전파 환경의 변화

이동통신에 불리한 환경의 변화로 인구감소와 지역소멸 및 그로 인한 정치압력을 들 수 있다. 인구감소는 B2C 사업모델의 축소에 결정적 역할을 한다. 인구감소에 수반되는 지역소멸은 전국적 서비스의 채산성을 급격히 악화시킴으로써 이동통신의 근간을 흔든다. 그런데 인구감소와 지역소멸이 심각할수록 이동통신에 불리한 정치압력은 도리어 커진다. 노인을 위한 요금의 할인, 보편적 서비스의 강화 등과 같은 주장에 힘이 실리기 때문이다. 디지털의 심화 시대에 이동통신은 자연환경에 못지않은 사회환경으로서 역할을 한다. 이제 지속 가능한 이동통신에 관하여 진지하게 고민할 때가 된 것이다. 시장실패(독과점이라는 것도 시장실패에 해당하나 여기서는 더 근본적으로 시

로 플랫폼이라고 인식되는 것은 우리의 일상에 큰 영향을 미치는 소수에 국한된다. 여기서 플랫폼이 가지는 제도로서 속성이 드러난다. 이처럼 특별한 플랫폼은 온라인에서나 오프라인에서 하부구조(infrastructure)의 역할을 한다. 온라인플랫폼은 아마존과 같은 전자상거래 모델, 넷플릭스와 같은 미디어콘텐츠 모델, 페이스북과 같은 커뮤니케이션 모델 등으로 구분되고, 구글과 애플의 운영체계(operating system)에 기초하는 앱마켓은 디바이스플랫폼의 대표적인 사례이다.

장 자체가 작동하지 않을 위험을 말한다)의 가능성이 커지는 만큼 정부의 적극적 역할이 요청되지만, 그만큼 정부실패의 가능성 또한 커지는 점에서 합리적인 제도의 설계가 무엇보다 중요하다.

3. 전파 기술의 변화

불확실한 미래 속에서도 이동통신의 기술은 발전하고, 이를 선도하기 위한 투자는 불가피하다. 28GHz 대역 주파수할당 취소로 5G 투자가 주춤하는 동안에도 6G 투자는 이미 진행되고 있다. 6G 이동통신은 특히 저궤도위성(LEO)의 활용이라는 특징이 있다. 그러나 새로운 기회가 되어야 할 저궤도위성통신은 이동통신에 새로운 위기가 될 수도 있다. 그동안 누리던 독과점적 이익을 온라인플랫폼과 디자인플랫폼에 빼앗기는 데 그치지 않고 제궤도위성사업자에게 추가로 빼앗길 우려가 있는 점에서 그러하다. 이러한 전파 기술의 변화는 전파 이용의 변화를 초래하고 다시 전파 환경의 변화를 초래하는 연쇄 효과를 일으킨다.

4. 소 결

디지털 심화의 시대에 전파 이용의 변화, 전파 환경의 변화, 전파 기술의 변화는 이처럼 빠르게 진행되고 있지만, 우리 전파법은 근본적으로 아날로그 기술 시대에 만들어진 체제를 유지하고 있다. 이는 우리 방송법이 디지털 방송의 시대에 지금도 아날로그 지상파 방송과 케이블 방송을 근간으로 하는 것과 비견된다. 이러한 체제로 인하여 앞서 설명한 전파법의 고립과 위기가 초래되고 갈수록 심해지는 것이다.

Ⅲ. 전파법의 구조와 체계

1. 전파법의 정체성

전파법은 전기적인 주파수라는 공물(公物)에 관한 일반법이다. 공물법의 관점에서 전파법의 골자를 공물의 개념, 공물의 성립, 공물의 등급, 공물의 구역, 공물의 보호, 공물의 계획, 공물의 사용, 공물의 인인, 공물의 관리의 항목으로 구분해서 제시하면 <표 1>과 같다.

이처럼 전파법이 주파수를 공물로 다루고 있는 점은 분명하다. 다만, 학설상으로는 반대 견해가 있다.[16] 참고로, 공물은 ① 행정에 정당한 권한이 귀속하고(권원의 보유), ② 행정에 의하여 공적으로 제공되는 물건으로서(공적인 제공), ③ 그에 관한 의사표시가 있는 것(의사의 표시)을 말한다.[17] 이러한 공물이 성립하면 사법의 규정 및 그 원리가 아니라 공법의 규정 및 그 원리가 우선 적용된다. 그러나 사법의 규정 및 그 원리가 전적으로 배제되는 것은 아니다. 예를 들어, 전파법 제14조에 따른 주파수이용권은 민법상 물권에 준하는 공법상 권리이다.[18]

이러한 공물법으로서 정체성은 전파법의 시작이지만 그 전부가 되어야 할 이유는 없다. 공물은 공적으로 제공되어 행정활동의 수단이 되는 점에서, 전파법은 여전히 공물법을 바탕으로 하는 탓에 공물법과 결코 무관할 수는 없지만 엄연히 공물법과 구별되고 공물법을 넘어서는 차원을 가질 수밖에 없다. 여기서 도로교통에 관한 법제가 「도로법」(이하 '도로법'이라 한다)에서 시작하여 그로부터 「도로교통법」(이하 '도로교통법'이라 한다)과 「국가통합교통체계효율화법」(이하 '통합교통체계법'이라 한다)이 분화되고, 나아가 「여객자

---

16 이에 관하여, 송시강, "주파수이용권의 성질과 효율적 전파관리제도", 『행정법연구』 제28호, 행정법이론실무학회, 2010, 7면 이하; 송시강, "주파수재할당 제도의 법적 문제－특히 재할당 대가에 관한 쟁점을 중심으로", 『경제규제와 법』 제13권 제2호, 서울대학교 공익산업법센터, 2020, 60면 이하 참고.

17 송시강, 앞의 책, 1334면 이하.

18 송시강, 앞의 글(주파수이용권의 성질과 효율적 전파관리제도), 19면.

〈표 1〉 공물법의 표지[19]

		국유재산법	도로법	하천법	전파법
1	공물의 개념	제2조(정의) 제5조(국유재산의 범위) 제6조(국유재산의 구분과 종류)	제2조(정의)	제2조(정의)	제2조(정의)
2	공물의 성립	제40조(용도폐지)	제12조(일반국도의 지정 · 고시) 제19조(도로 노선의 지정 · 고시 방법 등) 제21조(도로 노선의 변경과 폐지) 제39조(도로의 사용개시 및 폐지)	제7조(하천의 구분 및 지정) 제27조(하천관리청의 하천공사 및 유지 · 보수) 제84조(폐천부지 등의 관리)	제5조(전파자원의 확보) 제9조(주파수분배)
3	공물의 등급		제10조(도로의 종류와 등급)	제7조(하천의 구분 및 지정)	제9조(주파수분배)
4	공물의 구역		제25조(도로구역의 결정) 제26조(주민 등의 의견청취) 제27조(행위제한 등) 제29조(다른 법률에 따른 인 · 허가 등의 의제) 제82조(토지 등의 수용 및 사용)	제10조(하천구역의 결정 등) 제79조(토지등의 매수청구)	
5	공물의 보호	제7조(국유재산의 보호) 제11조(사권 설정의 제한) 제27조(처분의 제한)	제4조(사권의 제한)	제4조(하천관리의 원칙) 제6조(다른 국가사업 등과의 관계)	

		제73조의2(도시관리계획의 협의 등)			
6	공물의 계획	제9조(국유재산종합계획)	제5조(국가도로종합계획망의 수립) 제6조(도로건설·관리계획의 수립)	제25조(하천기본계획) 제27조(하천관리청의 하천공사 및 유지·보수) 제32조(다른 법률에 따른 인·허가등의 의제)	제8조(전파진흥기본계획) 제18조의6(공공용 주파수 수급계획의 수립)
7	공물의 사용	제29조(관리위탁) 제30조(사용허가) 제31조(사용허가의 방법) 제32조(사용료) 제72조(변상금의 징수)	제47조(고속국도 통행 방법) 제49조(자동차전용도로의 통행방법 등) 제61조(도로의 점용 허가) 제66조(점용료의 징수) 제72조(변상금의 징수)	제33조(하천의 점용허가 등) 제34조(기득하천사용자의 보호) 제50조(하천수의 사용허가 등) 제50조의2(일시적 하천수의 사용신고 등) 제53조(하천수 사용의 조정)	제10조(주파수 할당) 제14조(주파수 이용권) 제18조의2(주파수 사용승인의 신청 등) 제18조의4(주파수 지정) 제67조(전파사용료)
8	공물의 인인		제40조(접도구역의 지정 및 관리) 제41조(접도구역에 있는 토지의 매수청구) 제45조(도로보전입체구역) 제46조(도로보전입체구역에서의 행위제한 등)	제12조(홍수관리구역) 제38조(홍수관리구역 안에서의 행위제한)	제6조의3(주파수 공동사용) 제27조(통신방법 등) 제29조(혼신 등의 방지)
9	공물의 관리	제8조(국유재산사무의 총괄과 관리) 제74조(불법시	제23조(도로관리청) 제31조(도로공사와 도로의 유지·	제8조(하천관리청) 제14조(하천시설의 관리규정)	제6조(전파자원이용효율의 개선) 제19조(허가를

		설물의 철거)	관리 등) 제55조(도로표지) 제76조(통행의 금지 · 제한 등) 제85조(비용부담의 원칙) 제96조(법령 위반자 등에 대한 처분) 제97조(공익을 위한 처분)	제59조(비용부담의 원칙) 제69조(법령위반자 등에 대한 처분 등) 제70조(공익을 위한 처분 등) 제83조(하천표지)	통한 무선국 개설 등) 제19조의2(신고를 통한 무선국 개설 등) 제47조의3(전자파적합성 등) 제49조(전파감시) 제58조의2(방송통신기자재등의 적합성평가) 제72조(무선국의 개설허가 취소 등)

동차 운수사업법」(이하 '여객자동차법'이라 한다), 「화물자동차 운수사업법」(이하 '화물자동차법'이라 한다), 「생활물류서비스산업발전법」(이하 '생활물류서비스법'이라 한다)이 독자적으로 발전한 점을 참고할 필요가 있다. 이러한 도로교통에 관한 법제를 총 4단계의 범주로 구분하고, 그에 맞추어 이동통신에 관한 법제를 비교한 결과는 <표 2>와 같다.

제1단계는 물리적 층(네트워크의 설치)이고, 제2단계는 기능적 층(네트워크의 구성)이며, 제3단계는 경제적 층(서비스의 제공과 이용)이고, 4단계는 혁신적 층(플랫폼의 발전)이다. 그런데 이동통신에 관한 법제는 도로교통에 관한 법제와 달리 제1 내지 3단계가 선명하게 구분이 안 된다. 기간통신을 위하여 주파수를 할당받아 무선국을 설치하고 정보통신망을 구성한 다음에 이용자에 서비스를 제공하는 것은 법률의 차이에도 불구하고 전체적인 하나의 사업으로 인식된다. 이 점에서 전파법, 정보통신망법, 전기통신사업법의 사이는 수직적 위계보다는 수평적 분화에 가깝다. 이와 달리, 도로를 설치하는

19 송시강, "제9편 공물법", 김철용(편), 『특별행정법』, 박영사, 2022, 1343면 이하에서 전재한 것임.

〈표 2〉 법제의 비교

<table>
<tr><td>전파법</td><td colspan="3">도로법</td><td>제1단계</td></tr>
<tr><td>정보통신망법*</td><td colspan="3">도로교통법 · 통합교통체계법</td><td>제2단계</td></tr>
<tr><td>전기통신사업법</td><td>여객자동차법</td><td>화물자동차법</td><td>생활물류서비스법</td><td></td></tr>
<tr><td>기간통신서비스</td><td rowspan="2"></td><td rowspan="2"></td><td rowspan="2"></td><td rowspan="2">제3단계</td></tr>
<tr><td>(전통적)
부가통신서비스</td></tr>
<tr><td>특수한 유형의
부가통신서비스</td><td rowspan="4">여객자동차운송
플랫폼사업</td><td rowspan="4">화물자동차운송
가맹사업</td><td rowspan="4">소화물배송대행
중개사업</td><td rowspan="4">제4단계</td></tr>
<tr><td>온라인동영상서비스</td></tr>
<tr><td>앱마켓서비스</td></tr>
<tr><td>(그 밖의 새로운)
부가통신서비스</td></tr>
</table>

* 정보통신망에 대한 전자적 침해에 관하여 「정보통신기반 보호법」(이하 '정보통신기반보호법'이라 한다)이 추가로 적용됨.

것, 교통체계를 구성하는 것, 이용자에게 교통서비스를 제공하는 것은 전체적인 하나의 사업으로 인식될 가능성이 없다. 이로부터 전파법이 도로법처럼 공물법만으로 인식되어서는 안 된다는 점이 더욱 분명해진다. 전파법의 공물법으로서 측면과 그렇지 않은 측면을 구분하고 양자를 차별적으로 접근하는 것은 전파법의 고립과 위기를 극복하는 단서가 될 수 있다.

2. 전파법의 구조와 그 한계

전파법은 전파에 관한 ① 자원의 측면, ② 이용의 측면, ③ 보호 · 관리의 측면, ④ 안전의 측면, ⑤ 설비 · 장치 · 기자재의 측면, ⑥ 기술의 측면에 관하여 규정한다. 이러한 6가지 측면이 축이 되어서 전파법의 구조를 형성한다. 이 중에서 공물법에 해당하는 내용은 ① 자원의 측면, ② 이용의 측면, ③ 보호 · 관리의 측면이다. 그 중 ② 이용의 측면은 공물법에 해당하는 내용 외에 공물법과 구분되고 공물법을 넘어서는 내용도 있다. 예를 들어, 주파수

〈표 3〉 전파법의 구조 분석

분류	규정	비고
공통	제1조(목적), 제8조(전파진흥기본계획)	
① 자원의 측면	제3조(전파자원의 이용촉진), 제5조(전파자원의 확보), 제6조(전파자원 이용효율의 개선), 제38조(위성주파수 등의 확보·관리)	공물법
② 이용의 측면	제6조의2(주파수회수 또는 재배치), 제6조의3(주파수 공동사용), 제7조(주파수회수 또는 주파수재배치에 따른 손실보상), 제9조(주파수분배), 제9조의2(주파수분배의 변경에 따른 이용자 지원 등), 제10조(주파수할당), 제11조(대가에 의한 주파수할당), 제12조(심사에 의한 주파수할당), 제13조(주파수할당의 결격사유), 제14조(주파수이용권), 제15조(할당받은 주파수의 이용기간), 제15조의2(주파수할당의 취소), 제16조(재할당), 제16조의2(추가할당), 제17조(전환), 제18조(주파수이용권 관리대장), 제18조의2(주파수 사용승인의 신청 등), 제18조의3(주파수 사용승인의 취소 등), 제18조의4(주파수 지정), 제18조의5(중장기 공공용 주파수 이용계획의 제출), 제18조의6(공공용 주파수 수급계획의 수립), 제18조의7(공공용 주파수 수급계획의 변경), 제18조의9(공공용 주파수 정책협의회), 제19조(허가를 통한 무선국 개설 등), 제19조의2(신고를 통한 무선국 개설 등), 제20조(무선국 개설의 결격사유), 제20조의2(무선국의 개설조건), 제21조(무선국 개설허가 등의 절차), 제22조(주파수 사용승인 및 무선국 개서허가의 유효기간), 제22조의2(무선국 개설신고 등의 절차), 제23조(시설자의 지위승계), 제24조(검사), 제24조의2(검사의 면제), 제25조(무선국의 운용), 제25조의2(무선국의 폐지 및 운용 휴지), 제31조(실험국 등의 통신), 제34조(방송국의 개설허가), 제34조의2(위성방송사업을 위한 무선국 등의 개설 등), 제35조(방송국의 개설조건 등), 제39조(위성망의 국제등록), 제40조(위성망의 혼신조정), 제41조(위성주파수이용권의 양도·임대 등), 제42조(우주국의 개설조건), 제42조의2(우주국 무선설비의 양도·임대), 제43조(위성궤도의 변경), 제44조(인공위성의 국제연합 등록), 제44조의2(위성운용계획의 제출), 제67조(전파사용료), 제68조(전파사용료의 부과기준 등), 제72조(무선국의 개설허가 취소 등), 제73조(과징금의 부과·징수)	공물법
③ 보호·관리의 측면	제6조의4(방송용 주파수의 관리), 제27조(통신방법 등), 제28조(조난통신 등), 제29조(혼신 등의 방지), 제29조의2(면책), 제30조(통신보안의 준수), 제36조(방송수신의 보호), 제27조(방송표준방식), 제49조(전파감시), 제50조(국제전파 감시), 제52조(무선방위측정장	공물법

	치의 보호), 제54조(자료의 제공), 제55조(전파환경의 측정 등), 제60조(주파수이용 현황의 공개)	
④ 안전의 측면	제44조의3(안전한 전파환경 기반 조성), 제44조의4(전자파의 인체영향에 관한 연구 · 조사 및 교육 · 홍보), 제44조의5(협력체계의 구축), 제47조(안전시설의 설치), 제47조의2(전자파 인체보호기준 등), 제47조의3(전자파적합성 등), 제51조(우주전파재난관리 기본계획의 수립 · 시행), 제56조(고출력 · 누설 전자파 안전성 평가 등)	
⑤ 설비 · 장치 · 기자재의 측면	제29조 제3항의 전파차단장치, 제45조(기술기준), 제48조(무선설비의 효율적 이용), 제48조의2(자연환경 보호 등), 제58조(산업 · 과학 · 의료용 전파응용설비 등), 제58조의2(방송통신기자재 등의 적합성평가), 제58조의3(적합성평가의 면제), 제58조의4(적합성평가의 취소 등), 제58조의8(적합성평가의 국가 간 상호 인정), 제58조의9(국제적 적합성평가 체계의 구축), 제58조의10(복제 · 개조 · 변조 등의 금지), 제58조의11(부적합 보고 등), 제58조의12(주파수분배 변경에 따른 조치 등)	
⑥ 기술의 측면	제61조(전파 연구), 제62조(기술개발의 촉진), 제63조(표준화), 제64조(인력의 양성), 제65조(국제협력의 촉진), 제70조(무선종사자의 자격), 제70조의2(부정행위자에 대한 조치), 제71조(무선종사자의 배치), 제76조(무선종사자의 기술자격의 취소 등)	
기타	제2조(정의), 제7조의2(이의신청 등), 제9조의3(비면허무선기기지원센터의 지정 등), 제18조의8(공공용 주파수 적정성의 조사 · 분석기관의 지정 등), 제58조의5(시험기관의 지정 등), 제58조의6(지정시험기관의 검사 등), 제58조의7(지정시험기관의 지정 취소 등), 제66조(한국방송통신전파진흥원), 제66조의2(한국전파진흥협회), 제66조의3(진흥원의 운영경비 등), 제69조(수수료), 제71조의2(조사 및 조치), 제77조(청문), 제78조(권한의 위임 · 위탁), 제79조(다른 법률의 준용), 제80조(벌칙), 제81조(벌칙), 제82조(벌칙), 제83조(벌칙), 제84조(벌칙), 제86조(벌칙), 제87조(벌칙), 제88조(양벌규정), 제89조(벌칙 적용에서 공무원 의제), 제89조의2(과태료), 제89조의3(과태료), 제90조(과태료), 제91조(과태료), 제92조(과태료), 제93조(과태료의 부과 · 징수)	

할당은 표면적으로는 공물법에 해당하는 내용(공물사용의 특허)[20]이지만 그

20 송시강, "행정행위 유형론에 대한 재검토 – 허가와 특허, 인가 개념을 중심으로", 『홍익법학』 제12권 제1호, 홍익대학교 법학연구소, 2011, 530면 이하.

이면에는 공물법과 구분되고 공물법을 넘어서는 내용(기간통신서비스)을 가진다. 그리고 ④ 안전의 측면, ⑤ 설비 · 장치 · 기자재의 측면, ⑥ 기술의 측면은 공물법과 직접적인 관련은 없다. 그 자세한 내용은 <표 3>과 같다.

이상의 분석에서 다음의 명제를 추론할 수 있다. 첫째, 공물법을 내용으로 하는 전파법은 공물법을 바탕으로 하지만 공물법과 구분되고 공물법을 넘어서는 내용도 함께 포함한다. 이러한 구조를 가지는 전파법이 전기통신사업법, 정보통신망법에서 고립되는 폐쇄적인 체계가 된다면 심각한 문제가 아닐 수 없다. 예를 들어, 전파법의 여러 축 중에서 가장 핵심이 되는 ② 이용의 측면, 그 중에서 특히 주파수이용허가(주파수할당, 주파수지정, 주파수사용승인을 포괄한다)[21]와 그 부담금(할당대가와 전파사용료)에 관한 사항은 주파수의 용도가 무엇인지와 무관하게 보편적으로 적용된다. 이는 매우 형식적인 접근이 아닐 수 없다. 이처럼 전파만을 바라보는 접근은 해당 주파수를 수단으로 하는 활동에 관한 법제의 추가적인 고려를 차단하는 점에서 전파법의 고립과 위기를 초래한다. 둘째, 공물법뿐만 아니라 공물법과 구분되고 공물법을 넘어서는 내용까지 가지는 전파법은 서로 다른 2개의 차원, 즉 '공물로서 전파를 대상으로 하는 법제'(이른바 전파공물법제)라는 차원과 '전파를 이용하는 산업에 관한 법제'(이른바 전파산업법제)라는 차원을 가진다. 전자의 경우 내적인 관점의 규율(discipline)에 초점이 있는 데 반하여, 후자의 경우 외적인 관점의 규제(regulation)에 초점이 있다. 이러한 규제와 규율의 대구(對句)는 규제행정(Regulatory Administration)과 발전행정(Development Administration)을 비교하는 경우 잘 드러난다.[22] 발전행정에서 중요한 것은 내부화(內部化)와 일체화(一體化)이고, 규제행정에서 중요한 것은 외부화(外部化)와 대상화

21 송시강, 앞의 글(주파수이용권의 성질과 효율적 전파관리제도), 4면.

22 규율이 발전행정의 수단이 된다는 점에 관하여, 오재록/공동성, "배태된 자율성?–한국 발전모델에 대한 이해와 오해", 『한국행정학보』 제45권 제4호, 한국행정학회, 2011, 32면. 이와 관련하여, '규율된 시장'(disciplined market)이라는 표현은 박은홍, "발전국가론 재검토–이론의 기원, 구조 그리고 한계", 『국제정치논총』 제39집 제3호, 한국국제정치학회, 1999, 120면. 발전행정과 규제행정의 비교에 관하여, 양재진, "발전 이후 발전주의론–한국 발전국가의 성장, 위기 그리고 미래", 『한국행정학보』 제39권 제1호, 한국행정학회, 2005, 7면 이하.

(對象化)이다. 이러한 접근의 차이는 예를 들어, 전파법의 여러 축 중에서 ② 이용의 측면에 해당하는 점에서 공물법뿐만 아니라 공물법과 구분되고 공물법을 넘어서는 내용을 아울러 가지는 주파수경매, 즉 '주파수할당을 위한 대가의 가격경쟁'을 바라보는 관점의 차이로 나타난다. 전파산업법제의 차원에서 규제행정의 측면에서 접근하면, 경매가격에 대한 위험부담은 전적으로 민간에 귀속하므로 고액일수록 국가재정에 도움이 되는 점에서 바람직하다. 이와 달리, 전파공물법제의 차원에서 발전행정의 측면에서 접근하면, 경매가격에 대한 위험은 행정에 대한 민간의 참여와 협력이라는 관점에서 합리적으로 분담되어야 하는바, 이러한 위험분담의 원리에 입각한 금액의 도출이 적절하고 '승자의 저주'가 발생하지 않도록 경매제도를 운영해야 한다.

3. 전파법의 체계와 그 한계

전술한 바와 같이, 전파법이 공물법 외에 공물법과 구분되고 공물법을 넘어서는 내용까지 포함하면서도 어떤 주파수의 용도가 무엇인지를 묻지 않고 전파 자체에만 초점을 맞추어 모든 주파수를 형식적으로 동등하게 취급하는 결과 전기통신사업법, 정보통신망법에서 고립되는 폐쇄적인 체계가 되어 있다. 이는 전파법이 기술적인 관점에서 자체적인 완결성을 추구한다는 점에서 그 원인을 찾을 수 있으나, 주파수는 항상 다른 목적에 종사하는 수단이라는 점에서 근본적인 문제가 있다. 전파법이 모든 주파수에 공통으로 적용되는 기준과 절차를 규정한다는 명제와 전파법의 규정이 주파수의 구체적인 용도가 무엇인지, 다시 말해, 주파수를 이용하는 활동이 무엇인지에 관하여 중립이라는 명제는 전혀 다른 문제이다. 어떤 주파수의 구체적인 용도가 무엇인지를 떠나 공통으로 적용되는 규정은 특별한 사정이 없다면 주파수의 구체적인 용도가 무엇인지에 관하여 중립이 될 것이다. 그러나 이러한 중립성이 규범적으로 당연히 요청되는 것은 아니기 때문에, 더 나아가 특정한 주파수의 용도에 대해서 특별하게 적용되는 규정이 필요한 경우는 언제든지 있을 수 있다. 여기서 전파법의 역할을 주파수의 용도에 중립적인 것에 한정하고 특정한 주파수의 용도에 특별하게 적용되는 규정을 그 역할에서 배제할 그 어떠한 이유도 없다. 이는 오히려 전파법의 당연한 임무라고 보아야 하는바, 전파법은 주파수를 이용하는 다양한 활동에 관하여 지속적인 관심을 가지고 필요하다면 언제든지 특정한 주파수의 구체적인 용도에 대해서 특별하게 적용되는 규정을 포함할 수 있는 개방적인 체계가 되어야 한다.

이와 관련하여, <표 4>에서 보다시피, 2018.12.24.자 법률 제16019호에 의해서 전기통신사업법상 기간통신사업에 대한 허가가 등록으로 변경되었는데도 불구하고 전파법상 주파수할당에는 아무런 변화가 없었다는 점에 주목할 필요가 있다. 대표적으로, 주파수할당에 붙일 수 있는 부관에 관한 전파법 제10조 제4항과 그 시행령 제13조 제2항[23]이 그러하다. 등록이라고 하면서 그 기준에서 불확정개념을 사용하고 등록을 받는 경우 부관을 붙일 수 있도록 하는 것이 과연 허가보다 규제를 완화한 것이 맞는지에 관하여 논리적인 의문이 제기될 수 있으나,[24] 극히 일부에 불과한 것이라고 하더라

---

23 제13조(전파자원의 독과점방지) ② 법 제10조제4항에 따라 과학기술정보통신부장관이 주파수할당을 하는 경우 붙일 수 있는 조건은 다음 각 호의 어느 하나와 같다.

1. 주파수할당을 받은 자 및 제1항에 해당하는 자가 할당받을 수 있는 주파수의 총량에 관한 사항. 이 경우 주파수의 총량은 새로 할당하는 주파수 및 그와 역무의 대체성이 있는 이미 할당한 주파수의 양을 고려하여 정한다.
2. 제1호에 따른 총량을 초과하는 주파수의 회수시기 및 방법에 관한 사항
3. 할당받은 주파수를 이용하여 제공하는 역무의 제공시기 · 제공지역 및 품질수준에 관한 사항

24 등록은 공부(公簿) 또는 대장(臺帳)을 편성하고 이에 기재하는 것을 말한다. 공부 또는 대장은 일차적으로 행정 내부에서 정보를 관리하는 수단이 되는데, 그중 시민의 권리 또는 의무에 관한 사항을 내용으로 하는 경우 이를 편성하고 이에 기재하는 것을 대외적으로 공식화하는 의미에서 등록이라는 용어가 사용되는 것이다. 이러한 등록에 확인의 효력이 인정되는 것은 자연스러운 일인바, 그 연장선상에서 공부 또는 대장의 등본이나 초본에는 증명의 효력이 인정된다. 더 나아가 등록에 법률관계를 발생하거나 변경하거나 소멸시키는 효력이 인정될 수도 있는바, 사법적인 법률효과와 결부되는 것으로서 부동산등기와 공법상 법률효과와 결부되는 것으로서 변호사협회의 등록이 대표적으로 이에 해당한다. 문제는 등록이 규제의 수단으로 이용되는 경우가 점점 더 늘어난다는 것인데, 그 법적 성격이 모호한 때가 적지 않기 때문이다. 이와 관련하여, 최근에 「유통산업발전법」(이하 '유통산업발전법'이라 한다) 제8조에 따른 대규모점포의 개설등록이 수리를 요하는 신고에 해당한다는 판례(대법원 2015.11.19. 선고 2015두295 판결)가 논란이 되고 있다. 유통산업발전법 시행규칙 제5조에 따라 대규모점포의 개설등록에 대해서는 신청이 이루어지는데도 불구하고 수리를 요하는 신고라고 판시한 취지를 이해할 수 없으나, 굳이 이해하려고 노력한다면 신청이라는 형식에도 불구하고 수리

<표 4> 전기통신사업법과 전파법의 관계

	2018. 12. 24.자 법률 제16019호로 개정되기 전	현행
전기통신사업법	제6조(기간통신사업의 허가 등) ① 기간통신사업을 경영하려는 자는 과학기술정보통신부장관의 허가를 받아야 한다. ② 과학기술정보통신부장관은 제1항에 따른 허가를 할 때에는 다음 각 호의 사항을 종합적으로 심사하여야 한다. 1. 기간통신역무 제공계획의 이행에 필요한 재정적 능력 2. 기간통신역무 제공계획의 이행에 필요한 기술적 능력 3. 이용자 보호계획의 적정성 4. 그 밖에 기간통신역무의 안정적 제공에 필요한 능력에 관한 사항으로서 대통령령으로 정하는 사항 ③ 과학기술정보통신부장관은 제34조제2항에 따른 기간통신사업에 대한 경쟁상황 평가 결과 및 「전파법」 제8조제3항제2호에 따른 주파수 이용계획 등을 고려하여 기간통신사업의 허가에 관한 기본계획을 매년 수립할 수 있다. ④ 「전파법」 제10조에 따른 주파수할당을 받아 새로 기간통신사업을 경영하려는 자는 주파수할당 공고 이후에 주파수할당과 기간통신사업의 허가를 과학기술정보통신부장관에게 함께 신청하여야 한다. ⑤ 과학기술정보통신부장관은 제2	제6조(기간통신사업의 등록 등) ① 기간통신사업을 경영하려는 자는 대통령령으로 정하는 바에 따라 다음 각 호의 사항을 갖추어 과학기술정보통신부장관에게 등록(정보통신망에 의한 등록을 포함한다)하여야 한다. 다만, 자신의 상품 또는 용역을 제공하면서 대통령령으로 정하는 바에 따라 부수적으로 기간통신역무를 이용하고 그 요금을 청구하는 자(이용요금을 상품 또는 용역의 대가에 포함시키는 경우도 같다)는 기간통신사업을 신고하여야 하며, 신고한 자가 다른 기간통신역무를 제공하고자 하는 경우에는 본문에 따라 등록하여야 한다. 1. 재정 및 기술적 능력 2. 이용자 보호계획 3. 그 밖에 사업계획서 등 대통령령으로 정하는 사항 ② 과학기술정보통신부장관은 제1항에 따라 기간통신사업의 등록을 받는 경우에는 공정경쟁 촉진, 이용자 보호, 서비스 품질 개선, 정보통신자원의 효율적 활용 등에 필요한 조건을 붙일 수 있다. 이 경우 그 조건을 관보와 인터넷 홈페이지에 공고하여야 한다. ③ 제1항에 따른 등록은 법인만 할 수 있다.

를 요하는 신고의 실질을 가진다는 취지로 보인다. 이는 등록을 허가에 비해서 규제가 완화된 것으로 해석하려는 것이다. 참고로, 대규모점포의 개설등록에 대해서도 부관을 붙일 수 있다(유통산업법 제8조 제3항).

	항에 따른 심사 사항별 세부 심사 기준과 허가의 시기 및 허가신청 요령을 정하여 고시한다. ⑥ 과학기술정보통신부장관은 제1항에 따라 기간통신사업을 허가하는 경우에는 공정경쟁 촉진, 이용자 보호, 서비스 품질 개선, 정보통신자원의 효율적 활용 등에 필요한 조건을 붙일 수 있다. 이 경우 그 조건을 관보와 인터넷 홈페이지에 공고하여야 한다. ⑦ 제1항에 따른 허가는 법인만 받을 수 있다. ⑧ 제1항에 따른 허가의 절차나 그 밖에 필요한 사항은 대통령령으로 정한다.	④ 제1항 또는 제2항에 따른 등록의 요건, 절차, 그 밖에 필요한 사항은 대통령령으로 정한다.
전파법	제10조(주파수할당) ① 과학기술정보통신부장관은 제9조에 따라 다음 각 호의 어느 하나에 해당하는 사업의 용도로 정한 주파수를 특정인에게 할당하려는 경우에는 해당 주파수할당이 기간통신사업 등에 미치는 영향을 고려하여 할당을 신청할 수 있는 자의 범위와 할당하는 주파수의 용도 및 기술방식 등 대통령령으로 정하는 사항을 공고하여야 한다. 1. 「전기통신사업법」 제5조제2항에 따른 기간통신사업 2. 「방송법」 제2조제2호나목에 따른 종합유선방송사업이나 같은 조 제13호에 따른 전송망사업 ④ 과학기술정보통신부장관은 주파수할당을 하려면 주파수할당을 받을 자 및 그와 대통령령으로 정하는 특수관계에 있는 자에 의한 전파자원	제10조(주파수할당) ① 과학기술정보통신부장관은 제9조에 따라 다음 각 호의 어느 하나에 해당하는 사업의 용도로 정한 주파수를 특정인에게 할당하려는 경우에는 해당 주파수할당이 기간통신사업 등에 미치는 영향을 고려하여 할당을 신청할 수 있는 자의 범위와 할당하는 주파수의 용도 및 기술방식 등 대통령령으로 정하는 사항을 공고하여야 한다. 1. 「전기통신사업법」 제5조제2항에 따른 기간통신사업 2. 「방송법」 제2조제2호나목에 따른 종합유선방송사업이나 같은 조 제13호에 따른 전송망사업 ④ 과학기술정보통신부장관은 주파수할당을 하려면 주파수할당을 받을 자 및 그와 대통령령으로 정하는 특수관계에 있는 자에 의한 전파자원

<u>의 독과점을 방지하고 적정한 수준의 경쟁을 촉진하기 위하여 대통령령으로 정하는 바에 따라 조건을 붙일 수 있다.</u> ⑤ 과학기술정보통신부장관은 제3항에 따른 신청이 제1항 또는 제2항에 따라 공고된 사항에 적합하지 아니하거나 신청인이 제13조의 결격사유에 해당하는 경우에는 그 신청서를 되돌려 보낼 수 있다.	<u>의 독과점을 방지하고 적정한 수준의 경쟁을 촉진하기 위하여 대통령령으로 정하는 바에 따라 조건을 붙일 수 있다.</u> ⑤ 과학기술정보통신부장관은 제3항에 따른 신청이 제1항 또는 제2항에 따라 공고된 사항에 적합하지 아니하거나 신청인이 제13조의 결격사유에 해당하는 경우에는 그 신청서를 되돌려 보낼 수 있다.
제15조의2(주파수할당의 취소) ① 과학기술정보통신부장관은 제11조 및 제12조에 따라 주파수할당을 받은 자가 다음 각 호의 어느 하나에 해당하는 경우에는 주파수할당을 취소할 수 있다. 다만, 제1호에 해당하는 경우에는 주파수할당을 취소하여야 한다. 1. 거짓이나 그 밖의 부정한 방법으로 주파수할당을 받은 경우 2. 제11조 및 제12조에 따라 주파수할당을 받은 자가 <u>「전기통신사업법」 제20조에 따라 기간통신사업의 허가가 취소되거나</u> 「방송법」 제18조에 따라 종합유선방송사업의 허가나 전송망사업의 등록이 취소된 경우 3. 제10조제1항 또는 제2항에 따라 공고한 주파수 용도나 기술방식을 위반한 경우 4. 제10조제4항에 따른 조건을 이행하지 아니한 경우 5. 제11조제1항에 따라 주파수할당을 받은 자가 그 대가를 내지 아니한 경우 ② 과학기술정보통신부장관은 제1	제15조의2(주파수할당의 취소) ① 과학기술정보통신부장관은 제11조 및 제12조에 따라 주파수할당을 받은 자가 다음 각 호의 어느 하나에 해당하는 경우에는 주파수할당을 취소할 수 있다. 다만, 제1호에 해당하는 경우에는 주파수할당을 취소하여야 한다. 1. 거짓이나 그 밖의 부정한 방법으로 주파수할당을 받은 경우 2. 제11조 및 제12조에 따라 주파수할당을 받은 자가 <u>「전기통신사업법」 제20조에 따라 기간통신사업의 등록이 취소되거나</u> 「방송법」 제18조에 따라 종합유선방송사업의 허가나 전송망사업의 등록이 취소된 경우 3. 제10조제1항 또는 제2항에 따라 공고한 주파수 용도나 기술방식을 위반한 경우 4. 제10조제4항에 따른 조건을 이행하지 아니한 경우 5. 제11조제1항에 따라 주파수할당을 받은 자가 그 대가를 내지 아니한 경우 ② 과학기술정보통신부장관은 제1

	항(제1호를 제외한다)에 따라 주파수할당을 취소하기 전에 1회에 한하여 시정을 명할 수 있다. ③ 삭제	항(제1호는 제외한다)에 따라 주파수할당을 취소하기 전에 한 차례에 한정하여 시정을 명할 수 있다. ③ 삭제

도 아무튼 규제가 완화되는 결과가 있다고 가정하는 경우, 이러한 규제 완화가 주파수할당에 아무런 영향을 미치지 못하는 것은 전파법이 전기통신사업법으로부터 고립된 폐쇄적 체계라는 사정을 잘 보여준다.

전파법에서 "특정한 주파수를 이용할 수 있는 권리를 특정인에게 주는 것"으로 정의하는 주파수할당이라는 용어는 그 폭넓은 의미의 외연에도 불구하고 실제로는 「방송법」의 일부 서비스를 제외하면 오로지 전기통신법상 기간통신서비스를 위해서만 가능하다(전파법 제10조 제1항). 이는 다시 말해, 전파법상 주파수할당에 관한 규정은 전파법에서 분리해서 전기통신사업법에 편입하더라도 아무런 문제가 없다는 것인바, 만일 그렇게 된다면 오히려 이해하기 쉬울 것이라는 생각이다. 그런데도 전파법에 편입되어 있다는 이유만으로 주파수할당이 전기통신사업법상 기간통신서비스와 별개로 취급되어야 할 것처럼 오해를 사는 것에 문제의 핵심이 있다. 그렇게 별개로 취급하더라도 전기통신사업법이 기간통신서비스를 충분히 규제할 수 있다면 특별한 문제가 없을 것이나, 기간통신서비스를 적절하게 규제할 방안이 전기통신사업법에 없다면 전파법상 주파수할당이 그 역할을 대신해 줄 필요가 있다. 기간통신서비스에 대한 허가가 등록으로 변경되었는데도 주파수할당에 관한 규정에 특별한 변화가 없는 것이 문제라고 지적한 이유가 바로 여기에 있다.[25]

25 이러한 관점에서 보면 5G 28GHz 대역을 할당받은 이동통신 3사가 주파수할당의 조건(15,000개의 장비 구축 의무)을 위반하였다는 이유만으로 주파수할당을 모두 취소한 것은 지나치게 형식적인 논리에 불과하다는 점에서 타당하지 않다는 생각이다. 주파수할당의 조건과 그 위반에 따른 주파수할당의 취소에 관한 전파법의 규정을 기계적으로 적용할 것이 아니라, 정책 목표의 수정이 불가피한 상황에서 28GHz 대역 5G 서비스를 앞으로 어떻게 발전시켜 나갈 것인지에 관한 구체적인 정책 결정이 선행되었어야 한다. 이에 따라 28GHz 대역 5G 서비스를 이대로 포기할 수 없다고 판단했다면 주파수할당의 조건을 위반하였다는 형식적인 이유만으로 이동통신 3사 모두의 주파수할당을 취소하는 일은 없었을 것이라는 생각이다.

4. 소 결

전파법은 공물법 외에 공물법과 구별되고 공물법을 넘어서는 내용까지 포함하는 구조인데도 그 체계는 주파수의 용도와 무관한 형식적인 접근을 바탕으로 기술적인 관점에서 자체적인 완결성을 추구하는바, 이로부터 성립하는 전파법이 전파를 이용하는 산업으로부터 중립적이라는 테제는 주파수가 언제나 다른 목적에 종사하는 수단이라는 점과 본질적으로 모순된다. 이러한 전파법의 고립과 위기를 극복하기 위해서는 전파법을 전기통신사업법, 정보통신망법에 개방적인 체계로 전환할 것이 요청되는바, 이는 전파법을 전파공물법과 전파산업법으로 구분하고 전자에 관한 규율과 후자에 관한 규제를 차별적으로 취급하는 것에서 시작되어야 한다.

Ⅳ. 전파법의 발전 전략

1. 규율과 규제의 분화

전파법의 공물법으로서 속성은 외적인 관점의 규제 개념보다는 내적인 관점의 규율 개념에 더 부합한다. 행정이 자신에게 처분할 수 있는 권한이 있는 영역에서 스스로 기준을 정립하고 집행하는 것이 바로 규율이다. 이는 행정이 자신에게 속하지 않는 영역에서 상반되는 이해의 충돌을 해결하기 위해서 제3의 관점에서 개입하는 규제와 구별된다.[26] 공물로서 전파는 언제

---

26 이러한 규율과 규제의 관계를 공물법에서는 전통적으로 '공물관리와 공물경찰의 비교'를 통해서 설명한다. 이와 관련하여, 공물관리의 권한, 즉 공물관리권의 본질에 관하여 견해가 대립한다. 공물을 '공적인 소유권'으로 보는 견해에 따르면, 공물관리권 또한 공적인 소유권의 발현이 된다. 이와 달리 공물을 '수정된 사적인 소유권'으로 보는 견해에 따르면, 공물관리권은 공물의 공법상 지배권으로 설명된다. 아무튼 과거에는 공적인 소유권 또는 공물의 공법상 지배권만으로 공물관리권의 행사에 대한 정당화가 가능하였으나 이제는 법률유보의 원칙이 적용된다는 데 이론이 없다. 다만, 포괄적 수권이 허용될 것인지 어느 정도로 허용될 것인지의 문제만이 남아 있다. 송시강, 앞의 책, 1526면 이하.

〈표 5〉 전파공물법제와 전파산업법제

전파법의 구조	공물법	전파공물법제	전파산업법제
① 자원의 측면	●	●	
② 이용의 측면	●	●	●
③ 보호 · 관리의 측면	●	●	
④ 안전의 측면			●
⑤ 설비 · 장치 · 기자재의 측면			●
⑥ 기술의 측면		●	●

나 다른 목적에 종사하는 점에서, 공물로서 전파를 대상으로 하는 법률관계를 넘어서는 것은 모두 규제에 복종한다. 이는 도로에 대해서 공물법으로서 도로법이 적용되지만, 그와 함께 도로가 종사하는 교통이라는 목적에서 도로교통법과 통합교통체계법이 적용되고, 이로부터 여객자동차법, 화물자동차법, 생활물류서비스법이 발전하는 것과 같은 이치이다. 이 점에서 전술한 바와 같이, 전파법을 다시 전파공물법제(공물로서 전파를 대상으로 하는 법제)의 차원과 전파산업법제(전파를 이용하는 산업에 관한 법제)의 차원으로 구분하는 것이 중요하다. 그 내용을 도식으로 정리하면 <표 5>와 같다.

전파공물법제의 차원에서는 규율이 작동하고, 전파산업법제의 차원에서는 규제가 작동한다. 전술한 전파법의 중립성 테제가 전자에 국한된다면 특별한 문제가 되지 않는다. 오히려 규범적으로 요청되는 경우도 상정할 수 있다. 예를 들어, ① 자원의 측면에서는 주파수의 구체적인 용도와 무관하게 모든 주파수를 보편적으로 취급하는 것이 다양한 용도의 주파수를 종합적으로 고려하여 합리적 정책을 수립하는 데 유리할 수 있다. 이에 그치지 않고 더 나아가 후자에 대해서까지 미치는 경우 전파법이 전기통신사업법, 정보통신망법에서 고립되는 폐쇄적인 체계가 되는 점에서 비판받는 것이다.

규제가 아닌 규율의 관점에서 접근하는 것이 반드시 부정적인 것도 아니다. 규율에 적합한 것과 규제에 적합한 것이 따로 있다는 것이지, 규율이나 규제 중 어느 하나가 절대적으로 우월하거나 열등한 것이 아니다. 규제는 성숙한 시장의 자율성을 전제로 하는 점에서 외부화와 대상화의 전략이 유효한 것이다. 이와 달리 내부화와 일체화를 전략으로 하는 규율은 발전행정에 적합한 수단이다. 이 점에서 주목할 필요가 있는 것이 ⑥ 기술의 측면이다. 이는 엄밀히 말해 공물법에 해당하는 내용이라고 볼 수 없으나, 발전행정의 관점에서는 충분히 전파공물법제의 차원에 속한다고 볼 수 있다. 기술과 인력의 적극적인 개발은 결국 ① 자원의 측면에서 긍정적인 효과를 가져올 것인 점에서 그러하다. 한편 ② 이용의 측면은 전술한 바와 같이, 공물법에 해당하는 내용이지만 그와 동시에 공물법과 구분되고 공물법을 넘어서는 내용이기도 한 점에서, 전파공물법의 차원과 전파산업법의 차원을 동시에 가진다. 여기서 전파공물법의 차원이 강조되면 주파수할당을 위한 대가의 가격경쟁 또한 발전행정의 수단이 될 수 있어야 한다. 그 결과, 경매가격의 극대화가 아니라 적절한 경매가격을 목표로 하게 되는바, 그 기준은 민간의 참여와 협력이라는 측면에서 합리적인 위험분담이라는 것에서 찾아야 한다.

2. 발전행정의 관점에서 국가의 역할

세계적으로 경쟁이 치열한 전파를 이용하는 산업의 발전을 위해서는 민간의 기술혁신을 촉진하는 한편으로 적극적으로 선도적인 투자를 감행하는 국가의 역할이 요청된다. 그러나 현실은 그렇지 못하다. 예를 들어, 이동통신 3사에 대한 5G 28GHz 대역의 주파수할당을 모두 취소하는 것도 모자라 해당 주파수의 신규 할당에서 이동통신 3사를 제외하는 것은 징벌적 성격이 강한 점에서 이전의 실패에도 불구하고 새로운 도전을 장려하는 것과는 상당한 거리가 있다. 무한경쟁 속 기업가 정신(entrepreneurship)은 기업뿐 아니라 정부에게도 필요하다.

이처럼 이동통신에 국가의 적극적인 역할이 요청되는데도 현실은 그렇지 못한 데에는 이동통신을 규제행정으로만 바라보는 관점이 그 바탕에 자리하고 있다는 생각이다. 그러나 우리가 IMF 구제금융을 극복하는 방안으로 이동통신에 집중적인 투자를 하고 이로써 새로운 경제발전의 전기를 마련한 것이야말로 발전행정의 표본으로 삼을만한 일이다. 그런데도 불과 이십여 년 만에 이동통신에 대해 규제행정으로 접근하는 것이 당연한 것처럼 여겨지는 것은 유럽과 미국을 정책이나 연구의 준거로 삼아왔기 때문이다. 그러나 이들 나라에서 국가의 임무가 발전한 경과, 즉 경찰국가에서 시작해서 급부국가를 거쳐 복지국가로 발전하였다가 규제국가로 전환하는 과정은 우리의 역사적 경로와 사뭇 다른 점에서 신중할 필요가 있다. 국가가 직접 제공하던 서비스를 공기업의 형식으로 전환하였다가 결국 공기업의 민영화를 시행하여 지금과 같은 통신시장이 형성된 점만 보면 이동통신에 대해서 규제행정으로 접근하는 것이 자연스럽다고 여길 수도 있으나, 우리는 '정보통신부'라는 혁신적인 정부 조직을 통해서 시장의 발전을 적극적으로 주도해 왔다는 점에서 공기업의 민영화와 동시에 규제행정이 정착된 유럽과 다를 뿐만 아니라 처음부터 민간의 기술혁신을 통해서 시장이 성장한 미국과도 다르다고 보아야 한다.

결국 규제행정의 형식에 발전행정의 실질을 가지고 있는 것이 바로 우리 이동통신의 역사적 경로이다. 이처럼 상호 모순으로 보이는 2개의 관점을 하나로 융합시킬 수 있는 것은 민관합동(public private partnership)이라는 개념이다. 이동통신이 이제 더는 국가의 임무가 아니라는 점을 전제하는 규제행정의 관점과 달리, 발전행정의 관점은 이동통신이 여전히 국가의 임무라고 전제한다. 이러한 국가의 임무를 민간의 자율성을 활용하여 수행하는 것이 바로 민관합동이다.[27] 여기서 민간의 참여와 협력이 이루어지는 형태는 다양하다. 이러한 민관합동이라는 측면에서 보면 주파수할당을 위한 대가의 가격경쟁은 「사회시설에 대한 민간투자법」(이하 '민간투자법'이라 한다)에 따라 사

27 이처럼 규제행정의 형식에도 불구하고 발전행정의 실질을 가지는 경우의 민관합동은 순수하게 규제행정을 위한 민관합동, 즉 자율규제와는 논리적으로 구별된다. 후자에 관하여, 줄리아 블랙/송시강, "자율규제의 헌정적 구성", 『경제규제와 법』 제16권 제1호, 서울대학교 공익산업법센터, 2023, 121면; 송시강, "자율규제의 법리적 구성에 관한 연구 – 일반행정법의 관점에서", 『홍익법학』 제24권 제1호, 홍익대학교 법학연구소, 2023, 672면 이하.

업시행자와 실시협약을 체결하는 과정과 유사한 측면이 있다.

3. 위험분담의 관점에서 원리의 변화

손해가 발생하지 않도록 사전에 방지하는 한편으로 손해가 발생하는 경우 사후적인 책임을 지는 것을 위험이 귀속한다고 하는바, 이러한 위험의 귀속을 적정하게 분배하는 것을 위험분담(risk sharing)이라고 한다.[28] 우리는 선진국에서 시행되는 동시다중오름경매를 그대로 적용하면서도 그 논리적인 전제인 '강력한' 주파수이용권은 인정하지 않는바, 그 결과 주파수의 경제적 가치와 할당대가의 관계가 정상적인 분포에서 벗어나기 쉬운 조건이다. 전파를 이용하는 산업의 기술적 위험성과 경제적 위험성이 갈수록 높아지는 추세를 고려하건대, 주파수할당과 그 대가에 있어서 모든 위험을 사업자에게 귀속시키는 지금의 제도는 개선될 필요가 있다.

정부가 활동하는 데 필요한 재화, 서비스, 건설을 민간에서 계약으로 취득하는 것을 공공조달(public procurement)이라고 하는바, 이에 대해서는 일찍이 발전행정의 관점과 규제행정의 관점이 서로 대립한다. 성숙한 시장의 자율성을 전제하는 규제행정의 관점에서는 공정경쟁과 비용절감을 조달의 일차적 목표로 제시한다. 이와 달리, 시장의 성장을 국가가 견인해야 한다는 발전행정의 관점에서는 유치산업 또는 전략산업의 발전을 위한 보호주의를 주장한다. 다만, 최근에는 규제행정을 기조로 하는 선진국에서도 기술혁신의 촉진을 조달의 중요한 목표로 삼고 이를 위해서 기존의 경직된 절차와 달리 유연한 절차(협상, 경쟁적 대화, 혁신파트너십)를 새로이 도입하고 있다.[29] 이는

28 송시강, "민간투자와 리스크 그리고 손실보상-표준실시협약상 위험분담에 관한 공법적 해명", 『홍익법학』 제22권 제2호, 홍익대학교 법학연구소, 2021, 282면.

29 유럽연합의 공공조달에 관하여, 김대인, "EU 공공조달법에 대한 연구-2014년 EU 개정 공공조달지침을 중심으로", 『행정법연구』 제41호, 행정법이론실무학회, 2015, 163면 이하; 김대인, "EU의 경쟁적 협의제도에 대한 연구", 『공법학연구』 제18권 제1호, 한국비교공법학회, 2017, 233면 이하; 김대인, "EU법상 혁신파트너십(Innovation Partnership) 제도에 대한 연구", 『과학기술법연구』 제27집 제2호, 한남대학교 과학기술법연구원, 2021, 3면 이하; 김대인, "사회서비스 공공계약법제에 대한 고찰-EU 및 영국법과의 비교를 중심으로", 『사회복지

절차의 개혁을 통해서 합리적 위험분담을 가능하게 하고 이로써 기술혁신을 촉진하고자 하는 것인 점에서, 일정한 산업의 육성이라는 실체적인 목표를 가지는 보호주의와 구별된다. 이처럼 조달절차를 개혁하여 합리적 위험분담을 가능하게 하는 전략은 규제행정의 형식에 발전행정의 실질을 가지는 이동통신을 민관합동의 관점에서 접근하는 데 있어 좋은 참고가 된다.

선진국에서 이동통신은 공동체에 필수적이지만 그렇다고 국가의 임무는 아니고 그동안 민영화를 통해서 민간의 임무로 정착되어 발전하고 있다. 우리도 이동통신은 민간의 임무에 해당하나 어디까지나 외관상으로만 그러하고 정부의 요금제, 단말기 등에 관한 정책을 보면 실제적으로는 국가의 임무를 민관합동으로 수행하는 것에 가깝다. 이처럼 이동통신이 외관상으로는 민간의 임무이지만 실제적으로는 국가의 임무에 해당한다고 보면, 주파수할당을 위한 대가의 가격경쟁은 '이동통신의 수단이 되는 주파수의 경매'라는 형식에도 불구하고 '주파수를 수단으로 하는 이동통신의 역경매'라는 실질을 가진다. 이처럼 역경매(reverse auction)라는 맥락에서 보면 주파수할당을 위한 대가의 가격경쟁은 이동통신이라는 용역을 조달하는 경매가 되는 것이다. 이에 더해 민관합동이라는 측면을 강조하면, 아울러 선진국에서와 달리 복잡다기한 부관이 주파수할당에 부가되는 우리 행정관행에 비추어 보건대, 주파수할당을 위한 대가의 가격경쟁에는 유럽연합의 경쟁적 대화에 의한 절차(Competitive Dialogue Procedure)를 적용하는 방안이 바람직하다는 생각이다. 이와 관련하여, 「국가를 당사자로 하는 계약에 관한 법률」(이하 '국가계약법'이라고 한다)에 경쟁적 대화에 의한 계약[30]의 절차가 최근 도입되었으나, 이

법제연구』 제12권 제1호, 2021, 155면 이하: 김대인, "EU의 민간투자법제에 대한 연구－2014년 EU 특허지침(Concession Directive)을 중심으로", 『공법연구』 제46집 제3호, 한국공법학회, 2018, 225면 이하.

30 국가계약법 시행령 제43조의3(경쟁적 대화에 의한 계약체결) ① 각 중앙관서의 장 또는 계약담당공무원은 전문성 · 기술성이 요구되는 물품 또는 용역계약으로서 다음 각 호의 어느 하나에 해당하는 경우에는 제42조에도 불구하고 입찰대상자들과 계약목적물의 세부내용 등에 관한 경쟁적 · 기술적 대화(이하 "경쟁적 대화"라 한다)를 통하여 계약목적물의 세부내용 및 계약이행방안 등을 조정 · 확정한 후 제안서를 제출받고 이를 평가하여 국가에 가장 유리하다고 인정되는 자와 계약을 체결할 수 있다. 이 경우 예정가격을 작성한 경우에는 예정가격 이하

것이 주파수할당을 위한 대가의 가격경쟁에 바로 적용이 가능한지는 분명하지 않다. 이동통신에 대해서는 민관합동의 관점에서 접근할 필요가 있는데, 국가계약법은 민관합동에 적용되지 않는 것이 원칙인 점에서 그러하다. 이 경우 민간투자법에 따라 사업시행자와 실시협약을 체결하는 절차를 적용하는 방안을 검토할 필요가 있다. 참고로, 국가계약법상 경쟁적 대화에 의한 계약의 과정은 [그림 1]과 같고, 유럽연합의 경쟁적 대화에 의한 절차의 과정은 [그림 2], [그림 3]과 같다.

로 계약을 체결해야 한다.
1. 기술적 요구 사항이나 최종 계약목적물의 세부내용을 미리 정하기 어려운 경우
2. 물품 · 용역 등의 대안이 다양하여 최적의 대안을 선정하기 어려운 경우
3. 상용화되지 아니한 물품을 구매하려는 경우
4. 그 밖에 계약목적물의 내용이 복잡하거나 난이도가 높은 경우 등으로서 각 중앙관서의 장이 필요하다고 인정하는 경우

② 각 중앙관서의 장 또는 계약담당공무원은 제1항에 따른 계약을 체결하려는 경우에는 입찰공고 시 경쟁적 대화에 의한 계약이라는 뜻을 명시하여야 한다.
③ 각 중앙관서의 장 또는 계약담당공무원은 경쟁적 대화를 하기 전에 입찰대상자의 제안 내용 등을 심사하여 경쟁적 대화에 참여할 입찰대상자를 선정하여야 한다.
④ 각 중앙관서의 장 또는 계약담당공무원은 경쟁적 대화를 통하여 확정된 제안요청서 등 필요한 서류를 경쟁적 대화에 참여한 입찰대상자에게 내주어야 한다.
⑤ 각 중앙관서의 장 또는 계약담당공무원은 경쟁적 대화에 참여하고 제안서를 제출한 자 중 낙찰자로 선정되지 아니한 참여자에게 예산의 범위에서 경쟁적 대화 참여비용의 전부 또는 일부를 지급할 수 있다.
⑥ 경쟁적 대화에 의한 계약 체결 시 제안요청서에 대한 설명, 세부적인 계약체결기준 및 제안서 평가 등에 관하여는 제43조제4항, 제5항 및 제7항부터 제9항까지의 규정을 준용한다. 이 경우 "협상에 의한 계약"은 "경쟁적 대화에 의한 계약"으로 본다.
⑦ 제1항부터 제6항까지에서 규정한 사항 외에 경쟁적 대화의 방법, 절차, 참여비용의 지급 등에 필요한 사항은 기획재정부장관이 정한다.

[그림 1] 국가계약법상 경쟁적 대화에 의한 계약[31]

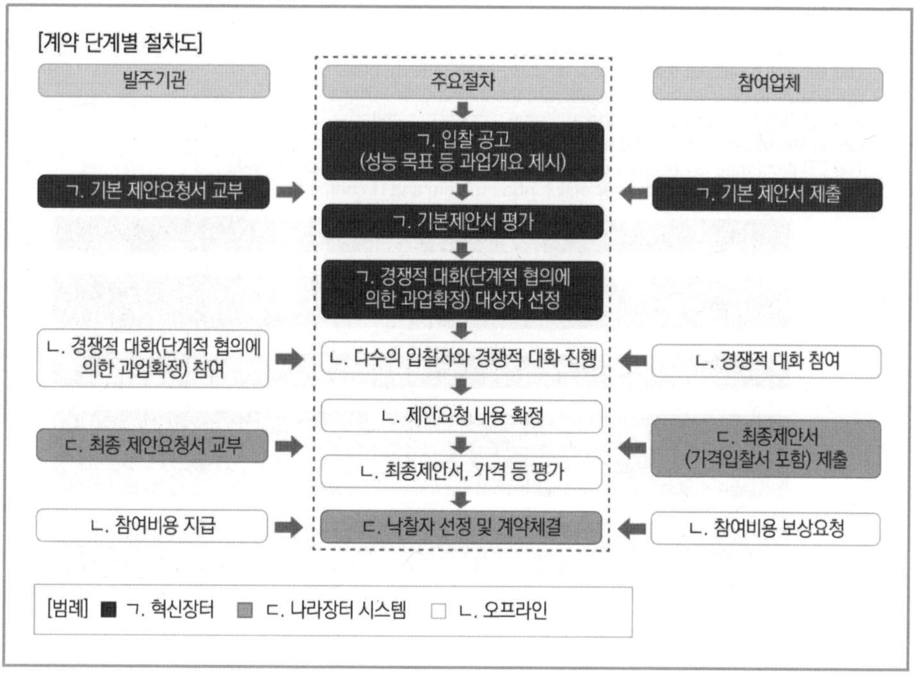

31 혁신장터(https;//ppi.g2b.go.kr;8914/ad/cmpt/cmptInfrmtn.do)에서 전재한 것임.

[그림 2] 유럽연합의 경쟁적 대화에 의한 절차[32]

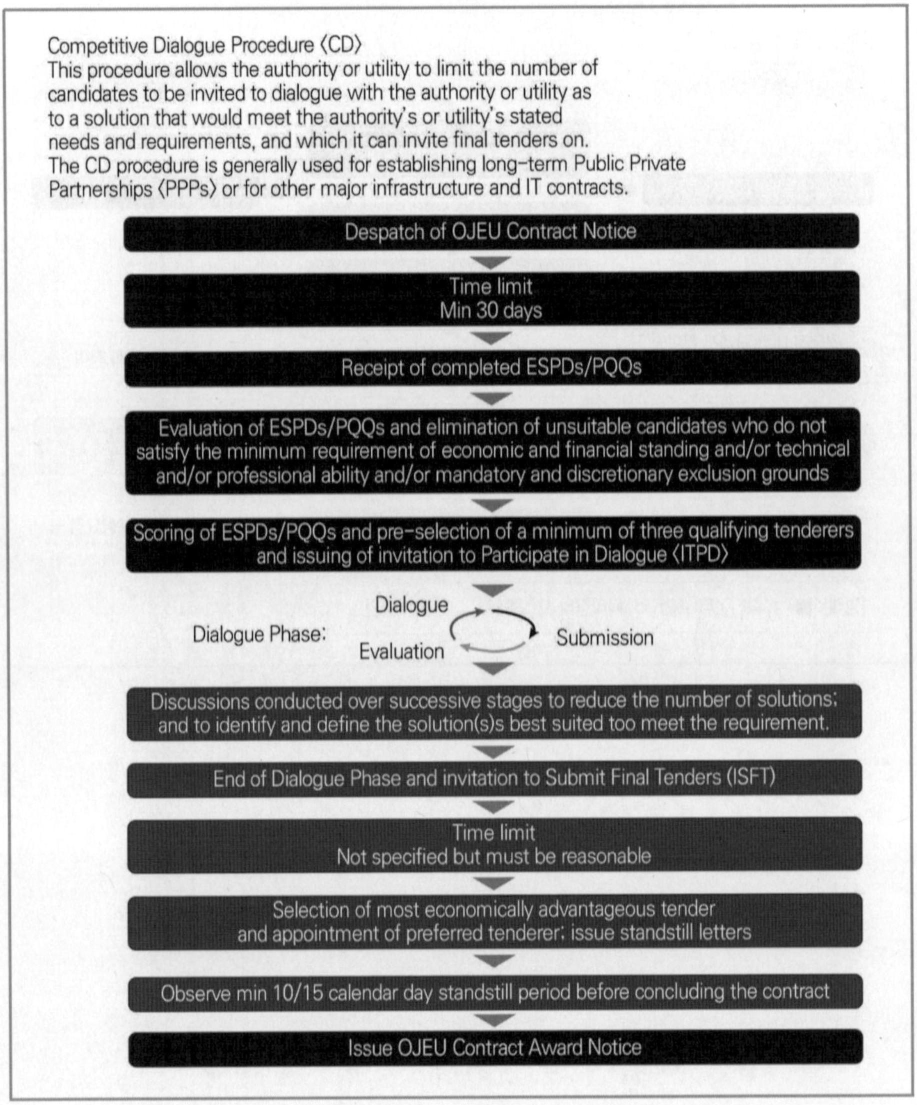

32 Guide to the EU public procurement rules, CMS Legal Services EEIG, 2017, 18면에서 전재한 것임.

[그림 3] 유럽연합의 경쟁적 대화에 의한 절차[33]

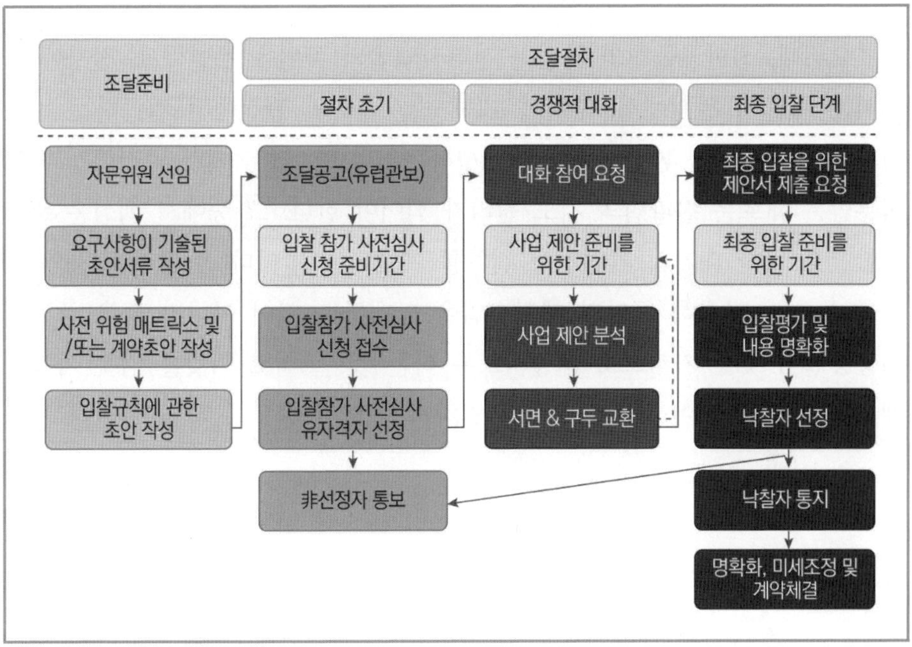

출처: Respa Conference on PPs(2014), The Competitive Dialogue: A powerful tool to procure Value for Money Projects.

이처럼 유럽연합의 경쟁적 대화에 의한 절차를 준거로 삼아서 주파수할당을 위한 대가의 가격경쟁 절차를 근본적으로 개선할 필요가 있다. 이에 따르면 단순히 정량적 요소(할당대가)만을 평가하는 것이 아니라 추가로 정성적 요소(요금인하, 품질향상, 기술혁신 등)까지 고려하여 종합적으로 평가할 수 있는바, 오히려 정량적 요소보다 정성적 요소가 더 중요하게 취급될 수 있다. 정부로서는 좋은 품질의 이동통신이 낮은 가격으로 제공되는 것, 나아가 그것을 지속 가능하게 해주는 기술혁신을 주파수할당의 일차적인 목표로 삼아야 할 것이기 때문이다. 이 점에서 그동안 정부가 주파수경매를 다루면서 지나치게 재정적 수입이라는 측면에 경도된 적은 없는지 반성이 필요하다.

33 한국조달연구원(김대식/백용선/박영숙/이미영), 『공공혁신조달을 위한 '경쟁적 대화방식' 계약제도 세부운용방안 연구』, 조달청, 2016, 요약문 3면에서 전재한 것임.

4. 소 결

요컨대, 전파공물법의 차원과 전파산업법의 차원을 구별하고, 전자에 대해서는 규율의 관점에서, 후자에 대해서는 규제의 관점에서 접근하는 것은 전파법의 정체성을 발전적으로 재구성하는 일이다. 이 점에서 발전행정과 위험분담은 새로운 전파법의 지도 원리가 되어야 한다. 그 중에서 핵심은 주파수할당을 위한 대가의 가격경쟁 절차를 개혁하는 일이다. 이러한 절차의 개혁을 통해서 단순히 국가의 재정수입을 확대하는 것이 아니라 좋은 품질의 이동통신이 낮은 가격으로 제공되도록 하는 것, 그리고 이것을 지속 가능하게 하는 기술혁신이 주파수경매의 일차적 목적이 되도록 하여야 한다.

Ⅴ. 결론 – '무선통신산업발전특례법'

전략적으로 민간의 참여와 협력을 바탕으로 하는 거버넌스를 구축하고 이를 통해 기술혁신을 촉진할 뿐만 아니라 한 걸음 더 나아가 산업발전을 위한 국가의 적극적 역할을 주문하는 전파법이 되기 위해서는 일반법에 해당하는 기존의 전파법 외에 가칭 '무선통신산업발전특례법'과 같은 특별법을 제정하는 것이 바람직하다. 그 구체적인 내용은 추후 별도의 연구에서 다루기로 하고 여기서는 그 방향성을 간단하게 제시하는 것으로 결론에 갈음하고자 한다.

1. 중립적인 전파법을 넘어서는 전략적인 전파법

전파법은 산업과 경제에 중립적인 법으로 남아서는 안 되고, 산업과 경제의 발전에 관한 전략적인 법으로 발전해야 한다. 이를 위해서 중립적인 것만으로 충분하거나 중립적일 것이 규범적으로 요청되는 사항은 전파법에 남기고, 전기통신사업법이나 정보통신망법으로부터 고립되어 폐쇄적인 체계가 되어서는 안 되는 사항은 '무선통신산업발전특례법'으로 독립시키는 것이 바람직하다.

2. 기술혁신의 촉진을 위한 참여와 협력을 바탕으로 하는 전파법

전파가 고도의 기술적 위험, 경제적 위험을 가지는 하부구조(infrastructure)라는 측면을 고려하건대, 지속 가능한 발전에 필요한 기술혁신의 촉진을 위해서는 민간의 참여와 협력을 바탕으로 하는 거버넌스를 구축하여야 한다. 주파수할당의 조건을 민간이 주도하여 협상으로 정할 수 있도록 경쟁적 대화에 의한 절차를 통한 주파수경매를 '무선통신산업발전특례법'에 도입하는 것은 그 시작이 될 수 있다.

3. 산업발전을 위한 국가의 적극적 역할을 요청하는 전파법

지속 가능한 발전을 위해서는 기술혁신이 절대적으로 필요한바, 이를 위해서는 국가가 소극적으로 민간의 기술혁신을 촉진하는 것에 그쳐서는 안 되고 국가가 적극적으로 기술혁신을 위한 선도적인 투자를 감행하는 전략이 필요하다. 이를 위해서 무엇보다 중요한 일은 정부와 민간 사이에 위험이 합리적으로 분담되도록 제도를 개선하는 것이다. 이에'무선통신산업발전특례법'은 위험분담의 원리에 입각한 발전행정의 전략을 제시할 필요가 있다.

참고문헌

- 송시강, "제9편 공물법", 김철용(편), 『특별행정법』, 박영사, 2022.
- 한국조달연구원(김대식/백용선/박영숙/이미영), 『공공혁신조달을 위한 '경쟁적 대화방식' 계약제도 세부운용방안 연구』, 조달청, 2016.
- 김대인, "EU 공공조달법에 대한 연구－2014년 EU 개정 공공조달지침을 중심으로", 『행정법연구』 제41호, 행정법이론실무학회, 2015.
- ______, "EU의 경쟁적 협의제도에 대한 연구", 『공법학연구』 제18권 제1호, 한국비교공법학회, 2017.
- ______, "EU법상 혁신파트너십(Innovation Partnership) 제도에 대한 연구", 『과학기술법연구』 제27집 제2호, 한남대학교 과학기술법연구원, 2021.
- ______, "사회서비스 공공계약법제에 대한 고찰－EU 및 영국법과의 비교를 중심으로", 『사회복지법제연구』 제12권 제1호, 2021.
- ______, "EU의 민간투자법제에 대한 연구－2014년 EU 특허지침(Concession Directive)을 중심으로", 『공법연구』 제46집 제3호, 한국공법학회, 2018.
- 박은홍, "발전국가론 재검토－이론의 기원, 구조 그리고 한계", 『국제정치논총』 제39집 제3호, 한국국제정치학회, 1999.
- 송시강, "자율규제의 법리적 구성에 관한 연구－일반행정법의 관점에서", 『홍익법학』 제24권 제1호, 홍익대학교 법학연구소, 2023.
- ______, "행정제재에 관한 법제 개선 방안－벌칙 중심 규제의 개혁을 위한 시론", 『홍익법학』 제23권 제4호, 홍익대학교 법학연구소, 2022.
- ______, "민간투자와 리스크 그리고 손실보상－표준실시협약상 위험분담에 관한 공법적 해명", 『홍익법학』 제22권 제2호, 홍익대학교 법학연구소, 2021.
- ______, "주파수재할당 제도의 법적 문제－특히 재할당대가에 관한 쟁점을 중심으로", 『경제규제와 법』 제13권 제2호, 서울대학교 공익산업법센터, 2020.
- ______, "행정행위 유형론에 대한 재검토－허가와 특허, 인가 개념을 중심으로", 『홍익법학』 제12권 제1호, 홍익대학교 법학연구소, 2011.
- ______, "주파수이용권의 성질과 효율적 전파관리제도", 『행정법연구』 제28호, 행정법이론실무학회, 2010.

■ 양재진, “발전 이후 발전주의론－한국 발전국가의 성장, 위기 그리고 미래”, 『한국행정학보』 제39권 제1호, 한국행정학회, 2005.
■ 오재록/공동성, “배태된 자율성?－한국 발전모델에 대한 이해와 오해”, 『한국행정학보』 제45권 제4호, 한국행정학회, 2011.
■ 이미선, “5G 28GHz 주파수할당 취소 이슈 및 문제점”, 『나보포커스』 제63호, 국회예산정책처, 2023.
■ 줄리아 블랙/송시강, “자율규제의 헌정적 구성”, 『경제규제와 법』 제16권 제1호, 서울대학교 공익산업법센터, 2023.

12.
금융부문 AI 규제 체계에 관한 연구: EU의 입법례를 중심으로

금융부문 AI 규제 체계에 관한 연구: EU의 입법례를 중심으로*

윤 혜 선**

Ⅰ. 서 론

인공지능(이하 'AI'라 한다)은 현대 사회를 혁신하는 핵심 기반 기술로서 제조, 금융, 의료, 교육 등 다양한 산업 분야에 널리 활용되고 있으며, 향후 그 활용 범위와 영향력이 더욱 확대될 것으로 전망된다. AI는 생산성 향상, 신제품 및 서비스 개발, 사회문제 해결 등에 크게 기여할 것으로 기대되고 있다. 그러나 이러한 기대와 함께 AI가 내포한 위험성(이 글에서는 위험성을 리스크의 국문 표현으로 사용한다)과 한계에 대한 우려도 증가하고 있다. AI 시스템의 오작동, 편향성, 프라이버시 침해, 투명성과 책임성 부재 등 기술과 시스템 차원의 문제뿐만 아니라, 가치사슬, 공급망, 국가 안보, 나아가 인류 생존에 이르기까지 복합적이고 다층적인 위험성이 확인되고 있다. 특히 금융부문에서 AI는 신용평가, 투자자문, 고객 서비스 등 핵심 영역으로 빠르게 확대되고 있어, 금융소비자의 권리와 금융시스템의 안정성에 직접적인 영향을 미칠 수 있다. 이에 AI의 혁신적 잠재력을 활용하면서도 그 위험성을 적절히 관리할 수 있는 규제 체계의 구축이 시급한 과제로 대두되고 있다.

현재 AI 규제 거버넌스에 관한 논의는, 적어도 국내에서는, EU가 제시

---

* 이 글은 『경제규제와 법』 제17권 제2권 (통권 제34호) 2024.11., 71－101면에 게재된 논문입니다.

** 한양대학교 법학전문대학원 교수, 인공지능학과 겸임교수.

한 포괄적 규제 프레임워크를 중심으로 이루어지고 있다. 그러나 AI 규제 거버넌스 체계를 EU와 같은 포괄적 수평적 일반규제 체계로 수립할 것인지, 아니면 미국이나 영국과 같은 부문별 수직적 전문규제 체계로 구축할 것인지에 대해서는 아직 국내외적으로 충분한 논의나 합의가 이루어지지 않은 상황이다. 한편, 효율성과 생산성 제고에 기여하는 기반 기술인 AI는 이미 다양한 산업 영역에 활용되며 그 범위를 지속적으로 확장하고 있다. 수평적 규제 체계를 채택하더라도 건강이나 안전과 같은 중요한 법익과 공익 보호를 위해서는 해당 영역에서 부문별 전문규제를 통한 AI 규제가 필요하다는 공감대가 형성되어 있다. 이러한 맥락에서 「EU 인공지능법(EU AI Act)」[1]은 고위험성 AI 시스템에 대한 규제 체계를 이원화하여, EU 차원의 부문별 규제가 존재하는 영역에서는 해당 부문의 규제 체계 내에 「EU 인공지능법」의 규제 내용이 통합되도록 설계되었다.

이 글은 EU의 금융 AI 규제 체계를 체계적으로 분석하여 그 특징과 시사점을 도출하는 것을 목적으로 한다. 특히 「EU 인공지능법」, 「디지털운영회복력법(DORA)」, 금융데이터 접근에 관한 규정안(FIDA) 등 주요 법제들이 어떻게 유기적으로 연계되어 AI 규제의 보편성과 금융부문의 특수성을 조화시키는지를 검토한다. 이 글에서는 「EU 인공지능법」과 「디지털운영회복력법」을 중심으로 규제의 주요 내용을 파악하되, AI 규제에 초점을 맞춤으로써 금융부문에 국한되지 않는 보편적 AI 규제 이슈와 금융부문 고유의 AI 규제 과제를 균형있게 조명하고자 한다. 이를 통해 AI 시스템 일반에 대한 포괄적 규제와 금융부문의 전문적 규제 간의 조화로운 연계 방안을 규명하고, 나아가 금융산업의 건전성과 금융소비자 보호를 위한 AI 규제 체계 구축에 관한 규범적 논의에 기여하고자 한다.

---

1 「EU 인공지능법(EU AI Act)」의 공식 명칭은 Regulation (EU) 2024/1689 of the European Parliament and of the Council of 13 June 2024 laying down harmonised rules on artificial intelligence and amending Regulations (EC) No 300/2008, (EU) No 167/2013, (EU) No 168/2013, (EU) 2018/858, (EU) 2018/1139 and (EU) 2019/2144 and Directives 2014/90/EU, (EU) 2016/797 and (EU) 2020/1828 (Artificial Intelligence Act)이다. 이 글에서는 「EU 인공지능법」이라 약칭한다.

이 글의 구성은 다음과 같다. 제2장에서는 금융부문에서의 AI 활용 현황과 위험성을 분석한다. 제3장에서는 EU의 금융 AI 규제 체계를 주요 법제별로 검토하고, 이들 간의 상호연계성을 고찰한다. 제4장에서는 EU 규제 체계의 특징과 한계를 평가하고, 우리나라의 현행 규제 현황과 비교하여 구체적인 법정책적 시사점을 도출한다.

Ⅱ. 금융부문 AI 도입의 현황과 규제적 과제

금융산업의 AI 도입은 두 가지 핵심 동인에 의해 가속화되었다. 첫째는 핀테크 혁신으로 촉발된 경쟁 압력이다. 새로운 기술 기반의 금융서비스가 등장하면서 전통적 금융회사들은 디지털 전환의 필요성에 직면하게 되었다. 둘째는 2007－2008년 글로벌 금융위기 이후 강화된 금융규제 환경이다.[2] 복잡화된 규제 요건을 효과적으로 준수하고 위험성을 관리하기 위해 AI와 같은 혁신적 기술의 도입이 불가피해졌다. 이러한 배경 하에서 AI는 금융산업 전반에 걸쳐 광범위한 혁신을 주도하고 있다. AI 기술은 금융서비스의 제공방식(Delivery)을 근본적으로 변화시키고, 위험성관리 체계를 고도화하며, 규제준수와 건전성 감독의 효율성을 크게 개선하고 있다.[3] 특히 최근 등장한 생성형 AI는 사이버보안, 업무 효율성, 고객 경험, 규제준수 등 다양한 영역에서 한층 진화된 해결책을 제시하며 금융혁신을 가속화하고 있다.[4] 이러한

2 글로벌 금융위기 이후 강화된 금융규제 체제로 인하여 금융회사의 운영방식, 위험성 관리 및 수익구조가 근본적인 변화를 겪었으며, 이는 규제준수 비용의 증가와 규제 위반에 대한 제재 강화로 이어져 금융회사의 규제 부담이 크게 가중되고 있다. Douglas W. Arner, Jànos Barberis and Ross P. Buckley (2017), “FinTech, RegTech, and the Reconceptualization of Financial Regulation”, Northwestern Journal of International Law & Business, 37(3): 371－413.

3 Ghiath Shabsigh & El Bachir Boukherouaa, “Generative Artificial Intelligence in Finance: Risk Considerations”, Fintech notes, Note 2023/006, International Monetary Fund, August 2023, p. 4.

4 위와 같음; UK Finance & Oliver Wyman, “The Impact of AI in Financial Services: Opportunities, Risks and Policy Considerations” November, 2023(이하 ‘UK Finance 보고서’라 한다).

AI의 활용은 금융서비스 제공, 금융회사 운영, 금융감독 행정이라는 세 가지 차원에서 금융산업의 근본적인 변화를 이끌고 있다. 이 장에서는 금융부문의 AI 도입 현황을 기술 수용과 시장 전망, 주요 적용 영역과 혁신 효과, 그리고 이에 수반되는 위험성과 도전과제라는 세 가지 측면에서 분석한다.

1. AI 기술의 수용 양상과 시장 전망

(1) 금융회사의 AI 기술 수용 현황

금융산업은 AI 기술의 도입과 활용이 가장 활발한 분야로 평가된다. 세계경제포럼과 캠브리지대학교 대안금융센터의 2020년 글로벌 설문조사에 따르면, 응답 금융회사의 77%가 이미 AI를 도입했거나 도입을 적극 검토 중인 것으로 나타났다.[5] 주목할 점은 금융회사들이 AI를 단순한 업무 효율화 도구가 아닌 새로운 비즈니스 모델과 수익원을 창출하는 핵심 동력으로 인식하고 있다는 것이다.[6] 이러한 인식의 변화는 금융회사들이 AI를 통해 기존 금융서비스의 혁신뿐만 아니라, 새로운 시장 기회의 발굴과 고객 가치 창출을 추구하고 있음을 보여준다. 현재 AI 기술은 개인화된 금융서비스 제공, 위험성 평가의 정확성 제고, 운영 효율성 향상 등을 통해 금융산업의 디지털 전환을 가속화하는 핵심 동인으로 작용하고 있다.

(2) AI 기반 금융서비스 시장의 성장

금융회사들의 적극적인 AI 수용은 관련 시장의 급격한 성장으로 이어지고 있다. 은행 부문의 경우 AI 관련 시장 규모가 2019년 83억 달러에서 2027년까지 1,300억 달러로 증가할 것으로 전망된다.[7] 이러한 성장세는 핀테크

---

5 World Economic Forum & Cambridge Center for Alternative Finance, University of Cambridge University of Cambridge Judge Business School, Transforming Paradigms A Global AI in Financial Services Survey, January 2020.

6 위의 보고서, pp. 11, 114−117.

7 Emergen Research, AI in Banking Market By Component, By Technology, By Application,

기업과 전통적 금융회사 모두에서 관찰되는 현상이다. 핀테크 기업들은 AI 기술을 활용하여 기존 금융서비스의 한계를 극복하는 혁신적 서비스를 제공하고 있으며, 전통적 금융회사들도 AI를 통한 내부 프로세스 최적화와 서비스 고도화를 적극 추진하고 있다. 특히 빅데이터 분석, 자연어 처리, 머신러닝 등 AI 기술의 발전은 금융거래의 자동화, 위험성 관리의 고도화, 고객 경험의 개선을 가능하게 함으로써 금융산업의 구조적 변화를 촉진하고 있다. 이러한 변화는 코로나19 팬데믹 이후 디지털 금융서비스에 대한 수요 증가와 맞물려 더욱 가속화되는 양상을 보이고 있다.

2. AI 기술의 적용 영역과 혁신 효과[8]

(1) 금융서비스 제공 측면의 혁신

금융서비스 영역에서 AI의 적용은 신용평가, 투자자문, 고객 서비스의 세 가지 측면에서 혁신을 주도하고 있다. 먼저, 신용평가 분야에서는 AI가 금융 거래 내역, 위치 정보, 계좌 정보, 소셜미디어 데이터 등 다양한 데이터를 통합적으로 분석하여 평가의 정확성을 제고하고 있으며, 특히 기존 신용평가 체계에서 소외되었던 계층에 대한 대안적 평가 방식을 제시하고 있다. 이러한 AI 기반 신용평가는 전통적인 신용평가 모형이 포착하지 못했던 잠

By Solution (Customer Behavior Analytics, Data Analytics & Visualization, Fraud Detection, Customer Relationship Management, Chatbot, and Others), and By Region, Forecast to 2027, January 2021. <https://www.emergenresearch.com/industry-report/ai-in-banking-market> (최종방문일 2024.10.30.).

8 이하의 내용은 Jon Truby, Rafael Brown & Andrew Dahdal (2020) Banking on AI: mandating a proactive approach to AI regulation in the financial sector, Law and Financial Markets Review, 14:2, 110-120, DOI: 10.1080/17521440.2020.1760454; Deloitte, The New Physics of Financial Services: How Artificial Intelligence Is Transforming The Financial Ecosystem, <https://www2.deloitte.com/qa/en/pages/financial-services/articles/artificial-intelligence-transforming-financial-ecosystemdeloitte-fsi.html> (최종방문일 2024. 10. 30.); 앞의 UK Finance 보고서; 이정수, "제4차 산업혁명과 금융법의 과제", 상사법연구, Vol. 40(3) (2021), 201-257면; 이정수, "인공지능의 발전과 금융법의 과제" 발표자료, 서울대학교 2024 등의 선행연구를 종합적으로 분석하여 저자가 재구성한 것이다.

재적 신용도를 식별함으로써 금융포용성 제고에 기여할 것으로 기대된다. 또한 실시간 데이터 분석을 통해 신용리스크의 동태적 변화를 포착하고 이에 선제적으로 대응할 수 있게 함으로써 금융회사의 위험성 관리 역량을 크게 강화하고 있다.

투자자문 분야에서 AI 기술은 획기적인 진전을 이루고 있다. AI는 방대한 시장 데이터를 분석하여 겉보기에 관련성이 없어 보이는 변수들 간의 상관관계를 발견하고, 이를 통해 투자 예측의 정확도를 높이고 있다. 특히 머신러닝 알고리즘을 활용한 시장 분석과 포트폴리오 최적화는 전통적인 투자방식을 뛰어넘는 새로운 투자 전략의 가능성을 제시하고 있다. AI 기반 로보어드바이저는 고객의 위험성 성향과 투자 한도를 고려한 맞춤형 포트폴리오를 구성하고 시장 상황에 따라 실시간으로 자산을 재배분함으로써, 전문적 자산관리 서비스에 대한 접근성을 크게 향상시켰다.

고객 서비스 측면에서 AI는 금융서비스를 보다 개인화되고 접근성 높은 형태로 변화시키고 있다. AI 챗봇과 가상 비서는 자연어 처리 기술을 바탕으로 24시간 고객 상담을 제공하며, 고객의 문의사항에 대해 신속하고 정확한 답변을 제공할 뿐만 아니라, 고객의 금융행동 패턴을 분석하여 선제적으로 맞춤형 금융상품을 추천하고 재무설계를 지원하는 등 능동적인 서비스로 진화하고 있다. 특히 AI는 고객의 거래 데이터, 생애주기, 재무상황 등을 종합적으로 분석하여 개별 고객에게 최적화된 금융솔루션을 제시함으로써, 대중적 금융서비스의 개인화를 가능하게 하고 있다. 이러한 AI 기반 서비스는 고객 만족도 향상뿐만 아니라 금융회사의 운영 효율성과 수익성 제고에도 기여하고 있다.

(2) 금융회사 내부 운영의 변화

금융회사의 내부 운영에서 AI 기술은 규제준수와 위험성 관리를 중심으로 혁신적인 변화를 이끌고 있다. 특히 글로벌 금융위기 이후 강화된 규제환경에 대응하여, AI는 복잡한 규제요건의 효과적 이행을 지원하는 핵심 도구로 자리잡고 있다. AI 기반 솔루션은 규제준수에 따른 리스크를 보다 정확하고 효율적으로 평가, 모니터링하며, 내부통제 시스템의 실효성을 제고하고 있다. 특히 실시간 모니터링과 예측적 분석을 통해 잠재적 위험요인을 조기에 파악하고 선제적으로 대응할 수 있게 함으로써, 위험성 관리의 새로운 패러다임을 제시하고 있다.

이러한 혁신은 레그테크(RegTech)라는 새로운 영역을 탄생시켰다.[9] AI 기반 레그테크 솔루션은 자동화된 규정 준수 모니터링, 위험성 평가, 보고서 생성 등을 통해 규제준수 비용을 절감하고 정확성을 향상시키고 있다. 예를 들어, 자금세탁방지 분야에서 AI는 복잡한 거래 패턴을 분석하여 의심스러운 거래를 식별하고, 오탐(false positive)을 줄임으로써 조사의 효율성을 높인다. 또한 AI는 스트레스 테스트, 자본적정성 평가 등 복잡한 규제요건의 이행을 자동화하고 정교화하는 데 기여하고 있다.

업무 프로세스 측면에서도 AI의 영향은 광범위하게 나타나고 있다. 은행권에서는 AI를 활용하여 신용평가 모형을 고도화하고, 부실채권 관리를 효율화하며, 운영위험성을 감소시키고 있다. 보험 분야에서는 보험금 청구 프로세스의 자동화, 보험사기 탐지 시스템의 고도화, 보험인수 프로세스의 개선 등이 이루어지고 있다. 금융투자 분야에서는 알고리즘 트레이딩의 고도화, 포트폴리오 관리의 자동화, 시장 위험성 분석의 정교화가 진행되고 있다. 이러한 변화는 금융회사의 운영 효율성을 획기적으로 개선하는 동시에, 새로운 비즈니스 기회의 발굴을 가능하게 하고 있다.

(3) 금융감독 체계의 진화

금융감독 영역에서 AI의 도입은 감독업무의 효율성과 효과성을 근본적으로 변화시키고 있다. AI 기술은 금융감독기구가 방대한 금융시장 데이터

9 레그테크(RegTech)는 규제(Regulation)와 기술(Technology)의 합성어로, 디지털 기술을 활용하여 금융규제 준수를 자동화하고 효율화하는 기법을 의미한다. 전문가들은 이러한 레그테크가 향후 규제기관과 금융회사 모두에게 표준이 되어, 글로벌 차원의 지속적이고 실시간적인 보고 및 모니터링 프로세스로 발전할 것으로 전망하고 있다. Truby et al, 앞의 논문, p. 113.

를 실시간으로 분석하고, 잠재적 위험을 선제적으로 식별하며, 시장의 불법 행위를 효과적으로 적발할 수 있게 한다. 이러한 변화는 전통적인 사후적, 순차적 감독방식에서 선제적, 동시적 감독 체계로의 전환을 가능하게 하고 있으며, 이는 섭테크(SupTech)[10]라는 새로운 규제기술 혁신으로 구체화되고 있다.

금융감독기구의 AI 활용은 크게 세 가지 영역에서 주목할 만한 성과를 보이고 있다. 첫째, 실시간 시장 모니터링과 조기경보 체계 구축이다. AI 시스템은 금융회사의 거래데이터, 시장 동향, 뉴스 피드 등 다양한 정보를 통합적으로 분석하여 시장의 이상징후나 잠재적 위험요인을 자동으로 식별하고 분류한다. 이를 통해 금융감독기구는 시스템적 위험성의 축적이나 금융사고의 발생가능성을 조기에 포착하고 대응할 수 있게 되었다.

둘째, 금융검사와 감리업무의 고도화다. AI는 금융회사의 내부 데이터, 공시자료, 외부정보 등을 종합적으로 분석하여 잠재적 위법행위나 위험요인을 식별한다. 이는 위험성 기반 검사(risk-based supervision)의 효율성을 높이고, 제한된 감독자원의 최적 배분을 가능하게 한다. 특히 머신러닝 알고리즘을 활용한 이상거래 탐지, 시장조작 행위 적발, 불공정거래 분석 등은 금융시장의 투명성과 공정성 제고에 크게 기여하고 있다.

셋째, 규제보고와 정보공유의 효율화다. AI 기술은 금융회사의 규제보고 부담을 경감시키는 동시에, 보고된 정보의 정확성과 일관성을 제고한다. 자동화된 데이터 수집과 검증 시스템은 보고 오류를 줄이고 처리 시간을 단축하며, 이를 통해 감독기구는 보다 신속하고 정확한 시장 분석과 정책 대응이 가능해졌다. 더불어 AI 기반 데이터 분석 플랫폼은 감독기구 간 정보공유와 협력을 촉진함으로써 감독의 사각지대를 해소하는 데 기여하고 있다.

특히 AI 기반 감독 체계의 도입은 금융시장의 복잡성과 상호연계성이 증가하는 환경에서 더욱 중요한 의미를 갖는다. AI는 전통적인 감독방식으로

---

10 섭테크(SupTech)는 감독(Supervision)과 기술(Technology)의 합성어로서, 기술을 활용하여 금융을 관리 · 감독하는 기법을 의미한다.

는 포착하기 어려운 복합적 위험성 요인들을 식별하고 분석할 수 있게 함으로써, 금융안정성 제고를 위한 감독역량을 크게 강화하고 있다. 또한 AI의 도입은 금융감독의 패러다임을 사후적 제재 중심에서 사전적 예방 중심으로 전환하는데 핵심적 역할을 수행하고 있으며, 이는 금융시스템의 안정성과 효율성을 동시에 제고하는 데 기여하고 있다. 나아가 AI를 활용한 감독 체계의 혁신은 금융회사와 감독기구 간의 관계도 변화시키고 있다. 실시간 데이터 공유와 분석이 가능해짐에 따라 양방향적이고 협력적인 감독관계가 형성되고 있으며, 이는 보다 효과적이고 효율적인 금융감독을 가능하게 하고 있다.

3. AI 활용에 따른 위험성과 도전과제

(1) 기술 내재적 위험요인

AI 기술의 금융부문 도입은 그 혁신적 잠재력에도 불구하고 여러 가지 본질적 위험요인을 내포하고 있다. 가장 핵심적인 우려사항은 AI 시스템의 편향성과 차별의 문제다. AI 모델이 학습하는 데이터에 내재된 사회적 편견이나 역사적 차별이 의사결정 과정에 반영될 수 있으며, 이는 특히 신용평가나 대출심사와 같은 중요한 금융의사결정에서 공정성 문제를 야기할 수 있다. 예를 들어, 특정 인구통계학적 집단에 대한 과거의 차별적 대출 관행이 데이터에 반영되어 있다면, 이를 학습한 AI는 해당 편향을 재생산하거나 심화시킬 위험성이 있다. 또한 개인정보 보호의 문제도 심각한 도전과제로 대두되고 있다. AI 시스템은 정확한 예측과 개인화된 서비스 제공을 위해 방대한 양의 개인정보를 수집, 처리한다. 이 과정에서 금융정보가 노출되거나 오·남용될 리스크가 존재하며, 특히 생성형 AI의 등장으로 개인정보 침해의 리스크는 더욱 복잡하고 다차원적인 양상을 띠게 되었다. 더욱이 AI 모델이 학습한 개인정보가 모델 파라미터에 암묵적으로 저장되어 있을 수 있어, 이로 인한 프라이버시 침해의 위험성도 간과할 수 없는 문제다. 투명성과 설명가능성의 부족도 중요한 기술적 한계이자 시급한 과제로 지적된다. 특히 딥러닝과 같은 복잡한 AI 모델의 경우, 의사결정 과정이 블랙박스화되어 그 판단 근거를 명확히 설명하기 어려운 경우가 많다. 이는 금융소비자의 권리 보호 측면에서 심각한 문제를 제기할 수 있다. 예를 들어, AI 시스템이 특정 개인의 대출을 거절하거나 불리한 금융조건을 제시할 때, 그 의사결정의 근거를 충분히 설명하지 못한다면 이는 소비자의 정당한 이의제기 권리를 제한하는 결과를 초래할 수 있다.

(2) 운영 및 성능상의 위험성

금융부문에서 AI 시스템은 예측 정확도, 견고성, 설명가능성 등 성능적 측면에서 다양한 운영상의 위험성을 내포하고 있다. 특히 금융시장의 복잡성과 역동성을 고려할 때, AI 시스템의 성능 관련 위험성은 금융안정성에 직접적인 영향을 미칠 수 있다. 이러한 운영상의 위험성은 크게 세 가지 측면에서 검토될 수 있다. 첫째, AI 시스템의 예측력과 안정성 문제다. 금융시장은 수많은 변수가 상호작용하는 복잡계이며, 예측하기 어려운 극단적 사건(tail event)이 발생할 수 있다. AI 모델이 과거 데이터에 과도하게 의존하거나 특정 시장 조건에 과적합(overfitting)된 경우, 시장 환경의 급격한 변화나 예상치 못한 사건 발생 시 심각한 예측 오류를 보일 수 있다. 특히 최근 등장한 생성형 AI의 경우, 환각 현상(hallucination)으로 인한 부정확한 정보 생성이 금융의사결정을 왜곡할 위험성이 있다. 둘째, 시스템의 견고성(robustness)과 관련된 위험성이다. AI 시스템은 입력 데이터의 미세한 변화나 노이즈에도 민감하게 반응할 수 있으며, 이는 적대적 공격(adversarial attack)에 취약한 결과를 초래할 수 있다. 예를 들어, 악의적인 행위자가 특정 패턴의 데이터를 주입하여 AI 시스템의 판단을 교란시키거나, 시스템의 취약점을 악용하여 금융거래를 조작하는 시도가 있을 수 있다. 이러한 견고성 문제는 특히 자동화된 거래 시스템이나 위험성 관리 모델에서 심각한 결과를 초래할 수 있다. 셋째, 성능 모니터링과 품질 관리의 어려움이다. AI 시스템의 성능은 시간이 지남에 따라 데이터 분포의 변화(concept drift)나 모델의 노후화로 인해 저하될 수 있다. 그러나 AI 시스템의 복잡성으로 인해 이러한 성능 저하를 실시간으로 감지하고 대응하는 것이 어려울 수 있다. 더욱이 여러 AI 시스템이 상호작용하는 복잡한 금융환경에서는, 개별 시스템의 성능 문제가 연쇄적으로 전파되어 시스템적 위험성(systemic risk)으로로 발전할 가능성도 존재한다.

(3) 사이버보안 위협

AI 기술의 발전은 금융부문에 새로운 유형의 사이버보안 위협을 초래하고 있다. 이러한 위협은 AI 시스템 자체의 취약성뿐만 아니라, AI를 활용한 공격 기법의 고도화에서도 기인한다. 특히 금융부문의 경우 직접적인 금전적 가치를 다루는 특성으로 인해 사이버 공격의 주요 표적이 되고 있으며, AI의 도입은 이러한 위협의 양상을 더욱 복잡하게 만들고 있다. 특히, AI 기술을 활용한 사이버 공격의 고도화가 주목된다. 생성형 AI는 매우 정교한 피싱 이메일을 대량으로 생성할 수 있으며, 딥페이크 기술을 활용한 음성 및 영상 위조는 기존의 보안 체계를 무력화시킬 수 있다. 특히 AI의 학습 능력을 활용하여 보안 시스템의 취약점을 자동으로 탐지하고 공격하는 지능형 위협이 증가하고 있다. 이러한 공격은 전통적인 보안 대책으로는 대응하기 어려운 새로운 도전과제를 제시한다. 또한 AI 시스템 자체에 대한 공격 위험성도 증가하고 있다. 적대적 예제(adversarial example)를 통한 AI 모델 교란, 학습 데이터 오염(data poisoning), 모델 추출 공격(model extraction attack) 등 AI 특유의 취약점을 노리는 공격이 등장하고 있다. 이러한 공격은 AI 기반 금융 시스템의 신뢰성을 심각하게 훼손할 수 있으며, 특히 자동화된 거래 시스템이나 위험성 관리 모델을 표적으로 할 경우 대규모 금융 손실을 초래할 수 있다. 더욱이 제3자 AI 서비스 활용에 따른 보안 위험성도 간과할 수 없다. 클라우드 기반 AI 서비스나 외부 AI 솔루션에 대한 의존도가 높아짐에 따라 공급망 공격(supply chain attack)의 위험성이 증가하고 있다. 이는 단일 취약점이 다수 금융기관에 동시다발적 영향을 미칠 수 있는 시스템적 위험성으로 발전할 가능성이 있다.

(4) 시스템적 위험성의 발생가능성

AI 기술의 광범위한 도입은 금융시스템 전반의 안정성에 새로운 도전을 제기하고 있다. 개별 금융기관 차원의 리스크를 넘어 금융시스템 전체의 안정성을 위협할 수 있는 시스템적 위험성의 발생가능성이 제기되고 있다. 이러한 시스템적 위험성은 AI 시스템의 상호연결성과 의사결정의 동조화 현상에서 주로 기인한다. AI 기반 의사결정의 동조화 현상은 시스템적 위험성을 증폭시킬 수 있다. 많은 금융기관이 유사한 AI 모델이나 데이터를 사용할 경우, 이들의 의사결정이 동일한 방향으로 쏠릴 가능성이 있다. 예를 들어, 다수의 금융기관이 유사한 AI 신용평가 모델을 사용할 경우 특정 차주군에 대한 대출이 집중되거나 회피되는 현상이 발생할 수 있다. 이러한 쏠림현상은 시장 변동성을 증폭시키고, 금융시스템의 경기순응성(pro-cyclicality)을 강화할 수 있다. 또한 AI 알고리즘 거래의 확산은 시장 변동성을 증폭시킬 수 있다. AI 기반의 고빈도 거래(high-frequency trading)나 자동화된 투자 전략이 광범위하게 도입됨에 따라, 시장의 급격한 변동이 순식간에 확산될 위험성이 있다. 특히 스트레스 상황에서 다수의 AI 시스템이 동시에 유사한 반응을 보일 경우, 시장 충격이 증폭되어 금융안정성을 위협할 수 있다. 예를 들어, 2010년 미국 주식시장의 플래시 크래시(Flash Crash)는 자동화된 거래 시스템의 연쇄 반응이 시장 붕괴를 초래할 수 있음을 보여준 사례다. 나아가 AI 시스템 간의 복잡한 상호작용은 예측하기 어려운 위험성을 창출할 수 있다. 다양한 AI 시스템이 서로 영향을 주고받는 과정에서 발생하는 피드백 루프(feedback loop)는 시장의 불안정성을 증폭시킬 수 있다. 더욱이 AI 시스템의 의사결정 과정이 불투명한 경우가 많아, 이러한 상호작용의 결과를 예측하고 통제하는 것이 매우 어려울 수 있다.

4. 소 결

AI의 금융부문 도입은 혁신적 잠재력에도 불구하고 다양한 위험성과 도전과제를 수반한다. 이는 기술, 운영, 사이버보안, 그리고 시스템 차원에서 복합적으로 나타나며, 금융 시스템의 안정성과 신뢰성을 위협할 가능성을 내포하고 있다. 이러한 금융부문 AI의 다양한 위험성은 개별적으로도 중요한 도전과제이지만, 이들이 상호 연계되어 증폭될 가능성에 특히 주목할 필요가 있다. 예를 들어, AI 시스템의 기술적 취약성이 사이버 공격과 결합될 경우 그 피해는 개별 금융기관을 넘어 금융시스템 전반으로 확산될 수 있다. 또한 AI의 불투명성과 설명가능성의 한계는 시스템적 리스크의 조기 감지와 대응을 어렵게 만들 수 있다. 이는 금융부문에서 AI 규제의 필요성과 시급성을 보여준다. AI 규제는 개별 리스크 요인에 대한 대응을 넘어, 리스크의 상호 연계성과 시스템적 영향을 종합적으로 고려해야 한다. 특히 금융부문의 경우 시스템적 중요성과 소비자 보호의 필요성을 고려할 때, AI의 혁신적 잠재력을 활용하면서도 그 위험성을 적절히 통제할 수 있는 균형 잡힌 규제 체계의 구축이 요구된다. 다음 장에서는 이러한 규제적 과제에 대응하기 위한 EU의 규제 체계를 살펴보고, 그 특징과 시사점을 분석하고자 한다.

Ⅲ. EU의 금융 AI 규제 체계

1. EU 금융 AI 규제 체계의 구조적 특징

EU는 AI 규제에 있어 세계에서 가장 포괄적이고 체계적인 접근을 시도하고 있다. EU의 금융 AI 규제 체계는 「EU 인공지능법」이라는 수평적 규제를 기반으로 하되, 금융부문의 특수성을 반영한 「디지털운영회복력법」(Digital Operational Resilience Act, 이하 'DORA'라 한다)[11]과 금융데이터 접근에 관한 규정안(Proposal for a regulation on a framework for financial data access, 이하 'FIDA'라 한다)[12] 등 수직적 규제들이 유기적으로 연계되는 다층적 구조를 특징으로 한다. 이러한 접근은 AI 규제의 보편성과 금융부문의 특수성을 동시에 고려하려는 시도로 평가된다. EU는 AI의 위험성이 특정 산업이나 영역에 국한되지 않는다는 인식하에 포괄적인 규제 프레임워크를 구축하면서도, 금융서비스의 중요성과 시스템적 파급효과를 고려하여 해당 부문에 특화된 전문규제를 병행하고 있다. 특히 금융부문에서는 소비자보호, 금융안정성, 공정경쟁 등 전통적인 금융규제의 목표와 AI 규제의 조화를 도모하고 있다. 더욱이 EU의 규제 체계는 AI 기술의 발전 단계와 리스크의 정도에 따라 차등화된 규제를 적용하는 위험성 기반 접근법을 채택하고 있다. 「EU 인공지능법」은 AI 시스템을 위험도에 따라 분류하고 각각에 상응하는 규제 요건을 부과하며, DORA는 금융회사와 주요 기술 공급자의 디지털 운영 회복력에 대해 비례적인 규제를 적용한다. 이는 혁신을 저해하지 않으면서도 필요한 보호장치를 마련하려는 균형잡힌 접근으로 볼 수 있다.

2. 주요 규제법령의 내용

(1) 금융부문에 대한 「EU 인공지능법」의 규제 체계

1) 「EU 인공지능법」의 기본 규제 체계

「EU 인공지능법」은 AI 시스템의 개발, 시장 출시, 사용에 관한 EU 차원의 조화된 규제 체계를 확립하여 AI의 신뢰성과 인간중심성을 보장하기 위해 마련된 법률이다.[13] 2024년 8월 발효된 이 법은 AI 기술과 그 활용 사례

---

11 Regulation (EU) 2022/2554 of the European Parliament and of the Council of 14 December 2022 on digital operational resilience for the financial sector and amending Regulations (EC) No 1060/2009, (EU) No 648/2012, (EU) No 600/2014, (EU) No 909/2014 and (EU) 2016/1011. EU 집행위원회는 2020년 9월 24일 디지털금융패키지(DFP)의 일부로 DORA 초안을 발의하였다. 이 패키지에는 디지털 금융 전략, 암호화 자산에 대한 규제법안, 블록체인 기술, 디지털 운영 탄력성, 신규 소매 결제 전략이 포함되어 있다.

12 Proposal for a REGULATION OF THE EUROPEAN PARLIAMENT AND OF THE COUNCIL on a framework for Financial Data Access and amending Regulations (EU) No 1093/2010, (EU) No 1094/2010, (EU) No 1095/2010 and (EU) 2022/2554, COM/2023/360 final.

에 초점을 맞춘 수평적 규제 체계로서, 특정 산업이나 부문에 국한되지 않고 AI 시스템 전반에 적용된다. 따라서 금융부문에 특화된 규제는 아니지만, AI를 활용하는 금융서비스 전반에 중요한 영향을 미칠 것으로 예상된다.

널리 알려진 바와 같이 이 법의 핵심은 위험성 기반의 차등적 규제 체계에 있다. AI 시스템에 대해서는 활용 사례별 위험도에 따라, 범용 AI 모델에 대해서는 성능 수준에 따른 위험도를 기준으로 차등화된 규제를 적용한다. AI 시스템의 위험도는 허용될 수 없는 위험성(unacceptable risk), 고위험성(high risk), 제한된 위험성(limited risk), 최소 위험성(minimal risk), 잔존 위험성(residual risk)의 다섯 단계로 구분된다. 각 위험성 수준에 따라 활용 금지, 사전 적합성 평가 및 의무 부과, 투명성 의무 부과, 자율규제, 고위험성 시스템 관리 시 고려 의무 등 상이한 규제가 적용된다. 범용 AI 모델의 경우 일반 모델과 EU 차원의 시스템적 위험성[14]을 가진 모델로 구분하여 후자에 더욱 엄격한 의무를 부과한다.[15]

이 법의 적용 범위는 EU 역내에서 AI 시스템을 개발, 공급, 사용하는 모든 주체를 포괄하며, EU 역외에서 개발 · 공급된 AI 시스템이라도 그 결과물이 EU에서 사용되는 경우에도 적용된다.[16] 금융부문의 경우 AI 시스템을 자체 개발하여 공급하는 경우와 외부에서 개발된 AI 시스템을 사용하는 경우 모두에서 규제 대상이 된다는 점에서, 금융회사들은 공급자와 사용자로서의 이중적 지위에서 이 법의 규제를 준수해야 한다.

---

13 「EU 인공지능법」 제1조(목적).

14 시스템적 위험성이란 광범위한 영향을 미칠 수 있는 고성능(high-impact capabilities) 범용 AI모델 특유의 위험성을 말한다. 「EU 인공지능법」에서는 이를 "광범위한 도달 범위로 인해 EU 역내 시장에 중대한 영향을 미치고, 공중보건, 안전, 공안, 기본권 또는 사회 전반에 실제적으로 또는 합리적으로 예견 가능한 부정적 영향을 미치는 것으로서, 가치사슬 전반에 걸쳐 대규모로 전파될 수 있는 위험성"이라고 정의하고 있다. 「EU 인공지능법」 제3조 제65호 'systemic risk'.

15 「EU 인공지능법」 제51조.

16 「EU 인공지능법」 제2조(적용범위). 물론 이차 입법이나 위임 입법 등을 통해 특정 사례나 부문에 특화된 규제 체계가 도입될 수 있다.

2) 「EU 인공지능법」의 금융부문 위험성 단계별 규제 체계

① 허용될 수 없는 위험성 영역

「EU 인공지능법」은 인간의 안전, 건강, 기본권에 명백한 위협이 되는 AI 시스템을 허용할 수 없는 위험성 영역으로 규정하고, 이러한 시스템의 개발, 출시, 서비스화, 사용(이하 '활용'이라 통칭한다)을 전면 금지한다.[17] 다만 연구 목적으로 합법적 허가를 받은 경우에 한하여 제한적 개발과 운영이 허용된다. 법은 구체적으로 여덟 가지 금지 사례를 명시하고 있으며, 각 사례별 적용 특례 요건도 상세히 규정하고 있다.

금융 AI를 직접적 규제 대상으로 하는 금지 사례는 없으나, 금융서비스 제공 과정에서 준수해야 할 중요한 제한사항들이 포함되어 있다. 예를 들어, 잠재의식에 영향을 미치는 기술을 통해 소비자의 금융 의사결정을 왜곡하거나, 고령자, 장애인, 저소득층 등 취약계층의 특성을 악용하여 부적절한 금융상품을 권유하는 AI 시스템의 활용이 금지된다. 또한 개인의 사회적 · 경제적 행태를 평가하여 등급을 매기는 사회적 평점 시스템(social scoring system)의 활용도 금지되는데, 이는 금융회사가 AI를 활용한 신용평가나 고객 행태 분석 시스템을 설계할 때 특히 유의해야 할 사항이다.

② 고위험성 영역

고위험성 AI 시스템은 「EU 인공지능법」의 핵심 규제 대상이다. 명문의 정의 규정은 없지만 이 법은 AI 시스템이 제품 자체로 또는 디지털 구성요소로 작동할 때 "자연인의 건강, 안전 또는 기본권에 상당한(significant) 위험성을 초래"하는 경우를 고위험성으로 파악한다.[18] 이는 금융부문에서 특히 중요한 의미를 갖는데, [부록(Annex) III]에서 "필수 민간 서비스와 필수 공공 서비스 및 혜택에 대한 접근 및 향유" 영역의 다수 금융 AI 시스템이 고위험성으로 분류되기 때문이다. 구체적으로 개인 신용도 평가 및 신용점수 산정 시스템, 생명보험과 건강보험의 위험성 평가 및 보험료 책정 시스템이 이에

17 「EU 인공지능법」 제5조(금지된 AI 활용행위).

18 「EU 인공지능법」 제6조 제3항.

해당한다. 다만 금융 사기 탐지 목적의 AI 시스템은 명시적으로 제외된다.

고위험성 AI 시스템의 제공자는 엄격한 의무를 준수해야 한다. 주요 의무에는 위험성관리 체계 구축, 데이터 거버넌스 확립, 기술 문서화, 기록 보관, 투명성 확보 및 정보 제공, 인적 감독 보장, 정확성 · 견고성 · 사이버보안 유지 등 고위험성 AI 시스템에 요구되는 요건을 준수하는 것이 포함된다. 또한 품질관리체계 운영, 적합성 평가 실시, 각종 문서 보관, EU 적합성 선언 및 CE 마크 부착, EU 데이터베이스 등록, 출시 후 모니터링 등 광범위한 의무가 부과된다. 금융기관에 대해서는 문서보관과 로그기록 보관 의무에 특례가 적용되어 기존 금융 규제와의 중복을 방지한다. 고위험성 AI 시스템의 배포자(사용자)도 상당한 의무를 부담한다.[19] 시스템의 적절한 사용과 감독, 담당자 교육, 데이터 적합성 확인, 운영 모니터링, 사고 보고 등 기본적 의무 외에도, 특히 신용평가나 보험 관련 AI 시스템의 배포자는 기본권영향평가를 실시해야 한다. 직원들의 AI 리터러시 보장[20]과 당국과의 협력 의무도 부과된다.

유럽집행위원회는 법 발효 후 18개월 내에 고위험성 AI 시스템의 구체적 기준과 이용사례에 관한 가이드라인을 제시할 예정이다.[21] 이 기준은 유럽표준화기구를 통해 더욱 구체화될 것이며, 유럽 관보에 게재되는 해당 표준을 준수하는 시스템은 법적 요건을 충족한 것으로 추정된다. 회원국 감독당국은 이를 토대로 금융기관의 AI 거버넌스와 위험성관리 체계를 점검하고, 필요시 추가적인 부문별 규제를 도입할 것으로 예상된다.

③ 제한된 위험성 영역

「EU 인공지능법」은 특정 AI 시스템을 제한된 위험성 영역으로 분류하고, 해당 시스템의 제공자와 배포자에게 투명성 의무를 부과한다. 이는 네 가지 유형으로 구분되며, 각 유형에 따라 의무 주체와 구체적 이행 방식이

19 「EU 인공지능법」 제26조.

20 「EU 인공지능법」 제4조.

21 「EU 인공지능법」 제6조 제5항 및 제96조.

다르게 적용된다.[22] 첫째, 고객 응대 챗봇이나 로보어드바이저와 같이 자연인과 직접 상호작용하는 AI 시스템의 경우, 제공자는 해당 시스템이 AI라는 사실을 사용자가 인지할 수 있도록 시스템을 설계해야 한다. 특히 최초 상호작용 시점에 이를 명확히 고지해야 하며, 다만 합리적인 사용자가 상황상 AI와 상호작용한다는 점이 자명한 경우는 예외로 한다. 둘째, 범용 AI 시스템과 생성형 AI 시스템의 제공자는 시스템의 출력물이 기계가 생성한 것임을 표시하고, 워터마킹과 같은 기술적 조치를 통해 인위적 생성물임을 식별할 수 있도록 해야 한다. 이는 금융기관이 생성형 AI를 활용하여 금융서비스를 제공할 때 특히 중요한 의미를 갖는다. 셋째, 감정 인식 시스템이나 생체인식 분류 시스템을 운영하는 배포자는 해당 시스템에 노출되는 자연인에게 그 사실을 고지해야 한다. 넷째, 딥페이크 AI 시스템의 배포자는 콘텐츠가 인위적으로 생성 또는 조작되었음을 공개해야 한다. 이는 금융기관이 공익적 정보 제공을 위해 딥페이크 기술을 활용하는 경우에도 적용된다. 주목할 점은 AI 시스템이 고위험성 영역에 해당하는 경우, 위의 투명성 의무가 기존의 고위험성 요건과 의무에 추가로 적용된다는 것이다. 따라서 금융기관들은 자사의 AI 시스템이 어떤 위험성 범주에 속하는지 정확히 파악하고, 해당되는 모든 규제 요건을 종합적으로 준수해야 한다.

④ 범용 AI 모델 규제의 영향

「EU 인공지능법」은 대규모언어모델과 같은 범용 AI 모델을 성능과 영향력에 따라 '일반 모델'과 'EU 차원의 시스템적 위험성을 가진 모델'로 구분하여 차등 규제한다. 이는 금융부문의 AI 활용에 중요한 영향을 미칠 것으로 예상된다. 일반 범용 AI 모델의 제공자는 기본적인 의무사항을 준수해야 한다. 여기에는 기술 문서의 작성 및 관리, 제3자 개발업자와 공급업자에 대한 기술 정보 제공, EU 저작권법 준수, 학습 콘텐츠에 대한 상세 요약서 공유, 관계 당국과의 협력 등이 포함된다. 반면 시스템적 위험성을 가진 범용 AI

22 「EU 인공지능법」 제50조.

모델의 제공자는 이러한 기본 의무에 더하여 모델 평가, 적대적 훈련 수행, 시스템적 위험성 관리, 중대 사고의 추적 및 보고, 사이버보안 확보, 에너지 소비량 관리 등 추가적인 의무를 부담한다.

금융회사들은 이미 빅테크 기업이 제공하는 범용 AI를 활용하여 다양한 서비스 혁신을 시도하고 있다.[23] 챗봇 서비스, 문서 분석, 리스크 평가 등에 범용 AI 모델이 활용되는데, 만약 이러한 모델이 시스템적 위험성을 가진 것으로 분류된다면 제공자는 더욱 엄격한 규제 준수 의무를 지게 된다. 이에 따라 금융회사들은 범용 AI 제공자로부터 법규 준수에 필요한 충분한 정보와 기술적 지원을 보장받을 수 있어야 한다. 유럽집행위원회의 AI 사무국이 금융회사와 범용 AI 공급사업자 간의 거래관계를 원활히 하기 위해 표준화된 모델 약관을 개발·제공할지 지켜봐야 할 것이다. 그러나 기존 금융 규제에 따라 금융회사는 외부 위탁하는 AI 도구와 서비스에 대해 최종적인 책임을 부담한다는 점에 유의해야 한다.[24] 따라서 금융회사들은 범용 AI 활용 시 법적 책임과 리스크 관리 측면을 종합적으로 고려하여 신중한 접근을 취해야 할 것이다.

⑤ 기타 금융 AI에 대한 규제

「EU 인공지능법」의 위험성 기반 접근법에 따라 위의 세 가지 위험성 영역(허용할 수 없는 위험성, 고위험성, 제한된 위험성)에 포함되지 않는 금융 AI 시스템은 기존 금융 규제 체계 내에서 개발 및 운영될 것이다. 자금세탁 방지, 사기 탐지, 보험금 청구 관리 등 이미 금융부문에서 광범위하게 활용되고 있는 AI 시스템들이 이에 해당한다. 다만 이러한 접근이 해당 AI 시스템들에 대한 규제 공백을 의미하지는 않는다. EU 금융감독기구들은 기존 금융 규제 체계가 이러한 AI 시스템들의 위험성을 적절히 관리하는 데 충분한지 지속적으로 평가할 것이다. 만약 특정 AI 활용 사례에서 추가적인 위험성이

---

23 이에 관하여는 앞의 UK Finance 보고서 참고.

24 Fausto Parente, The AI Act and its impacts on the European financial sector, The EUROFI Magazine, February 2024, p. 128.

확인된다면, 감독기구들은 부문별 특화 규제나 지침을 통해 보완적 규제를 도입할 수 있다.

3) 금융부문 특성을 고려한 규제의 조정

「EU 인공지능법」은 금융부문의 특수성을 고려한 규제 조정 메커니즘을 통해 기존 금융규제와의 조화로운 통합을 추구한다. 이는 금융회사들이 기존 금융규제와 AI 규제를 유기적으로 준수할 수 있도록 하는 동시에, 규제 중복이나 충돌로 인한 부담을 완화하기 위한 전략적 접근이라 할 수 있다. 구체적으로 「EU 인공지능법」은 규제의 통합적 운영 측면에서, EU 차원의 기존 부문별 규제가 존재하는 영역에서는 해당 규제 체계 내에 동법의 요구사항이 자연스럽게 통합되도록 설계되었다. AI 기반 신용평가 시스템을 예로 들면, 고위험성 AI 시스템 요건과 기존의 신용평가 관련 규제를 동시에 준수해야 하지만, 위험성 관리나 문서화 요건 등에서 기존 금융규제의 체계와 절차를 최대한 활용할 수 있다. 이는 금융회사의 규제 준수 부담을 실질적으로 경감시키는 효과가 있다. 또한, 「EU 인공지능법」은 금융회사의 이중적 지위를 고려한 규제 설계가 이루어졌다. 금융회사가 AI 시스템의 제공자인 동시에 사용자가 될 수 있다는 점을 감안하여, 각 지위에 따른 의무를 명확히 구분하고 있다. 자체 개발 AI 시스템의 경우 제공자로서의 포괄적 의무를 부담하는 반면, 외부 개발 시스템 사용 시에는 사용자로서의 제한된 의무만을 부담한다. 이러한 구분은 책임 소재를 명확히 하고 규제 준수의 예측가능성을 높인다.

「EU 인공지능법」의 이러한 다층적이고 유연한 규제 체계는 금융부문의 AI 활용에 중요한 의미를 갖는다. 이는 단순히 위험성 통제만을 목적으로 하는 것이 아니라, AI 기술의 혁신적 잠재력을 저해하지 않으면서도 필요한 보호장치를 마련하는 균형잡힌 접근을 추구한다. 특히 금융소비자 보호, 금융시장의 안정성, 공정 경쟁 등 금융규제의 전통적 목표와 AI 규제의 새로운 요구사항을 조화롭게 통합하는 규제 프레임워크를 제시하고 있다는 점에서 주목할 만하다. 다만, 이러한 규제 체계가 실효성을 갖기 위해서는 구체적인 이행 기준의 마련이 필요하다. 예를 들어 AI 시스템의 '투명성'이나 '설명가능성'과 같은 추상적 요건을 금융부문의 맥락에서 어떻게 구현할 것인지, 또는 AI의 판단에 대한 인적 감독을 어떤 방식으로 실현할 것인지 등에 대한 실무적 지침이 요구된다. 이는 DORA, FIDA 등 다른 관련 법령들과의 유기적 연계 속에서 해결되어야 할 과제로 보인다.

(3) 「디지털운영회복력법」의 규제 체계

「디지털운영회복력법(DORA)」는 EU 금융부문의 사이버보안과 정보통신기술(ICT) 위험성 관리를 위해 제정된 통합 규제 체계이다.[25] 이는 증가하는 사이버 위협에 대응하여 금융시스템의 운영 회복력을 강화하기 위한 규정(Regulation) 형식의 법제로서, 2025년 1월 17일 발효를 앞두고 있다.[26] DORA의 핵심 목적은 은행, 보험사, 투자회사 등 금융기관이 ICT 관련 위험성에 효과적으로 대응하고, 심각한 운영 중단 상황에서도 신속한 복구가 가능하도록 하는 것이다. 이를 위해 금융기관과 "중요한(critical)" 제3자 ICT 서비스 제공사업자(이하 '중요 ICT 제공사업자'라 한다)에 대한 구체적인 규제 기준을 제시한다. 특히 디지털 운영 회복력이라는 개념을 도입하여, ICT 시스

25 DORA의 핵심 입법 취지는 EU 금융서비스 부문의 ICT 위험성 관리를 위한 포괄적이고 통일된 규제 체계를 구축하는 것이다. 이는 EU 회원국들이 개별적으로 운영해 오던 ICT 위험성 관리 규제를 EU 차원에서 조화롭게 통합하려는 시도라고 할 수 있다. DORA 제정 이전의 EU 금융기관 운영 회복력 관리는 주로 자본 적정성 측면에 초점이 맞춰져 있었다. 즉, 금융기관이 운영 위험에 대비하여 충분한 자본을 보유하고 있는지가 주된 관심사였으며, 운영 회복력의 다른 중요한 요소들은 상대적으로 간과되었다. 특히 ICT 및 보안 위험성 관리 영역에서는 크게 세 가지 한계가 존재했다. 첫째, EU 금융 규제감독기구들이 관련 지침을 제시했으나, 이는 모든 금융회사에 균일하게 적용되지 않았다. 둘째, 구체적인 기술 표준보다는 일반적 원칙 중심의 규제가 주를 이루었다. 셋째, 각 회원국이 독자적인 기준을 개발하고 적용함으로써 통일된 규제 체계 구축에 어려움이 있었다. DORA는 이러한 한계를 극복하고 EU 차원의 보편적 규제 체계를 확립함으로써, 금융부문의 ICT 위험성을 체계적으로 관리하고 완화하고자 한다. 이는 디지털 시대의 금융 안정성 확보를 위한 EU의 전략적 대응이라고 할 수 있다. The Digital Operational Resilience Act (DORA) – Regulation (EU) 2022/2554, <https://www.digital-operational-resilience-act.com/> (이하 'DORA 웹사이트'라 한다) (최종방문일 2024.10.30.) 참고.

26 DORA 제64조.

템이 다양한 유형의 중단과 위협에 견디고 이에 대응하며 복구할 수 있는 능력을 갖추도록 요구한다.[27] 이러한 규제 체계의 도입 배경에는 금융부문의 디지털 전환 가속화가 있다. AI를 포함한 ICT 시스템이 금융회사의 핵심 업무에서 차지하는 비중이 증가하면서, 이와 관련된 운영 위험성이 새로운 도전과제로 대두되었다. DORA는 이러한 환경 변화에 대응하여 EU 차원의 통일되고 포괄적인 규제 프레임워크를 제시함으로써, 금융부문의 디지털 운영 회복력을 체계적으로 강화하고자 한다.

1) DORA의 기본 구조와 적용 범위

DORA는 EU 금융부문 전반에 걸친 포괄적인 적용 범위를 특징으로 한다. 이 법은 전통적 금융기관부터 새로운 형태의 금융서비스 제공자, 나아가 금융부문의 ICT 서비스 제공자까지 아우르는 광범위한 규제 체계를 구축한다.[28] 규제 대상이 되는 금융기관에는 은행, 투자회사, 보험회사와 그 중개인, 신용기관, 지급결제기관, 전자화폐기관, 중앙 청산기관, 거래정보저장소와 같은 전통적 금융회사가 포함된다. 여기에 더해 암호화자산 서비스 제공업체와 크라우드 펀딩 플랫폼 등 새롭게 부상하는 금융서비스 사업자들도 규제 대상에 포함된다.

DORA의 주목할 만한 특징은 금융기관에 ICT 서비스를 제공하는 제3자 사업자들도 규제 범위에 포함시켰다는 점이다. 클라우드 서비스 제공사업자, 데이터센터 운영자, 데이터분석서비스 제공사업자, 신용평가 서비스 제공자 등이 여기에 해당한다. 이들 중 특히 중요한 사업자는 '중요 ICT 제공사업자'로 지정되어 보다 엄격한 규제를 받게 된다.[29] 중요 ICT 제공사업자 지정 시에는 다음 세 가지 핵심 요소를 고려한다.[30]

• 해당 사업자의 운영 문제 발생 시 금융서비스 제공에 미치는 잠재적

27 디지털 운영 회복력에 관한 정의는 DORA 제3조 제1호 'digital operational resilience'.
28 DORA 제2조.
29 DORA 제31조.
30 DORA 제31조 제2항.

시스템적 영향의 정도

- 해당 사업자의 서비스에 의존하는 금융기관의 유형과 그 중요성
- 해당 사업자가 제공하는 서비스의 대체가능성

이러한 포괄적인 규제 범위 설정은 현대 금융시스템에서 ICT 서비스 제공자의 역할이 증대됨에 따라 이들에 대한 직접적인 감독이 필요하다는 인식을 반영한다. 이는 금융회사의 디지털 운영 회복력 강화를 위해서는 외부 기술 서비스 제공자들에 대한 체계적인 관리감독이 필수적이라는 EU의 정책적 판단을 보여준다.

2) DORA의 핵심 규제 체계

DORA는 다섯 가지 핵심 영역에 대한 상세한 규제 요건을 규정하고 있다.

- ICT 위험성관리 체계
- ICT 관련 사고 신고 및 대응 체계
- 디지털 운영 복원력 테스트 체계
- 제3자 ICT 서비스 제공자 관리 체계
- 정보 공유 체계

가) ICT 위험성관리 체계

DORA의 핵심적인 규제 중 하나인 ICT 위험성관리 체계는 크게 거버넌스와 위험성관리 체계의 구축 · 운영으로 구성된다.

거버넌스 측면에서 DORA는 금융기관 경영진에게 ICT 위험성 관리에 대한 궁극적 책임을 부과한다.[31] 이사회 구성원과 고위 경영진은 적절한 위험성관리 전략을 수립하고 그 실행을 지원해야 하며, ICT 위험성 환경에 대한 지식을 지속적으로 갱신하여 최신 상태를 유지해야 한다. 주목할 점은 경영진이 DORA 위반에 대해 개인적 법적 책임을 부담할 수 있다는 것이다.

31 DORA 제5조.

위험성관리 체계 측면에서 금융기관은 포괄적인 ICT 위험성관리 체계를 구축·운영해야 한다.[32] 이는 다음과 같은 세부 요소들로 구성된다. 우선 금융기관은 ICT 시스템을 체계적으로 매핑하여 중요 자산과 기능을 식별·분류하고, 시스템 간 상호의존성을 문서화해야 한다. 또한 ICT 시스템에 대한 지속적인 위험성 평가를 수행하여 사이버 위협을 체계적으로 분류하고 그에 대한 완화 조치를 문서화해야 한다. 금융기관은 이러한 위험성 평가의 일환으로 비즈니스 영향 분석을 실시해야 한다. 이를 통해 심각한 운영 중단이 초래할 수 있는 영향을 평가하고, 그 결과를 바탕으로 위험성 허용 수준을 설정하여 ICT 인프라 설계에 반영해야 한다. 아울러 ID 및 접근 관리, 패치 관리와 같은 기본적 통제장치와 함께 '보안 정보 및 이벤트 관리(SIEM)', '보안 오케스트레이션, 자동화 및 대응(SOAR)' 등 첨단 보안 도구를 구현해야 한다.

마지막으로, 금융기관은 ICT 서비스 장애, 자연재해, 사이버 공격 등 다양한 위험성 시나리오에 대비한 비즈니스 연속성 및 재해 복구 계획을 수립해야 한다. 이 계획에는 데이터 백업 및 복구 절차, 시스템 복원 프로세스뿐만 아니라 고객, 파트너, 감독당국과의 커뮤니케이션 방안도 포함되어야 한다. 특히 AI 시스템과 관련해서는 알고리즘의 오류, 편향, 성능 저하로 인한 운영 위험성을 평가하고 관리하기 위한 구체적 절차의 마련이 요구된다.

나) ICT 관련 사고 신고 및 대응 체계

DORA는 금융기관에 대하여 ICT 관련 사고의 식별부터 최종 조치까지 전 단계에 걸친 포괄적인 관리 체계의 구축을 요구한다.[33] 이러한 체계는 사고의 모니터링, 관리, 기록, 분류, 신고 및 통지를 포함하는 일련의 프로세스로 구성된다. 먼저, 사고의 중대성 평가와 관련하여 DORA는 구체적인 판단 기준의 제시를 요구한다. 금융기관은 이 기준에 따라 사고의 영향도와 심각

---

32 ICT 위험성관리 체계에 관한 자세한 내용은 DORA 제2장 ICT 위험성 관리 제6조~제16조 참고.

33 관련하여 상세한 내용은 DORA 제3장 ICT 관련 사고 관리, 분류 및 신고 제17조~제23조 참고.

성을 평가하여야 하며, 그 결과에 따라 차등화된 대응 조치를 취해야 한다. 중대 사고로 분류되는 경우, 금융기관은 관할 감독당국에 신고하고 영향을 받는 고객과 파트너에게 이를 통지해야 한다. 특히 중대 사고에 대해서는 단계별 보고 체계가 적용된다. 금융기관은 우선 사고 발생 즉시 초기보고서를 통해 감독당국에 상황을 신고해야 한다. 이후 사고 해결 과정에서 진행 상황을 담은 중간보고서를 제출하며, 최종적으로는 사고의 근본 원인을 분석하고 재발 방지를 위한 개선 조치를 포함한 최종보고서를 제출해야 한다. 또한 DORA는 금융기관이 사고 대응 및 복구를 위한 내부 절차를 수립하고 이를 문서화할 것을 요구한다. 이러한 절차에는 사고 발생 시의 초동 대응 방안, 업무 연속성 확보 방안, 피해 복구 계획 등이 포함되어야 한다. 아울러 금융기관은 사고 이후 근본 원인을 철저히 분석하고, 이를 토대로 필요한 개선 조치를 이행해야 하며, 이러한 전 과정은 상세히 문서화되어 향후 유사 사고의 예방과 대응에 활용될 수 있어야 한다.

다) 디지털 운영 복원력 테스트 체계

DORA는 금융회사의 ICT 시스템에 대한 포괄적인 테스트 체계를 규정하고 있다. 이를 통해 금융회사의 사이버보안을 위한 보호 조치의 강점을 평가하고 취약점을 파악할 수 있다. DORA에 따른 디지털 운영 복원력 테스트 체계는 금융회사의 ICT 시스템 회복력을 종합적으로 평가하고 관리하기 위한 이원화된 구조로 설계되어 있다.[34]

모든 금융회사에 적용되는 기본 테스트는 ICT 시스템의 기본적인 안정성과 회복력을 보장하기 위한 것이다. 금융회사는 연 1회 이상 정기적으로 ICT 위험성 평가 도구와 시스템의 취약성을 테스트해야 한다. 특히 신규 도입되거나 주요 변경이 이루어진 ICT 시스템에 대해서는 별도의 테스트가 요구된다. 이러한 테스트는 사전에 식별된 위험성에 기반하여 체계적인 계획을 수립하고 실행되어야 하며, 테스트의 객관성과 전문성을 담보하기 위해 독립

---

34 관련하여 상세한 내용은 DORA 제4장 디지털 운영 복원력 테스트 제24조~제44조 참고.

적인 내 · 외부 전문가에 의해 수행되어야 한다.

한편, 시스템적으로 중요한 금융회사에 대해서는 보다 강화된 위협 기반 침투 테스트(TLPT)가 요구된다. 이들 기관은 3년마다 정기적으로 TLPT를 실시해야 하며, 이는 실제 공격자의 관점에서 금융회사의 중요 디지털 인프라에 대한 침투 시도를 수행하는 것이다. TLPT는 AI 시스템을 포함한 핵심 ICT 시스템의 회복력을 종합적으로 평가하며, 발견된 취약점에 대해서는 구체적인 개선 및 대응 계획을 수립하도록 요구한다. 특히 해당 금융회사의 중요 ICT 제공사업자도 이 테스트에 반드시 참여해야 하는데, 이는 ICT 서비스의 상호연계성을 고려한 것이다.

금융회사는 이러한 테스트 결과와 취약점 개선계획을 관할 당국에 보고하여 검증을 받아야 한다. 이를 통해 금융시스템 전반의 디지털 회복력을 체계적으로 관리하고자 한 것으로 보인다. 또한 이러한 이원화된 테스트 체계는 금융회사의 규모와 중요도에 따라 차등화된 접근을 통해 효율적이면서도 실효성 있는 관리체계를 구축하려는 시도로 평가된다. 이는 금융시스템의 복잡성과 상호연계성이 증가하는 현대 금융환경에서 시스템 리스크를 효과적으로 관리하기 위한 실용적 접근으로서의 의의를 가진다고 할 수 있다.

라) 제3자 위험성관리 체계

DORA의 제3자 ICT 위험성관리 체계는 금융부문의 디지털 의존성 증가에 따른 혁신적인 규제적 접근을 보여준다. 특히 금융회사에 대한 간접 규제를 넘어 ICT 서비스 제공자에 대한 직접적 감독 체계를 도입했다는 점에서 주목할 만하다.[35]

금융회사의 관리 의무 측면에서, DORA는 포괄적인 제3자 위험성관리 체계를 요구한다. 금융회사는 중요한(critical and important) 기능을 외부에 위탁할 때 엄격한 계약 요건을 준수해야 한다. 구체적으로 퇴출(exit) 전략, 감사(audit), 접근성, 무결성 및 보안에 대한 성과 목표를 계약에 명시해야 하

35 관련하여 상세한 내용은 DORA 제5장 제3자 ICT 위험성 관리 제28조~제44조 참고.

며, 사고관리 지원, 보안 인식 프로그램 운영, 운영 회복력 교육 참여 등도 계약 내용에 포함해야 한다. 이러한 요건을 충족하지 못하는 ICT 제공업체와는 계약 체결이 금지되며, 관할 당국은 DORA 미준수 계약의 중단이나 해지를 명령할 수 있다. 또한 금융회사는 ICT 의존성에 대한 체계적인 관리를 수행해야 한다. 이는 ICT 관련 제3자 의존성의 포괄적 파악(mapping)과 중요 기능의 특정 업체 집중 방지를 포함한다. 이러한 의무의 실효성 제고를 위해 유럽집행위원회는 금융회사와 ICT 제공사업자 간의 표준 계약서 양식 개발을 검토 중이다.

감독 체계 측면에서, DORA는 주요 ICT 서비스 제공자에 대한 직접 감독 메커니즘을 도입했다. 유럽금융감독기구(European Supervisory Authorities, 이하 'ESAs'라 한다)는 금융부문에 대한 시스템적 영향력, 서비스의 대체 가능성, 금융 시스템과의 상호연계성을 고려하여 주요 ICT 서비스 제공자를 지정한다. 지정된 제공자는 ESAs 중 하나가 주관 감독기관(Lead Overseer)으로 지정되어 직접 감독을 받게 된다. 주관 감독기관의 권한은 포괄적이다. ICT 위험성관리 체계, 보안 조치, 인적 자원 관리에 대한 평가, 현장 검사와 외부 감사를 통한 운영 현황 점검, 위험성 식별 시 시정 조치 요구 및 이행 강제 권한을 보유한다. 더불어 DORA 미준수 금융기관이나 다른 ICT 제공사업자와의 계약 체결을 금지할 수 있는 권한도 가진다. 이러한 DORA의 제3자 ICT 위험성관리 체계는 금융 시스템의 운영 회복력이 더 이상 개별 금융회사 차원의 문제가 아니라는 인식을 반영하며, 금융부문의 디지털 의존성 증가에 따른 체계적 대응을 제시한다는 점에서 중요한 의의를 가진다.

마) 자발적 정보 공유 체계

DORA는 금융부문의 사이버 회복력 강화를 위해 금융기관 간 자발적 정보 공유 체계를 도입하였다.[36] 이는 개별 금융기관의 경험과 인사이트를 공유함으로써 전체 금융 시스템의 사이버 위협 대응 능력을 제고하기 위한

36 DORA 제6장 정보 공유 체계.

것이다. 정보 공유의 범위는 포괄적이다. 금융기관은 사이버 위협에 관한 인식 제고에서부터 위협의 확산 방지, 방어 능력 향상, 위협 탐지 기술 개발, 완화 전략 수립, 대응 및 복구 단계에 이르기까지 ICT 관련 사고의 전 영역에 걸친 정보와 인텔리전스를 공유할 수 있다. 이러한 광범위한 정보 공유는 금융기관이 발생한 사고로부터 효과적으로 학습하고, 이를 통해 디지털 운영 회복력을 지속적으로 강화할 수 있는 기반이 된다.

DORA는 이러한 정보 공유가 신뢰할 수 있는 금융기관들 사이에서 자발적으로 이루어질 수 있도록 제도적 기반을 마련하였다. 금융기관들은 자발적인 사이버 위협 정보 공유 체계(information-sharing arrangement)를 구축하여 운영할 수 있으며, DORA는 이러한 체계의 개발을 적극 권장한다. 다만, 정보 공유의 투명성과 책임성을 확보하기 위해 금융기관은 해당 체계에 참여하거나 참여를 중단할 경우 이를 관할 당국에 신고하여야 한다. 이러한 자발적 정보 공유 체계는 금융부문의 집단적 사이버 회복력을 강화하는 중요한 메커니즘으로 기능할 것으로 기대된다. 특히 복잡하고 진화하는 사이버 위협에 대응하기 위해서는 개별 금융기관의 노력을 넘어선 부문 전체의 협력이 필수적이라는 점에서, 이러한 접근은 더욱 중요한 의미를 가진다.

3) DORA의 감독 및 집행 체계

DORA의 감독 및 집행 체계는 EU 차원의 통합적 접근과 강화된 감독 권한을 특징으로 한다. 2020년 9월 발의되어 2022년 11월 공식 채택된 DORA는 2025년 1월 17일 시행을 앞두고 있으며, 현재 그 구체적인 실행 체계가 마련되고 있다.

감독 체계의 구축과 운영은 ESAs가 주도한다. ESAs는 유럽 은행감독청(European Banking Authority, EBA), 유럽증권시장감독청(European Securities and Markets Authority, ESMA), 유럽보험연금감독청(European Insurance and Occupational Pensions Authority, EIOPA)으로 구성된다. 이들 기구는 중요 ICT

제공사업자의 지정, 주관 감독관 선임,[37] 구현기술표준(ITS)과 규제기술표준(RTS) 수립 등 핵심적인 감독 프레임워크를 개발하는 책임을 진다.[38] 이러한 표준들은 2024년 중 완료될 예정이며,[39] EU 집행위원회도 같은 해에 중요 ICT 제공사업자에 대한 세부 감독 체계를 확정할 계획이다.

DORA의 집행 체계는 이원화되어 있다. 금융기관에 대한 집행은 각 회원국이 지정한 '관할 당국(competent authorities)'이 담당한다.[40] 관할 당국은 금융기관에 대한 보안 조치 요구와 취약점 개선명령권을 가지며, 불이행시 행정제재나 형사처벌을 부과할 수 있다.[41] 한편, 중요 ICT 제공사업자는 ESAs가 지정한 주관 감독관의 직접 감독을 받는다. 주관 감독관은 정보요청권과 조사권을 보유하며, 법 위반행위에 대하여 과징금도 부과할 수 있다. 과징금은 전년도 일평균 글로벌 매출의 1%까지 가능하며,[42] 최대 6개월간 일일 과징금 부과도 가능하다.[43]

DORA의 감독 체계는 다음과 같은 혁신적 특징을 보인다. 우선 주목할 점은 EU 차원의 통일된 감독 체계 구축이다. ESAs는 공동으로 감독 프레임워크를 개발하고, 회원국 감독기관(관할 당국)들은 이를 기반으로 일관된 감독을 수행한다. 이는 금융시장의 통합성이 높은 EU의 특성을 고려할 때, 회원국 간 규제 차익을 방지하고 효과적인 감독을 가능하게 하는 중요한 요소로 평가된다. 둘째, 감독기관의 권한도 상당히 강화되었다. 감독기관은 금융회사의 ICT 위험성관리 체계에 대한 평가와 검사를 수행할 수 있으며, 필요한 경우 시정조치를 명령하고 제재를 부과할 수 있다. 특히 주목할 만한 점은 금융회사의 ICT 서비스 계약에 대한 감독기관의 개입 권한이다. 감독기

37 DORA 제31조 제1항.

38 DORA 제28조 제9항 및 제10항.

39 2024년 1월 17일. ESA 3개 기구−유럽은행감독청(EBA), 유럽보험연금감독청(EIOPA), 유럽증권시장감독청(ESMA)−는 DORA에 따른 제1차 규제기술표준 최종초안을 발표하였다. 앞의 DORA 웹사이트 참조.

40 DORA 제46조.

41 DORA 제50조~제52조.

42 DORA 제35조 제8항.

43 DORA 제35조 제7항.

관은 ICT 서비스 계약이 금융회사의 운영 회복력에 중대한 위험성을 초래한다고 판단하는 경우, 해당 계약의 전부 또는 일부의 해지를 요구할 수 있다. 셋째, 제재 체계도 실효성 있게 설계되었다. DORA 위반에 대해서는 최대 전년도 글로벌 연간 매출액의 1% 또는 특정 금액 중 높은 금액의 과징금이 부과될 수 있다. 이는 금융회사의 규모와 위반행위의 중대성을 고려한 비례적 제재를 가능하게 한다. 또한 제재 내용의 공개를 원칙으로 함으로써 시장 규율을 통한 간접적 강제도 도모하고 있다. 이러한 DORA의 감독 및 집행 체계는 금융부문의 디지털 운영 회복력 강화라는 목표 달성을 위한 실효성 있는 규제 집행을 가능하게 할 것으로 평가된다. 특히 EU 차원의 통합된 감독 체계 구축은 역내 금융시장의 통합성이 높아지는 상황에서 중요한 의미를 가진다.

4) DORA와 EU의 일반 사이버보안 규제 체계의 관계

DORA의 법적 지위를 이해하기 위해서는 EU의 일반적 사이버보안 규제인 「NIS2 지침」과의 관계를 살펴볼 필요가 있다. EU는 2022년 12월 「EU 전역에 적용되는 높은 수준의 사이버보안 조치를 위한 지침」(이하 'NIS2 지침'이라 한다)[44]을 통해 전체 산업의 사이버보안 규제 체계를 강화했다.[45] 이는 디지털화 확산과 사이버 위협 증가에 대응하여 2016년의 「NIS 지침」을 전면 개정한 것이다.

「NIS2 지침」은 에너지, 운송, 금융 등 핵심 산업 부문의 필수 서비스 운영자에게 적절한 보안조치 의무와 중대 사고 신고 의무를 부과한다.[46] 이는 EU 전역의 네트워크와 정보시스템 보안을 포괄적으로 강화하기 위한 것으로, 2024년 10월까지 모든 회원국이 국내법에 반영해야 한다.

---

44 공식 명칭은 Directive (EU) 2022/2555 of the European Parliament and of the Council of 14 December 2022 on measures for a high common level of cybersecurity across the Union, amending Regulation (EU) No 910/2014 and Directive (EU) 2018/1972, and repealing Directive (EU) 2016/1148 (NIS 2 Directive)이다.

45 NIS2에 관한 자세한 사항은 The NIS 2 Directive 웹사이트 <https://www.nis-2-directive.com/> (최종방문일 2024.10.30.) 참고.

46 위의 사이트 참고.

그러나 DORA의 제정으로 금융부문에서는 두 규제 체계의 관계가 쟁점이 되었다. EU 집행위원회는 2023년 9월 "NIS2 지침과 DORA의 관계에 대한 위원회 가이드라인"을 통해 특별법 우선의 원칙에 따라 이를 명확히 했다.[47] DORA가 금융부문에 특화된 사이버보안 규제를 포함하는 경우, 「NIS2 지침」의 일반적 규정은 적용되지 않는다.[48] 이는 금융부문의 특수성을 고려한 보다 효과적인 규제를 가능하게 하면서, 동시에 중복 규제로 인한 부담을 방지한다는 점에서 의미가 있다. 이러한 규제 체계의 명확화는 DORA가 단순한 부문별 규제가 아닌, 금융부문의 디지털 운영 회복력을 위한 포괄적이고 자기완결적인 규제 체계로 기능할 것임을 보여준다. 특히 이는 금융부문의 고유한 특성과 위험성을 고려한 맞춤형 규제가 가능하도록 하는 중요한 법적 기반이 된다.

5) DORA와 AI 규제의 접점: 운영 회복력 측면의 보완적 규제

DORA의 규제 체계는 금융부문 AI 시스템의 운영 안정성 확보에 있어 중요한 의미를 가진다. 금융회사의 AI 시스템은 현대 금융 인프라의 핵심 요소로서 DORA의 규제 범위에 포함되며, 이는 「EU 인공지능법」과 상호보완적 관계를 형성한다. 이러한 보완적 관계는 규제 초점의 차이에서 분명히 드러난다. 「EU 인공지능법」이 AI 시스템 자체의 본질적 위험성과 윤리적 측면에 초점을 맞춘다면, DORA는 해당 시스템의 운영 회복력과 사이버보안 측면을 규율한다. 특히 DORA는 금융부문 AI 시스템의 운영 위험성 관리를 위한 구체적이고 실행 가능한 규제적 기준을 제시한다.

---

47 European Commission, Communication From The Commission – Commission Guidelines on the application of Article 4 (1) and (2) of Directive (EU) 2022/2555 (NIS 2 Directive) (2023/C 328/02) <https://eur-lex.europa.eu/legal-content/EN/TXT/PDF/?uri=CELEX:52023XC0918(01)> (최종방문일 2024.10.30.).

48 개별 부문에 특화된(sector-specific) 특별법인 DORA에서 사이버보안 및 사고 신고에 관한 일반법이라고 할 수 있는 「NIS2 지침」에서 정한 규제요건과 동등한 효과를 가지는 규제요건을 정하고 있는 경우에는 「NIS2 지침」의 관련 조항은 금융기관에 적용되지 않는다고 해석했다. 따라서 회원국은 DORA의 적용을 받는 금융기관에 대해 「NIS2 지침」의 사이버보안 위험성 관리 및 신고 의무, 감독 및 집행에 관한 조항을 적용하여서는 아니 된다. 자세한 내용은 위의 가이드라인 참고.

DORA에 따라 금융회사는 AI 시스템의 전체 생애주기에 걸쳐 포괄적인 위험성관리를 수행해야 한다. 이는 개발 단계에서의 안전성 테스트, 구현 과정의 위험성 평가, 운영 중 지속적 모니터링을 포함한다. 이러한 요구사항은 AI 알고리즘의 오류나 편향이 금융회사의 운영 안정성을 저해하는 것을 방지하고, 시스템의 회복력을 확보하는 데 기여한다. 더욱이 DORA의 제3자 감독 체계는 AI 서비스 제공자에 대한 효과적인 관리 방안을 제시한다. 금융회사가 외부 AI 솔루션을 활용하는 경우, 해당 서비스 제공자는 DORA의 감독 대상이 되어 엄격한 운영 기준을 준수해야 한다. 이는 AI 서비스 아웃소싱에 따른 운영 위험성을 체계적으로 관리하고, 금융시스템 전반의 디지털 회복력을 강화하는 데 핵심적 역할을 할 것으로 기대된다.

(4) 데이터 및 소비자 보호를 통한 금융 AI 규제의 보완적 체계

1) 금융데이터 접근에 관한 규정안(FIDA)의 의의와 구조

EU의 금융 AI 규제는 「EU 인공지능법」과 DORA를 중심으로 하되, FIDA를 통해 데이터 활용의 제도적 기반을 마련하고 있다. 2023년 6월 발의된 금융 데이터 접근에 관한 규정안(FIDA)은 금융부문의 디지털 혁신을 촉진하면서도 데이터의 안전한 관리를 보장하기 위한 규제 체계를 제시한다. 이는 AI 시스템의 성능이 학습 데이터의 질과 양에 크게 의존한다는 점에서, AI 혁신을 위한 중요한 제도적 기반이 될 것으로 평가된다.

FIDA의 핵심은 '오픈 파이낸스' 프레임워크의 구축이다. 이는 고객의 동의를 전제로 금융회사 간 데이터 공유를 제도화함으로써, AI 기반의 혁신적 금융서비스 개발을 촉진하는 것을 목표로 한다.[49] 특히 FIDA는 금융정보서

---

49 공공 부문 데이터베이스의 재사용이나 건강 웨어러블기기, 자율자동차와 같은 디지털 기기를 통해 민간 데이터세트에 대한 접근을 용이하게 하여, 금융기관이 보다 혁신적이고 맞춤화된 상품과 서비스를 개발할 수 있게 함으로써 AI 기술 및 데이터에 대한 접근 및 활용의 전선을 확장시킬 수 있기 때문이다. 이것은 또한 금융기관이 보유한 고객 데이터의 제3자 제공에 관한 사항을 규율하는 FIDA의 목표이기도 하다. FIDA는 오픈뱅킹 개념을 오픈파이낸스 프레임워크로 확장하여 다양한 금융서비스를 제공하기 위한 개인 및 비개인 데이터의 공유, 접근 및 재사용을 규율하는 법안이다. FIDA는 보험, 저축 계좌, 대출, 투자, 연금 상품 등 기타 금융 데이터의 공유를 다룬다. 데이터 공유가 소비자와 기업의 이익을 위해 혁신적인 금융 상

비스제공자(Financial Information Service Provider, 이하 'FISP'라 한다) 제도를 도입하여 데이터 접근과 활용에 관한 명확한 규제 체계를 제시한다. FISP는 FIDA에 따른 허가를 받아야 하며, DORA에서 규정하는 사이버보안 요건도 준수해야 한다. FIDA는 또한 데이터 품질과 보안에 관한 상세한 요건을 규정한다. 데이터 공유 시 준수해야 할 기술적 표준, 데이터 형식, 보안 프로토콜 등을 구체화하고 있으며, 이는 AI 시스템이 활용할 수 있는 양질의 데이터 확보를 가능하게 한다. 특히 FIDA는 데이터 최소화 원칙, 목적 제한 원칙 등 데이터 보호의 기본 원칙을 반영하면서도, 혁신을 위한 데이터 활용을 가능하게 하는 균형점을 제시한다.

2) FIDA와 EU 데이터 전략의 연계성

FIDA는 EU의 포괄적 데이터 전략과 긴밀히 연계되어 있다. 유럽 데이터 전략도 유럽 금융부문의 AI 활용을 위한 제도적 환경을 조성하는 데 핵심적인 역할을 한다. 유럽 데이터 전략은 유럽의 글로벌 경쟁력과 데이터 주권을 보장할 공통 유럽 데이터 공간(Common European Data Spaces)의 구축을 목표로 한다. 이는 「데이터법(Data Act)」, 「데이터거버넌스법(Data Governance Act)」, 「디지털시장법(Digital Market Act)」, 「디지털서비스법(Digital Services Act)」 등을 통해 구체화되고 있으며, FIDA는 금융부문에서 이러한 전략을 실현하는 핵심적 수단으로 기능할 것으로 예상된다.

3) FIDA와 DORA의 관계

FIDA와 DORA의 연계에 대한 조명도 필요하다. FIDA는 금융정보서비스제공자(FISP) 제도를 창설하였다.[50] FISP는 금융정보서비스 제공을 위해 FIDA에 열거된 고객 데이터에 접근할 수 있는 권한을 가진 데이터 이용자

품과 서비스를 촉진할 수 있다는 것이 기본 아이디어다. 특히 오픈파이낸스는 AI를 활용하여 보다 개인화된 금융 상품과 금융 상품 비교를 위한 맞춤형 서비스로 이어질 수 있다는 기대를 반영하고 있다. Loyens & Loeff, "Data sharing in the financial sector: an introduction to FIDA", January 16, 2024, <https://www.loyensloeff.com/insights/news-events/news/data-sharing-in-the-financial-sector-an-introduction-to-fida/> (최종방문일 2024.10.30.).

50 FIDA 제14조.

다.[51] 이를 위해 FISP는 FIDA에 따라 허가를 받아야 하는데, 허가 요건 중에 DORA와 일치하는 사이버보안 메커니즘을 포함한 내부 통제 메커니즘의 구축, 보안 평가에서 식별된 위험성으로부터 고객을 보호하는 방법에 대한 정책을 포함한 보안 정책의 수립이 포함된다.[52] FIDA 제35조는 DORA가 FISP에도 적용되도록 규정함으로써, 데이터 보유자와 이용자 모두에게 통일된 보안 기준이 적용되도록 하고 있다. FIDA가 제정되면 FISP는 자사가 사용하는 소프트웨어와 ICT 시스템, 운영을 위탁한 제3자 ICT 제공사업자를 포함하여 기술 보안과 데이터 보호와 관련하여 DORA를 준수하여야 한다. 이는 데이터 공유 체계의 안전성과 신뢰성을 제고하는 동시에, 규제의 실효성을 높이는 데 기여할 것으로 평가된다. 또한 결과적으로 FIDA에 의하여 데이터 보유자와 FISP 모두 DORA의 규제요건을 따르게 되므로, 금융 데이터의 오용이나 유출에 대해 강력한 보안 및 안전장치가 마련되어 금융소비자 보호에 기여할 것으로 보인다.

4) 소비자 보호 체계의 강화

금융 AI에 특화된 소비자 보호 법제는 아직 존재하지 않으나, EU는 다양한 법제를 통해 보완적 보호 체계를 구축하고 있다. 「EU 인공지능법」은 민원제기권(Right to Lodge a Complaint with a Market Surveillance Authority)과 설명요구권을 규정하여 금융소비자의 기본적 권리를 보장한다.[53] 민원제기권은 「EU 인공지능법」의 규정이 위반되었다고 판단할 근거가 있는 자연인 또는 법인이 행사할 수 있다. 특히 고위험성 AI 시스템의 의사결정에 대한 설명요구권은 금융소비자 보호에 있어 중요한 의미를 갖는다. 설명받을 권리는 [부록 III] 열거된 고위험성 AI시스템(신용도 평가 시스템, 신용 점수 산정 시스템, 생명 및 건강 보험 관련 AI 기반 위험성 평가와 보험료 책정 시스템 등)의 출력물을 기반으로 배포자가 내린 의사결정으로 인해 영향을 받은 누구나 그

51 FIDA 제6조.
52 FIDA 제12조 제2항 (e) &(f).
53 「EU 인공지능법」 제85조 및 제86조.

AI시스템이 법적 효과를 미치거나 그와 유사하게 유의미한 영향을 미쳐 건강, 안전, 기본권에 부정적인 영향을 미친다고 생각하는 경우 행사할 수 있다. 설명 요구를 받은 배포자는 의사결정 절차에서 AI 시스템의 역할과 내려진 결정의 주요 요소에 대해 명확하고 의미 있는 설명을 제공하여야 한다.

더불어 EU AI 손해배상책임 지침안(AI Liability Directive)[54]과 EU 제조물 책임 지침 개정안(Product Liability Directive)[55]은 AI 시스템으로 인한 피해에 대한 구제수단을 마련하고 있다. 전자는 AI 시스템이 「EU 인공지능법」에서 정한 투명성 의무, 인간 감독, 정확성 등의 요건을 준수하지 못해 손해가 발생한 경우 불투명성과 복잡성을 고려하여 피해자의 입증책임을 경감하고, 후자는 AI를 포함한 소프트웨어를 제조물 책임의 대상으로 명시함으로써 AI 시스템의 결함이나 유해성으로 인한 피해가 발생한 경우 소비자가 제조사에게 손해배상을 청구할 수 있는 길을 열어두고 있다. 다만 제조사의 면책 사유도 함께 규정하고 있다.

금융 AI 규제는 데이터 활용의 제도화와 함께 강화된 소비자보호 메커니즘을 구축한다. 이는 크게 세 가지 측면에서 구체화된다. 첫째, 데이터 주권의 보장이다. 소비자는 자신의 데이터 공유에 대한 명시적 동의권과 철회권을 보유하며, 데이터 활용 내역에 대한 투명한 정보를 제공받을 권리를 가진다. 둘째, 서비스 안전성의 확보다. FISP에 대한 엄격한 허가 요건과 통합된 보안 기준의 적용은 소비자 데이터의 안전한 처리를 보장한다. 셋째, 권리구제 체계의 구축이다. AI 의사결정에 대한 설명요구권, 이의(민원)제기 메커니즘, 피해구제 절차 등이 체계적으로 마련되어 있다. 이러한 데이터 및 소비자 보호 법제는 「EU 인공지능법」과 DORA가 구축한 기본적 규제 틀을

54 Proposal for a DIRECTIVE OF THE EUROPEAN PARLIAMENT AND OF THE COUNCIL on adapting non-contractual civil liability rules to artificial intelligence (AI Liability Directive), COM/2022/496 final.

55 Council Directive 85/374/EEC of 25 July 1985 on the approximation of the laws, regulations and administrative provisions of the Member States concerning liability for defective products. 참고로 2024년 10월 10일, EU 이사회는 「새로운 EU 결함 제조물 책임에 관한 지침(New EU Directive on Liability for Defective Products)」을 채택했다. 이로써 동 지침의 입법 절차가 사실상 마무리되었다.

보완하여, 금융 AI의 혁신과 소비자보호가 조화를 이루는 균형잡힌 규제 체계를 완성한다는 점에서 의의가 있다.

3. 검 토

이 장의 분석을 통해 EU의 금융 AI 규제 체계가 보여주는 세 가지 핵심적 특징이 도출된다. 첫째, 각 법령이 상호보완적으로 연계되어 통합적 규제 프레임워크를 구축한다는 점이다. 「EU 인공지능법」, DORA, FIDA는 각각 AI 시스템, 운영 회복력, 데이터 관리라는 고유한 영역을 규율하면서도, 법령 간 적용범위를 체계적으로 조정하고 규제 요건을 통합적으로 운용함으로써 금융 AI의 위험성을 종합적으로 관리한다. 이러한 통합적 접근은 특히 위험성관리 체계, 거버넌스 요건, 감독 메커니즘의 측면에서 두드러진다. AI 시스템의 개발과 운영에 관한 규제 요건들은 서로 연계되어 있으며, 금융회사는 이를 통합적으로 이행할 수 있다. 또한 감독기관 간의 협력 체계를 통해 규제의 사각지대를 방지하고 효율적인 감독을 가능하게 한다.

둘째, 데이터 활용과 보안의 균형을 도모한다는 점이다. FIDA는 오픈파이낸스 프레임워크를 통해 혁신적 금융서비스 개발을 위한 데이터 접근성을 확대하면서도, DORA와의 연계를 통해 강력한 보안체계를 구축한다. 특히 FISP 제도의 도입과 함께 데이터 보유자와 이용자 모두에게 통일된 보안 기준을 적용함으로써, 데이터 공유의 안전성과 신뢰성을 제고한다.

셋째, 금융소비자 보호를 위한 다층적 안전장치도 마련하고 있다는 점이다. 「EU 인공지능법」의 민원제기권과 설명요구권, AI 손해배상책임 지침안의 입증책임 경감, 제조물 책임 지침 개정안의 AI 시스템 결함에 대한 배상청구권 등이 유기적으로 연계되어 포괄적 보호 체계를 형성한다. 여기에 FIDA를 통한 데이터 주권의 보장과 DORA를 통한 서비스 안전성 확보가 더해져, 금융소비자의 실질적 보호를 가능하게 한다.

다만, 이러한 포괄적 규제 체계는 실무적 차원의 도전과제도 제기한다.

우선 각 법령이 요구하는 세부 요건의 구체화가 필요하다. 특히 AI 시스템의 '투명성'이나 '설명가능성'과 같은 추상적 요건을 금융부문의 맥락에서 어떻게 구현할 것인지에 대한 실무적 기준이 요구된다. 또한 다층적 규제 준수에 따른 비용 부담, 복잡한 규제 체계로 인한 이행의 어려움 등도 해결해야 할 과제로 남아있다. 그럼에도 EU의 규제적 시도는 금융 AI가 제기하는 복합적 도전과제에 대한 체계적 대응의 중요한 선례로서 의미를 갖는다. 특히 법령 간 유기적 연계를 통한 통합적 규제 프레임워크의 구축, 데이터 활용과 보안의 균형 추구, 다층적 소비자보호 메커니즘의 구축은 향후 각국의 금융 AI 규제 체계 수립에 중요한 시사점을 제공할 것으로 기대된다.

Ⅳ. EU 금융 AI 규제 체계의 특징과 법정책적 시사점

이 글은 EU의 금융 AI 규제 체계를 체계적으로 분석함으로써, AI 규제의 보편성과 금융부문의 특수성이 교차하는 지점에서 발생하는 규제적 과제를 검토하였다. EU는 「EU 인공지능법」, DORA, FIDA의 유기적 연계를 통해 전례 없는 통합적 규제 프레임워크를 구축함으로써, 금융 AI가 제기하는 복합적 도전과제에 대한 체계적 대응을 시도하고 있다. 특히 각 법령의 적용범위와 규제 요건을 체계적으로 조정하고 통합함으로써, 규제의 중복이나 공백을 방지하면서도 효과적인 위험성 관리를 가능하게 한다는 점에서 주목할 만하다. 이하에서는 EU 금융 AI 규제 체계의 특징과 의의를 분석하고, 이를 토대로 우리나라 금융 AI 규제의 발전방향을 제시하고자 한다.

1. EU 금융 AI 규제 체계의 특징과 의의

(1) 수평적 · 수직적 규제의 통합적 조화

EU의 금융 AI 규제 체계는 기존의 부문별, 영역별 규제 접근을 넘어서는 혁신적인 통합 규제 모델을 제시한다. 이 체계의 핵심은 「EU 인공지능법」이라는 수평적 규제를 기반으로 하면서, DORA와 FIDA를 통해 금융부문의 특수성을 반영하는 수직적 보완을 실현하는 데 있다. 이러한 계층적 규제 구조는 AI 기술의 발전과 금융혁신이 제기하는 도전과제에 대한 체계적 대응을 가능하게 한다. 「EU 인공지능법」은 AI 시스템 전반에 적용되는 기본 원칙과 규제 프레임워크를 제시함으로써 일관된 규제의 토대를 마련한다. 여기에 DORA는 금융부문의 운영 회복력이라는 관점에서, FIDA는 데이터 거버넌스의 관점에서 이를 구체화하고 보완한다. 이러한 접근은 금융 AI가 제기하는 고유한 위험을 효과적으로 관리하면서도, 혁신을 촉진할 수 있는 유연성을 확보한다는 점에서 주목할 만하다. 특히 각 규제 층위 간의 유기적 연계는 규제의 실효성을 제고하는 핵심 요소로 작용한다. FIDA가 구축하는 오픈파이낸스 프레임워크는 데이터 공유와 혁신을 촉진하고, DORA의 보안 요건은 이러한 데이터 활용이 안전하게 이루어질 수 있는 기술적, 제도적 기반을 제공한다. 「EU 인공지능법」의 위험성 기반 접근은 이러한 혁신과 안전의 균형을 체계적으로 관리하는 틀을 제시한다. 더불어 이러한 통합적 규제 체계는 AI 기술의 급속한 발전에 대응할 수 있는 지속가능성을 확보한다. 기술중립적 원칙을 기반으로 하되 금융부문의 특수성을 고려한 구체적 기준을 제시함으로써, 기술 발전에 따른 새로운 위험에 효과적으로 대응할 수 있는 적응력을 갖추고 있다. 이는 금융혁신을 저해하지 않으면서도 금융안정성과 소비자 보호를 달성할 수 있는 균형잡힌 규제 체계의 모델을 제시한다는 점에서 중요한 의미를 갖는다.

(2) 위험성 기반 접근법의 실질적 구현

EU가 제시하는 금융 AI 규제의 가장 큰 혁신은 위험성 기반 접근법을 구체적인 규제 메커니즘으로 발전시켰다는 점이다. 많은 국가들이 위험성 기반 규제의 필요성을 강조하지만, 실제로 이를 체계적이고 실행가능한 형태로 구현하는 데는 어려움을 겪고 있다. 이러한 상황에서 EU의 시도는 중요한 이정표가 된다. 「EU 인공지능법」은 금융 AI 시스템의 위험성을 정교하게 분류하고 평가하는 체계를 제시한다. 특히 눈여겨 볼 점은 위험성 평가에 있어 기술적 측면뿐만 아니라 사회적 영향력을 중요한 기준으로 고려한다는 것이다. 신용평가나 보험료 산정 시스템이 고위험성군으로 분류되는 것은 이러한 맥락에서다. 이들 시스템은 개인의 경제적 기회와 사회적 포용성에 직접적 영향을 미치며, 따라서 더욱 엄격한 규제적 감독이 필요하다는 것이 EU의 판단이다. DORA는 이러한 위험성 기반 접근을 운영 회복력의 관점에서 더욱 구체화한다. 주목해야 할 부분은 개별 금융회사의 위험성뿐만 아니라 시스템적 위험성에 대한 고려이다. 특히 중요 ICT 제공사업자에 대한 직접 감독 체계의 도입은 금융시스템의 상호연계성이 증가하는 현실을 반영한 혁신적 시도이다. 클라우드 서비스 제공자나 대형 IT 기업이 금융시스템에 미치는 영향력이 커지는 상황에서, 이들에 대한 효과적인 감독은 금융안정성 확보를 위한 필수적 과제가 되고 있다. 이러한 EU의 접근은 위험성 관리와 혁신 촉진이라는 두 가지 목표를 균형있게 추구한다. 고위험성 영역에 대해서는 개발단계부터 운영까지 전 생애주기에 걸친 체계적인 관리감독을 실시하면서도, 저위험성 영역에서의 유연한 접근은 혁신의 여지를 남긴다. 이는 규제가 혁신을 저해하지 않으면서도 필요한 보호장치를 제공할 수 있다는 것을 보여주는 중요한 사례이다.

(3) 소비자 보호를 위한 다층적 안전장치 구축

EU의 금융 AI 규제 체계가 보여주는 또 하나의 중요한 특징은 금융소비자 보호를 위한 다층적이고 체계적인 안전장치의 구축이다. 이는 단순한 보호 규정의 나열이 아닌, 상호보완적인 법제들의 유기적 연계를 통해 실질적인 보호 효과를 도모한다는 점에서 주목할 만하다. 이러한 다층적 보호 체계의 핵심에는 「EU 인공지능법」이 제공하는 기본적 권리가 자리잡고 있다. 동법이 규정하는 민원제기권은 AI 시스템으로 인한 피해에 대해 감독당국에 직접 문제를 제기할 수 있는 통로를 열어준다. 또한 설명요구권의 보장은 AI

의사결정의 투명성을 확보하여 금융소비자가 자신의 권리를 실질적으로 행사할 수 있는 기반을 제공한다. 여기에 AI 손해배상책임 지침안이 더해져 보호의 실효성이 한층 강화된다. 특히 입증책임의 경감은 AI 시스템의 기술적 복잡성으로 인한 입증의 어려움을 해소함으로써, 피해구제의 현실적 가능성을 높인다. 제조물 책임 지침 개정안 역시 AI 시스템의 결함으로 인한 피해에 대해 명확한 배상청구권을 부여함으로써 이러한 보호를 보완한다. 더 나아가 FIDA와 DORA는 각각 데이터 차원과 시스템 차원에서 추가적인 보호층을 형성한다. FIDA는 금융소비자의 데이터 통제권을 보장함으로써 AI 시스템에 의한 개인정보 활용의 안전성을 확보한다. DORA는 금융 서비스의 운영 회복력을 강화하여 시스템 실패나 사이버 위협으로부터 소비자를 보호하는 기술적 안전장치를 제공한다. 이처럼 다층적으로 구축된 보호 체계는 AI로 인한 새로운 위험성에 대한 EU의 포괄적 대응을 보여준다. 개별 법제들은 각자의 영역에서 구체적인 보호수단을 제공하면서도, 전체적으로는 상호보완적 관계를 형성하여 보호의 사각지대를 최소화한다. 이는 AI 시대의 금융소비자보호가 단일 법제나 단편적 접근으로는 달성하기 어렵다는 인식을 반영하는 것이라고 할 수 있다.

(4) 감독 체계의 실효성 확보

EU의 금융 AI 규제 체계는 효과적인 감독을 통해 규제의 실효성을 확보하고자 하며, 이를 위해 ESAs를 중심으로 하는 통합적이고 체계적인 감독 시스템을 구축하고 있다. 이러한 감독 체계는 AI가 제기하는 새로운 도전과 제들에 대한 EU의 전략적 대응을 보여준다.

ESAs의 감독 권한과 책임은 금융 AI 생태계 전반에 걸쳐 있다. 특히 DORA하에서 ESAs는 중요 ICT 제공사업자의 지정과 감독이라는 핵심적 권한을 부여받았다. 이는 금융 AI 시스템의 안정성이 개별 금융기관을 넘어 ICT 서비스 제공자의 신뢰성에 크게 의존한다는 인식을 반영한다. ESAs는 이러한 권한을 통해 금융 AI 생태계의 구조적 위험성을 효과적으로 관리할 수 있게 되었다. 주목할 만한 것은 ESAs가 구축한 협력적 감독 네트워크다. ESAs는 회원국 감독기관들과 상시적인 정보공유 체계를 운영하며, 필요한 경우 공동검사를 실시하거나 위기 상황에서 공동대응을 주도한다. 이러한 협력체계는 제도화되어 있어 안정적으로 작동하며, ESAs는 필요시 직접 개입할 수 있는 권한도 보유하고 있다. 이는 AI 위험성의 초국경적 성격을 고려할 때 특히 중요한 의미를 갖는다.

이러한 다층적 감독 체계의 구축은 두 가지 측면에서 그 의의를 찾을 수 있다. 첫째, EU 금융시장의 높은 통합성을 고려할 때 통합된 감독 체계는 필수적이다. 개별 국가 차원의 감독만으로는 역내 시장에서 발생하는 복합적 위험에 효과적으로 대응하기 어렵기 때문이다. 둘째, AI 위험성의 기술적 복잡성과 빠른 진화 속도를 고려할 때, 전문성과 자원을 결집한 통합 감독이 보다 효과적일 수 있다. 다만 이러한 통합적 감독 체계가 실제로 효과를 발휘하기 위해서는 몇 가지 과제가 해결되어야 한다. 회원국 간 감독 역량의 격차를 줄이고, 정보공유의 실효성을 높이며, 신속한 의사결정과 대응을 가능케 하는 거버넌스의 확립이 그것이다. EU의 이러한 도전과 경험은 금융 AI 감독 체계를 구축하고자 하는 다른 국가들에게도 중요한 참고가 될 것이다.

2. 우리나라 금융 AI 규제의 현황과 과제

우리 금융시장에서도 AI의 활용이 급속히 확산됨에 따라 규제 체계도 이에 대응하여 발전하고 있다. 특히 EU가 구축한 체계적인 규제 프레임워크는 우리나라 금융 AI 규제의 발전 방향을 모색하는 데 중요한 참고가 된다. 이 장에서는 EU의 분석틀을 활용하여 우리나라 금융 AI 규제의 현황을 진단하고, 향후 과제를 도출하고자 한다.

(1) 국내 금융 AI 규제의 현황

우리나라의 금융 AI 규제는 혁신 촉진과 안전성 확보라는 두 축을 중심으로 발전해왔다. 규제 체계는 크게 AI 시스템, 사이버보안, 데이터 관리, 소비자 보호라는 네 가지 영역으로 구성되어 있으며, 각 영역은 상호 연계되어 작동하고 있다.

1) AI 시스템 규제

금융 분야의 AI 시스템 규제는 혁신 친화적 접근과 리스크 관리의 조화를 추구한다. 가장 두드러진 특징은 규제 샌드박스를 통한 유연한 접근이다. 금융위원회는 생성형 AI와 같은 새로운 기술의 활용을 촉진하기 위해 규제 샌드박스를 도입하여, 금융회사들이 기존 규제의 제약 없이 혁신적 기술을 실험할 수 있는 환경을 제공하고 있다. 동시에 금융감독원과 금융보안원은 AI 시스템 도입에 따른 리스크 관리를 위해 기업별 맞춤형 보안 점검과 컨설팅을 실시하며 안전성을 확보하고 있다.

2) 사이버보안 규제

디지털 금융 환경에서 거래의 안전성 확보를 위한 사이버보안 규제도 점진적으로 발전하고 있다. 특히 주목할 만한 변화는 망분리 규제의 유연화다.[56] 금융회사의 연구개발 환경 개선을 위해 물리적 분리 요건을 완화하여 혁신을 촉진하되, 이에 상응하는 보안 체계 구축을 요구함으로써 균형을 도모하고 있다. 더 나아가 '디지털 금융보안법' 제정을 통해 '자율보안－결과책임' 원칙을 도입하려는 계획은 금융회사의 자율적 보안 관리 역량 강화를 유도하는 새로운 접근으로 평가된다.

3) 데이터 규제

데이터 규제 영역에서는 활용과 보호의 균형점을 찾으려는 노력이 진행되고 있다. 2020년 이루어진 이른바 '데이터 3법' 개정은 「개인정보 보호법」, 「신용정보의 이용 및 보호에 관한 법률」(이하 '신용정보법'이라 한다), 「정보통신망 이용촉진 및 정보보호 등에 관한 법률」을 포함하며, 이는 데이터 활용

56 금융위원회, 「금융분야 망분리 개선 로드맵」 발표. 2024.8.13자 보도자료. <https://www.fsc.go.kr/no010101/82885> (최종방문일 2024.10.30.).

과 보호의 균형을 위한 중요한 변화였다. 특히 「개인정보 보호법」과 신용정보법에 가명정보 개념이 도입되어 통계작성, 과학적 연구, 공익적 기록보존 등의 목적으로 데이터 활용이 가능해졌다. 또한 신용정보법 개정을 통해 본인신용정보관리업(마이데이터) 제도가 도입되어 개인의 데이터 자기결정권이 강화되었으며, 2022년 1월부터 API 기반의 마이데이터 서비스가 본격적으로 시작되었다. 이는 금융소비자가 자신의 금융정보를 통합 관리하고 맞춤형 서비스를 제공받을 수 있는 기반을 마련했다는 점에서 의미가 크다. 여기에 2021년 제정된 「데이터 산업진흥 및 이용촉진에 관한 기본법」은 데이터의 경제적 가치를 인정하고 데이터 거래를 활성화하는 제도적 기반을 제공하고 있다. 이러한 법제도적 정비는 빅데이터 분석과 AI 개발에 필요한 데이터 활용을 촉진하는 중요한 전환점이 되었다.

4) 소비자 보호

금융 AI 시대의 소비자 보호는 서비스의 안전성과 투명성 확보에 초점을 맞추고 있다. 「개인정보 보호법」과 신용정보법의 개정을 통해 정보주체의 자기결정권을 강화하고 정보 처리의 투명성을 제고했다. 또한 금융회사의 AI 시스템 활용 과정에서 부정거래 탐지 시스템(FDS)을 고도화하여 소비자 피해를 예방하는 등 실질적인 보호 장치를 마련하고 있다.

5) 통합적 유기적 체계의 현실

국내 금융 AI 규제는 네 가지 주요 영역, AI 시스템, 사이버보안, 데이터, 소비자 보호을 포괄하고 있지만, 완전히 통합된 체계를 이루지는 못하고 있다. AI 시스템 규제와 사이버보안에 있어서 금융위원회의 금융분야 AI 가이드라인은 AI 시스템의 안전성을 강조하고 있으나, 사이버보안과의 구체적인 연계는 아직 미흡하다. 금융회사들은 AI 도입 시 보안 점검을 받도록 되어 있지만, 이는 주로 사후적 대응에 초점을 맞추고 있다. 데이터 규제와 AI 시스템 규제에 있어서도 관련 법령의 정비로 가명정보 활용이 가능해져 AI 학습데이터 확보가 용이해졌지만, AI 시스템과 데이터 규제 간의 유기적 연계는 아직 발전 단계에 있다. 소비자 보호 분야에서도 AI 의사결정이 금융거래에 중대한 영향을 미치는 경우에 대한 내부통제 절차가 마련되어 있으나, AI 시스템 전반에 걸친 소비자 보호 체계는 아직 완전히 정립되지 않다. 정리하면, 현재 국내 금융 AI 규제는 각 영역별로 개별적인 가이드라인이나 규정이 존재하지만, 이들을 유기적으로 연결하는 통합적 체계는 아직 구축 중에 있다고 평가할 수 있다.

(2) EU 규제 체계와의 비교 분석

1) 규제 체계의 구조적 특징과 한계

금융위원회는 2021년 이후 금융 AI 규제의 기반을 점진적으로 구축해왔다. 금융분야 AI 가이드라인을 시작으로, 금융분야 AI 개발 · 활용 안내서, AI 기반 신용평가모형 검증체계, 금융분야 AI 보안 가이드라인 등을 순차적으로 도입하며 규제의 틀을 정비해왔다. 이러한 노력은 AI 기술 발전에 따른 금융혁신을 지원하면서도 잠재적 위험을 관리하려는 균형 잡힌 접근을 보여준다. 그러나 현재의 규제 체계는 두 가지 측면에서 중요한 한계를 노정하고 있다. 첫째, 현행 규제는 주로 가이드라인과 행정지도와 같은 연성규범에 의존하고 있다. EU가 「EU 인공지능법」이라는 강력한 법적 기반을 마련한 것과는 대조적으로, 법적 구속력이 약한 현재의 체계로는 AI 기술이 제기하는 새로운 도전과제들에 효과적으로 대응하기 어렵다. 둘째, 규제들 간의 유기적 연계가 미흡하다. EU는 「EU 인공지능법」을 중심으로 DORA, FIDA 등 관련 법제들을 긴밀히 연계시켜 통합적인 규제 생태계를 구축한 반면, 우리나라는 개별 규제들이 독립적으로 발전하면서 규제의 중복이나 공백이 발생할 우려가 있다. 이러한 구조적 특성은 우리나라 금융 규제의 발전 과정에서 자연스럽게 형성된 것이나, AI 시대에 걸맞은 새로운 규제 패러다임으로의 전환이 필요한 시점이다. 특히 금융혁신과 소비자보호라는 두 가지 목표를 조화롭게 추구하기 위해서는, 보다 체계적이고 통합된 규제 프레임워크의 구축이 요구된다.

2) 위험성 기반 접근법의 제한적 구현

우리나라의 금융 AI 규제는 위험성관리 측면에서 체계적인 접근이 미흡한 상황이다. EU가 위험성 기반의 차등적 규제 체계를 구축한 것과 달리, 우리나라는 보다 일률적이고 사후적인 관리에 중점을 두고 있다. 이러한 현행 규제의 한계는 다음과 같은 측면에서 구체적으로 나타난다.

첫째, 위험성 분류체계가 명확히 정립되어 있지 않다. EU의 경우 「EU 인공지능법」을 통해 AI 시스템을 허용할 수 없는 위험성, 고위험성, 제한된 위험성 등으로 체계적으로 분류하고, 각 수준에 따른 차등적 규제를 적용하고 있다. 반면 우리나라는 금융 AI 시스템의 위험성을 체계적으로 분류하고 평가하는 기준이 미비하다. 예를 들어, 신용평가나 보험료 산정과 같이 금융소비자의 권리에 중대한 영향을 미칠 수 있는 고위험성 AI 시스템에 대한 특별한 규제 기준이 확립되어 있지 않다. 둘째, 위험성 관리가 주로 사후적 대응에 치중되어 있다. 현행 규제는 AI 시스템 운영 과정에서 발생하는 문제에 대한 대응에 초점을 맞추고 있어, 개발 단계에서부터 위험성을 예방하고 관리하는 체계적 접근이 부족하다. EU가 AI 시스템의 전 생애주기에 걸친 위험성 관리를 요구하는 것과는 대조적이다. 특히 AI 시스템의 설계와 개발 단계에서 위험성을 평가하고 완화하는 사전적 관리체계가 미비하여, 잠재적 위험이 실현된 후에야 대응이 이루어지는 한계가 있다. 셋째, 위험성 평가와 관리를 위한 구체적인 기술적 · 절차적 기준이 부족하다. AI 시스템의 투명성, 설명가능성, 공정성 등을 평가하고 보장하기 위한 실무적 기준이 충분히 발달하지 않았다. 이는 금융회사들이 자체적으로 AI 위험성을 관리하는 데 어려움을 초래할 수 있으며, 감독당국의 효과적인 모니터링도 제약한다.

이러한 한계를 극복하기 위해서는 금융 AI 시스템의 위험성을 체계적으로 분류하고, 각 수준에 맞는 차등화된 규제를 적용하는 프레임워크의 구축이 필요하다. 또한 개발 단계부터 운영, 폐기에 이르는 전체 생애주기에 걸친 통합적 위험성관리 체계를 확립하고, 이를 뒷받침할 구체적인 기술 기준과 평가 방법론을 개발해야 한다. 특히 금융소비자의 권리에 중대한 영향을 미칠 수 있는 고위험성 AI 시스템에 대해서는 보다 엄격한 사전적 관리체계를 도입할 필요가 있다.

3) 데이터 거버넌스의 분절성과 소비자 보호의 한계

우리나라의 금융 AI 규제는 데이터 거버넌스와 소비자 보호 두 영역 모두에서 EU와 비교할 때 중요한 차이점을 보인다. 각 영역별 특징과 한계를 구분하여 살펴보면 다음과 같다.

데이터 거버넌스 측면에서 가장 두드러진 특징은 규제 체계의 분절성이다. 현재 「개인정보 보호법」, 신용정보법, 「전자금융거래법」 등 다양한 법제가 개별적으로 운영되고 있어 일관된 데이터 정책의 수립과 집행이 어렵다. 특히 EU가 FIDA를 통해 금융데이터의 접근과 공유에 관한 통합적 프레임워크를 구축하려는 것과 달리, 우리나라는 각 법령이 독자적인 규율체계를 가지고 있어 데이터의 효율적 활용과 관리를 저해하고 있다.

소비자 보호 측면에서는 AI 시대에 걸맞은 실효성 있는 보호수단이 부족하다. EU는 「EU 인공지능법」을 통해 AI 의사결정에 대한 설명요구권을 명시적으로 보장하고, AI 손해배상책임 지침안과 제조물 책임 지침 개정안을 통해 구체적인 피해구제 수단을 마련하고 있다. 반면 우리나라는 이러한 권리보장 체계가 미비하여, AI 시스템으로 인한 소비자 피해에 대한 효과적인 구제가 어려울 수 있다. 특히 AI 의사결정의 투명성 확보와 책임소재 규명을 위한 법적 장치가 불충분하다.

이러한 한계를 극복하기 위해서는 두 가지 방향의 제도 개선이 필요하다. 우선 데이터 거버넌스 측면에서는 분절된 법제를 통합하고 체계화하여 데이터의 효율적 활용과 보호를 위한 일관된 프레임워크를 구축해야 한다. 소비자 보호 측면에서는 AI 시대에 부합하는 새로운 권리보장 체계를 도입하고, 실질적인 피해구제가 가능하도록 책임소재 규명과 배상청구 절차를 명확히 할 필요가 있다.

4) 감독 체계의 실효성 문제

국내 금융 AI 감독 체계의 실효성 문제는 전문성, 통합성, 그리고 법적 기반이라는 세 가지 측면에서 두드러지게 나타난다. EU가 ESAs를 중심으로 체계적이고 전문적인 감독 체계를 구축한 것과 비교할 때, 우리나라의 현행 감독 체계는 여러 한계점을 보이고 있다.

첫째, AI 감독을 위한 전문적 역량이 부족하다. 금융감독 당국은 전통적인 금융 리스크 감독에는 풍부한 경험을 보유하고 있으나, AI 시스템의 기술적 특성과 위험성을 평가하고 관리하는 데 필요한 전문성은 아직 충분히 확보하지 못한 상황이다. 특히 AI 알고리즘의 편향성, 설명가능성, 견고성 등을 평가할 수 있는 기술적 역량과 평가 기준이 미비하여, 실질적인 감독 기능 수행에 어려움이 있다.

둘째, 금융회사와 ICT 제공사업자를 아우르는 통합적 감독 체계가 부재하다. EU가 ESAs를 통해 금융 AI 생태계 전반에 대한 포괄적 감독을 수행하는 것과 달리, 우리나라는 금융회사에 대한 감독과 ICT 제공사업자에 대한 감독이 분절적으로 이루어지고 있다. 이는 AI 시스템의 위험성이 금융회사와 ICT 제공사업자 간의 상호작용을 통해 증폭될 수 있다는 점에서 중요한 한계로 지적된다.

셋째, 감독권한의 법적 기반이 불명확하다. 현재 금융 AI 감독은 주로 행정지도나 가이드라인에 근거하여 이루어지고 있어, 강제력 있는 감독조치를 취하는 데 제약이 있다. 특히 AI 시스템의 개발과 운영 전반에 걸친 실질적인 점검과 시정조치가 어려워, 사전적 위험성관리에 한계가 있다.

3. 국내 금융 AI 규제의 발전을 위한 법정책적 제언

우리나라의 금융 AI 규제는 EU의 규제 체계가 보여주는 통합성, 체계성, 실효성의 관점을 참고하되, 국내 금융시장의 고유한 특성을 반영한 발전 방향을 모색해야 한다. 이러한 맥락에서 현행 규제 체계의 한계점을 극복하고 실효성을 제고하기 위한 법정책적 개선방안을 제시하고자 한다.

(1) 체계적 규제 프레임워크의 구축

금융 AI 규제의 실효성 확보를 위해서는 무엇보다 체계적인 규제 프레임워크 구축이 선행되어야 한다. 이러한 프레임워크는 법적 안정성과 규제의 실효성을 동시에 담보할 수 있어야 하며, 다음과 같은 핵심 요소들로 구성되어야 한다.

첫째, 현행 가이드라인 중심의 규제 체계를 법제화하여 규범적 안정성을 확보해야 한다. 이 과정에서 금융부문의 특수성을 반영한 특별법 체계를 마련하되, 제정될 AI 기본법이 제시하는 일반원칙과의 유기적 연계성을 확보해야 한다. 이를 통해 규제의 일관성과 체계성을 제고할 수 있다. 둘째, 금융 AI의 정의와 적용범위에 대한 명확한 기준을 설정해야 한다. 규제 대상을 명확히 특정함으로써 규제의 실효성을 확보하고, 금융회사의 법적 불확실성을 해소할 수 있다. 이는 효과적인 규제 집행을 위한 기본 전제가 된다. 셋째, 위험성 기반의 차등적 규제 체계를 도입해야 한다. 금융 AI 시스템의 위험성을 체계적으로 평가하고 분류하는 기준을 마련하고, 위험성 수준에 따른 차등적 규제 요건을 구체화해야 한다. 특히 신용평가나 보험료 산정과 같이 소비자의 권리에 직접적 영향을 미치는 고위험성 영역에 대해서는 AI 시스템의 전 생애주기 동안 그러한 위험성을 체계적으로 관리할 수 있는 규제를 적용할 필요가 있다. 넷째, 기존 금융 규제 체계와의 정합성을 확보해야 한다. 새로운 AI 규제가 기존의 금융 규제와 조화롭게 작동할 수 있도록 세심한 제도 설계가 요구된다. 이를 통해 규제의 중복과 충돌을 방지하고 효율적인 규제 집행이 가능해질 것이다. 마지막으로, 실효적인 감독 체계와 집행 메커니즘을 구체화해야 한다. 금융감독당국의 전문성을 강화하고, 명확한 감독 권한과 절차를 규정함으로써 규제의 실효성을 담보할 수 있다. 아울러 위반 행위에 대한 적절한 제재 수단도 마련되어야 한다.

(2) 실효성 있는 감독 · 집행 체계의 구축

금융 AI 규제의 실효성을 확보하기 위해서는 통합적인 감독 및 집행 체계 마련이 시급하다. 우선 금융감독원을 중심으로 AI 시스템에 대한 전문적 감독 역량을 강화해야 한다. 이를 위해 AI 기술에 대한 이해도 제고, 위험성 평가 및 알고리즘 검증 등을 수행할 수 있는 전문 인력 확충이 필수적이다. 또한 금융보안원, 개인정보보호위원회 등 유관기관과의 협력 체계를 제도화하여 AI 관련 이슈에 통합적이고 유기적으로 대응할 수 있어야 한다. 둘째, 금융회사뿐만 아니라 ICT 제공사업자에 대한 효과적인 감독 방안 마련이 시급하다. 클라우드 서비스, AI 솔루션 등을 제공하는 사업자들이 금융회사의 AI 시스템에 직접적인 영향을 미치므로, 이들에 대한 관리 · 감독이 반드시 필요하다. EU의 DORA에서처럼 '중요 ICT 제공사업자' 개념을 도입하고, 금융감독당국의 직접 감독권 행사 근거를 마련하는 것이 하나의 방안이 될 수 있다. 셋째, AI 시스템에 대한 상시적 모니터링과 검증 체계 구축이 요구된다. AI 시스템의 개발부터 운영, 폐기에 이르는 전 생애주기에 걸쳐 체계적인 감독이 이루어져야 한다. 특히 고위험성 AI 시스템에 대해서는 알고리즘 공정성, 강건성 등을 검증하기 위한 정기 감사와 스트레스 테스트 의무화가 필요하다.

요컨대, 금융 AI에 대한 실효성 있는 규제 체계 마련을 위해서는 통합 감독 역량 강화, ICT 제공사업자 관리 · 감독 근거 마련, 상시적 모니터링 및 검증 체계 구축 등 다각적인 노력이 요구된다. 이를 통해 금융 AI의 건전한 발전과 안정적 운영을 도모할 수 있을 것이다.

(3) 소비자 권익 보호를 위한 종합적 체계 구축

금융 AI의 도입이 초래할 수 있는 소비자 권익 침해에 선제적으로 대응하기 위해서는 기존 「금융소비자 보호에 관한 법률」 체계의 정비가 필수적이다. 이를 위해 다음과 같은 조치가 요구된다.

첫째, 「금융소비자 보호에 관한 법률」에 AI 의사결정에 대한 소비자의 절차적 권리를 명시적으로 규정해야 한다. 설명요구권, 이의제기권 등을 법적으로 보장하고, 그 행사 절차를 구체적으로 규정함으로써 실효성 있는 권리 보호가 가능할 것이다. 이 과정에서 GDPR, 「EU 인공지능법」, FIDA 등의 해외 입법례를 참고하되, 국내 금융시장의 특수성을 고려한 맞춤형 입법이 필요하다. 둘째, AI 알고리즘의 공정성과 투명성 확보를 위한 제도적 장치를 강화해야 한다. AI 알고리즘에 대한 검증 체계를 구축하고, 편향성 모니터링을 의무화하는 등의 방안이 검토되어야 한다. 또한 개인정보 처리 과정에서의 프로파일링과 자동화된 의사결정에 대해 정보주체의 권리를 보장하는 규정도 마련되어야 한다. 이는 「개인정보 보호법」상 자동화된 의사결정에 관한 규제[57]를 금융 분야에 특화하여 구체화하는 작업으로 이어질 수 있다. 셋째, 금융 AI로 인한 소비자 피해에 대한 구제 체계의 정비가 시급하다. 현행 분쟁조정 제도의 전문성과 실효성을 제고하고, AI 특성을 감안한 입증책임 완화 등 소비자 친화적 운영 방안을 모색해야 한다. 나아가 집단소송, 징벌적 손해배상 제도의 도입을 통해 위법행위에 대한 억지력을 강화하는 방안도 검토되어야 한다. 넷째, 금융소비자의 AI 리터러시 향상을 위한 교육과 정보 제공이 병행되어야 한다. 금융당국과 소비자단체가 협력하여 AI의 혜택과 위험성, 소비자 권리 구제 방법 등을 균형 있게 알리는 교육 프로그램을 개발 · 보급할 필요가 있다. 이를 통해 소비자가 AI 기반 금융서비스를 올바르게 이해하고 활용할 수 있는 역량을 키워나가야 할 것이다. 다만 이러한 소비자 보호 체계의 강화가 데이터 활용과 혁신을 저해하지 않도록 유의해야 한다. 안전한 데이터 공유 환경 조성과 함께 가명정보 활용 등 데이터 산업 활성화 기반도 재정비할 필요가 있다. 소비자 신뢰 확보와 혁신 촉진이 선순환하는 균형 있는 규제 체계를 설계하는 것이 향후 금융 AI 시대의 중요한 과제가 될 것이다.

57 「개인정보 보호법」 제32조의2 (자동화된 결정에 대한 정보주체의 권리 등).

(4) 혁신 친화적 규제 환경 조성

금융 AI 규제 체계 정비 과정에서 혁신 저해 요인을 최소화하기 위한 세심한 정책적 고려가 필요하다. 이를 위해 다음과 같은 방안이 검토되어야 한다. 첫째, 규제 샌드박스를 적극 활용하여 새로운 AI 기술과 서비스의 실험이 가능한 환경을 조성해야 한다. 둘째, EU의 「EU 인공지능법」 도입 사례에서 볼 수 있듯이, 시장 참여자들의 적응을 고려한 단계적 규제 도입이 바람직하다. 셋째, 중소 금융회사의 새로운 규제 환경 적응을 지원하기 위한 방안이 마련되어야 한다. 마지막으로, 규제준수를 지원하는 레그테크와 감독 효율성을 제고하는 섭테크의 발전을 적극 지원할 필요가 있다.

Ⅴ. 결 론

EU의 금융 AI 규제 체계는 AI 기술의 광범위한 적용 가능성과 금융산업의 고유한 특성이 만나는 교차로에서 새로운 규제 과제를 제기한다. 이 글에서는 이러한 접점에서 발생하는 규제적 쟁점들을 EU의 관련 입법례를 통해 심층적으로 분석하였다. EU는 「인공지능법」이라는 포괄적 규제 프레임워크를 토대로, 「디지털운영회복력법(DORA)」과 금융데이터 접근에 관한 규정안(FIDA) 등을 통해 금융부문 AI의 특수성을 반영한 규제 체계를 구축하고 있다. 이러한 다층적 접근방식은 AI 기술의 혁신성과 금융산업의 안정성이라는 두 가치를 조화롭게 실현하기 위한 정책적 노력의 산물로 평가된다. 이러한 EU의 정책적 경험은 AI 기술에 대한 원칙 기반 규제와 금융산업에 대한 개별 규제의 조화로운 설계라는 측면에서 국내 금융 AI 규제 체계 구축에 유용한 참고사례가 될 수 있을 것이다.

AI와 금융의 융합이 가속화되는 상황에서 규제 체계의 혁신은 선택이 아닌 필수가 되고 있다. 무엇보다 금융산업의 건전성과 혁신, 소비자 보호라는 다면적 목표를 조화롭게 달성할 수 있는 규제 환경 조성이 시급하다. EU

의 선도적 규제 모델이 제시하는 통찰을 국내 금융산업의 현실에 맞게 수용하고 발전시켜 나가는 지혜가 어느 때보다 절실하다. 이 글이 금융 AI 시대를 대비한 규제 체계 구축을 위한 학계와 정책당국, 업계의 노력에 미력하나마 기여할 수 있기를 기대한다.

참고문헌

〈국내 문헌〉

- 이정수, "제4차 산업혁명과 금융법의 과제", 『상사법연구』, Vol. 40(3) (2021), 201－257면.
- 김정욱 외, 『인공지능 시대의 경쟁력 강화를 위한 AI 규제 연구. 경제 · 인문사회연구회 협동연구총서』, 한국개발연구원, 2024, 184－206면.
- 금융위원회, 「금융분야 망분리 개선 로드맵」 발표. 2024.8.13.자 보도자료. <https://www.fsc.go.kr/no010101/82885> (최종방문일 2024.10.30.).
- 이정수, "인공지능의 발전과 금융법의 과제" 발표자료, 서울대학교 2024.

〈해외문헌〉

- Arner, Douglas W., Janos Nathan Barberis, and Ross P. Buckley (2017). "FinTech, RegTech, and the Reconceptualization of Financial Regulation." Northwestern Journal of International Law & Business, Vol. 37, pp. 371－413.
- Truby, Jon, Rafael Brown & Andrew Dahdal (2020), "Banking on AI: mandating a proactive approach to AI regulation in the financial sector", Law and Financial Markets Review, 14(2): 110－120, DOI: 10.1080/17521440.2020.1760454.

- Akinwumi, Michael, Merrill, John, Rice, Lisa, Saleh, Kareem and Yap, Maureen, "An AI fair lending policy agenda for the federal financial regulators", Economics Studies at Brookings, December 2021.
- Boukherouaa, El Bachir & Ghiath Shabsigh et al., "Powering the Digital Economy: Opportunities and Risks of Artificial Intelligence in Finance", DP/2021/024, International Monetary Fund, September 2021.
- Deloitte, The New Physics of Financial Services: How Artificial Intelligence Is Transforming The Financial Ecosystem, <https://www2.deloitte.com/qa/en/pages/financial－services/articles/artificial－intelligence－transforming－financial－ecosystemdeloitte－fsi.html> (최종방문일 2024.10.30.).

■ Emergen Research, AI in Banking Market By Component, By Technology, By Application, By Solution (Customer Behavior Analytics, Data Analytics & Visualization, Fraud Detection, Customer Relationship Management, Chatbot, and Others), and By Region, Forecast to 2027, January 2021. <https://www.emergenresearch.com/industry-report/ai-in-banking-market> (최종방문일 2024.10.30.).

■ Loyens & Loeff, "Data sharing in the financial sector: an introduction to FIDA", January 16, 2024, <https://www.loyensloeff.com/insights/news—events/news/data-sharing-in-the-financial-sector-an-introduction-to-fida/> (최종방문일 2024.10.30.).

■ Parente, Fausto, The AI Act and its impacts on the European financial sector, The EUROFI Magazine, February 2024.

■ Shabsigh, Ghiath & El Bachir Boukherouaa (2023), "Generative Artificial Intelligence in Finance: Risk Considerations", IMF Fintech Notes 2023/006, International Monetary Fund, August 2023.

■ UK Finance & Oliver Wyman, "The Impact of AI in Financial Services: Opportunities, Risks and Policy Considerations" November, 2023.

■ World Economic Forum & Cambridge Center for Alternative Finance, University of Cambridge University of Cambridge Judge Business School, Transforming Paradigms A Global AI in Financial Services Survey, January 2020.

■ Council Directive 85/374/EEC of 25 July 1985 on the approximation of the laws, regulations and administrative provisions of the Member States concerning liability for defective products.

■ Directive (EU) 2022/2555 of the European Parliament and of the Council of 14 December 2022 on measures for a high common level of cybersecurity across the Union, amending Regulation (EU) No 910/2014 and Directive (EU) 2018/1972, and repealing Directive (EU) 2016/1148 (NIS 2 Directive).

■ European Commission, Directive on measures for a high common level of cybersecurity across the Union (NIS2 Directive), Shaping Europe's digital future, <https://digital-strategy.ec.europa.eu/en/policies/nis2-directive> (최종방문일

2024.10.30.).

■ European Commission, Communication From The Commission – Commission Guidelines on the application of Article 4 (1) and (2) of Directive (EU) 2022/2555 (NIS 2 Directive) (2023/C 328/02) <https://eur-lex.europa.eu/legal-content/EN/TXT/PDF/?uri=CELEX:52023 XC0918(01)> (최종방문일 2024.10.30.).

■ European Commission, A European strategy for data, Shaping Europe's digital future, <https://digital-strategy.ec.europa.eu/en/policies/strategy-data> (최종방문일 2024.10.30.).

■ Proposal for a REGULATION OF THE EUROPEAN PARLIAMENT AND OF THE COUNCIL on a framework for Financial Data Access and amending Regulations (EU) No 1093/2010, (EU) No 1094/2010, (EU) No 1095/2010 and (EU) 2022/2554, COM/2023/360 final.

■ Proposal for a DIRECTIVE OF THE EUROPEAN PARLIAMENT AND OF THE COUNCIL on adapting non-contractual civil liability rules to artificial intelligence (AI Liability Directive), COM/2022/496 final.

■ Regulation (EU) 2022/2554 of the European Parliament and of the Council of 14 December 2022 on digital operational resilience for the financial sector and amending Regulations (EC) No 1060/2009, (EU) No 648/2012, (EU) No 600/2014, (EU) No 909/2014 and (EU) 2016/1011.

■ The Digital Operational Resilience Act (DORA)-Regulation (EU) 2022/2554, <https://www.digital-operational-resilience-act.com/>

■ The NIS 2 Directive 웹사이트 <https://www.nis-2-directive.com/> (최종방문일 2024.10.30.).

13.
기술혁신과 운송 분야 규제법

Ⅰ. 서 론

Ⅱ. 화물 · 여객운송 분야에서의 기술 발전과 규제 상황의 비교

Ⅲ. 플랫폼운송사업의 도입과 문제점

Ⅳ. 플랫폼운송사업의 도입 과정을 통해 본 운송 분야 규제법의 역할

Ⅴ. 결 어

기술혁신과 운송 분야 규제법*

이 윤 정**

Ⅰ. 서 론

오늘날 정보통신기술의 혁신은 인공지능과 빅데이터, 나아가 5세대 이동통신기술(5G), 사물인터넷(IoT)으로 진화하였고, 현재 우리는 로봇과 무인자동차, 드론 등이 운송 분야에서도 빠른 속도로 인간을 대체해 나가는 상황을 보고 있다. '운송'의 사전적인 의미는 '사람을 태워 보내거나 물건 따위를 실어 보내는 것'인데, 규율이나 규제의 대상으로서 '운송'은, 정의 규정이 따로 있지는 않지만,[1] 사람(여객운송)이나 화물(화물운송)을 운반하는 것을 의미하고 대체로는 수요나 요구에 응하여 유상으로 운반하는 것을 의미한다.[2] 이러한 운송 분야에서도 앞서 거론한 새로운 기술의 영향으로 많은 변화가 이

* 이 글은 필자의 논문인 "운송 분야의 기술 발전과 규제법의 역할－혁신의 조정과 사회 갈등의 중재를 중심으로－", 『경제규제와 법』, 제16권 제2호(통권 제32호), 2023, 133－149면의 내용을 일부 수정·보완하였음.

** 강원대학교 법학전문대학원 교수.

1 '운송'에 대한 규율은 항공기를 통한 운송에 관한 「항공사업법」, 철도차량에 관한 「철도산업발전기본법」, 선박에 관한 「항만운송사업법」, 자동차에 관한 「여객자동차운수사업법」과 「화물자동차운수사업법」 등과 같이 운송수단에 따라 규율되고 있다.

2 법령상 개념으로 '운송'과 '운수'는 유사한 의미로 이해되는데, 「화물자동차운수사업법」은 "화물자동차 운수사업"을 "화물자동차 운송사업", "화물자동차 운송주선사업" 및 "화물자동차 운송가맹사업"으로(제2조 제2호), 「여객자동차운수사업법」은 "여객자동차 운수사업"을 "여객자동차운송사업", "자동차대여사업", "여객자동차터미널사업" 및 "여객자동차운송플랫폼사업"으로(제2조 제2호) 정의하여, '운수'는 '운송'과 관련된 작업을 포함하는, 더 넓은 의미로 사용되고 있다.

루어지고 있다. 특히 화물 운송인 물류의 영역에서 특히 소비자에게 화물이 도착하는 배송 단계에서의 기술 변화가 가시적이다. 정보통신기술을 이용한 물류 서비스의 혁신으로 개인의 일상생활에서의 소비 방식 자체가 근본적으로 바뀌는 것이다. 예를 들면 자기 전에 누워서 편하게 스마트폰으로 장을 보면 바로 다음 날 새벽 배송을 받을 수 있거나, 적어도 하루 이틀 내에서 받게 되고, 그 물건이 지금 어디쯤 있고 언제 도착할 예정인지를 수시로 확인할 수 있다. 소비자들이 누리는 이 같은 편익은 물류체계가 사물인터넷, 인공지능, 로봇 등의 혁신적인 최신 기술로 무장하고, 플랫폼을 통해 유통과 물류를 통합하는 기반을 구축함으로써 효율적으로 운영되게 된 덕분이다. 물류업계는 디지털 전환과 함께 인공지능을 이용한 운송 수요예측과 경로의 최적화, 로봇이나 자율주행차에 의한 인력이 절감 등과 같이 4차산업시대의 기술에 힘입어 가장 많은 혁신이 이루어지고 있는 산업 분야라고 할 수 있는데, 이러한 물류업의 변화는 유통, 제조의 부가 서비스에 불과하였던 위치에서 오히려 유통과 제조업의 변화를 유도하는 주도적 지위로까지 변모하는데 이르렀다.

이와는 대조적으로 여객의 운송 영역에서는 물류 영역에서의 기술의 반영에 비하면 획기적이라고 하기에 부족하다. ICT 기술을 이용한 새롭고 편리한 여객운송사업 방법이 등장하였음에도 기존 여객운송사업자와의 관계에서 심각한 갈등과 함께 법적 규제에 가로막혀 쉽게 받아들여지지 못하는 상황이다. 구체적으로 설명하면 플랫폼을 이용한 승차 공유 서비스가 자동차를 사람의 교통수단으로 이용하는 여객자동차운송업 중 택시사업과 경쟁 관계에 있게 되면서 여객자동차운송서비스업에 대한 신규 면허라는 규제의 벽에 막히거나 기존 여객자동차운송사업자와의 사이에서 사회적인 갈등이 불거지면서 기존의 규제와 기득권이 혁신을 저해하는가에 대한 논란이 야기되고 있다.

화물의 운송 분야에서는 새로운 기술과 변화에 대하여 규제의 벽에 가로막히기보다는 오히려 법제가 물류업에 대한 기술혁신을 지원하는 방향에 있는 것으로 보이는데, 왜 여객운송 분야(자동차)에서는 물류 영역에서와 달리 첨예한 사회적 갈등과 법제에 관한 논란이 있는지를 살펴봄으로써 운송 분야에서 규제법의 역할과 방향은 어떠하여야 하는지에 대해 고민해 보고자 한다.

Ⅱ. 화물 · 여객운송 분야에서의 기술 발전과 규제 상황의 비교

1. 물류 분야에서의 현황과 법제

(1) 물류 분야에서의 기술 발전 현황

재화를 거래한 당사자가 현장에서 재화를 인도 · 인수하지 않는 한 재화는 별도로 이동할 수밖에 없다. 경제적인 의미에서 볼 때, 물건을 보내는 화물운송은 재화가 생산자 등의 공급자로부터 소비자에게까지 유통되는 과정 중 일부분에 해당한다. 「물류정책기본법」은 “물류(物流)”란 재화가 공급자로부터 조달 · 생산되어 수요자에게 전달되거나 소비자로부터 회수되어 폐기될 때까지 이루어지는 운송 · 보관 · 하역(荷役) 등과 이에 부가되어 가치를 창출하는 가공 · 조립 · 분류 · 수리 · 포장 · 상표부착 · 판매 · 정보통신 등을 말한다고 정의한다(제2조 제1항 제1호).

빅데이터, 인공지능, 로봇, 사물인터넷 등으로 대변되는 제4차 산업혁명의 기술은 물류 분야에서도 크게 활약하고 있다. 4차 산업혁명 기술이 물류서비스에 적용되는 모습을 보면, 인공지능은 최적화된 루트의 산정을 통해 시간과 비용의 절감을, 로봇은 창고관리에서의 생산성을 제고함으로써 시간의 단축을 가져올 수 있고, 사물인터넷은 수송, 보관 및 하역에서 센서를 통해 화물의 이동 및 운송의 신속성과 정확성을 증진시킬 수 있다.[3] 물류 분야

3 이충배/노진호/김정환, “제4차 산업혁명의 기술이 물류성과에 미치는 영향에 대한 인식 연구”, 『한국물류학회지』 제27권 제5호, 2017.10. 3면.

에서의 4차 산업혁명은 물류 4.0(Logistics 4.0)[4] 또는 스마트 물류 등으로 불리는데, 물류 4.0은 사물인터넷, AI, 3D프린팅, 로봇 등 혁신기술들을 활용한 새로운 물류서비스로 이처럼 고객 개개인의 니즈를 충족시킬 수 있도록 하는 인프라를 최대 활용하여 물류서비스 고도화 및 물류 작업효율성을 이르는 체계로의 진화라고 평하기도 한다.[5]

오늘날 복잡한 산업화 사회에서는 여러 단계의 제조, 가공을 거치면서 물자의 운송 또한 공급자로부터 소비자까지 여러 단계를 거치게 되는데, 이러한 물류 프로세스에서 최종적으로 물품이 고객에게 직접 배송되는 마지막 단계인 라스트 마일(Last mile)에서 특히 4차 산업혁명의 혁신적인 변화를 체감할 수 있다. 이커머스 시장의 급진적인 성장과 함께 관심이 급부상한 라스트 마일은 소비자에게 바로 제품이 인도되는 배송 단계이다. 이 단계는 소규모의 상품이 분산적이고 개별적으로 이동하기 때문에 판매비용에서 많은 부분을 차지하고 소비자의 만족도에도 영향을 많이 미치는 부분이다. 그런데 최근 사물인터넷와 자율주행, 첨단 로봇기술 등이 접목되면서 이 라스트 마일에서 물류 산업의 새로운 비즈니스 모델이 부각되고 있다. 하루배송이나 새벽배송과 같은 이름의 서비스로 칭해지는 신속한 운송 방식인데, 이는 로봇, 물류전문업체가 상품의 배송과 보관, 포장, 배송, 재고관리, 교환 · 환불 서비스 등의 모든 과정을 포괄적으로 담당하는 이른바 '풀필먼트 서비스(Fullfillment Service)'를 통해 가능하게 되었다. 이처럼 유통업도 플랫폼 기반으로 생산과 소비에 대한 정보를 통해 가치를 창출하는 형태로 발전하고 있고, 온라인 유통의 확대에 따른 온라인-오프라인, 유통과 물류의 융합으로 이들 간 경계가 붕괴되고 있다고 한다.[6]

---

4 물류기술의 발전 단계를 나누어 기계화에 해당하는 1.0, 2.0 그리고 전자화인 3.0에 대해 사물인터넷 등을 활용한 운송 체계를 4.0이라고 하는데, 현재 운송은 네 단계의 운송 체계가 모두 활용되고 있다.

5 박병주, "4차산업혁명시대, 물류의 발전과 역할의 변화", 『경남발전』 제150호, 경남연구원, 2020.4. 81면.

6 박병주, 위의 글, 84면.

(2) 물류 발전에 대응하는 법제의 방향

기술 발전에 기댄 물류업의 이와 같은 변혁에 대해 정부의 정책이나 법제도는 신규 사업자나 새로운 기술의 사용에 대한 규제가 크지 않은 편이라고 할 수 있다. 물론 자율주행로봇이나 드론의 활용이 「도로교통법」이나 「항공법」[7]상 규제를 받아 개발이 더딘 점이 지적되기도 하지만, 기술의 수준이나 상용화를 위한 비용의 측면에서 볼 때 당장 물류 분야에서 법 제도상 규제 때문에 드론이나 자율주행로봇을 활용하지 못한다고 말하기는 어렵다. 오히려 기본정책의 방향이라는 측면에서 보면 정부의 정책 기조는 물류업계의 혁신을 지지하는 방향에 있다.

「물류정책기본법」은 국가에 대해 첨단화물운송체계 · 클라우드컴퓨팅 · 무선주파수인식 및 정온(定溫)물류 등 물류 관련 신기술 · 기법의 연구개발 및 이를 통한 첨단 물류시설 · 장비 · 운송수단의 보급 · 촉진을 위한 시책을 마련할 것을 요구하고 있고(제57조),[8] 2023.2.20. 국토교통부가 발표한 「스마

---

7 드론은 항공법령상 초경량비행장치 중 무인비행장치로 분류되는데, 이를 규제하던 「항공법」은 2017년 폐지되면서 「항공사업법」, 「항공안전법」 및 「공항시설법」으로 분법되었고, 현재 이들 법률에서 드론을 규제하고 있다.

8 제57조(물류 관련 신기술 · 기법의 연구개발 및 보급 촉진 등) ① 국토교통부장관 · 해양수산부장관 또는 시 · 도지사는 첨단화물운송체계 · 클라우드컴퓨팅 · 무선주파수인식 및 정온(定溫)물류 등 물류 관련 신기술 · 기법(이하 "물류신기술"이라 한다)의 연구개발 및 이를 통한 첨단 물류시설 · 장비 · 운송수단(이하 "첨단물류시설등"이라 한다)의 보급 · 촉진을 위한 시책을 마련하여야 한다.

② 국토교통부장관 · 해양수산부장관 또는 시 · 도지사는 물류기업이 다음 각 호의 활동을 하는 경우에는 이에 필요한 행정적 · 재정적 지원을 할 수 있다.

1. 물류신기술을 연구개발하는 경우
2. 기존 물류시설 · 장비 · 운송수단을 첨단물류시설등으로 전환하거나 첨단물류시설등을 새롭게 도입하는 경우
3. 그 밖에 물류신기술 및 첨단물류시설등의 개발 · 보급을 위하여 대통령령으로 정하는 사항

③ 국토교통부장관 또는 해양수산부장관은 물류신기술 · 첨단물류시설등 중 성능 또는 품질이 우수하다고 인정되는 경우 우수한 물류신기술 · 첨단물류시설등으로 지정하여 이의 보급 · 활용에 필요한 행정적 · 재정적 지원을 할 수 있다.

④ 시 · 도지사는 제1항 또는 제2항의 조치를 하려는 경우에는 중복을 방지하기 위하여 미리 국토교통부장관 및 해양수산부장관과 협의하고, 그 내용을 제14조에 따른 지역물류기본계획과 제16조에 따른 지역물류시행계획에 반영하여야 한다.

⑤ 제2항에 따른 지원의 세부적인 기준, 제3항에 따른 지정 및 지원의 기준 · 절차 등에 필요한 사항은 대통령령으로 정한다.

트 물류 인프라 구축 방안」에서는 '과감한 규제 개선과 민간의 기술 개발 및 사업화 지원을 통해 우리 기업이 글로벌 신(新) 물류시장을 선도할 수 있도록 지원하고, 국민 체감도가 높은 新 물류 서비스를 조기에 구현'하겠다는 목표를 밝히고 있다.[9] 위 방안에서는 주요 추진 전략으로 '① 차세대 물류 서비스 조기 구현'을 위해 (1) 로봇 배송('26년) · 드론 배송('27년) 조기 상용화: 민 · 관 협의체 구성 · 운영, 기술 개발 및 사업화 지원 추진('23~), (2) AI 기반 전국 당일배송 체계 구축: 도심 내 MFC 허용('23), (3) 차세대 물류 기술 구현: 자율주행 화물차, 지하물류 배송 체계, 콜드체인 모니터링 시스템 등 구현(~'27)을, '② 세계 최고 수준의 물류 네트워크 구축'을 위해 (1) 도심 물류 인프라 구축: 도시첨단물류단지 조성 추진, (2) 글로벌 물류기지 조성: GB 규제 완화 등 제도적 기반 조성, (3) 물류정보 통합 플랫폼 구축: 물류정보 통합 관리 및 민간 개방을, '③ 첨단 기술 기반 물류 안전망 구축'을 위해 (1) ICT 기반 화물차 모니터링 강화: 화물차 실시간 관제 구축('27), (2) 물류시설 안전관리 시스템 구축: '교통안전관리구역' 지정 추진 등을 들고 있다.[10]

최근에는 이러한 물류 산업에 대한 물적 지원 방법도 입법화되고 있는데, 「물류시설의 개발 및 운영에 관한 법률」(이하 "물류시설법")은 스마트물류센터 인증제와(제21조의4), 스마트 물류센터에 대한 국가, 지방자치단체, 공공기관의 행정적 · 재정적 지원 근거를 마련하고 있다(제21조의7 제2항). 스마트물류센터란 첨단물류시설 및 설비, 운영시스템 등을 도입하여 저비용 · 고효율 · 안전성 · 친환경성 등에서 우수한 성능을 발휘할 수 있는 물류창고로(제2조 제5의4호)로, 이러한 스마트물류센터 인증을 받고 이를 구축이나 운영하는 경우 국가 · 지방자치단체는 구축비용을 저리로 융자하거나 건축규제

---

9 국토교통부가 2022.9.19. 발표한 「모빌리티 혁신 로드맵」에서도 '(1) 과감한 규제 개선 및 실증 지원을 통한 혁신 성과 창출, (2) 모빌리티 시대에 부합하는 법 제도 기반 강화, (3) 인프라 확충 및 기술 개발을 위한 선제적 투자 확대'라는 기본 방향 하에 수행할 5개의 세부과제를 정하고 있는데, 그 중 제 3과제인 '스마트 물류 모빌리티로 맞춤형 배송체계 구축'을 위한 세부 내용으로 생활물류법상 배송수단을 로봇, 드론까지 확대하고 배송로봇의 보도통행 허용, 하이퍼튜브 등 첨단 물류 기술, 스마트 공동물류센터, 물류산업발전기본법 제정에 대한 내용을 추가하고 있었다.

10 국토교통부 보도자료(2023.2.19. 배포) 「스마트 물류 인프라 구축방안」.

완화 등 인센티브를 지원할 수 있다(시행령 제12조의5).

2. 여객운송분야에서 플랫폼기술의 등장 및 사업의 도입 과정

정보통신기술의 발달에 따른 플랫폼기술은 자동차를 이용한 운송에서 새로운 유형의 사업 구조를 만들어 냈다. 바로 모바일 앱을 이용한 운송 중개 플랫폼을 통해 서비스제공자와 고객을 연결하는 것이다. 플랫폼을 이용한 공유경제의 유형으로 교통수단을 공유하는 것인데,[11] 이러한 승차 공유 방식은 택시영업과 수요가 중복되어 택시업계와의 사이에서 심한 갈등이 초래되었다. 택시사업은 여객자동차운송사업으로 「여객자동차운수사업법」(이하 '여객자동차법')상 면허제도 하에서 면허 발급을 통해 신규사업자의 진입이 강력하게 통제되는 분야이다. 택시사업자는 요금이나 운행방식 등의 결정에서 매우 강한 규제를 받아 왔다. 그런데 새로운 승차 공유 방식의 사업은 이러한 여객자동차법상의 면허제도를 우회하거나 여러 규제를 회피하였기 때문에 기존 택시사업자와 사이에서 갈등을 피할 수 없었다.

플랫폼을 이용한 승차 공유 사업이 여객자동차법과 저촉되는 조항은 자가용 자동차를 이용한 유상운송을 금지한 제81조와 자동차를 대여할 때 운전자를 알선할 수 없도록 한 제34조제2항이다.[12] 먼저 여객자동차법 제81조 제1항을 보면, 출 · 퇴근시간대에 승용자동차를 함께 타는 경우 등의 예외 사

---

11 임유진, "승차 공유 플랫폼 규제의 정치경제: 「여객자동차운수사업법」을 중심으로", 『사회과학연구』 제61권 제3호, 2022.12. 594면에서는 공유교통을 공유하는 대상에 따라 차량 공유(car-sharing), 라이드 셰어링(ride-sharing), 승차 공유(ride-hailing) 등으로 나누어 설명하고 있다. 차량 공유는 전통적인 렌터카 사업과 유사하게 플랫폼을 활용하여 운전자 없이 차량만 공유하는 것이고, 라이드 셰어링은 차량을 보유한 개인과 목적지 방향이 유사한 개인을 연결해 주는 서비스로 카풀과 유사하며, 승차 공유는 플랫폼을 통해 택시 등의 상업용 차량과 운전자를 이용자와 연결 · 운송하는 서비스로 차량과 운전자를 함께 제공 · 공유하는 새로운 유형이다. 이 중 특히 승차 공유는 실질적으로 택시영업을 대체하므로 택시업계의 반발이 컸다.

12 이 부분에 대하여는 이윤정, "개정 여객자동차법에 신설된 플랫폼 운송사업에 대한 규제의 법적 쟁점", 『서울법학』 제28권 제2호, 2020.8. 152-155면 참조. 본문에서는 이 부분의 내용을 요약하여 인용하기로 한다.

유를 제외하고는 원칙적으로 사업용 자동차가 아닌 자가용자동차를 유상으로 운송용으로 제공하거나 임대, 알선하는 것을 금지하고 있다.[13] 공유경제 붐을 일으키며 승차 공유 서비스를 전세계에 확장시킨 우버(Uber)는 위 규정 때문에 우리나라에서는 사업을 철수하였다.[14] 두 번째로 여객자동차법 제34조제2항은 자동차대여사업자의 사업용 자동차를 임차한 자에게 운전자를 알선하는 것을 원칙적으로 금지한다. 2020.4.7. 여객자동차법 개정 이전에는 자동차대여사업자의 사업용 자동차를 임차한 자에게 운전자를 알선할 수 있는 예외의 사유 중 하나로 승차정원인 11인승 이상 15인승 이하 승합차를 임차한 사람을 동법시행령에서 규정하고 있었다. 그런데 '타다' 서비스가 이 예외규정을 이용하여 11인승 이상의 승합차를 운전자와 함께 제공하였고, 이러한 '타다' 서비스가 유사 택시사업으로 여객자동차법상 금지되는 것인지에 대한 논란 끝에 여객자동차법이 개정되었다. 개정 여객자동차법은 운전자를 알선할 수 있는 예외 사유를 법률로 상향하여 규정하면서 승차정원 11인승 이상 15인승 이하인 승합차를 임차하는 경우에도 관광목적으로서 대여시간이 6시간 이상이거나 대여 또는 반납장소가 공항 또는 항만인 경우로 제한하였고, 이로써 '타다' 서비스는 허용되지 않음이 명백하게 되었다.[15] [16]

---

13 제81조(자가용 자동차의 유상운송 금지) ① 사업용 자동차가 아닌 자동차(이하 "자가용자동차"라 한다)를 유상(자동차 운행에 필요한 경비를 포함한다. 이하 이 조에서 같다)으로 운송용으로 제공하거나 임대하여서는 아니 되며, 누구든지 이를 알선하여서는 아니 된다. 다만, 다음 각 호의 어느 하나에 해당하는 경우에는 유상으로 운송용으로 제공 또는 임대하거나 이를 알선할 수 있다.

1. 출·퇴근시간대(오전 7시부터 오전 9시까지 및 오후 6시부터 오후 8시까지를 말하며, 토요일, 일요일 및 공휴일인 경우는 제외한다) 승용자동차를 함께 타는 경우
2. 천재지변, 긴급 수송, 교육 목적을 위한 운행, 그 밖에 국토교통부령으로 정하는 사유에 해당되는 경우로서 시장·군수·구청장의 허가를 받은 경우

14 '우버'의 서비스 종류와 우리나라에서의 철수 경위에 대해서는 이윤정, 앞의 글, 149면 참조.

15 '타다' 서비스의 적법성 논란과 택시업계의 갈등 및 여객자동차법의 개정 경위 등에 대해서는 이윤정, 위의 글, 155, 162면 참조.

16 개정 여객자동차법의 위 조항에 대해 헌법소원이 제기되었는데, 헌재는 "심판대상조항은 본래의 관광 목적에 부합하는 운전자 알선 요건을 명확히 하고, 신설된 여객자동차운송플랫폼사업 체계와도 부합할 수 있도록 자동차대여사업의 기능과 범위를 조정한 것으로, 대여시간이나 대여 또는 반납의 장소에 대한 제한이 과도하다고 보기도 어려우며, 유예기간의 설정을 통해 법적 여건의 변화로 인한 피해를 최소화하고 있다. 심판대상조항을 통하여 추구하는 여객자동차운수사업의 종합적인 발전과 적정한 교통 서비스의 제공이라는 공익은 심판대상조

위 두 규정은 모두 노선이나 운행계통의 제약 없이 자동차를 이용하여 여객을 운송하는 사업에 대하여 구역 여객자동차운송사업인 택시사업으로 보고, 여객자동차법상 해당 사업의 면허를 받지 않고서는 이러한 사업을 할 수 없도록 엄격히 제한하는 것이다.[17] 즉 여객자동차법은 유사 택시사업을 차단하고, 택시사업은 면허제도를 둠으로써 공급을 인위적으로 조절하고, 시장에서의 자유 경쟁은 허용하지 않았다. 다만 '타다' 서비스 방식이 허용되지 않음을 명시적으로 확인한 2020.4.7. 개정 여객자동차법은 플랫폼 택시 모델을 새로운 여객운송사업으로 수용함으로써 플랫폼 운송사업을 제도화하였는데, 그 내용과 이에 대한 논의에 대해서는 항을 바꾸어 살펴보기로 한다.

Ⅲ. 플랫폼운송사업의 도입과 문제점

1. 여객자동차법상 택시 사업에 대한 기존 규제

앞서 본 바와 같이 우리 법제는 택시 사업에 대해 강한 규제를 가하고 있는데, 먼저 ① 강력한 진입 규제를 통해 공급을 제한하고 있다. 여객자동차법은 택시 사업을 하려는 경우 사업 구역을 정하여 면허를 받아야만 하고(동법 제4조), 면허 발급 기준으로 사업계획이 사업구역의 수송 수요 및 수송력 공급에 적합할 것을 규정하고 있고(동법 제5조 제1항 제1호), 일반택시운송사업에서는 법령에서 지역별로 최저 자동차 면허기준 대수를 정하고 있다(동

항으로 인하여 자동차대여사업자가 입는 직업의 자유에 대한 제한보다 중대하다. 따라서 심판대상조항은 과잉금지원칙에 위반되어 자동차대여사업자의 직업의 자유를 침해하지 아니한다"고 하며 합헌결정을 하였다(헌법재판소 2021.6.24자 2020헌마651 결정).

17 여객자동차법상 여객자동차운송사업은 자동차를 정기적으로 운행하려는 구간(노선)을 정하여 여객을 운송하는 노선 여객자동차운송사업과 사업구역을 정하여 그 사업 구역 안에서 여객을 운송하는 구역 여객자동차운송사업 그리고 운행계통 · 운행시간 · 운행횟수를 여객의 요청에 따라 탄력적으로 운영하여 여객을 운송하는 사업으로 특별히 규정을 둔 경우의 수요응답형 여객자동차운송사업이 있다(동법 제3조 참조). 구역 여객자동차운송사업에 속하는 택시운송사업은 일반택시운송사업과 자동차 1대를 사업자가 직접 운전하여 여객을 운송하는 개인택시운송사업이 있다(동법 시행령 제3조 참조).

법 제5조 제1항 제2호 및 동법 시행규칙 제14조). 또한 개인택시운송사업 면허를 받기 위해서는 시설기준 외에 일정한 경력이 있고 결격사유에 해당하지 않아야 하는 등의 자격 요건을 갖추도록 하여(동법 시행규칙 제19조) 간접적으로 택시 공급을 제한하고 있다. 무엇보다 택시 사업에 대해서 여객자동차법에 우선하여 적용되는 「택시운송사업의 발전에 관한 법률」(이하 "택시발전법")에서 택시 총량제를 도입하여[18] 사업구역별로 적정 택시 총량을 산정하고 이를 초과하지 않도록 택시 공급을 제한한다.

다음으로 ② 여객자동차운송사업의 운임이나 요금을 신고하도록 하여 가격을 정부에서 통제한다(여객자동차법 제8조). 택시는 대중교통으로 물가에 미치는 영향력이 크기 때문에 택시 운임을 국토교통부장관 또는 시 · 도지사가 정하는 기준과 요율 범위 내에서 정하여 국토교통부장관 또는 시 · 도지사에게 신고하도록 하고 있다. 그리고 ③ 다른 운송사업자나 운송사업자가 아닌 자로 하여금 유상이나 무상으로 그 사업용 자동차의 전부 또는 일부를 사용하여 여객자동차운송사업을 경영하게 할 수 없도록 하는 등 명의이용행위를 강력하게 금지하고(여객자동차법 제12조) 지입제 및 도급제 운행에 대해 감차명령 등 강한 제재를 함으로써 택시 운수종사자를 보호(+택시업의 하청을 통제)한다. 이처럼 택시사업에서는 진입 규제, 가격 규제, 운송종사자 보호를 위한 규제 등이 강하게 이루어지고 있다.[19]

2. 플랫폼 택시의 유형과 규제

(1) 개정 여객자동차법의 여객자동차운송플랫폼사업 신설

2020.4.7. 개정 여객자동차법은 플랫폼 택시 모델을 새로운 여객운송사업으로 수용하였는데, 구체적인 내용을 보면, "여객자동차운송플랫폼사업"을

18 택시 총량제는 택시의 과잉 공급을 막기 위해 2005년 도입된 제도로 5년 마다 사업구역 별로 택시 면허대수와 거리 실차율, 가동률 등을 적용해 적정 택시 대수를 산출하고 이를 적용해 지자체가 감차 및 보상계획을 정한다.

19 임유진, 앞의 글, 597-598면.

“여객의 운송과 관련한 다른 사람의 수요에 응하여 이동통신단말장치, 인터넷 홈페이지 등에서 사용되는 응용프로그램인 운송플랫폼을 제공하는 사업”이라고 정의하고 그 종류로 ① “운송플랫폼과 자동차를 확보하여 다른 사람의 수요에 응하여 유상으로 여객을 운송(운송플랫폼을 통해 여객과 운송계약을 체결하는 경우에 한정)하거나 운송에 부가되는 서비스를 제공하는 사업”인 “여객자동차플랫폼운송사업”과 ② “운송플랫폼을 확보하여 다른 사람의 수요에 응하여 소속 여객자동차플랫폼운송가맹점에 의뢰하여 여객을 운송하게 하거나 운송에 부가되는 서비스를 제공하는 사업”인 “여객자동차플랫폼운송가맹사업”, 그리고 ③ “다른 사람의 수요에 응하여 운송플랫폼을 통하여 자동차를 사용한 여객운송을 중개하는 사업”인 “여객자동차플랫폼운송중개사업”의 세 유형을 규정하였다(동법 제49조의2).

위 세 유형 중 운송플랫폼이 기존의 택시와 가맹계약을 체결하고 서비스를 제공하는 ‘여객자동차플랫폼운송가맹사업’이나 운송플랫폼을 통해 지역택시의 이용을 중개하는 ‘여객자동차플랫폼운송중개사업’은 기존 택시와의 결합을 전제한다. 하지만 나머지 한 유형인 ‘여객자동차플랫폼운송사업’은 운송플랫폼이 자체적으로 자동차를 확보하여 직접 유상운송 서비스를 제공하기 때문에 실질적으로는 택시의 새로운 공급이 유입되게 된다. 개정 여객자동차법은 이러한 ‘여객자동차플랫폼운송사업’에 대해서는 택시와 마찬가지로 총량제를 적용하여 공급을 조절하고, 기여금 납부 의무를 부과하였다.

(2) 여객자동차플랫폼운송사업자의 기여금 납부 의무

여객자동차플랫폼운송사업자는 허가대수 또는 운행횟수 등을 고려하여 대통령령으로 정하는 기여금(법률상 정식 명칭은 “여객자동차운송시장안정기여금”이고, 이하 ‘기여금’으로 약칭함)을 국토교통부장관에게 납부하여야 하는데(동법 제49조의5 제1항), 국토교통부장관은 이 기여금을 택시발전법에 따른 택시 감차, 택시운수종사자의 근로여건 개선 등의 목적으로 사용할 수 있다(동법 제49조의5 제2항).

여객자동차플랫폼운송사업자가 납부할 기여금의 액수는 분기별로 해당 분기의 전체 운송매출액(운송에 부가되는 서비스를 제공하여 발생하는 매출액을 포함)의 5%를 기본으로 하되, 운행횟수 당 800원 또는 허가받은 사업용 자동차의 대수 당 월 40만원으로 계산한 금액으로 할 수도 있다. 다만 허가 차량이 총 300대 미만이고 「중소기업창업지원법」상 중소기업이면서 7년 이내 창업기업인 경우에는 계산한 금액의 100분의 50, 만약 허가대수가 200대 미만이기까지 하면 계산한 금액의 100분의 25에 상당한 금액으로 감액하는 등 납부비율을 차등화하였다.[20]

여객자동차플랫폼운송사업자가 납부할 분기별 기여금 규모

구분	200대 미만	200대 이상 300대 미만	300대 이상
부과율	25%	50%	100%
① 정률(매출대비)	1.25%	2.5%	5%
② 운행횟수당	200원	400원	800원
③ 대당정액	10만원	20만원	40만원

※ 자료 출처: 국토교통부 보도자료 '플랫폼 · 택시 업계, 혁신 · 상생의 방안 도출–모빌리티 혁신위원회, 모빌리티 서비스혁신을 위한 권고안 발표–2020.11.3.

20 여객자동차법 시행령 제20조의 7(여객자동차운송시장안정기여금의 산정기준) ① 법 제49조의3제1항에 따라 플랫폼운송사업의 허가를 받은 자(이하 "플랫폼운송사업자"라 한다)가 법 제49조의5제1항에 따라 납부해야 하는 여객자동차운송시장안정기여금(이하 "기여금"이라 한다)은 분기별로 해당 분기의 전체 운송매출액(운송에 부가되는 서비스를 제공하여 발생하는 매출액을 포함한다)에 100분의 5를 곱한 금액으로 한다. 다만, 플랫폼운송사업자의 신청에 따라 운행횟수당 800원이나 법 제49조의3에 따라 허가받은 사업용 자동차의 대수(이하 "허가대수"라 한다)당 월 40만원을 분기별로 계산한 금액으로 할 수 있다.
② 제1항에도 불구하고 플랫폼운송사업자가 다음 각 호의 기준을 모두 충족하는 경우의 기여금은 제1항 본문 또는 단서에 따라 계산한 금액의 100분의 50(허가대수가 200대 미만인 경우에는 제1항 본문 또는 단서에 따라 계산한 금액의 100분의 25)에 상당하는 금액으로 한다.
1. 「중소기업창업 지원법」에 따른 창업기업일 것
2. 허가대수가 300대 미만일 것
③ 다음 각 호의 어느 하나에 해당하는 경우 해당 분기에 대한 기여금은 제1항 또는 제2항에 따라 계산한 금액을 일수에 비례하여 계산한 금액으로 한다.
1. 분기 중에 사업이 시작, 정지 또는 종료되는 경우
2. 분기 중에 법 제49조의3제6항에 따라 허가대수가 변경되어 제1항 또는 제2항에 따라 계산한 기여금이 변경되는 경우
④ 제1항부터 제3항까지의 규정에 따른 운송매출액, 운행횟수 등의 산정에 필요한 사항은 국토교통부장관이 정하여 고시한다.

이 기여금이 「부담금관리 기본법」상 부담금인가, 이 기여금을 부과하기 위하여 「부담금관리 기본법」의 개정이 필요한가 논란이 있어[21] 기여금 납부 의무의 부과가 유예되고 있었는데, 2023.7.18. 「부담금관리 기본법」의 개정으로 여객자동차법상 기여금도 위 법상 부담금으로 포함됨에 따라 여객자동차플랫폼운송사업자에 대한 기여금의 부과의 법적 근거가 마련되었다.

(3) 플랫폼운송사업의 현황

개정 여객자동차법에 따른 첫 여객자동차플랫폼운송사업자 허가는 코액터스, 레인포컴퍼니, 파파모빌리티 3개 사업자가 받았다. 코액터스는 100대(서울, 광명, 부천, 인천지역), 레인포컴퍼니 220대(서울, 성남지역), 파파모빌리티 100대(서울, 인천지역)에 대한 허가를 받았다.[22] 개정 여객자동차법에서 플

---

21 「부담금관리 기본법」은 부담금을 "중앙행정기관의 장, 지방자치단체의 장, 행정권한을 위탁받은 공공단체 또는 법인의 장 등 법률에 따라 금전적 부담의 부과권한을 부여받은 자가 분담금, 부과금, 기여금, 그 밖의 명칭에도 불구하고 재화 또는 용역의 제공과 관계없이 특정 공익사업과 관련하여 법률에서 정하는 바에 따라 부과하는 조세 외의 금전지급의무(특정한 의무이행을 담보하기 위한 예치금 또는 보증금의 성격을 가진 것은 제외한다)를 말한다"고 정의하고, 부담금을 설치할 수 있는 법률로 규정하지 않은 법률에 의한 부담금의 설치를 제한하고 있어 「부담금관리 기본법」에 명시되어 있지 않은 여객자동차법상 기여금의 납부를 부담시킬 수 있는가의 논의가 있었다.

22 국토교통부 보도자료(2021.12.28. 배포) 「새로운 플랫폼 모빌리티 허가를 통한 서비스 혁신 본격화 참조. 직접적으로 해당하는 내용을 인용하면 다음과 같다.
"－플랫폼 운송사업 허가심의위원회, 3개 플랫폼 운송사업 허가심의 의결－」.
① 코액터스(고요한 모빌리티)의 경우, 교통약자(휠체어 · 유모차 이용자, 부축이 필요한 승객)와 언어장애인 등을 대상으로 특화 서비스를 제공하며, 청각 장애인 고용을 통한 사회적 가치 실현이 특징인데 르노삼성(QM6) 차량 외에도 영국 블랙캡 택시 차량(LEVC TX5)도 활용할 계획으로, 휠체어 · 유모차 이용 승객들의 편의 도모에 중점을 두었다. 장애인표준사업장으로 지정되어 있어 장애인고용부담금 납부 의무가 있는 기업에서 서비스 이용 시 부담금 감면(서비스 이용 금액의 최대 50%까지) 혜택을 누릴 수 있다.
② 레인포컴퍼니는 월 구독형 요금제를 기반으로, 법인 업무용 차량을 대체하는 고급형 기업간 거래(B2B, Business to Business) 운송 서비스를 제공한다. 일반 승객이 주 고객층인 택시와는 달리, 대형로펌, 기업 등과 계약, 전문직 임직원을 주요 수요층으로 하며, 임원수행 차량 · 기사, 의전차량 등을 월 단위 구독상품 형태로 주로 제공하고, 차종 측면에서도 제네시스(G80 · 90), 벤츠(EQC), 카니발 하이리무진 등을 활용, 기존 일반택시의 차종과는 뚜렷한 차별성을 가질 예정이다.
③ 파파 모빌리티는 에스코트(이동약자 동행), 키즈(어린이 고객) 서비스 등을 제공하며, 카니발, 스타리아 등 차량을 활용해 휠체어 탑승, 어린이 카시트 제공 등을 지원하는 것이 특징인데, 임산부, 노약자, 어린이 등 국민들이 편리하게 차량을 이용할 수 있도록 문 앞까지 이동을 지원하는 맞춤형 서비스를 지향한다."

랫폼 운송사업을 도입한 지 2년여 지난 시점에서 플랫폼운송사업 활성화 여부에 대해서는 평가가 엇갈리는데, 허가대수 물량이 420대인 것은 법 개정 이전에 '타다' 서비스가 한창 인기를 끌던 2018년 무렵 1,500대를 운행했던 것과 비교하면 이에 훨씬 미치지 못한다는 점에서[23] 플랫폼운송사업을 다른 나라의 플랫폼 승차 공유제도와 같이 활발하게 제도권 내에 안착시켰다고 평가하기 어려울 수도 있다. 그러나 여객자동차플랫폼운송중개사업자로 등록한 카카오티모빌리티가 기존 택시와 연계하여 플랫폼을 이용한 택시호출 서비스를 제공하고, 그 점유율이 점점 상승하여 현재 택시호출 서비스 시장을 사실상 독점하고 있다는 점을 고려하면 기존 택시를 대체하는 플랫폼 승차 공유제도가 아닌 플랫폼을 통한 운송중개사업형태로 플랫폼택시가 자리 잡았다고 볼 수도 있다.[24]

3. 플랫폼운송사업기여금의 의미와 정당성에 관한 논의

플랫폼을 이용한 승차공유형태로 플랫폼운송사업이 아닌 플랫폼운송중개사업이 시장을 장악하게 된 것은 기여금을 부담하는 여객자동차플랫폼운송사업을 회피한 것으로 파악된다. 이러한 플랫폼운송사업자에 대해 부과하는 기여금은 특별부담금으로서의 정당성과 형평성에서 많은 논란의 대상이 되고 있다.

(1) 부담금의 유형과 정당성에 관한 논의

플랫폼운송사업기여금은 플랫폼운송사업을 하는 사업자에 대해 금전급부의무를 부담시킨다는 점에서 부담금으로 생각되는데, 실정법인 「부담금관리 기본법」에서 부담금을 규정하고 있지만[25] 사실 강학상 부담금의 개념에

23 2022.3.25. 내일신문 기사 "[플랫폼 택시 도입 3년, 평가와 과제는]" 참조.

24 오히려 카카오티모빌리티가 진출 초기에는 수수료를 받지 않다가 강력한 플랫폼을 기반으로 시장 점유율을 높인 이후 수수료 등으로 이익을 챙겨 문제가 되고 있다. 2023.10.26. 조선일보 기사 "'카카오 택시 독점'에 맞선 전주 공공택시앱 11월 출시" 참조.

대해서는 학설이 일치되어 있지 않다. 많은 견해는, 부담금은 인적 공용부담의 한 종류로 전통적으로는 행정주체가 특정의 공익사업과 특별한 관계가 있는 당사자에게 그 사업에 필요한 경비의 전부 또는 일부를 부담하게 하는 공법상의 금전부담의무[26]를 의미하고, 공익사업과의 관계가 어떤 것인지에 따라 수익자부담금, 원인자부담금 및 손상자부담금으로 나누어진다고 한다.[27] 이러한 전통적인 의미의 부담금과 달리 특정공익사업을 위하여만 부과하지 않고 일정한 행정목적을 위하여 부과하는 부담금을 특별부담금이라고 하고 이를 더하여 광의의 부담금이라고 설명하기도 한다.[28][29] 특별부담금은 성격상 수익자부담금의 성격이나 원인자부담금의 성격을 내포하기도 하는데,[30] 헌법재판소는 특별부담금을 그 기능에 따라 다시 ① 일정한 임무를 수행하기 위하여 재정경비를 조성하기 위한 목적을 가진 '재정충당 특별부담금'과, ② 법상의 명령이나 금지와 같은 직접적인 규제수단이 아니라 금전에 의한 간접적인 규제수단에 의하여 일정한 국가목적을 유도하고 조정하는 기능을 하는 '유도적 특별부담금'으로 세분하기도 하였다.[31] 그 후 헌법재판소

---

25 이 법에서는 "부담금"을 "중앙행정기관의 장, 지방자치단체의 장, 행정권한을 위탁받은 공공단체 또는 법인의 장 등 법률에 따라 금전적 부담의 부과권한을 부여받은 자가 분담금, 부과금, 기여금, 그 밖의 명칭에도 불구하고 재화 또는 용역의 제공과 관계없이 특정 공익사업과 관련하여 법률에서 정하는 바에 따라 부과하는 조세 외의 금전지급의무(특정한 의무이행을 담보하기 위한 예치금 또는 보증금의 성격을 가진 것은 제외한다)를 말한다"고 정의한다(동법 제2조).

26 김남철, 『행정법강론』 제3판, 박영사, 2016, 1180면.

27 김남철, 앞의 책, 1181면; 정하중, 『행정법개론』 제14판, 법문사, 2020, 1164면: 김철용, 『행정법』전면개정 제7판, 891면.

28 정하중, 앞의 책, 1164면; 박균성, 『행정법강의』 제16판, 박영사, 2019, 1192면.

29 송시강, "공법상 부담금에 관한 연구-재원조달책임에 있어서 평등원칙", 『행정법연구』 제57호, 2019. 5.은 공법상 부담금의 개념은 공용부담의 개념적 틀에서 벗어나 재원조달책임에 있어 평등의 원칙이라는 관점 아래 조세, 사용료, 분담금, 특별부담금, 기타의 부담금 개념을 모두 포괄하는 것이어야 한다고 한다.

30 헌법재판소 2001.11.29. 자 2000헌바23 결정 [수도권정비계획법제2조제3호등위헌소원]에서 과밀부담금에 대하여 '건축주가 수도권정비계획법상의 과밀억제권역내에서 인구집중을 유발하는 시설을 건축함으로써 인구집중에 따른 여러 문제의 해결을 위한 공사시행의 원인을 제공하게 됨에 따라 부과하는 원인자부담금의 성격'을 지니면서도 '건축물이 기반시설이 풍부한 수도권에 입지하게 됨에 따라 누리는 외부경제에 의한 이득분을 수익자에게서 환수하여 낙후지역의 개발에 투자하고자 하는 점에서 부분적으로 수익자부담금의 성격도' 지닌다고 하였다.

31 헌법재판소 2003.1.30. 자 2002헌바5 결정 [관광진흥개발기금법제2조제3항위헌소원]; 헌법재

는 2004년 수질개선부담금에 대한 결정에서 특별부담금을 그 부과 목적과 기능에 따라 ① 순수하게 재정조달 목적만 가지는 '재정조달목적 부담금'과 ② 재정조달 목적뿐 아니라 부담금의 부과 자체로 추구되는 특정한 사회·경제정책 실현 목적을 가지는 '정책실현목적 부담금'으로 양분하고 있는데,[32] '정책실현목적 부담금'은 다시 부담금이라는 경제적 부담을 지우는 것 자체가 국민의 행위를 일정한 정책적 방향으로 유도하는 수단이 되는 경우의 '유도적 부담금'과 특정한 공법적 의무를 이행하지 않은 사람과 그것을 이행한 사람 사이 혹은 공공의 출연(出捐)으로부터 특별한 이익을 얻은 사람과 그 외의 사람 사이에 발생하는 형평성 문제를 조정하는 수단이 되는 경우인 '조정적 부담금'으로 세분한다.[33]

특별부담금 설치가 합헌으로 인정되기 위하여 검토되어야 할 것으로 먼저 법률유보의 원칙과 관련하여 「부담금관리 기본법」 제3조와의 관계에서 「부담금관리 기본법」에 명시되지 않은 부담금의 설치가 가능한가의 문제가 있고, 또한 위임입법의 한계에 비추어 부담금의 부과요건의 어느 정도로 법률에서 명확하게 규정하여야 하는가의 문제가 있다.[34] 그리고 부담금의 부과가 정당하기 위하여 또 중요한 것은, 부담금 부과의 내용 및 한도와 관련하여 비례의 원칙과 평등의 원칙이 지켜져야 한다는 점이다.

헌법재판소는 카지노사업자납부금에 관련된 헌법소원청구사건에서 특별부담금의 허용한계에 대하여 "특별부담금을 부과함으로써 국민의 재산권을 제한하는 법률규정이 헌법에 위배되지 않기 위하여는 헌법 제37조 제2항에

판소 2003.12.18. 자 2002헌가2 결정 [구문화예술진흥법제19조제5항등위헌제청]. 헌재는 과밀부담금에 대해서 유도적 특별부담금으로, 국외여행자납부금에 대해 재정충당 및 유도적 성격을 지닌 특별부담금으로, 문화진흥기금 납입금이나 카지노사업자의 관광진흥개발기금 납부금에 대해서는 재정충당목적의 특별부담금으로 판단한 바 있다.

32 권순현, "특별부담금의 헌법적 정당화요건에 대한 소고", 『홍익법학』 제13권 제4호, 2012, 238면.

33 헌법재판소 2004.7.15.자 2002헌바42 결정.

34 특별부담금의 정당성에 대한 더 상세한 검토는 이윤정, "운송 분야의 기술 발전과 규제법의 역할－혁신의 조정과 사회 갈등의 중재를 중심으로－", 『경제규제와 법』 제16권 제2호, 2023.11. 141－142면 참조.

서 정하고 있는 과잉금지의 원칙이 지켜져야 하고, 평등의 원칙에 위배되어서는 아니 됨은 물론이며, 특히 조세유사적 성격을 지니고 있는 특별부담금의 부과가 과잉금지의 원칙과 관련하여 방법상 적정한 것으로 인정되기 위해서는, 이러한 부담금의 부과를 통하여 수행하고자 하는 특정한 경제적 · 사회적 과제에 대하여 특별히 객관적으로 밀접한 관련이 있는 특정집단에 국한하여 부과되어야 하고, 이같이 부과 · 징수된 부담금은 그 특정과제의 수행을 위하여 별도로 지출 · 관리되어야 하며 국가의 일반적 재정수입에 포함시켜 일반적 국가과제를 수행하는 데 사용하여서는 아니 된다"고 판시한 바 있다.[35] 또한 헌법재판소는 먹는샘물 수입판매업자에 대한 수질개선부담금에 대한 결정에서 재정조달목적 부담금의 헌법적 정당화에 있어서 충족되어야 할 요청으로 "부담금이 조세에 대한 관계에서 어디까지나 예외적으로만 인정되어야지 어떤 공적 과제에 관한 재정조달을 조세로 할 것인지 아니면 부담금으로 할 것인지에 관하여 입법자의 자유로운 선택권을 허용하여서는 안 되고, 부담금 납부의무자는 재정조달 대상인 공적 과제에 대하여 일반국민에 비해 '특별히 밀접한 관련성'을 있어야 하며, 부담금이 장기적으로 유지되는 경우에 있어서는 그 징수의 타당성이나 적정성이 입법자에 의해 지속적으로 심사될 것"을 들었다.[36] 다만, 정책실현목적 부담금에 대하여는 재정조달목적 부담금의 정당화 여부를 논함에 있어 고려되었던 사정들 중 일부는 똑같이 적용될 수 없다고 하였다.

(2) 여객자동차법상 기여금의 법적 성질에 대한 사건

여객자동차법상 기여금은 그 법적 성질이 부담금인지, 어떤 부담금인지, 플랫폼 운송사업자에게 부과하는 이 기여금이 정당한지 논란이 많다. 개정 여객자동차법상 기여금은 택시발전법에 따른 택시 감차, 택시운수종사자의 근로여건 개선 등으로 사용될 수 있고, 권고안에 따르면 수납된 기여금은 고

35 헌법재판소 1999.10.21.자 97헌바84 결정.
36 헌법재판소 2004.7.15.자 2002헌바42 결정.

령 개인택시의 감차 및 청장년층 전환, 종사자 근로여건 개선 등의 목적으로 사용될 것으로 보인다. 이와 같은 기금의 목적과 용도에 비추어 볼 때 플랫폼운송사업자에게 부과되는 이 기여금은 공급과잉 상태의 택시운송사업에서 새로운 운송 사업 형태인 플랫폼운송사업의 신규진입을 허용하면서 기존 택시사업자와의 갈등 해결과 형평의 도모를 위하고 과잉 공급의 해소를 위한 재원 확보를 위한 것으로, 기본적으로는 정책적 측면에서 도입된 유도적·조정적 성격을 갖는 특별부담금으로 볼 수 있다. 이에 대해 여객자동차법상 플랫폼 운송사업자가 납부하여야 하는 기여금의 성격을 재정조달목적을 갖는 부담금에 해당한다고 판단하면서 한편 주된 목적은 재정조달목적을 갖고 있으며 부수적으로는 정책실현목적도 갖는 부담금에 해당할 여지도 있는 것으로 보는 견해도 있다.[37]

사견으로는 택시 감차를 위한 기금이 필요하여 그 재원을 조달하기 위한 목적으로 플랫폼 운송사업을 허용한 것이 아니라, 플랫폼 운송사업을 허용하기 위해서는 기존 택시사업자가 받았던 강한 규제의 대가로 유지되어 오던 진입장벽을 허문 것에 상응하는 대가를 플랫폼 운송사업자에게 부담시켜야 할 필요성이 있었기 때문이므로 재정조달목적이 기여금의 주된 목적은 아닌 것으로 판단된다. 결과적으로 기여금의 용도가 택시 면허의 매입비용 등의 감차 목적으로 사용되어 과잉 공급 해소를 위한 재원으로서 의미가 있다고 하더라도 이는 결과적인 용도로 그 자체가 애초의 목적은 아닌 것이다.

(3) 여객자동차법상 기여금의 정당성에 대한 사견

플랫폼 운송사업자에게 부담시키는 이 기여금은 정당한가. 기여금의 조정적 기능을 고려할 때 기존의 규제보다 완화된 규제를 받으며 시장에 신규진입한 플랫폼운송사업자에게 신·구 산업 간의 갈등완화와 과잉공급의 조절 및 운송수단 구조의 점진적 변화를 위한 구산업의 손실보상, 출구전략을

37 강서영, “플랫폼운송사업자의 기여금 납부 제도에 대한 헌법적 검토”, 『법학논집』 제27권 제2호(통권 80호), 2022.12. 182면.

위한 재원충당의 부담을 지우는 것이므로 기여금을 부담시키는 것 자체는 정당할 수 있다고 생각된다. 플랫폼 운송사업을 제도화한 외국에서도 택시와 플랫폼 업계 간 갈등 해결을 위한 조치 중 하나로 플랫폼 운송사업자나 이용자에게 기금 조성의 부담을 부과하는 경우가 있다.[38] 이에 대해서는 여객자동차플랫폼운송사업의 운송수단을 기존의 택시운송사업용 자동차를 양수하는 등으로 활용하는 경우에는 택시운송사업자와 동일하게 면허취득을 위한 초기 비용이 발생하는데 이러한 경우에도 예외 없이 여객자동차플랫폼사업자에 대하여 기여금을 납부하도록 하는 것은 타당하지 않고, 여객자동차플랫폼운송사업과 택시운송사업이 동일하거나 유사함에도 새롭게 택시운송사업 면허를 취득하는 사업자에 대하여는 기여금을 납부하지 않도록 하는 것은 평등원칙에 반한다는 근거로 기여금의 정당성을 부정하는 견해도 유력하다.[39]

생각건대, 시장에 새로 진입하는 플랫폼 운송사업자에게 기존 사업자의 안전한 퇴장을 위해 사용될 재원을 마련하기 위한 기여금을 납부하도록 하는 것은 언뜻 불공평해 보일지도 모른다. 그러나 앞서 본 바와 같이 기존 택시 산업은 교통수단을 저렴하고 편하게 제공하는 공공재로서 자유로운 경쟁의 생태계에서 영업을 하였던 것이 아니라 신규 공급이 통제되는 시장에서 영업 내용에 관하여 강한 규제와 지도를 받으면서 사업을 해 왔다. 또한 플랫폼 운송사업이 등장하기 이전부터 이미 대중교통 확충과 자가용의 증가로 인한 수요 감소로 인해 공급 과잉 상태를 해소하여야 하는 상황으로 신규 면

---

38 미국 매사추세츠 주와 호주의 뉴사우스웨일스 주는 한시적으로 플랫폼 운송사업자에게 기여금 내지 부담금을 부과하여 지금을 조성하였다. 매사추세츠 주는 플랫폼 운송사업자에게 공유 차량 이용 시 플랫폼 이용건수당 20센트의 교통인프라 기여금을 걷어 이 중 5센트는 택시산업의 발전기여금 조성에, 나머지 15센트는 주정부 및 지방정부 등의 교통부문 투자 및 유지관리에 이용한다, 호주의 뉴사우스웨일스 주는 탑승당 1호주달러의 '승객서비스부담금(Passenger Service Levy)을 5년간 한시적으로 부과해서 택시업계를 위해 사용할 택시발전기금을 조성하고 있다. 최재성, "플랫폼 운송사업과 택시산업 간 갈등완화 방안 연구", 『한국혁신학회지』 제15권 제3호, 2020.8. 122면.

39 박철우, "여객자동차운송플랫폼사업 제도에 관한 규제법적 연구－여객자동차운송플랫폼사업 제도의 문제점을 중심으로－", 『행정법연구』 제69호, 2022.11. 287면.

허의 발급을 조절하고 직·간접적인 감차를 시도하고 있었다. 그러한 택시 산업에서 다른 운행방식과 요금체계를 가지고 다른 강도의 규제를 받는 신규 공급자에게 핸디캡을 적용하여 규제의 등가를 맞추는 것은 그 자체가 비례의 원칙이나 평등의 원칙에 반한다고 말하기 어렵다고 생각한다. 다만, 개정 여객자동차법이 확정한 기여금의 수준이 비례의 원칙에 따라 판단하여도 정당한지의 문제는 별개이다. 현재의 기여금 금액은 플랫폼 승차 공유에 부담금을 부과하는 다른 입법례(운행당 20센트 또는 1호주달러)와 비교하여 크게 고액이라고 보기는 어렵고, 도입 당시 예상하였던 수준을 벗어난 것은 아니지만(현재 플랫폼운송사업허가를 받은 세 업체는 등록대수가 100대 또는 200대로 감액된 기여금이 부과된다) 사업성에 비하여 금액이 미미하다고 보기는 어렵다. 신규 사업자에 대한 규제의 등위를 맞추고, 지역택시의 퇴장과 플랫폼 택시로의 바뀌는 사업자 성격을 유도하여 갈등도 해결하는 조정을 위한 부담금의 성격을 감안한다면 기존 규제의 재검토를 통해 신규사업으로의 유도를 꾀한다는 점에서 기여금 납부 의무 기간을 한시적으로 운용하는 것이 바람직하다고 생각된다.

개정 여객자동차법상 기여금은 「부담금관리 기본법」의 개정 등 부과의 법적 근거를 정리하는 동안 부과가 유예되어 있었고, 지난 2023. 8. 처음 부과되었는데 이미 기존 지역택시와 연계한 플랫폼운송중개사업(카카오티)을 통해서 택시 호출의 편의성을 누리고 있는 상황에서 신규 플랫폼 운송사업자의 허가 신청이나 기여금 납입이 어느 정도 더 이루어질지 향후 더 지켜보아야겠지만, 이러한 수준의 기여금은 플랫폼 운송사업이라는 새로운 사업에 기존의 규제 이상의 진입장벽이 될 우려가 있다.

Ⅳ. 플랫폼운송사업의 도입 과정을 통해 본 운송 분야 규제법의 역할

생각건대, 앞서 본 바와 같이 택시 산업에 대해 강한 진입 규제를 두고,

서비스의 가격과 운영 방식까지 엄격하게 규제한 것은 근거리 교통수단으로 누구나 이용할 수 있는 생활에 필수적인 요건으로 공공영역의 문제이기 때문이다. 여객이나 화물의 운송 수단은 사람들의 생활에 없어서는 안 될 필수적인 서비스이고 따라서 여객자동차 운송사업은 이용자인 국민들에게 다른 기본권을 영위하는 데에 꼭 필요한 공공재적인 성격을 가진다. 이처럼 여객자동차 운송사업이 가지는 공공복지적 요소 및 자원의 공평한 분배적 요소 때문에 국가로서는 여객자동차 운송사업에 개입할 수밖에 없다. 택시 시장에 대한 규제는 전세계적으로 인정되는 것이지만 특히 한국에서는 이러한 운송업으로서의 공공재적인 성격 덕분에 강력한 정부의 규제가 유지되었다.[40] 운송의 수요자와 사업자 사이의 계약자유의 원칙이나 사업자의 영업의 자유는 많은 제한을 받았고, 사업의 개시나 운행의 내용, 특히 요금과 같은 사업내용의 결정에 대해서도 강한 공법적 규제가 가해져 왔지만 또한 그에 대한 진입 규제를 통한 공급 조절을 통해 영업 경쟁에서 유리한 부분도 있었다.

개정 여객자동차법은 '타다' 서비스의 근거가 된 예외 사유에 관광의 목적이나 대여시간, 반납장소의 제한을 부가함으로써 '타다' 서비스를 직접 겨냥하여 이를 금지하였지만 엄격한 면허 제도하에서 유사택시영업을 엄격하게 금지하고, 도급제나 지입제를 금지하는 등 운송사업자와 운송종사자에 대한 관리가 엄격한 여객자동차법의 규제 체계상 개정 전 여객자동차법에 의하더라도 '타다' 서비스가 명백하게 합법적인 사업형태였다고 말하기는 어려울 것이다. 위 예외 사유는 차량대여업에 대한 예외 사유인데, 실제 탑승 인원이나 대여 시간, 목적 등의 제한이 명시되지 않은 점을 이용하여 차량 대여로 볼 수 없는 단거리 이동 승객에 대하여 운송 사업 면허 없이 운송업을 한 것임을 부인하기는 어렵기 때문이다. 이러한 취지는 위 규정에 대한 헌재 결정에서도 엿볼 수 있는데, 헌법재판소 2021.6.24.자 2020헌마651 결정은 '자동차대여사업은 본래 여객의 운송이 아니라 임차인이 운전할 것을 전제로 자동차를 대여하여 일정 기간 사용하고 사업자에게 반환하는 구조를 띠는데,

40 임유진, 위의 글, 597면.

자동차대여사업이 운전자 알선과 결합하는 경우 여객을 운송하는 택시운송사업과 사실상 유사하게 운영될 우려가 있으므로 여객자동차 운수사업법은 이들 사업의 목적과 기능 등을 고려하여 그 허용 요건과 규제를 달리하고 있다.'고 지적하고 있고, '여객자동차 운수사업법'의 입법취지 및 자동차대여사업자의 승합자동차 임차인에 대한 운전자 알선을 예외적으로 허용하는 입법취지, 하위법령에 위임하는 등의 규율방식, 첨예한 업계 간 갈등 등 여러 사정을 종합하여 살펴보면, 면허제도를 통해 여객운송수단의 공공성 등을 추구하던 기존의 택시운송사업 제도를 우회하여 그와 같은 규제는 받지 않으면서 실질적으로 같은 사업을 운영할 수 있는 여지를 준 자동차대여사업자에 대한 운전자 알선의 예외적 허용 조항이 향후에도 지속될 것이라는 신뢰는 보호받기 어렵다.'고 판시하고 있다. 물론 '타다' 사업에 대한 형사사건에서 무죄가 확정되기는 하였으나 형사사건에서의 유죄가 인정되는 영역이나 범위가 행정규제의 위반이 인정되는 영역이나 범위와 일치하지는 않는다.

그러나 택시사업 분야에서 '타다' 서비스가 소비자의 호응을 얻었던 것은 고급화된 서비스와 편의성 등 기존 택시사업은 충족시키지 못하였던 소비자의 니즈를 읽었기 때문이고 이러한 편의성은 이제 여객운송수단의 공공성만큼이나 중요한 공익이 되어 있다. 이제 플랫폼은 일상에서 사용하는 편리한 기술이 되어 있고, 새로운 기술로 편의성을 제공하는 새로운 사업을 기존 사업자의 보호만을 위해 제압하는 것은 바람직하지 않을 것이다. 플랫폼운송사업을 제도화한 이상 택시사업자나 신규 플랫폼 사업자의 이익 중 어느 편의 이익을 고려할 것인가를 고민할 것이 아니라 애초에 왜 택시 사업자에 대해 그와 같은 규제를 하였는가를 돌아볼 필요가 있다.

혁신과 규제 간 갈등의 유형을 갈등의 원인이 되는 이해관계의 구조와 성격에 따라 크게 네 가지 유형으로 구분하는 견해는 플랫폼 운송사업자와 택시사업자 사이의 갈등과 같이 전통적 사업과 새로운 기술을 활용한 신규 사업에서 생산 또는 제공하는 재화나 용역이 '동일성'이 인정되는 유형의 갈등에서는 기존 사업자에 대한 종래 규제가 여전히 유효하고 필요한 것인지에 대한 근본적인 검토를 통해 규제의 폐지 또는 완화가 필요하다면 기존 사업자에 대한 규제를 정비하여 동일한 경쟁조건을 창출해 주어야 하고, 기존의 규제가 여전히 정당성이 인정되는 것이라면, 새로운 진입자에 대해서도 동일한 규제를 적용하거나 혹은 기존 규제를 적용하지 않기 위해서는 문제되는 위험을 방지하기 위한 새로운 규제수단이 마련되어야 한다고 한다.[41] 여객자동차법에서 기존 택시사업자에 대하여 한 강한 규제와 관리는 국민의 안정적인 이동권 확보를 위해 여객운송수단이 저렴하고, 접근이 용이하고, 안전하여야 한다는 공익상의 요구 때문이었다. 이러한 규제의 목적은 현재에도 어느 정도 여전히 인정된다. 미국에서는 우버와 같은 여객 운송중개플랫폼(Transportation Network Company; 이하 "TNC")을 많은 주에서 허용하고 있는데, 대체로 사업자의 등록 또는 인가, 운전사의 검증, 운행방식에 대한 규제 등을 입법화하고 있고, 그 외에도 여전히 TNC 서비스를 이용하면서 제기된 여러 문제－운임과 관련된 계약 위반의 문제, 운전자의 지위의 문제, 책임보험의 문제 등－에 대한 분쟁이 이어지고 있다[42]는 점을 보면 이러한 규제의 목적과 필요성이 플랫폼택시사업에 대해서도 마찬가지로 적용된다는 점을 인정할 수 있다.

플랫폼 운송사업에 대한 규제를 택시 수준과 유사하게 강화하는 반면 택시 규제는 플랫폼 운송사업과 보조를 맞추어 완화함으로써 규제의 등위성을 갖추고, 택시와 플랫폼 운송사업 간에 규제 내에서의 경쟁을 통해 사업이

41 이원우, "혁신과 규제: 상호 갈등관계의 법적 구조와 갈등해소를 위한 법리와 법적 수단", 『경제규제와 법』 제9권 제2호, 2016.11. 13－14면. 이 글에서는 혁신과 규제간 갈등이 기존사업자와 신규사업자의 경쟁관계에서 발생하는 경우와 그렇지 않은 경우로 구분하여 전자의 경우 경쟁사업자들이 생산 또는 제공하는 재화나 용역이 동일한 경우(유형 I)와 동일하지는 않으나 대체재관계에 있는 경우(유형 II)로 구분하고, 후자의 경우 즉 기존사업자와 신규사업자의 경쟁관계에서 혁신과 규제간 갈등이 발생하지 않는 경우에서는 새로운 과학기술의 적용이 관계자의 헌법상 기본권이나 법적 권리와 충돌하는 경우(유형 III)와 새로운 과학기술의 적용이 특정인의 이해를 떠나 사회적 가치 내지 이데올로기 차원의 갈등을 야기하는 경우(유형 IV)로 구분한다.

42 윤승영, "여객 운송중개 플랫폼 규제의 비교법적 고찰: 소비자보호의 관점에서", 『상사법연구』 제37권 제4호(통권 제101호), 2019. 참조. 이 글 247－261면은 TNC와 관련한 해외 규제 현황을 정리하고 있고, 262－270면 이하에서는 소비자보호와 관련한 미국의 TNC 분쟁 사례를 정리하고 있다.

시대에 맞게 전환될 수 있도록 유도할 필요가 있다. 플랫폼 운송사업에 대한 규제로는 허가와 함께 책임보험 등 민사책임의 담보와 운전자의 자격, 전과, 경력 등의 확인, 예고되지 않은 요금의 부과 등 계약 관련하여 소비자를 보호할 수 있는 사항 등이 고려되어야 한다. 만약, 택시사업에 대해서 플랫폼 운송사업을 제한 없이 허용한다면, 즉 택시 면허와 택시 대수의 총량제 관리를 포기하고 공급자의 신규진입을 규제하지 않는다면 여객자동차 운송에 있어 필수적으로 지켜야 할 공익을 파악해서 그에 대한 규제를 남겨두어야 할 것이다. 구체적으로는 안정적인 서비스의 제공을 위해 서비스의 거절 금지와 가격의 안정, 소비자의 안전, 종사자의 보호 등이 고려되어야 할 것이다.

Ⅴ. 결 어

개정 여객자동차법은 규제의 내용만으로는 우회적인 택시 유사영업을 방지하고 새로운 플랫폼 운송사업을 허용하여 제도화한 것이다. 다만 기여금의 금액의 결정 수준이나 개정 과정에서 참여한 집단의 성격 등을 볼 때 정치적으로는 플랫폼 운송사업자와 대립했던 택시업계의 요구만을 수용한 것으로 평가되기도 한다.[43] 플랫폼 운송사업자가 여객운송사업에 대한 종래의 규제 하에서 적법하게 사업을 할 수 있도록 허용한 것은 유의미하고, 규제의 등위 차원에서 기여금을 납부하여 기존 택시의 감차와 근로자의 근로여건 개선 등에 사용함으로써 기존 사업자와의 갈등을 줄이고 택시 사업 분야의 비중이 자연스럽게 플랫폼 운송사업 쪽으로 이동할 수 있도록 유도한 것은 긍정적으로 평가할 수 있을 것이다. 다만, 기여금의 납부 기한이나 수준은

---

43 임유진, 위의 글, 609면. 이 글에서는 개정 여객자동차법이 이러한 평가에도 불구하고 플랫폼 운송사업자가 제도권 안에서 사업을 유지할 수 있는 기반을 조성했다는 점에서 택시업계 뿐만 아니라 승차 공유 플랫폼 운송 사업자의 이익까지도 함께 반영된 것으로 평가될 필요가 있다는 점을 강조하고 있고 다만 사회적 대타협기구의 합의안이 도출되는 과정에서 다양한 이해관계자의 의견이 반영되지 않았는데, 구체적으로는 이용자들과 운전자들의 이익을 수렴하는 통로가 없었다며 민주주의적 한계를 지적하고 있다.

다소 과다하여 실질적으로는 새로운 진입장벽이 될 수 있고, 플랫폼 운송사업자의 경영난을 초래할 수 있다는 점에서 재고의 여지는 있을 것이다. 한편으로 이러한 여객자동차법의 개정 내용이 플랫폼 등 새로운 기술을 반영한 새로운 여객운송사업의 편의성을 무시하고, 소비자의 다양한 요구를 충족시킴으로써 얻을 수 있는 공익을 도외시하고 있다는 점에 대한 우려도 충분히 이해된다.

새로운 기술을 장착한 새로운 사업자가 기존의 규제를 회피하는 것도 바람직하지 않지만 무조건 기존 규제의 틀에 구겨 넣어져야 할 필요도 없다. 새로운 사업자의 등장을 계기로 기존의 규제가 시대나 상황의 변화에 따라 불필요해지거나 과도해지지는 않았는지 돌아볼 때이다.

참고문헌

■ 강서영, “플랫폼운송사업자의 기여금 납부 제도에 대한 헌법적 검토”, 『법학논집』 제27권 제2호(통권 80호), 2022.

■ 김태호, “과학기술 혁신과 시장진입규제－신산업 분야 규제개선 논의의 비판적 수용론을 겸하여”, 『경제규제와 법』 제10권 제2호, 2017.

■ 박병주, “4차산업혁명시대, 물류의 발전과 역할의 변화”, 『경남발전 150호』, 경남연구원, 2020.

■ 박철우, “여객자동차운송플랫폼사업 제도에 관한 규제법적 연구－여객자동차운송플랫폼사업 제도의 문제점을 중심으로－”, 『행정법연구』 제69호, 2022.

■ 송시강, “공법상 부담금에 관한 연구－재원조달책임에 있어서 평등원칙”, 『행정법연구』 제57호, 2019.

■ 오준근, “「부담금관리기본법」을 위반하여 설치된 부담금의 효력”, 『행정판례연구』 제22권 제2호, 한국행정판례연구회, 2017.

■ 윤승영, “여객 운송중개 플랫폼 규제의 비교법적 고찰: 소비자보호의 관점에서”, 『상사법연구』 제37권 제4호(통권 제101호), 2019.

■ 이윤정, “개정 여객자동차법에 신설된 플랫폼 운송사업에 대한 규제의 법적 쟁점”, 『서울법학』 제28권 제2호, 2020.

■ 이원우 외, 『4차 산업혁명 시대의 기술혁신과 규제정책』, 홍문사, 2019.

■ 이원우, “헌법상 경제질서와 공생발전을 위한 경제규제의 근거와 한계”, 『행정법학』 제4호, 2013.

■ 이원우, “혁신과 규제: 상호 갈등관계의 법적 구조와 갈등해소를 위한 법리와 법적 수단”, 『경제규제와 법』 제9권 제2호, 2016.

■ 이원우, “신융합산업 활성화를 위한 규제개혁입법의 현황과 과제”, 『경제규제와 법』 제12권 제2호, 2019.

■ 이원우, “규제국가의 전개와 공법학의 과제－과학기술혁신에 따른 공법적 대응을 중심으로－”, 『경제규제와 법』 제14권 제2호(통권 제28호), 2021.

■ 이충배, 노진호, 김정환, “제4차 산업혁명의 기술이 물류성과에 미치는 영향에 대한 인식 연구”, 『한국물류학회지』 제27권 제5호, 2017.

■ 이희정, “커뮤니케이션 기술의 발전과 디지털 플랫폼 규제”, 『행정법연구』 제49호, 2017.
■ 임유진, “승차 공유 플랫폼 규제의 정치경제: 「여객자동차운수사업법」을 중심으로”, 『사회과학연구』 제61권 제3호, 2022.
■ 최재성, “플랫폼 운송사업과 택시산업 간 갈등완화 방안 연구”, 『한국혁신학회지』 제15권 제3호, 2020.

14. 디지털 시대 온라인게임 규제

Ⅰ. 들어가며
Ⅱ. 온라인게임 규제의 정당성
Ⅲ. 온라인게임에 대한 규제 현황과 평가
Ⅳ. 온라인게임산업 발전을 위한 규제개혁 방향
Ⅴ. 마치며

디지털 시대 온라인게임 규제*

김 상 태**

Ⅰ. 들어가며

게임산업은 우리나라 콘텐츠산업에 있어 수출 주력산업이며 핵심산업이다. 문화체육관광부와 한국콘텐츠진흥원이 진단 · 분석한 「2023 상반기 콘텐츠산업 동향분석 보고서」[1]에 따르면 2023년 상반기 콘텐츠산업 전체의 수출액은 약 53억 8,597만 달러로 추정되며, 이 중 게임의 수출액이 약 34억 4,600만 달러로 가장 많았고, 그 다음이 지식정보 약 4억 3,470만 달러, 음악 약 3억 8,782만 달러, 방송 약 2억 9,397만 달러이다. 주목할 만한 사실은 게임산업으로 인한 수출액이 전체 콘텐츠산업 수출액의 절반 이상인 64.0%를 차지하고 있다는 점이다. 이러한 사실에 비추어 보면 사실상 게임산업이 국내 콘텐츠산업 전반을 견인하고 있다는 것을 알 수 있다. 나아가 과거 청소년들의 전유물이었던 게임이 이제는 누구나 취미와 여가활동으로 이용할 수 있는 하나의 문화가 되었으며, 게임 IP는 영화산업이나 드라마산업의 성장에도 기여하고 있다.

그런데 「게임산업진흥에 관한 법률」(이하, '게임산업법'이라 한다)은 게임

* 이 글은 필자가 공동연구자로 참여한 논문인 "게임산업 활성화를 위한 법정책적 연구", 『한양법학』, 제34권 제1집, 2023, 3－30면 중 일부를 수정 · 보완하였음.

** 순천향대 법학과 교수.

1 한국갤럽조사연구소, 『2023년 상반기 콘텐츠산업 동향분석 보고서』, 한국콘텐츠진흥원, 2024, 9－10면.

의 문화적 · 산업적 가치에 대한 측면은 도외시한 채 오로지 부정적 현상(이슈)에만 관심을 집중하고 있고, 그 원인에 대한 성찰을 통하여 근원적 해결이라는 측면의 합리적 대응이 아니라 오로지 규제 그 자체를 목적으로 하고 있는 것 같다.[2] 이는 강제적 셧다운제에 대한 헌법재판소의 결정 중 반대의견[3]에서도 알 수 있다.

어떤 산업이든 규제는 그 자체의 목적에 비추어 볼 때 불가피하다고 할 수 있다. 중요한 것은 그러한 규제가 본래의 목적에 부합하면서도, 대상 자체를 전도하지 않도록 방법과 수준을 적절히 결정하는 것이다. 규제의 필요성에 따라 규제가 도입되더라도 시장에 미치는 부정적인 영향을 최소화하려는 노력이 필요한 것이다. 특히, 디지털시대 기술 콘텐츠이자 문화 콘텐츠로서 기술집약적이면서도 서비스 제공자의 창의성이 결정적인 요소가 되는 온라인게임산업에 있어서는 더욱 그러하다. 이에 온라인게임산업에 대한 규제가 온라인게임 기술 발달과 이용자의 문화(취미)활동을 해하는 것은 아닌지, 각각의 규제가 목적에 부합하는 합리적이고 양질의 규제인지, 어떤 측면에서는 과잉규제가 아닌지 재검토할 필요가 있다. 이하에서는 이러한 문제의식 하에 게임 유형 중 온라인게임에 대한 대표적인 규제를 분석 및 평가하고, 이를 근거로 온라인게임산업 발전을 위한 규제개혁 방향을 제언하고자 한다.

Ⅱ. 온라인게임 규제의 정당성

규제는 단순한 영향력 행사나 개입에 그치는 것이 아니라 상당히 권리 침해적인 성격을 가진다. 이는 행정청이 공익의 목적을 달성하기 위해 공권력(예컨대, 게임산업법상 등급분류 취소, 시정명령, 폐쇄 및 수거 등)을 행사하기

---

2 김종일, "게임의 법적 규제에 관한 연구", 서울대학교 박사학위논문, 2017, 82면.

3 강제적 셧다운제는 전근대적이고 국가주의적일 뿐만 아니라 행정편의주의적인 발상에 기대고 있는 것이다. "모든 문제에는 간단하고 멋지지만 잘못된 해결책이 있다"라는 H.L. Mencken의 말은 이 사건 금지조항에 꼭 들어맞는다(헌재 2014.4.24. 2011헌마659 등 반대의견).

때문이다. 그래서 게임규제는 최소한의 범위에서 이루어져야 하고 그 정당성이 입증되어야 한다. 특히, 규제의 정당성 입증과 관련해서는 두 가지가 검토되어야 한다. 하나는 해당 규제를 정당화시킬 수 있을 만큼 규제의 목적이 명확해야 하고, 다른 하나는 규제의 목적을 달성하기 위한 규제의 수단, 방법, 절차 등이 명확해야 한다. 이에 대해 분설하면 다음과 같다.

1. 규제의 목적

「행정규제기본법」은 규제의 개념을 "국가나 지방자치단체가 특정한 행정 목적을 실현하기 위하여 국민의 권리를 제한하거나 의무를 부과하는 것으로서 법령등이나 조례 · 규칙에 규정되는 사항"이라고 정의하고 있다(동법 제2조 제1호). 이러한 정의를 통해 여러 개념 요소[4]를 도출할 수 있는데, 그 중 하나가 행정 목적의 실현이다.

규제는 행정 목적 실현이라는 일정한 목적성을 갖고 있다. 규제의 목적은 지속성을 가져야 하며, 규제 주체의 의도적인 개입이라 할지라도 지속적인 목적이 있어야 규제라 할 수 있다. 다만, 규제 목적은 규제 당시의 시대 상황을 반영하므로 반드시 구체적이고 적극적일 필요는 없다. 규제과정에서 그 목적이 구체화될 수도 있다. 게임산업법은 '게임산업의 기반을 조성하고 게임물의 이용에 관한 사항을 정하여 게임산업의 진흥 및 국민의 건전한 게임문화를 확립함으로써 국민경제의 발전과 국민의 문화적 삶의 질 향상에 이바지함'을 입법목적으로 하고 있다(동법 제1조). 이를 통해 게임산업법은 '게임산업 진흥'과 더불어 '국민의 건전한 게임문화 확립'이라는 두 가지의 목적을 천명하고 있음을 알 수 있다.

그런데 그동안의 온라임게임에 대한 정부정책을 살펴보면 게임산업의 진흥이라는 하나의 목적은 외면한 채 국민의 건전한 게임문화 확립이라는 목적, 그것도 '게임문화 확립'이라는 긍정적인 측면의 목적인 아닌 '건전한'

4 규제의 개념요소에 대해서는 이원우, 『경제규제법론』, 홍문사, 2010, 11－12면 참조.

게임문화 확립이라는 부정적인 측면의 목적에 방점을 두고 일관되게 게임산업의 진흥을 저해하는 규제정책을 추진하였다.

그렇다면 왜 정부는 게임산업법의 입법목적을 충분히 이해하지 못하고, 이러한 규제정책에 중점을 두고 있는가. 이는 게임정책이 게임산업법의 목적에 입각하지 않고 게임사업자의 영업 과정(경제활동)에서 부수적으로 발생하는 '게임의 사행성 금지'와 '청소년 보호'와 같은 사회적 문제(이슈)에 초점을 맞추고 있었기 때문이라고 생각한다. 하지만, '게임의 사행성 금지'와 '청소년 보호'는 게임의 이용에 따른 어떠한 반사회적 결과의 발생 가능성에 관한 우려와 같은 지극히 막연한 불안감[5]에 기인한 것에 불과하지, 정부가 진흥정책이 아닌 규제정책에 방점을 둘 만큼의 근거로는 부족하다고 생각한다. 다시 말해서 현행 게임규제는 그 실체와 근거가 불명확하고, 그때그때 사회적으로 이슈가 되었던 사정에 맞추어 임기응변식으로 도입된 규제에 불과하다고 본다.

규제는 원칙적으로 법률을 통하여 국가가 개인과 기업에 대한 자유를 간섭하고 통제하는 것을 의미한다. 하지만 규제는 법률을 통하여 게임 이용행위를 간섭하고 통제하고자 하는 것을 목적으로 해서는 안 되고, 게임산업을 진흥시키고 발전시켜야 하는 문화산업의 하나로 바라보면서 궁극적으로는 게임산업 진흥과 국민의 건전한 게임문화 확립을 목적으로 해야 한다. 이러한 목적 달성을 통해 건전한 게임문화가 확립되고 우리나라 주요 콘텐츠 산업의 하나로서 게임산업이 육성될 수 있다고 생각한다.

2. 정당한 규제의 판단기준

규제가 정당하기 위해서는 규제 목적이 정당해야 하지만, 그러한 규제 목적을 달성하기 위한 규제의 수단, 방법, 절차 등도 정당해야 한다. 이를 판단하기 위한 기준은 개별 규제영역의 특성에 따라 요구되는 정도가 상당 정

---

5 김종일, 앞의 논문, 102－103면.

도 달라질 수 있는데, 여기에서는 온라인게임산업의 특성을 고려해서 요구될 수 있는 일반적 판단기준에 대해 검토한다.

첫 번째 판단기준은 예측가능성이다. 당사자에게 있어서 규제의 예측가능성은 자유로운 행위를 보장받아야 한다는 점에서 중요하다. 예컨대, 규제의 기준이나 표현이 흠결 또는 모호하다면, 당사자는 자신의 행위가 규제 대상인지 또는 어느 법령의 적용대상인지, 소관 행정기관이 누구인지 등에 대해 알 수 없을 것이다.[6] 헌법재판소도 "규범의 의미 내용으로부터 무엇이 금지되는 행위이고 무엇이 허용되는 행위인지를 수범자가 알 수 없다면 법적 안정성과 예측가능성은 확보될 수 없게 될 것이고, 또한 법집행 당국에 의한 자의적 집행을 가능하게 할 것"[7]이라고 하여 법령에 대한 예측가능성과 그에 따른 법적 안정성의 원칙을 강조하고 있다.

두 번째 판단기준은 법률유보이다. 국민에 대한 명령 · 강제 등의 권력적 · 침익적 작용을 그 주된 수단으로 사용하는 규제는 법적인 근거를 필요로 한다. 「행정규제기본법」에서도 "행정규제는 법에 근거하여야 하며 그 내용은 알기 쉬운 용어로 구체적이고 명확하게 규정되어야 하고, 행정기관은 법률에 근거하지 아니한 규제로 국민의 권리를 제한하거나 의무를 부과할 수 없다"고 하여 법률유보를 명확히 하고 있다(동법 제4조 제1항, 제3항).

세 번째 판단기준은 비례의 원칙이다. 규제 목적의 달성을 위하여 그 방법이 효과적이고 적절하여야 하며(방법의 적절성, 수단의 합리성), 그 방법과 수단이 규제 목적의 달성을 위하여 설사 적절하다고 할지라도 가능한 한 보다 완화된 형태나 방법을 모색함으로써 권리의 제한을 필요 최소한도에 그치도록 하여야 하고(피해의 최소성), 그 규제에 의하여 보호하려는 공익과 침해되는 사익을 비교형량할 때 보호되는 공익이 더 커야 한다(법익의 균형성).[8]

네 번째 판단기준은 일관성이다. 규제의 일관성은 첫째, 내용적인 측면

6 이원우(편), 『식품안전법연구 I』, 경인문화사, 2008, 245면 참조.
7 헌재 1998.4.30. 95헌가16.
8 이원우, "규제개혁과 규제완화: 올바른 규제정책 실현을 위한 법정책의 모색", 『저스티스』, 제106호, 2008, 378면 참조.

에서 규제의 목적과 규제수단 사이의 우선순위가 분명하고, 둘째, 다른 규제와 서로 모순되거나 갈등 없이 조화를 이루며, 셋째, 일정한 시간흐름에도 규제의 내용이 변하지 않고 지속성을 유지해야 하는 것을 의미한다. 물론, 행정환경이 급변하고 규제의 규율대상이 복잡화 · 다양화되는 현실 속에서 규제의 목적과 규제의 수단이 언제나 일관성을 유지하기에는 어려울 수 있다. 그러나 규제의 일관성을 잃게 된다면 규제기관에 대한 신뢰 저하로 이어질 수 있을 뿐만 아니라 피규제자의 법적 안정성을 보장할 수 없게 되고, 결과적으로 규제수단의 실효성을 담보할 수 없게 된다.

다섯 번째 판단기준은 투명성이다. 규제에 있어서 투명성이란, 규제기관의 규제활동이라고 할 수 있는 의사결정과정과 집행과정 등이 외부로 드러나서 관련 정보에 대한 접근가능성이 확보되고, 그 결과 정보의 공개가 이루어지는 것을 말한다. 이러한 투명성의 확보는 규제에 대한 예측가능성을 높여 상대방의 규제 준수를 촉진할 수 있으며, 행정의 자의성에 대한 의심을 제거하여 내면적 구속성도 높일 수 있다.[9]

Ⅲ. 온라인게임에 대한 규제 현황과 평가

1. 청소년 게임이용시간 제한

(1) 청소년 게임이용시간 제한의 개관

게임이용시간 제한은 청소년의 게임 과몰입을 막기 위해 게임시간을 제한하는 제도이다. 이 제도는 구 「청소년 보호법」에 의한 게임 셧다운제(소위 강제적 셧다운제)와 게임산업법에 의한 게임시간 선택제(소위 선택적 셧다운제)로 구분할 수 있다.

구 「청소년 보호법」에 의한 게임 셧다운제는 청소년의 컴퓨터 게임 중

9 이원우(편), 앞의 책, 246면 참조.

독을 방지하고 수면 시간을 보장하고자 하는 취지에서 도입되었는데, 16세 미만 청소년은 0시부터 오전 6시까지 게임을 할 수 없고, 게임 제공자가 이를 위반하면 2년 이하의 징역 또는 1,000만 원 이하의 벌금에 처해진다(동법 제26조, 제59조).[10] 그런데 지난 10년간 게임 셧다운제가 적용되는 컴퓨터(PC) 온라인게임 대신 모바일게임이 크게 성장하는 등 게임 이용환경이 변화하였고, 심야시간대 청소년이 이용할 수 있는 매체가 다양해짐에 따라 컴퓨터게임 사용시간만 엄격히 통제하는 것은 무의미하다는 지적이 있었다.[11] 게임 이용시간 제한과 수면의 인과관계 증명 실패, 게임 과몰입의 주요 원인 중 하나가 학업 스트레스라는 연구 결과 등이 나오면서 제도의 실효성이 없다는 주장도 제기되었다.[12] 이에 청소년과 가족의 자율성을 강화하기 위하여 2021년 12월 「청소년 보호법」상 심야시간대의 청소년 인터넷게임 제공시간 제한 규정을 삭제하였다. 이에 따라 청소년의 게임이용시간을 제한하는 제도로는 게임산업법에 의한 게임시간 선택제만 남아 있게 되었다.

게임산업법에 의한 게임시간 선택제는 청소년 본인 또는 법정대리인의 요청 시 게임 이용시간 등을 제한할 수 있는 제도로서, 게임산업법 제12조의3과 동법 시행령 제8조의3을 근거로 하고 있다. 동 제도는 게임기기 자체만으로는 오락을 할 수 없는 기기와 컴퓨터(「이동통신단말장치 유통구조 개선에 관한 법률」에 따른 이동통신단말장치에 구동되는 것과 같은 종류의 운영시스템을 사용하는 단말장치는 제외)에서 「정보통신망 이용촉진 및 정보보호 등에 관한 법률」에 따른 정보통신망을 통하여 실시간으로 제공되는 게임을 대상으로

10 게임 셧다운제를 규정하고 있는 「청소년 보호법」에 대하여 헌법재판소는 청소년의 건강보호 및 인터넷게임 중독 예방이라는 공익의 중대성을 고려할 때 법익균형성도 유지하고 있으므로, 이 사건 금지조항이 인터넷게임 제공자의 직업수행의 자유, 여가와 오락 활동에 관한 청소년의 일반적 행동자유권 및 부모의 자녀교육권을 침해한다고 볼 수 없다고 판시한 바 있다(헌재 2014.4.24. 2011헌마659 등).

11 게임 이용시간 제한이 적용되는 기기는 노트북을 포함한 PC이고, 적용되지 않는 기기는 스마트폰, 태블릿PC와 콘솔기기이다.

12 게임 셧다운제 폐지 논의는 2022년 7월 유명 게임 '마인크래프트' 논란이 터진 후 급물살을 탔다. 마인크래프트는 본래 12세 이용가 게임이지만, 강제적 셧다운제로 인해 한국에서만 19세 이상만 이용할 수 있는 게임이 되었기 때문이다.

한다. 다시 말하면, 컴퓨터(PC)를 이용한 온라인게임은 적용되지만, 스마트폰을 이용한 온라인게임은 적용대상에서 제외된다.

(2) 게임시간 선택제에 대한 평가

게임사업자가 강제적으로 청소년의 접속을 제한하는 구 「청소년 보호법」상 게임 셧다운제를 폐지한 것은 게임산업의 규제 완화라는 측면에서 환영할 만한 일이나, 각 가정의 요청이 있다면 언제든지 게임 셧다운제의 역할을 할 수 있는 게임산업법상 게임시간 선택제가 여전히 남아있다는 점은 문제라고 할 수 있다. 게임규제는 합리성의 원칙이나 실질적인 국가이익, 공익 등의 목적달성에 필요한 범위 내의 제한인지의 관점에서 그 정당성 여부가 판단되어야 한다. 그런데 단순히 게임시간에 대한 규제를 넘어, 경직되고 획일적인 시간규제라는 수단이 청소년의 게임 과몰입 현상을 해소하고, 청소년의 보호라는 공익달성을 위한 합리적인 정책인지는 다음과 같은 이유로 의문이다.

우선, 게임시간 규제와 게임 과몰입의 예방 상호 간의 인과관계를 인정할 수 있는지는 경험칙상 가능한 추론일 뿐 확정적 결과라고 하기 어렵다. 게임의 오락적 요소도 일부 청소년의 게임 과몰입의 원인일 수는 있겠지만 그 밖에도 불안한 자기통제력 등 게임이용자의 기질적 요인, 사회적 소외감이나 외로움 증가로 인한 심리적 요인, 핵가족 증가 및 과도한 입시 위주의 학업 스트레스, 놀이문화의 부재 등의 환경적 요인 등 다양한 요인이 복합적으로 작용하여 게임에 과몰입된다고 봄이 타당하다. 이와 같이 게임 과몰입의 원인이 복잡 · 다양함에도 이를 예방하기 위한 근본적인 처방 없이, 그저 게임을 일률적으로 규제하는 것만으로는 이 문제를 해결하기란 사실상 불가능하다고 판단된다.

다음으로, 게임시간 선택제가 단지 청소년의 교육 및 양육을 위해서라면, 게임을 법률이라는 강제적 수단을 통하여 일률적으로 규제할 것은 아니라고 본다. 게임산업법에 따르면 부모가 게임시간 선택을 요청하는 경우 게임사업자는 이를 실행할 의무를 가지게 된다. 사적인 결정이 공적인 의무가 되는 식의 모습을 통하여 게임시간 선택제는 결국 사적 영역에 국가가 개입하고 게임사업자에 대하여도 과도하게 규제하는 모습을 가지게 된다.[13] 우리나라와는 달리 외국에서는 국가가 직접 나서서 게임을 규제하는 사례가 거의 없다. 규제하더라도 독립된 민간기구를 설립해 게임물을 등급별로 분류하고 게임물의 폭력성, 선정성에 대한 정보를 일반인들에게 전달해 학부모와 청소년에게 합리적으로 선택할 수 있도록 돕고 있는 정도이고, 국가 차원에서는 대부분 게임산업을 진흥하는 부분에 대해서만 관여하고 있는 실정이다.[14]

2. 온라인게임 결제한도 제한

(1) 온라인게임 결제한도 제한의 개관

게임의 결제한도의 제한은 이른바 '웹보드게임'에 대한 결제한도 제한과 PC · 온라인게임에 대한 결제한도 제한으로 구분된다. 우선, 웹보드 게임의 결제한도에 대해서는 게임산업법 시행령 제17조 및 [별표2] '게임물 관련사업자 준수사항' 제8호에서 「정보통신망 이용촉진 및 정보보호 등에 관한 법률」 제2조 제1항 제1호의 정보통신망을 이용하여 베팅이나 배당의 내용을 모사한 카드게임이나 화투놀이 등의 게임에 대해서 월 결제한도 70만 원으로 규정하고 있다.

다음으로 컴퓨터(PC) · 온라인게임의 결제한도에 대해서는 법령상의 명시적인 근거가 없다. 그럼에도 불구하고 게임물관리위원회에 게임의 등급을 신청할 때 한도를 반드시 기재하도록 하였고, 결제 한도를 기재하지 않거나 50만 원 이상을 기재하는 경우 해당 게임을 수정하도록 권고하는 등 등급결

13 박종현, "청소년 보호를 목적으로 하는 인터넷 규제의 의의와 한계", 『언론과 법』, 제10권 제2호, 2011, 139면.
14 헌재 2014.4.24. 선고 2011헌마659,683(병합) 반대의견 참조.

정을 유보하고 있었다. 즉, 등급분류제와 연계해 성인 50만 원, 청소년 7만 원의 상한을 두고 시행하여 왔던 것이다. 이러한 결제한도 제한에 대해 게임사업자들은 법적 근거 없는 그림자 규제,[15] 모바일게임 · 영화 등 다른 분야와 비교 시 불합리한 차별, 멀티 플랫폼(모바일－PC 연동) 적용 한계, 중소기업 시스템 구축비용(5천만~1억 5천만 원) 부담 등을 이유로 지속적으로 문제를 제기하고 개선을 요구하였다. 이에 문화체육관광부는 2017년 7월 게임규제로 인한 사회적 갈등을 줄이고 게임산업 경쟁력을 강화하기 위해 업계 · 이용자 · 학계 · 관계부처 등이 참여한 '민관합동 게임제도 개선협의체'를 발족하고 합리적인 게임규제 개선 논의를 진행해 왔다. 그리고 2019년 6월 27일 게임물관리위원회의 관련 규정 개정을 통해 '컴퓨터(PC) · 온라인게임 성인 월 결제한도'를 폐지하였다.[16] 다만, 법령상의 근거가 없는 청소년의 월 7만원 결제한도 규제는 유지되고 있다.

(2) 온라인게임 결제한도 제한에 대한 평가

앞서 살펴본 바와 같이 컴퓨터(PC) · 온라인게임 성인 월 결제한도는 폐지되었으나, 청소년의 월 결제한도는 유지되고 있다. 그렇다고 하여 그동안 제기되어 왔던 온라인게임 결제한도 제한의 문제점이 해결되었다고 볼 수는 없다. 특히, 게임산업법에서 규정하고 있는 웹보드게임과는 달리 결제한도 제한에 관한 법적 근거가 없다는 점이 법률유보의 원칙 위반 문제를 여전히 야기하고 있다. 헌법 제37조 제2항에 의해 권력적 · 침익적 작용을 그 주된

15 그림자 규제란, 법적인 근거가 없음에도 불구하고 규제기관이 행정지도 또는 지시 · 설명 · 통보 · 주의환기 등으로 사업자의 권리 및 자유를 제한하는 것을 말한다. 그래서 그림자 규제는 비권력적 사실행위에 불과하지만, 사업자들은 규제로 인식하고 있다. 그림자 규제에 대해서는 성승제, 『그림자규제 법제 개선방안 연구－그림자규제의 책임관리를 위한 법제 개선방안 연구－』, 한국법제연구원, 2019, 21－24면 참조.

16 문화체육관광부 보도자료 "피시(PC) · 온라인게임 성인 결제한도 폐지"(https://www.mcst.go.kr/kor/s_notice/press/pressView.jsp?pMenuCD＝0302000000&pSeq＝17352) 참고. 이와 관련해서 이러한 규제는 언제든지 다시 쉽게 등장할 수 있다. 그 이유는 그 규제의 모습이 법령상의 규제가 아닌 소위 '그림자 규제' 또는 '간접규제'였기 때문이다. 따라서 향후에도 이런 식의 간접규제가 게임시장에 재등장하지 않도록 계속적으로 지켜보아야 한다는 주장이 있다(서종희, "간접규제로 바라본 온라인게임 결제한도 제한", 『일감법학』, 제44호, 2019, 179면).

수단으로 사용하는 규제는 법적인 근거를 필요로 한다. 「행정규제기본법」에서도 “행정기관은 법률에 근거하지 아니한 규제로 국민의 권리를 제한하거나 의무를 부과할 수 없다”고 하여 법률유보를 명확히 하고 있다(동법 제4조 제3항). 그런데, 청소년에 대한 결제한도 제한은 헌법상 보장되어 있는 게임사업자의 영업의 자유 및 청소년의 자기결정권 등을 제한하는 것임에도 불구하고 아무런 법률상의 근거가 없으며, 이를 준수하도록 사실상 강제하고 있어서 ‘법률유보의 원칙’에 위반된다고 할 수 있다.

설령 결제한도 제한이 향후 법령상의 근거를 갖추게 되더라도, 결제한도 제한은 게임사업자의 직업수행의 자유(영업의 자유), 게임소비자로서의 이용자의 선택권 및 자기결정권을 침해할 수 있다. 즉, ① 게임이용자에게 게임이용과 관련된 상품(예컨대, 게임아이템)이나 서비스를 어떠한 방식을 통해서 제공하고, 게임상품이나 서비스 제공에 대한 대가로 얼마를 받을 것인지는 전적으로 게임사업자의 직업수행의 자유(영업의 자유)의 보호영역에 해당한다. 따라서 게임결제 한도를 제한하는 것은 게임사업자의 직업수행의 자유(영업의 자유)를 제한하는 것에 해당한다는 점은 분명하다. ② 일정한 상품이나 서비스에 대한 과소비의 억제는 개인의 자율에 맡기거나 교육 또는 캠페인을 통해서 추구하여야 하지, 국가기관에 의한 강제적인 규제에 의해서 추구해야 할 것은 아니다. 예컨대 고가의 명품이나 혹은 술, 담배제품과 같이 유해성이 입증된 상품에 대해서도 과소비 억제를 위한 정부규제는 적용하고 있지 않다. 왜냐하면 소비의 문제는 전적으로 개인의 자율에 맡겨져 있는 것이라는 사회적 합의가 전제되어 있기 때문이다. ③ 결제한도 제한은 게임소비자가 자신의 의사에 따라 자유롭게 게임상품을 선택하고 자신이 선택한 게임상품에 대해서 얼마의 대가를 지불할 것인가에 대해 자유롭게 결정하는 것을 제약함으로써 소비자의 행복추구권에서 파생되는 선택권 내지 자기결정권을 제한하는 것이다. ④ 결제한도 규제는 시장경제주의와 사적 자치의 원칙에 맡겨야 할 영역에 국가가 개입하여, 어느 범위까지 게임을 제공하고 소비할 것인가를 계약당사자인 게임사업자와 게임소비자(게임이용자)가 자율적으로 결정하는 것이 아니라 국가가 결정하는 구조를 취하고 있으므로, 계약자유의 원칙 위반 문제가 존재한다. 계약의 자유(계약자유의 원칙)의 내용 중의 하나로 '계약내용과 계약방식 자유'가 포함된다는 점에서, 결제한도 규제는 이러한 계약내용과 계약방식의 자유를 제한하는 것이다.[17]

3. 확률형 아이템의 확률정보 공개

(1) 확률형 아이템의 확률정보 공개의 개관

"확률형 아이템"이란 게임물 이용자가 직접적 · 간접적으로 유상으로 구매하는 게임아이템[유상으로 구매하는 게임아이템(게임의 진행을 위하여 게임 내에서 사용되는 도구를 말한다)과 무상으로 얻는 게임아이템을 결합하여 얻는 게임아이템을 포함한다] 중 구체적 종류, 효과 및 성능 등이 우연적 요소에 의하여 결정되는 것을 말한다(게임산업법 제2조 제11호). 보다 구체적으로 살펴보면, 아이템을 사용하여 확률에 따라서 장비를 강화하거나 역량을 높게 해주는 것 등 이용자에게 효과를 줄 수 있는 아이템을 총칭하는 개념으로서, 넓은 의미로 보면 이용자가 게임의 이용과정에서 게임사업자로부터 아이템을 취득할 때에 그 유형이나 기능을 미리 알 수 없는 아이템을 말한다.[18]

온라인게임에서는 주로 아이템의 '강화'에 확률이 적용되는 시스템을 많이 활용하고 있다. 보유하는 게임아이템의 능력치를 변화시키거나 성장시키는 경우에는 확률에 따라 기존의 아이템이 보다 높아진 기능을 발휘할 수 있지만, 확률에 의한 '강화'가 이루어지지 못할 때에는 대가(게임머니 등)의 소비뿐만 아니라 아이템의 약화 등 다양한 손실을 수반하도록 구성하기도 한다. 그리고 모바일기능이 발전하고 게임이 다양화되면서 온라인게임과 모바일게임 모두 확률형으로 게임아이템을 '획득'하거나 '강화'할 수 있도록 다양

17 황성기, "인터넷게임 관련 주요 규제 현황 및 개선방향", 『언론과 법』, 제17권 제3호, 2018, 4-10면.

18 게임이용자의 입장에서는 확률형 아이템을 통해 높은 수준(능력)의 아이템을 얻을 수 있고, 이로 인해 게임의 재미요소를 높일 수 있다.

하게 결합된 게임콘텐츠가 늘어나고 있다.[19]

확률형 아이템은 게임사업자가 정한 확률에 따라 게임 이용자가 투입한 가치보다 더 높거나 낮은 가치의 아이템을 판매하는 비즈니스 모델(BM)이다. 이용자가 확률형 아이템을 구매하고 내용물을 확인하기 전까지 구성품을 알 수 없다. 이러한 이유로 확률형 아이템은 이용자가 반복해서 구매하기 용이하여 사행성[20]을 조장한다는 비판이 제기되었다.

이에 2019년 말 공정거래위원회는 소비자가 최종적으로 어떤 상품을 공급받게 될지 개봉 전에는 알 수 없다는 이유에서 아이템별 확률공개를 의무화하는 '전자상거래 등에서의 상품 정보제공에 관한 고시' 개정안을 행정예고하였다. 개정안의 내용은 "공급 가능한 재화 등의 종류 및 종류별 공급 확률 정보: 소비자가 최종적으로 공급받게 되는 재화 등이 우연적 요소(확률)에 의해 결정되어 소비자가 어떤 재화 등을 최종적으로 공급받을지를 계약 체결 전에 알 수 없는 경우에 한함. 다만, 다른 법률에 규정이 있는 경우 그 법에 따른다."이다. 그런데, 이러한 고시에 대해 많은 논란이 있었고, 문화체육관광부가 게임산업법 전부 개정안에 확률형 아이템 규정을 담을 예정인 만큼 불필요한 시장의 혼란을 방지하고 정책의 일관성을 확보하기 위하여 2020년 10월 말 공정거래위원회는 2021년에 시행될 해당 고시에서 확률형 아이템을 제외하였다.

---

19 정해상, "확률형 게임아이템에 관한 사행성 규제의 한계", 『법학논총』, 제21권 제2호, 2014, 145－146면. 확률형 아이템의 구매이유에 대해서는 김정환 외, "청소년 보호를 위한 게임물(확률형 아이템)의 합리적 규제방안", 『법학연구』, 제15집 제3호, 2012, 217－220면 참조.

20 대법원은 사행성의 판단기준과 관련하여 다음과 같이 판시하고 있다. "구「사행행위 등 규제 및 처벌특례법」 제30조 제1항 제4호는 같은 법 제2조 제1항 제1호의 규정에 의한 사행행위 영업 외에 투전기 · 기계식 구슬치기 기구 또는 사행성 전자식 유기기구 등 사행심을 유발할 우려가 있는 기계 · 기구 등을 이용하여 우연의 결과에 따라 이용자에게 재산상의 이익 또는 손실을 주는 행위를 업으로 한 자를 처벌하도록 규정하고 있다. 여기서 어떤 기계 · 기구 등이 '사행심을 유발할 우려가 있는 기계 · 기구 등'에 해당하는지 여부는 당해 기계 · 기구 등의 본래적 용법이나 속성만으로 판단할 것이 아니라, 그 이용목적, 이용방법과 형태, 그 이용결과에 따라 발생하는 재산상 이익 또는 손실의 규모 및 그것이 우연성에 의하여 좌우되는지 여부, 이용결과에 따라 금전 또는 환전 가능한 경품을 지급하는지 여부, 그 정도와 규모 및 실제로 경품을 현금으로 환전해주는지 여부 등을 종합적으로 고려하여 판단하여야 할 것이다(대법원 2006.11.23. 선고 2006도2761 판결)"

이후 확률형 아이템에 대해 사행성 유도, 확률 임의 조작 등 게임이용자 기만 문제가 지속적으로 제기되어 2023년 3월 게임산업법을 개정하여 게임물을 제작 · 배급 또는 제공하는 자에 대해 확률형 아이템의 확률정보를 공개할 법적 의무를 부과하였다.

(2) 확률형 아이템 확률공개에 대한 평가

확률형 아이템은 확률형 게임만의 단순한 문제가 아니라 다양하고도 수많은 게임 유형에서 우연성의 강약을 다양하게 조절하면서 변화하는 형태로 부분적인 활용이 이루어지고 있다는 점도 고려되어야만 한다. 확률형 아이템에 대한 규제를 사행성의 존재 여부 측면에서 접근한다면 다양한 게임 유형에 지속적으로 또는 일시적으로, 다수 또는 일부 내재하는 사행성의 내용들을 구체적으로 모두 판단하여 규제의 대상으로 검토하여야 한다는 감당하기 어려운 근본적인 문제를 야기하게 된다.[21] 그렇기 때문에 확률형 아이템과 관련된 논란을 다양한 관점에서 접근하여야 하고, 단지 확률형 게임에 사행성이 존재하기 때문에 규제하여야 하며 그 방법으로 확률을 공개해야 한다는 일방적인 주장은 타당하지 않다.

또한 확률형 아이템 자체는 재산적 가치로서 인정되지 않는다. 게임 외부에서 아이템이 현금으로 거래되고 있어서 재산적 가치가 있다고 주장할 수 있으나, 외부에서의 아이템에 대한 현금거래는 현행법상 위법할 뿐만 아니라, 게임의 사행성에 대한 판단은 게임 내의 환금성을 전제로 하여야 하고 게임 외부에서의 아이템에 대한 사적 거래까지 포함할 수는 없기 때문이다. 나아가 추상적인 사행성 조장을 이유로 확률형 아이템 비즈니스 모델을 규제하는 것은 법규범적 의미에서의 사행성에 대한 규제 원리를 과도하게 확장하는 것이다.[22] 특정 상품의 구매 촉진을 위해 사업자가 이벤트 형식으로 제공하는 경품행사 또한 추상적인 사행성이 있음에도 불구하고, 경품 획득

21 정해상, 앞의 논문, 158면.
22 황성기, 앞의 논문, 27면.

내지 당첨 확률정보의 공개를 강제하지 않는다. 따라서 게임에 대해서만 아이템 획득 확률정보의 공개를 강제하는 방식으로 규제하는 것은 규제의 형평성을 잃은 것이다.[23]

4. 등급분류

(1) 등급분류의 개관

등급분류제도는 사행성, 폭력성, 선정성 등 게임의 유해 요소를 미리 심사하여 실정법 위반가능성의 사전차단과 유해한 게임으로부터 청소년이나 아동들을 보호하려는 것으로서, 내용정보의 표시와 함께 이용자나 청소년 등의 부모에게 게임에 대한 적정 연령이나 그 내용 등에 관한 정보를 제공하여 이용 연령에 따른 적정 게임을 선택하기 위한 대표적인 사전적 규제제도이다.[24] 등급분류가 이루어지지 않은 게임의 경우에는 이용자의 이용에의 제공이 원천적으로 불허되고, 등급분류를 받고 이용자의 이용에 제공된 경우에도 해당 게임에 대한 등급분류의 취소 등이 이루어지는 경우에는 사후적으로 게임의 공급과 이용을 차단하는 효과를 가져 온다는 점에서 등급분류제도는 게임산업법상 게임의 공급자와 이용자 모두에게 매우 강력한 효과를 가져오게 되는 제도이다.[25] 최근 구글플레이 및 앱스토어에서 서비스되고 있었던 P2E 게임이 사행성의 우려와 게임을 하면서 발급하는 가상자산이 '경품'에 해당한다는 이유로 게임물관리위원회의 등급분류결정취소처분을 받게 되면서 서비스가 중단된 것이 대표적인 예이다. 이러한 점에 비추어 볼 때 등급분류제도는 게임의 제공 전(前) 단계뿐만 아니라 게임의 제공 후에도 재분류가 있다는 점에서 게임의 전(全) 단계에 대한 규제라고 하여도 이상하지 않

23 황성기, 위의 논문, 27면.
24 김상태 외, "가상현실게임의 활성화를 위한 법제도적 연구", 『경제규제와 법』, 제11권 제2호, 2018, 342면.
25 김종일, "게임물 등급분류 제도의 문제점 및 개선의 방향", 『외법논집』, 제41권 제4호, 2017, 91면.

을 것이다.

한편, 이러한 등급분류제도가 기존의 분류유형에 속하지 않는 새로운 플랫폼의 등장과 모바일-PC온라인 등 여러 플랫폼에서 연동 가능한 게임의 등장에 유연하게 대응하지 못한다는 비판이 제기되었다.[26] 이에 2016년 5월 게임산업법을 개정하여 일부 게임을 제외[27]하고 '자체등급분류제도'를 도입하였다. '자체등급분류제도'는 변화하는 환경에 맞추어 기존의 플랫폼 중심의 등급분류 체계를 통합하여 내용물 중심의 등급분류 체계로 변경하는 한편, 정부의 사전심의를 민간사업자들의 자율심의로 전환하여 민간의 자율성을 보장하는 규제개혁 조치이다.[28] 자체등급분류사업자에 의한 등급분류를 자율규제로 보는 의견도 있으나, 문화체육관광부장관의 지정이 있어야 한다는 점, 게임물관리위원회가 직권등급재분류 권한을 가지고 있다는 점, 게임물관리위원회의 기준에 따라야 한다는 점 등을 고려하면 완전한 자율규제로 보는 것은 한계가 있다.

(2) 등급분류에 대한 평가

게임 내용에 대한 강력한 통제시스템으로서 작동하고 있는 등급분류제도가 헌법 제21조 제2항의 검열금지의 원칙에 위반되는 것은 아닌지가 논란이 될 수 있으나[29] 여기에서는 논외로 하고, 이하에서는 등급분류기준의 불명확성과 게임물관리위원회에 의한 취소권 남용에 대해 평가한 후 자율등급분류제도의 확대에 대해 검토하고자 한다.

---

26 김상태 외, 앞의 논문, 342면.

27 청소년게임제공업과 일반게임제공업에 제공되는 게임은 청소년 보호를 위해 자체등급분류 대상 게임에서 제외하고 있다(게임산업법 제21조의2 제3항 단서).

28 김상태 외, 앞의 논문, 342면.

29 등급분류제도의 위헌성과 관련하여 신순철, "현행 게임물 등급분류제도의 법리적 문제점과 대안", 『언론과 법』, 제7권 제2호, 2008; 문기탁, "게임법상 등급분류거부제도의 위헌성에 대한 연구", 『한국컴퓨터게임학회논문지』, 제26권 제3호, 2013; 문기탁, "게임물 등급분류의 문제점과 법적 과제", (전북대)『법학연구』, 제54권, 2017; 황성기, "게임물 내용규제에 관한 공법적 고찰", 『토지공법연구』, 제31권, 2006; 조영기, "게임산업 진흥을 위한 게임등급 심의제도의 개선방안 연구", 『사이버커뮤니케이션학보』, 제28권 제3호, 2011 등 참조.

우선, 게임물관리위원회의 「등급분류 규정」 제8조 이하에서는 선정성, 폭력성, 사행성 등에 대한 등급분류의 세부기준을 제시하고 있다. 그런데, 등급분류기준에 대한 판단이 명확하지 않아서 등급분류기관에 의해 자의적으로 해석될 수 있다. 선정성 기준인 “인격을 훼손하는 폭력적인 선정성의 요소”, “일반적인 사회윤리에 어긋나는 행위표현” 그리고 “선정적 언어”라는 표현들은 도대체 어떠한 요소나 표현이 이에 해당하는지, 여기서 선정적 언어라고 하는 것은 대체 무엇인지를 전혀 알 수 없다. 범죄 및 약물 기준은 그 내용이 더 모호하다. 범죄 및 약물의 묘사 정도에 따라 연령을 구분하면서 “묘사한 부분이 없는 경우”, “묘사한 부분이 경미한 경우”, “간접적으로 묘사한 경우”, “구체적, 직접적으로 묘사한 경우”라는 세부기준을 제시하고 있다. 묘사의 정도가 경미한지의 여부, 직 · 간접적인지의 여부는 사람에 따라 다르게 판단할 수밖에 없고, 그 정도도 매우 크다고 할 수 있다. 이러한 기준에 따라 등급을 분류할 경우에는 객관적인 기준에 의하는 것이 아니라 등급분류기관의 가치관과 주관이 반영될 수밖에 없어서 일관된 결정을 기대하기 어렵다. 이로 인하여 등급분류제도를 통하여 달성하고자 하는 원래의 목적은 달성할 수 없게 되고, 오히려 게임제공의 원천적 봉쇄라는 불합리한 결과만 발생하게 될 수 있다.

그리고 게임산업법은 게임물관리위원회에 이미 등급분류를 받은 게임에 대하여 등급분류 결정을 취소할 수 있는 권한을 부여하고 있다(동법 제22조 제4항). 이는 게임물관리위원회로부터 등급분류를 받은 게임에 대하여도 사후에 그 결과를 부정하는 것을 허용하도록 함으로써 등급분류제도의 신뢰성을 스스로 부정하는 것이 될 뿐만 아니라, 게임사업자로 하여금 등급분류를 완료한 이후에도 언제든지 그 결과가 무효화 될 수 있다는 불안감을 심어주는 조항이라고 하지 않을 수 없다. 실제 사행성게임이나 법령 위반 등의 사유가 충분하지 않은 경우에도 절차상 하자 등을 이유로 해당 게임의 등급분류가 취소되기도 한다. 물론 등급분류 후 공익상의 이유로 일정 사유가 있는 경우 취소할 수도 있다. 다만, 게임물관리위원회에 의한 취소권 남용 가능성이 우려되는 만큼 이를 제한할 수 있는 방안은 강구할 필요가 있다.

그래서 사전적 규제 형태로 운영되는 등급분류제도를 자율규제 형태로 변경하는 것을 고려해 볼 수 있다. 이에 대해 심의의 객관성에 대한 문제가 제기될 수 있으나, 오히려 자유롭게 등급분류를 하도록 하자는 것이 아닌 합리적인 수준에서의 규제를 하겠다는 것이기 때문에 더욱 엄격한 기준이 도입될 수 있다는 점에서 자율등급분류제도가 악용될 소지는 거의 없다고 해도 무방하다.[30] 법제도적 측면에서도 불법 게임의 유통 등에 대한 책임은 자체등급분류사업자에게 있고 그로 인한 지정의 취소 등 불이익은 이미 법률상 규정되어 있으므로 효율적인 자율적 등급분류가 가능할 수 있으며, 현행 제도상 자체등급분류사업자에 대한 엄정한 사후적 관리 및 법 위반 시의 제재 등이 존재하고 있으므로 그에 따른 사회적 감시 역시 효과적으로 기능할 수 있다.[31]

5. 게임이용자 본인인증

(1) 게임이용자 본인인증의 개관

정보통신망을 통하여 공중이 게임을 이용할 수 있도록 서비스하는 게임사업자는 게임이용자의 과몰입을 예방하기 위하여 게임이용자의 회원가입 시 실명 · 연령 확인 및 본인인증이라는 예방조치를 하여야 한다(게임산업법 제12조의3 제1항 제1호). 이에 따라 게임사업자는 게임이용자의 회원가입 시 「전자서명법」 제2조 제8호에 따른 전자서명인증사업자, 그 밖에 본인확인서비스를 제공하는 제3자 또는 행정기관에 의뢰하거나 대면확인 등을 통하여 게임물 이용자가 본인임을 확인할 수 있는 수단을 마련하여야 한다(동법 시행령 제8조의3 제3항). 이와 관련하여 문화체육관광부장관은 게임사업자에게 예방조치와 관련한 자료의 제출 및 보고를 요청할 수 있고, 요청을 받

30 김윤명, “게임산업 발전을 위한 게임산업법 개선방안”, 『법학평론』, 제5권, 2015, 329면.
31 김종일, “게임물 등급분류 제도의 문제점 및 개선의 방향”, 112면.

은 자는 특별한 사유가 없는 한 이에 따라야 한다(동법 제12조의3 제4항).

사실 '게임물 이용자의 회원가입 시 실명 연령 확인 및 본인인증'은 게임 과몰입 예방조치의 일환이라기보다는, 사실상 이를 실효적으로 수행하기 위한 수단에 해당한다고 볼 수 있다. 위와 같은 본인인증 조항은 게임에 접속하여 이용하는 자가 게임 이용시간 제한 연령에 해당하는지 여부 등을 확인하기 위한 입법목적을 가지는 것이라고 보아야 한다.[32]

(2) 게임이용자 본인인증에 대한 평가

게임사업자는 게임산업법 제12조의3에 따라 '모든' 이용자의 회원가입 시 '본인을 인증'하는 방법을 제공하고 이용자를 관리하여야 한다. 이에 따라 게임사업자는 전체이용가 등급의 게임처럼 연령 확인이 필요 없는 게임들을 포함하여 제공하는 게임 서비스를 이용하려는 모든 이용자를 대상으로 무조건적인 본인인증을 하여야 한다. 그런데, 이렇게 게임의 종류나 내용(유해성이나 불법성)을 묻지 않고 모든 게임이용자에게 일률적으로 본인인증 등의 절차를 거치도록 하는 것은 과잉규제라고 할 수 있고, 오히려 게임사업자가 불필요한 정보를 과다하게 수집하는 불합리한 결과를 초래하고 있다.[33] 현실적으로도 청소년이 본인의 명의로 보유하고 있는 범용성을 갖춘 본인 확인 수단(휴대폰, 공인인증 등)이 많지 않은 상황을 고려할 때 청소년들의 게임을 이용할 자유가 원천적으로 차단되는 문제도 있다.

이는 인터넷게임 관련 본인인증제에 대한 헌법재판소의 결정 중 "인터넷게임의 이용을 위하여 본인인증을 받도록 하는 것은 감시와 통제의 가능성을 야기하여 인터넷게임 이용자의 자유를 위축시킬 뿐만 아니라, 본인인증 조항이 정하고 있는 본인인증 방법들은 국민 누구나 보편적으로 이용할 수 있는 방법이 아니어서 인터넷게임의 이용에서 소외되는 사람들이 생겨날 수 있고, 공인인증기관이나 본인확인기관에 의해 수집된 개인정보가 유출될 가

32 심우민, "게임 관련 본인인증제도의 최적화 방안 모색", 『언론과 법』, 제18권 제3호, 2019, 51면.

33 김종일, "게임의 법적 규제에 관한 연구", 219–220면.

능성도 배제할 수 없으며, 게임산업의 성장을 저해할 수도 있다."라는 반대 의견[34]에서도 알 수 있다.

Ⅳ. 온라인게임산업 발전을 위한 규제개혁 방향

1. 게임을 이용할 자유의 보장

적절한 수단을 선택하여 합리적으로 설계된 규제는 공공의 안녕과 질서 유지 및 위험방지라는 규제의 목적 달성에 기여하고 나아가 국민의 안전과 권리보호를 향상시키는 등 긍정적 효과를 기대할 수 있지만, 과잉규제와 같이 규제의 수단이 규제의 목적과 균형을 이루지 못하는 경우에는 그 효과를 발휘하지 못하고 오히려 부작용 등의 역효과를 발생시킬 수 있다. 게임의 부작용을 해결하기 위해 게임규제의 필요성만을 강조하면, 다른 한편에서는 국민의 권리와 자유 특히, 게임이용자의 본질적인 자유인 게임을 이용할 자유를 침해할 수도 있다. 이에 게임산업법상 규제가 게임을 이용할 자유를 어떻게 침해할 수 있는지 헌법상 기본권 보장의 관점에서 검토한다.

먼저 게임을 이용할 자유는 자기결정권과 관련이 있다. 자기결정권이란 "개인이 자신의 삶에 관한 중대한 사항에 대하여 스스로 자유롭게 결정하고 그 결정에 따라 행동할 수 있는 권리" 또는 "개인이 그 사적 영역에 관해서 사회나 국가로부터 간섭이나 침해를 받지 아니하고 사적 사항을 스스로 결정하여 자신의 생활영역을 자유로이 형성할 수 있는 권리"를 의미한다. 비록 우리 헌법에 명문의 규정은 없지만, 자기결정권이 헌법상의 기본권으로서 인정됨은 이론의 여지가 없다.[35] [36] 이러한 자기결정권의 대상은 '자신의 삶에

---

34 헌법재판소 2015.3.26. 선고 2013헌마517 반대의견 참조.

35 황성기, "인터넷게임 이용을 위한 청소년의 회원가입시 부모의 필요적 사전동의제도의 헌법적 문제점", 『공법학연구』, 제12권 제1호, 2011, 125면.

36 헌법재판소는 자기결정권의 예로 '성적 자기결정권'(헌재 1990.9.10. 89헌마82), '개인정보자기결정권'(헌재 2005.5.26. 99헌마513), '연명치료 중단에 관한 자기결정권'(헌재 2009.11.26.

관한 중대한 사항' 내지 '자신과 관련된 일정한 사적 영역에 관한 사항'이다.[37] 게임을 이용할 것인지 여부가 바로 이러한 자기결정권의 대상이 된다는 점은 부인할 수 없는 사실이다. 개인은 놀이를 하고 싶은 생래적인 욕구를 가지지만 어느 순간에 놀이를 할지 말지, 한다면 무슨 놀이를 할지 등을 결정하는 것은 엄연히 경험적인 인과율에서 벗어난 자유로운 의지의 작용이다. 이러한 자유로운 의지의 궁극적인 근거는 인간이 보편적으로 가지는 이성이고, 이러한 보편적 이성이 어느 개인에게 귀속되어 체화된 것이 인격이며, 어느 개인이 자유로운 의지를 가지고 내린 결정은 그 인격의 발현이다.[38] 그렇기 때문에 국가에 의한 지나친 규제는 게임이용자의 헌법상 권리인 자기결정권을 침해할 수도 있다.

다음으로 게임을 이용할 자유는 일반적 행동자유권과 관련이 있다. 일반적 행동자유권은 개인이 행위를 할 것인가의 여부에 대하여 자유롭게 결단하는 것을 전제로 하여 이성적이고 책임감 있는 사람이라면 자기에 관한 사항은 스스로 처리할 수 있을 것이라는 생각에서 인정된다.[39] 그래서 결제한도 제한과 같이 고전적이고 직접적인 제한의 형식으로 이루어지는 게임이용자에 대한 제한은 헌법 제10조의 행복추구권에 의해 보장되는 '일반적 행동자유권'의 보호영역에 대한 제한이 된다.[40]

마지막으로 게임을 이용할 자유는 문화향유권과 관련이 있다. 문화향유권은 비록 헌법에서 명시적으로 규정하고 있지 않지만 기본권성을 인정하는

2008헌마385), '소비자의 상품선택에 대한 자기결정권'(헌재 1999.7.22. 98헌가5) 등을 인정하고 있다.

37 황성기, 위의 논문, 125면.

38 정호경 · 송시강, "온라인 게임 규제의 문제점과 개선방안", 『경제규제와 법』, 제4권 제2호, 2011, 22면.

39 헌재 1991.6.3. 89헌마204; 헌재 1995.7.21. 93헌가14; 헌재 1997.11.27. 97헌바10; 헌재 2000.6.1. 98헌마216. 일반적 행동자유권은 모든 행위를 할 자유와 행위를 하지 않을 자유로 가치있는 행동만 그 보호영역으로 하는 것은 아닌 것으로, 그 보호영역에는 개인의 생활방식과 취미에 관한 사항도 포함되며, 여기에는 위험한 스포츠를 즐길 권리와 같은 위험한 생활방식으로 살아갈 권리도 포함된다(헌재 2003.10.30. 2002헌마518).

40 신정규, ""게임 이용행위"의 질병적 취급에 대한 헌법적 검토", 『법과 정책연구』, 제19집 제4호, 2019, 237면.

데 큰 어려움이 없다.[41] 실제로 문화향유권은 법률 차원에서 우리나라의 법제에 수용되어 있다. 예컨대 「문화기본법」 제4조는 "모든 국민은 성별, 종교, 인종, 세대, 지역, 정치적 견해, 사회적 신분, 경제적 지위나 신체적 조건 등에 관계없이 문화 표현과 활동에서 차별을 받지 아니하고 자유롭게 문화를 창조하고 문화 활동에 참여하며 문화를 향유할 권리(문화권)를 가진다."고 규정하고 있다. 「문화산업진흥 기본법」은 게임과 관련된 산업을 문화산업의 하나로 규정하고 있다(동법 제2조 제1호 나목). 이러한 현행 법제의 태도에 비추어 볼 때, 문화향유권의 보호 대상이 되는 '문화적 산물'에 게임이 포함되고, '문화생활'에는 게임의 이용을 통한 문화생활이 포함된다.[42] 그래서 게임을 이용할 자유를 제한하게 되면 게임이용자가 향유해야 할 '문화생활에 자유롭게 참여할 권리' 혹은 '문화적 산물을 향유할 권리'를 침해하거나 형해화시킬 위험이 있다.[43]

2. 규제완화와 규제강화

게임산업에서는 고비용 저효율의 불합리한 규제가 만연하고 있으므로, 이러한 불합리한 규제를 비규제적인 정책수단 또는 양질의 규제수단으로 전환하는 규제개혁이 필요하다. 물론, 규제개혁은 단순히 규제를 완화하자는 것이 아니다. 모든 분야에서 규제완화가 현실적으로 가능하지도 않을 뿐만 아니라 바람직하지도 않을 수 있기 때문이다.[44] '규제개혁'이라는 표현을 사용할 때에는 고비용·저효율의 불합리한 규제를 비규제적인 정책수단 또는 양질의 규제수단으로 전환하는 '규제완화'도 여기에 포함되지만, 때로는 규제의 효과성을 제고하기 위한 '규제강화'도 필요할 수 있다.[45] 즉, 규제의 개

41 헌재 2004.5.27. 2003헌가1 참조.
42 황성기, "게임이용장애의 질병코드화의 법적 문제점", 『정보법학』, 제23권 제3호, 2019, 163면.
43 황성기, 위의 논문, 163면.
44 이원우, 앞의 논문, 358면.
45 김대인, "산업단지 관련 법제에 대한 규제법적 고찰", 『지방자치법연구』, 제16권 제2호, 2016, 63면.

혁은 단순히 규제완화나 규제강화 선택의 문제가 아니다. 규제개혁은 필요한 규제의 흠결을 보완하여 공공의 안녕과 질서유지를 위해 규제체계를 강화하면서도, 다른 한편으로는 불필요하거나 불합리한 규제를 정비하여 사회 · 경제활동의 자율과 창의를 촉진함으로써 국민의 삶의 질을 높이고 국가경쟁력의 지속적인 향상을 도모하고자 하는 것이다. 이러한 내용을 고려하면 '규제개혁=규제완화'로 이해해서는 곤란하며, 규제개혁을 규제의 품질을 관리하는 과정으로 이해하는 것이 타당하다.[46]

그렇다면, 게임산업에서의 규제개혁은 규제완화가 필요한가 아니면 규제강화가 필요한가. 이는 앞서 살펴본 규제의 목적과 규제의 정당성 기준에 의한 합리적인 형량을 통해 판단되어야 한다. 우선, 게임산업은 차세대 핵심 문화산업으로서 부가가치가 높은 산업이므로, 변화하고 있는 게임산업환경에 적극적으로 대처하고 게임산업의 진흥을 위한 다양하고 체계적인 정책을 추진할 수 있도록 게임산업의 발전을 저해하는 규제를 과감히 완화(폐지 포함)하는 방안을 검토할 필요가 있다. 예컨대, ① 게임이용시간 제한은 게임과몰입 억제라는 입법목적의 효과를 달성할 수 없고, 청소년이 향유할 수 있는 게임을 할 자유를 제한하고 있기 때문에 폐지되어야 한다. ② 청소년의 월 결제한도 제한은 법률상 근거가 없는 규제로서 법률유보의 원칙에 반하므로 폐지되어야 한다. ③ 확률형 아이템의 확률정보 공개는 규제적용에 있어 산업적 특성을 고려하여 효율적 규제가 가능하고, 규제 재 · 개정의 유연성, 규제비용 절감, 높은 규제준수 유인책, 그리고 규제 연착륙 등을 고려했을 때 자율규제로 다시 전환할 필요가 있다. ④ 국가기관이 중심이 된 현행 등급분류로는 게임이용자에 대한 다양한 정보를 제공하기에는 한계가 있으므로, 등급분류를 세분화하고 궁극적으로는 자율규제화 하는 것이 타당하다.

반면, 게임이용자의 권익향상과 올바른 게임문화를 조성하기 위하여 규제를 강화 또는 신설할 필요가 있는 경우도 있다. 예컨대, ① 게임을 사행적

46 이원우, 앞의 논문, 358면.

으로 이용하는 것을 금지하기 위해 환전금지, '똑딱이'[47] 금지 및 고액경품 제공 금지조항 등을 명문화하여 올바른 게임이용문화 조성에 기여할 필요가 있다. ② 실감형 게임(VR/AR 게임)을 이용할 경우 시뮬레이터 등 게임기기를 활용하게 되는데 안전한 이용을 위하여 게임사업자에게 안전관리 의무를 부여하는 법적 근거를 신설할 필요가 있다. ③ 외국 게임제공사업자로부터 게임이용자의 권리를 보호하기 위하여 국내대리인제도를 도입하여야 한다.

3. 위임입법 한계의 준수

2019년 말 공정거래위원회가 확률형 아이템의 확률 공개를 의무화하는 '전자상거래 등에서의 상품 정보제공에 관한 고시' 개정안을 행정예고 하였으나, 2020년 10월말 게임산업법에의 반영 등을 이유로 해당 고시에서 확률형 아이템의 공개의무를 제외하였다. 비록 해당 고시에서 확률형 아이템의 확률 공개의무가 제외되기는 하였으나, 과연 고시의 형태로 규제를 하는 것이 타당한지 의문이다. 날로 비대해지고 복잡해지는 현대 행정을 위임입법의 형식으로도 규율하기 어려워지면서 전통적으로 행정 내부적인 규정으로 여겨지던 행정규칙이 법규명령의 기능을 보완하거나 대위하는 현상이 나타나고 있다. 그런데, 국민의 권리와 의무에 관한 제한을 규율하는 규제는 법규적 효력을 가지는 상위법령에서 제정하는 것이 원칙이어야 한다. 왜냐하면, 행정규칙의 실제적 기능 또는 권리구제의 시각을 중요시한 나머지 행정규칙의 법규성을 너무 쉽게 인정한다면 행정청은 법률에 의한 행정이라는 '법치주의의 귀찮은 굴레'를 벗어던지고 자신이 스스로 만든 행정규칙에 의하여 국민과의 대외적 법률관계를 규율하려 할 것이기 때문이다.[48] 또한 법령 제정과정에서는 이해관계자의 의견수렴을 위한 참여절차, 관계 정부기관 협의

---

47 '똑딱이'는 오락실(특히, 성인오락실)에서 사람을 대신하여 게임을 진행시켜 주는 자동진행장치를 말한다.

48 김성수, 『일반행정법』, 홍문사, 2021, 344면.

절차, 법제처 심의, 기타 행정조직 내의 자체적인 여러 통제절차들이 보장되지만, 고시 · 예규 · 지침 · 훈령 등 행정규칙에 의한 규제는 이러한 제도적 보장절차가 철저히 보장되지 않아 자의적, 비전문적, 비체계적, 상호모순적 행정규제가 남발될 위험이 있으며, 이러한 문제 발생 시 국민의 권리구제에 어려움이 발생할 우려가 있다.[49]

결국 행정규칙이 일반화되면(즉, 남용되면) 법치주의와 행정의 법률적합성 원칙은 커다란 위기에 처할 것이고, 소위 '그림자 규제'의 근거로 활용될 수 있다. 게임규제의 전문성과 일관성이 제고될 수 있도록 규제의 주요한 내용은 법규성이 보장되는 법률, 대통령령 내지 부령에 의해 규율되는 것이 바람직하다.

4. 사전규제에서 사후규제로의 전환

사전규제는 일정한 금지와 그 금지를 풀어주는 허가, 인가 등을 통하여 행위자가 행위를 하기 전에 이미 일정한 규제를 설정하고 그 규제에 적합하게 행동할 것을 요구하는 규제시스템이다. 이에 반하여 사후규제는 사전에 어떠한 행동기준(법률상 금지행위)을 준수하지 않으면 그러한 행위를 하지 못하도록 한 것은 아니지만, 사후적으로 행위자가 그 행위의 결과로 인한 규제목표의 침해에 대해 책임을 지도록 하는 것이다.[50] 사전규제는 위험발생 자체를 억제하고 예방하는 차원에서 이루어지기 때문에 예측 가능하고 규제의 효율성이 높은 반면, 피규제자의 권리와 자유를 제한하고 새로운 기술의 혁신을 저해하거나 새로운 서비스의 등장을 제한할 수 있다. 사후규제는 새로운 기술, 서비스 등에 대한 정보가 부족한 상황에서 규제를 탄력적으로 집행할 수 있으나, 규제의 효과를 예측하기 어렵고 규제의 목적인 공익 침해를 사전에 예방할 수 없다.

49 이원우(편), 앞의 책, 9면.
50 김유환, "정부규제의 대안과 대체질서", 『행정법연구』, 제29호, 2011, 39면.

그렇다면 게임산업에서는 사전규제와 사후규제 중 어디에 중점을 두어야 할 것인가. 우리나라는 규제와 관련된 개념, 규제의 요건, 기준 등을 제정할 때 그 구체성 · 명확성 · 제한적 열거규정성을 강조한다. 해당 규제를 소관하는 부처는 이러한 규제환경에서 개념, 요건, 기준을 조금이라도 벗어나는 신기술 및 서비스를 사실상 출시가 불가능하다고 해석할 여지가 높다.[51] 예컨대, ICT 분야에서 새로운 기술 또는 서비스가 제공되고 있는 것처럼 게임산업에서도 새로운 형식, 새로운 플랫폼 기반의 게임이 등장하고 있다. 규제기관은 새로운 형식, 새로운 플랫폼 기반의 게임에 대해 해당 게임이 가져올 위험성을 정확히 평가하고 이를 제어하기 하기 위한 여러 정책 또는 규제를 다양한 관점에서 밀도 있게 검토한 후 게임 제공 여부를 판단하여야 하나, 일반적으로는 현행 법령상의 다수의 사전규제를 근거로 해당 게임의 제공을 금지할 가능성이 높다.[52]

하지만 사전규제의 목적이 위험발생을 억제하고 예방하는 것이라면, 새로운 형식, 새로운 플랫폼 기반의 게임에 과연 사전규제를 통해 억제하고 예방해야 할 만큼의 위험이 존재하는지 의문이다. 일부에서는 사후규제 또는 자율규제에 대해 행정의 책임을 방기하는 결과를 초래할 수도 있다고 비판할 수 있으나, 게임산업은 공익산업이 아니며 보편적 서비스를 제공해야 하는 사업도 아니어서 게임 이용행위가 사적 영역 내 머무르고 있다면 공공의 안녕과 질서유지라는 공익을 침해한다고 볼 수 없다. 또한 규제의 시점은 규제 대상의 내용과 특성을 우선적으로 고려해야 하고, 이러한 고려를 통해 적정한 규제설계가 가능하다. 적절한 규제시기를 정해야 보다 실효적이고 합리적인 규제가 가능하게 된다. 이러한 측면에서 게임의 내용과 특성을 고려한다면 게임산업에서는 원천적으로 제한되는 사전규제보다는 사후규제가 타당

51 김태오, "제4차 산업혁명의 견인을 위한 규제패러다임 모색", 『경제규제와 법』, 제10권 제2호, 2017, 144면.

52 예컨대, 새로운 형식의 게임이라고 할 수 있는 실감형 게임의 경우 게임에 해당하는지 여부, 등급분류 대상인지 여부, 아케이드게임장 설치기준 및 시설기준의 적용 여부, 네트워크 허용 여부, 셧다운제 적용 여부 등을 이유로 활성화하는데 많은 어려움이 있다. 이에 대해서는 김상태 외, 앞의 논문, 342-349면 참조.

하다고 본다. 「행정규제기본법」도 '신기술 서비스 · 제품과 관련하여 출시 전에 권리를 제한하거나 의무를 부과하지 아니하고 필요에 따라 출시 후에 권리를 제한하거나 의무를 부과하는 규정 방식(사후규제)'을 우선적으로 고려할 것을 명시하고 있다(동법 제5조의2 제1항 제4호).

5. 규제대안 및 비용편익분석 고려

게임산업에서 규제가 불가피한 경우가 있는데, 이러한 규제가 타당한지, 합리적인지, 양질의 규제인지에 대한 검토가 있어야 한다. 이때 고려될 수 있는 것이 규제대안의 검토이고, 또 다른 하나는 비용편익분석이다. 먼저 규제대안과 관련해서는 첫째, 규제방식에 있어서 민간의 자율성과 창의성이 최대한 활용될 수 있도록 명령지시적인 규제보다는 시장유인적 규제로 설계되었는지, 원칙적 금지 · 예외적 허용의 형태를 띠는 포지티브 방식보다는 원칙적 허용 · 예외적 금지의 형태를 띠는 네거티브 방식이 활용되고 있는지, 민간의 자율규제를 활용할 여지는 없는지가 고려되어야 한다. 둘째, 인디게임개발자와 같이 영세한 환경에 있는 사업자를 배려해야 한다. 예컨대, 현행 게임산업법에 따르면 인디게임개발자가 게임제작업을 등록하기 위해서는 영업소의 임대차계약서를 제출해야 한다(게임산업법 제25조 제1항 참조). 그런데 게임개발에 있어서 영업소라는 공간이 반드시 필요한지 의문이며, 이는 영세한 게임개발자 입장에서는 과도함 부담이 될 수 있다. 따라서 규제에 있어 일정 규모의 사업자에 대해 과도한 규제비용을 유발하지 않고, 가급적 규모에 따라 집행시기와 집행방법 등을 차별화할 수 있는지가 검토되어야 한다. 셋째, 외국 게임제공사업자에 대한 행정의 실효성에 있어 의문이 제기되고 있는 만큼 해당 규제로 인해 국내외 사업자 간 차별대우가 이루어질 가능성은 없는지에 대한 검토가 필요하다. 넷째, 다양한 의무이행방법에 대한 검토도 이루어질 필요가 있다. 특히 피규제자의 의무이행에 있어서 선택의 여지를 부여하는 조치 등은 적극적으로 고려될 필요가 있다.

그리고 비용편익분석[53]을 통해 규제로 인한 비용유발 요인을 고려할 필요가 있다.[54] 규제는 일정한 목표를 달성하는 데 있어 가장 효율적인 수단을 사용해야 하며, 동일한 수단을 통해 가장 높은 목표를 달성할 수 있어야 한다. 즉, 규제의 효율적 적용을 위해서는 어떤 경우에 어떤 수단을 사용한다는 형식적 기준이 필요하고, 이러한 형식적 기준을 합리적으로 구성하기 위해서는 각 활동의 특징과 수반되는 위험, 이를 억지하고 예방하기 위해 누구에게 어떤 의무를 부과하는 것이 효과적이고 비용이 적게 들지 등의 실질적 사항들에 대한 분석이 필요하다.[55] 규제개혁 시 기본적으로 규제의 순편익에 근거한 규제 적정성의 관점에서 해당 규제의 필요성이 검토되어야 할 것이며, 이러한 점에서 규제개혁 시점에서 해당 규제의 사회적 비용에 대한 검토도 충분히 이루어져야 할 것이다. 절대적 기준에서 해당 규제의 필요성을 검토하는 것이 아니라 상대적 기준에서, 해당 규제로 인한 한계적 편익의 적정성을 고려하여 규제개혁이 이루어져야 할 필요가 있다.

6. 규제의 일원화와 통일성 확보

산업에 대한 규제는 해당 산업의 소관 부처와 관련 법령이 칸막이식으로 되어 있어서 규제의 목적 달성, 규제 설계 및 실행이 용이한 편이다. 하지만, 게임산업에서의 규제는 일반법인 게임산업법뿐만 아니라, 「청소년 보호법」, 「정보통신망 이용촉진 및 정보보호 등에 관한 법률」, 「전자상거래 등에서의 소비자보호에 관한 법률」, 「전기통신사업법」, 「통신비밀보호법」 등에서도 게임의 내용 및 제공 등과 관련하여 다양한 규제 규정을 두고 있다. 이

53 비용편익분석에 대해서는 김유환, "규제영향분석에서의 비용－편익분석의 개선방안과 법적 문제", 『공법연구』, 제48집 제2호, 2019, 245면 이하 참조.

54 「행정규제기본법」에서도 중앙행정기관의 장이 규제를 신설하거나 강화하는 경우에 '규제의 시행에 따라 규제를 받는 집단과 국민이 부담하여야 할 비용과 편익의 비교 분석'을 고려하여 규제영향분석을 하고 규제영향분석서를 작성하도록 하고 있다(동법 제7조 제1항 제4호 참조).

55 이희정, "시장경제와 규제", 『행정법학』, 제19호, 2020, 90면.

에 따라 문화체육관광부, 방송통신위원회, 여성가족부, 과학기술정보통신부, 행정안전부, 공정거래위원회 등 다수의 정부 부처 및 기관이 규제에 참여하고 있다. 이는 게임의 과몰입, 사행성, 개인정보 유출 등이 사회적 쟁점이 되면서 게임이용을 제한하고 규제하기 위한 정책, 제도들을 다수의 소관 부처가 적극적으로 도입하였기 때문이다.

해당 법률마다의 법해석·적용의 체계와 관행이 다르고, 관련 부처의 임무와 목적 또한 다르다. 하나의 기술, 제품, 또는 서비스를 둘러싼 부처별 다양한 정책이 도입되고 추진되면 정책적 갈등이 빈번히 발생할 수밖에 없다. 게임산업에서 이와 관련된 대표적인 예가 강제적 셧다운제와 확률형 아이템의 확률 공개의무이다. 강제적 셧다운제는 문화체육관광부와 여성가족부 사이에, 확률형 아이템의 확률 공개는 문화체육관광부와 공정거래위원회 사이에 권한이 중복되어 동일한 사안에 대하여 중복적으로 규제하거나 서로 다른 기준으로 규제하여 문제가 제기되었다.[56] 이는 규제에 있어서 전문성, 통일성, 책임감, 신속성을 결여시키는 문제를 발생시켰다. 업무중복에 따른 자원의 낭비, 관리의 사각지대 형성으로 인한 규제의 공백, 중복관할로 인한 이중규제, 규제기준 불일치에 따른 규제의 혼란 등의 문제가 발생할 뿐만 아니라, 문제 발생 시 대처가 용이하지 못하고 책임의 소재도 불분명하게 된다.[57]

행정은 가능한 대외적으로 단일한 입장을 내세워야 하고 규제도 어느 하나의 부처 소관으로 집중시키는 것이 타당하다. 게임산업에서는 ①「정부조직법」 제35조에 의하여 문화산업(게임산업)에 관한 사무는 문화체육관광부가 관장하고 있다는 점, ② 게임산업 관련 일반법인 게임산업법의 주관 부처가 문화체육관광부여서 게임규제에 있어 통일성 확보가 용이하고 타 부처와 비교하여 전문성이 있다는 점, ③ 여성가족부 또는 공정거래위원회와 같은

56 권한 중복의 문제는 아니지만 게임이용장애의 질병코드화와 관련하여 문화체육관광부와 보건복지부 사이에 의견 대립도 있다.

57 이원우, 앞의 논문, 379면.

규제기관에 관할권을 부여할 경우 규제가 강화될 우려가 있어서 게임산업을 진흥해야 한다는 정책[58]과 충돌될 뿐만 아니라 불필요한 과잉규제가 발생하고 그 결과 사회적 비용을 증가시키게 된다는 점 등을 이유로 문화체육관광부가 우선적 관할권을 갖는다고 해석해야 할 것이다.[59]

Ⅴ. 마치며

온라인게임산업이 우리나라 경제에 미치는 영향과 게임 자체가 가지는 특성이나 순기능을 도외시한 채 오로지 부정적 측면에서만 관심을 집중하고 있고, 그 원인의 분석을 통한 근원적 · 합리적 해결이 아닌 규제 그 자체가 목적이 되고 있다는 점은 문제라고 할 수 있다. 특히, 각종 규제로 인하여 게임을 이용할 권리를 제한하고 있는데, 이는 이용자를 보호한다는 취지보다는 법 테두리 안에서 통제를 하고 있는 것이다. 이러한 이유로 게임이용자의 의사결정권이나 서비스 제공자의 사회적 기여를 무시한 일방적인 규제라고 많은 비판을 받고 있다. 나아가, VR/AR, 5G 통신망에 기반을 둔 클라우드 게이밍 등과 같은 차세대 기술을 이용한 콘텐츠 개발이 온라인게임산업에서 선도적으로 이뤄짐에도 불구하고, 게임에 대한 부정적 인식으로 인하여 관련 산업이 안착되기도 전에 규제가 논의되고 있는 것이 현실이다.

이러한 이유로 현행 게임규제의 개혁방향을 다음과 같이 제시하고자 한

58 2020년 5월 정부는 '게임산업 진흥 종합계획(2020－2024년)'을 발표하였는데, 동 계획에서 문화체육관광부는 국내 게임산업이 2024년 매출액 19조 9,000억 원, 수출액 11조 5,000억 원, 일자리 10만 2,000명으로 성장하는 것을 목표로 지원할 방침이라고 하였다. 그리고 이를 위한 추진 전략으로 정부는 ① 적극적인 규제 · 제도 개선으로 혁신성장 지원, ② 창업에서 해외시장 진출까지 단계별 지원 강화, ③ 게임의 긍정적 가치 확산 및 이스포츠 산업 육성, ④ 게임산업 기반 강화 등을 내세웠다 (https://newsis.com/view/?id＝NISX20200507_0001016977&cID＝13001&pID＝13000).

59 이와 같이 우선적 관할권을 인정한다고 하여도 어떤 사안의 경우 여러 부처와 관련되어 있어서 정책 집행의 혼선이 발생할 여지도 있는 만큼 부처간 협력과 소통이 강조되어야 하고, 필요하다면 상시적인 권한조정기구를 만드는 것도 방안이 될 수 있다.

다. 첫째, 게임을 이용할 자유를 침해하지 않는 범위 내에서 게임규제가 허용되어야 한다. 즉, 게임규제를 위한 입법은 과잉금지의 원칙, 명확성의 원칙 등 기본권 제한의 한계 내에서 이루어져야 한다. 둘째, 필요한 규제의 흠결을 보완하여 공공의 안녕과 질서유지를 위해 규제체계를 강화하면서도, 다른 한편으로는 불필요하거나 불합리한 규제를 정비하여 사회 · 경제활동의 자율과 창의를 촉진함으로써 지속적인 국가경쟁력의 향상을 도모하여야 한다. 셋째, 고시와 같은 행정규칙이 일반화되면(즉, 남용되면) 법치주의와 행정의 법률적합성 원칙은 커다란 위기에 처할 것이고, 소위 '그림자 규제'의 근거로 활용될 수 있다. 그래서 게임규제의 전문성과 일관성이 제고될 수 있도록 규제의 주요한 내용은 가능한 법규성이 보장되는 법령에 의해 규율되어야 한다. 넷째, 게임산업의 진흥을 위하여 사전에 권리를 제한하거나 의무를 부과하는 사전규제를 지양하고 필요에 따라 사후에 권리를 제한하거나 의무를 부과하는 사후규제를 우선적으로 고려할 필요가 있다. 다섯째, 규제대안 검토와 규제에 대한 비용편익분석을 통해 게임산업에 대한 규제가 타당한지, 합리적인지, 양질의 규제인지에 대한 검토가 있어야 한다. 여섯째, 게임규제 관련 부처별 업무중복에 따른 이중규제 등의 문제가 발생하고 있으므로, 가능한 규제의 일원화와 통일성을 확보하기 위해 문화체육관광부가 우선적으로 규제의 관할권을 갖도록 하여야 한다.

참고문헌

- 김대인, "산업단지 관련 법제에 대한 규제법적 고찰", 『지방자치법연구』, 제16권 제2호, 2016.
- 김상태 외, "가상현실게임의 활성화를 위한 법제도적 연구", 『경제규제와 법』, 제11권 제2호, 2018.
- 김성수, 『일반행정법』, 홍문사, 2021.
- 김유환, "정부규제의 대안과 대체질서", 『행정법연구』, 제29호, 2011.
- ______, "규제영향분석에서의 비용－편익분석의 개선방안과 법적 문제", 『공법연구』, 제48집 제2호, 2019.
- 김윤명, "게임산업 발전을 위한 게임산업법 개선방안", 『법학평론』, 제5권, 2015.
- 김정환 외, "청소년 보호를 위한 게임물(확률형 아이템)의 합리적 규제방안", 『법학연구』, 제15집 제3호, 2012.
- 김종일, "게임물 등급분류 제도의 문제점 및 개선의 방향", 『외법논집』, 제41권 제4호, 2017.
- ______, "게임의 법적 규제에 관한 연구", 서울대학교 박사학위논문, 2017.
- 김종현, "게임물 규제법제와 표현의 자유", 『서울대학교 법학』, 제63권 제3호, 2022.
- 김태오, "제4차 산업혁명의 견인을 위한 규제패러다임 모색", 『경제규제와 법』, 제10권 제2호, 2017.
- 박종준, 『규제혁신 이론연구 (Ⅱ)－규제 샌드박스 관계 법령의 체계정합성 확보를 위한 법제연구－』, 한국법제연구원, 2019.
- 박종현, "청소년 보호를 목적으로 하는 인터넷 규제의 의의와 한계", 『언론과 법』, 제10권 제2호, 2011.
- 서종희, "간접규제로 바라본 온라인게임 결제한도 제한", 『일감법학』, 제44호, 2019.
- 성승제, 『그림자규제 법제 개선방안 연구－그림자규제의 책임관리를 위한 법제 개선방안 연구－』, 한국법제연구원, 2019.
- 신정규, ""게임 이용행위"의 질병적 취급에 대한 헌법적 검토", 『법과 정책연구』,

제19집 제4호, 2019.

- 심우민, “게임 관련 본인인증제도의 최적화 방안 모색”, 『언론과 법』, 제18권 제3호, 2019.
- 이원우(편), 『식품안전법연구 I 』, 경인문화사, 2008.
- 이원우, 『경제규제법론』, 홍문사, 2010.
- _____, “규제개혁과 규제완화: 올바른 규제정책 실현을 위한 법정책의 모색”, 『저스티스』, 제106호, 2008.
- 이희정, “시장경제와 규제”, 『행정법학』, 제19호, 2020.
- 정해상, “확률형 게임아이템에 관한 사행성 규제의 한계”, 『법학논총』, 제21권 제2호, 2014.
- 정호경 · 송시강, “온라인 게임 규제의 문제점과 개선방안”, 『경제규제와 법』, 제4권 제2호, 2011.
- 조재현, “게임내용 및 게임시간 규제의 헌법적 정당성에 관한 고찰”, 『동아법학』, 제64호, 2014.
- 한국갤럽조사연구소, 『2023년 상반기 콘텐츠산업 동향분석 보고서』, 한국콘텐츠진흥원, 2024.
- 황성기, “게임물 내용규제에 관한 공법적 고찰－게임산업진흥법상의 게임물 심의 및 등급분류제도의 문제점을 중심으로－”, 『토지공법연구』, 제31집, 2006.
- _____, “게임이용장애의 질병코드화의 법적 문제점”, 『정보법학』, 제23권 제3호, 2019.
- _____, “인터넷게임 관련 주요 규제 현황 및 개선방향”, 『언론과 법』, 제17권 제3호, 2018.
- _____, “인터넷게임 이용을 위한 청소년의 회원가입시 부모의 필요적 사전동의제도의 헌법적 문제점”, 『공법학연구』, 제12권 제1호, 2011.
- 황승흠 · 안경봉, 『게임법제도의 현황과 과제』, 박영사, 2009.

15.
디지털 시대 식품규제법

디지털 시대 식품규제법

왕 승 혜*

"식품안전에 대한 요구는 과학기술의 발전과 더불어 지속적으로 변화하고 있다. 따라서 식품규제는 식품안전성의 확보라는 기본적인 목표를 달성하면서도 다양한 소비자의 요구를 반영하고 식품산업의 발전을 도모할 수 있어야 한다."

(이원우, 제4절 식품안전법, 경제규법론, 93)

Ⅰ. 들어가며

최근 정보통신기술을 매개하는 초고도화된 디지털기술과 데이터공학의 영향으로 식품산업기술이 끊임없이 발전하고 있다. 인공지능, 로봇기술, 생명공학이 주도하는 차세대 산업발전을 압축적으로 표현하는 '디지털화'라는 기술변화는 미시적인 차원에서 일반인의 식생활 양식과 소비자선택에 영향을 미치며 거시적인 차원에서 식품산업에 대한 규제의 내용과 미래의 정책방향에 영향을 미친다. 유전공학 기술이 적용된 신소재 원료의 활용, 개인화된 바이오정보를 활용하는 맞춤형 식단, 지능화된 식품위생안전 정보관리 및 스마트화, 식품유통공급망 가치사슬의 질적 변화 등을 기술변화에 따른 현상으로 예시할 수 있다.

이 논문에서는 농식품산업에서 글로벌유통까지를 포괄하는 식품산업 분

* 한국법제연구원 연구위원.

야를 소재로 정보화기술과 디지털기술에 기반하는 식품기술의 활용 영역을 개관하고, 첨단기술의 발전이 종래 식품산업분야의 규제정책에 어떠한 영향을 미치는지 살펴보고, 식품안전과 기술혁신을 조화롭게 수용할 수 있는 바람직한 규제원칙과 방향을 모색해 보기로 한다. 이하에서 시대변화와 기술변화에 조응하는 식품산업 규제의 역사적인 과정을 개관하고, 통시적인 관점에서 식품규제법을 관통하는 몇 가지 규제법원리의 내용을 정리하였다. 국민건강 법익은 식품법 영역에서 최우선의 우위를 가진다는 점, 선도적 기술은 시장에서의 소비자 수요나 규제당국의 예측보다 앞서는 추진력을 갖고 산업발전을 추동하는 동력을 갖고 있다는 점, 이러한 상황변화에서 기술발전에 병행하는 법제도의 추격이 이루어지고 국제적인 차원에서는 규제 조화가 요구된다는 점이다(Ⅰ.). 이러한 관점을 오늘날의 변화된 산업기술과 소비경향에 비판적으로 투영하면서, 디지털 시대에서 과학기술의 변화에 영향을 받는 식품산업의 양상과 관련된 법제도적 쟁점을 파악하여, 신기술의 수용과 시장화–상용화 과정에서 제기되는 규제법적 문제들을 살펴보기로 한다(Ⅱ.). 국내외에서 식품산업 분야에 첨단디지털기술이 적용되는 현황을 살펴보고(Ⅲ.), 식품산업기술과 식품시장의 변화라는 규제환경에 대응하여 식품규제법과 규제정책에 반영되어야 하는 지속가능성과 생물다양성이라는 가치지향적 목표를 조화롭게 구현할 수 있는 방안에 대해 검토하기로 한다. 이를 토대로 디지털기술을 활용하는 식품산업에 적용할 수 있는 책임원칙을 구현할 수 있는 규제법 및 정책의 방향을 전망하기로 한다(Ⅳ.).

생각할 문제

평균적인 속도보다 근육단백질의 성장률이 배가된 식용 어류의 품종을 개량하여 식품산업용 원료로 생산하려는 의도로 신종품종의 양식(養殖)을 승인해 줄 것을 관할 행정청에 신청하려는 어류품종개량의 연구자, 동물성식품의 원료생산자, 식품가공업자와 이를 승인하는 권한(품종개량, 원료생산, 가공판매)을 행사하는 관할 행정청 사이의 관계에서 어류의 유전자(게놈데이터시퀀스)를 변형하는 행위와 관련된 조치들은 어떠한 규제법적 정책이나 제도와 관련되는가?

Ⅱ. 식품법의 발전경로에서 기술발전과 규제의 관계

1. 식품법의 역사

현대화된 식품기술과 식품법의 관계를 살펴보기에 앞서 식품법의 발전경로를 역사적인 관점에서 되짚어 볼 필요가 있다. 식품법의 역사는 인류 문명의 초기부터 시작되었으며, 고대 이집트와 그리스-로마시대부터 안전하고 공정한 식료품거래를 위한 규칙이 존재하였고, 술의 농도를 일정한 수준으로 관리하거나 식용유의 양을 속이지 못하도록 법으로 엄격히 다스렸다.[1] 중세 시대에는 유럽의 약제사나 식품상인의 동업자조합에서 약품이나 식품에 대한 품질을 검사함으로써 부정제품이 시장에서 거래되지 않도록 단속하였다.[2] 산업혁명 시대를 거치면서 식품 중 화학물질의 사용이 증가하자 중금속이 포함된 색소나 보존재로 인한 안전상의 문제가 심각하게 대두되었는데, 1860년에 영국 의회에서는 법률의 형식으로 일반식품법을 입법하여 식품안전 문제에 대응하기에 이르렀다.[3] 영국은 이 시기부터 개개의 제품이나 항목을 넘어서서 일반적인 식품(food)이라는 개념하에 식품법의 규율체계를 정립하기 시작하였다.[4] 미국의 경우 식민지시대에 해외무역에서 반품이나 등급

---

1 Wallac F. Jassen(FDA Historian), The Story of the Laws Behind the Labels, Accessed online: https://www.fda.gov/media/116890/download 미국 식품법 역사에 관한 개관은 다음을 참조: 이철호, "미국의 식품 및 의약품법-그 발달과정과 기능-", 한국식품과학회 『식품과학과 산업』, 제15권 제4호(1982.12.), 71면.

2 앞 주.

3 R. E. Curran, British Food and Drug Law —A History. Food and Drug Law Institute (FDLI), *Food, Drug, Cosmetic Law Journal* Vol. 6, No. 4 (April, 1951), pp. 247-268; Nutrition and the pure food laws.

4 R. E. Curran (1951). *op. cit.*

저하로 인해 거래상의 손해를 보지 않기 위해 염장육제품, 생선제품, 밀가루, 빵의 품질검사에 관한 법률을 제정하여 식품거래에서 부정식품을 차단하였다. 1784년 미국의 메사추세츠주에서 최초로 식품의 변조를 금지하는 일반법이 제정되었으며 1900년대에 이르러 연방법이 제정되었다. 1879년부터 1906년 사이 미국의 연방하원에서는 100여 건이 넘는 식품의약품 법안이 상정되기도 하였다. 농업사회에서 산업화 경제로 전환하는 시기에 도시에 거주하는 인구의 생존을 위해 대량의 식품공급이 필요하였지만 위생수준이 지극히 낮은 수준이었으며, 인체 유해성 여부가 증명되지 않은 화학보존재로 인한 식품사고가 발생하는 상황이었다. 식품의약품법이 1906년 제정되었을 당시에는 미국 농무부 화학국에서 집행을 관할하였으며, 이후 1931년에 농무부 소속으로 식품의약품청이 만들어졌고, 1953년에는 미국 보건부 소속으로 조직체제가 변경되어 오늘에 이르고 있다.[5]

2. 식품산업의 발전과 식품법규제의 변화

우리나라에서 근대적인 체제를 갖춘 식품법제는 1900년대부터 시작되었다고 볼 수 있으며 식품산업의 변화에 따른 식품법제 체제를 시기적으로 구분한다면 1900년대 '식품취체규칙' 단계, 1962년 제정된 식품위생법 단계, 2008년 식품안전법 체계, 2023년 식품규제과학법 중심의 운영체제로 나누어 살펴볼 수 있다.

(1) 1900년대 식품취체규칙

1900년대 초 일제강점기에 일본법이 의용(依用)되어 '취체규칙'이라는 명칭을 사용하였다. 이때 '취체'는 행정기관의 '단속'을 뜻하는 것이었다. 일본에서는 메이지시대 초부터 전국적으로 식품위생 단속이 이루어졌으며, 1872년 11월 근대적인 형식으로 제정된 도쿄부의 위식오염조례에 따라 음식물을

5 Wallac F. Jassen (1982). *op. cit.*

변조하거나 부패한 불량 음식물을 알면서도 판매한 자에게 중한 벌칙을 부과하였다.[6] 일본은 각 지방의 부현 단위에서 단속규칙인 위생조례를 제정하여 운영하였으며 지역별로 대응조치가 상이하였다. 1878년 광물성 페인트 염료를 음식물 착색에 사용을 하지 못하도록 금지하고 착색료를 사용하기 위해서는 사전에 검사를 받도록 하는 판매허가제도를 규정하였다. 이후 메이지시대에 음식물 및 기타 식품 취체규칙과 일련의 단속법규가 제정되어 식품위생 규범으로 적용되었다.

우리나라에 의용되었던 일본 식품위생 관계 법규들과 군정법령들은 1960.1.20. 식품위생법이 제정되면서 부칙의 타법폐지 규정에 의해 모두 폐지되었다. 폐지된 법규들은 제헌헌법 제100조의 규정에 의하여 의용되고 있던 '음식물 기타 식품 취체규칙에 관한 건'(1900년, 법률 제15호), '위생상 유해 음식물 및 유해물품 취체규칙'(1911년, 총령 제133호), '메칠알콜취체규칙'(1912년, 총령 제121호), '청량음료수 및 빙설영업 취체규칙'(1911년, 총령 제134호), '료리옥음식점영업 취체규칙'(1916년, 경령 제2호), '주정음료의 판매금지'(1945년, 군정법령 제23호), '공설욕장 및 음식점의 면허'(1946년, 군정법령 제83호), '조선우유영업 취체규칙'(1940년, 총령 제114호), '예기작부예기치옥취체규칙'(1916년, 경령 제3호) 등이다.[7]

(2) 1960년대 식품위생법

현재 시행 중인 「식품위생법」은 1962.1.20. 법률 제1007호로 제정된 법률이며, 제정 이후 102차례 개정이 이루어졌으며, 법률이 운영된 기간이 상대적으로 오랜 시간 경과되었음에도 불구하고 전부개정은 2차례 1986년[8]과

6 伊藤久美子, 日本における食品衛生法制の展開 —警察行政からの離脱と食品安全行政としての新たな展開—, Development of the Legal Regulation on Food Sanitation in Japan (3): Secession from Administrative Police and the New Development as Food Safety Administration, 名古屋大学大学院法学研究科 Nagoya University, *Journal of law and politics*. (284): 2019.12.

7 1960.1.20. 제정 「식품위생법」 부칙.

8 「식품위생법」 [시행 1986.11.11.] [법률 제3823호, 1986.5.10., 전부개정].

2008년[9]에만 있었다. 제정 「식품위생법」은 제정이유에서 식품으로 인한 위생상의 위해의 방지와 식품영양의 질적 향상을 도모함으로써 국민보건의 향상과 증진에 기여하려는 것임을 선언하였으며, 내용상 체제는 1947년 제정된 일본의 법제를 대부분 원용하고 있었다.[10] 제정 「식품위생법」은 일본법 더 나아가 미국법의 영향하에 위생안전관리 중심을 두는 체계를 갖고 있었다. 이 시기 미국의 식품위생법은 1938년 6월 개정된 미국의 식품의약품법에 따른 체제를 유지하고 있었는데, 1938년이라는 시점은 미국 식품위생법은 규제법적 관점에서 전환기적 의미를 갖고 있다고 평가할 수 있다. 왜냐하면 이전 시대와 달리 이때부터 새로운 식의약품을 판매하기 위해서는 제품이 안전하다는 과학적인 증거를 제시하도록 사업자에게 의무를 부과하였고, 식품첨가물의 사용이 원칙적으로 금지되고 승인을 받은 경우에 한하여만 사용이 허가되었으며, 농약의 잔류허용기준이 최초로 법적기준으로 설정된 시기이기 때문이다. 또한 행정당국에 제조공장을 검사할 수 있는 조사권한이 부여되었으며 위해제품의 압류와 강제 회수 및 폐기 조치를 발령할 수 있게 되었다. 이 시기부터 진입규제를 강화하고 보건안전과 건강보호를 소비자 선택과 공정한 거래기준에 우선하는 법익으로 고려하는 입장을 취하였다.[11]

(3) 2000년대 식품안전법

1990년대 후반 유럽의 광우병을 계기로 유럽연합 차원에서는 일반식품법이 제정되면서 식품법의 적용 대상이 개별 식품을 넘어서는 '식품안전' 행정으로 확대 강화되었다. 1990년대 후반 우리나라는 1998년 식품의약품안전

9 「식품위생법」 [시행 1986.11.11.] [법률 제3823호, 1986.5.10., 전부개정].

10 1947년 12월(일본 연호 소화 22년 12월) 일본 식품위생법을 말한다. 제2차 세계대전 후의 일본의 식품안전법제는 1947년 제정된 식품위생법으로 출발하였다고 할 수 있는데, 이 법의 전신은 1900년 제정된 '음식물 기타 물품 단속에 관한 법률'이다. 그 집행주체는 일본의 내무성으로, 사업자를 단속하는 경찰행정의 일환으로 식품행정집행이 이루어졌다. 식품경찰행정이 집행되는 과정에서 부수적으로 식품안전이 실현되고 소비자의 이익이 보호되었다고 할 수 있다. 松本恒雄, 최근 일본의 식품안전 정책과 법, 식품안전정보원 식품법과 정책 창간호. 153－174. 154면.

11 Wallac F. Jassen (1982). *op. cit.*

청이 출범한 시기이며, 식품위생법에 위해요소중점관리기준(HACCP) 제도가 도입되어 식품행정의 과학화를 지향하는 사전예방관리가 본격적으로 이루어지기 시작한 시기이다. 세계적으로 1990년대에 신자유주의적 규제패러다임이 강조되면서 정부규제가 완화되고 이로 인하여 식품 부문에 광우병으로 대표되는 안전문제가 촉발되었다는 비판이 제기되면서 2000년대 초부터 유럽연합을 중심으로 식품안전에 관한 포괄적 권한 강화와 입법의 필요성이 논의되었다. 규제법적 관점에서는 '식품'이라는 개별 단위에 규제대상을 제한하지 않고 '식품의 안전관리'라는 포괄적인 영역으로 규제영역을 확장하게 되었다. 공중위생상 위해관리를 위하여 식품영업자를 규제하는데 중점을 두었던 이전 시대의 식품법과는 달리, 2000년대의 일반식품법은 식품소비자의 건강보호를 우위에 두었다. 이러한 변화의 상황에서 유럽연합은 2002년 식품안전기본법(General Food Law)을 제정하고, 유럽식품안전청(European Food Safety Authority: EFSA)을 설치할 수 있는 조직법적 근거를 식품안전기본법에 마련하여 과학적 근거에 기반한 식품행정을 추진하기 위한 체제를 구축하였다. 일본에서도 비슷한 시기인 2003년 식품안전기본법[12]이 제정되었으며, '공중위생의 향상'으로부터 '국민의 건강보호'로 법률의 입법목적을 수정하였다.[13] 유럽연합은 식품안전기본법에 따른 '식품안전'이란 생산, 가공, 유통의 전 과정과 사료를 포함하여 축산용 가축에게 먹이는 것을 포함하여 안전을 확보하고 관리하는 것을 말한다고 정의한데 반하여,[14] 2008년 제정된 우리나라의 「식품안전기본법」은 '식품'에 대하여 용어를 정의하고 있는 외에, '식품안전'에 대한 개념을 법률에서 정의하고 있지 않는 점에서 차이가 있다.

(4) 2020년 식품규제과학법

식품산업기술이 발전하고 식품산업의 영역이 확대되면서 이를 규제대상

12 일본 식품안전기본법(食品安全基本法). 2003.5.23. 공포.

13 伊藤久美子 (2019). *op. cit.*

14 Bernd van der Meulen, The Function of Food Law: On the objectives of food law, legitimate factors and interests taken into account. *European Food and Feed Law Review*, Vol. 5, No. 2 (2010), pp. 83–90.

으로 하는 규제수단과 규제방법 또한 지속적으로 변화하고 있다. 식품분야 국제기구에서는 과학기술의 성과와 디지털 전환을 통해 식품생산기술과 더불어 식품안전관리기술이 발전할 것으로 기대하면서, 디지털기술의 발전이 사회의 지속가능성과 회복력을 강화하는 데 기여할 수 있도록 공동의 노력을 기울이고 있다.[15] 우리나라는 2020년에 이르러 과학의 진보, 기술의 혁신, 디지털기술의 적용은 식품공급망체계에 영향을 미치는 핵심 요소가 될 것으로 파악하고 이러한 환경 변화에 따라 식품규제과학법을 제정하였다.[16] 2020년대는 정보기술 발달로 사물인터넷 · 블록체인 등 디지털 기술과 유전자 편집, 푸드테크 등 바이오기술을 활용한 혁신제품 개발이 가속화됨에 따라 규제적 의사결정에 과학적 기준과 접근방식을 접목하는 규제과학의 기반 조성 및 인식 확산이 중요하게 대두된 시기이기도 하다.[17] 혁신제품의 안전성, 효과성, 품질 등에 대한 새로운 평가기준과 방법을 연구개발사업을 통해 마련하고, 제품개발 초기 단계부터 신속하게 제품화가 될 수 있도록 지원하며, 관련 전문인력을 양성하여 선순환 지원체계를 조성하기 위해 규제과학의 토대로 하는 제도적 운영 기반을 마련하고자 종래 안전기술법을 전부개정하여 식품규제과학법이 제정 · 시행되었다.[18]

3. 식품영업질서와 보편적 관행을 형성하는 기제로서의 규제법

근대적인 식품안전법의 역사는 위생안전을 확보하여 국민건강을 보호하기 위하여 시작되었으며, 산업혁명을 기점으로 도시화되는 공간에서 도시민의 식품수요를 안전하게 충족하기 위하여 대량의 식품을 안전하게 공급하기

---

15 FAO/WHO/WTO/African Union, Science, Innovation and digital transformation at the service of food safety. https://openknowledge.fao.org/

16 이승용/권경희/양진욱/이대성/임효정, "「식품 · 의약품 등의 안전 및 제품화 지원에 관한 규제과학혁신법」의 입법평가와 가치-해외 및 국내 규제과학 관련 입법과 비교 · 분석을 중심으로-", 동국대학교 『비교법연구』, 제24권 제1호(2024), pp. 193-221.

17 이승용 외, (2024). 195면.

18 앞 주.

위한 법적 수단으로 식품법이 구체화되었다. 식품제조 및 가공기술 중심으로 식품산업이 발전하는 단계에는 그에 상응하는 식품안전법제가 발전하게 되었으며, 디지털기술로 식품산업 기술이 전환되면서 식품규제의 체계와 규제 방법론도 끊임없이 변화하며 발전하고 있다. 이와 같은 기술변화에도 불구하고 식품규제의 법원칙은 일반성과 보편성을 갖고 있는데, 법원칙은 산업생태계의 질서를 조성하고 해당 산업 분야에서 보편적 관행을 형성하는 기준이 되어야 하기 때문이다. 식품 규제의 주요 내용에는 행위준칙과 합의절차와 내용을 구체화하는 준칙이 포함된다. 완전경쟁시장의 특성을 갖는 식품시장은 수요측의 관점에서 소비재의 안전, 소비자정보, 소비자선택의 문제와 공급측의 관점에서 식품사업자의 안전관리에 대한 문제들을 규제의 대상으로 한다.

디지털기술이 적용되는 분야에서도 식품안전법의 영역에 포함되는 규제법의 내용들은 전형적인 영업규제의 체계를 포함하고 있으며, 식품안전규제는 식품위생경찰의 집행 체계를 전제한다. 그러나 이러한 단계에만 머무르지 않으며 혁신적인 기술변화로 인한 이익을 창출할 수 있도록 지원하는 유도적인 방안들도 포함한다.[19]

오늘날 디지털시대 식품규제의 발전단계와 패러다임은 일반적인 규제법의 발전단계와 패러다임의 변화와 동시대에 동행하면서 공존한다. 규제에 관한 일반법적 관점에서 바라본 규제발전단계 분석에 따르면 오늘날은 제4차 산업혁명 또는 디지털전환 시기에 있으며, 과학기술의 급속한 혁신의 시대를 맞이하여 이전 시기와 질적으로 다른 규제개혁이 시도되는 시기에 있다.[20] 식품규제는 전형적인 완전경쟁시장의 형태를 전제하므로 합리적인 소비자의 선택에 따라 식품시장의 수요와 공급이 균형을 이루며 소비자후생이 극대화

---

19 Emily M. Broad Leib, Championing Food Start Ups with Regulatory Innovation and Legal Services. 국문번역: 규제 개혁 및 법률 서비스를 통한 식품 신생기업 지원 in 식품안전정보원 『식품법과 정책』 창간호. 2면.

20 이원우, "디지털 기술 발전에 따른 국가－시장 관계의 변화와 공법의 역할", 서울대학교 법학연구소 공익산업법센터 『경제규제와 법』, 제16권 제2호(2023.11.), 12면.

된다. 그러나 소비자정보의 비대칭과 정보제약으로 인해 식품에 직접 적용되거나 식품을 생산하고 거래하며 유통하는 과정에서 소비자는 불리한 조건에서 불완전한 선택을 할 가능성이 있으며 식품소비자의 이익을 보호하기 위한 목적으로 규제당국이 개입하는 것이 정당화된다. 최근 국경 간 거래량도 증가하면서 국내에서 생산되는 식품뿐만 아니라 국외에서 수입되는 식품에 대한 규제의 필요성도 강조되고 있다. 수출국으로부터 한국으로 식품을 수입하는 영업자는 국내 식품법상 안전기준에 적합한 제품만을 수입하여야 하는 등 영업자에 대한 규제가 이루어지는데 반해, 개인 간 직접 거래시에는 대부분 신고가 이루어지지 않기 때문에 식품안전상 거래의 위험을 통제하기가 어려운 상황에 있다. 식품규제법은 디지털시대라는 규제환경의 변화에 있어서도 종래와 같이 식품영업질서와 보편적 관행을 형성하는 기제로서 작동하며, 규제의 적정성, 적합성, 상당성과 같은 법원칙에 기초하여 디지털기술이 적용되도록 조향하는 기능을 한다. 다른 한편 식품규제법은 식품산업기술의 진보에 따라 변화하는 규제환경을 고려하여 탄력적으로 설계되어야 하는바, 최근의 식품산업 영역에서 활발히 이루어지는 첨단디지털기술의 적용 현황을 살펴보기로 한다.

Ⅲ. 식품산업 영역에서 첨단디지털기술의 적용 현황

1. 푸드테크 영역에서의 디지털기술과 데이터공학의 적용

식품산업에 디지털기술이 접목되고 융복합이 이루어지면서 식품의 생산, 제조, 가공, 유통, 소비의 전체 분야에 걸쳐 푸드테크 혁신(Food-Tech Revolution)이 일어나고 있다. 푸드테크는 식품(Food)과 기술(Technology)의 합성어로 식품생산 · 유통 · 소비 전 과정에 IT · BT · 로봇 등 첨단기술이 결합된 신산업을 일컫는다. 푸드테크는 국내뿐만 아니라 전 세계적으로 산업성장이 기대되는 분야이며, 우리나라 농식품산업 성장 단계에서 전환기적인 변화를 형성할 것으로 인식되고 있다.[21] 특히 우리나라는 로봇 · AI 등에서 상대적으로 높은 기술력을 보유하고 있는 것으로 평가되고 있으며, 새로운 식품의 수요 증대뿐만 아니라, 조리로봇 등 관련 장비의 수출 확대를 기대하고 있다. 이러한 상황에서 2022년 12월 농림축산식품부는 '첨단식품기술(푸드테크) 산업 발전방안'을 발표하였으며, 푸드테크 산업육성을 본격적으로 추진하겠다는 계획을 밝히고 2022년 12월 조직개편을 통해 '푸드테크정책과'를 신설하기도 하였다. 또한, 푸드테크 산업에 관한 개념을 규정하고 산업진흥을 위한 규정을 신설하기 위한 목적으로 '식품산업진흥법 일부개정안'을 발의하기도 하였으며,[22] 푸드테크육성을 위한 제정법률안이 발의되기도 하였다.[23]

세계 시장조사 기관들은 글로벌 푸드테크 시장이 연평균 6~8% 수준으로 성장할 것으로 전망하고 있으며, 국내 푸드테크 시장도 약 61조 원으로 추정되고 있다.[24] 특히 2015년부터 주목받기 시작하여 세계적으로도 푸드테크 스타트업에 대한 투자와 지원이 확대되고 있다.[25] 미국 · EU 등은 정부 차원에서 푸드테크 산업에 적극적인 투자와 지원을 하고 있는 실정이다. 유럽에서는 FoodTech 관련 스타트업 기업이 당면하는 도전적인 문제에 대한

---

21 차현숙/임송학, 푸드테크(Foodtech) 산업 활성화를 위한 규제법제 연구, 한국법제연구원 연구보고서. 2023. 제2장

22 제21대 국회(2020–2024)에서 발의된 '식품산업진흥법 일부개정법률안'(임호선의원 등 10인)(임기만료 폐끼) 참조.

23 제21대 국회(2020–2024)에서 발의된 '푸드테크산업 육성에 관한 법률안'(이달곤의원 등 10인)(임기만료 폐기), '푸드테크산업 육성에 관한 법률안'(한병도의원 등 10인)(임기만료 폐기) 참조. 2023년 6월 30일 이달곤 의원이 발의한 '푸드테크산업 육성에 관한 법률안' 참조. 제22대 국회(2024–2028)에서 발의된 '푸드테크산업의 육성 및 지원에 관한 법률안'(김선교의원 등 13인), '푸드테크산업 육성에 관한 법률안'(한병도의원 등 12인), '푸드테크산업 육성에 관한 법률안'(김도읍의원 등 13인) 참조.

24 홍연아/김병률/송성환/윤찬미, "푸드테크 산업의 혁신 트랜드와 미래 전망". 한국농촌경제연구원 2023년 연구보고서. 4면. 이 보고서는 스마트팜(식물공장) 천연물소재 생산, 대체식품(대체육, 배양육), 3D식품프린팅, 물류 및 유통분야 블록체인, 무인주문, 조리로봇, 배달플랫폼을 포괄하여 산업규모를 파악하고 있다.

25 EU startups
https://www.eu–startups.com/2022/11/10–european–startups–shaping–the–future–of–food–with–tech/

해결 방안을 탐색하고 문제해결을 위해 노력하고 있다. 현재 유럽 푸드테크 신생기업에 대한 투자는 2021년 기준 전년보다 3배 증가하여 95억 유로에 상당한다.[26]

푸드테크의 성장을 견인하고 있는 요인은 디지털기술이며 식품제조, 가공, 외식, 유통, 소비 전 분야와 접목되면서 융복합 연계성이 크게 나타난다. 윤리적 소비, 가치소비에 대한 인식이 높아짐과 동시에 육류를 대체할 수 있는 대체식품에 대한 소비 수요가 증가하고, 식품제조 및 서비스 부문에서 인력난을 해소하기 위하여 서비스로봇 등 무인화 시스템의 도입 필요성이 증가하였고, 고령화 추세, 초개인화 소비성향 등으로 개인의 건강영양 상태를 고려한 맞춤형 식단에 대한 수요가 증가하였으며, 비대면 식품 구매, 주문, 배달 서비스 수요의 증가 등이 이 분야 산업성장의 주요 요인으로 꼽힌다.[27]

식물공장은 유럽 등 해외에서 먼저 상업화 되었는데, 유럽의 식물공장은 자동화 설비를 갖춘 유리온실 형태이며, 엽채류, 허브류, 분화류, 절화류, 과채류 등을 주로 생산하고 있다. 국내 식물공장 시장규모도 2015년 1,800억 원에서 2020년 3,576억 원으로 빠르게 성장하였으며, 전체 스마트팜 시장에서 차지하는 비중도 2015년 5.0%에서 6.6%로 증가하였다. 최근 소비자 개인의 건강과 가치관 등의 다양한 이유로 인해 채식주의자가 증가하고 있으며, 이와 함께 대체식품 시장도 성장하였다.[28] 세계 대체식품 시장규모는 2019년 103.5억 달러에서 2021년 123.3억 달러로 증가했으며, 향후 연평균 9.5%씩 성장하여 2025년에는 178.6억 달러에 달할 것으로 전망되었다. 국내 대체식품 시장 역시 지속적으로 성장할 것으로 보인다. 이와 같은 대체식품 시장의 성장에 대응하여 현재 국내의 대표적인 식품 제조기업 및 유통 기업은 다양한 제품을 개발하여 판매하고 있다.[29]

푸드테크는 식품유통업에 적용되는 디지털 기술을 포함한다. 식품유통

---

26 EU startups. 앞 주.
27 한국농촌경제연구원, 농업전망 2023 (1권): 농업 · 농촌의 혁신과 미래. 2023.1. 제6장
28 한국농촌경제연구원, (2023.1.), 앞 주.
29 한국농촌경제연구원, (2023.1.), 앞 주.

분야의 경우 팬데믹으로 사회적 거리두기가 확대되면서, 전세계적으로 식품 배달시장이 급격히 성장하였다. 음식 배달 어플리케이션 등은 푸드테크 산업 내에서 가장 큰 성장을 이룬 분야 중 하나로 나타나고 있다. 전세계 온라인 식품 배달 시장 규모는 2022년 1,302억 달러에서 연평균 9.4%로 성장해 2027년에는 2,237억 달러에 달할 것으로 전망된다. 국내 음식 배달서비스 거래액 역시 2017년 2조 7,326억 원에서 2021년 25조 6,783억 원으로 연평균 75.1% 증가하였다.[30]

식품 로봇의 경우 로봇의 도입이 증가하며 글로벌 식품로봇 시장 규모는 2020년 기준 약 19억 달러 수준에서 연평균 13.1%로 성장하여 2026년 약 40억 달러에 달할 전망이며, 국내에서도 '서빙로봇', '조리 로봇' 등의 활용이 증가하고 있다.

이처럼 디지털기술의 발전은 식품이라는 물건 자체의 속성 자체뿐만 아니라, 식품과 식품의 생산과 유통과정을 관리하는 기술에도 영향을 미친다. 다만 디지털기술이 발전할수록 시장에서 요구하는 관리수준이 높아지며 이에 병행하여 규제수준도 강화될 수 있다.

2. 식품산업에서 디지털 생명공학기술의 적용

푸드테크 기술은 식품에 적용하는 생명공학기술 분야를 포함하는데, 식품생명공학기술은 유전기술, 배양기술 등을 통해 식품의 내용과 성질을 변화시키는 데 활용된다. 생명공학기술을 적용하는 데에는 디지털기술이 기초가 되는데, 게놈분석, 게놈변형기술과 같은 유전공학기술은 디지털기술과 방법론적으로 밀접하게 연결되어 있다.

최근 활발히 전개되는 분야는 배양육과 관련한 분야이며, 세포배양육(cell-cultured meat)은 가축의 줄기세포를 추출하여 배양한 소재를 원재료로 직접 제조하거나 가공한 제품을 말한다. 국제연합식량농업기구(FAO)는 전세

30 한국농촌경제연구원, (2023.1.), 앞 주.

계적으로 육류소비 인구가 증가하면서 대체단백질 시장이 확대될 것으로 전망하고 있다.[31] 우리나라에서도 배양육 연구개발이 이루어지고 있으며, 최근 상용화를 위한 실증이 이루어지고 있다.[32] 이에 따라 규제적 쟁점에 대한 논의의 필요성이 제기되고 있으며,[33] 농림축산식품부와 식품의약품안전처 등 식품행정당국에서도 배양육에 대한 정책방향을 모색하고 있다.[34] 미국의회조사처의 보고서에 따르면 2013년 네덜란드에서 최초로 세포배양육이 개발되었으며, 미국은 2022년 2개 회사를 대상으로 개별적인 판매를 승인하였다.[35] 미국에서는 일반적인 규제기준은 아직 마련되지 않은 것으로 보이며, 미국연방차원에서는 제118회 의회 회기까지 입법이 추진되지 않고 있으며, 다만 미국 하원에서 세포배양육에 대한 연구기금의 지원을 금지하거나 제한하는 안건이 제출되었으나 아직 표결이 이루어지지 않은 상황이다.[36] 미국 주정부 차원의 규제와 관련하여 알라바마주, 아리조나주, 아이오와주, 테네

---

31 국제연합식량농업기구(FAO)는 2018년 세계인구는 76억명에서 2050년 92억명으로 증가하고, 육류소비량은 2018년 300만톤 규모에서 2050년 455만톤으로 증가할 것으로 예측하고 있다. 이에 따라 대체단백질식품 시장 규모도 2018년 100억달러 규모에서 2025년 180억달러 규모로 성장할 것으로 예상하고 있다.

32 2024.7. 경상북도 의성군 바이오벨리산업단지에 경상북도 주관으로 세포배양 식품 특구를 출범하였다. 2024년 6월부터 2028년 12월까지 4년 7개월간, 총 사업비 199억원 규모로 의성군 바이오밸리산업단지 일원에서 혁신기업 10개 사가 참여해 세포배양식품 상용화 실증을 수행할 예정이다. 출처: 글로벌뉴스통신GNA(http://www.globalnewsagency.kr) [2024.8.30.]

33 유성희/장민재/양용현, "배양육 산업 규제환경 조성을 위한 제도적 개선방안", 한남대학교 과학기술법연구원 『과학기술법연구』, 제29권 제1호(2023), 177−218면. 이 논문에서는 배양육은 인류의 식량안보를 고려한 대안이기도 하면서 환경오염 감소와 동물윤리성 제고측면에서 대체단백질식품자원 중 하나라고 보고 있다. 싱가포르에서 이미 배양육이 식품으로 판매되고 있는 등 해외에서는 배양육 상용화가 이루어지고 있다. 우리나라는 2024.7. 현재 배양육에 대한 연구개발이 진행 중이며, 규제정책의 방향에 대한 논의는 이루어지지 않고 있다.

34 박유헌, "푸드시스템의 지속가능성 제고를 위한 세포배양육의 현재와 미래", 2024년 식품안전의 날 기념 규제과학 국제심포지엄−식품기준 국제조화를 위한 규제과학 발전 전략−자료집. 2024.

35 US Congressional Research Service, Cell−Cultivated Meat: An Overview, September 19, 2023. 승인을 받은 2개 회사는 , GOOD Meat, UPSIDE Foods이며, 미국 시장에서 세포배양 닭고기를 판매하되, "세포배양육"이라는 표시를 하여 판매하는 조건으로 승인하였다. 2023년 7월, 미국 샌프란시스코와 워싱턴D.C. 소재 식당에서 실제로 판매되었으며, 미국 농무부와 식품의약품청은 공동으로 사후 모니터링을 실시하였다. https://crsreports.congress.gov/product/pdf/R/R47697/2

36 US Congressional Research Service, 앞 주.

시주 등 4개 주에서는 세포배양육의 제조, 판매 및 유통(manufacture, sale, or distribution)을 금지하는 법안을 주의회(州議會)에서 심의하였다. 4개의 주(州) 중에서 플로리다주(2024.5.1. 공포, 2024.7.1. 시행)와 알라바마주 2개 주는 배양육의 거래를 금지하는 주법을 주의회에서 의결하고 주지사가 서명함으로써 적법하게 발효되었다. 누구든지 세포배양육을 판매 목적으로 제조하거나, 판매하거나 판매 또는 유통의 목적으로 소지하거나 제공하는 행위를 하는 경우에는 플로리다 주법에 따라 2급 경범죄에 해당하는 벌칙(60일 이하의 금고, 또는 약 1천불 이하의 벌금)을 부과하며, 해당 시설에 대해서는 행정처분이 부과된다. 다만 연구목적으로 배양하는 행위는 예외적으로 허용된다. 알라바마주의 경우에는 C등급 경범죄에 해당하는 벌칙(3개월 이하의 금고와 500불 이하의 벌금이 병과됨)이 부과된다. 알라바마주법(202.5.7. 공포, 2024.10.1. 시행)은 "연방정부, 주정부 또는 지방정부 소속 기관, 고등교육연구소, 정부기관 또는 고등교육연구소와 협력하여 참여하는 개인에 대해서는 예외적으로 연구 목적으로 가축 유래 줄기세포의 배양을 허용하고 있다. 이로써 플로리다주에서는 미국내에서 세포배양육의 제조 등을 금지하는 최초의 주가 되었다. 테네시주에서는 세포배양육의 제조 등을 금지하는 주법안이 상하 양원에 상정되지 못하였으며, 아리조나주의 경우에는 하원에서는 가결되었지만, 상원에서 부결되었다. 미국의 아이오와주는 '가공단백질식품(manufactured-protein food products)'(가공단백질식품에는 단백질 배양식품, 곤충단백질식품, 식물단백질식품이 포함된다)을 대상으로 표시를 의무화하는 주법을 제정하였다.[37]

동물의 게놈을 의도적으로 변경(Intentional genomic alteration: IGA)하는 기술은 1980년대에 시도되었으며 최근에는 보다 더 진화된 단계로 발전해왔다. 미국 식품의약청(FDA)은 '의도적인 게놈변형동물'이란 현대적인 분자세포기술을 이용하여 의도적으로 게놈을 변형시킨 동물이라고 개념을 정리하

37 미국 Arkansas 주립대학 농업법연구센터 게재 자료 참조. Accessed online: https://nationalaglawcenter.org/cell-cultured-meat-updates-state-bans-labeling-requirements-and-regulatory-clarifications/

고 있다.[38] 이러한 기술에는 뉴클레오티드 삽입, 대체 또는 결실 또는 동물의 게놈에 대한 특정 변화를 도입하는 다른 기술을 포함한 무작위 또는 표적 DNA 서열 변화가 포함될 수 있다. RDNA 기술에 의해 게놈이 의도적으로 변형된 동물은 1980년대 초 워싱턴 대학교의 두 과학자, 랄프 브린스터(Ralph Brinster)와 리차드 팔리터(Richard Palmiter)의 두 과학자가 쥐를 대상으로 실험하였으며 이후 펜실베니아 대학교의 과학자는 RDNA 기술이 토끼와 돼지의 게놈을 의도적으로 변경하는 데 사용될 수 있음을 보여주었다.[39] FDA의 수의학센터("CVM")는 동물의 IGA에 대한 감독을 담당하며 해당 동물에서 파생된 소재를 원료로 하는 제품들은 각 제품의 성질, 특성, 목적에 따라 약물평가연구센터(Center for Drug Evaluation and Research), 바이오로직스평가연구센터(Center for Biologics Evaluation and Research), 의료기기방사선안전센터(Center for Devices and Radiological Health), 식품안전응용영양센터(Center for Food Safety and Applied Nutrition)의 감독을 받는다.

최근에는 의도적으로 게놈이 변경된 동물을 산업적으로 이용하여 식량자원 또는 식량 공급에 도입하는 행위가 나타나고 있다. 미국의 경우 연방정부는 이 제품들을 능률적이고 효율적인 방식으로 규제하려는 시도를 했지만 일부에서 이러한 접근 방식에 대해 비판이 제기되고 있다. 미국 식품의약청(FDA)은 현재 동물에 적용하는 의도적인 게놈 변경(IGA)의 규제를 책임지고 있지만, 감독 권한을 미국 농무부(USDA)로 이전하려는 노력을 기울이고

38 미국 식품의약품청(FOOD & DRUG ADMIN), REGULATION OF INTENTIONALLY ALTERED GENOMIC DNA IN ANIMALS: DRAFT GUIDANCE (2017).

39 Robert E. Hammer et al., Production of Transgenic Rabbits, Sheep, and Pigs by Microinjection, 315 NATURE 680 (June 20, 1985). cited in Copper, S. (2023). 최근에는 보다 정확한 기술이 개발되었으며, 이들 중 일부는 징크핑거뉴클레아제("ZFN"), 전사활성화 유사이펙터핵("탈렌스")과 같은 조작된 뉴클레아제/뉴클레오티드 복합체를 포함한 "뉴클레아제" 또는 "게놈편집 기술"("CRISPR")이 사용되고 있다. 뉴클레아제는 RDNA 기술과 관련된 무작위 변화보다는 게놈의 특정 부위에서 변경을 도입하기 위한 것이다. 이러한 의도적인 유전자의 변화는 대상 동물의 후세대 간에 유전될 수도 있고 유전이 되지 않을 수 있으며, 동물의 의도적인 게놈 변경은 미국 식품의약품청의 신기술 승인에서 중요 검토 사항 중에 포함된다. 현재 식품으로 승인된 모든 제품에는 세대 간 유전되는 의도적인 게놈 변경이 포함되어 있다. 의도적인 게놈 변경을 포함하는 일부 동물은 인체용 약물이나 의료기기와 같은 의료용품 또는 의료제품을 생산하는 데 활용된다.

있다. 이와 같은 노력이 진행되는 동안 의도적인 게놈변경-동물유래 식품이 승인된 건이 있으며 미국시장에 출시되어 있다. 이러한 상황에서 동물의 의도적인 게놈 변경, 이로부터 유래하는 제품을 둘러싼 규제체계, 관련된 규제지침, 시장에 출시된 IGA 제품과 관련한 법적 책임과 쟁점들에 대한 논의가 전개되고 있다.40

Ⅳ. 식품산업기술의 변화에 따른 규제체계의 변화와 대응

식품산업기술의 변화 경향에 따른 규제체계의 변화와 대응은 식품산업 생태계의 관점, 미시적인 관점에서 조망하는 식품소비자 후생의 관점, 식품기술혁신의 관점으로 나누어 살펴볼 수 있다.

1. 식품산업생태계의 변화의 규제의 변화

생활인구의 규모와 양식이 변화하면서 식품산업과 거래환경이 변화하고 있다. 특히 1인가구 소비가 증가하면서 소량화된 편의식품 소비가 증가하고 있다. 편의식품은 가공, 유통 단계의 관리기준이 보다 엄격해지는 특징을 가진다. 가정에서 조리하여 섭취하는 식품의 소비 수요가 감소하면서 외식의 비율이 증가하고 해외에서 직접 구매하는 거래량 또한 증가하고 있다. 인구구조의 변화, 생활양식의 변화, 식품거래양식의 변화는 식품산업 환경에 영향을 미치고 이에 따라 규제의 변화를 모색해야 할 필요가 있다.

식품산업의 관점에서 공급자는 집적화된 자본을 투자하여 경제적 효율성을 극대화하는 규모화된 생산시스템을 추구하며 부문 간 수직적 연계를

40 Copper, S., Following the Framework: Intentional Genomic Alterations in Animals. *Journal of Food Law & Policy*, Vol. 18, No. 2. (2023), Retrieved from https://scholarworks.uark.edu/jflp/vol18/iss2/7

통해 효율성을 극대화하려는 속성을 가진다. 이때 디지털기술은 식품분야의 규모화와 대단위 산업화를 촉진시킬 수 있는데 농축수산물의 생산과 원재료의 가공, 생산, 유통에 이르는 단계별 수직결합과 연계를 용이하게 하고 정보연계 비용을 낮출 수 있기 때문이다. 생산 및 유통시스템 간 정보연계를 위하여 식품이력정보 관리가 의무화되고 있으며. 미국은 2023.2. 식품안전현대화법(FSMA)에 따른 식품이력제도(traceability) 규칙을 최신화하여 연방관보에 고시하였다.[41] 규모화된 산업자본이 기술을 독점하는 경우 소비자정보와 소비자이익을 보호하기 위해 규제적인 개입이 필요할 수 있다.

2. 식품안전 개념 범주의 확대와 예방관리의 강조

1980년에 논의되었던 식품안전의 개념은 40년이 지난 오늘날 개념의 범주가 확대되었다. 1980년대 세계보건기구(WHO)에서 HACCP시스템을 도입하는 시기에 미국이나 EU에서는 가공업체에서 의무적으로 이행해야 하는 필수 법정 인증제도로 운영된 반면, 우리나라는 시행령으로 정하는 품목에 대해서는 법정인증의 대상으로 하여 필수적으로 인증을 받도록 의무화하고 있으며, 이를 제외한 업종에 대해서는 업종별로 인증을 받고자 희망하는 업체에 대하여 기준에 적합한 경우에 한하여 일정한 절차를 거쳐 승인해 주는 자율적인 임의 인증제도로 운영하였다.[42] 임의인증에도 불구하고 식품안전인증(HACCP)의 적용 사업소가 꾸준히 확대되어, 2024년 5월 현재 기준 국내 식품안전인증 업체는 10,636개소 규모에 이른다.[43] 2009년 식품안전인증제

41 US Federal Register, 'Requirements for Additional Traceability Records for Certain Foods'. A Rule by the Food and Drug Administration on 11/21/2022. Accessed online: https://www.federalregister.gov/ [24.8.30.]

42 「식품위생법」 [법률 제20140호, 2024.1.23., 일부개정] 제48조 제2항 "총리령으로 정하는 식품을 제조 · 가공 · 조리 · 소분 · 유통하는 영업자는 제1항에 따라 식품의약품안전처장이 식품별로 고시한 식품안전관리인증기준을 지켜야 한다." 해당 조문의 위임에 근거하여 「식품위생법 시행규칙」 제62조 제1항 제1호(수산가공식품 등)부터 제13호(전년도 총 매출액 100억 이상인 영업소에서 제조 · 가공하는 식품)까지 식품안전관리인증 의무 적용 대상 식품을 정하고 있다.

도의 도입 초기 563건이었던 인증업체 수는 약 20배로 증가하였다. 최근에 제기되는 문제점은 국내 HACCP의 경우 HACCP인증을 받은 모든 업체가 마치 수학 공식처럼 제품유형별로 동일한 CCP공정이 결정되어 운영되고 있다는 점이다. 이와 같은 관리체계는 인증을 주관하고 관리하고 있는 정부조직에서는 관리하기 좋을 수 있으나 인증을 유지하고 실행 및 운영하는 업체별 관리 측면에서는 많은 다른 의견이 있을 수 있다. 국제적인 차원에서 활동하는 기구에서 제시하는 인증기준인 ISO 22000에서는 조직상황 및 제품의 특성을 고려하여 분석한 위해요소 분석 자료를 최대한 존중하고, 결정된 CCP 및 OPRP공정이 위해요소를 제어하기 위한 적절한 관리체계를 수립하여 유연하게 운영하도록 하고 있다.[44] 식품안전의 개념이 확대되고 예방관리가 강조되면서 일률기준을 적용하여 경직적으로 운영되는 국내 HACCP 인증 관리체계의 관점에서 벗어나 제조업소마다 운영하는 관리자, 영업장 및 설비가 다른 만큼 해당 조직 및 제품특성에 맞는 잠재적인 위해요소 분석을 통해 관리체계를 수립하여 유연하게 관리될 수 있도록 개선할 필요가 있다.

3. 식품산업의 지속가능성과 생물다양성 등 질적 가치 지향의 추구

인류는 생물 및 환경생태계와 유기적으로 연결되어 있으며 생물다양성(biodiversity)은 생태계의 온전한 유지와 존속을 위한 가치로서 식품산업 영역에 있어서도 기술발전과 건강보호라는 목표는 지속가능성(sustainability)과 다양성(diversity)이라는 사회적 목표와 밀접하게 연관되어 있다. 지속가능성 목표는 인류의 생존과 풍요는 직간접적으로 인간이 생활하는 자연환경과 밀접한 관련을 갖는다는 전제에서 출발한다. 식품기술이 고도화되고 있지만 모

43 한국식품안전관리인증원, 홈페이지>안전먹거리정보> HACCP 통계 Accessed online: https://fresh.haccp.or.kr/safety/haccpStat.do?tp=1 [24.8.30.]

44 김무성, 국제 표준 ISO 22000과 국내 식품 안전 인증 HACCP 비교에 따른 식품 안전의 방향 제안. Accessed online: https://www.lrqa.com/ko-kr/insights/articles/0215-kr-ba-insight-iso22000-haccp/ [24.8.30.]

든 영역에 적용되는 것은 아니며, 전통적인 식품이 전체 식품산업의 2/3을 차지하는 점을 고려할 때, 변화하고 발전하는 신기술, 특히 디지털-데이터 기술이 중심이 되는 기술이 활용되는 때에도 지속가능성과 다양성이라는 목표를 구현하기 위한 관점에서 기술의 적합성과 수용성이 평가되고 검토되어야 할 필요가 있다.

Ⅴ. 디지털기술이 적용된 신식품산업 규제법정책의 방향과 미래 전망

1. 식품산업에서 '지속가능성'을 위한 규제정책의 방향

(1) 자원경쟁 심화에 따른 공급망 전략의 관점

식품산업에 대하여 규제이론을 적용할 때에는 규제법 일반이론에 기초한 접근과 식품산업이라는 개별법 영역의 특성을 고려하여 규제 방향을 설정할 수 있다. 이때 식품산업의 양적 확장 및 기술발전과 지속가능성과 다양성이라는 목표를 균형있게 고려하여야 한다.

유럽연합 경우 신유전체기술(New Genomic Techniques: NGT)은 식품시스템의 지속가능성과 회복탄력성을 강화하고 유럽 그린딜(European Green Deal)이라는 거시적인 목표를 농장에서 식탁까지(Farm to Fork)의 영역에서 전략적으로 지원할 수 있는 혁신적인 도구라고 전제하고 있다. 이를 통해 기후회복력, 해충 저항성, 비료 및 살충제가 덜 필요하거나 더 높은 수확량을 보장할 수 있는 개선된 식물 품종을 효율적으로 개발할 수 있는 기술을 발전시킬 수 있다고 보고 있다. 다른 한편 생물자원을 포함하는 광의의 식품 규제에서 일차적으로 생산단계에의 공급원을 다양화하는 것은 식품공급망에서 탄력성과 지속가능성(resilience and sustainability)을 강화하는 데 중요하다.[45]

---

45 European Commission, Q&A: Proposal on New Genomic Techniques. 5 July 2023.

신기술의 수요와 관련하여 최근 유럽연합의 식품법은 지속가능성을 향한 방향(Framework for Sustainable Food Systems: FSFS)으로의 전환을 강조하고 있다. 유럽연합은 농장에서 식탁까지의 안전이라는 목표에서 출발하여 현재 유럽식품법 2.0 단계의 목표로 설정하고 있다고 하며, 지속가능한 식품체계를 설계하기 위하여 규제 단계별 제도화 전략(FSFS institutionalization)을 재설계하고 있다. 먼저 규제의 관점에서 이제까지 '식품'을 중심으로 하는 규제대상의 객체지향성을 넘어서서 '식품공급망 전체'를 규제대상으로 설정하고 있으며, 시계열적으로 장기적이며 공간적으로도 확대되고 연관된 매개체로서 식품공급망을 관념화하고 있다. 유럽연합의 이러한 변화는 우리나라의 식품법 규제체계에서 어떠한 방향으로 전환기적 규제 재설계를 위한 노력을 경주해야 하는지 검토할 때 시사점을 얻을 수 있다.

과학기술의 발전은 식품산업과 생산환경, 유통소비경향에 이르기까지 사물 자체의 고유한 성질의 변화뿐만 아니라 사회문화적 선택조건과 행태적인 성향에도 영향을 미친다. 따라서 식품공급망이라는 영역을 전제하더라도 어느 범위까지를 법적 규제의 대상으로 할 것인지는 명확하지 않다. 특정한 제품 성분과 활성 물질의 승인은 화학물질법의 물질 목록에 따라 결정되는 경우가 대부분이다. 이때 특정 성분이나 활성물질의 승인 절차에 내재된 개별 물질이나 성분의 분류는 정책적인 의사결정의 문제라기보다는 기술적 규제 세부 사항으로서 과학적 근거에 기초한 증거, 분석, 평가에 기초한 평가 과정의 문제로 인식된다. 이때 위험 평가는 주로 정보 관리의 문제와 연관된다. 이러한 과정에서 다양한 관계자들과 행위자들, 예를 들어 공급측 산업분야의 사업자, 투자가, 개발자, 전문가집단, 중간매개 분야 정책의 정책담당자, 정책지원분석가, 소비－수용측의 소비자, 소비자이론가 등 다양한 분야의 행위자들이 규제정책의 도입 논의에서부터 설계, 집행, 집행 후의 조정에 이르기까지 규제정보와 규제지식에 관한 문제를 처리하기 위해 상호 작용해

Accessed online: https://ec.europa.eu/commission/presscorner/detail/en/qanda_23_3568 [24.8.30.]

야 하며 이러한 상호 작용을 구성할 수 있는 체계가 마련되어야 한다. 유럽연합의 경우 물질의 제한적인 목록에 대한 관리는 유럽연합의 3차 입법[46]의 단계에서 이루어진다. 물질 또는 성분의 조정의 과정에서도 초기 신규물질의 진입을 허가하기 위한 절차, 신규물질의 상용화절차, 신규물질의 재평가절차가 연계되도록 규제를 설계한다. 물질 목록의 수정과 최신화를 위한 개정 작업은 TFEU 제291(2)조에 따라 3차 입법을 통해 지속적으로 갱신되도록 규제위원회에 위임되어 있다.[47] 법적 규제의 대상으로 결정하기 위하여 규제위원회가 의사결정과정에서 신중하게 고려해야 하는 내용이 있다면, 이러한 내용은 과학적 분석에 기반한 이성적이고 합리적인 기준이어야 하는데, 실제로 내용의 구성이 어떠한 것인지에 관하여는 가늠하기 어렵다. 유럽연합에서 규제정책을 결정하는 규제정책 위원회의 과학적 의견이 가장 중요함에도 불구하고, 어떠한 경우 법적 규제의 대상이 되는지에 관한 일관된 표준이 부족한 것으로 평가되고 있다.[48] 유럽의 예에서 살펴볼 수 있듯이 어느 범위까지를 법적 규제의 대상으로 할 것인지는 정책적 판단이나 전략적 관점에 따라 결정될 수 있으며, 따라서 규제상황에 대한 인식과 전략이 중요한 요소라는 점을 알 수 있다.

(2) 소비자의 가치지향을 반영하는 지속가능성 지표

유럽연합의 경우 식품산업은 이제 식품안전과 소비자보호의 가치를 넘어서는 다음 세대의 건강보호라는 정책 프레임을 제시하고 있으며, '지속가능한 식품체계를 위한 기반(Framework for Sustainable Food Systems: FSFS)'을 지향한다. 공급망의 지속가능성을 달성하기 위해서는 공급망에 연결된 각 행

46 Article 291(2) TFEU. 3차 입법이란 유럽규칙 또는 유럽지침(regulations or directives)에 포함되어 있거나, 해당 규칙 또는 지침의 위임규정에 근거하여 제정되는 위임규정과 집행규정(delegated acts and implementing acts)을 뜻한다.

47 Article 291(2) TFEU

48 Gärditz, K. Legal Rationality Requirements for Science-Based Opinions in Regulatory Procedures, *European Food and Feed Law Review*, Volume 18, Issue 4 (2023). pp. 209-221.

위자 중심의 경영과 운영을 하는 것이 중요하다.[49] 식품규제정책은 이러한 거시적인 광의의 공급망 관점에서의 전략을 고려하면서 설계되어야 할 필요가 있다. 그리고 현행의 규제체계로 인하여 다음 세대 규제체계로의 전환에 장애가 되는 요소가 있는지 탐색하는 노력이 필요하다.

2. 식품공급망에서 '생물학적 다양성'을 위한 규제정책의 방향

식품공급망에서 '생물학적 다양성'을 위한 규제정책의 방향을 고려할 때에는 식품산업의 1차적인 원재료를 제공하는 농업생산 단계에서 생물다양성이 유지되고 보존될 때 식품공급망에서의 다양성이 유지될 수 있다는 점을 유의할 필요가 있다. 생물다양성이란(biodiversity)이란 "육상 · 해상 및 그 밖의 수중생태계와 이들 생태계가 부분을 이루는 총체적인 생태계 등 모든 분야의 생물체간의 변이성을 말하며, 이는 종내의 다양성, 종간의 다양성 및 생태계의 다양성을 포함한다."[50] 식물, 동물, 미생물 등 다양한 종의 분류학적 다양성, 사막, 삼림, 습지, 산, 호수, 강, 농경지 등 생태계의 다양성, 종내의 유전적 다양성을 총칭하는 개념이다. 생물다양성의 손실은 인류의 생존을 위협하는 요인으로 인식된다. 인류는 특히 음식물과 의약품 및 산업용 산물들을 생물다양성의 구성요소로부터 얻어 왔고 화학적 조성법이 발달하기 이전에는 거의 모든 의약품들이 식물과 동물로부터 유래하였다. 미국의 경우 조제되는 약 처방의 25%가 식물로부터 추출된 성분을 포함하고 있고, 3,000종류 이상의 항생제가 미생물에서 얻어지고 있으며, 동양 전통의약품의 경우에도 5,100여 종의 동식물을 사용하고 있다. 생물다양성은 환경오염물질을 흡수하거나 분해하여 대기와 물을 정화시키고, 토양의 비옥도와 적절한 기후

---

49 Schebesta, H. How to Save the Farm to Fork Strategy: A Two-Phased Approach, *European Food and Feed Law Review*, Volume 18, Issue 4, (2023). pp. 231 - 238.

50 생물다양성협약 제2조 Accessed online: https://species.nibr.go.kr/UPLOAD_TOTL//CMS/604/content.htm;jsessionid=BE1kCNh10z6R3f5zw1YiarNqzLKfYGluCxhSKLsdS1J8GZzXnYRzf4ByZBZKtthT.totl_was_servlet_engine1 [24.8.30.]

조건을 유지하는 데 결정적인 역할을 한다.

3. 기술수준을 반영한 식품영업규제를 위한 규제정책의 방향

기술수준을 반영한 규제는 식품영업규제기준으로 구체화된다. 식품법상 영업규제기준은 행정규칙이나 고시의 형식으로 운영되는 경우가 빈번하다. 식품에 관련된 기술기준은 식품산업의 발전과 소비환경의 변화, 사회경제적 요인에 따른 식품정책 등에 따라 지속적으로 변화하여 내용과 범위가 방대하며 사용기준 등 기술적인 사항을 불가피하게 고시로 위임하여 식품산업이 발전함에 따라 탄력적 · 기술적으로 대응할 필요성 역시 인정된다.[51] 다만 이러한 규범형식상 허용가능성과 필요성이 인정된다고 하더라도 규제적 성질을 인식하고 해당 규제에서 특정한 규제수단이 적용되어야 하는 규제의 필요성, 적합성, 적절성, 상당성에 대한 판단을 엄격히 적용해야 한다는 점에 유의할 필요가 있다. 식품법상 벌칙을 적용할 때 고시에 포함되어 있는 전문적 · 기술적 내용이 형벌의 구성요건 중 일부가 되기 때문이다. 국회가 법률로써 행정기관에게 구체적인 범위를 정하여 위임한 사항에 관하여는 당해 행정기관이 행정입법을 정립하는 권한을 갖게 되고, 이때 입법자는 그 규율의 형식도 선택할 수 있다.[52] 식품은 누구나 언제나 영양을 섭취하고 건강을 유지하기 위해 섭취해야 하기 때문에 안전성이 입증되지 아니한 것 등을 무분별하게 섭취하게 되면 오히려 건강에 심각한 위해가 발생할 수 있다고 전제하고, 사전에 엄격한 안전기준을 세밀하게 설정하여 관리하는 특성을 갖는다. 이러한 사정으로 인하여 안전성이 입증되지 아니한 식품의 섭취로 인해 부작용이 발생하거나 건강이 훼손되면 원상회복이 매우 어렵거나 치명적인 손상을 초래하는 경우도 있어 식품에 관해서는 예방적이고 선제적인 조치를

51 헌재 2019.11.28. 2017헌바449. '판단' 중 "위임의 불가피성"

52 헌법재판소 2021.2.25. 2017헌바222 결정 [식품위생법 제95조 제1호 등 위헌소원], 동일한 취지의 이유제시에 관하여 헌재 2016.10.27. 2015헌바360등; 헌재 2019.11.28. 2017헌바449 참조.

마련할 필요성이 크다고 전제하기 때문이다.

현명하고 창의적인 규제체계를 개발하고 산업분야의 도전에 필요한 지원을 확보하는 것을 통해 다각적으로 새로운 식품산업에 대한 법적 지원이 이루어질 필요가 있다.[53] 정책당국은 입법환경이나 규제환경을 탄력적으로 변화시키면서 지원을 실현할 수 있으며 육성이나 지원과 관련한 제도를 통해 지원할 수도 있다.[54]

완전경쟁에 가까운 형태의 식품시장은 기준－규격에 기초한 진입규제를 적용하므로 기준규격에 부합하는 제품은 자유롭게 시장에 진입할 수 있도록 허용되기 때문에 시장형태의 특성상 소비자안전을 위한 사후규제가 중요하다. 사후감독은 식품공급망에서 식품안전기준이 적정하게 준수되고 있는지 점검하는 과정을 말한다. 식품법상 '시판 사후 조사' 또는 '시장감독(Market Surveillance)' 조치로서 행정당국이 시장에서 거래되는 제품이 행정기준에서 요구되는 필수적인 사항을 만족하는지 감시 및 검증하는 과정을 통해 점검이 이루어진다.

디지털 기술은 식품안전을 감독하고 통제하는 방법을 현대화할 수 있는 가능성을 제공하고 있다. 서류를 제출하거나 문서화된 자료를 중심으로 관리감독이 이루어지는 식품행정체제에서 직접 전자문서의 형태로 기록을 관리하고 데이터를 송수신하는 형태로 발전하고 있다.[55] 이와 더불어 디지털화된 식품행정체제에서는 위생안전준칙을 적용하여 관리하는 영역에서 행정의 인식－판단과정을 자동화하여 관리(automatization through rule－based instructions)할 수 있도록 변화하고 있다. 이러한 변화는 관리감독을 위한 사후안전관리를 목적으로 하는 식품행정의 집행에서 일관성을 높이는 데 기여할 수 있다.

---

53 Emily M. Broad Leib, Championing Food Start Ups with Regulatory Innovation and Legal Services. 국문번역: 규제 개혁 및 법률 서비스를 통한 식품 신생기업 지원 in 식품안전정보원 식품법과 정책 창간호. 1－34. 2면.

54 Emily M. op. cit.

55 Eduard Grau－Noguer et al. Digitalization and official food safety inspections at retail establishments, Food Control, Volume 154, 2023. Accessed online: https://doi.org/10.1016/j.foodcont.2023.109950. [24.8.30.]

한편 관리감독 목적으로 적용되는 자동화된 행정과정이 어느 범위까지 허용될 수 있는지에 관하여는 각국의 규제에 적용하는 디지털행정의 발전 단계에 따라 입장이 상이하다. 유럽연합의 경우 이러한 문제의식 하에 식품행정 분야에서 어느 단계까지 자동화된 감독행정 집행이 이루어질 수 있을지에 대한 연구가 이루어지고 있으며,[56] 유럽연합 회원국 대상 실태조사 결과로부터 유추할 때 현재의 수준에서는 위생행정감독을 위해 디지털기술을 활용하는 때에는 자료의 오류나 중복을 점검하는 수준에서 활용하고 있을 뿐, 행정상 보고자료의 내용적 신뢰성이나 감독절차의 객관성 확보와 같은 실체적인 수준에서는 활용하지 않고 있음을 알 수 있다. 디지털화된 식품안전 감독행정은 위해가능성이 있는 상황에 대한 분석자료를 실시간으로 공유할 수 있는 환경을 제공하며, 위해분석이 이루어지는 시점과 그에 기초한 행정청의 의사결정이 이루어지는 시점 간 프로그램의 공유, 소통장치의 공유 등을 통해 실시간 분석 결과의 통지, 결과통지의 확인 및 회신 응답의 확인, 정보의 공백을 최소화할 수 있는 점에서 과거와 같이 위해분석 조사 결과의 통지가 이루어진 이후에 감독조치가 발령되는 단계적인 개입방식과는 규제 패러다임이 다르다고 할 수 있다.[57]

---

56 Eduard Grau－Noguer et al. 2023. ibid. 이 연구에서 유럽연합 회원국 중 15개 국가의 식품위생행정 집행사무를 담당하는 행정청 소속 관리자 대상 조사 결과 62.5%(88명 중 55명) 응답률 수준에서 식품행정 사후 관리감독을 위해 디지털기술 기반 방법을 활용하고 있는 것으로 나타났다. 그리고 대부분 의무 보고사항 또는 자료를 표준화하고 분류하는 데 활용하는 데 디지털기술을 활용하는 것으로 나타났으며, 행정청의 의사결정을 자동화하는 단계에는 적용하지 않는 것으로 나타났다. 디지털화된 자료를 활용하는 이유와 관련하여 자료가 중복되지 않도록 하고, 자료를 정리하는 데 활용할 수 있으며 자료를 쉽게 송수신하기 위해 활용한다고 응답한 비율이 80%로 나타났으며, 자료의 객관성과 신뢰성을 높이기 위한 목적이나 자료와 관련한 이해관계충돌을 줄일 수 있다는 등의 이유는 20% 수준으로 낮게 나타났다.

57 Arundhathy Shabu, Modernizing Food Safety Inspections: Digital Transformation of the Official Food Safety Control in Barcelona, August 8, 2023. Accessed online: https://smartfoodsafe.com/digital－environment－for－food－safety－inspections/ [24.8.30.]

4. 식품분야 규제과학에 기초한 규제정책의 방향

(1) 과학기술의 발전과 규제과학

경제활동에 대한 규제는 과학기술의 발전과 밀접한 관련이 있다.[58] 유해균과 기타 미생물에 대한 전체 유전체(Whole Genome Sequence: WGS DNA Sequence data)의 생체정보분석기법(bio-informatic analysis)을 통해 식품위해요소를 보다 더 과학적으로 위험을 관리할 수 있는 실험실환경이 조성되고 있다. 식품분야 국제기구인 코덱스는 데이터분석기법의 유효성, 투명성, 접근성, 이용가능성을 높일 수 있도록 글로벌 차원에서의 데이터 공유와 개방(open access)을 확대할 것을 국제사회와 회원국에게 요청하고 있다.[59] 식품위해분석기법에 적용되는 비배양형 분석, 나노기술기반분석, 다면분석 등에도 집적데이터와 데이터분석 기술이 활용되고 있다. 신종식품의 안전성에 대한 평가기준과 평가방법, 시험검사를 위한 장비와 시설물들도 과학기술의 발전에 의존하고 있다.

이와 같은 과학기술의 발전뿐만 아니라, 불확실한 위험과 위해를 예측하고 분석하며 평가하여 정책적 가치판단을 반영한 의사결정을 내리는 과정에서도 규제과학적인 접근방법이 활용된다. 규제과학적인 접근방법은 다음과 같은 구조를 갖는다. 즉 규제과학은 어떤 과학기술이 장래에 우리 사회에 가져다 줄 편익과 위험의 정도를 예측하고 평가하여 과학기술의 안전성과 위험성에 관한 판단의 근거자료와 기준을 제시하기 위한 과학이라 할 수 있다.[60] 규제법에서 활용하는 규제과학은 규제정책의 결정과 집행에서 객관적 합리성과 타당성을 확보하고 과학적 근거를 부여하기 위한 증거기반을 지향하는 '과학'의 측면과 가치판단을 고려하면서 평가하는 가치지향의 '과학'의 측면을 모두 포함하고 있다. 이처럼 법현실과 법가치를 내포하는 규제과학의

58 장경원, "규제행정법에서의 규제과학의 의미에 관한 小考", 국민대학교 법학연구소, 『법학논총』. 제36권 제3호, (2024). 79-110면.
59 FAO/WHO/WTO/African Union, id.
60 장경원, (2024). 앞 주. 81면

두 기둥은 '규제'의 두 가지 목적, 즉 평가적 기능과 조정적 기능을 구현한다. 규제행정법상 규제과학은 주로 기업의 경제활동으로 인해 발생하는 인간의 건강이나 환경에 대한 유해성을 다루는 과학이며, 그에 관한 방법론은 기존 과학의 성과를 따라갈 수밖에 없겠지만, 그 목적은 인간과 환경에 대한 위험성을 증명하는 것보다는 위험성을 평가하고 예측하는 데 있기 때문이며, 규제과학은 과학적 증거와 추론의 과정에서 사회적 정치적 판단이 개입될 수밖에 없는 속성을 가지고 있다.[61]

(2) 식품규제과학혁신법의 방향

과학적 사실에 근거를 둔 신속하고 합리적인 의사결정과 실증적 근거에 기반하여 식품규제를 합리화함으로써 식품행정의 효과성, 신속성, 타당성 및 규제정합성을 제고하기 위하여 2023.8.16. 「식품 · 의약품 등의 안전 및 제품화 지원에 관한 규제과학혁신법」(식의약규제과학혁신법, 법률 제19694호)이 만들어졌다. 이 법률은 2015년에 제정된 「식품 · 의약품 등의 안전기술 진흥법」[62]을 전부개정한 법률이다. 식의약규제과학혁신법은 혁신제품을 개발하는 단계에서 규제정합성을 검토하도록 하며, 제품화에 필요한 합리적인 규제 기반을 조성하는 정책과정을 '규제과학혁신'이라는 용어로 집약하고 있다.[63]

미국과 유럽에서는 2010년대 초반부터 규제과학(regulatory science)를 정

61 장경원, (2024). 앞 주. 98면.

62 「식품 · 의약품 등의 안전기술 진흥법」(식약품안전기술법)은 2015.5.18. 법률 제13333호로 제정된 법률이며, 식품 · 의약품 등의 안전기술 연구개발 사업을 효율적으로 추진하는 것을 주요 내용으로 하였다. 식품 · 의약품 등의 생산에서부터 소비에 이르는 과정까지 현장에서 필요로 하는 식품 · 의약품 등의 안전기술에 대한 수요를 조사하고, 이를 추진할 수 있는 기술역량을 진단하며, 새로운 안전기술이 국민건강과 산업환경에 미치는 영향을 사전에 평가하여 기술개발정책에 반영하는 내용을 담고 있었다. 전부개정에 따라 전의 「식품 · 의약품 등의 안전기술 진흥법」 제5조에 따라 수립된 식품 · 의약품 등의 안전기술 진흥을 위한 기본계획 및 시행계획은 각각 제5조의 개정규정에 따라 수립된 규제과학혁신을 위한 기본계획 및 시행계획으로 대체되었으며, '식품 · 의약품안전기술위원회'는 '식품 · 의약품규제과학혁신위원회'로 대체되었다. 안전기술법상 기술개발정책에 대한 평가 관련 조문의 내용은 규제혁신법의 '규제정합성 검토'에 관한 사항에 통합되었다.

63 「식품 · 의약품 등의 안전 및 제품화 지원에 관한 규제과학혁신법」 제2조(정의) 제3호 "규제과학혁신", 조문 내용 참조.

의하고 규제과학 중점 연구 분야를 선정하여 교육기관을 지원하고 전문인력을 양성하는 노력을 기울여왔다.[64] 식의약규제과학혁신법은 제12조에서 '규제정합성 검토' 절차를 규정하고 있는데, 이때 규제정합성 검토란 안전한 식품 · 의약품 등이 국민에게 공급되도록 제품의 인 · 허가 심사단계부터 시판 후 안전관리까지 전 주기에 걸쳐 과학과 근거 중심의 규제를 설계하기 위한 규제체계와 규제내용을 분석하는 것으로서, 제품의 안전성, 유효성, 품질, 성능 등의 평가부터 인 · 허가 및 사용에 이르기까지 안전관리 전반에 관한 기술, 기준 및 접근방법을 사전에 검증한다.[65]

식의약규제과학혁신법 제12조 제1항에 따라 "혁신제품의 개발을 위하여 「국가연구개발혁신법」 제2조에 따른 국가연구개발사업을 추진하거나 추진할 예정인 중앙행정기관의 장은 해당제품의 안전성, 유효성, 품질 등에 대한 사항을 검토하여 줄 것을 식품의약품안전처장에게 요청할 수 있다." 중앙행정기관의 장은 국가연구개발사업을 추진할 때 해당 사업의 추진을 통하여 개발하게 될 제품이 식품 · 의약품에 해당하는지, 만약 식품 · 의약품에 해당한다면 어떠한 법령의 적용을 받게 되는지에 관한 사항, 해당 제품에 대해서는 어떠한 평가기준을 적용하고, 어떠한 평가방법에 따라야 하는지에 관한 사항, 식품의약품안전처와 공동연구개발을 추진할 필요가 있는지에 관하여 검토를 요청할 수 있다.[66]

5. 국제사회 규제관행의 조화를 위한 노력

디지털기술은 디지털화된 세계와 분리될 수 없으며, 글로벌화된 디지털

64 이승용 외, (2024). 193－221면. 강대원 · 배은미 · 김상요 · 김상현 · 최상은, "규제과학의 개념과 발전전략: 식품, 의약품, 의료기기를 중심으로", 대한약학회 『약학회지』 제65권 제5호, (2021), 335면. 이승용 외, (2024)에서 재인용.

65 앞 주.

66 「식품 · 의약품 등의 안전 및 제품화 지원에 관한 규제과학혁신법」 제12조 제1항에 따라 '식품 · 의약품 등 해당 여부 및 적용 가능 법령(제1호)', '혁신제품 개발에 필요한 평가 기준 및 방법, 요건(제2호)', '식품의약품안전처와의 공동 연구개발사업 추진 필요 여부(제3호)', '그 밖에 식품의약품안전처장이 필요하다고 인정하는 사항(제4호)'을 검토한다.

세계의 특성을 반영한다. 디지털시대는 위생안전에 관한 주권국가의 통제력을 약화시키며 국가별 상이한 규제체계는 사업자가 합리성 원칙에 따라 최소비용의 규제체제를 선택하여 행위할 수 있는 여지를 제공한다. 국가별 상이한 규제체계로 인해 규제차별의 문제가 발생하게 된 것이다.[67] 이러한 문제 상황에 공동으로 대응하기 위하여 국제사회는 규제관행을 조화시키기 위해 노력하고 있다. 최선의 규제관행은(BRP: Best Regulatory Practices)은 자유로운 국제무역, 시장개방, 투자 촉진을 위해 규제 개혁에 필요한 요소라 여겨진다. 그 내용은 규제 당국의 의사 결정의 투명성 및 개방성, 비차별성, 불필요한 무역제한의 회피, 국제적으로 승인된 수단의 사용, 동등성의 인정, 경쟁의 원칙 준수 등 무역 관련 주요 원칙이나 관행을 말한다. 경쟁사업자 간의 규제체계의 차이를 해소하기 위한 근본적인 방법은 디지털 질서를 균등화할 수 있는 국제사회의 협력적 거버넌스를 구축하는 것이고, 이를 위해 국제사회의 연대와 협력이 필요한 상황이다.[68] 이러한 문제 상황을 인식하고 국제사회를 대표하는 기구 중 하나인 OECD는 규제의 일관성과 예측가능성을 보장하기 위하여 모범적인 규제관행을 제도화하고 있는지 회원국별로 평가하여 보고하도록 하고 있다.

Ⅵ. 마치며

2019년부터 2022년 사이 전세계적으로 유행한 코로나-19 감염병 위기를 계기로 건강에 관한 소비자 수요가 더 크게 증가하였으며, 다변화된 소비자 수요에 대응하면서 식품시장의 거래방법은 온라인플랫폼으로 확대되어 비대면 거래와 해외직접거래가 증가하였다. 식품시스템은 우리 사회의 건강문제를 집약하는 영역이며 디지털시대의 기술변화가 투영되는 1차적인 산업

67 이원우, (2023.11.), 9면.

68 앞 주.

영역이기도 하다. 식품시스템과 식품공급망에서 기후변화, 생물다양성, 지속가능성이라는 목표를 경시하지 않으면서도 농업생산에서 식품제조, 유통, 판매, 폐기에 이르기까지 규제가 합리적으로 설계될 수 있도록 식품산업 분야의 기술변화의 특성을 분석하여 규제가 필요한 영역을 선별하고 최적의 규제를 설계하기 위한 노력을 기울여야 할 것이다.

디지털 전환이라는 근본적인 변혁기를 맞이하면서 디지털 기술이 인류에 가져올 편익과 진보에 대한 긍정적인 기대도 있지만, 예상하지 못한 위험을 야기할 가능성에 대한 우려도 적지 않다. 따라서 인류역사를 통해 확립된 기본적 인권과 민주주의, 법치주의 원칙 등 보편적 가치와 원칙이 침해되어서는 안 된다는 법원칙을 확인할 필요가 있다. 이러한 법원칙에 기초하는 기술발전의 토대 위에서 디지털 전환이 인류의 보편적 가치를 증진시킬 수 있는 질서규범을 확립해 나갈 수 있도록 하여야 할 것이다.[69]

역사적으로 살펴볼 때 국민건강보호의 법익을 최우선 목표로 설정하고, 기술변화는 이러한 목표를 지지하고 적극적으로 달성하기 위한 방향으로 발전해 왔다. 이러한 발전 경로에서 혁신을 장려하고 불합리한 규제 장벽을 제거하는 규제 개선의 노력은 건강보호를 위한 책무와 균형을 이루는 방향으로 이루어져야 할 것이다. 이러한 노력의 과정에서 유럽법이 제안하는 신기술과 전통방식의 공존을 위한 원칙으로부터 시사점을 얻을 수 있는데, 공존의 원칙이란 신기술을 적용할 것인지 여부에 대하여 자유로운 선택권을 부여하고(freedom of choice) 이와 동시에 그에 대한 책임을 부담하도록(burden of choice) 하는 것이다. 이때 부담은 경제적인 손해 또는 결과책임을 부담하는 것으로 구체화될 수 있다. 예를 들어 GMO 작물을 재배하는 경작자가 이격거리 기준을 준수하기 위해 완충 지역의 경계를 설정할 때에는 자기 소유 토지 내에 완충지역이 포함되도록 이격거리를 설정하도록 조건을 부과하는 방식이다.[70] 식품기술의 변화경로에서 단기적으로 표출되는 결과를 충분히

---

69 이원우(2023.11.). 10면.

70 Thomas P. Redick, Coexistence of Biotech and Organic Crops, Drake Journal of

예측하기 어려운 상황에서는 기술발전에 따른 이익과 책임이 균형을 이룰 수 있도록 하는 방안이 합리적으로 수용가능한 책임원칙이라고 할 것이다.[71]

Agricultural Law. Vol. 19.1. 2014. available online: https://aglawjournal.wp.drake.edu/

71 조근형. "식품소비자 피해구제를 위한 법제 개선방안에 관한 연구", 건국대학교 박사학위논문. 2018.

참고문헌

■ 김무성, 국제 표준 ISO 22000과 국내 식품 안전 인증 HACCP 비교에 따른 식품 안전의 방향 제안, Accessed online: https://www.lrqa.com/ko-kr/insights/articles/0215-kr-ba-insight-iso22000-haccp/

■ 문재승 외,"ISO 22000 국제규격 제정에 따른 한국형 식품안전경영시스템(FSMS) 구축모델과 적용방안", 『품질경영학회지』, 한국품질경영학회, 33권 3호, 41-47면. 2005.

■ 유성희 · 장민재 · 양용현, "배양육 산업 규제환경 조성을 위한 제도적 개선방안", 한남대학교 과학기술법연구원, 『과학기술법연구』, 2023, 29(1).

■ 이승용 · 권경희 · 양진욱 · 이대성 · 임효정, "「식품 · 의약품 등의 안전 및 제품화 지원에 관한 규제과학혁신법」의 입법평가와 가치-해외 및 국내 규제과학 관련 입법과 비교 · 분석을 중심으로-", 동국대학교 『비교법연구』 24권 1호. 2024.

■ 이원우, "디지털 기술 발전에 따른 국가-시장 관계의 변화와 공법의 역할", 서울대학교 법학연구소공익산업법센터 『경제규제와 법』 제16권 제2호. 2023.11.

■ 이철호, "미국의 식품 및 의약품법-그 발달과정과 기능-", 한국식품과학회, 『식품과학과 산업』 15권 4호. 1982.12.

■ 장경원, "규제행정법에서의 규제과학의 의미에 관한 小考", 『법학논총』, 국민대학교 법학연구소, 36권 3호, 2024, 79-110면.

■ 조근형. "식품소비자 피해구제를 위한 법제 개선방안에 관한 연구", 건국대학교 박사학위논문, 2018.

■ 차현숙 · 임송학, "푸드테크(Foodtech) 산업 활성화를 위한 규제법제 연구", 한국법제연구원 연구보고서, 2023.

■ 홍연아 외, "푸드테크, 혁신 트랜드와 미래 전망", 『농정현안 2023』, 한국농촌경제연구원 2023.

■ 伊藤久美子, 日本における食品衛生法制の展開 — 警察行政からの離脱と食品安全行政としての新たな展開—, Development of the Legal Regulation on Food Sanitation in Japan (3): Secession from Administrative Police and the New Development as Food Safety Administration, 名古屋大学大学院法学研究科 Nagoya

University, journal of law and politics. (284): 2019.12.

- Eduard Grau-Noguer et al. Digitalization and official food safety inspections at retail establishments, Food Control, Volume 154, 2023. Accessed online:: https://doi.org/10.1016/j.foodcont.2023.109950.
- Copper, S. (2023). Following the Framework: Intentional Genomic Alterations in Animals. Journal of Food Law & Policy, 18(2). Accessed online: https://scholarworks.uark.edu/jflp/vol18/iss2/7
- Robert E. Hammer et al., Production of Transgenic Rabbits, Sheep, and Pigs by Microinjection, 315 NATURE 680 (June 20, 1985). cited in Copper, S. (2023).
- Gärditz, K. Legal Rationality Requirements for Science-Based Opinions in Regulatory Procedures, European Food and Feed Law Review. Volume 18, Issue 4 (2023). pp. 209-221
- Schebesta, H. How to Save the Farm to Fork Strategy: A Two-Phased Approach, European Food and Feed Law Review, Volume 18, Issue 4 (2023).
- US Federal Register, 'Requirements for Additional Traceability Records for Certain Foods.' Accessed online: https://www.federalregister.gov/
- 미국 식품의약품청(FOOD & DRUG ADMIN), REGULATION OF INTENTIONALLY ALTERED GENOMIC DNA IN ANIMALS: DRAFT GUIDANCE. 2017. Accessed online: https://www.federalregister.gov/documents/2017/01/19/2017-00839/regulation-of-intentionally-altered-genomic-dna-in-animals-draft-guidance-for-industry-availability
- European Commission, Q&A: Proposal on New Genomic Techniques. 5 July 2023. Accessed online: https://ec.europa.eu/commission/presscorner/detail/en/qanda_23_3568

16.
우주법의 체계와 법적 쟁점 – 우주물체 발사, 등록 및 관리를 중심으로

Ⅰ. 서 론

Ⅱ. 발사 및 등록 규제에 관한 국제 우주법

Ⅲ. 미국의 발사 및 우주물체 등록 관련 규제

Ⅳ. 일본의 발사 및 등록에 관한 규제

Ⅴ. 우리나라 우주개발진흥법상 발사와 등록에 관한 규제

Ⅵ. 결 론

우주법의 체계와 법적 쟁점 – 우주물체 발사, 등록 및 관리를 중심으로*

채 성 희**

Ⅰ. 서 론

2024.5.27. 「우주항공청의 설치 및 운영에 관한 특별법」이 제정되었다. 이에 따라, "우주항공기술 개발 및 관련 산업 진흥, 우주위험으로부터 국민을 보호하기 위한 정책 및 사업을 추진"(우주항공청의 설치 및 운영에 관한 특별법 제1조)하기 위한 전담기관으로서 우주항공청이 신설되었다. 이는 정부 각 부처에 흩어져 있던 우주 관련 정책 · 국제협력 기능(과학기술정보통신부), 항공정책 수립 · 육성 기능(산업통상자원부)을 우주항공청에 통합하고, 항공우주연구원과 한국천문연구원도 우주항공청 소속 기관으로 편입시킴으로써 보다 효율적으로 우주항공 산업을 발전시키고 관련 정책을 추진하기 위함이다.

우주산업에 관한 규제적인 차원에서 보자면, 종래에는 과학기술정보통신부장관의 업무였던 우주개발 진흥법상 발사허가, 우주물체 등록, 우주손해배상법상 책임보험 가입금액 고시, 손해배상청구권 권리행사 기간 검토 등을 우주항공청장이 그대로 맡아서 하게 된다.

그런데 현행 우주개발 진흥법이나 우주손해배상법의 기본 규율이 형성된 이후, Space X의 성공 사례에서도 볼 수 있듯이 (적어도 국제적인 추세로

---

* 이 글은 채성희, 우주법의 체계와 국내 우주법상 주요 쟁점(part 1) – 발사 및 등록에 관한 비교법적 검토, 『경제규제와 법』 제17권 제1호, 2024.5.의 내용을 일부 축약한 것이다.

** 법무법인(유) 광장 우주항공산업팀 및 Tech & AI팀 파트너 변호사.

는) 우주산업의 중심축이 국가 주도에서 민간주도로 상당 부분 이동하고 있으며, 우주쓰레기 문제 등 새롭게 해결하여야 할 문제가 다수 발생하였다. 이에 따라 국제우주법 및 각국 우주법의 지형도 제한적이나마 새롭게 재편되었다.

본고는 그러한 우주법의 여러 쟁점 중 우주 활동의 시작점에 해당하는 발사체 및 인공위성 등 인공우주물체의 발사 및 등록에 관한 규제에 관하여 검토하도록 한다. 이를 위하여, 우주법의 기본 토대가 되는 국제 우주법의 내용과 이를 구체화한 미국과 일본의 관련 규율을 살펴보고, 우리 우주개발진흥법의 관련 규정과 비교함으로써 규정의 개선점을 도출해 볼 것이다.

Ⅱ. 발사 및 등록 규제에 관한 국제 우주법

1. 우주조약 제6조 내지 제8조 및 관련 규범

(1) 조약의 각 규정에 대한 검토

「우주 활동에 관한 달과 기타 천체를 포함한 외기권[1]의 탐색과 이용에 있어서의 국가 활동을 규율하는 원칙에 관한 조약」("우주조약")은 법적 구속력 있는 이른바 경성 우주법 중에서도 우주 활동의 전반적 법적 기초를 제공하는 조약이고, '우주의 헌법'이라고도 불리운다.[2] 우리나라는 1967년 우주조약에 가입하고 이를 비준하였다.

우주조약 제6조 내지 제8조는 다음과 같이 규정하고 있다.

1 Outer space. 이 용어에 관하여는 '외기권'과 '우주'라는 번역이 혼재하는 것으로 보인다. 본고에서는 우주조약의 정식 명칭과 'UN 외기권 평화 이용 위원회', 'UN 외기권 사무소'와 같이 정부기관이 명확히 '외기권'이라는 역어를 사용하는 경우를 제외하면, 편의상 'outer space'라는 용어를 보다 일반적으로 사용되는 용어인 '우주'로 번역하여 사용하기로 한다.

2 김한택, 『우주법』, ㈜와이북스, 2016, 85면.

제6조 본 조약의 당사국은 달과 기타 천체를 포함한 외기권에 있어서 그 활동을 정부기관이 행한 경우나 비정부 주체가 행한 경우를 막론하고, 국가활동에 관하여 그리고 본 조약에서 규정한 조항에 따라서 국가활동을 수행할 것을 보증함에 관하여 국제적 책임을 져야 한다. 달과 기타 천체를 포함한 외기권에 있어서의 비정부 주체의 활동은 본 조약의 관계 당사국에 의한 승인[3]과 계속적인 감독을 요한다. 달과 기타 천체를 포함한 외기권에 있어서 국제기구가 활동을 행한 경우에는, 본 조약에 의한 책임은 동 국제기구와 이 기구에 가입하고 있는 본 조약의 당사국들이 공동으로 부담한다.

제7조 달과 기타 천체를 포함한 외기권에 물체를 발사하거나 또는 그 물체를 발사하여 궤도에 진입케 한 본 조약의 각 당사국과 그 영역 또는 시설로부터 물체를 발사한 각 당사국은 지상, 공간 또는 달과 기타 천체를 포함한 외기권에 있는 이러한 물체 또는 동 물체의 구성부분에 의하여 본 조약의 다른 당사국 또는 그 자연인 또는 법인에게 가한 손해에 대하여 국제적 책임을 진다.

제8조 외기권에 발사된 물체의 등록국인 본 조약의 당사국은 동 물체가 외기권 또는 천체에 있는 동안, 동 물체 및 동 물체의 인원에 대한 관할권 및 통제권을 보유한다. 천체에 착륙 또는 건설된 물체와 그 물체의 구성부분을 포함한 외기권에 발사된 물체의 소유권은 동 물체가 외기권에 있거나 천체에 있거나 또는 지구에 귀환하였거나에 따라 영향을 받지 아니한다. 이러한 물체 또는 구성부분이 그 등록국인 본 조약 당사국의 영역밖에서 발견된 것은 동 당사국에 반환되며 동 당사국은 요청이 있는 경우 그 물체 및 구성부분의 반환에 앞서 동일물체라는 자료를 제공하여야 한다.

1) 제6조는 조약의 당사국이 국가 활동 뿐 아니라 비정부 주체의 활동 즉 자국의 관할 하에 있는 민간 활동에 관하여 국제적 책임을 진다는 취지를 규정하고 있다. 이러한 책임 이행의 내용은 민간 활동에 대한 국가의 승인과 계속적인 감독이다. 따라서 조약의 당사국들은 우주조약의 목적 즉 우주공간의 평화적 이용을 위하여 민간의 우주활동에 대한 적절한 승인 및 감독 체계를 수립할 필요가 있다. 그러한 승인 및 감독 체계의 내용을 구체적으로 명시한 조약은 존재하지 아니한다. 그러나 연성법인 「우주공간의 평화적 탐사 및 이용에 관한 국내법제에 관한 권고」(UN총회 결의, 2013, 이하 "UN결의

3 법제처의 번역상으로는 "인증"이다(https://www.law.go.kr/조약/달과 기타 천체를 포함한 외기권의 탐색과 이용에 있어서의 국가 활동을 규율하는 원칙에 관한 조약/(262,19671013), 2024.4.2. 확인). 그러나 원문은 "authorization"인바, 중대하고도 명백한 오역이다. "authentication"과 혼동한 것으로 보인다.

68/74")[4] 및 「우주활동 장기 지속가능성 가이드라인」(UN COPUOS 가이드라인, 2019, 이하 "지속가능성 가이드라인")[5]이 국가의 감독활동의 범위, 방향과 내용을 정하기 위하여 참고되고 있다. 그 내용은 뒤에서 별도로 설명하기로 한다.

2) 제7조는 발사국의 손해배상책임이다. 즉, "외기권에 물체를 발사하거나 물체를 발사하여 궤도에 진입케 한" 국가는 해당 물체 또는 물체의 구성부분에 의하여 다른 당사국 또는 그 당사국의 자연인 · 법인에게 발생한 손해에 대하여 책임을 부담한다는 것이다. 여기서 "발사하여 궤도에 진입케" 하였다는 것은 국가가 직접 발사를 수행하지 않지만 발사수행의 이익을 받는다는 것을 의미하므로, 예컨대 한 국가의 민간기업이 발사를 수행하면 그 국가가 여기에 해당하는 것이라고 이해된다.[6][7]

이와 같이 민간 우주활동을 포함한 우주활동에 대하여 손해배상의 주체가 되는 국가를 "발사국(launching state)"이라고 하는데, 발사국 개념은 「우주물체에 의하여 발생한 손해에 대한 국제책임에 관한 협약」("우주손해협약") 제2조에서 "우주물체를 발사하거나 우주물체의 발사를 야기하는[8] 국가"와 "우주물체가 발사되는 지역 또는 시설의 소속국"으로 정의하고 있다. 여기에 따르면 다음 국가가 여기에 해당할 것이다:[9]

---

4 U.N. Doc. A/RES/68/74, 11 Dec. 2013, Recommendations on national legislation relevant to the peaceful exploration and use of outer space.

5 U.N. Doc. A/74/20, 3 Jul. 2019, Annex II, Guidelines for the Long-term Sustainability of Outer Space Activities of the Committee on the Peaceful Uses of Outer Space.

6 Stephan Hobe, 앞의 책, 83면. "발사하거나 또는 그 물체를 발사하여 궤도에 진입케 한"의 원문은 "launches or procures the launching of an object into outer space and other celestial bodies"이다.

7 Frans G. von der Dunk, "The Origins of Authorisation: Article VI of the Outer Space Treaty and International Space Law", 『National Space Legislation in Europe: Issues of Authorisation of Private Space Activities in the Light of Developments in Europe Space Cooperation (Studies in Space Law, volume 6)』, Martinus Nijhoff Publishers, 2011, 1~3면.

8 원문 표현은 "procure"이므로, 우주조약 제7조 문언과 통일하여 사용하는 것이 바람직할 것이나 우주손해협약에 관한 법제처 번역은 "발사를 야기하는"으로 되어 있어 일단 그대로 사용하였다(https://www.law.go.kr/조약/우주물체에 의하여 발생한 손해에 대한 국제책임에 관한 협약/(702,19800114). 2024.4.2. 확인) 용어 사용의 통일이 필요해 보인다.

9 Frans G. von der Dunk, 앞의 글, 10면.

i) 발사를 직접 수행한 국가

ii) 발사를 수행한 사람 또는 단체(entity)가 속해 있는 국가

iii) 자신의 영역(territory)에서 발사를 수행한 국가

iv) 자신의 시설(facility)에서 발사한 국가

3) 제8조는 외기권에 발사된 물체의 등록국에게 해당 물체 및 물체의 인원에 대한 관할권 및 통제권을 부여하고 있다.[10] 이는 국가가 선적국 또는 기국(flag state)으로서 선박에 대하여 가지는 관할권과 유사하다 볼 수 있을 것으로 생각된다. 이와 같이 중요한 법률효과를 가지는 '등록'에 관한 구체적인 내용을 규정하고 있는 것이 「외기권에 발사된 물체의 등록에 관한 협약」("등록협약")이고, 등록협약상 '외기권에 발사된 물체의 등록' 의무가 있는 국가는 앞의 제7조와 마찬가지로 '발사국'인데, '발사국'의 정의는 앞의 우주손해협약 제2조의 그것과 같다(등록협약 제1조 (a)). 따라서 우주물체의 발사국이 당해 우주물체의 등록의무국이고 당해 우주물체로 인하여 발생한 손해에 대한 배상책임자이다.

구체적으로, 발사국은 우주물체가 지구 궤도 또는 그 이원(into earth orbit or beyond)에 발사되었을 때 적절한 등록부에 이를 등록하여야 하고, 등록의 확정을 UN 사무총장에게 통보하여야 한다(등록협약 제2조 제1항). 각 등록부의 내용 및 등록부 유지관리의 조건은 각국이 결정한다(등록협약 제2조 제3항). 우주 물체와 관련하여 발사국이 둘 이상이면, 당사국들은 등록을 수행할 국가를 결정하여야 한다(제2조 제2항).

UN 사무총장은 우주물체 등록부를 관리하고 이를 공개하는데(제3조),[11] 등록협약상 체약국은 자국 등록부에 등재된 다음의 정보를 가능한 한 신속하게 (as soon as practicable) UN 사무총장에게 제공하여야 한다(등록협약 제4

10 우주조약 제8조의 규정 중 소유권 및 반환에 관한 부분은 본고에서 다루지 아니한다.

11 등록부 관리는 UNOOSA (UN 외기권 사무소, United Nations Office for Outer Space Affairs)가 수행하고 있으며, 다음 사이트에서 확인 가능하다. https://www.unoosa.org/oosa/en/spaceobjectregister/index.html

조 제1항).[12]

i) 발사국(들)의 명칭

ii) 우주 물체의 적절한 지정기호 또는 우주물체의 등록 번호

iii) 발사 일시 및 발사 지역 또는 위치

iv) 다음을 포함한 기본 궤도 파라미터(parameter): 노드주기,[13] 궤도 경사각,[14] 원지점,[15] 근지점,[16]

v) 우주 물체의 일반적 기능

(2) 소결론

이상에서 살펴본 바를 요약하면, 우주조약, 우주손해협약 및 등록협약의 당사국인 우주물체의 '발사국'은 국가에 의한 발사 뿐 아니라 자국 관할의 민간에 의한 발사의 경우에까지 성립 가능하며, 속인주의와 속지주의를 모두 적용한 넓은 개념으로 보인다. 발사국은 i) 우주궤도의 안전을 위하여 우주물체 등록부를 관리하고 UN에 관련 사항을 통보할 의무를 부담하고, ii) 등록한 우주물체에 대하여 관할권 내지 통제권을 가지는 반면, 그에 따라 iii) 해당 우주물체(또는 그 구성부분)로 인하여 발생한 손해에 대하여 우주손해협약에 규정된 바에 따라 해당 국가에 대하여 책임을 부담한다. 또한, 발사국 여부와 상관없이, 우주조약의 당사국은 iv) 국가 자신 및 자국의 민간활동에 대하여 승인 및 감독의무를 부담한다.

다음 절에서는 이상에서 살펴본 우주물체 등록 및 국가의 우주활동에

---

12 아래 정보 목록에 관한 법제처의 번역은 정확한 의미를 전달하지 못한다고 생각하여 필자가 영어 원문을 기초로 다시 번역하였다. 특히 (b)호의 'designator'가 "기탁자"라고 번역되어 있는데(https://www.law.go.kr/조약/외기권에 발사된 물체의 등록에 관한 협약/(761,19811015), 2024.4.2.확인), designator란 개개의 우주물체에 대하여 국제우주공간연구위원회(Committee on Space Research, COSPAR)에 의하여 자동적으로 할당되는 지정기호(이른바 COSPAR ID)를 나타낸다. 그러므로 명백한 오역이다. 앞에서도 드러난 바와 같이 우주 관련 조약의 오역과 번역어의 비일관성 문제가 적지 않게 발견되는바, 조속히 개선되기를 희망한다.

13 Nodal period. 위성 궤도의 상승점을 통한 위성의 두 연속적인 경로 사이를 지나는 시간.

14 Inclination. 궤도 경사도. 궤도가 중심 천체에 대하여 기울어진 정도.

15 Apogee. 궤도 내에서 지구로부터 가장 멀어지는 점.

16 Perigee. 궤도 내에서 지구와 가장 가까운 점.

대한 승인 및 감독의무에 관한 연성법, 즉 UN총회 결의 및 UN COPUOS 가이드라인 내용을 자세히 살펴보도록 한다.

2. 우주물체 등록에 관한 UN결의 62/101

UN이 우주물체를 등록하고 그 현황을 공개하는 것은, 앞서 우주조약 제8조에 규정된 바 우주물체에 대한 관할권과 그에 의하여 발생가능한 손해에 대한 책임 소재를 명확하게 하기 위함도 있지만, 우주물체의 안전 및 우주궤도의 효율적 이용을 도모하기 위한 것으로도 이해된다. 즉, 우주물체의 위치 등에 관한 정보를 공개함으로써 다른 발사자는 이미 우주공간에 배치된 우주물체의 위치(궤도), 기능, 수명을 참고하여 충돌을 피할 수 있는 공간으로 발사위치를 결정하고 궤도설계를 수행할 수 있게 되는 것이다.[17]

이러한 목적들을 달성하기 위하여는 등록협약상 체약국이 UN에 제공하여야 하는 정보에 더하여, 우주물체의 상태 변화에 관한 사항 또한 등록될 필요가 있다. 예컨대, 우주물체의 소유자 및 소유자의 국적이 변경될 경우, 우주조약 제8조에 따라 기존 소유자의 소속 국가가 보유하고 있던 관할권 내지 통제권이 변경된 소유자의 소속 국가로 이전될 필요가 있을 것이고, 이를 명확히 공시하기 위하여서는 등록 변경이 필요할 수 있다.[18] 또한, 일정한 궤도를 돌고 있던 우주물체가 폐기 궤도(disposal orbit)로 진입하는 등 궤도를 변경하였다거나, 우주물체가 기능을 상실한 경우와 같이 우주물체의 중요한 상태가 변경되었다는 사실 또한 관련 위치에 우주물체를 배치하고자 하는 자에게 중요한 정보로서 공개가 필요할 것이다.

---

17 Stephan Hobe, 앞의 책, p. 89, 또한, 우주물체의 위치를 정확히 파악하면 긴급 상황의 우주인을 지원함으로써 우주구조협정의 실효적 운영에도 도움을 줄 수 있다. 김한택, “등록협약의 우주법상 의의와 미래과제에 관한 연구”, 『항공우주정책 · 법학회지』 제35권 제2호, 한국항공우주정책 · 법학회, 2020, 378－379면.

18 단, 앞서 살펴본 ‘발사국’의 정의상 이러한 경우라도 변경된 등록국은 발사국이 되지 못하며, 기존 발사국은 여전히 해당 우주물체에 대한 책임을 부담할 것이다. 이로 인하여 여러 가지 법률적인 문제들이 발생할 수 있으나, 이는 후속 연구에서 다루기로 한다.

이러한 문제의식에서 2007년의 「우주물체의 등록에 관한 국가 및 정부간국제기관의 관행의 강화에 관한 권고」(UN총회결의, 2007, 이하 "UN결의 62/101")[19]는 등록협약의 체약국들에 대하여 등록협약에서 요구되는 정보에 더하여 우주물체의 임무 상태 변경(특히 기능 상실의 경우), 우주물체가 폐기궤도로 이동하는 날짜 및 그 물리적 상태 등의 정보를 추가로 제공하도록 권고하고 있고, 이러한 정보들은 지금 사용되고 있는 UNOOSA의 우주물체등록부에 대한 등록 정보 제출 양식에 반영되어 있다.[20]

나아가 2013년의 UN결의 68/74는 우주물체의 소관 국가는 우주물체의 주요 특성이 변경된 경우, 특히 우주 물체가 그 기능을 상실한 경우 그에 대한 정보를 (우주물체의 권리자에 대하여) 요청"할 수 있으며(제6조), "궤도에 존재하는 우주 물체의 소유권 또는 통제권이 이전되는 경우 비정부기구의 우주 활동에 대한 지속적인 감독이 보장되어야 하고, 국가는 소유권 이전과 관련된 승인 요건 또는 궤도에 존재하는 우주물체의 운영상태 변경에 대한 정보 제출 의무에 관한 법령을 제정할 수 있다"고 규정하고 있다(제8조).

3. 국가의 우주활동 감독의무에 관한 가이드라인-UN결의 68/74 및 지속가능성 가이드라인을 중심으로

UN결의 68/74에 따르면 국가가 우주활동을 감독하여야 하는 이유는, 우주의 평화적 이용과 국제법 및 우주에 관한 UN 조약을 준수하도록 하기 위함이며, 나아가 우주 쓰레기를 경감함으로써 우주의 지속가능한 사용을 유지하고, 우주활동의 안전성을 보장하고 환경에 대한 잠재적 해악을 최소화하는 데 있다.

동 결의에 의한 권고사항을 요약하자면 다음과 같다:

---

19 U.N.Doc. A/RES/62/101, 17 Dec.2007, Recommendations on enhancing the practice of States and international intergovernmental organizations in registering space objects.

20 https://www.unoosa.org/res/oosadoc/data/documents/2008/unoosaregfrm/unoosaregfrm1_0_html/UNOOSA-REG-FRM-01E.pdf (2024.4.14. 확인)

i) 자국의 관할 · 통제 하에 있는 영토에서 수행되는 우주 활동[21] 및 자국민 또는 법인이 다른 곳에서 수행하는 우주 활동에 대한 승인(authorization)을 발급하고 감독을 수행할 것. 단, 제3국이 동일한 활동에 관할을 가지는 경우 우주 활동 당사자에게 중복된 부담을 주지 않도록 할 것(제2조)

ii) 우주 활동은 관할 국가 기관의 승인을 얻어야 하며, 그러한 권한과 승인 부여, 변경, 정지 및 취소의 조건과 절차를 (자율적으로 결정할 수 있으나) 명확히 하여야 함(제2조, 제3조).

iii) 승인 조건은 다음을 만족하여야 한다(제4조).

A. 국가의 국제법적 의무에 일치하여야 함

B. 국가 안보 및 국가의 외교 · 정책적 이익을 반영하여야 함

C. 우주활동의 안전성을 보장할 수 있어야 함: 생명 · 신체 · 환경 또는 재산에 대한 위험 최소화, 다른 우주 활동에 대한 유해한 간섭 방지

D. UN COPUOS 「우주쓰레기 경감 가이드라인」에 부합하는 안전 및 기술 기준을 포함할 수 있음

iv) 승인된 우주 활동에 대한 지속적인 감독과 모니터링의 보장: 현장 검사, 보고의무, 승인 중단 · 취소 처분과 벌칙이 고려될 수 있음(제5조)

v) 우주물체 등록부 관리 및 UN 제출: 우주물체의 주요 특성 변경, 우주물체 기능 상실에 관한 정보를 요청 가능(제6조)

vi) 손해배상책임 담보를 위한 적절한 보험 요건 및 배상 절차 도입 가능(제7조)

vii) 우주물체 소유권 또는 통제권 이전시에도 지속적인 감독 보장. 소유권 이전 관련 승인 요건 또는 궤도상 우주물체 운영 상태 변경에 대

21 우주 공간으로의 발사 및 재진입, 발사 또는 재진입장의 운영, 궤도에 있는 우주 물체의 운영 및 제어가 여기에 포함될 수 있고, 우주선의 설계 및 제조, 우주 과학 및 기술의 적용, 탐사 활동 및 연구도 고려 대상이 될 수 있다(위 유엔결의 제1조).

한 정보제출의무 부과 가능(제8조)

UN COPUOS의 지속가능성 가이드라인도, 각국이 우주 활동에 대한 국내 규제 체제를 개발, 수정, 개정 또는 채택할 때 UN결의 68/74의 규정들을 고려할 것을 다시 한 번 요구하고 있으며(가이드라인 A.1 제3문단),[22] 특히 국가 규제체계의 개발 등에 있어 「우주쓰레기 경감 가이드라인」을 고려하여야 한다고 강조하고 있다(가이드라인 A.2 제2문단 (b)).[23]

4. 소결론

모든 국가의 자유롭고 평화로운 우주 탐사와 이용, 그리고 이를 위한 국제우주법 준수라는 우주조약의 기본 원칙에 입각하여, 우주활동에 대한 국가의 승인 · 감독과 우주물체의 등록에 관하여 우주조약 및 등록협약의 규율이 정립되어 있다. 이러한 규범 내용은 UN결의 68/74와 지속가능성 가이드라인, 그리고 UN결의 62/101 등의 연성법을 통하여 보다 구체화되어 있는데, 우주물체의 소유권 · 상태 변동을 포함한 우주 활동의 상태 변화까지 감안한 계속적 감독과 우주쓰레기 경감 조치를 포함한 안전하고 지속가능한 우주활동을 위한 조치가 그 골자라 할 수 있겠다. 우주 제조약의 체약국들은 최소한 우주 제조약의 관련 규정을 준수하되, 이러한 연성법의 내용 또한 가능한 범위에서 반영하여야 할 것이다. 물론 구체적인 국내법 내용의 형성은 체약국의 자율에 맡겨져 있다는 점도 간과되어서는 안 된다. 이하에서는 이러한 국제 규범들이 발사 및 우주물체 등록과 관련하여 각국 규제에 어떻게 반영

22 그 밖에 국제법 협회(International Law Association)의 우주법 위원회(Space Law Committee)가 2012년에 발표한 "각국의 우주 입법에 관한 모델 법 초안과 주석"(Draft model law on national space legislation and explanatory notes)에서도 국가의 감독의무에 관한 사항을 정하고 있다. (The ILA Model Law as adopted by the Biannual ILA Conference 2012 in Sofia https://www.unoosa.org/pdf/limited/c2/AC105_C2_2013_CRP06E. pdf)

23 장민영 외 5인, "지속가능한 우주활동을 위한 법제 개선방안 연구", 『한국법제연구원 글로벌 법제전략연구』 22-17-③호, 한국법제연구원, 2022, 67면.

되고 있는지를 조망할 것이다.

Ⅲ. 미국의 발사 및 우주물체 등록 관련 규제

1. 서 론

미국에서는 1962년 시행된 통신위성법(Communications Satellite Act)이 일반법인 연방통신법(Communications Act of 1934)과 함께 통신위성의 운영에 관한 규제의 기초를 이루고 있었다. 이후 민간에 의한 상업용 위성의 발사 수요가 증대함에 따라, 관련 규제를 일원화하여 상업적 우주활동을 활성화하기 위하여 1984년 「상업우주발사법」(Commercial Space Launch Act, CSLA)이 제정되었고, 그 집행은 교통부(Department of Transportation)가 담당하게 되었다. 이후 상업적 우주활동이 다양화됨에 따라 상업우주법은 수차례 개정되었는데, 특히 2015년 「상업우주발사경쟁력법」(U.S. Commercial Space Launch Competitiveness Act, CLSCA)[24]의 제정에 의하여 대규모로 개정되었다.[25] 이하에서는 CSLA(CLSCA에 의하여 개정된 것. 이하 같음)상의 상업적 발사 및 우주물체 등록에 관한 규정을 간단히 살펴보도록 한다.

---

24 정확히는 상업우주발사경쟁력법 중 제1편, Spurring aerospace competitiveness entrepreneurship act of 2015)가 상업우주발사법을 개정하는 부분이다. 본고에서 언급하는 CSLA 조항은 이러한 개정을 반영한 내용이다. 참고로 상업우주발사경쟁력법 제4편은 민간기업과 개인에게 우주자원에 대한 권리를 부여하는 내용으로 이루어져 있는바, 최근 논의되고 있는 우주자원의 소유권 문제에서 중요한 의미를 가진다.

25 小塚荘一郎(Souichirou Kozuka)/笹岡愛美(Sasaoka Manami),『世界の宇宙ビジネス法』, 商事法務, 2021, 16~17면. CSLA와 CLSCA의 제정 배경을 이루는 미국의 우주정책의 변화 및 각 법령의 보다 자세한 제정 경위에 관하여는 윤인숙, “미국 우주법제 연구－상업적우주발사경쟁력법을 중심으로－”, 『한국법제연구원 지역법제 연구』 16－16－②호, 한국법제연구원, 2016, 21－26면 참고.

2. 상업적 발사허가에 관한 규정

(1) 발사면허의 내용 및 대상

1) CSLA상 상업적 발사(commercial launch)를 위하여서는 교통부의 발사체/재진입체 운영자 면허(vehicle operator license)가 필요하다.[26] [27] 이러한 면허를 발급할 권한은 연방항공국(Federal Aviation Administration, FAA)에 위임되어 있고,[28] 발급 심사에 관한 권한은 다시 상업우주교통국(Office of Commercial Space Transportation)에 위임되어 있다.

2) 면허 대상이 되는 행위는 다음과 같다.[29]

i) 발사체(launch vehicle)의 발사

ii) 발사장(launch site) 또는 재진입장(reentry site)의 운영

iii) 재진입체(reentry vehice)의 재진입

이 중 본고의 주제인 발사체의 발사에 한정하여 살펴보면, '발사체'는 우주에서 작동하거나, 탑재체(payload)[30] 또는 인간을 우주에 배치하기 위하여 만들어진 수송수단(vehicle)과 준궤도 로켓(suborbital rocket)을 모두 포함한다.[31] 발사체의 '발사'란 지구로부터 준궤도, 우주의 지구 궤도 또는 기타 우주로 발사체(또는 재진입체) 및 탑재체(payload)(또는 인간)를 배치하거나

---

26 14 C.F.R. §450.3. 참고로, i) 2021.6.8. 이전에 발급된 발사 허가 및 ii) 2021.6.8. 이전에 FAA가 허가 신청을 수리한 것으로서 2021.6.8. 이후 발급된 발사 허가에 관하여는 발사/재진입의 종류별로 서로 다른 규정이 적용되었다. 구체적으로 소모성 발사체의 발사에 관하여는 14 C.F.R. §415 이하의 규정들이, 재사용발사체에 관하여는 14 C.F.R. §431이, 재진입에 관하여는 14 C.F.R. §435가 적용되었다. 우리나라에서 미국의 발사 관련 규제를 다룬 대부분의 문헌들이 이들 규정에 대한 검토에 기반하고 있으나, 2021.6.8. 이후 수리된 허가신청에 기한 발사에 대하여는 위와 같은 종류 구분과 상관없이 14 C.F.R. §450이 통일적으로 적용된다. 본고의 서술은 14 C.F.R. §450을 기준으로 작성되었음을 미리 밝혀 둔다.

27 51 U.S.C. Code §50905

28 14 C.F.R. §450.5.(a).

29 51 U.S.C §50904 (a)

30 탑재체란 발사체 또는 재진입체를 통해 외기권에 배치하려는 물체를 의미하며, 해당 물체를 위하여 특별히 설계되거나 맞추어진 발사체의 구성 요소를 포함한다. 51 U.S.C §50902 (7) 가장 보편적인 탑재체로는 인공위성이 있다.

31 51 U.S.C §50902 (11).

배치하려는 시도를 하는 것을 의미한다. 이는 발사체를 쏘아 올리는 행위 자체 뿐 아니라 발사체의 비행 전/후의 활동(pre－and post－flight ground operations)까지 포함한다.[32]

3) 발사체의 발사행위 중 미국의 관할이 인정되는 행위는 다시 다음과 같이 한정되어 있다.[33]

i) 누구든지 미국 내에서 행하는 경우

ii) 미국민(a citizen of the United States)[34]이 미국 외에서 행하는 경우

iii) 미국민이 미국 외 타국의 영토 외에서 수행하는 경우로서 미국과 당해 타국의 협정에 의하여 당해 타국이 관할권을 가지는 경우를 제외

iv) 미국민이 타국의 역내에서 수행하는 경우로서 미국과 당해 타국 간의 협정에 의하여 미국이 관할권을 가지는 경우

4) 면허는 언제나 개별 발사 건별로 받아야 하는 것은 아니다. 발사체 및 발사장소가 완전히 동일하다면 유효기간 동안 하나의 면허로써 수 회의 발사를 수행할 수 있다. 면허의 유효 기간은 면허 발급시 결정되는 바에 따르나, 발급일로부터 최대 5년을 넘지 아니한다.[35] 이러한 면허는 발사체 및 발사장에 관한 제반 사항을 만족시켜야 한다는 점에서 대물적 성격도 어느 정도 있어 보인다.[36] 나아가, 뒤에서 살펴보는 바와 같이, 탑재체가 있는 경우에는 발사 전에 개별 탑재체에 관하여 탑재체 적합성 판정을 받아야 하므로, 면허만 있으면 탑재체 종류와 상관없이 동일한 발사체를 무제한적으로 발사할 수 있는 것은 아니라는 점도 간과되어서는 안 된다.

---

32 14 C.F.R. §450.3.(b), §401.5

33 51 U.S.C §50904 (a)

34 자연인인 미국 시민, 미국 연방 또는 주법에 의하여 설립되었거나 존속하고 있는 실체(entity) 또는 위 두 종류의 자가 교통부 장관이 지정하는 바와 같이 지배적 이익(controlling interest)을 보유하고 있는 외국법에 의하여 설립되었거나 존속하고 있는 실체. 51 U.S. Code §50902 (1)

35 51 U.S.C. §450.7

36 김광배, “상업용 우주발사체 발사허가 제도 현황 및 동향 분석”, 『항공우주산업기술동향』 제21권 제1호, 한국항공우주연구원, 2023, 22면도 발사체의 제작사, 모델명 및 발사장의 위치에 따라 발사허가가 각각 발행된다고 설명하고 있다.

(2) 면허 발급 심사시 고려사항

1) 일반 조건

발사를 수행하고자 하는 자는 발사 운영자 면허를 받기 위하여 다음의 요건을 만족시키기 위한 심사를 받아야 한다.[37]

i) 정책 승인(policy approval): FAA는 발사체의 형식과 구조, 외국자본의 신청인 지배 유무, 비행계획(vehicle flight profile) 등으로부터 신청된 행위가 미국의 국가안전보장, 외교상의 이익 또는 조약상의 의무를 해할지 여부를 심사함으로써 승인 여부를 결정한다(14 C.F.R. §450.43).

ii) 안전성 승인(safety approval): 안전성 승인은 발사 및 재진입이 공공의 건강과 안전 그리고 재산의 안전을 해하지 않고 실시될 수 있는지를 심사하는 것이다.[38] 이를 위여는 14 C.F.R. Part 450의 Subpart C에 규정된 각 항목에 관한 매우 상세한 안전기준을 준수하여야 한다.[39] 한편 이러한 안전요건 중에 '비행안전 분석'이 포함되는데, 여기에 i) 발사체의 비행 순서에 따라 정상 비행 또는 오작동 상황에서 발생하는 파편(debris)의 특징을 나타내는 분석과 ii) 리스크 허용수준을 충족한다는 점을 입증하는 파편 위험성 분석이 포함되어야 하는 바,[40] 우주쓰레기(space debris) 문제도 안전 요건의 하나로 중요하게 고려되고 있음을 주목할 필요가 있다.

iii) 환경 심사(environmental review) 조건의 충족: 국가환경정책법(National Environmental Policy, NEPA)와 다른 환경법 준수를 증명하기 위하여, 관련 규정에 의하여 승인된 FAA의 환경평가, 환경영향평가서, 범주

37 14 C.F.R. §450.5.(a), §450.31(a)

38 14 C.F.R. §450.45

39 그러한 안전요건은 대략 다음과 같다: ①관련 임무의 리스크 수준 (14 C.F.R. §450.101), ②발사 또는 재진입 프로세스에서의 시스템 안전 프로그램 실행 (14 C.F.R. §450.103), ③위험통제전략(hazard control strategies)의 사용 (14 C.F.R. §450.107~111), ④비행의 모든 국면에 대한 비행안전 분석(flight safety analysis) (14 C.F.R. §450.113~139), ⑤안전에 결정적인 하드웨어와 컴퓨터 시스템 등 다양한 요소에 대한 위험통제 (14 C.F.R. §450.141~177), ⑥지상안전(ground safety) (14 C.F.R. §450.179~189)

40 14 C.F.R. §450.121, §450.135

제외 결정 또는 서면 재평가 문서 등을 제출하여야 한다(14 C.F.R. §450.47).

iv) 대상 행위로 인하여 발생할 수 있는 최대 손실(a maximum probable loss analysis)에 대한 분석을 FAA가 수행하기 위하여 필요한 정보의 제공(14 C.F.R. §450.31 (a)(6))

탑재체가 있는 경우에는, 면허의 요건으로서, 발사되는 탑재체에 대하여 FAA의 탑재체 적합성 판정(a favorable payload determination)을 별도로 받아야 하고, 이러한 판정은 신청의 일부를 구성하게 된다.[41] FAA는 탑재체에 관하여 필요한 모든 허가나 승인이 내려졌으며, 탑재체의 발사 또는 재진입이 공중의 건강과 안전, 재산의 안전, 미국의 국가안보나 외교정책상 이익 또는 국제법상 의무 이행을 위협하지 않는 경우 탑재체 적합성 판정을 내리게 된다.[42] 이러한 탑재체 적합성 판정은 개별 탑재체뿐 아니라 탑재체의 분류(class: 통신, 원격탐사, 내비게이션) 별로 할 수도 있으나, 이와 별도로 실제 발사되는 개별 탑재체별로 그 발사가 공공의 건강과 안전, 재산의 안전, 미국의 국가 안보 및 외교 정책상 이익 또는 국제법상 의무를 위협하지 않는다는 점을 FAA가 확인하여야 한다.[43]

2) 면허의 면제와 시험비행 승인

교통부 장관은 개별 사안에 따라 미국의 공익에 부합하며 공중 보건 및 안전, 재산 안전, 그리고 미국의 국가 안보 및 외교 정책 이익을 위협하지 않을 경우 면허 획득 의무를 면제(waive)할 수 있다. 단, 유인유주비행의 경우에는 그러하지 아니하다.[44]

시험비행 허가(experimental permit) 제도에 대하여도 언급할 만하다. 교

41 14 C.F.R. §450.31 (a)(3), §450.31(h)

42 단, 그 탑재체 중 연방통신위원회 또는 상무부 규칙이 적용되는 부분 또는 탑재체가 미국 정부의 소유이거나 미국 정부에 의하여 운영되는 경우는 그러하지 아니하다.

43 51 U.S. Code §50904 (c), 14 C.F.R. §450.43 (c)

44 51 U.S. Code §50905 (a)(3)

통부 장관은 특정한 준궤도 로켓(의 설계) 또는 특정한 재사용 가능 발사체(의 설계)에 관하여, 제한적인 목적 즉 i) 설계 개념, 장비 또는 운영 기술을 테스트하기 위한 연구 및 개발, ii) 동법에 따라 면허를 취득하기 위하여 필요한 요건에 대한 준수의 입증, iii) 허가 대상 로켓 등의 설계를 사용한 발사 또는 재진입을 위한 승무원 훈련을 위하여 그러한 허가를 할 수 있다.[45] 이러한 시험비행 허가 절차는 앞서 살펴본 발사체 운영자 면허에 비하여 간편하며, 하나의 시험비행 허가(experimental permits)로써 무제한적인 수 회의 발사 및 재진입을 커버할 수 있고, 허가서에 명시된 범위 내에서 허가 받은 사항에 관하여 일부 수정을 가할 수도 있다.[46] 다만, 이러한 허가는 양도 불가능하며,[47] 우주조약 7조의 원칙이 적용되는 경우와 달리 손해발생시 정부의 배상 대상도 되지 아니하며, 유상으로 자산이나 인간을 적재 내지 탑승시킬 수 없다.[48] 이러한 제도는 유인 준궤도 비행의 시험비행을 위하여 실제로 활용된 바 있다.[49] [50]

(3) 면허권자의 준수사항

면허를 받은 자(또는 그 양수인)는 제3자 또는 미국정부의 손해배상청구로 인한 가능한 손실 최대 금액(a maximum probable loss)을 보상하기 위하여 책임보험에 가입하거나 재정적 책임을 증명하여야 한다.[51] 탑재체가 관련 미국법을 준수하도록 하는 것 또한 발사 운영 면허를 받은 자의 의무이다.[52] 무엇보다도, 면허를 받은 발사를 수행함에 있어 공공안전과 재산의 안전을 확보할 책임이 있는바, 이를 위하여 14 C.F.R Subpart D의 다음 규정 또한

45 51 U.S. Code §50906 (d)
46 51 U.S. Code §50906 (e)
47 51 U.S. Code §50906 (f)
48 51 U.S. Code §50906 (h)
49 小塚荘一郎(Souichirou Kozuka)/笹岡愛美(Sasaoka Manami), 앞의 책, 20면.
50 한편 2015년 CLSCA는 시험비행 승인에 관한 일부 개정사항을 담고 있다. 그 자세한 내용에 관하여는 윤인숙, 앞의 글, 42면을 참고하라.
51 51 U.S. Code §50914
52 51 U.S. Code §50904 (b)

준수하여야 한다:[53]

i) 발사신청서상 기재된 내용에 따라 발사를 실행하고, 14. C.F.R Subpart C 및 D의 규정들을 준수하며, 면허의 조건들(terms and conditions)을 준수(14 C.F.R. §450.203)

ii) FAA 조사에 대한 협조(14 C.F.R. §450.209)

iii) 신청서나 면허 조건에 포함된 진술의 정확성 유지(14 C.F.R. §450.211)

iv) 사전보고 의무: 미션 관련 정보, 비행 취소 및 비행안전 분석에 관한 정보, 비행안전시스템 테스트 데이터, 충돌 회피 분석, 발사 또는 재진입 스케줄 등의 정보를 정보 종류에 따라 발사 개시 전 30일~60일 이내에 FAA에 제출(14 C.F.R. §450.213)

v) 사후보고 의무: 공공의 건강 및 안전, 자산의 안전에 중대한 영향을 줄 수 있는 발사체의 이상, 발사체의 이상 또는 사고에 대한 교정 조치, 탑승 인원의 수 등 일정한 사항에 관한 정보를 발사 개시 후 90일 이내에 FAA에 제출(14 C.F.R. §450.215)

vi) 우주물체의 등록(14 C.F.R. §450.217)

vii) 기록보존의무(14 C.F.R. §450.219)

(4) 면허의 양도

면허의 양도는 발사 운영자 면허를 받은 자 또는 면허의 양수를 희망하는 자가 FAA에 신청하고, FAA가 양도를 수행한다. 신청자는 14 C.F.R. §450의 규정들을 준수하여야 하고, FAA는 필요한 결정 및 승인이 모두 존재하는지 심사한다. 만일 면허의 양도로 인하여 기존 면허에 변경이 필요하다면, FAA는 이를 할 수 있다.[54] 시험비행 허가 양도가 불가능함은 앞서 살펴본 바와 같다.

---

53 유인우주비행을 수행하는 경우에는, 면허를 받은 자(시험비행 허가를 받은 자를 포함)는 탑승자가 승무원(crew)인지 일반 우주비행 탑승자(space flight participant)인지에 따라 일정한 추가 요건을 준수하여야 한다(51 U.S.C §50904 (b)(4)(5), 14 C.F.R. §450.207, §460).

54 14 C.F.R. §450.11

(5) 정부의 감독권

교통부 장관은 다음의 장소에 공무원 기타 개인을 배치하여 그 활동을 모니터링하게 할 수 있으며, 면허를 받은 자는 이에 협조하여야 한다.[55]

i) CSLA에 따른 면허권자가 사용하는 발사장 또는 재진입장

ii) 제3자가 면허권자를 위하여 발사체 또는 재진입체를 생산 또는 조립하는 데 사용하는 생산 시설 또는 조립 현장

iii) 승무원(crew), 정부 우주비행사(government astronaut) 또는 우주 비행 참가자(spaceflight participant) 훈련에 사용되는 장소로서 연방 정부 또는 외국 정부가 소유하거나 운영하지 않는 곳

iv) 탑재체가 발사체 또는 재진입체에 통합되는 현장

또한, 교통부장관은 법 준수를 위하여 필요한 경우 면허를 수정하고(modify), 면허권자가 관련 요건을 중대하게 위반하거나, 공공의 건강과 안전, 자산의 안전, 국가안보나 외교정책상 이익을 위하여 필요한 경우 면허의 정지(suspension), 취소(revocation)를 할 수 있다.[56]

3. 우주물체 등록에 관한 규정

앞서 언급한 바와 같이 우주물체의 등록은 발사 운영자 면허를 받은 자가 준수하여야 할 의무이다. 14 C.F.R. §450.217은 이러한 의무의 이행이 '미국 정부가 등록협약을 이행하는 것을 돕기 위함'임을 명시하고 있다.

구체적으로, 면허권자는 발사로 인해 우주 공간에 진입한 모든 물체(발사체 및 구성품 포함)에 대하여, 해당 물체가 미국 정부가 소유하고 등록한 것이 아닌 한 다음 정보를 각 물체별로 발사 후 30일 이내에 FAA에 제공하여야 한다.

55 51 U.S. Code §50907, 14 C.F.R. §450.209

56 51 U.S. Code §50908

i) 우주물체의 국제지정기호(international designator)

ii) 발사일자 및 장소

ii) 우주물체의 일반적 기능

iv) 최종 궤도 파라미터(노드 주기, 경사도, 원지점, 근지점을 포함)

v) 우주물체의 소유자 및 소유자의 국적(Ownership, and country of ownership, of the space object)

위 정보 중 v)의 소유권에 관한 내용을 제외한 정보는 앞서 살펴본 등록협약상 등록국이 UN 사무총장에게 제공하여야 하는 정보와 동일함을 알 수 있다.[57] 면허를 받은 자는 우주물체를 제거하는 경우 이를 FAA에 통지하여야 한다.[58]

4. 소결론

미국 CSLA에서는 발사 운영자 면허, 탑재체 적합성 판정, 면허의 면제 등 여러 규율과 관련하여 지상에서의 안전뿐 아니라 국가안보, 외교상 이익, 조약상 의무이행, 우주쓰레기 경감이 우주활동의 승인 여부를 판단하는 데 중요한 기준이 되고 있음을 알 수 있다. 이는 UN결의 68/74가 국가 승인의 요건으로 권고하는 바와 같다. 또한, 교통부의 현장 검사권과 면허 정지 · 취소권, 면허/허가 받은 자의 신청서 기재 및 면허 조건 준수의무 역시 위 UN 결의가 국가 감독의무의 내용으로 권고한 바를 충실히 구현하고 있다. 우주물체 등록과 관련하여서도 등록협약 이행을 위하여 면허 받은 자에게 등록협약에 규정된 정보를 FAA에 신속히 제공하도록 요구하고 있다.

이처럼 미국의 발사 및 등록 관련 규제는 이와 같이 국제법상 요구사항

57 소유권에 관한 정보는 이전에 적용되던 14 C.F.R. §417.19에서는 없던 규정으로(각주 41 참고), 당시에는 외국의 법인이 소유하는 물체는 등록 대상에서 제외되고 있었다.

58 14 C.F.R. §450.217 (c)

을 충실히 구현하면서, 하나의 면허로 수차례의 발사가 가능한 면허제도의 도입, 면허의 면제, 시험비행 허가와 같이 우주활동의 편의를 위한 유연한 접근 또한 채택하고 있는 데 그 특징이 있다.

Ⅳ. 일본의 발사 및 등록에 관한 규제

1. 서 론

2008년 제정된 「우주기본법」이 일본 우주개발 및 이용의 기본이념과 그 실현을 도모하기 위한 국가의 책무, 우주개발전략본부 설치 등 일본 정부의 통일적 우주정책을 정하고 있다.59 우주발사체의 발사 및 관리 · 운용에 관한 구체적 규제를 정하는 것은 2016년에 제정된 「인공위성 등의 발사 및 인공위성의 관리에 관한 법률」(人工衛星等の打上げ及び人工衛星の管理に関する法律, 통칭 “우주활동법”)이다. 일본의 우주활동법상으로는 인공위성 및 발사용 로켓(인공위성 등)의 발사 및 인공위성의 관리가 별개의 허가 대상이다. 이하에서 자세히 살펴보도록 한다.

2. 인공위성 등의 발사허가

(1) 발사허가의 내용 및 대상

우주활동법에 따라, 인공위성 등의 발사 실시자는 인공위성 등의 발사에 대하여 내각총리대신의 허가를 받아야 한다.

먼저 발사의 객체인 “인공위성등”이란 인공위성과 발사용 로켓을 의미한다(우주활동법 제2조 제3호). 인공위성이란 지구를 회전하는 궤도에 투입하

59 宇宙基本法 제1조; 문준조, “우주시대에 부응하는 우주관련법 개선방안”, 『한국법제연구원 연구보고』 2011－10호, 한국법제연구원, 2011, 119－120면; 이영진, “상업적 우주활동의 국제법적 규제”, 『항공우주정책 · 법학회지』 제28권 제2호, 한국항공우주정책 · 법학회, 2013, 211면.

거나 또는 그 밖에 투입하여 지구 이외의 천체 위에 배치 · 사용하는 인공물체로 정의된다(우주활동법 제2조 제2호). "인공위성 등의 발사"란 "자기 또는 타인이 관리 및 운영하는 발사시설을 이용하여, 인공위성의 발사용 로켓에 인공위성을 탑재한 후, 이를 발사하여 가속하고, 일정한 속도 및 고도에 도달한 시점에 해당 인공위성을 분리하는 것"(우주활동법 제2조 제5호)으로 정의된다.

인공위성 등의 발사에 관하여 일본의 허가권이 인정되는 것은 "일본 내에 소재하거나 일본국적을 가진 선박 또는 항공기에 탑재된 발사시설을 이용하여 인공위성 등의 발사를 하려는 자"이다. 이처럼 미국과 달리 허가 대상이 오직 속지주의에 의하여 규정되어 있기 때문에, 외국인이 일본 국내 등에서 인공위성 등의 발사를 하려는 경우에는 허가를 받아야 하고, 반대로 일본국적자가 외국 내에서 발사를 수행할 경우에는 허가 대상이 되지 아니한다. 이는 일본인의 외국에서의 발사활동을 통제하는 것이 현실적으로 어렵다는 점과 외국법에 의한 중복규제를 받는 것을 피하기 위한 것으로 이해된다.[60]

미국의 경우와 달리, 일본에서 발사 허가는 발사할 때마다 받아야 한다(우주활동법 제4조 제1항). 이는 발사용 로켓과 발사시설이 동일하여도 탑재체나 궤도 등이 달라지면 연료량 등 안전에 미치는 요소가 달라지는 점을 고려한 것이라고 이해된다.[61]

(2) 허가심사시 고려사항

우선, 허가신청자에게 우주활동법 제5조가 정하고 있는 결격사유가 없어야 한다(우주활동법 제5조).

허가신청자에게 결격사유가 없는 경우라도, 내각총리대신은 허가신청이 다음 조건을 충족하지 않으면 허가를 할 수 없다(우주활동법 제6조).

60 김영주, "인공위성의 발사 및 관리에 관한 규제 논점－2016년 일본 '우주활동법'을 중심으로－", 『항공우주정책 · 법학회지』 제35권 제3호, 한국항공우주정책 · 법학회, 2020, 190면.

61 大久保涼/大島日向, 앞의 책, 25면.

i) 발사용 로켓 설계의 안전성－인공위성 발사용 로켓의 설계가 로켓의 비행경로와 발사시설 주변의 안전을 확보하기 위한 기준에 적합할 것. 내각부령으로 정하는 기준인 '로켓안전기준' 또는 우주활동법 제13조 제1항의 '형식인정'[62] 또는 외국인정이 이러한 기준에 해당한다(우주활동법 제6조 제1호).

ii) 발사시설의 안전성－발사시설이 일정한 요건을 갖춘 무선설비를 구비하고 있어야 하고, 기타 인공위성의 발사용 로켓의 비행경로 및 발사시설의 주변의 안전을 확보하기 위한 기준에 적합할 것. 발사시설의 안전에 관한 기준으로서 내각부령으로 정하는 기준인 '형식별시설안전기준' 또는 우주활동법 제16조 제1항의 '적합인정'이 여기에 해당한다(우주활동법 제6조 제2호).

iii) 로켓발사계획[63]의 안전성－로켓발사계획에 있어서 비행중단조치와 기타 인공위성 발사용 로켓의 비행경로 및 발사시설 주변의 안전 확보방법이 정해져 있어야 하고, 그 외에 그 내용이 공공의 안전을 확보하는 데 적절한 것이고 또한 신청자가 해당 로켓발사계획을 실행할 충분한 능력을 갖추고 있을 것

iv) 인공위성 이용의 목적 및 방법의 적합성－인공위성의 발사용 로켓에 탑재되는 인공위성의 이용 목적 및 방법이 우주기본법상 "기본이념"[64]에 따르는 것이어야 하며, 우주의 개발 및 이용에 관한 모든 조약들의 적확하고 원활한 실시와 공공의 안전 확보에 지장을 줄 우려가 없을 것.

---

62 인공위성 발사용 로켓의 설계가 로켓안전기준에 적합하다는 점에 관한 인증이다.

63 인공위성 등의 발사를 예정하는 시기, 인공위성의 발사용 로켓의 비행경로 및 해당 비행경로 및 발사 시설 주변의 안전을 확인 · 유지하는 방법을 포함한 인공위성 등의 발사 방법을 정한 계획으로서, 발사실시자가 허가신청시 제출하는 서류이다(우주활동법 제4조 제2항 제4호).

64 일본 우주기본법 제2조 내지 제7조에 규정된, 우주개발이용의 기본이념을 의미한다(우주기본법 제8조). 구체적으로 우주의 평화적 이용(제2조), 국민생활의 향상 등을 위한 우주개발이용(제3조), 산업진흥에 이바지할 수 있는 우주개발이용(제4조), 인류사회의 발전에 기여하는 우주개발이용(제5조), 국제협력 등을 추진하여 국제사회에서의 역할 수행 및 국익증진에 기여하는 우주개발이용(제6조), 환경을 배려하는 우주개발이용(제7조)이 그것이다.

이와 관련하여, 내각부우주개발전략추진사무국은 「인공위성등의 발사 및 인공위성의 관리에 관한 법률에 기초한 심사기준 · 표준처리기간」[65]을 통하여 구체적인 허가심사기준 및 표준처리기간을 발표하고 있으며, 이러한 심사기준에 적합하기 위한 구체적인 방법에 관하여 「인공위성등의 발사에 관한 허가에 관한 가이드라인」[66]을 공표하고 있다. 이 가이드라인과 관련하여, 궤도상 폐기물(デブリ) 발생의 억제를 위하여 필요한 구체적인 내용들이 심사기준으로 명시되어 있다는 점을 언급해 둔다.[67] 내각총리대신은 이러한 허가에 조건을 붙이거나 이를 변경할 수 있다(제34조).

한편, 앞서 언급한 바와 같이 허가는 발사 건별로 받아야 하지만, 일단 로켓의 설계에 관한 형식인정 또는 발사시설의 안전성에 관한 적합인정을 받았다면, 동일한 설계의 로켓을 동일한 발사시설에서 발사할 경우 발사용 로켓 설계의 안전성 또는 발사시설의 안전성에 관한 심사는 생략 가능하다.[68]

(3) 허가받은 자의 준수사항

인공위성등의 발사허가를 받은 발사실시자는 인공위성을 발사할 때 해당 인공위성등의 발사에 관한 인공위성등의 발사용 로켓을 허가받은 설계에 적합하도록 하여야 하며, 재해 기타 부득이한 사유가 있는 경우를 제외하고는 허가받은 로켓발사계획에서 정하는 바에 따라야 한다(우주활동법 제8조).[69] 또한, 발사실시자는 법이 정하는 손해배상 담보조치를 취하지 아니한 경우에는 허가받은 인공위성등의 발사를 하여서는 아니된다(우주활동법 제9조).

---

65 https://www8.cao.go.jp/space/application/space_activity/documents/review_standards.pdf 이 문서는 그 밖에 변경허가 및 승계허가, 형식인정, 발사시설 적합인증, 인공위성 관리허가 등 우주활동법상 정부당국의 허가 · 승인이 필요한 행위 일반에 대하여 구체적 심사기준과 그 시한을 정하고 있다.

66 https://www8.cao.go.jp/space/application/space_activity/documents/guideline1.pdf

67 内閣府宇宙開発戦略推進事務局, "人工衛星等の打上げに係る許可に関するガイドライン", 6.3.16.

68 김영주, 앞의 글, 193면.

69 인공위성등의 발사용 로켓의 설계 및 로켓발사계획은 허가신청시 제출하여야 하는 서류에 포함된다. 우주활동법 제4조 제2항.

(4) 허가의 양도 등

발사허가는 양도인 및 양수인이 사전에 양도 및 양수에 대하여 내각부령으로 정하는 바에 따라 내각총리대신의 인가를 받았을 때 양수인에게 승계될 수 있다(우주활동법 제10조 제1항). 발사 실시자인 법인이 합병으로 소멸하는 경우에도 자연스럽게 합병법인으로 허가가 승계되는 것은 아니고 내각총리대신의 인가가 있어야 합병법인으로 승계 가능하며(우주활동법 제10조 제2항), 분할의 경우에도 같다(제10조 제3항).

이러한 인가에 대해서는 조건을 붙일 수 있다(제34조 제1항). 그 밖에, 이러한 발사허가에 대한 변경허가(우주활동법 제7조, 경미한 변경의 경우는 신고사항), 허가의 실효 요건(우주활동법 제11조)[70] 등에 관한 규정도 마련되어 있다.

(5) 정부의 감독권

내각총리대신은 발사실시자에 대하여 필요한 보고를 요구하거나 현장조사를 실시하고(제31조), 행정지도를 수행할 수 있다(제32조). 또한, 일정한 경우 인공위성 발사용 로켓의 설계나 발사시설의 안전성에 관하여 설계변경 또는 필요한 조치를 명할 수 있다(제33조).

나아가 내각총리대신은 허가취소권을 가진다. 허가취소사유는 다음과 같다.

i) 발사실시자가 거짓이나 그 밖의 부정한 방법으로 허가, 변경허가 또는 인가를 받은 경우

i) 허가의 결격사유가 존재하게 된 때

iii) 발사에 사용하는 인공위성 발사용 로켓의 설계가 로켓안전기준에 적합하지 아니하게 된 경우

iv) 발사에 사용하는 발사시설이 형식별 시설안전기준에 적합하지 아니하게 된 경우

70 우주활동법 제11조

v) 허가가 필요한 변경사항에 허가를 받지 아니한 경우

vi) 우주활동법 제8조의 설계 및 발사계획 준수의무를 위반한 경우

vii) 허가 또는 인가에 붙여진 조건을 위반하는 경우

3. 인공위성의 관리허가

우주활동법은 미국의 CSLA와는 달리, 인공위성 자체의 관리 업무를 내각총리대신의 허가사항으로 규정하고 있다. 즉, 일본 내에 소재하거나 일본 국적을 가진 선박 또는 항공기 또는 일본이 관할권을 가지는 인공위성으로 내각부령으로 정하는 것에 탑재된 인공위성 관리설비("국내 등 인공위성 관리설비")를 이용하여 인공위성을 관리하고자 하는 자는 인공위성마다 내각총리대신의 허가를 받아야 한다(우주활동법 제20조 제1항).[71]

여기에 관하여도 결격사유(제21조), 인공위성 관리설비 운영의 허가기준(제22조), 인공위성 관리허가를 받은 자의 준수사항(제24조), 허가의 양도 내지 승계(제26조), 허가취소사유(제30조), 내각총리대신의 감독권한(제31조 내지 제33조)에 관한 규정이 발사허가와 유사하게 존재한다. 인공위성 관리라는 업무의 특징상 발사허가의 경우와 비교하여 인공위성에 손상이 발생하여 관리가 불가능해진 때, 관리계획에 따른 관리 종료시 인공위성관리자의 허가종료조치에 따른 허가의 효력상실에 관한 규정이 별도로 존재한다(제25조, 제28조).

한편 우주쓰레기 문제와 관련하여, 인공위성 관리설비 운영의 허가기준 중 "우주공간의 유해한 오염 방지"가 매우 중요하게 고려되고 있다는 점에 주목할 필요가 있다. 즉, 인공위성의 구조, 관리계획, 인공위성 운영 종료조치의 모든 면에서 우주공간의 유해한 오염 방지는 중요한 요구사항이다(제22

71 인공위성의 관리란 인공위성 관리설비를 이용하여 인공위성의 위치, 자세 및 상태를 파악하고 이를 제어하는 것을 의미(우주활동법 제2조 제7호)하는데, 인공위성 관리설비란 전자파를 이용하여 인공위성의 위치, 자세, 상태에 관한 정보를 송수신함으로써 인공위성의 위치, 자세, 상태를 제어하는 무선설비를 말하는 것으로 이해된다(우주활동법 제2조 제6호 참고).

조 제2호 내지 제4호).[72] 구체적으로, 인공위성의 구조와 관련하여 의도하지 않은 물체의 방출을 방지하기 위한 조치가 취하여져 있을 것, 자세 또는 상태의 이상이 검지된 때 당해 인공위성의 파쇄를 방지하는 조치가 취하여져 있을 것, 지구 이외의 천체를 도는 궤도에 투입되거나 당해 천체에 낙하하는 인공위성 또는 인공위성 구성부품이 당해 천체를 유해하게 오염시키지 않기 위한 조치가 취하여져 있을 것(우주활동법 제22조 제2호, 우주활동법 시행규칙 제22조 제1호 내지 제3호, 제6호) 등이 요구되고 있다.[73]

4. 우주물체의 등록

우주활동법은 우주물체의 등록에 관하여는 규정하고 있지 아니하지만, 등록협약 및 UN결의 62/101을 준수하기 위하여 내각부우주전략추진사무국(內閣部宇宙開發推進戰略事務局)이 '우주물체등록에 관한 신청매뉴얼(宇宙物体登録に係る届出マニュアル)'[74]을 공표하였고, 이에 따라 우주물체 등록이 이루어지고 있다.

위 매뉴얼에 따르면 허가받은 발사실시자 또는 인공위성관리자가 우주물체의 등록을 수행하여야하며,[75] 등록신청은 기본적으로 UNOOSA 우주물체등록부의 양식을 이용하여 영어로 하여야 한다. 우주물체가 새롭게 발사된 경우 뿐 아니라 우주물체의 소유자 또는 관리자 변경에 따른 변경등록, 우주물체의 정파(停波, 통신중단) 또는 재돌입에 의한 우주물체 등록내용의 추기

---

72 이러한 오염방지조치에 관한 구체적인 기준은 우주활동법 시행규칙 제22조, 제23조, 우주활동법 제22조 제4호 각목에 규정되어 있다. 이러한 기준에 관한 보다 상세한 내용에 관하여는 김영주, 앞의 글, 175면을 참고하기 바란다.

73 기타 허가의 상세 기준과 처리기간에 관하여는 앞서 언급한 "인공위성의 발사 및 인공위성의 관리에 관한 법률에 기한 심사기준 · 표준처리기간"에 상세 사항이 규정되어 있고, 보다 구체적인 지침으로서 내각부 우주개발전략추진사무국의 "인공위성의 관리에 관한 허가에 관한 가이드라인" 또한 공표되어 있다. 우주쓰레기 경감에 관한 상세 기준 또한 이 가이드라인에서 더 찾아볼 수 있다. https://www8.cao.go.jp/space/application/space_activity/documents/guideline4.pdf

74 https://www8.cao.go.jp/space/application/space_activity/documents/manual－spaceobjt.pdf

75 위의 글, 3면.

등 UNOOSA의 요구사항을 충실히 반영하고 있다. 이러한 등록은 예외적인 사유가 없는 한 등록사유 발생일로부터 30일 이내에 하여야 한다.[76]

5. 소결론

미국과 마찬가지로, 일본 우주활동법에서도 UN결의 68/74에 부합하게 발사용 로켓 및 발사시설의 안전성뿐 아니라 우주의 평화적 이용, 환경에 대한 배려, 관련 조약의 준수와 우주쓰레기 경감 대책이 우주활동을 승인 · 감독하는 기준으로 명시되어 있다. 허가받은 자에게 허가받은 설계 및 로켓발사계획 준수의무가 법령에 명시적으로 규정되어 있는 점, 내각총리대신이 보고요구 및 현장조사권, 시정명령권 등의 강력한 감독권을 보유하고 있는 점 또한 위 UN결의가 권고한 바에 따르고 있다고 할 수 있겠다. 우주물체 등록과 관련하여서는, 명확한 법적 의무는 아니지만 아예 UNOOSA가 요구하는 사항을 영문으로 제출하도록 하는 등 등록협약 및 국제법의 준수에 보다 직접적으로 관련되는 행위를 요구하고 있다.

전체적으로 일본의 발사 및 등록 관련 규제도 국제법상 요구사항을 충실히 구현하고 있다고 할 수 있다. 인공위성의 관리허가 제도로써 인공위성의 관제행위에 대하여도 국가의 감독권이 미치도록 하고 있다는 점은 미국과 구분되는 일본법의 특징인 것으로 보인다.

또한, 우주활동법은 미국과 같이 하나의 면허로 수차례의 발사가 가능한 면허제도를 도입하고 있지는 아니하고 발사 건별로 허가를 요구하고 있기는 하나, 발사용 로켓 형식인정과 발사시설 적합인정 제도로써 허가절차의 간소화를 도모하고 있다는 점에서 우주활동의 편의 또한 배려하고 있다고 할 것이다. 그리고 이는 발사체와 발사장이 동일하면 하나의 면허로써 수차례의 발사를 수행할 수 있는 미국의 면허제도와, 비록 규정 형식은 다르지만, 결

76 内閣府宇宙開発戦略推進事務局, "宇宙物体登録に係る届出マニュアル"(2019년 개정 제1판), 5면.

과에 있어 어느 정도는 유사하다고 볼 수도 있을 것이다.

Ⅴ. 우리나라 우주개발진흥법상 발사와 등록에 관한 규제

1. 서 론

우리나라에서 발사와 우주물체의 등록에 관한 규제는 우주개발 진흥법에 규정되어 있는데, 2024.3.20. 입법예고된 우주개발진흥법 일부개정법률안(이하 "입법예고안")은 발사면허 제도를 도입하고 있다. 본장에서는 현행 우주개발진흥법상 발사 및 등록 규제와 입법예고안의 발사면허 제도에 관하여 검토하고, 앞서 살펴본 국제 우주법 및 미국과 일본의 관련 규정과 비교하여 어떠한 입법적 과제가 있는지 살펴보겠다.

2. 우주발사체의 발사허가

우주개발진흥법 제11조는 우주발사체를 발사하려는 자가 대한민국의 영역 또는 대한민국의 관할권이 미치는 지역 · 구조물에서 발사하려는 경우와 대한민국 정부 또는 국민이 소유하고 있는 우주발사체를 국외에서 발사하려는 경우 우주항공청장의 허가를 받아야 한다(우주개발진흥법 제11조 제1항 본문). 허가 내용을 변경하려면 경미한 사항의 경우를 제외하고 변경허가를 받아야 한다(같은 조 단서).

이때 "우주발사체"는 자체 추진기관에 의하여 인공위성이나 우주선 등을 우주공간에 진입시키는 인공우주물체(미사일 등 무기체계에 해당하지 아니하는 것으로서 대통령령으로 정하는 성능을 갖춘 준궤도발사체를 포함한다)를 말한다(제2조 제3의2호).

이러한 발사허가를 받으려는 자는 결격사유가 없는 자여야 하고(제12

조), 다음 사항을 포함한 발사계획서를 신청서에 첨부하여야 한다(우주개발진흥법 제11조 제2항, 동 시행령 제13조).

i) 발사 예정일 및 대기권에서의 비행 궤적

ii) 발사체의 제원 및 성능

iii) 안전성 분석보고서

iv) 탑재체 운용계획서

iv) 손해배상책임 부담계획서

우주항공청장은 이러한 발사허가를 할 때에는 다음 각 호의 사항을 고려하여야 한다(우주개발 진흥법 제11조 제3항, 동 시행규칙 제8조).

i) 우주발사체 사용 목적의 적정성

ii) 발사에 사용되는 우주발사체 등에 대한 안전관리의 적정성

iii) 우주사고의 발생에 대비한 손해배상 책임보험의 가입 등 재정부담 능력

iv) 우주발사체 운송계획의 적정성과 발사 예정기간의 발사장 주변지역 상황

3. 2024.3.20. 입법예고된 우주개발진흥법 개정안의 발사면허

현행 우주개발진흥법상 발사허가는 건별 허가이다. 그런데 앞서 살펴본 미국의 발사면허는 하나의 면허로써 여러 건의 발사를 수행하는 것을 허용하면서 탑재물이 있는 경우 탑재물에 대한 건별 확인을 받도록 하고 있다. 일본의 경우 발사허가는 우리와 마찬가지로 건별 허가이나, 형식인정 및 적합인정을 받을 경우 동일한 설계의 발사체 및 동일한 발사장을 활용할 경우 발사체 및 발사장의 안전에 관한 심사를 생략할 수 있다. 이처럼 미국과 일본의 발사 관련 법령은 발사의 개별 상황을 고려하되, 불필요한 중복 심사를 생략하기 위한 근거를 두고 있으나, 현행 우주개발진흥법은 그러한 고려를

반영하고 있지 않다.

그러나 우리나라에서도 민간기업과 공공영역에서 1~2년 내 우주발사체 반복 발사를 목표로 사업을 추진 중이라고 하므로 행정상 · 재정상 비용 경감을 위하여 효율적인 발사허가가 필요하다는 문제의식은 존재하고 있다. 이러한 문제의식에 입각하여, 2024.3.20.자 입법예고안은 우주개발진흥법 제11조의2를 신설하여 발사 면허제도를 도입하고자 하였다. 동일 발사체로, 동일 발사장에서 반복 발사 시 발사 운영자에 대하여 발사면허를 발급할 수 있으며(개정안 제11조의2 제1항), 발사면허의 기간, 발급절차, 검토사항, 변경 등에 필요한 세부사항은 시행령에 위임되어 있다(제11조의2 제2항). 발사면허에 대하여도 발사허가의 결격사유에 관한 제12조 규정이 적용되고(개정안 제12조), 발사면허의 취소사유 또한 기존 발사허가의 취소사유와 유사하다(개정안 제13조의2).

4. 우주물체의 예비등록과 등록

(1) 인공우주물체의 예비등록

대한민국 국민(법인을 포함)이 국내외에서 인공우주물체(우주발사체는 제외)를 발사하려는 경우에는 발사 예정일로부터 180일 전까지 우주항공청장에게 예비등록을 하여야 한다(제8조 제1항). 대한민국 국민이 아닌 자의 경우 대한민국 영역 또는 대한민국의 관할권이 미치는 지역 · 구조물에서 발사하려는 경우, 대한민국 정부 또는 국민이 소유하고 있는 우주발사체를 이용하여 국외에서 발사하려는 경우 위와 같은 예비등록의 의무가 있다(제8조 제2항).

예비등록의 객체인 인공우주물체는 우주공간에서 사용하는 것을 목적으로 설계 · 제작된 물체로서 우주발사체, 인공위성, 우주선 및 그 구성품을 포함하는 것으로 넓게 규정되어 있다.

인공우주물체를 예비등록하려는 자는 우주항공청장에게 예비등록신청서를 제출하되, 인공우주물체에 관한 사항을 상세히 기재한 발사계획서를 예비등록신청서에 첨부하여야 한다(우주개발 진흥법 제8조 제1항, 제3항, 동 시행령 제10조 제1항, 제3항). 우주항공청장은 이러한 발사계획서를 검토한 결과 우주사고에 따른 손해배상책임을 부담할 수 있는 능력이 미흡하다고 판단하는 경우에는 시정 · 보완을 요구할 수 있다(제8조 제4항).

(2) 인공우주물체의 등록

인공우주물체를 예비등록한 자는 그 인공우주물체가 위성궤도에 진입한 날로부터 90일 이내에 우주항공청장에게 인공우주물체를 등록하여야 한다. 다만, 등록협약에 따라 발사국 정부와 합의하여 외국에 등록한 인공우주물체에 대하여는 그러하지 아니하다(제8조 제5항, 시행령 제10조 제1항). 또한, 발사계획서 기재사항에 변동이 발생한 경우에는 그 사실을 안 날로부터 15일 내에 우주항공청장에게 통보하여야 한다(제8조 제8항).

등록협약에 따라 외교부장관을 거쳐 국제연합에 등록하여야 하며(제9조 제1항), 인공우주물체의 수명 완료 등으로 인하여 제1항 본문에 따라 국제연합에 등록한 내용에 변동이 발생한 경우에는 이를 외교부장관을 거쳐 국제연합에 통보하여야 한다(제9조 제2항). 우주항공청장은 인공우주물체의 예비등록대장 및 등록대장을 유지 · 관리하여야 한다.

5. 우주개발진흥법의 입법적 과제에 관한 검토

(1) 발사 및 우주활동에 관한 국가의 감독 및 통제 규정의 검토

우주조약 제6조, UN결의 68/74, UN COPUOS의 지속가능성 가이드라인에 따르면 국가는 자국의 우주활동에 대하여 계속적인 감독의무를 부담하는바, 우리나라의 우주개발 관련 법령도 이러한 요구를 충족함이 바람직할 것이다. 그러한 관점에서 본다면, 우리 우주개발 진흥법은 이러한 국제법적 요구사항은 물론 미국의 CSLA나 일본의 우주활동법에 비하여서도 약간의 공백들이 관찰되고 있는바, 이하에서 자세히 살펴보도록 한다.

1) 발사허가 후 발사실시자의 행위의무 및 규제기관의 감독권

UN결의 68/74는 우주활동에 관하여 지속적인 감독과 모니터링이 보장되어야 하며, 이와 관련하여 "현장 검사, 보고의무, 승인 중단 · 취소 처분"등이 필요함을 설시하고 있다. 미국의 CSLA나 일본의 우주활동법 또한 발사실시자의 발사계획서 준수, 규제기관에 대한 보고의무 등 발사면허 또는 허가를 받은 자의 행위의무를 상세히 규정하고, 이와 관련하여 규제기관의 감독권 및 처분권을 상당히 자세히 규정하고 있다.

그런데 우리 우주개발 진흥법 상으로는 미국과 일본의 경우와 달리, 발사실시자의 행위의무에 관한 명시적 규정이 존재하지 아니한다. 우주항공청 고시인 「발사계획서 작성방법」이 발사 실시자에 대하여 발사안전계획 수립 및 적절한 조치의 이행의무(제17조 제1항), 발사운영 업무절차의 마련과 발사안전 전담조직 구성 · 운영 의무(제18조 제1항), 발사임무 종료 후 사전 수립 안전대책 이행의무(제19조 제1항) 등의 의무를 부과하고 있기는 하다. 그러나 이러한 의무들은 법령의 명시적 위임을 받은 것이라고 보기 어렵고, 이러한 의무를 미준수로 한 허가취소는 가능하지 아니하며(예컨대 앞서 살펴본 바와 같이 일본의 경우 발사허가를 받은 자의 발사계획서 준수 등 의무 불이행시 허가 취소가 가능하다), 기타 제재 규정 또한 존재하지 아니하다.

나아가 우주개발 진흥법 제13조에 발사허가 취소사유가 규정되어 있기는 하나, "관계 중앙행정기관의 장이 국가의 안전보장에 심각한 위협이 예상되어 허가취소를 요청한 경우"(제13조 제1항 제3호), "우주발사체의 발사 전 연료의 누수, 통신시스템의 결함 등 우주발사체의 안전관리에 이상이 있는 경우"(제13조 제1항 제4호) 등 허가취소 사유가 제한적이므로 발사 실시자가 사후적으로 발사 계획서를 중대하게 준수하지 않는다 하더라도, 제13조 제1항 제3호에 따라 관계 중앙행정기관의 장이 허가취소를 요청하거나 안전에 관한 이상이 있는 경우에만 허가 취소가 가능하다. 발사계획 미준수를 포함, 면허/허가취소 사유를 넓게 규정하고 있는 미국 및 일본의 입법례와 다른 부분이라 할 수 있다.

소관 행정청의 조사권(현장조사 또는 보고를 요구할 권한)도 명시적으로 규정되어 있지 아니하다. “발사계획서 작성방법” 제18조 제2항은 우주항공청장이 발사운영에 대한 발사관리 점검평가를 위해 발사관리점검단을 구성하여 파견할 수 있다고 규정하고 있고, 실제로도 발사허가 후 이와 같은 점검을 실시하고 있는 것으로 파악되나,[77] 법률상 강제력 내지 발사실시자의 협조의무가 있다고 볼 수 없다. 이는 미국이나 일본의 경우 규제기관의 현장조사 권한(심지어 미국에서는 발사장 · 재진입장은 물론 발사체의 생산 · 조립 시설까지 출입할 수 있다) 및 여기에 대한 발사면허/허가를 받은 자의 협조의무, 그리고 설계변경 등 필요한 조치를 명할 권한에 대한 명확한 근거규정이 존재하는 점과 대조되는 부분이다.

현행 우주개발 진흥법뿐 아니라 입법예고안에서도 위와 같은 발사실시자의 의무, 소관 행정청의 조사 · 감독권은 규정되어 있지 아니하다.

우주개발진흥법 상으로도 허가 내용이 변경될 경우 변경허가를 받아야 하고, 변경허가를 받지 아니한 것은 형사처벌 대상이므로(제27조 제1항), 변경허가를 받지 않는 한 발사실시자에게 안전대책, 탑재체 운용계획 등 허가받은 사항을 그대로 유지 · 준수할 의무가 간접적인 형태로 존재한다고 볼 여지는 있다. 그러나 앞서 살펴본 우주조약 제6조의 감독의무 및 이를 구체화한 UN결의 68/74, 그리고 이에 입각하여 제정된 미국과 일본의 관련 법제와 비교하여 볼 때, 우주개발진흥법의 규정이 우주활동에 대한 국가의 감독활동으로서 충분하다고 단정하기는 어렵지 않을까 생각된다.

이러한 국제법 및 비교법적 관점을 고려하지 않더라도, 우주개발 진흥법 수준으로 국가의 감독권을 규정하는 것이 다른 허가 관련 법령과의 균형을 고려할 때 바람직한 것인지도 의문이다. 예컨대 공공의 안전과 관련 있는 건축법상 건축허가, 식품위생법상 영업허가 등에 관하여 허가받은 자의 행위의무, 소관 행정청의 지속적인 감독권, 행위의무 위반에 대한 다양한 제재 권

77 과학기술정보통신부 2023.3.30.자 보도자료, 제46회 우주개발진흥실무위원회 개최, 안건 제2호.

한이 규정되어 있는 것과 비교하더라도, 공공의 안전 뿐 아니라 국가의 외교적 이익과 같은 중요한 법익 보호와 관련되어 있는 발사허가에 대하여 소관 행정청의 감독권이 명확히 규정되어 있지 않다는 것은 재고의 필요가 있을 것이다. 특히, 입법예고된 우주개발 진흥법 규정과 같이 향후 발사면허 제도를 도입하여 한 번의 면허로써 여러 차례의 발사를 가능하게 할 경우라면 이와 같은 행위의무의 부여와 지속적인 감독권을 규정할 필요는 더더욱 높다 할 것이다.

2) 허가의 양도 · 승계

앞서 살펴본 바와 같이 미국과 일본은 발사면허/허가 후 발사실시자가 변경되는 경우 허가의 양도 내지 승계 요건 및 절차에 관한 규정을 두고 있다. 국내법에 이러한 규정을 두는 것은 우주 제조약이나 관련 연성법에서 명확히 요청되는 것은 아니지만, 발사체의 발사가 상당한 위험을 수반할 수 있으며 고도의 기술력 및 재정 능력을 요구하는 활동이라는 점에서 발사허가를 양수하는 자가 안전대책 등 발사계획을 준수할 능력과 손해배상책임을 부담할 능력 등이 있는지 제대로 심사하는 등 발사면허/허가의 양수도 적격을 확인하도록 하는 절차는 국가가 더욱 실효성 있게 감독권을 행사할 수 있기 위하여 반드시 필요할 것으로 생각된다. 향후 면허제도가 도입될 경우 면허의 양도 · 양수 가능성은 더 늘어날 것으로 보이는바, 이에 대한 대책 마련은 더욱 시급해질 것이다.

3) 발사허가 · 면허와 탑재체 심사기준

가) 현행 우주개발 진흥법상 탑재체에 관한 심사기준

UN결의 68/74 및 지속가능성 가이드라인은 우주활동에 대한 승인에 관하여 국가의 국제법적 의무와 국가 안보 및 국가의 외교 · 정책적 이익을 반영하고, 발사장소 뿐 아니라 다른 우주 활동에 대한 유해한 간섭을 방지할 것을 요구하고 있다. 이에 따라 미국의 CSLA는 탑재체와 관련하여 관련 국내 법령이 준수되어야 하고 안전, 안보, 외교상 이익 및 국제법 준수가 가능하여야 한다는 점을, 일본 우주활동법은 인공위성이 우주기본법상 기본이념, 관련 국제법규 및 공공의 안전 확보에 따라야 한다는 점을 심사 기준으로 명확히 규정하고 있다.

우리 우주개발 진흥법과 동 시행규칙에 따르면 발사허가 신청시에는 탑재체의 사용 목적, 탑재체의 소유권자 및 이용권자, 탑재체의 사용기간, 탑재체의 제작자 · 제작번호 및 제작 연월일 등을 기재한 탑재체 운용계획서를 제출하여야 하고, 과학기술정보통신부 장관은 우주발사체 사용 목적 및 안전관리의 적정성, 우주사고 발생에 대비한 재정부담 능력, 우주발사체의 운송 및 발사장 주변지역 상황 등을 고려하여 발사허가를 하여야 한다는 점은 앞서 살펴본 바와 같다. 특히 「발사계획서 작성방법」에 따르면 탑재체 운용계획에 대하여는 탑재체 임무 적합성과 탑재체 조립 및 이송 안전 대책과 탑재체 위험물 안전 대책을 포함한 "재체 운용 안전 계획을 심사한다([별표2] 발사계획서 작성방법).

이와 같이 우주개발 진흥법령은 발사허가 신청시 탑재체 운용계획서를 제출하여야 한다는 점만 규정하고 있을 뿐, 탑재체의 운용계획에 대한 심사시 고려되어야 할 사항은 규정하고 있지 않다. 그나마 고시인 발사계획서 작성방법에서 추상적으로 "탑재체 임무 적합성"과 '탑재체 조립부터 발사에 이르기까지의 안전성', '탑재체 위험물에 대한 안전성'이라는 매우 제한된 범위에서의 안전성만을 심사 기준으로 제시하고 있을 뿐이다. 탑재체 추락 등으로 인한 리스크, 탑재체의 우주환경 및 다른 우주물체에 대한 영향 등 보다 넓은 의미에서의 안전성은 심사시 고려 사항으로 명시되어 있지 않으며, 나아가 국제법의 준수나 국가의 외교적 · 정책적 이익에 대한 사항도 명시되어 있지 아니하다.

그러나 우주에서의 탑재체의 운용 또한 우주조약 제6조에 따라 국가가 책임을 지는 우주활동인바, 탑재체의 운용 목적과 방식으로 인하여 국제규범을 위반하거나 우리나라의 외교적 이익을 저해하는 경우도 있을 수 있고, 예컨대 우주에서의 탑재체 기능 이상 등으로 인하여 다른 나라의 우주물체에 손상을 입히거나, 탑재체의 추락에 따라 지구상의 제3자에게 피해를 입힘으로써 (입증의 문제가 있어 현실적으로 발생하기 어려울 수 있으나 사안에 따라서는 우주손해협약에 따라 대한민국이 손해배상책임을 부담하게 함으로써) 국익을 훼손하거나 안전을 침해할 우려가 있는 것이 사실이다. 이 점을 감안하면 UN결의 68/74등 관련된 국제 가이드라인이나 미국 · 일본 등의 관련 법제를 참고하여 탑재체 심사 기준(그리고 그에 따라 탑재체 운용계획서상 기재사항)을 보다 구체적으로 재정립하는 방안을 검토하여 볼 가치는 있다고 생각된다.[78]

나) 발사면허제 도입과 탑재체 심사

발사면허 제도를 신설한 입법예고안은 동일 발사체, 동일 발사장에서의 반복 발사에 대하여 한 번의 면허만 받으면 발사를 수행하는 것을 예정하고 있으나, 이 과정에서 탑재체에 관한 고려가 누락되어 있는 것을 알 수 있다. 동일 발사체, 동일 발사장에서 발사를 수행하더라도 탑재체가 달라지면 앞서 살펴본 바와 같이 안전을 포함한 많은 요소들에 있어 실질적인 차이가 발생할 수 있다. 이에 미국은 탑재체 적합성 판정 뿐 아니라 탑재체 적합성 판정시 고려사항에 대한 FAA의 확인을 요구하고 있으며, 일본은 탑재체의 특성을 고려한 건별 발사허가 방식을 채용하고 있음은 앞서 살펴본 바와 같다.

이 점에 비추어 본다면, 특정 발사활동에 대하여 발사면허를 부여하더라도, 실제 개별 발사시에는 탑재체에 관한 고려도 할 수 있도록 입법예고안을 적절히 수정할 필요가 있다.

4) 우주쓰레기 등 우주환경 문제에 관한 고려

우주 활동의 안전성을 도모하고 지속가능한 우주 활동을 가능케 하기 위하여 우주 환경보호, 특히 우주 쓰레기 경감은 국제 우주법의 중요한 과제가 되어 있다. 수명을 다한 인공위성 기타 우주물체 또는 그 파편과 같은 우주 쓰레기가 가져올 수 있는 위협은 단지 궤도상의 다른 우주물체와의 충돌

78 본고에서는 지면 관계상 자세히 논하지 아니하나, 미국의 탑재체 적합성 판정시 제출하여야 하는 자료는 우리 우주개발 진흥법상 요구되는 그것에 비하여 훨씬 광범위하고 상세하다. 14 C.F.R. §450.43(i)

가능성 뿐 아니라, 그 추락으로 인한 지구에서의 인명피해 및 재산상 피해 가능성까지 포함하며, 이는 근래에 현실화되고 있다.[79]

이러한 위협에 대응하기 위하여 국제우주쓰레기조정위원회(IADC)와 UN COPUOS가 우주쓰레기 경감 가이드라인을 발표하였고, UN결의 68/74와 지속가능성 가이드라인도 우주활동에 대한 국가 감독의 중요한 부분으로 이러한 가이드라인의 준수를 강조하고 있는 것이다. 우리나라도 이러한 문제의식에 입각하여 2014년 IADC에 가입하여 적극 참여 중이다.

우선 미국의 경우 CSLA가 발사 면허의 전제 조건 중 하나인 안전성 승인 요건으로서 발사체로부터 발생할 수 있는 파편들이 리스크 허용 수준을 충족하는지를 고려한다는 점은 앞서 살펴본 바와 같다. 나아가 상업통신위성과 관련하여, 미국 통신위성법(Communications Satelite Act)상 정지궤도 및 비정지 위성을 이용한 우주국 운영을 위하여서는 FCC의 승인이 필요한데,[80] 이때의 허가요건에는 우주국의 정상 운영시, 우주국과 타 물체의 충돌 발생시, 우주국의 폐기시 등 다양한 상황에서 발생할 수 있는 위성 쓰레기 등 궤도상 쓰레기(orbital debris) 경감에 관한 사항이 포함되어 있다.[81] [82] 나아가, 상업용 통신위성의 폐기 절차와 관련하여서도 폐기물 경감을 위한 조치가 규정되어 있다.[83] 정지궤도 위성 대부분의 탑재체가 인공위성이라는 점을 감안하면, 미국법은 발사체뿐 아니라 탑재체와 관련한 우주쓰레기 경감 또한 중요한 규제 목표로 삼고 있음을 알 수 있다.

일본의 경우에도, 내각부 우주개발전략추진 사무국의 "인공위성의 발사에 관한 허가에 관한 가이드라인"은 궤도상 쓰레기(デブリ, debris) 발생의 억

---

79 한국경제, "가정집 덮친 쓰레기 '무서운 정체' … "인명피해 날 것" 경고", 2024년 4월 6일, https://www.hankyung.com/article/2024040644237, ZDNet Korea, "中 우주쓰레기 또 떨어졌다 … 美 캘리포니아 곳곳서 포착－2022년 11월 발사 中 선저우 15호 궤도 모듈로 추정." 2024년 4월 3일, https://zdnet.co.kr/view/?no＝20240403091700.

80 47 C.F.R. §25.114 (a)

81 47 C.F.R. §25.114 (14)

82 小塚荘一郎, 笹岡愛美 (編集), 앞의 책, 24면.

83 신홍균, "미래산업분야 법제이슈에 관한 연구(IV) – 우주폐기물관리 및 배상 책임에 관한 법제 연구", 『글로벌법제전략 연구』 16－20－①호, 한국법제연구원, 2016, 72면.

제를 위하여 필요한 구체적인 내용들을 심사기준으로 명시하고 있다.[84] 나아가 일본에는 우주활동법상 발사허가 뿐 아니라 인공위성 관리허가 제도 또한 존재함은 상술한 바와 같은바, 이러한 관리허가의 기준으로, 인공위성의 구조와 관련하여 의도하지 않은 물체의 방출을 방지하기 위한 조치가 취하여져 있을 것, 자세 또는 상태의 이상이 검지된 때 당해 인공위성의 파쇄를 방지하는 조치가 취하여져 있을 것, 지구 이외의 천체를 도는 궤도에 투입되거나 당해 천체에 낙하하는 인공위성 또는 인공위성 구성부품이 당해 천체를 유해하게 오염시키지 않기 위한 조치가 취하여져 있을 것(우주활동법 제22조 제2호, 우주활동법 시행규칙 제22조 제1호 내지 제3호, 제6호) 등이 명시되어 있다.[85]

전반적으로, 우주 환경 보호 내지 우주쓰레기 경감을 위한 조치들이 위 국가의 감독 활동에 있어 중요한 고려사항이 되어 있음을 알 수 있다.

반면 우리 우주개발 진흥법 상으로는 이러한 우주쓰레기 경감에 관한 고려는 찾아보기 어렵다.

우선 「발사계획서 작성방법」의 '발사계획서 작성요령([별표1])' 및 '발사허가 심사기준([별표2])'을 포함, 발사 허가의 요건 내지 고려사항에 우주쓰레기 경감 대책에 관한 사항이 명확히 나타나 있지 아니하다. '발사계획서 작성방법' 제19조 제1항은 발사실시자는 발사임무 종료 후 사전에 수립한 안전대책을 이행하여야 하고, 이와 같은 안전대책에는 궤도상 우주쓰레기 경감대책이 포함된다고 규정하고 있으며, 2020년 과학기술정보통신부가 UN COPUOS의 우주쓰레기 경감 가이드라인을 준용하여 「우주쓰레기 경감을 위한 우주비행체 개발 및 운용 권고」를 마련한 바도 있으나,[86] 그러한 안전대책 이행 의무에 관한 상위법령의 명확한 위임을 찾아보기 어렵고, 가이드라

84 内閣府宇宙開発戦略推進事務局, "人工衛星等の打上げに係る許可に関するガイドライン", 6.3.16.
85 "人工衛星の管理に係る許可に関するガイドライン"이 관련 내용을 보다 자세히 설명하고 있다.
86 과학기술정보통신부 2020. 7. 23.자 보도자료, "과기정통부, 향후 3년간 국가 우주개발 구체적 방향 제시"

인에 강제력도 인정되지 아니하므로, 그 효과는 제한적일 것으로 보인다.

다음으로, 우주물체 예비등록 신청서에 첨부되어야 하는 발사계획서에는 인공우주물체에 관한 제반 사항을 기재하여야 하나, 우주쓰레기 경감에 관한 사항의 기재는 요구되지 아니하며, 규제기관이 우주쓰레기 경감 조치의 미흡을 이유로 시정 · 보완을 요구할 권한도 존재하지 아니하므로 이 또한 우주쓰레기 경감과는 관련이 없어 보인다.

통신용 인공위성에 관한 특별법인 전파법까지 검토의 범위를 확대하여 보더라도, 전파법도 우주국의 개설조건이나 위성운용계획과 관련하여 우주쓰레기 경감에 관한 요구사항을 포함하고 있지 아니한바, 우리나라에서 우주쓰레기 경감을 위한 강제력 있는 규범은 존재하지 아니하는 것으로 보인다.

따라서 발사허가(면허)의 요건으로서, (미국의 경우와 같이) 전파법상 통신위성에 관한 규정으로서, 및/또는 (일본의 경우와 같이) 우주물체 관리에 관한 별도 규정의 창설 등 다양한 방법으로 발사체 뿐 아니라 탑재체로부터 발생할 수 있는 우주쓰레기 경감에 관한 고려를 법에 포함시키는 것은, 향후 우리나라가 우주활동의 책임 있는 주체로서 국제 우주정책에서의 발언권을 강화하기 위하여 고려해 볼 만한 사안이라고 생각된다.

5) 시험비행 등 예외적인 경우에 대한 규제 완화

앞서 살펴본 바와 같이 CLSA에는 우주 활동에 관한 연구를 수행하거나 기타 국가의 공익에 부합하지만 리스크가 적은 경우에는 시험비행 허가를 하거나 면허 획득 의무 면제하는 등의 방법으로, 우주 활동에 관한 규제를 완화하는 제도를 두고 있다. 우주개발 진흥법에는 이러한 규정이 존재하지 아니하는바, 우리나라도 우주개발 후발국으로서 신속히 우주 관련 기술을 개발하기 위하여서는 기존의 허가제 외에 이와 같이 규제의 유연성을 확보하기 위한 장치를 도입하는 방안을 검토하여 볼 가치가 있을 것이다.

(2) 수범자 범위에 대한 검토-우주물체의 발사허가의무자와 등록의무자

우주발사체를 발사하려는 자는 발사허가를 받고 발사체를 제외한 우주

물체의 등록을 하여야 한다. 그런데 발사허가의무자와 우주물체 등록의무자의 구체적인 범위는 다음과 같이 차이가 있다.

우주물체 등록(제8조 제1항, 2항)	발사허가(제11조 제1항)
대한민국 국민이 국내외에서 발사	N/A
대한민국 국민 아닌 자가 대한민국 영역 또는 대한민국의 관할권이 미치는 지역·구조물에서 발사	대한민국의 영역 또는 대한민국의 관할권이 미치는 지역·구조물에서 발사(①)
대한민국 국민 아닌 자가 대한민국 정부 또는 국민이 소유하고 있는 우주발사체를 이용하여 국외에서 발사	대한민국 정부 또는 국민이 소유하고 있는 우주발사체를 국외에서 발사(②)

발사허가의 경우 대한민국 국민 여부와 무관하게 ① 또는 ②의 요건을 만족시켜야 허가의무자가 되므로, 대한민국 국민이 국외에서 외국인 소유의 우주발사체의 발사를 (예: 발사 행위에 관하여 외국 기업의 위탁을 받는 등으로) 수행할 경우는 우주개발 진흥법상 허가의무가 성립하지 않는다. 그런데 우주물체 등록 요건에 따르면 이러한 경우 발사를 수행하는 대한민국 국민은 과학기술정보통신부에 우주물체의 예비등록 및 본등록을 수행하여야 한다. 이와 관련하여 다음 사항을 생각해 볼 필요가 있다.

1) 발사허가를 받아야 하는 자와 우주물체 등록의무자의 차이

우선, 발사허가를 받아야 하는 자와 우주물체 등록의무자가 달라야 하는 합리적인 이유가 있을까? 앞서 본 바와 같이 '대한민국 국민이 (대한민국 정부나 국민 소유가 아닌 발사체를) 국외에서 발사하는 경우'는 발사허가의 대상이 아니지만, 우주물체 예비등록의무는 부담하게 된다.[87] 등록 대상인 우주물체가 대한민국 국민의 소유가 아닌 경우에도 마찬가지이다. 이와 같이 대한민국 국민이 단지 발사행위만을 수행하고 발사체 및 탑재체에 대하여 아무런 이해관계가 없는 경우에도 우주물체에 대한 예비등록의무를 부담하는 상황

87 물론 이러한 경우 등록협약에 따라 발사국 정부와 합의하여 해당 우주물체를 외국에 등록한 경우에는 등록의무가 면제될 여지가 있다(제11조 제5항).

이 타당한 것이라고 할 수 있을까? 허가를 받을 의무자와 등록 의무자에 관하여 굳이 규정상 차이를 둘 합리적인 이유가 있을까? 앞서 살펴본 바와 같이 CSLA와 일본 우주활동법상으로는 면허/허가를 받는 발사실시자와 우주물체 등록의무자가 따로 구분되어 있지 않고, 우주물체 등록은 발사면허/허가를 받은 자의 의무(내지 권고사항)로 규정되어 있다는 점을 고려하면 더욱 그러하다. 따라서 특별한 사정이 없다면 발사 및 등록에 관한 법률관계를 보다 간이하게 하기 위하여 발사 허가를 받아야 하는 자와 우주물체 등록의무자를 일치시키는 방안을 검토하여 볼 필요도 있다고 생각된다.

2) 발사허가와 속지주의/속인주의

관련하여 앞서 살펴본 등록협약, 미국 및 일본의 관련 법령을 비교하여 보자.

<table>
<tr><th>등록협약</th><th>미국(CSLA)</th><th>일본(우주활동법)</th></tr>
<tr><td rowspan="2">우주물체 등록의무국–발사국[88]</td><td>발사 운영자 면허</td><td>발사허가</td></tr>
<tr><td>등록의무는 발사 운영자의 의무</td><td>등록의무자는 허가받은 발사실시자(또는 인공위성관리자)</td></tr>
<tr><td>자신의 영역 또는 시설에서발사가 수행된 국가</td><td>미국 내 발사</td><td>일본 내 발사
(일본국적 선박 또는 항공기에 탑재된 발사시설 포함)</td></tr>
<tr><td>발사 수행자의 소속국</td><td>미국인의 미국 외 발사</td><td>N/A</td></tr>
</table>

등록협약상 우주물체 등록 의무를 지는 국가는 발사국인데, 발사국은 속인주의 및 속지주의에 따라 결정된다. 한편 UN결의 68/74도 국가가 "자국의 관할 및/또는 통제 하에 있는 영토에서 수행되는 우주 활동에 대한 국가 관할권을 확인해야 하며, 마찬가지로 자국의 관할 및/또는 통제 하에 있는 영토에 설립, 등록 또는 소재한 자국민 또는 법인이 다른 곳에서 수행하는 우주 활동"을 승인 · 감독하여야 한다고 함으로써 속지주의 및 속인주의를 국가의 감독의무가 미치는 범위의 기준으로 삼고 있다(제1조). 미국은 속지주

88 이 부분 논의의 목적상 국가가 바로 발사의 주체가 되는 경우는 생략하였음.

의와 속인주의 기준을 거의 그대로 채용하고 있는 것으로 보이며, 일본은 앞서 언급한 바와 같이 현실적인 규제가능성을 고려하고 중복규제의 방지를 위하여 의도적으로 속인주의만을 채택하고 있다.

그런데 우주개발 진흥법은 발사허가 의무자의 범위를 정함에 있어 속인주의를 배제하고 속지주의를 택하는 한편((2)항 아래 표의 ①), "우주발사체의 소유"라는 새로운 기준((2)항 아래 표의 ②)을 추가하고 있다. 물론 우주발사체를 소유하는 자가 발사체를 "발사하여 궤도에 진입케 한"(우주조약 제7조) 자 또는 발사실시자가 될 가능성이 높으므로, 발사체 소유자가 한국인이라면 발사를 실시하는 자가 한국인이 될 가능성이 높고, 따라서 사실상 속인주의를 채택한 것이라고 볼 여지도 없지는 아니하다. 그러나 이러한 규정 양식이 앞서 살펴본 국제규범과 미국 · 일본의 사례에 비추어 보았을 때 이례적이라는 점에서, 우주활동의 양상이 복잡 · 다양해진 오늘날에도 반드시 발사체의 소유자가 발사실시자와 일치하는지, 또한 앞으로도 현행법과 같이 '우주발사체의 소유'를 허가 · 등록의무자의 기준으로 삼는 것이 바람직할지를 재검토할 필요가 있을 것이다.

특히, "소유" 개념 자체에도 불확실성이 있는바, "소유"가 단독소유만을 의미하는 것인지, 공유지분까지 포함하는 개념인지, 아니면 관리권을 가지는 과반수 이상의 지분 보유를 의미하는 것인지도 분명치 않으므로, 만일 "소유"를 기준으로 하려면 그 개념 또한 명확히 정의할 필요가 있을 것이다.

(3) 기타 우주물체 등록에 관한 규정의 검토

1) 예비등록의 필요성에 관한 의문

우주조약, 등록협약, UN결의 62/101상 우주개발 진흥법상 예비등록의 필요성을 직접 뒷받침할 만한 규정은 존재하지 아니한다. 바로 등록의무를 부과함으로써 등록협약 이행이 가능하기 때문이다. CSLA 및 우주활동법에도 예비등록과 유사한 규정은 존재하지 아니한다. 앞서 살펴본 바와 같이 우주물체에 대한 등록의무의 주된 규범목적이 등록협약을 이행함에 있다고 할 때 예비등록 제도는 중복규제가 아닐까?

예비등록의 필요성을 굳이 생각해 보자면, 우주개발 진흥법상 예비등록 의무는 단순히 우주물체의 등록을 위한 전단계 절차임에만 그치지 않고 인공우주물체의 발사에 대한 심사절차로서의 성격이 있다는 점을 들 수 있을 것 같다. 즉, 예비등록 신청자는 발사계획서를 우주항공청장에게 제출하여야 하고, 과학기술정보통신부 장관은 이러한 계획서를 검토하여 신청자가 우주사고에 따른 손해배상책임을 부담할 수 있는 능력이 미흡하다고 판단할 경우 시정 · 보완을 요구할 수 있음을 앞서 언급하였다. 발사계획서에 포함되어야 하는 내용은 발사체에 탑재되는 인공우주물체 내지는 탑재체에 관한 자세한 정보이다(우주개발 진흥법 제8조 제1항, 제3항, 동 시행령 제10조 제1항, 제3항).

한편 발사허가 신청시에도 발사계획서를 제출하여야 하는데, 이러한 발사계획서에는 탑재체에 대하여 위와 같이 상세한 사항을 기재할 것까지는 요구되지 아니한다. 탑재체(인공우주물체)에 관하여는 사용 목적, 소유권자 및 이용권자, 사용기간, 제작자 · 제작번호 및 제작 연월일 등 위 기재사항에 비하면 매우 제한적인 정보만이 포함되기 때문이다(우주개발진흥법 제11조 제2항, 동 시행령 제13조).

그렇다면 우주개발 진흥법 상으로는 발사허가의 경우 주로 발사 자체의 안전성을 심사하는 한편, 인공우주물체의 예비등록신청의 경우에는 주로 탑재체 즉 인공우주물체와 관련한 사항을 심사하도록 역할의 분담이 되어 있다고 볼 여지도 있겠다. 그러나 이미 검토한 바와 같이, 특정 발사체에 탑재되는 탑재체는 발사행위의 목적과 밀접한 관련이 있을 뿐 아니라, 발사의 물리적 양상 및 안전에도 중요한 영향을 미칠 수 있는 요소이므로 탑재체에 대한 심사는 발사허가/면허 단계에서 이루어짐이 상당하다 생각된다. 앞서 살펴본 미국과 일본의 규제 또한 그러한 방향으로 형성되어 있다. 그렇다면 탑재체 심사를 위하여 반드시 예비등록이라는 추가적 절차를 두어야 할 필요가 있을지는 의문이다.

더욱이 현행 예비등록 제도에서 규제기관은 인공우주물체와 관련하여 단지 "손해배상책임의 부담능력"만을 심사할 뿐, 탑재체와 관련하여 심사되어야 하는 생명과 재산의 안전, 국가의 안보 및 외교정책상 이익, 국제법 준수 등의 목적은 심사대상으로 규정되어 있지 아니한바, 예비등록 단계에서의 탑재체 관련 심사가 가지는 의미는 매우 제한적이라고 보인다. 또한, 규제기관이 손해배상책임의 부담능력이 부족하다고 판단하여 시정 · 보완을 명하고 예비등록을 하여 주지 않더라도, 해당 우주물체에 대한 발사를 제한할 근거는 존재하지 아니하고 오직 과태료 1,000만원의 제재만이 부과될 수 있으므로(제29조 제1항 제1호), 예비등록제도가 우주물체의 안전성에 대한 규제라고 보더라도 그 실효성이 희박하다 하지 아니할 수 없다.

이상에서 살펴본 바와 같이 현행 예비등록제도는 등록협약의 취지에 비추어 볼 때 그 의미를 찾기 어려울 뿐 아니라, 인공우주물체(탑재체)에 대한 국가의 지속적 감독권 행사라는 관점에서도 큰 역할이 없으므로 규제의 간소화 · 합리화를 위하여 폐지하고 탑재체에 관한 사항을 발사허가에 대한 심사사항으로 편입시키거나, CSLA와 유사하게 개별 탑재체 대한 적합성의 확인 제도로 변형함이 상당하다 사료된다.

2) 우주물체 등록 신청의 비효율성

우주물체의 등록은 인공우주물체가 위성궤도에 진입한 날로부터 90일 이내에 이루어져야 하고, 이는 예비등록 내용에 기하여 이루어지며, 예비등록신청서와 동일한 신청서를 사용한다. 이러한 신청서는 우주개발진흥법 시행규칙 별지 제1호 서식을 이용하여 작성되는바, 신청인에 관한 사항과 우주물체명, "예비등록(등록)하려는 내용, 예비등록 후 변경사항(등록의 경우에만 해당함), 발사일시 및 장소(등록의 경우에만 해당함), 위성궤도 진입일시(등록의 경우에만 해당함)"이다. 이러한 신청서에는 "예비등록(등록)하려는 내용"을 기재하여야 하는데, 정작 법령은 그 등록하려는 내용이 무엇인지 규정하고 있지 아니하다.

한편 우주항공청장은 인공우주물체의 (예비)등록대장을 유지 · 관리하는데, 앞서 설명한 바와 같이 등록협약을 준수하기 위하여 국가는 자국 등록부에 등재된 정보를 UN 사무총장에게 제공하여야 한다. 그런데 우리나라 인공우주물체 예비등록(등록) 대장의 기재사항과 등록협약상 UN사무총장에게 제출되어야 하는 정보를 비교하면 다음과 같다.

인공우주물체 예비등록(등록) 대장 (우주개발진흥법 시행규칙 별지 제4호 서식)	등록협약 제4조 제1항
	발사국(들)의 명칭
등록번호	우주물체의 지정기호 또는 등록번호
인공우주물체명	
등록자 성명	
등록연월일	
용도	
발사일시와 장소	발사일시와 지역(위치)
	기본 궤도 파라미터
	우주물체의 소유자 및 소유자의 국적

우주개발 진흥법상 인공우주물체 (예비)등록대장에는 기본 궤도 파라미터에 관한 정보와 우주물체의 소유자에 관한 정보가 포함되어 있지 아니하므로, 이러한 등록부의 정보만으로는 등록협약을 이행할 수가 없게 된다. 예비등록시 제출하는 발사계획서에는 "인공우주물체의 기본적 궤도에 관한 사항"이 포함되나, 이 내용이 등록부에 기재되지도 않고, 위에서 살펴본 바와 같이 등록신청서상 명시적 기재요건은 아닌바, 규제기관이 등록협약의 의무를 이행하기 위해서는 등록신청서를 확인하는 것만으로는 불충분하고 추가적으로 발사계획서를 참고하여야 하는바, 행정상 번거로운 절차가 될 가능성이 있어 보인다. 미국이 발사 운영자에게 요구하는 등록사항이 위 등록협약상 기재사항과 일치하고, 일본의 우주물체 등록 가이드라인은 아예 UNOOSA의 양식에 따라 작성하도록 요구하고 있는 점을 참고하여, 우리나라가 등록협약상 의무함에 있어 행정적인 부담을 덜 수 있도록 우리도 우주물체 등록 신청

서 및 등록 대장에 관한 규정을 정비할 필요가 있다고 생각된다.

또한, 현행법은 우주물체가 궤도에 진입한 후 90일 내에 등록을 하도록 의무를 부과하고 있지만, CSLA는 발사 후 30일 이내, 일본은 등록사유 발생일로부터 30일 이내에 등록하도록 요구하고 있음은 앞서 언급한 바와 같다. 우주물체의 위치 등에 관한 정보를 공개함으로써 우주 궤도의 안전한 이용을 도모한다는 우주물체 등록 제도의 취지상, 우주물체 등록 시한은 미국 및 일본의 사례에 맞추어 단축함이 바람직할 것으로 사료된다.

Ⅵ. 결 론

이상에서 살펴본 바와 같이 우리 우주개발 진흥법은 우주조약에 의하여 요구되는 국가의 우주활동에 대한 승인과 감독 의무를 보다 적절히 이행하기 위하여 개정될 필요가 있고, 이 과정에서 특히 우주쓰레기 경감이라는 새롭고도 절박한 과제에 어떻게 대응할 것인지 또한 고려될 필요가 있어 보인다. 또한, 우주로의 발사 승인 절차를 보다 간소화하기 위하여 면허제도를 검토하거나, 최소한 동일한 종류의 발사체 및 발사장에 대한 안전심사를 간소화하는 방안 또한 검토하여 볼 필요가 있겠다. 우주물체의 등록에 관하여도 등록의무자 및 관할 행정청의 업무부담을 간소화하기 위하여 예비등록제도를 재검토하고 등록신청시 제출항목 및 등록대장시 기재사항 또한 개정을 검토할 필요가 있을 것이다.

이러한 개정을 위하여는 앞서 언급된 다양한 관점들을 균형 있게 고려할 필요가 있다. 우선 법적 강제력이 있는 우주 제조약의 규범을 준수하는 한편 각종 연성 규범과 선진 외국의 법제를 참고하면서, 평화적이고 안전하면서 지속가능한 우주 이용을 위하여 우주 개발의 한 주체로서 책임을 다한다는 관점이 필요할 것이다. 그러나 한편으로는 국가 안보와 외교적 이익 또한 고려하여야 하며, 나아가 우주개발의 후발주자로서 우리 정부와 국내 기업의 우주 활동을 불필요하게 제약하지 않도록 최대한 효율적으로 규제를 설계한다는 관점, 또한 우리나라가 타국의 우주활동으로부터 피해를 입을 가능성을 최소화할 방법에 대한 고려 또한 필요한 것이다. 앞으로 정부가 계획하고 있는 우주기본법 제정 및 우주개발 진흥법 및 하위 법령의 추가적 개정 시에도 이러한 관점들이 면밀히 고려되기를 바라며, 본고를 마치도록 한다.

참고문헌

1. 국문

- 단행본

■ 김한택, 『우주법』, ㈜와이북스, 2016.

- 논문

■ 김광배, "상업용 우주발사체 발사허가 제도 현황 및 동향 분석", 『항공우주산업기술동향』 제21권 제1호, 한국항공우주연구원, 2023.

■ 김영주, "인공위성의 발사 및 관리에 관한 규제 논점－2016년 일본 '우주활동법'을 중심으로－", 『항공우주정책 · 법학회지』 제35권 제3호, 한국항공우주정책 · 법학회, 2020.

■ 김한택, "등록협약의 우주법상 의의와 미래과제에 관한 연구", 『항공우주정책 · 법학회지』 제35권 제2호, 한국항공우주정책 · 법학회, 2020.

■ 김한택, "아르테미스 약정의 우주법적 의미에 관한 연구", 『항공우주정책 · 법학회지』 제38권 제1호, 한국항공우주정책 · 법학회, 2023.

■ 김한택, "우주의 상업화와 우주자원채굴에 관한 우주법", 『통상법률』 2024년 제1호(통권 제162호), 법무부 국제법무정책과, 2024.

■ 문준조, "우주시대에 부응하는 우주관련법 개선방안", 『한국법제연구원 연구보고』 2011－10호, 한국법제연구원, 2011.

■ 신홍균, "미래산업분야 법제이슈에 관한 연구(IV)－우주폐기물관리 및 배상 책임에 관한 법제 연구'", 『글로벌법제전략 연구』 16－20－①호, 한국법제연구원, 2016.

■ 윤인숙, "미국 우주법제 연구－상업적우주발사경쟁력법을 중심으로－", 『한국법제연구원 지역법제 연구』 16－16－②호, 한국법제연구원, 2016.

■ 이영진, "상업적 우주활동의 국제법적 규제", 『항공우주정책 · 법학회지』 제28권 제2호, 한국항공우주정책 · 법학회, 2013.

■ 장민영 외 5인, "지속가능한 우주활동을 위한 법제 개선방안 연구", 『한국법제연구원 글로벌법제전략연구』 22－17－③호, 한국법제연구원, 2022.

■ 정영진, "해외 주요 우주활동국의 국가 우주 거버넌스", 『한국항공우주연구원』 발간 2022－079호, 한국항공우주연구원, 2022.

2. 외국문헌

- 단행본

- 中村仁威(Kimitake Nakamura), 『宇宙法の形成』, 信山社, 2023.
- 大久保涼(Ryo Okubo)/大島日向(Hinata Oshima), 『宇宙ビジネスの法務』, 弘文堂, 2021.
- 小塚荘一郎(Souichirou Kozuka)/笹岡愛美(Sasaoka Manami), 『世界の宇宙ビジネス法』, 商事法務, 2021.
- Stephan Hobe, 『Space Law (Second Edition)』, Nomos · Beck · Hart, 2023.

- 논문

- Frans G. von der Dunk, "The Origins of Authorisation: Article VI of the Outer Space Treaty and International Space Law", 『National Space Legislation in Europe: Issues of Authorisation of Private Space Activities in the Light of Developments in Europe Space Cooperation (Studies in Space Law, volume 6)』, Martinus Nijhoff Publishers, 2011.

찾아보기

[저자소개]

이원우
서울대학교 법학전문대학원 교수이다. 2005년 이래 서울대학교 공익산업법센터장으로서 한국 사회의 경제규제와 방송통신기술규제에 관한 논의를 주도하고 있다. 디지털소사이어티 라운드테이블의 의장이다. 서울대학교 법과대학 학사, 석사를 마치고, 독일 함부르크대학교에서 법학박사를 취득하였다. 서울대학교 법과대학장, 법학전문대학원장, 기획부총장과 한국공법학회 회장, 정보통신정책학회 회장, 행정법이론실무연구학회 회장을 역임하였다. 정보공개위원회 위원장, 개인정보분쟁조정위원회 위원장, 규제개혁위원회 위원, 정보통신전략위원회 위원이기도 하였다.『경제규제법론』,『특별행정법』을 비롯하여 다수의 저서와 논문이 있다.

김태호
헌법재판소 헌법재판연구원의 책임연구관이다. 서울대학교 법과대학과 대학원을 졸업하고, 독일 함부르크대 박사과정을 수료하였다. 헌법재판소와 대법원에서 재판연구관으로 근무하고, 서울대 법학전문대학원 등에서 행정법 및 환경법을 강의해 왔다. 행정법이론실무학회 회장과 한국공법학회 부회장을 맡았고 한국환경법학회의 차기회장이다. 경제규제와 관련해서는 규제일반이론, 리스크 규제, 시장진입규제, 디지털 전환 원칙에 관한 주요 연구성과가 있다.

권헌영
고려대학교 정보보호대학원 원장이다. 연세대학교에서 법학박사학위를 취득하였다. 전자정부와 디지털 혁신, 개인정보보호와 사이버보안, 데이터 및 인공지능 정책에 관한 연구를 수행하고 있다. 한국인터넷윤리학회, 사이버커뮤니케이션학회, 한국IT서비스학회 회장 등을 역임하였다. 현재 대통령 소속 디지털플랫폼정부위원회 정보보호분과 위원장으로 활동 중이다.

Roland Broemel
프랑크푸르트 법과대학의 공법학 교수(Chair of Public Law, Economic and Currency Law, Financial Markets Regulation and Legal Theory)이다. 함부르크 대학교에서 법학박사 및 교수자격논문을 취득하였다. 주요 연구 분야는 금융, 방송통신, 에너지 규제 분야의 시장규제이다.

유제민
서울고등법원 고법 판사이다. 서울대학교에서 법학박사학위를 취득하였다.

이성엽
고려대 기술경영대학원 교수이다. 고려대 법학과 학사, 서울대 행정대학원 석사, 미국 미네소타대학교 로스쿨 법학석사, 서울대 법학박사이다. 정보통신부, 국무조정실 서기관을 거쳐 김 · 장 법률사무소에서 ICT 분야에서 전문성을 발휘하였다. 데이터법정책학회 회장이며, 고려대 기술법정책센터장, 데이터, AI법연구센터 공동대표이다. 행정규제법 및 ICT법과 정책을 주된 연구 분야로『데이터와 법』등 여러 저서가 있다.

장수용
개인정보보호위원회 행정사무관이다. 서울대학교에서 행정법 전공으로 전문박사학위를 취득하였다. 행정고시에 합격하여 교육부를 거쳐 개인정보보호위원회에서 과징금 법제 및 조사 업무를 맡고 있다. 개인정보 보호법과 행정법에 관심을 가지고 있다.

권은정
가천대학교 법과대학 조교수이다. 서울대학교 법과대학에서 학사, 석사 및 박사학위(행정법)를 취득하였다. 서울대학교 공익산업법센터 선임연구원, 정보통신정책연구원(KISDI) 지능정보사회정책센터 및 통신정책연구실 연구위원을 역임하였다. 주로 인공지능, 미디어, 통신 분야와 연계된 행정법 연구를 진행 중이다

Jim Speta
노스웨스턴 로스쿨의 교수(Elizabeth Froehling Horner Professor)이며, 글로벌 로스쿨 컨소시엄(Law Schools Global League)의 공동의장이다. 주요 연구분야는 통신 및 인터넷 정책이며, 행정법, 시장구조 및 반독점법을 연구한다. 망중립성 및 플랫폼 시장에 대한 주요 저술이 있다.

최영식
법무법인 서래의 대표변호사이다. 서울대학교에서 행정법 박사과정을 수료하였다.

이희정
고려대학교 법학전문대학원 교수(행정법)이다. 서울대학교 법과대학에서 학사, 석사 및 박사학위(행정법)를 취득하였다. 개인정보보호위원회 위원을 역임하였고 정보통신정책학회 회장, 한국규제법학회 회장을 맡았다. 한국공법학회의 차기회장이다.

디지털전환기의 공익과 규제분야에 대한 연구관심와 주요 연구성과가 있다.

김태오
국립창원대학교 법학과 부교수이다. 한양대학교 법과대학에서 학사 및 석사, 서울대학교 법과대학에서 박사학위(행정법)를 취득하였다. 정보통신정책연구원(KISDI) 방송미디어연구실 연구위원을 역임하였다. 방송법, 통신법, 기술혁신 규제 등 규제행정법이 주요 연구분야이다.

송시강
홍익대학교 법과대학 교수이다. 서울대학교 법과대학 및 동대학원에서 박사학위를 취득하였다. 행정법이론실무학회의 회장이다.

윤혜선
한양대학교 법학전문대학원 교수이자 인공지능대학원 겸임교수로 재직 중으로 인공지능, 데이터, 의료 · 바이오, 원자력 등 첨단 과학기술 분야의 규제 정책 및 법제 전문가이다. 방송통신위원회 인공지능서비스 이용자 보호 민관협의회, AI전략최고위협의회 법제도 분과등에서 활동하고 있으며, 한국공법학회, 행정법이론실무학회, 한국인공지능법학회의 집행이사이다. 캐나다 McGill 대학교에서 이학학사, 이학석사, 법학사를 취득했고, 서울대학교에서 행정법 전공으로 법학박사 학위를 받았다.

이윤정
강원대학교 법학전문대학원 교수이다. 성균관대학교 법과대학을 졸업하고, Indiana University Law School에서 LLM을, 서울대학교 법학전문대학원에서 전문박사학위(행정법)를 취득하였다. 행정쟁송과 규제행정법에 관한 연구를 진행하고 있으며, 행정법에 관한 다수의 연구성과가 있다.

김상태
순천향대학교 법학과 교수이다. 한양대학교 법과대학에서 학사, 석사 및 박사학위(행정법)를 취득하였다. 일본 칸사이대학 외국인연구원, 서울대학교 공익산업법센터 선임연구원을 거쳐 현재 한국게임정책자율기구 자율규제위원회 위원으로 활동하고 있다. 게임산업법, 지방자치법, ICT법에 관한 연구를 진행하고 있으며, 행정법에 관한 다수의 연구성과가 있다.

왕승혜
한국법제연구원 연구위원이다. 서울대학교 법과대학에서 박사학위(행정법)를 취득하였다.
식품법, 농업법, 보건법이 주요 연구분야이다.

채성희
법무법인(유) 광장 변호사이다. 서울대학교 법과대학에서 학사, 석사학위를 취득하였으며 박사과정(행정법)을 수료하였다. 현재 개인정보 보호법령과 AI를 포함한 각종 IT 신기술 관련 규제에 관한 자문을 제공하고 있다.

디지털 대전환 시대의 규제와 법정책

2025년 3월 10일 제 1 판 인쇄
2025년 3월 20일 제 1 판 발행

편저자 이원우 편
발행인 임 권 규
발행처 弘 文 社

05855 서울시 송파구 송파대로 167 테라타워 B동 802호
등록 1993. 6. 24. 제1-1543호
TEL. 712-5311(代) FAX. 716-5311

값 35,000원

ISBN 978-89-7770-771-9 93360